华夏历史一本通

上古——东汉

第四卷

张生栋 ◎ 著

花城出版社
中国·广州

图书在版编目（CIP）数据

华夏历史一本通. 上古—东汉：全6册 / 张生栋著
. -- 广州：花城出版社，2022.9
ISBN 978-7-5360-9604-2

Ⅰ．①华… Ⅱ．①张… Ⅲ．①中国历史－上古-东汉时代－通俗读物 Ⅳ．①K209

中国版本图书馆CIP数据核字(2022)第132960号

出 版 人：张　懿
责任编辑：陈诗泳　梁宝星　凌春梅
技术编辑：薛伟民
装帧设计：迟迟工作室

书　　名	华夏历史一本通. 上古—东汉 HUAXIA LISHI YIBENTONG SHANGGU DONGHAN
出版发行	花城出版社 （广州市环市东路水荫路11号）
经　　销	全国新华书店
印　　刷	广东鹏腾宇文化创新有限公司 （广东省珠海市高新区唐家湾镇科技九路88号10栋）
开　　本	787 毫米 ×1092 毫米　16 开
印　　张	154.5　6 插页
字　　数	2470,000 字
版　　次	2022年9月第1版　2022年9月第1次印刷
定　　价	488.00元（全6册）

如发现印装质量问题，请直接与印刷厂联系调换。
购书热线：020-37604658　37602954
花城出版社网站：http：//www.fcph.com.cn

目录

001	第九章	西汉（上）
003	第一节	刘邦其人、西向入秦
021	第二节	约法三章、鸿门宴、西楚霸王
036	第三节	韩信拜将、田荣并"三齐"、暗度陈仓
047	第四节	深陷齐地、奇士陈平、彭城之战
060	第五节	英布反楚、魏豹背汉、木罂偷渡、背水一战
073	第六节	张良高论、范增之死、郦食其之烹、韩信定齐
084	第七节	彭越挠楚、蒯通说韩信、杯分父羹、四面楚歌、霸王别姬
102	第八节	封赏功臣、季布遇赦、田横自杀、定都之争、叔孙通制礼
118	第九节	功臣自危、伪游云梦、冒顿单于、白登之围
136	第十节	贯高谋刺、陈豨反汉、成也萧何败也萧何、蒯通辩冤、彭越灭族
151	第十一节	英布叛乱、《大风歌》、卢绾反汉、萧何入狱、立储之恨
170	第十二节	盖棺论定、南越称臣、陆贾《新语》、韩信申军法、张苍定章程
181	第十三节	萧规曹随、"人彘"之祸、吕后专权、诸吕得势
201	第十四节	诸吕被诛、代王入京
216	第十五节	济北王叛乱、周勃入狱、宽以待人、刘长之死、废除苛法
236	第十六节	张释之公平执法、南越重新归服、汉匈和亲、节俭的皇帝、邓通饿死、贾谊被贬
258	第十七节	幸运的窦漪房、晁错"削藩"、七国之乱、晁错之死、名将周亚夫
289	第十八节	骄横的梁孝王、太子被废、"苍鹰"郅都、袁盎被刺、梁孝王之死
304	第十九节	荒淫的王室、"地下"造反、谨慎的卫绾

313	第二十节	儒道之争、金屋藏娇、倒霉的韩嫣、"主人翁"董偃、卫子夫霸天下
329	第二十一节	外儒内法、耿直的汲黯、大儒公孙弘、怪才东方朔、司马相如和卓文君
355	第二十二节	设立中朝、使酒骂座、主父偃之死、侠士郭解
381	第二十三节	才华横溢的刘安、谋反的下场
394	第二十四节	张骞出使、马邑之围、卫霍名扬天下、李广难封

第九章 西汉(上)

第一节　刘邦其人、西向入秦

汉朝的实际创立者暨首任皇帝是刘邦。

刘邦，公元前256年出身于一个农民家庭，祖籍沛县丰邑中阳里（今江苏省徐州市丰县），据传是夏朝那个替孔甲养龙的刘累的后代。

关于刘邦的出生，史书中的记载也是非常神奇的。话说有一天，刘邦的母亲刘媪（大婶之意）在湖边睡觉，梦到了神人，其时雷电交加，乌云翻滚。刘邦的父亲刘太公（大叔之意）见妻子长时间不回来，于是就到湖边去寻，结果发现有一条蛟龙盘踞在他妻子身上。刘媪回来后就怀孕了，之后生下了刘邦。关于这样神奇的记载，《三皇五帝》一章中已有专门论述，此处不再详说。

刘邦刚开始是没有学名的，刘邦这个名字是他登基做皇帝时才取的。他刚开始只有小名，因为在家里排行老三，所以人们都叫他刘季，也就是刘老三的意思。刘邦小时候好吃懒做，不怎么喜欢读书，也不喜欢下地劳动，更不想去经商做买卖，为此他的父亲常常训斥他，说他不如他的哥哥会经营家务。

从普通乡下人看问题的角度和评价人物的标准来衡量刘邦，刘邦确实就是一个浪荡子。试想，一个出身于农民家庭的子弟，既不愿意下地干活，也不愿意经商做买卖，又不愿意读书做学问，连一文钱都赚不来，别说是养家了，连他自己都养活不了。这样一个人，乡里乡亲们怎么能够给他一个好评价呢？

但刘邦并不因乡亲们看不起他而为此改变自己的行为和习惯，他生性豁达不羁，非常仰慕信陵君魏无忌的所作所为，很想投到信陵君门下。于是他专门去了一趟魏国大梁，但等他赶到大梁的时候，信陵君已经死了。刘邦投人不遇，加上盘缠不多，所以立即陷入了困境之中。而正好在这个时候，信陵君的门客张耳也在他居住的外黄县（今河南省开封市杞县东）招揽门客，于是刘邦赶快赶到外黄，投到了张耳的门下。张耳和刘邦一见如故，彼此之间建立了深厚的友谊。等到秦统一六国灭魏国之时，张耳作为秦朝的要犯被通缉，他和陈馀一齐逃亡，门客们自然也就四散而去。刘邦没办法再在大梁待下去，只好又回到了老家沛县。

　　这一年是公元前225年，刘邦三十一岁。这个年龄还没有婚娶，在古时的农村，已经是相当大的大龄了。可是因为刘邦平素游手好闲，所以并没有哪家人愿意把女儿嫁给他。无事可做的刘邦只好在乡里厮混，整日里饮酒作乐，吃喝嫖赌，没钱就在酒馆里赊账打白条，东家借，西家赖。直到他后来正式当上汉高祖的时候，依然有乡邻的债务没有还清，最后地方官不得不拿国家的钱替他还债了事。刘邦明媒正娶娶不了老婆，就和别的女子私通。到公元前221年秦始皇消灭关东最后一个国家齐国的时候，他与姘妇曹氏野合的第一个儿子刘肥出生了。没有正经职业，却已经有了儿子，再这样下去不是办法。因为他平时交游广泛，所以最终通过杂七杂八的人际关系谋了个职位，担任沛县泗水亭的亭长（相当于现今派出所所长），勉强混几百铜钱度日。《秦朝》一章中曾经提到，亭长一职，主要掌管十里以内的社会治安等事务。因为工作上的关系，时间一长，刘邦就和沛县的官吏们渐渐混熟了，比如县狱吏萧何、狱掾曹参等人，都成了他的朋友。不过在最初，这两个人可不怎么看得起他，因为他们两个的官大，一个是狱吏（相当于现今副地级的监狱长），一个是狱掾（相当于正县级的副监狱长），而刘邦才是个小小的亭长（相当于副科级的派出所所长），所以他们平时总拿刘邦爱出大言却没有实际行动的毛病取笑他。

　　作为亭长，刘邦时常要做些押送犯人去咸阳的活计。因为秦统一天下之后，需要大量的囚徒修建陵墓和宫殿，所以每过一段时间，刘邦就要把沛县丰邑中阳里的一批囚徒集中起来，押送到咸阳去。因为这个机缘，刘邦有幸在去咸阳途中亲眼见到出巡的秦始皇。当看到秦始皇威风凛凛地坐在装饰华美的马车上，被全副武装的甲士和整齐的仪仗队伍前后簇拥时，刘邦不禁羡慕异常，称叹说："哎呀，大丈夫就应该这样啊。"

　　当时有个名叫吕文的单父人（今山东省菏泽市单县），和沛令的关系较好。由于在家乡与人结下仇怨，吕文为了躲避仇家，来到不远处的沛县投靠沛令，并在沛县定居。到沛县没几天，很多人便听说了他和沛令的特殊关系。于是县里的大小官吏和豪绅们纷纷上门来向他送礼贺喜，一则讨好沛令，二则能与他这位沛令的好朋友拉个关系。刘邦听说之后，自然也跑去凑热闹。从古到今，国人都讲究个礼尚往来，人家带着礼物前来贺喜，不招呼人家说不过去。于是吕文（当时把老年人尊称为某公，因此从下文开始，就把他称为吕公）立即摆酒设宴，招待前来贺喜的人，并请县里的狱吏萧何主持接待客人以及代收礼金。

因为客人实在太多，没办法全部坐在堂上，于是萧何充分发挥他的管理才能，宣布了一条待客的规矩：凡是向吕公送的贺礼上了一千的人，在堂上就座，而礼金不足一千钱的人，到堂下就座；并让杂役按照送礼钱数的多少为宾客安排座次。

世情看冷暖，人面逐高低。人与人之间的关系并不平等，凡事都要分个三六九等，这在习惯于以功名富贵决定地位高低的人情社会，实在是再正常不过。因为要是不趋炎附势，谁也就不会主动跑到那个场合去。所以说，现场的所有人对萧何这个规矩都没有表示任何的异议。

刘邦到了之后，自然就有人向他宣布了这条规定。但刘邦这人和其他人不一样，他天性豁达，很少拘泥于小节，对于这些情面上的约束，他从来就不放在心上。为了坐在上席，他故意大声地说："贺钱一万。"然后就往堂上走。正在屋里忙碌的吕公听到有人出贺钱一万，以为来了什么样的贵客，于是赶快迎了出来。而萧何素来了解刘邦的为人，知道其实刘邦身上一文钱也没有，于是当着吕公的面揭穿并介绍刘邦说："这是刘季，素来满口说大话，但很少做成什么事。"

对于萧何的为难，刘邦丝毫不以为意，因为他为人处世最大的特长就是厚脸皮（后来能得天下，很大程度上也靠了这副厚脸皮）。不过，作为东道主的吕公可不因刘邦一文钱没带就当场变了脸色。因为他善于相面，并且已经替许多人相过面，如今一见刘邦，就感到非常惊奇。为什么惊奇呢？因为刘邦面相大贵，"隆准而龙颜"，也就是说，鼻梁很高，相貌堂堂，有真龙之相。

吕公十分敬重刘邦，亲自把他迎入上席。刘邦也不谦让，就在上席坐了下来，还不忘挖苦调侃那些沛县的大小官吏。一时间猜拳行令，好不热闹。等酒喝得差不多了，宾客们陆续起身告辞。吕公向刘邦使眼色，示意他最后再走。刘邦会意，于是就慢腾腾地喝酒，一直留到了最后。

等客人们都离开之后，吕公把刘邦邀入内室，对他说："我从年轻的时候就开始给人看相，我相过面的人多了，但从来没有哪个人的面相能比你刘季的更高贵。希望你多加珍惜，自尊自爱。我有一个亲生女儿，愿意许配给你执帚洒扫，不知你是否愿意？"

对于三十五岁还没有娶亲的刘邦来说，眼见这样的好事，哪有拒绝的道理，所以他当即应承了下来。

刘邦走了之后，吕媪（吕大婶）非常不高兴，当场对吕公发起了火："你一直说这个女儿命相不凡，要为她找个富贵人家，沛令跟你要好，一直想要娶她，你都没有同意。可是呢，今天见到刘季这个连一文铜钱都拿不出来的泼皮无赖，你竟然随随便便就把女儿许给了他，这到底是什么道理？"要说吕媪的抱怨也并不是没有道理。吕家虽然不是什么官宦人家，但家境也算得上殷实，可如今吕公不把女儿嫁给沛令这样的高级官员（当时地方分郡、县两级，县令相当于现今的正厅级），却嫁给一个小小的亭长。只要是个思维正常的人，就没办法能想得通。不过吕公自有主张，面对妻子的唠叨，他毫不客气，当即拿出了封建家长的作风，训斥她说："你一个妇道人家，知道什么？"硬是做主把女儿吕雉嫁给了刘季。

要说吕公确实不是一般人，仅凭刘邦的面相就敢把女儿嫁给他，也不打听打听他的底细。这要换了一般人，确实做不出来。而当时的实际情况是，已经三十五岁的刘邦找不到老婆不说，还未婚先育，和商家女曹氏有了一个私生子刘肥。年仅十九岁的吕雉作为一个大户人家的千金，嫁给一个名声不怎么好还带着私生子的大龄青年，确实是有些难为她。不过吕雉对于父亲的决定，并没有任何的不满和抱怨。下嫁刘邦之后，她孝敬老人，抚养子女，维持家计，完全称得上是一个贤惠的女子。

吕雉先后替刘邦生下两个孩子，长为女，名字已失传，就是后来的鲁元公主；次为男，取名叫刘盈，就是后来的汉孝惠帝。

吕雉嫁给刘邦的最初几年里，因为刘家的家境在沛县也算不得殷富，因此她不仅要操持家务，还要下地从事农业生产和纺织，照顾老人，管教孩子，日子过得异常清苦。而刘邦呢，每天除了例行公务之外，便戴着一项自制的竹冠，和一些狐朋狗友饮酒作乐，整日不着家。难道吕公所谓的贵不可言的面相，象征的就是这样一个生活状况吗？

如果不是因为秦始皇死于巡幸途中，其长子扶苏被赐死，次子胡亥即皇帝位，宠信赵高，骄恣乱政，导致天下大乱，而后陈胜、吴广举起反秦大旗的话，刘邦很有可能一辈子待在沛县丰邑，继续着他之前"好酒及色"的生活，终老于亭长任上，一生毫无建树，让吕公"大贵之相"的预言落空。

关于面相，剔除唯心主义的成分，有时候其实可以这样理解：通常情况下，一个人的精神、气度、学养、识见、境界和生命力、控制力、感召力等因素会或多或少地表现于他的面部，再加上他的言谈举止，从而给人一个直观的感觉。人们会认定他到底是意志坚强还是性格懦弱，志向远大还是胸无大志，气量宏大还是锱铢必较，敏于识断还是糊涂昏暗，坚决果敢还是优柔寡断，精力充沛还是体弱多病；并综合起来考量，看这个人能够胜任哪一个层次的社会活动，他自身的健康水平、人脉、才识及资源能不能支撑他达到那个高度，从而给出一个大致的判断。这就是所谓的面相，或者可以说是一个人的禀赋。而有些人则城府很深，或者是伪装很深，短时间内不容易被一眼看穿，这就是所谓的"真人不露相"或是"人不可貌相"了。但大体上，一个人到底是器宇轩昂还是形容猥琐，襟怀坦荡还是居心叵测，率真自然还是拐弯抹角，还是有一个判断标准的。所以很多人有意无意地根据这个标准，来评价他人并表达自己的好恶和褒贬。吕公见到刘邦就立即认定他将来能成大器，主要的因素无非以下几点：一是刘邦有健康的体魄，能支撑他干事业；二是刘邦能迅速判明贺礼多少决定地位高低这个关键，灵活应对不使自己屈居人下；三是先声夺人，能占得先机、树起大旗、立起框架；四是傲视权贵，唯我独尊，有当掌权人的野心和潜质；五是不拘小节，能着眼全局，做得了大事；六是长相标致宽厚，第一印象不让人生厌，能令人信任，招致追随者，等等。许多相师给他人相面，比如东汉的许劭给曹操相面，说他是"治世之能臣、乱世之奸雄"等，道理也大抵如此。对此，一定要有一个科学的认识，不要一提起相面，就以为是传说、是迷信、是骗人的东西，这是很片面的。

一个人天生的禀赋固然重要，机遇也很重要。许多人资质不赖，但生不逢时，也是常有的事情。所谓"冯唐易老，李广难封"，大概就是这个道理。有的人，有当帝王的禀赋，但如果生在太平盛世，也只能是个普通人。假如刘邦没有遇上秦末大乱，他充其量仍然是沛县丰邑市井之间的一个酒色之徒而已，并不会成为汉高祖；如果不是因为胡亥和赵高的暴政，陈胜、吴广也很有可能就是一辈子替人耕种的雇农而已，不会成为中国第一次农民起义的领袖。所以说机遇非常重要。也因为这个缘故，在太平盛世，相面术一般不怎么吃香，因为即使某人有某种面相，也没有机会去实现，相面术无法应验，自然就失去了市场；而一到乱世，相面术就会非常走俏，相师可以根据一个人的禀赋大略地进行判断，而被相者也确实会有那样的机会，一旦被相者抓住机遇取得了成功，相师的评判就会成为惊人的预言，成为千古传奇。而与此同时，许多野心家也需要这种精神鸦片来给自己壮胆，作为自己的人生信念和精神支柱，支撑着自己一路走下去。从科学的角度说，相师的预言客观上会给被相者一种积极的心理暗示和干预，"只要思想不滑坡，办法总比困难多"，身处绝境之时想想相师的预言，心中就会重新燃起希望，不再轻言放弃，这是毋庸置疑的。

而作为面相大贵的刘邦，会迎来他怎样的人生机遇呢？他迎来的就是陈胜、吴广的反秦起义。

刘邦作为亭长，过段时间就要向咸阳押送一次刑徒。刚开始面对秦朝法律的威慑，刑徒们也还俯首听命，乖乖前往咸阳。但到了后来，法令越来越严苛，徭役越来越繁重，犯罪的人越来越多，官府的管理难免脱节跟不上，于是许多人犯了法便开始逃亡。因为罪犯实在太多，所以地方官也抽不出足够的时间和人力来组织追捕，对于逃亡的人，大多无可奈何。这些人逃跑之后，藏在山林、湖泊、沼泽之中，昼伏夜出，家里人悄悄送些吃的用的，境况比在咸阳或是长城边出苦力、累死在工地上要好出许多。两相比较，逃亡的好处立即体现了出来，有了这样的先例和认识，逃亡的人便越来越多。他们在山林沼泽中有组织地藏匿、转移，躲避官府的追捕，官府也拿他们没办法。所以在当时，许多人家并不因家里有了逃犯而感到可耻；相反，他们为自家的亲属能够逃亡而感到庆幸。家属们过不了几天，就会筹备些食品衣物，悄悄地送到山里去。因为大多逃犯之间都相互认识，所以家属们找起来也并不费力，甚至有时候只要把衣物送到某个认识的逃犯手中，就一定能转送到自己的亲属那里。

在这样的一个大背景下，刘邦再一次押送一批刑徒前往骊山为秦始皇修陵墓。一路上，刑徒们不断地逃跑，刘邦粗略估算了一下，照这个速度下去，到不了骊山，刑徒们就会逃得一个不剩。加强管束吧，大家都是乡里乡亲的，而且大多数还认识，把人家硬生生押到骊山去送命不合适，到时候如若真的死在工地上，他们的家人会怨自己。反正秦朝的统治那么暴虐，社会这么混乱，逃亡的人那么多，这个亭长干与不干，似乎已经没有多大区别了，那么索性谁都逃亡吧。想到这一层，刘邦把剩余的刑徒们召集起来，痛饮一番之后，解开他们身上的枷具，然后对他们说："你们都去逃亡吧，从此以后，我也要去逃亡了。"刑徒们十分感动，向刘邦表示感谢后立即散去了大半，但也有十多个人留了下来，表示愿意跟他在一起。

于是刘邦就带着这十多个人趁夜往山里赶。走了一段之后，前面探路的一个人突然大惊小怪地跑了回来，说前面路上有一条大蛇挡道，没办法走过去，希望从原路退回。刘邦当时喝得醉醺醺的,一听立即大怒:"大丈夫走路,怕什么?"于是径直寻了过去,发现果然有一条大白蛇横卧在路上,刘邦抽出随身佩带的宝剑,挥剑将蛇斩为两段。杀死白蛇之后,刘邦继续在前面走,又走了一段路,实在醉得不行了,就在路边睡了过去。后面赶路的人路过刘邦斩蛇的地方,看到有一个老妇人在哭,于是就问老妇人为什么哭。老妇人回答说:"有人把我的儿子杀了,我在哭我的儿子。""你的儿子为什么被杀啊?"老妇人回答说:"我的儿子就是白帝的儿子,他刚刚变成一条蛇躺在这里,结果被赤帝的儿子给杀了。"赶路的人觉得老妇人是在胡说八道,想要责打老妇人,谁知老妇人却突然不见了。这些人大吃一惊,于是赶快赶到刘邦那里,摇醒刘邦,然后向他转述了老妇人所说的话。刘邦听了之后,心里非常得意,自以为就是赤帝的儿子。从此以后,那些跟随他的人更加敬畏他了。

刘邦带着这十多个人逃进了芒砀山中。许多逃亡的人听说了他的所作所为,又自觉地前来投奔他,愿意听从他号令的人渐渐发展到了几百个。

刘邦在逃亡,吕雉在家里务农,萧何和曹参等人,则谁也没有去为难刘邦的家人。原因有三:其一,他们和刘邦有交情,这种事情做不出来;其二,逃亡的人那么多,他们没必要单单和刘邦过不去;其三,刘邦的岳丈吕公和沛令是好友,不看僧面看佛面,没必要给自己找不舒服。在刘邦逃亡后不久,沛令马上下令把吕雉逮捕入狱,但随即就在萧何、曹参等人周旋下获释。于是在这种相对宽松的逃亡环境中,吕雉倒可以抽空跑到山林中去为刘邦送食物,当然了,其他的逃犯家属也会捎带着去送。这样的逃亡,俨然就是边疆从军的感觉。张家的媳妇提着一个篮子要去山里,李家的媳妇赶快拿来一个篮子,附耳说道:"给我家那个死鬼也捎件衣服,下次我替你捎。"就这样,在官府的睁一眼闭一眼和家属的鼎力掩护下,刘邦和他的同乡们在山林中游荡了好几年。

时光流逝,斗转星移,转眼到了秦二世元年(公元前209)七月,遍地的干柴只等一颗火星来引燃——陈胜、吴广在大泽乡发动了起义。各地的百姓忍耐秦国的暴政已久,纷纷群聚联合,杀死郡、县的官吏,以响应陈胜的起义。沛县周边的区域大多已为起义军所占领,沛县百姓也群情激昂,热切向往起义。沛令十分惊慌,知道再拖下去早晚会成为起义军攻打或是百姓袭杀的对象,于是也想加入反秦起义,争取政治上的主动,希望将来百姓不要为难自己,但又苦于身边没有得力助手,于是就找萧何和曹参商量。

萧何和曹参都是极端聪明的人,这是毋庸置疑的,否则,他们两人也不可能成为西汉的第一任、第二任丞相。对于陈胜、吴广起义后的天下大势，他们都是有着非常清醒的认识的。秦朝的灭亡是早晚的事情，但枪打出头鸟，出头的椽子先烂，如此明哲保身之术，萧何和曹参都是深谙的。他们和陈婴的母亲一样，都是聪明人，但正因为聪明，把各种利害关系想得非常清楚，所以缺乏赌徒一样的勇气，成不了领袖，最多只能成为领袖的追随者。

沛令问萧何和曹参该怎么办，萧何和曹参几乎不约而同地想到了刘邦。刘邦这个人是个无赖，他好酒又好色，有了上顿不顾下顿，没有他豁不出去的事情，为此，他私纵刑徒，甘愿跑进芒砀山东躲西藏。他反抗秦朝在先，因此由他倡导起义，沛县的百姓没有一个人会怀疑。而沛令就不一样了，他刚刚还在替秦朝卖命，杀人父，刑人子，转眼之间就举起反秦的大旗，想要让那些曾经的受害者顷刻之间放下仇恨改变立场支持他，这可能吗？至少在普通百姓看来，这是没可能的。那么在这样的情况下，推举刘邦为首领，让他带领大家起义，既可以顺应民意，又可以保全沛令，不失为一个最好的选择。基于这样的考虑，萧何和曹参劝沛令说："您是秦国的官员，如今想要背反秦国，继续统治沛县的百姓，他们恐怕是不会乐意的。您不如召集那些流亡在外的武装力量，这样就可以增加数百兵力，有了这数百人，就一定会震慑其他人，还有谁敢不听您的号令呢？"沛令觉得有理，于是问："依你们之见，我该召谁呢？"萧何与曹参说："原泗水亭长刘季，素来与我们相识，因私纵刑徒逃进芒砀山中，听说如今他手下已聚集了几百人，召他前来最为合适。"沛令觉得有理，于是命县中的屠户樊哙前去寻找刘邦。

刘邦在山林湖泊之中东游西荡，早就盼望着这一天的到来，听说沛令派人来找他，怎么能不激动万分，于是立即带齐几百号人马，跟着樊哙往沛县城中赶。

但就在刘邦和樊哙快要到达沛县城中的时候，沛令却反悔了。自樊哙走后，沛令左思右想，越想越后怕：如果刘邦来了之后不受节制怎么办？或者说他趁机攻打自己那又该怎么办？再者说了，就算刘邦不会杀死自己，那么沛县城中的百姓那么拥护他，日后还有他沛令的地位可言吗？弄不好萧何和曹参早就与刘邦串通一气，下好了套等他来钻。把权力拱手相让会死得很惨，那还不如先下手为强，把萧何和曹参先逮起来再说。

想到这里，沛令立即下令关闭城门，加强守卫力量，防止刘邦攻城，并命人搜捕萧何、曹参等人。萧何和曹参在沛县城中素有人缘，于是在旧僚属的帮助下，逃出县城，找到了刘邦。

萧何和曹参惶急而来，使刘邦立即明白了自己眼前的处境。他从芒砀山中率众赶来沛县，目的就是要借助县城坚固的工事和城防，为下一步反秦打基础。可如今沛令反悔，自己又从逃亡中暴露，如果沛令一旦下令搜捕自己，那么后果不堪设想。刘邦已经没有了退路，他当机立断，起草了一封信，命人抄写在多份锦帛上，然后用箭射到了城里。刘邦在信中写道："天下百姓，忍受秦国的暴政已经很久了，沛城的父老乡亲们，你们现在为秦国的沛令守城，等诸侯的大军杀来之时，你们免不了要被杀死。为什么不趁现在就杀死沛令，在沛县推举一个有才德的子弟担任大家的首领，共举反秦的大旗呢？这样一来，诸侯的大军也就不会再与乡亲们为难，大家都可以保全自己的家室，这不比毫无意义地牺牲全家的性命要强得多吗？"

刘邦的这封信，为沛县的百姓做了深入的分析，那就是到底是替沛令守城讨伐他刘季然后等来诸侯大军的屠戮，还是和他刘季这样的逃亡者一起，杀死沛令这样的秦国官吏，然后和诸侯的大军一起反抗秦国。天下的大势已经非常明朗，老百姓的文化层次是没有统治阶级高，但他们对形势的认识并不会差。如果实施严刑峻法残酷压榨百姓的秦二世在，内有赵高这样的权奸残害大臣胡作非为且外有六国贵族兴兵复仇的内忧外患之下仍然能稳坐国君之位，那就说明这个世界上不再有任何的天理可言。正义的天平会向哪一方倾斜，任何人心里都是清清楚楚的。所谓百姓心中有杆秤，说的就是这个道理。复仇的火焰一旦被点燃，就再没有什么力量能够将它遏止。刘邦的信不失时机地点燃了沛县父老心中的怒火，争取到了沛县百姓的支持，民心的天平迅速向他这一方倾斜。沛县的豪绅们带领县里的年轻人攻打县衙，杀死沛令，然后大开城门，将刘邦和他的队伍迎进了城里。

县里的豪绅们都一致推举刘邦担任沛县的县令，但刘邦对自己的底细还是清楚的。他原本只是一个小小的亭长，而萧何、曹参这样的沛县高级官吏还在。他虽说平素不怎么在意官场的这一套东西，但到了正式严肃的场合，该讲的秩序还是要讲的，就像他在咸阳见到秦始皇，只能小声地说"大丈夫当如此"，而不是像项羽那样大声地说"彼可取而代也"。基于这样的原因，刘邦谦让说："如此天下大乱，兵革四起，如果选不好首领，就会导致一败涂地。我并不是吝惜自己的性命，只是担心才智浅薄，无法完成诸位父老兄弟交给我的任务。这是关系生死的大事，希望大家能重新选择一个更为合适的人。"

理论上来说，当时像萧何和曹参这样的县中高级官吏，是最有资格被推举为起义军首领的，但是，这两个人都是文官出身，都缺乏勇气和胆量，害怕万一起义失败了会被秦朝灭族。而当时的一个事实情况就是，大多数人跟着别人造反可以，但自己却说什么也不愿当首领。因为谁要当了首领，秦朝的大军首先盯住的就是谁，"擒贼先擒王"，剿灭一支起义军队伍的标志也就是杀死这支起义军队伍的领袖，所以风险是非常大的。在这样的情况下，其他人都推举刘邦当首领，其心理动机是显而易见的。当然了，推举刘邦当首领，一方面固然说明了其他人畏祸自保心理严重，但另一方面也足可以见证刘邦在其他人心目中还是有一定的分量的。人类的心理活动是异常复杂的，虽然大多数人因畏祸而推举刘邦，但因为认可刘邦的勇气和胆略而推举他的人，也还是占有一定比例的。

一些豪绅就说："我们平时都听说过发生在刘季身上的那些奇闻，他将来一定会大贵，况且我们已经占卜过了，没有比刘季当首领更吉利的了。"于是最终推举刘邦当了沛县的首领。

因为秦国的县宰被称为"令"，而之前楚国的县宰却被称为"公"，如叶公沈诸梁、白公胜等。所以刘邦为了显示自己对楚国制度的尊崇和对陈胜"张楚"政权的响应，所以自称为"沛公"而不是沛令。

刘邦当了沛公之后，在县庭里祭祀黄帝和蚩尤，杀牛宰马，用血涂染战鼓。旗帜一律用红色，以再次神化自己"赤帝之子"的身份。刘邦的队伍崇尚红色，与秦朝崇尚黑色相区别。县里那些年轻的豪绅和县吏，如萧何、曹参、樊哙等，都替刘邦征召沛县的子弟为兵，共得两三千人，这些人构成了刘邦起事的最初的队伍基础。

陈胜、吴广起义三个月之后，即秦二世二年十月，刘邦带领这支子弟兵队伍从沛县出发，先后攻打胡陵（今江苏省徐州市沛县北）、方与（今山东省济宁市兖州区）等地，都取得了胜利。刘邦继续率军前往故乡丰邑，准备打下丰邑。

时间已到陈胜、吴广起义的次年，也就是公元前208年，陈胜的部将周文率军进攻咸阳，到达戏水，被秦少府章邯率领的囚徒击败，周文部败退。其时，赵国武臣、燕国韩广、齐国田儋、魏国魏咎都已自立为王，项梁、项羽叔侄也在会稽郡起兵。

章邯反击周文所部的胜利给固守的秦国旧官吏带来了一丝希望，于是，这些本来摇摆观望的旧官吏开始起兵围剿辖区内的起义军。泗川郡（郡治今安徽省淮北市相山区）的郡监名叫平（姓失传，如尉缭、内史腾等），他率军和刘邦在丰邑交战，结果被刘邦打得大败，丰邑被攻克。刘邦命同乡豪绅雍齿守卫丰邑，而自己则率兵前往薛县（今山东省枣庄市滕州市南），攻打泗川郡的郡守壮。壮被刘邦部击败，逃往戚县（今山东省济宁市微山县），被刘邦部下左司马曹无伤擒杀。

刘邦在前方东征西讨、节节胜利，可让他万万没有想到的是，后方丰邑却出了问题。这个问题出在了起义军内部。

魏相周市在旧魏地替魏咎攻城略地、扩充地盘。到沛县一带之后，他派人威胁加利诱驻守丰邑的雍齿说："丰邑是我们魏国的故土，我们魏国曾经将都城迁往丰邑。现在我们魏国已经占领了几十座城邑，如果你现在投降我们魏国，那我们就封你为侯，仍旧让你驻守丰邑；如果你不投降，等到我们攻破丰邑，大肆屠戮的时候，可就说什么都无济于事了。"雍齿是丰邑的豪绅，他本来就看不起不事生产、无赖形状的刘邦，只是迫于形势才屈居被他人推举为沛公的刘邦之下，如今见魏国招降，于是趁势背叛刘邦，投降了魏国。

刘邦听说雍齿和丰邑子弟变节降魏，立即大怒，率军前来攻打丰邑，结果因丰邑设守严密，没有攻下。刘邦连急带气，一下子病倒了，无奈何，只得收兵先回沛县。

其时章邯已追亡逐北，不仅消灭了周文所部，而且攻破了陈胜的大本营陈县，陈胜战败被杀的传言四起。刘邦从病中康复之后，听说秦嘉等人占据在留县（今沛县南），立楚国旧贵族景驹为楚王，于是前去投靠景驹，想借景驹的兵马攻打雍齿。但在这个时候，击败陈胜的章邯已经调兵遣将，四处讨伐陈胜余部，章邯的部下司马桺（音聂）率军一路追剿陈胜部，攻破相地（今安徽省淮北市濉溪县西）之后，到达砀郡（今安徽省宿州市砀山县南）。

秦军打上门来，起义军内部的纷争已经顾不得了，刘邦于是和秦嘉合兵，一起与司马桺所率的秦军在萧县（今安徽省宿州市萧县西北）之西作战，初战不利。秦嘉与刘邦收兵回留县，集结全部兵力猛攻砀郡，苦战三日，击败司马桺，攻破砀城。收编砀城兵马，共得五六千人。刘邦带这支兵马攻打沛县下邑（今安徽省宿州市砀山县），也取得了胜利。刘邦感觉以自己当时的军力，收复丰邑已很有把握，于是告别秦嘉，前来攻打丰邑，但仍然没有攻下。

其时项梁已西渡长江攻灭秦嘉并到达薛地。刘邦听说后，让部将率军继续围困丰邑，自己则带着百余人前往薛地，向项梁借兵。项梁见刘邦也是一条好汉，于是借给刘邦兵马五千、大将十名。刘邦有了这五千生力军马，三攻丰邑，雍齿无法抵挡，只好逃往魏国。丰邑终于又回到了刘邦手中。

其时，刘邦手下已经罗致了几名非常出色的人才，汉初三杰之两杰——萧何、张良已经投到了他的麾下，周苛、周昌兄弟也跟随了他。

周苛、周昌兄弟是沛县人，其时都是泗水卒吏，刘邦击败泗水郡守将之后，周苛和周昌全都归附了刘邦。

而张良则是刘邦前去投奔景驹的路上遇到的。

张良是韩国贵族后裔，他的祖父和父亲在韩国做过五代相国。张良的父亲死后二十年，秦国灭了韩国。那时，张良还年少，所以没有来得及在韩国做官。韩国被灭的时候，张良家里还有三百多奴仆。张良的弟弟早死，张良没有厚葬他，而是拿出全部家财募求死士，企图刺杀秦始皇为韩国复仇。

张良曾经在淮阳学习礼仪，又向东游历，在那里见到了仓海君。在那里，他找到了一个大力士，特地为他制作了一柄一百二十斤重的铁锤，准备刺杀秦始皇。秦始皇东巡至博浪沙，张良让大力士把大铁锤投向秦始皇的马车，结果误中副车，没有击中秦始皇。秦始皇勃然大怒，下令在全国搜捕刺客。张良为了避祸，隐姓埋名，在下邳（今江苏省徐州市邳州市）藏匿了起来。

张良在下邳避难期间，闲暇的时候就到下邳桥附近散步。有一天，他在桥边遇到了一个穿着粗布衣服的老者。老者走到张良近前，故意把他的鞋甩到了桥下，然后对张良说："嘿，小子，到桥下给我把鞋捡来。"张良愕然，准备痛打老者一顿，但又碍于他年纪非常大，只好强忍着，到桥下给他把鞋捡了回来。老者见张良把鞋捡了回来，又伸出脚对张良说："给我把鞋穿上。"张良非常生气，本不想替他穿，但转念一想，已经把鞋给他捡来了，再给他穿上又何妨？于是就蹲下身子，仔细地替老者把鞋穿好了。老者见状，笑着离开了。张良非常惊讶，一直目送着老者离去。老者走出一里多路，又折返了回来，对张良说："年轻人还是可以教导的嘛（孺子可教），五天后的早上，到这里来见我。"张良更加奇怪，于是应承了下来。

五天后的早晨，张良去了下邳桥下，发现老者已经到了。老者看见张良，生气地说："和老年人约定见面，怎么反而迟到呢？回去吧，五天后的早晨再来。"五天以后，张良鸡鸣时分就去了下邳桥下，谁知老者又先到了。老者这次更加生气，责备张良说："怎么又迟到了？回去吧，五天后的早晨再来。"五日之后，张良半夜里就起来去了下邳桥下。等了一会儿，老者来了，他见张良早到，高兴地说："这样就对了。"他拿出一卷书交给张良说："你认真看完这个，然后就可以当帝王的老师了。十年之后，你就会发达显赫，十三年之后，你到济北,谷城山下的黄石就是我。"说完之后,老者就走了,从此以后,张良再也没有见过他。天亮之后,张良打开书一看,原来是一部《太公兵法》。张良非常珍惜,日夜诵读研习。以上典故,史书上称之为"圯桥进履"。

张良在下邳的时候,好做些行侠仗义的事情。而项伯也经常杀人,杀了人之后去远处躲藏,于是张良就想方设法帮助他。

十年之后,陈胜在大泽乡起义,张良也在下邳聚集了一百多名年轻人。陈胜战败遇害的消息传出,秦嘉拥立景驹为楚王,张良听说之后,就准备去投奔景驹。这个时候,正好刘邦率军攻打下邳,因为他们的目的都是为了攻打秦国,于是张良就暂时投到了刘邦的麾下,刘邦任命他为厩将。二人一齐前往留县见景驹,在路上,张良和刘邦经过攀谈,发现非常投缘,大有相见恨晚之意。张良几次用《太公兵法》上的策略为刘邦出主意,刘邦非常赏识,全部采纳。而张良曾用这些策略替他人出主意,都不被理解。张良叹息说:"沛公刘邦,大概是上天派到人间来的吧。"于是打定主意,一心一意跟随刘邦,不再提投奔景驹的事。

击败雍齿收复丰邑之后,刘邦先后与项梁救援齐将田荣并击败秦将章邯,与项羽合兵攻打雍丘,击败秦军并斩杀李由。项梁败死后,手中有了一定实权的楚怀王熊心为了激励将士、稳定军心并尽量淡化项氏的影响,任命刘邦为砀郡长,封武安侯,驻守砀郡。刘邦从沛县的县令到砀郡的郡长,在政治上实现了一次飞跃。如果说当初刘邦面对众人的推举,对自己的德行和能力能否胜任沛公一职还有所疑虑、自卑和畏难的话,那么现在,他对于一个比沛公更高的职位——郡长,却并没有表现出过分的惶恐和不安。因为经过这一年多的征战和历练,他已经在政治上迅速走向成熟,并有了足够的经验、实力、把握和心理承受能力去面对这个职位。从手足无措到驾轻就熟,反映了刘邦在政治上的快速成长。

秦二世三年(公元前207),为了在战略上策应其他各国的反秦行动,刘邦接受楚怀王的派遣,率军西进,准备攻打关中,西入咸阳。

刘邦从砀郡出发,一路收集陈胜、项梁战败后流失的散兵,并在成阳、杠里(今山东省菏泽市周边)这两个地方接连击败秦军。到了昌邑(今山东省济宁市金乡县西、巨野县境内)的时候,刘邦遇到了当地人彭越率领的另一支起义军。两人合兵一处,攻打秦军,但并没有取得胜利。两人撤退至栗县,在那里,刘邦夺取了楚将刚侯武的军队共四千多人,刘邦的实力进一步增强。他与魏国将领共同攻打昌邑,但没有攻下。刘邦索性放弃昌邑,继续西进,来到了高阳(今河南省开封市杞县西南)。

高阳有个人名叫郦食其（音历异基），他担任里门监，在城上看见刘邦的队伍，对其他人说："从这里经过的将领多了，但在我看来，只有沛公才是宽厚仁慈的长者啊。"于是准备去投奔刘邦。正好刘邦手下的一个士兵是郦食其的同乡，于是郦食其就请这个老乡向刘邦推荐自己。这个士兵回去之后，果然向刘邦推荐了郦食其，于是刘邦就让郦食其去见他。

郦食其来了之后，向门口的卫士递上自己的名刺说："高阳的贱民郦食其，听说沛公不辞劳苦，奔波在外，带兵助楚国征讨不义，敬请各位进去帮我通报一声，说我愿意见沛公，和他谈论天下大事。"卫士于是进去向刘邦通报，刘邦其时正在洗脚，就问卫兵郦食其是一个什么样的人。卫兵回答说："看他的衣着打扮，像是个非常有学问的儒生。"刘邦素来不喜欢读书人，曾经在儒生的帽子里撒过尿。他听说郦食其是个儒生，就对门卫说："你出去对他说，我正忙于天下大事，根本没有时间见读书人，让他快走吧。"卫兵出来把刘邦的话告诉郦食其，郦食其十分生气，他拔出剑来，一剑砍在桌子上，大声地对卫兵说："回去重新对沛公说，我是高阳的酒徒，不是什么读书人。"典故"高阳酒徒"即出于此，用来指那些喜欢喝酒且放荡不羁的人。

卫兵见状，立即吓坏了，手里拿的名片都掉到了地上，他慌忙跪地捡起，然后转身回去，再次对刘邦说："来客真是一个天下的勇士，他当面斥责我，我吓坏了，竟然把名刺都掉到了地上。他对我说，他是高阳酒徒，不是什么儒生。"刘邦一听，立即站了起来，然后拄着长矛说："把他请进来。"其时刘邦正坐在床上，让两个女子给他洗脚。郦食其见状，颇有些不高兴，也不给刘邦行礼，只是向他作了个揖说："如果你真想诛灭无道的秦国，就不应该坐在床上接见比你年长的人。"刘邦听了，赶快起身，穿好鞋袜，向郦食其道歉，并请他上座，饮酒叙谈。

郦食其说："您长年累月不顾劳苦在外奔波，带兵助楚讨伐不义，您为什么如此不自爱呢？我想和您讨论天下大事，可您却以正在忙天下大事、无暇见儒生为由拒绝我。您如果真想成就天下的大功，但却以貌取人，恐怕就会失去天下有才能的人。况且在我看来，您的智谋不如我，勇敢也不如我，如果您想成就大业而不想见我，那我觉得您的损失可就大了。"

刘邦听了之后，赶快向郦食其道歉说："我刚才只是听说了您的容貌，现在才真正明白了您的真实意图。"然后向郦食其请教该怎样取天下。

郦食其说："您如果想成就大业，不如先占据陈留（今河南省开封市陈留镇）。陈留是天下的交通要道、军事要地，储藏的粮食有千万石，城防非常坚固。我与陈留令关系非常好，愿为您去劝降他。如果他不听我的，那我就杀了他，然后夺取陈留。到时候，您率领陈留的兵将，占据陈留的城池，食用陈留的存粮，召集天下想投奔您的人。等到您兵强马壮的时候，就可以横行天下，没有谁能够对您造成威胁了。"

由于郦食其说话直来直去，所以特别对刘邦的脾气，刘邦与他大有相见恨晚之感。对郦食其的建议，刘邦也马上就同意了，于是让郦食其去劝说陈留令。

郦食其连夜去见陈留令说："暴秦无道，天下人全都背叛了它。如今您与天下人共同反秦，则可以成大功，如果想为即将灭亡的秦朝坚守城池，那么您的处境也就非常危险了。"

陈留令说："秦法非常严苛，绝对不能胡说八道，如果被发现的话，那是要被灭族的。您对我所说的这些，一点也不符合我的心意，请您再不要说了。"

郦食其知道无法说动陈留令，于是留宿在县令的府邸之中。到了夜半时分，郦食其趁陈留令熟睡之机，砍下了他的头，然后翻越城墙前去向刘邦报告。

于是刘邦带兵攻城，并把陈留令的首级挂在长竿上，对城中的守军说："赶快投降，你们县令的脑袋已经被我们砍下来了，谁要是迟迟不降，那么在城破之后，一定会被杀。"陈留军民见县令已死，于是相继投降刘邦。

刘邦占领陈留之后，就住在陈留城中，用城中的存粮供应军需，前后达三个多月，招募了数万士兵，进一步壮大了实力。

因为郦食其在取陈留时立下大功，于是刘邦拜他为广野君。过了几个月，郦食其的弟弟郦商也带着四千多人前来投奔刘邦，刘邦拜他为将军，与他共同进攻开封（今河南省开封市南）。

刘邦没有攻克开封，率军继续西进，在白马（古渡口，历史上黄河曾数次改道，古白马渡口在今河南省安阳市滑县北）与秦将杨熊相遇，接连两战，大破杨熊之兵。杨熊战败逃往荥阳，被秦二世派使者处死。刘邦随后攻打颍阳（又名颍川，今河南省许昌市禹州市南），战事非常惨烈。破城之后，为了消灭秦军的有生力量，刘邦将城内的秦军将士全部杀死。

在项梁刚刚立熊心当楚怀王的时候，张良随刘邦一齐去拜见了项梁。张良向项梁建议说："将军您现在已经拥立了楚国的后人为楚王，而韩国国君的后人横阳君韩成也非常贤能，将军您可以拥立他为韩王，这样一来，楚国又可以增加一支盟军。"项梁同意，于是派遣张良前往韩地，找到韩成，然后拥立他为韩王。张良担任韩国的司徒，与韩成率领数千人，向西攻取原属韩国的土地。起初他们曾攻下几座城池，但旋即又被秦军夺了回去，张良只得与韩王在颍阳一带打游击。

此时刘邦率军到达颍阳，为了策应张良，派兵攻取了原韩地的险道轘辕（今河南省洛阳市偃师县东南）。张良听到刘邦已到达韩地，立即带领手下兵将前去投奔刘邦。在张良的谋助下，刘邦相继攻克韩地十多座城，并将韩国将领韩信收入麾下（注，这个韩信不是汉初三杰之一的淮阴侯韩信），之后命韩王成率军留守阳翟，然后和张良、韩信一同带兵南下。

在这个时候，赵国将领司马卬（同昂）准备渡过黄河抢先入关，刘邦于是向北攻取平阴（今河南省荥阳市东北），切断了黄河渡口。之后，刘邦率军继续南进，在洛阳之东与秦军交战，被秦军击败。刘邦只得率军退回阳城（今河南省郑州市登封市东），集合军中战马，集中优势兵力前去攻打南阳。南阳郡守齮（音以）不敌，退守宛城。刘邦攻打宛城不下，于是引兵继续西进。

张良见刘邦孤军深入，于是进谏说："你想要尽快入关，这是可以理解的。但是，秦兵相对于我们，在数量上还是占优势，而且占据险要地形和坚固的城防。如果我们不把宛城打下来就继续西进，那么宛城的守军从后面攻打，强大的秦军在前面阻拦，我们就会陷于腹背受敌之中，这是非常危险的。"刘邦知道张良颇具韬略，对于张良的提醒他深以为然，于是趁夜引兵从其他的路上绕回来，更换了旗帜，到天亮的时候，把宛城围了个水泄不通。

南阳郡守见刘邦军去而复返且围城更密，一时间万念俱灰，准备举剑自刎。他的门客陈恢劝阻他说："现在还不是死的时候，请让我去见一见沛公再说吧。"于是翻过城墙去见刘邦，对刘邦说："我听说您曾在楚怀王面前与诸将相约，谁先攻入咸阳，谁就是关中之王。如今您率兵围攻宛城，宛城是南阳这个大郡的郡治，连着数十座城池，人口众多，积蓄的物资极为丰富。城中的大小官吏都以为投降之后必定会被杀死，所以都奋力守城。如果现在您昼夜不停地攻打宛城，那么您的将士伤亡一定会非常严重，如果您解围离开宛城，宛城的守兵一定会尾随在后偷袭您。这样一来，您不仅失去了尽快进入咸阳的机会，而且还有强大的宛城这个后患。依我来看，您最好明确地提出条件，招降宛城，封赏宛城的守将，让他留下来守城，而您带着宛城的甲兵一齐向西进军。一路上那些还没有被攻取的城邑听说您如此仁义，就会争先恐后地开门向您投降，您西入咸阳，还会有什么阻碍呢？"

刘邦觉得陈恢说得很有道理，再说大兵压境，遍地叛秦，陈恢等人也不会有别的出路，主动提出投降，并非使诈，于是爽快地答应了陈恢的建议，封宛城守将为殷侯，封陈恢为千户，留他们继续守宛城，自己则带着原有兵马和宛城兵马，继续西进。由于宛城的示范作用，所到之处，沿途的县城望风而降，西进非常顺利。到达丹水（今河南省南阳市淅川县西）的时候，高武侯戚鳃和襄侯王陵全部归顺了刘邦。回军攻打胡阳（今南阳市唐河县西南），遇到了番君吴芮的部将梅鋗（音宣），两家合兵一处，共同降服了析城（今南阳市西峡县）和郦城（今南阳市南召县南）。

刘邦眼见节节胜利，于是派魏国人宁昌前去咸阳出使，私下拉拢赵高，但还未等使者回报，秦军主将章邯已经率领大军投降了项羽。其时因项羽破釜沉舟，在巨鹿之战中一战逆转战局，所以诸侯将领都十分畏服项羽，全都自觉地归项羽节制。秦军主力在东方全军覆灭，赵高得讯，唯恐被秦二世所诛，所以紧急发动政变，杀死了秦二世。之后，赵高派使者来见刘邦，他提出了合作的条件，那就是与刘邦共分关中，各自称王。

其时的战争形势，秦国的国土完整而未被兵祸者，也就仅剩秦国未统一前的早期领土——关中了。如果秦国内部团结，君臣一心，军队主力未被歼灭，那么赵高与刘邦预约分王关中，那倒是可以考虑的。可是现在，秦国外有诸侯之兵，内有赵高之患，人人必欲灭亡秦国而后快，赵高等人在关中如瓮中之鳖，早就丧失了与任何一个有实力的诸侯预约"分王关中"的资格和条件。基于此，刘邦拒绝了赵高的使者。当然了，他作为一个政治家，不可能把拒绝赵高的理由明明白白告诉对方，而是放了一个烟幕弹，他的借口是——他对赵高与他分王关中的诚意表示怀疑，也就是说，他认为赵高是在使诈，行缓兵之计。

既然被刘邦误认为在使诈，那么赵高必须拿出一些诚意来争取刘邦的信任，至少在表面上要稳住刘邦，不要让刘邦在他的权力稳固、关中稳定之前打进来。可是，还没等他做出下一步的动作，他就被秦王子婴杀死了。

而刘邦呢，他拒绝赵高的目的也是为了麻痹赵高，一方面他与赵高的使者谈判，而另一方面他却在考虑如何尽快破关而入。攻克武关（今陕西省丹凤县东南）之后，进入关中的南大门立即大开，但武关之西的峣关（今陕西省西安市蓝田县南，因临近峣山而得名）仍然挡在前方，刘邦准备派兵两万袭击峣关。张良替他谋划说："秦军的战斗力还很强，不可掉以轻心。我听说峣关守将是个屠夫的儿子，商人家庭出身的子弟对利益看得很重，所以非常容易用利益来收买。您可以安坐中军营中，派五万人带着锅灶到山上去，到处竖起旗帜，陈设疑兵，然后派郦食其带着财宝前去游说守关的秦国将领。"

刘邦采纳张良的计策，派兵上山大张疑兵，给秦军造成楚军人数众多的假象，借此迷惑秦军，给秦军施加压力，然后派郦食其和陆贾带着大量财宝前去游说秦国守将。秦将面对财宝果然动心，提出与刘邦联合起来一齐西入咸阳。刘邦准备和秦将结盟时，张良又提出了新的主张："现在仅仅是秦国守将准备与我们联合，他手下的将士则未必听从他的命令。而如果不听从他的命令，那就一定会有很大的危险，不如趁他们离心懈怠之际发动突然袭击，一定会取得胜利。"刘邦大喜。在这个时候，如果与秦将结盟一齐西入咸阳，到时候谁为主谁为辅谁做关中王就会成为大问题，早晚免不了一战，现在张良提出这样的计策，倒可以一劳永逸地解决这个后遗症。

于是趁秦将摇摆不定之际，刘邦率军绕过峣关，越过黄山（在今蓝田县境内），突袭秦军，结果在蓝田之南大败秦军。刘邦又严令各路将士在关中不得有任何掳掠百姓的行径。秦人见刘邦的队伍军纪严明，秋毫无犯，所以对刘邦特别有好感，秦军斗志因此瓦解。随后，刘邦在蓝田北再创秦军，秦军一败涂地，再也无力抵抗反击。

公元前206年十月（公元前206年的年头），刘邦大军领先其他各路诸侯到达灞上。秦王子婴无奈，只得乘坐素车，驾着白马，将丝带系在脖子里，封了皇帝所用的玉玺和符节，跪在轵道旁，向刘邦请降。

一些将领建议杀死秦王子婴，刘邦拒绝说："之前楚怀王之所以派我西入关，就是因为我能宽容待人；再者说了，如今秦王已经投降了，我们杀降不祥。"于是把秦王子婴交给手下官吏看管，然后率大军进入了咸阳。

第二节　约法三章、鸿门宴、西楚霸王

刘邦入咸阳后，看到秦王朝的宫室富丽堂皇，财物堆积如山，狗马数以千计，宫娥妖娆艳丽，好酒好色的老毛病一下子就犯了，他想入驻秦宫，好好地享受几天。樊哙见状，赶快上前劝谏说："沛公您是想拥有整个天下，还是仅仅想当一个富家翁？"刘邦说："这还用说吗？我当然想拥有整个天下了。"樊哙说："我进入秦宫以来，看到宫室的帷帐珠宝装饰非常华丽奢靡，奇珍异宝不可胜数，后宫的美人有数千人，这就是秦国失去天下的原因啊。请沛公赶快回灞上，不要留在宫中。"樊哙说话直通通的，刘邦很不爱听，根本就不买他的账。樊哙见状，只得去找张良，让张良来劝。张良对刘邦说："秦国暴虐无道，所以沛公您才能来到这里。接下来，您还要扫除残余的贼寇，安定天下，所以还应该艰苦朴素、勤俭节约。现在我们刚刚进入咸阳，就准备安享富贵，这就是所谓的'助桀为虐'，帮坏人做坏事啊。良药苦口利于病，忠言逆耳利于行。樊哙将军说得非常对，请您采纳他的建议。"

关外的诸侯在虎视眈眈随时准备进军咸阳，而关中的秦民也在时刻注视着他的一举一动，天下未定，如果刘邦在这个时候就进入秦宫休息，人们就会觉得他和以前的秦二世没有什么两样。听了张良的劝谏，刘邦觉得确实不能住在秦宫，于是他在张良的建议下封存了秦国的重要器物、财宝和府库，然后带着军队回到了灞上。

公元前206年十一月，回军灞上之后，刘邦派人召集各县的父老代表及豪杰说："你们忍受秦国的严刑峻法已经很久了，批评朝政会被冠以诽谤的罪名诛灭

三族，偶然聚在一起议论闲谈会被斩首弃市，刑法非常严苛。我在入关前曾与诸侯约定，先入关到达咸阳的，会被封为关中王，所以按照约定，我会成为关中王。现在，我与你们约定今后的准则和规范，主要有三章：第一，杀人者偿命，要处死；第二，伤人及盗窃财物者，按照罪行严重程度给予相应的刑罚；第三，秦国原有的法律和徭役、赋税一概废除。各郡、县的官吏，还和以前一样，该执行什么公务，继续执行什么公务。我带军队前来，是为了替父老乡亲们除去暴秦的危害，并不是前来侵凌和暴虐乡亲们的，请大家不要担心害怕。我现在之所以带领军队回到灞上，是为了等其他的诸侯全部到达咸阳之后，共同制定相应的法律和规范，请大家不要有什么想法。"之后，派人与秦国的原官吏到关中各郡、县、邑、乡张贴告示，让秦民知晓这三条规定。这就是著名的"约法三章"。

关中秦民非常高兴，争先恐后地带着酒食前来犒劳刘邦的军队，刘邦客气地推辞，表示不接受，他对秦国百姓说："仓库里的粮食还有很多，我们这里的用度一点也不缺，不能让大家太破费。"消息传出后，秦国的百姓觉得刘邦确实跟秦始皇、秦二世等人不一样，很能体恤百姓，所以更加高兴，生怕他不在关中称王。

有谋士对刘邦说："天下的财富，全都集中在咸阳，再加上这里地势险要，易守难攻。我听说秦将章邯已率秦军主力投降了项羽，项羽封他为雍王，想让他镇守关中。如果项羽他们到关中来，这里恐怕就不是您的了。您应该赶快派兵守住函谷关，不要让诸侯的军队进来，同时赶快在关中征兵，不断壮大军事实力，准备迎战诸侯的军队。"刘邦觉得非常有道理，于是马上派人前往函谷关镇守。

再说项羽，他在受降章邯所率的秦军主力之后，随即任命司马欣为上将军，统率原章邯部秦军，担当进攻咸阳的先头部队。

诸侯大军中的吏卒之前都是秦朝的平民百姓，以前被征发徭役驻守边塞路过关中时，秦军中的吏卒对待他们非常苛刻恶劣。等到现在秦军投降了诸侯军，诸侯军中的吏卒便趁这个机会奴役秦军将士，随意侮辱他们以泄旧恨。秦军降兵非常痛恨，悄悄聚在一起商量说："章邯将军瞒着我们投降诸侯，如果现在能打破函谷关击败秦二世，那就最好不过，否则，到时候诸侯军仍旧挟持我们向东撤，秦二世一定会杀尽我们的父母妻儿的。"诸侯军中的吏卒听到秦军降兵的议论，报告了项羽。项羽召集英布、蒲将军商议说："秦国投降的兵卒将近二十万，他们一直未曾心服，如果到了关中不服从命令的话，那我们就有麻烦了，不如趁早想个办法杀死他们以绝后患，只带着章邯、司马欣和董翳三个人入关。"计议停当,楚军便趁一个夜晚,将二十万秦军将士全部活埋在新安(今河南省三门峡市渑池县东)城南。

之后,项羽大军继续向西进发,并平定沿途的秦朝各郡县。在刘邦与关中秦民约法三章后仅十余日,项羽所统率的诸侯军队也到了函谷关下。关上守军见到诸侯军队,马上闭关,加强戒备。项羽不得入关,一打听,是刘邦的军队在守函谷关,并且刘邦已经平定了关中。刘邦率先入关,这让项羽又急又怒,他派英布率兵猛攻函谷关,破关而入。

打破函谷关之后,诸侯大军一路到达戏水,在戏水之西驻扎了下来,此时为公元前206年十二月。刘邦因为驻军灞上,所以没有来得及与项羽相见。刘邦手下的左司马曹无伤听说项羽对刘邦先入关非常生气,准备攻打刘邦,他权衡利弊,觉得以项羽的实力,刘邦肯定不是对手。为了捞个政治资本,搞个政治投机,他派人对项羽说:"沛公刘邦准备在关中称王,并任命秦降王子婴为相国,秦宫的珍宝财物已全部被刘邦据为己有。"项羽听了之后,更加生气,于是下令犒赏全体将士,准备次日与刘邦交战。当时项羽的兵力有四十万,驻扎在新丰鸿门(今陕西省西安市临潼区新丰镇鸿门堡村),而刘邦的兵力只有十万,驻扎在灞上,双方力量悬殊,如果此时交战,项羽的胜算很大。范增趁机劝项羽说:"沛公在山东的时候,非常贪财好色,可是现在到了关中,却财物一样不取,女色一个不近,这说明他现在已经有了更大的志向。我曾经让人观望他头上的云气,呈现出龙虎形状,皆成五彩,这是天子之气。要赶快趁这个机会除掉他,否则后患无穷。"

楚军左尹项伯,是项羽的小叔叔,因为他之前杀人之后曾经受过张良的庇护,所以非常感激张良。他知道张良在刘邦的军中,担心项羽攻打刘邦会让张良一同丢掉性命,于是骑着快马,连夜跑到刘邦军中去见张良,向张良详细说明了情况,劝张良和他一齐逃走。

张良得悉情况后说:"我受韩王之命,送沛公入关,如今沛公大难临头,我丢下他一个人逃跑,不忠不义,我不能不对他说这件事。"于是紧急求见刘邦,向刘邦说明了一切。

刘邦听说项羽要率大军攻击他,禁不住大惊失色,问张良:"那该怎么办?"张良问:"沛公您是真心想要和项羽决裂,还是有人出主意让您在函谷关设守阻止诸侯军入关?"刘邦说:"是鲰生对我说,守住函谷关,不要让诸侯军入关,凭借关中的地形,足可以称王关中。我觉得他说得有理,所以采纳了他的建议。"张良问："您觉得以您目前的实力,能抵挡项羽的进攻吗?"刘邦沉默了好一阵,之后说:"以我目前的实力,根本不是项羽的对手,你说该怎么办?"张良说:"项羽的叔叔,楚军左尹项伯现在我的营帐中,您最好过去跟他说一说,就说您并没有跟项羽作对的意思。"刘邦有些惊讶地问:"你怎么认识项伯的?"张良说:"老早以前,项伯就和我认识了,他杀了人之后无处躲藏,是我帮了他,所以他一直非常感激我。现在听说项羽要攻打我们,所以跑来告诉了我。"刘邦问:"你和项伯谁的年纪大?"张良说:"项伯比我大几岁。"刘邦说:"你赶快把他给我请来,既然他年纪比你大,这么说来,他就是我的兄长。"

于是张良前去邀请项伯来见刘邦。项伯来了之后,刘邦端着酒为他祝寿,然后趁机拉拢项伯,与他结了儿女亲家。刘邦对项伯说:"我入关以后,秦宫的财物原样未动,关内的户口全部登记造册,府库全部派人封存,为的就是等待项王前来(此时项羽虽然还没有自立为西楚霸王,但因为他已经封他的手下秦朝降将章邯为王,所以刘邦集团的人都称呼他为项王)。我之所以派人前去守函谷关,是为了在这个非常时期,防止盗贼趁虚而入危害百姓。我日夜盼望项王前来,怎么敢背叛项王呢?请兄长一定要在项王那里替我说明情况,我从来都没有忘记过项王的恩德。"项伯对刘邦所说的话深信不疑,答应为刘邦说情,他对刘邦说:"我去之后在项王那里替您说明情况,明天一早,您再赶来当面向项王赔礼道歉,不然的话,项王是不会相信的。"刘邦答应了。

于是项伯连夜赶回楚军营中,把事情的经过告诉了项羽,然后对项羽说:"要不是沛公先攻破关中进入咸阳,我们不可能这么快就入关。如今沛公立下大功,如果我们攻打他,这不是太不仁义了吗?依我看,最好善待沛公,以收民望。"项羽耳根子软,听了项伯的话之后,气立即消了一半,答应善待刘邦。

经过一夜的周密安排,次日一早,刘邦和张良、樊哙等人带着一百多名随从,前往鸿门,去见项羽。

刘邦见过项羽之后向他解释说:"我与将军勠力同心,共同诛灭暴秦,将军在河北作战,我在河南作战,因为我距离咸阳近,所以也没有想到会先入关到咸阳。现在有小人在搬弄是非,挑拨将军与臣之间的关系,惹将军生了气。"

刘邦在他所说的话里,回顾了和项羽一起并肩作战的日子,使项羽想起了以前和刘邦共同战斗时结下的情谊,并说明自己先入关,并不是自己立下了多少战功,而是因为运气好。当然了,刘邦也一语双关地说,有小人在中间挑拨离间,致使项羽产生了误会,借机试探在项羽那边,究竟是谁说了他的坏话。其时刘邦五十岁，锐气尽藏，老奸巨猾，城府极深，能屈能伸，能赔笑脸。而项羽只有二十六岁，意气风发，十分孩子气，没有多少城府，喜欢直来直去。他见刘邦低声下气地道歉，立即就消了怒气，告诉刘邦说："这都是您的左司马曹无伤说的，要不然的话，我怎么会怀疑您呢？"

项羽的直性子少城府立即就让刘邦把他的话套了过去。本来刘邦想说的是，他派兵把守函谷关是误听了小人之言，但若非万不得已之时，他还不准备抛出替他出主意的解生。但项羽却脸上挂不住了，立即想要撇清自己，把曹无伤给出卖了。虽说曹无伤卖主求荣的行为令人鄙弃，但纵观当时及其后的形势，两军对垒，通常都是敌中有我，我中有敌。刘邦之前为了入关可以拉拢声名狼藉的赵高，项羽当然也可以利用见风使舵的曹无伤，所以没必要单单给曹无伤一个人贴上一个道德标签。就连项羽的亲叔叔都可以跑去给敌军阵营的人通风报信，为什么项羽就不能利用刘邦阵营的人呢？所以说，项羽的缺乏城府，从一开始就把盟友前来投诚的路堵死了，让其他人望而却步，致使他的统一战线越来越窄，并最终败给了统一战线越来越宽的刘邦。

项羽邀请刘邦留下来一齐宴饮，刘邦如坐针毡，但不敢推辞，只得留了下来。

项羽、项伯朝东坐，沛公刘邦朝北坐，范增朝南坐，张良朝西坐。范增几次给项羽使眼色，并举起所佩的玉佩，示意项羽下达杀掉刘邦的命令，但项羽都默不作声。范增见项羽没有动手的意思，心里十分纳闷，不知道项羽为何改变了主意，于是找个借口走出营帐，召来项羽的堂兄弟项庄对他说："项王为人心慈手软，不忍心下手杀死沛公。你现在进去，先为他们敬酒，敬酒之后，以舞剑为名，就在座上杀死沛公。要不然，以后我们可都要成为他的俘虏了。"项庄领命，进帐敬酒之后，对项羽和刘邦说："项王与沛公饮宴，军中没有什么可取乐的，我来舞剑，为诸位助兴。"项羽说："好。"

于是项庄拔剑起舞，左舞一下，右舞一下，舞着舞着，就舞到了刘邦面前。项伯见状，立即察觉到项庄舞剑的真实意图是要刺杀刘邦，于是也拔剑起舞，时时保护刘邦，不使项庄得手。

张良见情势危急，急忙走出营帐，去营门外找樊哙。樊哙问："里面情况怎么样？"张良说："情况十分危急，项庄借口助兴在营帐中舞剑，但我看他的心思全在沛公身上（典故'项庄舞剑，意在沛公'之来历），得赶快想办法。"樊哙说："看起来真是非常危急，我要赶快进去看看。"于是带着宝剑，拿着盾牌，硬闯营门。营门口的卫士想要拦住他，樊哙用盾牌用力一撞，就把卫士撞倒在地。樊哙走进营帐，站在张良旁边，对项羽怒目而视。

项羽见樊哙十分雄壮，感到很吃惊，按剑坐起问："什么人？"张良回答说："这是沛公的参乘樊哙（参乘是在马车上担任护卫的人）。"项羽说："真是壮士，赐酒一卮（音之，古代盛酒的器皿）。"侍从端来一卮酒，樊哙向项羽拜谢之后，站起来，把酒喝了下去。项羽又说："赐一猪腿。"侍从下去，立即又端来一条生猪腿。樊哙把盾牌放在地上，然后把生猪腿放在盾牌上，用宝剑切下一块，吃了下去。项羽又问："壮士，还能再喝酒吗？"樊哙回答说："臣连死都不怕，更何况是一卮酒呢。秦王像虎狼一样残暴，所以全天下的人都背叛了他。怀王与诸将约定'谁先打败秦兵进入咸阳，就让谁做关中王'。如今沛公先入咸阳，但他却并未以关中王自居，而是秋毫无犯，封存府库，驻军灞上，专等大王您的到来。之所以派人把守函谷关，也是在非常时期，为了防备盗贼出入啊。沛公如此劳苦功高，大王您不仅不封赏他，还听信小人谗言，准备诛杀他。这是在走暴秦的后路啊，我认为大王您不应该这么做。"

项羽并不回答樊哙的问题，只是对他说："坐。"于是樊哙在张良的旁边坐了下来。

过了一会儿，刘邦借口起身如厕，把樊哙叫了出来，张良见状，也跟了出来。刘邦对樊哙说："我准备赶快回灞上军中，可是我没有向项王辞行，该想个什么办法？"樊哙："做大事不拘小节，现在人家是快刀和砧板，而我们却是鱼肉，只有任人宰割的份，还辞什么别？"于是刘邦下定决心，不辞而别。临走之时，他让张良留下来负责向项羽解释。张良问："您来这里的时候，带什么礼物了没有？"刘邦说："我带来了白璧一双，准备献给项王；玉斗一对，准备献给亚父范增。刚刚时机不太好，他们都在发脾气，所以没有来得及献。您替我转献给他们吧。"张良接过玉璧和玉斗说："我一定办到。"刘邦叮嘱他说："鸿门距灞上大概有四十里，如果我走小路，则不过二十里。你等我差不多回到灞上的时候，再进去向项王说明情况。"之后带着樊哙、夏侯婴、纪信等四人，离开了项羽的军营。

再说刘邦出营之后，项羽感觉有异，马上派都尉陈平出来找他，结果没有找到。张良在营外，估摸着刘邦已经差不多回到灞上了，才进帐向项羽报告说："沛公不胜酒力，不能亲自前来向上将军辞行，特意派我来辞谢，并向上将军献上白璧一双，向亚父献上玉斗一对。"项羽问："沛公到哪里去了？"张良说：

"沛公听说上将军责备他的过错,所以一个人先回去了,现在差不多已经快到灞上军中了。"说完之后,张良拜辞而出。

项羽拿起玉璧看看,然后放在了桌子上。范增怒气冲冲,一下子将玉斗摔在地上,用剑击得粉碎,叹息着说:"哎,这些没用的小辈,真是不值得商量大事。将来与项王争夺天下的,一定就是沛公,我们都会成为他的俘虏。"

刘邦回到军中之后,立即杀死了左司马曹无伤。

鸿门宴的角逐,最终以刘邦集团的胜利及项羽集团的失败而告结。刘邦一方君臣同心,提前谋划好了应对各类突发情况的措施,做了充分的准备,且争取敌方阵营的重要人物鼎力相助,所以刘邦得以成功脱险。反观项羽集团,却是事前缺乏有效的沟通,君臣之间信息不畅,项羽优柔寡断,没有将项伯替刘邦说情这一变故及时告知范增并议定新的应对措施,导致在宴会现场出现了严重混乱。项羽碍于情面不愿下达杀死刘邦的命令(这从刘邦借口如厕离开营帐后他派陈平去寻找一事上完全可以体现出来),范增立意要除掉刘邦,而项伯却因私人恩怨不顾大局挺身而出保护刘邦,不仅搅了范增的局,也将项氏集团的真实意图明确无误地告知了刘邦集团,其行为虽然称得上是重情重义,却为项氏集团留下了心腹之患。

刘邦回营之后,毫不迟疑地杀死了向敌方通风报信的曹无伤,但项羽却对他这个出卖己方利益的叔叔连一句苛责的话都没有。两大集团领军人物的禀赋资质,在还没有进行真正的交手之前,就已经非常准确地显现了出来,最终的结果如何,似乎已经不难猜到了。

既然刘邦已经在鸿门宴上向项羽道了歉,表示愿意服从项羽的领导(封存府库驻军灞上专待将军),况且项羽也在鸿门宴上表示原谅并放过了刘邦(虽然极不情愿),那么项羽也就不能三番五次地和刘邦过不去。二人之间的矛盾,只能暂且就这样搁置起来。

几天之后,项羽带兵向咸阳进发。一路上,他的大军烧杀抢掠,所过之处,无不一片狼藉。项羽出于他的国恨家仇,命人杀死了已经投降的秦王子婴和嬴秦的所有宗室,然后放火焚烧秦国的宫室,大火烧了三个多月还没有熄灭。之后,项羽带着劫掠的秦宫宝物和后宫佳丽,率师回东。关中的秦国百姓对项羽大失所望,但因为惧怕项羽的威势,都不敢表示任何的异议。

有个儒生,见秦国已灭,项羽雄霸诸侯,认为项羽完全具备一统天下的实力,于是向项羽进言说:"关中东有函谷关,西有大散关(今陕西省宝鸡市南），南有武关，北有萧关，地形险要，易守难攻，再加上土地肥沃，物资丰饶，如果您建都关中，一定可以雄霸天下。"项羽也觉得这个儒生说得很有道理，但他并不是一个善于纳谏且有长远战略眼光的领袖。他见关中已经被大火毁坏得残破不已，要想重建十分不易，再加上他年纪尚轻，在心理上很难割舍对故乡的那种依恋，于是他轻率地对这个儒生说："富贵了不回到自己的家乡，就像穿着锦绣衣服在夜晚走路，又有谁知道呢？"儒生万没料到项羽竟然会这样回答，他满怀信心地向项羽出谋划策，却着实讨了个没趣。但凡是儒生，都是十分清高的，把脸面看得比什么都重要。被项羽拒绝之后，儒生为了在口头上讨回一点自尊，就私下挖苦不听劝谏的项羽说："人们都说楚国人就像猴子戴着人的帽子在装人（典故'沐猴而冠'的来历），看来真是一点都不假呀。"营外的士兵听到之后，把儒生的话报告给项羽，项羽十分生气，命人烹死了这个儒生。项羽烹杀善意进谏但未获采纳后口出怨言的儒生，开了堵塞谏阻之口的恶例，从此以后，很少再有儒生敢主动前去向项羽出谋划策了。

  这个时候，时间是公元前206年正月，项羽派往彭城给楚怀王报告情况的使者回来了。

  关于这里出现的时间矛盾，须要重点解释一下。秦朝采用的是《颛顼历》，十月是一年的岁首，是一年中的第一个月，而九月是一年中的最后一个月，与现在的历法习惯正月是一年中的第一个月、十二月是一年中的最后一个月有很大不同。也就是说，刘邦入咸阳的时间是公元前206年十月，这是公元前206年的年头。秦王子婴在公元前207年九月也就是这一年的年末即位，四十六天之后刘邦入咸阳，就已经到了公元前206年的第一个月十月。所以历史上就把公元前206年十月，即刘邦入咸阳受降秦王子婴的日子，记为汉元年（因为刘邦最终夺取政权建立了汉朝），而把之前的一个月，即公元前207年九月，记为秦王朝末年。

  汉元年十月，刘邦入咸阳。十一月，刘邦与关中父老约法三章。十二月，项羽率诸侯军破关入咸阳。正月，项羽派出觐见楚怀王的使者从彭城返回。

  项羽入咸阳后，派使者回楚都彭城，向楚怀王详细禀报他率领大军破釜沉舟，降服秦将章邯并消灭秦军主力，一路攻城略地直到咸阳的情况，请示楚怀王灭秦之后该怎么办。

  对于自己建立的功勋，项羽是十分自信的，不仅项羽自信，其他的诸侯也都这么认为。那么接下来论功行赏，楚怀王该怎么封赏项羽及追随项羽的那些诸侯，就成了考验他政治智慧的一个试金石。

客观来说，楚怀王熊心这个人，虽然是个没落贵族，在成为楚王之前是个牧羊人，但他的政治水准还是颇值得称道的，他的骨子里带着贵族统治者应有的那种谋略和手腕。

项梁战死之后，他迅速赶到彭城，尽量消减他人尤其是项氏的影响并树立自己的权威，掌握了一定的实权。此后，他的每一项决策，都是广泛征求老将们的意见、集思广益之后做出的，政治上显得非常成熟。事实证明，他身边的这个智囊班子是非常称职，也是非常老练的。派老成持重、宽厚大度的刘邦"扶义而西"前往咸阳，派军事素养好的宋义率军救赵，而年轻气盛的项羽则仅仅当了救赵的次将。如果不是他试图培植的嫡系宋义滞留安阳四十六天被项羽所杀，事情的发展应该是朝着楚怀王所设想的方向来进行的。如果西入咸阳的不是宽厚且善于罗致人才的刘邦而是其他人，就算有项羽这样的猛将在河北拖住了秦军主力，那么这一支队伍能不能在进军途中一路招降秦军并率先入关，也还是个大问题。而项羽果如他们所料，虽然骁勇彪悍，但所过之处无不残破，攻击力确实强，但破坏性也相当大，就像二十世纪中叶出现的原子弹，有多大的能量就有多大的破坏性。本来天下百姓就是因为难以忍受秦国的暴政才揭竿而起的，而纵观项羽的所作所为，似乎比秦国的暴政有过之而无不及。楚怀王熊心及他身边的老臣们，早就对这一切了如指掌，可说是不仅有知人之明，也做到了知人善任。

但楚怀王熊心毕竟是个政治家，他要考虑更多深层次的问题。等到项羽在巨鹿大败王离、章邯所率的秦军，并消灭秦军主力，取得对秦作战决定性胜利的时候，楚怀王熊心想到的首先不是项羽立下了多大功劳，该如何封赏项羽，而是项羽在政治上犯下了多大的错误，他该怎样清算项羽。他对项羽是一百零一个不放心，他身边的老臣们也是。项羽矫诏杀死宋义之时，楚怀王迫于形势不得不封他为上将军，让他继续率军救赵；项羽在巨鹿大胜秦军之后，按照臣子的职分，他应该班师回朝向楚怀王报捷而不是自作主张率军西入咸阳。另外，项羽当时的职位仅仅是上将军、鲁公，他有什么资格封章邯为王？随着项羽一战成名，他的自我意识急剧膨胀，已经在潜意识里将自己当作了天下的主宰，而根本没有把楚怀王放在眼里。所以，楚怀王心中对项羽是极度不满的，他身边的老臣们也同样如此。既然对项羽不满，他就要想方设法钳制项羽，打压项羽，甚至是找机会除掉项羽。

现在好了，秦朝灭亡了，战争结束了。之前曾经有过约定，谁先入关谁当先中王。刘邦先入的关，项羽功劳再大，也跟当不当关中王没有什么关系，其他关东六国已经有王了，项羽是不是该回来向他楚怀王述职了？从某种意义上说，楚怀王及其身边的老臣们，盼望的也就是这个结果。你项羽不是很厉害吗？不是目中无人不听招呼吗？不是自作主张封他人为王吗？不是到处烧杀抢掠吗？好了，现在就要让你"彪悍猾贼"、不守规矩、目无君上的项羽一无所获！

楚怀王并不是不知道项羽的性格，也并不是不清楚项羽的实力，项羽之前可以杀宋义，现在当然也可以杀他，那怎么办？楚怀王总不能推翻自己之前说出去的话，让项羽当关中王吧，那他这个楚王还有什么信义可言，以后还靠什么去取信于天下人？当然了，楚怀王及其智囊们，视野其实可以再宏大一点，换一种思路来解决这个问题。灭亡秦国，楚国出力最多，那么在分配胜利果实之时，打破旧有的七国格局，为项羽这些功臣另外划出一块地盘来安置他们，可不可以？这是完全可以提出来与诸侯们商议的。毕竟此时楚国的上将军项羽名震天下，实力最强，且为诸侯之冠，楚国最有发言权，只要提出这样的议案，诸侯们不敢不从。妥善安置好了项羽等人，让项羽尝到甜头，不站出来挑头闹事，继续维护楚国的权威和利益，那别的人也不敢站出来闹事，他这个楚怀王才可以继续当下去（此后的刘邦寻求彭越和韩信支持并合围项羽时采取的就是这样一种策略）。可是，也许正是由于楚怀王等人出于对项羽的忌惮，存心要打压项羽，所以才决定什么也不给项羽。他们已经料到项羽早晚会有谋逆弑君的行为，那就再不能在政治上给他创造任何的便利条件，给他开出合法的文书。与其等到将来被他杀死，不如现在早一点打压他，宁为玉碎，不为瓦全，看他项羽到底能翻起多大的浪！

政治上有一个非常奇特的规律，一个是"赏非其功"，一个是"罚非其罪"。赏非其功，是说有时候以某种名义赏赐某人，并非是这个人确实立下了这个功劳，而是他在其他方面立下了不便明言的功绩或是其他善行长期积累的结果。比如此后刘邦封郦食其的儿子郦疥为侯之事，按理说郦疥的军功并未达到封侯的程度，可说是赏非其功；但因为他的父亲郦食其为刘邦立下大功却早死，所以刘邦感念郦食其，封郦疥当了高梁侯。罚非其罪，也叫死非其罪，有时候某人因某件事情受了惩罚或被处死，也并非是他在这一件事情上一定十恶不赦，而是他有其他不便明言的劣行或是其他恶行长期积累的结果。比如此前的秦相李斯，他并未谋反却以谋反的罪名被杀，可说是死非其罪；李斯之所以招来杀身之祸，主要在于他在秦始皇死后在立储大事上没有坚持原则，自己破坏了规则，所以最终招来了政治规则的报复。"赏非其功"和"罚非其罪"这两个规则，既相互影响，又相辅相成，看上去匪夷所思，但它在社会生活中实实在在地存在着，并影响着它所涉及的每一个人、每一件事。

还有一种"有功无赏"现象，其实也可以纳入"赏非其功"的范畴之内。与此相对应的，还有一种"有罪无罚"现象，也可以纳入"罚非其罪"的范畴之内。有罪无罚现象，比如此前的赵高，犯了死罪，结果秦始皇没有按律行刑，而是赦免了他，是因为秦始皇觉得他精于刑律、敏于事，以后还用得着他，所以对他网开一面。这样的例子在历史上不胜枚举，此处不再一一表述。这里提出"有功无赏"，是因为项羽此刻就陷入了"有功无赏"的政治怪圈。

无论是在史书上还是在现实生活中，人们常常会发现这样一些现象，比如有时候某人明明取得了某一项非常显著的成就，但在政治上就是得不到相应的认可，什么原因？原因非常复杂，简单说来，某人能否得到某项政治权益，全看其时他所在的那个圈子里主持大局的那个人对他持什么态度。主持大局的人是否愿意给某人某项利益，则全看这个人是否拥护他，能否给他带来他想要的东西。通常来说，主持大局的人，在国为国君，在军为主帅，在郡为郡守，在县为县令……而且这些圈子也不是封闭的，而是相互交叠的，就跟数学上的集合一样，相互之间有交集。所以有时候某人做出了一项成绩，在这个圈子里得不到认可，但另外一个圈子却非常推崇他，就是这样一个道理。所以有人不停地换职业、换老板、换靠山，实际上就是在换圈子，想要在另外一个圈子里得到他想要的价值回报或是政治认可。

比如之前战国的赵简子赵无恤。赵无恤在晋阳之战中获胜并彻底消灭智氏之后，开始封赏立下战功的家臣。人人都以为在晋阳之战中促成赵、魏、韩三家联盟并孤立智氏的张孟谈会居首功，但赵无恤却把首功给了什么也没有做的高共，可说是赏非其功。面对众人的质疑，赵无恤的理由是，在晋阳被围的时候，情势非常危急，好多人都想另谋出路，对他有怠慢之心，而唯有高共对他始终尊敬如一，不失君臣之礼，所以，他把首功给了高共。赵简子为什么要这么做？就是因为高共在关键时刻拥护了他，给他带来了他最想要的臣子的服从和恭顺这个东西，极大地维护了他的权威。

再比如此时的项羽，在起兵灭秦的诸侯圈子里，他的声望已经达到了无以复加的地步，人人畏服，而在楚怀王是他名义上的上司的这个楚国圈子里，楚国却并不愿意给他任何东西。奇怪吗？不奇怪。因为在诸侯这个圈子里，主持政治大局的人是项羽，他可以给自己任何东西而不受约束；而在楚国这个圈子里，主持政治大局的人是楚怀王熊心，项羽并没有拥护他，楚怀王想要的帝王的权威、权力和来自臣子的恭敬、顺从、畏惧等这些东西，项羽一样也没有带给他。所以，他为什么要在政治上关照项羽？

项羽陷于"有功无赏"的政治怪圈，一方面是因为他在政治上极不可靠（相对于楚怀王而言），再加上功高震主，引起了楚怀王等人的猜忌和防范；另一方面则是因为他在攻城略地的过程中大开杀戒，造成了惊人的破坏，再加上不知体恤百姓，大失民望。如果楚国高层不考虑这些因素贸然封赏了他，那就等于认可了他的这些行为，就会立即失去民心。失去民心是什么后果，不仅楚怀王心里清楚，任何人心里都非常清楚。基于此，楚怀王对项羽的回复是："如约。"即一切按照原来的约定办，由刘邦做关中王，而项羽回彭城！

可想而知，满怀希望的项羽及其部属收到这个回复时是什么感觉。愤怒、不满、委屈、不平，他们风餐露宿、披星戴月、冲锋陷阵、出生入死整整三年，为灭亡秦朝立下不世之功，到头来却什么都没有。换了其他人谁会甘心？谁都不甘心！这公平吗？绝对不公平！

一群打家劫舍的强盗完成了打劫行为，全身上下挂满珠宝回来了，但主持分赃的人却不给亲自上阵打劫出过死力的强盗头子一文钱，那这个强盗头子会是什么反应？绝对会暴跳如雷，操刀而起，一刀劈了这个主持分赃的人。

好了，你楚怀王不是什么都不给我项羽吗？那好，我为什么要把我手里的珠宝交出来由你分配？我自己分给那些跟着我出生入死的兄弟，不仅自己有实惠，还能落个人情，何乐而不为。刀在我手里，我想怎么办就怎么办，你手无寸铁，能奈我何？你楚怀王不义，那就休怪我项羽无情。之前我想要跟刘邦一齐西入咸阳，你却执意让我去救赵，结果在入关时落在了刘邦后面，现在你又如此待我，那我就只能向你说声"对不起"了。

于是项羽对追随他的诸侯将领说："楚怀王本来是我项氏家族的项梁拥立的，他没有上过一次战场，也没有立下任何功勋，他有什么资格主持天下的公约？"于是上表尊楚怀王为义帝，实际上根本不再听从他的任何命令。义帝的意思，也就是假帝，受别人尊敬拥立的名义上的皇帝。如同普通百姓认了个义父或是义子一样，因为彼此之间没有血缘关系，所以父子之间的亲情、礼法以及权利、义务等都要打折扣，不能跟亲父子相提并论。

项羽最初的目标并不高，无非就是想通过浴血奋战，为自己争得一块封地，与其他六国平起平坐，这从他极力想要与刘邦一齐入秦、对先入关中的刘邦非常嫉妒等一系列事情上完全可以看出来。但是关东六国都已经复国了，当时为了联合起来灭秦，他们的合法性也得到了天下人的普遍承认，唯一存在变数的就是关中秦国。谁先入关消灭秦国，谁就是关中王，这样的诱惑不仅让其他人非常感兴趣，项羽也非常热衷。成为关中王，可以说是项羽最初的终极目标，因为当时的项羽跟其他任何人一样，视野并不宏大，他也从来没有想过要据有整个天下。

可是现在，这个梦想破灭了，刘邦先入关了，虽然刘邦的军功没有项羽那样显赫，但他却符合"先入定关中者王之"这个条件。按照怀王之约，此时灭秦后的整个天下，是楚怀王熊心、赵王赵歇、齐王田市、魏王魏豹、韩王韩成、燕王韩广和秦王刘邦这七个人的，跟项羽这些劳苦功高的将领一点关系都没有。这些人坐享其成，而拼命打江山的人却没有份，这公平吗？绝不公平。既然不公平，那就重新制定规则，重新分配胜利果实。

为了实现自己当王的目的，项羽决定先封他手下的将领们为王，因为属下都是王了，那他们的上司自然而然也就是王了。项羽对随他入关的那些诸侯将领说："天下刚刚起兵反秦的时候，为了结成更多的同盟，所以暂且立原六国诸侯的后裔为王，以为权宜之计。但三年来披坚执锐、风餐露宿、浴血奋战，最终消灭秦国并安定天下的，都是诸位将军和项羽我出的力啊。所以，我决定封诸位为王，不知诸位意下如何？"诸将领都和项羽是利益共同体，如果不废弃怀王之约，那就意味着他们和项羽一样，不会得到任何利益，此时见项羽提议封王，哪有不同意的道理，于是纷纷说好。项羽又说："义帝虽然没有立下战功，但分给他一块土地，让他继续做王，也是应该的。"诸将领都说："对，应该这么办。"

于是项羽自立为西楚霸王，占据梁、楚之地的九个郡，建都彭城。

项羽和范增非常疑忌刘邦，担心他将来会吞并整个天下，本来不想封刘邦为王，但一则因为之前在鸿门已经跟刘邦和解，二则起兵之前确实曾有约定，先入定关中者王之，现在完全抛开这个约定也不好，诸侯们肯定会有异议，于是反复商议该如何安置刘邦。最终二人达成共识说："巴、蜀之地，道路险阻，原秦国被贬谪的人全部住在那里。巴、蜀也是秦国的土地，也可以说是关中，封刘邦在这里做王，也算没有违背当初的约定。"于是封刘邦为汉王，统辖巴、蜀等地。分封之后，意味着马上就得前往自己的封地，刘邦因为张良屡次为他出谋划策，于是赐给张良黄金百镒、珠玉二斗。张良则把这些财宝全都拿去转献给了项伯。因为张良与项伯之间的交情，刘邦也正好趁此让张良带着金银珠玉前去求项伯，让项伯在项羽面前代为美言，把汉中也划分给刘邦。项伯收到财宝后见利忘义，全然不顾项氏集团利益,到项羽面前替刘邦讲情。项羽一如既往地耳根子软,对他这个叔叔言听计从,把汉中加封给了刘邦。刘邦得到汉中,于是在汉中的南郑建都(今陕西省汉中市南郑县东北)。

项羽把关中旧秦地一分为三,封章邯为雍王,统辖咸阳以西的地区,建都废丘(今陕西省咸阳市兴平县南);秦长史司马欣,在担任栎阳狱椽之时,曾经帮助过犯罪的项梁,所以为了表达感谢,封他为塞王,统治咸阳以东到黄河的区域,建都栎阳(今陕西省西安市阎良区);原秦都尉董翳,因为劝说章邯降楚有功,所以封为翟王,统治上郡,建都高奴(今陕西省延安市北)。项羽封此三人在关中,目的是为了让他们监视、防备刘邦,防止他从关中东进。

因为章邯、司马欣、董翳三人将秦地一分为三,所以此后人们又把关中称为"三秦"。初唐四杰之一的王勃,名篇《送杜少府之任蜀州》中有千古传诵诗句:"城阙辅三秦,风烟望五津。与君离别意,同是宦游人。海内存知己,天涯若比邻。无为在歧路,儿女共沾巾。"

魏王魏豹,在其兄魏咎自焚而死之后,逃往楚国。楚怀王拨给他数千人马,叫他仍旧去攻打魏地。项羽在巨鹿击败赵地的秦兵并降服章邯之后,魏豹趁胜攻打魏地的秦军,攻占了二十多座城池,项羽见他勇猛且立下大功,于是立他为魏王。项羽入关之时,魏豹率手下精兵跟随项羽西入咸阳。在分封诸侯之时,项羽想自己占有富庶的梁地,于是改封魏豹为西魏王,辖地河东,建都平阳(今山西省临汾市西)。

瑕丘公申阳,原是赵相张耳手下的一个宠臣,因为他攻下河南郡后主动到黄河边迎接楚军,所以封为河南王,建都洛阳(今河南省洛阳市东)。

韩王韩成,在项梁战死后投奔楚怀王(没有投奔项羽),又没有立下军功,仍为韩王,旧都阳翟不变,统治地区不变。

赵国将领司马卬,因为平定河内,多次立下战功,所以封司马卬为殷王,统辖河内地区,建都朝歌(今河南省鹤壁市淇县)。

赵相国张耳素有贤名,又跟随项羽入关,所以裂赵地,封他为常山王,统辖原赵国土地,将信都(今河北省邢台市西)更名为襄国,建都襄国;一些与陈馀关系较好的人见张耳封王,于是建议项羽说:"成安君陈馀,和张耳一样,为救赵立下大功,希望也能封他为王。"项羽因陈馀没有跟随他一起入关,不大乐意分封陈馀,但因他素有贤名,不封也不太妥当,听说他居住在南皮(今河北省沧州市南部),于是把南皮的三个县封给他。

赵王赵歇无功，改封为代王，建都代县（今河北省张家口市蔚县东北）。

楚军大将当阳君英布，在作战时常常身先士卒，勇担重任，战功最高，封为九江王，建都六县（今安徽省六安市北）。

楚怀王的柱国共敖，带兵攻打南郡，多次立下大功，所以被封为临江王，统辖南郡，建都江陵（今湖北省荆州市江陵县）。

番君吴芮，率领百越将士协助诸侯，又跟随项羽入关，所以封为衡山王，建都邾县（今湖北省黄冈市北）；番，音婆，因吴芮曾任鄱令，所以称吴芮为鄱君，又称之为番君。

燕国将领臧荼，因协助项羽一齐救援赵国，又跟随项羽入关，所以封为燕王，建都蓟（蓟，音计，今北京西南）；原燕王韩广无功，改封在辽东，为辽东王，建都无终（今天津市蓟县）。

原齐王田市无功，改封胶东，为胶东王，建都即墨（今山东省青岛平度市东南）。齐国将领田都，曾与楚军一齐救援赵国，又一齐入关，所以封为齐王，建都临淄（今山东省淄博市临淄区东）。

原战国时齐国末代国君齐王建的孙子田安，因为项羽渡河救赵之时，带兵攻下济北数座城池，并带领手下兵马归降项羽，因此被封为济北王，建都博阳（今山东省泰安市东南）。

原齐国的土地上，一下子出现了三个齐王，因此人们又把这一个时段的齐国称为"三齐"。

番君吴芮的将领梅鋗，多次立下战功，因此封为十万户侯。

以上项羽所封的十八个王，史书上多称之为项羽的"十八诸侯"。分别是汉王刘邦、雍王章邯、塞王司马欣、翟王董翳、魏王魏豹、河南王申阳、韩王韩成、殷王司马卬、代王赵歇、常山王张耳、九江王英布、临江王共敖、衡山王吴芮、燕王臧荼、辽东王韩广、胶东王田市、齐王田都、济北王田安。而西楚霸王项羽则为诸王之王。

项羽主持的这次分封，也受到了"赏非其功"这个政治定律的影响。项羽只分封那些曾经有恩于项氏的人，或者是与他关系亲密的人，或者是从他入关的人，以及服从于他的人；而对另外一些立下大功却因得罪他或是没有随他入关的人则心存怨恨而没有分封，没有从大局出发综合平衡，并且违背了楚怀王之前的约定，把刘邦封到了偏僻的巴、蜀地区，所以显得非常不公正，这也为以后诸侯叛乱埋下了祸根。

第三节　韩信拜将、田荣并"三齐"、暗度陈仓

汉元年（公元前206）四月，诸侯们都离开戏下，前往各自的封国。刘邦对项羽违背怀王之约，不封自己在关中而改封到巴、蜀的做法十分不满，想要攻打项羽，但依他当时的实力，根本没有能力与项羽抗衡，所以只得起身前往汉中。刘邦手下原有大军近十万，项羽不让这些军队全部跟随刘邦，只允许刘邦带三万人入蜀。但因为刘邦之前入秦后约法三章等措施深入人心，因此项羽部下及诸侯军中因倾慕刘邦为人而自愿追随他的人竟然达到了数万。

刘邦前往汉中之时，张良前去为他送行，一直送到了褒中（今陕西省汉中市勉县东褒城镇）。刘邦知道项羽一直以来对张良跟随他十分不满，因此等张良送了一程之后，就赶快催促张良早点返回韩国，以免让项羽得知消息后加深忌恨。临别之际，张良向刘邦献计说："您应该烧掉所有的栈道，这样一方面可以防备诸侯派兵尾随其后偷袭汉中，另一方面也可以借此向天下人表明心迹，您不愿意再向东发展了，彻底打消项王对您的猜忌。"

汉军从关中前往汉中的栈道，又叫"阁道""复道""栈阁"，全长有五百余里，是古代在现今的四川、陕西、甘肃、云南等地的悬崖峭壁上凿孔架设木柱并在上面平铺木板而成的一种道路，是当时西南地区的重要交通要道，对于巴蜀、汉中的出行有着非常重要的作用。但即便是如此重要的交通要道，经张良一提议，刘邦马上就醒悟了，于是等汉军通过之后，他立即下令烧毁了这一段栈道。

刘邦送别张良之后，带领手下的将领和士卒前往南郑。刘邦手下的将士大

部分都是关东人，他们本以为灭亡秦朝之后就会息兵还乡，但如今事与愿违，不但有家难回，甚至被"发配"到了以前只有罪人才去的巴、蜀之地。项羽分封之初，许多人豪情满怀，头脑发热选择了追随素以宽厚知人而著称的刘邦，认为跟着他会有好前途，但他们一踏上"蜀道之难，难于上青天"的巴、蜀之地，就立即感觉到了理想与现实之间的巨大反差。许多人心灰意冷，陷入绝望，他们对偏远的巴、蜀之地缺乏归属感，一路上高唱家乡的歌谣，借此表达自己的思乡之情。对故土的留恋，对亲人的思念，这是任何人都无法割舍的最朴素、最基本的感情，也难怪项羽要衣锦还乡，看来真是人之常情啊。

越来越多的人加入了开小差的行列，他们或独自一人，或三五成群，乘人不备逃亡回乡。没有哪个人能够禁止这一切，因为决心要逃的人固然要逃，而那些受命去追逃的人，则十有八九也加入了逃亡的行列。而在这些逃亡的人里面，汉初三杰之一韩信的逃亡，则显得尤为令人震惊。

韩信是淮阴人（今江苏省淮安市淮阴区），出身于普通百姓家庭。因为小时候家里非常贫穷，没有受过好的管教，因此他的言行举止异于常人，自然而然没有什么好的善举让乡人称道，所以不得推举为县里的小官。他又不会做生意赚钱，所以生活非常困难，常常到别人家里去混吃混喝，时间一长，乡邻们都非常厌弃他。

韩信的母亲死后，韩信穷得没有钱替母亲办丧事，乡里的三老及亭长们见状，只得想办法替韩信安葬母亲。临葬之时，乡里的三老及亭长们指挥后生们抬着韩母灵柩前往下葬之地，去了之后才发现，韩信为他的母亲找了一块又高又宽敞的地方做墓地，墓地的四周，足可以住得下万户人家。

其他人都没有觉察到什么，但下乡南昌亭的亭长却据此认定，韩信不是个一般人，于是他把韩信带到自己家里，让他寄住下来，并供给他饮食。

韩信在南昌亭长家里一住就是几个月，几个月里只是吃饭，也从来没有说帮亭长家干点活什么的。亭长的妻子忍无可忍，成天在亭长面前说韩信的坏话，直说得亭长动了赶走韩信的心思为止。此后，亭长的妻子早上很早就起来做饭，饭做好之后，坐在床上就把饭吃完了。等到韩信起床后去吃饭时，饭早就没了。韩信知道亭长一家已经开始嫌弃自己，心里十分怨恨，于是离开了亭长家。

离开亭长家之后，韩信依旧无处可去。有一天，韩信到淮阴城边的河中去钓鱼，河边有许多妇女在洗衣服。有一个老妇见韩信饿得头晕眼花，就把自己带的饭分给他吃，一连几十天都是这样。韩信非常感激，对老妇说："等我将来富贵了,一定重重地报答您。"老妇十分不屑,数落他说:"你一个男子汉大丈夫,连自己都养活不了,我是见你可怜才给你饭吃,从来没指望着让你报答我。"

淮阴城中有个屠户家的年轻人,为人鲁莽轻浮。他非常轻视韩信,见韩信身背长剑在街上走,就当街堵住韩信侮辱他说:"你虽然看起来长得高高大大,还喜欢佩带刀剑,但你一定是个胆小鬼。"街上的行人见状,都停住脚步围观。那个屠户子弟见围观者越来越多,心里越发得意,大声向韩信挑衅说:"韩信你要是不怕死,就拿你的长剑来刺我;你要是怕死,就从我的胯下钻过去。"围观的人一听,立即开始起哄,怂恿韩信与那个屠户子弟打斗。可谁知韩信只是把那个屠户子弟打量了一番,一句话也没说,之后慢慢俯身在地,从那个屠户子弟的胯下钻了过去。街市上的人全都愣住了,就连那个屠户子弟也愣住了,但旋即,他们就大笑起来,都嘲笑韩信缺乏勇气,怯懦胆小。韩信忍受胯下之辱的事情,也随即成为淮阴城内百姓茶余饭后的谈资和笑料。

等到后来,项梁起兵反秦渡过淮水,韩信立即赶去投奔了他。但在项梁手下待了好长一段时间,韩信也没有得到重用。项梁战死后,韩信又继续跟随项羽,渐次升任为郎中。这个时候的韩信,已经有机会见到楚军的最高军事长官了,他多次替项羽出谋划策,都没有被采纳,韩信非常失望。直到他追随项羽入关,仍然是一个默默无闻的人。韩信明白在项羽帐下就这样下去终究会是一事无成,他打听到刘邦善于知人用人,于是就趁项羽大封诸侯,刘邦入蜀之际,转投刘邦。转投刘邦之后,韩信仍旧没有得到任何机会,只是做了一个连敖的小官,负责接待来往宾客。

但就是这么一个小小的接待宾客的小官,却为韩信招来了杀身之祸。因为同僚犯法,牵连到韩信,他们一起的十四个人都被判为斩刑。

韩信等人被押赴刑场,前面十三个人已经被陆续砍头。轮到韩信之时,他心有不甘地抬起头来,准备仰望一次上苍,问问上苍为什么还没有给他任何一次机会就要让他死去。但这一抬头,却让韩信看到了他特别希望看到的一幕——刘邦的沛县老乡、儿时亲密的伙伴、滕公夏侯婴恰好乘车路过此地。韩信立即朝夏侯婴大声喊话说:"汉王不是想要得天下吗?为什么要杀壮士?"坐在马车上的夏侯婴听到这样的喊话深以为奇,扭过头来一看,发现韩信长得又高又大,更兼相貌威武不俗,马上就对韩信产生了好感,于是他下了马车,命刽子手释放了韩信。

夏侯婴把韩信邀到自己的营中,与韩信饮酒攀谈,这一谈,夏侯婴立即就认定，韩信是个很不一般的人。找了个机会，夏侯婴就在刘邦那里推荐了韩信。刘邦身边的老乡特别多，平日里老是推荐这个推荐那个，所以对于夏侯婴推荐的韩信，刘邦根本没有放在心上，以为他也不过是个有一点管理才能的吏卒而已。但又不想驳夏侯婴的面子，于是就任命韩信为治粟都尉，让他管理粮仓。

治粟都尉也是个很不起眼的小官，但即便如此，韩信还是发挥他的管理才能，认真地干了起来。在管理粮食的过程中，韩信根据粮食的新陈交替状况，提出了"推陈出新"的管理理念。他叫人把粮仓开设前后两个门，把新粮从前门运送进去，然后把旧粮从后门运输出来，新粮和陈粮依次存放。这样一来，就可以根据粮食的保质期，先吃陈粮，再吃新粮，避免新粮不够吃，而有的陈粮却过了保质期发霉变质的问题，有效杜绝了浪费。

对于韩信管理粮仓的"推陈出新"方法，刘邦并不以此为奇，他需要的是一个能帮助他战败项羽夺取天下的英才，而不是一个特别会管理粮食的治粟都尉。

在这期间，韩信因为工作的关系，曾经多次与萧何攀谈。对于韩信的学识和能力，萧何十分佩服，好几次在刘邦面前推荐他，但刘邦却不以为然。汉军队伍即将到达南郑的时候，刘邦手下就有数十名高级将佐逃走了。韩信估摸着萧何、夏侯婴等人已经多次在刘邦面前推举过他，但刘邦却并不愿意用他，他感觉再留也是无益，于是找了个机会，也和其他那些将领一样，逃走了。

萧何作为汉王的丞相，每天都要关注军需、钱粮这些物资的出入状况，听管理这些物资的军吏向他报告情况。可是这一天傍晚，照例要来向他禀报工作情况并和他顺路聊天的韩信却没有来，一问粮仓的小吏，才知道韩信也开了小差。萧何大吃一惊，来不及向任何人说明情况，跨了一匹快马，就赶快顺着来路去追。萧何手下的人不明就里，以为萧何也加入了逃亡的行列，于是就跑去向刘邦报告说："丞相萧何逃跑了。"

刘邦听说萧何逃跑，又急又怒，本来逃跑的人那么多，刘邦早就已经习以为常了，但只要萧何、曹参这些人在，他就会有主心骨，他就吃了定心丸。可是如今，别人说连萧何都逃跑了，怎不叫他大惊失色，大失所望。虽说萧何不能像樊哙、周勃这些人那样冲锋陷阵，但他所起的作用，是这些武将无法比拟的。只要萧何在，汉军大营中的一切都会正常运转，刘邦就是成天睡大觉都没关系，可如果萧何不在，刘邦就要亲自去过问每一件事情，如今萧何跑了，刘邦能不着急吗？

但不论刘邦如何急怒交加，都已无法改变将士逐渐逃亡这样一个现实，天要下雨，娘要嫁人，那就由他去吧。萧何跑了，曹参、樊哙、周勃等人还在，他这个汉王的架子也还勉强撑得起来，日子还得照样过下去。

就这样，刘邦在这种愤怒、失望，且又略有安慰的心态下度过了两天。到了第三天，卫兵冷不防跑来向他禀报说："丞相萧何回来了。"刘邦一听萧何回来了，立即大喜过望，但随即他又变得怒气冲冲，对卫兵说："快叫他来见我。"

萧何进来之后，刘邦立即用他一贯的粗话责骂他说："说，你为什么逃跑？"

萧何早就知道刘邦会有这样的误会，于是耐心地向刘邦解释说："我怎么敢逃跑呢？我是追逃跑的人去了。"刘邦显然不相信，问道："你去追的人是谁？"萧何说："我去追的人是韩信。"刘邦一听是韩信，立即破口大骂："高级将领逃亡的有好几十个，你都没有去追；现在你说你去追韩信，谁会相信，这分明是在撒谎。"

萧何不紧不慢地说："那些将领都是非常容易得到的，至于像韩信这样的将才，普天之下再也找不出第二个来，真可以说是国士无双。大王您如果只是想在汉中长久地做个汉中王，当然用不着韩信；但如果您想要夺取整个天下，除了韩信之外可再没有可以商量大事的人。就看大王您做何打算了。"

刘邦见萧何一本正经，一点也不像是在撒谎，再者说萧何能够回来，就足以证明他的清白。他相信了萧何所说的话，自陈心迹说："我也确实想要回到东方去，哪里能郁郁不乐地老是待在这个地方呢？"萧何见状，立即郑重其事地向他推荐韩信说："大王如果确实要想回到东方去，那就必须重用韩信，韩信也会留下来；如果不能重用韩信，那么韩信终究还是会逃亡的。"

刘邦说："既然你这么看重他，那么我看在你的面子上，任用他做个将军，总可以了吧。"萧何说："一个普通的将军，根本不足以使韩信留下来。"刘邦心里开始犯起了嘀咕，要是一下子任命韩信为大将吧，感觉太轻率了，可如果说韩信没什么过人之处吧，丞相萧何专门去追了一趟，并且三番五次地向自己举荐，也罢，大将就大将，看他到底有多大本事。于是刘邦说："行，那就任用他做大将。"萧何一听刘邦同意了，非常高兴地说："真是太好了。"刘邦于是对萧何说："你去把韩信给我叫来，我现在就拜他为大将。"

萧何劝阻他说："大王您一向傲慢无礼，现在要任命大将，却像吆喝一个小孩子一样，这就是韩信要逃亡的原因啊。大王如果确实想要拜韩信为大将，那就该择个黄道吉日，斋戒沐浴一番，然后搭建高高的拜将台，周密安排庄重的拜将仪式,这样才能让受拜者感觉到受尊重。"刘邦一想也觉得有理,于是就答应了,并吩咐萧何去操办这些事务。

汉军营中的将领们听说汉王要择日拜将,一个个颇为自许,都以为自己会被任用为大将,接连几天纷纷议论不绝。可是等拜将的仪式正式举行的时候,才知道将要任用的大将是韩信,全军上下,不论高级将佐还是普通士兵,全都非常吃惊。

等行使过拜将的仪式之后,韩信坐在了大将该坐的上座上。刘邦问他:"丞相多次在我面前提起你,说你谋略超群,堪当大任,那么请问,你有什么可以教我的呢?"

韩信奋斗了多少年,忍耐了多少年,等的就是能够在一个善于纳谏的首领面前陈说方略的机会,他礼节性地谦让一番,然后问刘邦:"大王,要向东争夺天下的,难道不是项王吗?"刘邦老老实实地承认说:"对,确实就是项王。"韩信又问:"那么大王您自己估计一下,若论军队的英勇、顽强和军事力量的强弱,您和项王到底谁强谁弱?"

以当时的情况,项强刘弱是显而易见的事情,刘邦沉默了好一会儿,才承认说:"我比不上项王。"

刘邦的诚恳让韩信深切地意识到,他确实遇到了可以辅佐的明主。等刘邦话一说完,他就立即站了起来,向刘邦深施一礼,赞叹地说:"大王说得对极了,就连我也觉得您不如项王。我曾经在项王手下效过力,请让我谈谈项王的为人吧。项王威武雄壮,他一声怒喝,上千人都会吓得心胆俱裂,可是他却不能任用有才能的人,所以说他的勇武,只能算是仅凭个人勇烈之气的匹夫之勇。项王待人特别有礼,恭恭敬敬的,说起话来也特别温和,手下的将士有哪个生了病或是受了伤,他去看望的时候,不仅话语亲切,并且同情落泪,甚至还会把他的饮食分给他们吃。如果单从这个方面来看,项王可真算得上是礼贤下士、恭敬仁慈的人了。可是呢,当属下立下大功,应当要行赏封爵之时,刻好的官印棱角都差不多磨光滑了,他还是舍不得给人家,这真可以说是像妇女那样心肠慈软但却优柔寡断的妇人之仁啊。

"项王虽然称霸天下而使诸侯称臣,但是他却放弃了山河四塞的关中而选择了建都彭城。他又违背义帝的约定,封自己的亲信和偏爱的人为王,天下诸侯都对此愤愤不平。诸侯见项王把义帝迁废于江南,也仿效他的做法,回去驱逐他们原来的君王而在富饶之地自立为王。凡是项王军队经过的地方,无不遭到严重破坏，所以天下百姓都非常怨恨他，民心并不真正归附他，只是因为碍于他强大的势力，才不得不暂时服从罢了。他名义上是天下的霸主，而实际上早就失去了民心，所以说他的强大只是暂时的，他很快就会由强转弱！

"项王把他手下立下战功的诸侯将领都封了王，可是却唯独把您改封到了贫瘠偏僻的巴蜀之地，这是对您的猜忌、不信任和打压报复啊。现在您手下的将士都是山东子弟，他们日夜踮脚翘首，想要回到家乡去。如果能充分利用他们思乡的锐气，就完全可以成大功。如果等到天下已经安定，人人都会自求安宁，不会再为大王所用了。

"那么在这种情况下，大王您何不反其道而行之呢？您任用天下有才能的人，何愁敌人不被诛灭？把天下的城池分封给有功之臣，天下人谁不服气？率领一心想要打回关东老家去的义兵，什么样的敌人不会被击溃？况且关中的三个秦王章邯、司马欣和董翳本来是秦国将军，率领秦国弟子作战已经好几年了，被他们军法处置或是为他们战死在沙场的人不计其数，可是他们却瞒着这些子弟兵，带着全部的军队投降了诸侯。当等军队到达新安城的时候，项王用欺诈的手段，把秦军降卒二十多万人全部活埋，只留下了章邯、司马欣和董翳三人。关中的父老对这三个人可说是恨之入骨，可是项王却并没有意识到这一点，仗着他的武力强大，封这三人为关中之王，想要让关中的秦民继续服从他们，实际上关中百姓早就不愿再支持拥护他们了。大王从武关入咸阳之时，军纪严明，秋毫无犯，又废除了秦国所有的严刑峻法，并与关中秦民约法三章，秦国百姓无不以您能在关中称王而欢欣雀跃。当初诸侯们在入关前曾有约定，大王理所当然应该在关中称王，这个关中的百姓全都知道。可是如今大王失去了应有的封爵而被排挤到汉中来做王，秦地的百姓没有一个不怨恨项王的。现在大王只要举起义旗，挥兵向东，关中之地完全可以传檄而定，不费吹灰之力就可以得到，大王您为什么不趁此机会做出这样的决定，出兵向东，与项王争夺天下呢？"

刘邦对韩信的分析非常赞同，他十分高兴，觉得真是后悔没有早一点重用韩信。他对韩信的计策全盘采纳，并立即安排汉军将士，按照韩信的战略构想开始行动。

而在这期间，关东却早已大乱，大乱的原因就是项羽主持的这次不太公正的分封。

诸侯们离开咸阳的时候，项羽也带着自己的部队回老家彭城。他不愿意和义帝共居彭城，于是派使者对义帝说："古时候的帝王统治方圆千里的地方，他居住的地方必须是江河的上游。"然后命使者强迫义帝迁到长沙郡的郴县（郴县位于湘江干流耒水的上游河谷，今湖南省郴州市苏仙区）。郴县虽说是处于江河上游，但并不繁华，甚至可以说是蛮荒之地，义帝身边的老将们舍不得离开繁华的彭城，一个个口出怨言，磨磨蹭蹭不愿速迁。项羽得知消息后大怒，暗中命九江王英布、衡山王吴芮和临江王共敖在义帝出行的路上设伏，将义帝袭杀。

齐国的相国田荣，系原齐王田儋之弟，他和他的兄长田儋、弟弟田横，在陈胜、吴广起义后不久，就起兵响应陈胜，并平定了整个齐地，在诸侯里面，是反秦较早的人，也是为灭亡秦国立下大功的人。但之前田荣对楚国不杀田假、赵国不杀田间、田角而闹情绪，没有及时出兵援助项梁，致项梁被章邯偷袭兵败而死。而项羽把叔父项梁之死的账最终算到了田荣头上，心里非常痛恨田荣，再加上田荣没有亲自带兵随项羽入关，所以在封王的时候，项羽拒绝了其他人封田荣为王的提议。

田荣听说项羽没有封他为王，不仅如此，还把现齐王、他的侄子田市贬封到了胶东，而更令他难以容忍的是，项羽竟然把他们以前的手下、齐将田都封为了齐王。田荣非常生气，他不肯让田市前往胶东就国，而是带领齐兵，迎击前来就国的田都。田都怎是田荣的对手，被田荣击败后，只得逃往楚国，去投奔项羽。田荣的侄子田市十分惧怕项羽，担心项羽会派大兵来杀死他们，所以决定执行项羽的命令，前往胶东，于是趁田荣将兵外出之际，偷偷带人前往胶东。田荣击败田都回到临淄，听说侄子田市很没出息地去了胶东，十分生气，他派人追击田市，最终将他杀死在即墨。之后田荣自立为齐王，引兵向西攻打被项羽封为济北王的田安，也杀死了他。这样一来，田荣就一个人兼并了"三齐"，成为齐地的新王。

而在齐国北边的燕国，也发生了新王与旧王之间的火并。新封的燕王臧荼回到燕国，让原燕王韩广按照项羽的分封迁到辽东去，但韩广却不愿意执行。韩广不迁辽东，这就直接妨害了臧荼的利益，于是，羽翼已丰的臧荼引兵攻打韩广，最终击败并杀死了他，兼并了辽东之地。

田荣并王三齐之后，为了进一步表达他对项羽的不满，且为了向项羽挑衅，于是派人送给起义军首领彭越一枚将军印信，让他在梁地造反，不断骚扰楚国。

彭越也叫彭仲，最初在巨野的湖泽中打鱼，同一帮逃亡的人一起藏匿在湖泽中做强盗。陈胜、项梁等人陆续起兵后，家乡昌邑有些年轻人蠢蠢欲动，于是找到彭越说："如今天下大乱，豪杰们都争相起兵反秦，你为什么不站出来效法他们呢?"彭越感觉时机还不成熟,于是推辞说:"现在两条龙刚刚搏斗,还是等一等再看吧。"过了一年多,湖泽中的年轻人已经聚集了一百多人,他们经验不足,于是前去追随彭越说:"我们都准备趁此机会干一番事业,请您做我们的首领吧。"彭越拒绝说:"我不愿和你们一块干。"年轻人执意请求,彭越无奈,只好答应了下来。答应之后,彭越与他们相约说:"明天早上太阳刚出来的时候,到这里来集合,如果谁迟到了,我就会杀死谁。"年轻人见他答应了,于是四散而去,但并没有把他迟到要杀头的话放在心上。到了第二天早上集合的时候,超过约定的时间迟到的人竟然有十多个,最后一个人直到中午才来。彭越见人都到齐了,于是对众人说:"我的年纪已经大了,可你们却执意要我当你们的首领。可是现在我当了首领之后呢,你们又不听我的号令,我们约好了今天早上太阳一升起就集合,却有这么多人迟到,那我们以后还怎么行军打仗。今天是第一次,迟到的人不能都杀头,只杀死最后一个来的人,以儆效尤。"于是命令身边的校官杀掉那个最后来的人。众人仍然没有把他的话当一回事,都笑着说:"何必一定要杀人呢,以后我们不再迟到就是了。"彭越不再跟他们多说什么,站起身来,拉过那个最后到来的人,一刀就把他杀了。之后,彭越命人设置土坛,用那个人的人头祭祀,然后向众人发号施令。众人都震惊异常,从此对彭越非常畏惧,不敢再抬起头来仰视他。

  彭越通过杀人树立了自己的威信,严明了队伍的军纪,于是带着这支队伍攻城略地,并陆续收集诸侯逃散的士兵,最后他的手下聚集了大概一千多人。

  等到刘邦奉楚怀王之命从砀郡之北出发攻击昌邑的时候,彭越曾经带着他的队伍去援助刘邦。昌邑城最终没有被攻克,刘邦放弃昌邑,带着他的军队继续向西进发,而彭越则留了下来,带着他的人马继续驻扎在巨野泽中,并收编魏国逃散的士兵。

  等到项羽率领诸侯之兵西入咸阳灭亡秦朝之后,所有起事的将领大部分都已经受封,而彭越作为一名拥有万余兵力的起义军首领,却被人遗忘了,既没有得到封赏,也没有哪一个诸侯主动招揽他。天下大定而这么大的一支武装力量却没有归宿,这成了一个很大的不稳定因素,但主持天下大计的项羽却忽略了这一点。

  等到此时田荣自立为王,为了对抗项羽,赐给彭越将军印,让他进军济阴(今山东省菏泽市定陶区西北),攻打楚军。此时为汉元年(公元前206)七月。

再说安成君陈馀，他本来就因为和张耳结怨而对张耳心怀不满，此时见张耳封王回赵国，而自己却仅仅受封三个县，心里更加生气，发牢骚说："张耳所立的功劳和我一模一样，如今张耳封王，而我却仅封为侯，项羽做事，也太不公平了。"此时听到田荣起兵反楚，于是派他手下的谋士夏说前去游说田荣说："项羽分封天下，十分不平，他把他的亲信爱将全部分封到富饶的善地，而把原来的诸侯王全部改封到贫瘠的恶地。我们的赵王就被他改封到了代地，这真是让人气愤难平。我听说大王大兴义兵，不听您的号令是不义的表现，希望大王能借给我一些兵将，让我去攻打常山王张耳，得胜之后，我愿让赵国永久地作为齐国的屏障。"

敌人的敌人，就是朋友。只要有人愿意和自己一起反攻项羽，就可以进一步壮大反楚的力量，于是田荣答应了陈馀，派兵入赵。

陈馀得到田荣的支持，集结南皮三县的所有兵力，和齐兵并力攻打常山王张耳。张耳不敌，被陈馀打得大败，赵地失守。

张耳在赵地已经无法立足，就想去投靠别的诸侯，他对身边的谋士们说："我和汉王曾经有老交情，但现在势力最强的是项王，并且我是项王所封的，我打算到楚国去投奔项王。"他手下的谋士甘公劝阻他说："汉王入关的时候，五星聚于东井，东井分野所对应的区域是秦地，谁先到秦地，谁就一定会成就霸业。现在楚国虽然强大，但最后一定会归属于汉，所以您最好还是去投汉王。"张耳听了，于是前去投奔刘邦。

陈馀击败张耳之后，占领赵国全境，将赵王歇从代地迎回，复立为赵王。赵歇非常感激陈馀，于是立陈馀为代王。陈馀因为赵王歇实力非常弱，所以没有回代地去，而是拜谋士夏说为代国的相国，替自己去守代地，而自己则留下来辅佐赵王。

再说与刘邦分别后的张良。张良辞别刘邦之后，就往韩国赶，准备回到韩国去辅佐韩王成。项羽路过韩地的时候，韩成自然要出城来拜见他。项羽因为韩成在项梁死后投奔楚怀王，且在他成为上将军之前从来没有在楚怀王面前支持过他，这让他心里始终不舒服。再加上韩成派张良协助刘邦，却没有随项羽入关，所以项羽不让他继续待在韩国，而是带着他和张良一起前往楚国。为了使项羽放松对刘邦的戒心，张良对项羽说："汉王烧毁了所有的栈道，看起来他是要一直待在巴蜀之地，没有回故乡的想法了。"为了进一步麻痹项羽，张良还专门写信给项羽，告诉了他田荣和陈馀联合起来造反的事。项羽因此放松了对西边刘邦的戒备，而是把全部的注意力放到了对付北边的齐、赵两国上。

而实际上此时的刘邦，却加紧了东征的步伐。汉元年（公元前206）八月，刘邦采纳韩信"明修栈道，暗度陈仓"之计，派樊哙、周勃二将带一万兵马，大张旗鼓地重修栈道，摆出一个要修好栈道并从那里出兵关中的架势。章邯等三秦王听到刘邦派人修栈道，心里十分纳闷，但为了慎重起见，他们仍然一方面关注汉军的修路进度及动向，另一方面加强了对斜谷方向的军事防御。斜谷位于今陕西省终南山，是古代穿越秦岭的山道。南边的谷口起于今陕西省汉中市大钟寺附近，叫褒谷；北面的谷口位于今陕西省宝鸡市眉县斜峡谷口，所以叫斜谷，合起来称之为褒斜谷，全长近五百里，两旁山势峻峭，地势险要，扼关陕而控川蜀，古来为兵家必争之地。章邯等人以为只要在斜谷口设下重兵，汉军就无法出川。可谁知，刘邦却和韩信率领大军，悄悄地从一条罕为人知的古道潜出，翻越秦岭，顺着陈仓小路进入了秦川，渡过渭河来到了陈仓古渡口（今陕西省宝鸡市陈仓区）。

陈仓是章邯的辖地，他听说汉军主力出现在了陈仓渡口，禁不住大惊失色，立即率军前去增援，双方在陈仓展开了激战。章邯大军前去增援陈仓，斜谷方向的防御力量顿时减弱，修栈道的樊哙和周勃也趁机从斜谷出兵，与韩信大军前后夹击章邯。章邯虽勇，怎能挡得住两路大军的猛攻。章邯被汉军击败，退守好畤（今陕西省咸阳市乾县东）。汉军分路大进，在壤东（今咸阳市武功县东南）、好畤两地再次击败章邯军。章邯复败，只好退到废丘坚守，汉军将章邯死死围困于废丘城中。汉军急切攻废丘不下，于是令樊哙围困废丘，而韩信、曹参等将领则率军进击陇西、北地、上郡等地。汉二年（公元前205）十月，塞王司马欣、翟王董翳、河南王申阳无法抵挡汉军的进攻，先后向刘邦投降。

此时，关中之地除章邯死守的废丘成为一座孤城之外，其余已基本被刘邦平定。刘邦率大军进攻三秦，标志着楚汉战争正式拉开序幕。

第四节　深陷齐地、奇士陈平、彭城之战

再看项羽这边的情况。齐、赵两国叛乱，项羽准备亲自带兵去平叛，但在走之前，他不放心韩王成，担心在他走后，韩王成潜回韩国，与汉王刘邦联手反楚，于是把韩王成贬为侯，后来又干脆找了个机会把他杀了。

如果说在此之前，张良还在到底是辅佐韩王成还是帮助汉王刘邦之间徘徊犹豫的话，那么此时的项羽杀韩成事件，倒促使张良下了决定。既然他有王不能辅，有国不能守，那么他为什么不能去投奔意气相投的汉王刘邦呢？韩王成被杀之后，张良立即找机会逃出了彭城，沿小路去投奔刘邦。等张良回到汉军阵营的时候，刘邦已经平定了三秦之地，见张良来归，立即大喜，封张良为成信侯，让他在身边参赞军机。张良因为体弱多病，不能独自领兵作战，因此他常常待在刘邦的身边，为刘邦出谋划策。

刘邦在初定三秦之后（因当时废丘还未攻克），派将军薛欧、王吸率领一支军队南下出武关，与驻扎在南阳的王陵部会合，准备前往沛县去迎接刘太公和吕雉等人。项羽得讯之后，派兵前往阳夏（今河南省周口市太康县）阻击汉军，薛欧等人无法前进。

因韩王成已被杀，为阻止汉军主力东进，项羽又在齐、赵战场无法分身，于是分封与他关系较好的吴令郑昌为韩王，前去阻挡汉军。项羽封了一个韩王，刘邦于是也拜原韩国贵族韩信为韩太尉（这个韩信要与初汉三杰之一的淮阴侯韩信区别开来），令其带兵攻打韩地，允诺攻下韩地后封他为韩王。而彭越在接受田荣的将军印之后，带兵从济阴进攻楚军，于是项羽派萧公角带兵阻击彭越（萧

公角，是指萧县的县令，名角），萧公角不是老辣的彭越的对手，被彭越打得大败。此时的项羽，真可以说是数面对敌，疲于奔命，焦头烂额。

刘邦派张良去招降韩王郑昌，顺便给项羽带去了一封信。张良在信上说："汉王名不符实，他只是想得到他本来的封地关中地区而已，只要得到关中就会停下来，并不敢再向东发展了。"同时，为了激怒项羽，让项羽深陷齐、赵战地，刘邦还命张良把田荣、陈馀给他送来的想要与汉军结盟的书信也交给了项羽，明白告诉项羽："齐国和赵国要联合起来消灭楚国。"项羽见了书信，一方面深信汉军不再向东，另一方面调兵遣将，准备北上平定齐地。项羽派人征召九江王英布，让他带兵来协助自己攻打齐国，可谁知英布却借口有病没有前来，只是派了个偏将，带着几千人来助阵。项羽十分生气，对英布十分怨恨，几次派使者前去斥责他，英布非常惶恐。

韩王郑昌不愿降汉，于是韩太尉信率大军猛攻韩地。郑昌到韩国时间不长，尚未站稳脚跟，没有民意基础，不是韩太尉信的对手，被打得大败，不敢回去见项羽，无奈向刘邦投降。刘邦削去了郑昌的王爵，立韩太尉韩信为韩王。

汉二年冬，项羽率军一路北进至城阳（今山东省菏泽市鄄城县东南），田荣见项羽亲率大军前来，也亲自带兵前去迎战。田氏兄弟都是硬汉，也都是当时数一数二的英雄豪杰，不信邪，不服软，他们从来没有和项羽一起共事过，所以并不认为项羽会有传说中那么厉害，他们想亲自接一仗，看看项羽到底有多强大。两军一相接，项羽一马当先冲入齐军阵中，立时所向披靡，无人可敌，将齐军阵形冲得七零八落，齐军将领谁挡谁死，被项羽杀死数十将校之后，剩余的齐将纷纷向后退却，齐军因此溃不成军。此时的田荣，才算真正见识了项羽的威力，那真可以说不是凡人能够抵挡的。田荣为了尊严而战，却因此一败涂地。他见大势已去，于是带着数十骑亲随仓皇出逃，当他逃到平原的时候，被平原的地方武装所杀。田荣被杀之后，项羽立原来逃到楚军之中的田假为齐王，命其镇守齐国。

按照约定俗成的战争惯例，仗打胜了，敌方的军队溃败了，主将被人杀死了，那么这场战争就应该结束了。胜利的一方应该打扫战场，清点己方的伤亡，估算敌方还剩多少有生力量，然后抓住时机，在战胜区进行大肆宣传，肯定自己，否定敌人，声明只追究造反的首恶分子，而其余遭胁迫参与造反的人一概不予追究，以瓦解敌方力量，并争取敌方民心，达到最终巩固胜利成果的目的。可是项羽不，这么做并不符合他的性格。或许是因为年轻气盛，或许是他的骨子里充斥着那种不愿宽宥他人的旧贵族劣根性，他竟然想要把跟随田荣进行反叛的齐国军民全部杀光。于是乎，大屠杀开始了，楚军继续向北进军，将齐国的城郭宫室全部焚烧夷平，将齐国的降卒全部坑杀，又把老弱妇孺全部抓了起来。就这样，军队一路推进到了北海（今山东省潍坊市昌乐县东南），所过之处，城池大都被夷为平地，军民大都被无辜残杀，物资大都被抢掠毁灭。

这不是项羽的第一次大屠杀，当然也不是最后一次。项羽的第一次大屠杀始于公元前208年，他和刘邦受命项梁委派一起攻打襄城（今河南省许昌市襄城县）的时候，因为襄城久攻不下，破城之后，将城中军民全部坑杀；此后不久，攻下城阳，将城中协助秦军守城的平民全部屠杀；第三次，在新安城，活埋秦军降卒二十余万；第四次，入咸阳之后，杀秦降王子婴及秦国宗室，又在关中大肆烧杀抢掠，致秦民大失所望；而这一次，项羽又犯了残忍嗜杀的老毛病，或许潜台词就是：你们不是跟着田荣造反吗？那好，我杀光你们，叫你们反！

而殊不知，古往今来，绝大多数的平民百姓，说是造反也罢，说是起义也罢，那都是被逼的，在谁的地盘上，当然得听谁的。如果按照项羽这个逻辑，那还不把全天下的人都杀光？而事实上，天下人是杀不光的！

齐国百姓见项羽所率的楚军不仅屠杀已经投降的齐军，也杀平民百姓，还把他们的父母妻儿全都抓了起来。他们知道，他们没有退路了，他们绝不会屈服，既然横竖都是一死，那么为什么不选择轰轰烈烈有尊严地去死呢？当老百姓不怕死的时候，你再用死来威胁老百姓，那就没有任何用处了。

等到项羽返回彭城之后，齐国的百姓立即聚集了起来，开始抵抗楚军，打不了正规阵地战，就打零散的游击战，正面重创不了楚军，就侧面骚扰楚军，你不让我活命，我也不让你好过。田荣的弟弟田横见民心可用，于是立即竖起旗帜，收集齐国的逃亡散卒，在短时间内竟然很快得到了数万人。田横率军攻击项羽所立的齐王田假，田假才智不及田横，且在齐国基础不稳，根本无法抵挡，只得弃城逃往楚国。项羽本来准备在击败田荣之后，赶快腾出精力来对付东进的刘邦，可现在刚刚平定的齐地再次反叛，这不禁让他又急又怒。项羽并不检讨自己屠杀齐民致楚军失去民心的过失，反而将齐地再反的原因归咎于田假的无能，于是在盛怒之下处死了田假，之后带兵再次前往齐地平乱。田横立田荣的儿子田广为齐王，在城阳据城而战。这一次，齐国将士和齐国百姓知道他们无论如何只有死路一条，所以拼了死命守城。项羽攻了多次，也没有攻下城阳，他想要放弃，但又觉得不甘心，最终深陷齐国战地无法进退。

刘邦平定关中及洛阳之后，在新占领的关中及洛阳等地设置陇西郡、北地郡、上郡、渭南郡（也就是后来的三辅之一京兆尹，京是极大的意思，兆则表示数量众多。京兆之名，显示了一个大国之都的气派与规模。后来在汉时被形容为辇毂，意思是在天子的车轮之下）、河上郡（后来的左冯翊，冯意为辅，翊意为佐，冯翊可以理解为辅佐）、中地郡（后来的右扶风，扶助风化之意），又在函谷关外设置了河南郡（秦时的三川郡，治今洛阳）。为了争取更多的诸侯归附自己，刘邦发布命令称，诸侯将领，凡是带一万人或是以一郡降汉者，一概不追究从前与汉军为敌的任何责任，不仅不翻旧账，还要封他为万户侯。在这个时候，汉军俘虏了雍国的大将、雍王章邯的弟弟章平，章邯在废丘城内死守，章平试图带兵去救援章邯，却接连被汉军击败。随着此时章平的被俘，章邯所守的废丘彻底成为一座孤城。刘邦又派兵修理重建河上的军事要塞及渡口，为向东进军及战守做准备，同时下令，原秦国的游园、皇家园林、池塘等，全部交给老百姓耕种，轻徭薄赋，大赦罪人，减轻百姓负担。

在项羽大肆屠戮百姓越来越失民心的时候，刘邦却通过一系列的措施赢取越来越多的民心。历史发展到了这个时段，就是上苍再怎么眷顾英雄盖世的项羽，可命运的天平还是不由自主地开始向着刘邦倾斜了。

刘邦前往河南陕县（今河南省三门峡市陕州区）抚慰关外百姓回到军中的时候，被陈馀击败弃国而逃、前来投奔他的张耳已经在等候拜见他了。

张耳是项羽分封的十八个诸侯王之一，在诸侯之中素以有才德而著称，可是他在被反叛项羽的陈馀击败之后，没有去投奔项羽，却来投奔他这个项羽的死敌刘邦，这个象征意义可谓不同寻常，刘邦非常高兴，热情地接待张耳，并给予他非常优厚的待遇。这一方面固然因为他们之间曾经建立过深厚的友谊，而另一方面则是刘邦出于争取其他诸侯的政治需要，在给其他诸侯做样子。你们看，张耳降汉，我能如此厚待他，如果你们来降我，我也能如此优厚地对待你们。

汉二年二月，刘邦下令废除秦朝社稷，建立汉朝社稷。秦朝实际上灭亡已经一年多了。秦朝灭亡之后，项羽建立了西楚政权，而刘邦却不顾这个事实，宣布废除秦王朝社稷并建立汉王朝社稷。刘邦这么做，体现了他决意和项羽公开决裂的自信和勇气。刘邦敢于与项羽公开决裂，一方面因为他得到军事天才韩信，在军事上节节胜利，这使他越来越自信；而另一方面也确实因为他已经平定关中、收服河南并迫降韩王，实力大增。其时项羽所封的十八诸侯，东方死了三齐王，北方死了辽东王韩广，剩余的赵歇与项羽为敌，九江王英布与项羽产生了嫌隙，司马卬、魏豹、臧荼、共敖、吴芮等人虽说暂时服从项羽，但其真实立场如何，从张耳降汉一事上，也可以大致看出端倪。其余诸王，三秦王被刘邦所并，韩王属汉，河南王、常山王降汉，刘邦这边连同自己是八个王，包括反楚阵营的齐、赵两个王，共十个王，而项羽那边连项羽在内也只有七个王，谁优谁劣，已是一目了然之事。刘邦，至少在他自己看来，已经完全具备了与项羽分庭抗礼的资本和实力，因此，他大胆地宣布建立汉朝社稷，一来为自己鼓劲，二来也为手下的将领及诸侯打气。

汉二年三月，刘邦从临晋关（今陕西省渭南市大荔县东）渡过黄河，大军压向魏地。西魏王魏豹自忖不是刘邦的对手，于是举国投降，并亲自带兵跟随刘邦攻打河内的殷王司马卬。

司马卬与刘邦已经不是第一次打交道了。公元前207年，为了争取最先入关为王的资格，司马卬准备渡过黄河抢先入关，谁知却被刘邦攻取平阴后切断了黄河渡口，最终刘邦率先进入咸阳。不过司马卬虽说没有先入关，但项羽待他也不薄，最终封他为殷王。按理说有了这个前奏，司马卬应该十分痛恨刘邦、非常感激项羽才对，可司马卬并没有这样做。在刘邦定三秦向东之时，司马卬就反叛了楚国。

对于司马卬的背反，项羽非常生气，于是拜陈平为信武君，让他去攻打司马卬。汉初以善用阴谋诡计而著称的奇士陈平，由此走上历史舞台。

陈平是阳武户牖乡人（今河南省新乡市原阳县），小的时候，家里非常贫穷，靠哥哥打理三十亩薄田度日。陈平不喜欢从事农业生产，但非常喜欢读书，因此操持家务的重担全部落在了哥哥身上。陈平的哥哥毕竟是个男人，有些见识，他见陈平爱读书且喜欢交游，于是让陈平出外去游学，而自己一个人在家耕田，勉强娶了一个妻子度日。陈平长得非常高大英俊，有人就故意问他："你们家那么贫穷，你到底吃的是什么，看上去这样肥呢？"陈平的嫂子平时就对陈平不从事农业生产感到十分不满，听到这话愤愤不平地说："也不过就是吃糠咽菜罢了，有这样的小叔子，还不如没有。"陈平的哥哥听到后，觉得这个妻子对弟弟过于苛刻，会让乡邻们笑话，于是就休掉了妻子。

等到陈平渐渐长大，也到了可以娶妻的年龄。那些家境富裕的人家，没有一家愿意把女儿嫁给他，而娶穷人家的女儿，陈平又以此为耻。户牖乡里有个富人叫张负，他的孙女连续嫁了五个丈夫，五个丈夫都无一例外地死去了，再也没有哪个人敢娶她。谁知陈平听到后，对张负的这个孙女动了心思，他并不在乎张负的这个孙女嫁过几个丈夫，到底是不是真的克夫，而是他感觉到，他要是娶了张负的这个孙女，就可以得到张家的资助，从而实现自己干一番大事业的愿望。乡里的一个大户人家办丧事，陈平因为家贫，就跑去帮忙，每天早去晚归，以赚取更多的钱物。张负在丧事上见到陈平，立即就对相貌堂堂的陈平有了好感，他借故和陈平谈话，拉家常，打探陈平家的情况。也因为这个缘故，陈平一直拖到很晚，才离开事主家（陈平这个娶妻的套路，倒跟他后来的主公刘邦如出一辙）。陈平回家的时候，张负也跟着去了他家。陈平家在背靠外城城墙的一个偏僻小巷里，家里穷得连个木门也安不起，只用一张破席子一挡，就是门了。可是在他家的门口，张负却发现了许多特有的车辙印，那种车辙印是乡里有名望的老者所乘坐的特有的马车留下的。张负越发觉得陈平不是一般人，回到家里之后，他对他的儿子张仲（张老二）说："我想把孙女嫁给陈平。"张老二一听就急了："陈平家里那么穷，还不安心从事生产劳动，县里的人没有一个不嘲笑他的，为什么偏偏要把孙女嫁给他？"张负说："哪里有像陈平这样一表人才却长久贫贱的呢？你等着看吧，陈平将来一定会出人头地。"于是决意把孙女嫁给陈平。因为陈平家里穷，纳不起聘礼，办不起喜宴，于是张负借钱给陈平，又给陈平家送去酒肉，帮助陈平把孙女娶了过去。临出嫁前，张负告诫他的孙女说："你不要因为陈平家现在贫穷就看不起他，慢待人家的家里人。嫁过去之后，你要像侍奉父亲一样侍奉他的哥哥，像侍奉母亲一样侍奉他的嫂子。"陈平的哥哥之前曾经休过一回妻，这里张负所说的陈平之嫂，应该是陈平的哥哥后来又娶的。张负的孙女连丧五个丈夫，有人敢娶对她来说已经是造化了，更何况是陈平这样的美男子，哪里还有不乐意的呢？于是谨遵张负的教诲嫁了过去。陈平自从娶了张负的孙女，手头上的用度也一下子宽裕了起来，与人交游时也不再感到拮据，陈平交游的范围越来越广了。

　　有一次乡里举行社祭，父老们推举他担任社里的社宰。社祭举行完毕之后，陈平主持为父老乡亲们分肉食，分配得非常公平。父老们称赞他说："不错，陈平这个小伙子当社宰，真是太称职了。"陈平叹息说："哎，如果有一天让我主宰天下，我也会主宰得像分配这些肉食一样公平啊。"

　　陈胜发动大泽乡起义并在陈县称王之后，命周市攻略魏地，随后又立魏咎为魏王，与秦军在临济（今山东省淄博市高青县东）交战。陈平告别他的兄长，前去投奔魏咎，魏咎见他做事谨慎仔细，于是任命他为太仆。但陈平并不满足于当一个掌管车马的太仆，他有更远大的志向，于是逮着机会，向魏咎进言献策。对于陈平的谋略，魏咎并不认同。魏咎的一些门客嫉妒陈平，他们见魏咎对陈平并没有什么特别的好感，就在魏咎面前说陈平的坏话。陈平得知消息后，怕为自己招来杀身之祸，于是偷偷地离开了魏咎。

等到项羽带领楚军攻打到黄河边上的时候，陈平见项羽发展前景非常好，于是前去投奔了项羽。他跟着项羽一齐入关，项羽赐予他卿的爵位，但并没有交给他更多的实权。项羽自立为西楚霸王后回东，陈平又跟着他一起去了彭城。

等到此时殷王司马卬叛楚，项羽再没有其他合适的将领可派，于是命陈平带着原魏王魏咎的一些门客去攻打司马卬，嘱咐如若司马卬一意孤行，那就一定要将其斩杀。

陈平在攻打司马卬时用了什么样的计策或是对司马卬说了什么样的话，史书上没有明确记载，但他一去，司马卬就立即表示回心转意，要继续臣服于楚国。陈平击败司马卬之后，派使者前去向项羽报捷，并向项羽保证司马卬不再背反楚国。项羽非常高兴，委托项悍拜陈平为都尉，并赐金二十镒。

可项羽高兴了没几天，随着刘邦与魏豹进攻河内，殷王司马卬竟然出尔反尔，投降了汉王刘邦。项羽闻讯大怒，准备追查责任，诛杀上次去攻打殷地并受降司马卬的人。

陈平听到后非常害怕，担心项羽会杀死他，于是把项羽赐给他的都尉印信和黄金封存了起来，派一个使者前去向项羽说明情况，自己则乔装打扮，背着一把剑就急匆匆地逃了出来。准备渡河的时候，船上的船夫见陈平相貌堂堂，又腰挎宝剑，估摸着他是一个逃亡的将领，随身一定带着贵重的物品或财宝，他看着陈平，目露凶光，想要杀死陈平并劫掠财物。陈平非常恐惧，他知道这些水盗心狠手辣，什么事都干得出来，杀他不过是一眨眼的事情。不过这难不倒满腹智计的陈平，他急中生智，脱掉身上的衣服丢到船上，然后对船夫说："来，我也帮你撑船吧。"说完也不管船夫同意不同意，拿起竹篙就撑起了船。船夫见陈平脱光了衣服，腰间什么东西也没有，他脱下的衣服掉在船板上，没有发出一点声响，这才知道陈平的身上什么贵重东西也没有，禁不住大失所望，也就打消了杀人越货的念头。陈平因此保住了一条命。

陈平有个老朋友叫魏无知，在刘邦手下当差。陈平渡过黄河之后，径直去了修武（今河南省焦作市修武县）汉王刘邦的营地。陈平找到魏无知，在魏无知的引荐下，见到了刘邦。

和陈平同时谒见刘邦的一共有七个人，刘邦和他们进行了一个集体会面，赐给他们饮食，然后对他们说："你们吃过饭了就下去休息吧。"别的人都没有说话,陈平却站出来对刘邦说:"臣有一件非常重要的事情要对大王讲,并且所说的这件事情不能超过今天。"刘邦觉得有些怪异,于是单独召见陈平,与他谈话。这一谈,刘邦非常欣赏他,于是问他:"先生在西楚那边担任什么官职啊?"陈平说:"我在那边担任都尉一职。"于是刘邦当天就拜他为都尉,让他做自己的参乘,并任命他为护军(护军是高级军事长官,主持选拔武官、监督管制诸武将)。

汉军将领们听到从楚军阵营过来的陈平一夜之间就做了都尉,并当了管制他们的护军,立即怨声载道,抱怨刘邦用人不公。他们对刘邦说:"我们跟着您出生入死,身经百战,才逐渐升迁到今天这个位置。而陈平不过是一个刚刚从楚军阵营跑来的逃兵,您见到他才一天时间,根本还不了解他有什么本领,就与他同乘一辆马车以示恩宠,还拜他为都尉,反过来让他监督管制我们这些老将,真是太不公平了。"刘邦听了之后,意识到诸将抱怨陈平,必定是陈平管理军队非常严格的缘故,所以他不仅不为所动,反而更加信任陈平。

陈平当了护军之后,虽然严格管理军队,但也趁选拔武官的职务之便多次收取将领们的贿赂。周勃和灌婴十分不满,就跑到刘邦面前去告他的黑状说:"陈平虽然看起来长得英俊,但未必会有什么真本事,就像一块镶嵌在帽子上的玉石一样,表面上挺好看,但腹内未必会有什么真才实学。我们听说陈平在老家时,曾经诱奸他的嫂子,在魏国做官,却不为魏国君臣所容,只好逃亡到楚国,可是在楚国又没有善始善终,最终逃亡到了我们汉国。现在大王善待他尊敬他封他做显贵的官,让他监督三军将校,可是他却不知感恩图报,私下收受将领们的金银,将领们哪个给他送的钱多,哪个就会得到他的厚爱关照,哪个给他送的钱少,哪个就会受到他的冷眼慢待。陈平这个人,是一个反复无常的乱臣、小人,希望大王能够更全面更深入地了解一下。"

刘邦听周勃和灌婴这么说,心里也立即疑惑起来,于是他叫来魏无知,责问他怎么会给自己推荐这样的人。魏无知替自己辩解说:"我所推荐的,是陈平的才能,而大王所问的,是陈平的品行。现今如果有尾生、孝己那样的人,品行自然是非常好,但根本对战争的胜负起不到任何作用,请问大王您还有机会任用他们吗?如今楚、汉两军相持,我为大王推荐智谋之士,只看他的计谋能否为国家带来益处就足够了。就算他有盗嫂受金的劣行,那又能如何呢?"(尾生是《庄子·盗跖》中提到的一个人物。说是一个叫尾生的男子,和一个姑娘相约在桥下见面,可是到了约定的时间,姑娘没有来,河里的水却越涨越高。尾生为了信守承诺,抱着柱子继续等,最后被淹死在桥下,尾生因此被后人视为守信的标志。孝己就是商王武丁的长子,以孝行著称,因为遭到武丁妃嫔的谗言陷害,被放逐而死。后世将孝己喻为孝子的典范。)

刘邦无话可说,但他必须把这件事情弄个清楚,不然心里没底。于是他又命人把陈平召来,责问他说:"先生你刚开始在魏咎手下做官,后来也不知是什么原因离开了魏国,去了楚国,可是去了楚国之后没多久,又到了我这里,怎么不让人怀疑你的信义呢?"之后,又让他解释"盗嫂受金"的事情。

陈平对别人诬蔑自己"盗嫂"的事情并不辩解,但对自己频繁跳槽和收受诸将贿赂的事情表现得非常坦然:"我确实事奉过魏王,因为魏王不能采纳我的建议,所以我离开了他,前去投奔了项王。可是项王也不能充分信任他人,他所倚重信任的人,不是项氏子弟,就是他爱姬的兄弟们,就算是智谋之士,也不能得到他的重用,所以我离开了项王。我离开楚国后,听说大王知人善任,善于用人,所以我前来投奔大王。我来的时候什么也没有带,不从诸将那里接受一点财物就没办法生活、办事。如果大王觉得我确实能为您献上一些有用的计策,那么请您继续任用我;如果大王觉得我真的一无是处,那么我收下的那些财物还在,请大王没收充公,然后放我一条生路,让我走吧。"

刘邦是干大事的人,他也有这个度量,他知道下属身上存在的哪些缺点是必须容忍的,也是可以容忍的,因为金无足赤,人无完人,人家千里迢迢跑来替你卖命,不为升官不为钱,那还图个什么?只要对自己忠心,品德上有些小瑕疵,那都无关大局。谁没有缺点呢?没有缺点的恐怕就只有伪君子或者是传说中的圣贤了。

于是刘邦赶快向陈平道歉,然后赐给他一大笔钱,让他在生活和办事时不再感到拮据。接着又升任他为护军中尉,让他管制所有的三军将领。要信任,就选择最彻底的信任,让被任用的人不再有心理障碍,放开手脚办事。这就是刘邦的知人善任,他能做得出来,其他人做得出来吗?很少有人能做到这个程度。

不去告陈平的黑状,陈平是个护军;一去告黑状,陈平立即升成了护军中尉,周勃、灌婴等人目瞪口呆,从此再不敢说陈平的半点不是。

此时的刘邦,汉初三杰已全部在他麾下,再加上奇士陈平,他的智囊团队就像滚雪球那样,越来越强,越来越大。

刘邦率大军攻下河内,逼降殷王司马卬之后,继续率军南下,渡过阴津(孟津),来到了洛阳。

路过新城（原来的伊阙，今河南省洛阳市区南）的时候，新城掌管教化的三老、八十二岁的董公拦在路上向刘邦哭诉项羽放逐义帝并暗杀他的恶行，认为这是以臣弑君、大逆不道的事情，请求刘邦主持公道。董公出这样的主意，无非也是想替刘邦谋划一个政治口号，为刘邦在舆论上宣传造势并顺便为自己谋一个进身的机会罢了，并不见得他本身的道德有多么高尚。因为他在替刘邦提出"师出无名，事故不成""明其为贼，敌乃可服"的建议之后，马上就被刘邦封了侯。

春秋战国时期礼崩乐坏，经过几百年的动乱，家臣弑杀家主而自立为诸侯者比比皆是，不独项羽一人，人们对此早就见怪不怪了，普通老百姓大都不拿这个当一回事，刘邦之前自然也没拿这个当一回事。可是此刻听董公这么一说，被张良称赞为"殆天授也"的刘邦，顿时感觉利用舆论大做文章的大好时机来了。他立即下马，脱掉衣服，袒露着上身，跪在地上放声大哭，哭过之后，又命令为义帝发丧，全军为义帝戴孝三日。义帝被项羽逼迁郴县已一年零两个月，被九江王英布弑杀已七个月，这么长时间过去，刘邦对此早有耳闻，他早不为义帝发丧，晚不为义帝发丧，等到此时羽翼已丰、实力已具的时候，才借机发作，哭得悲痛万分，伤心欲绝，这难道是刘邦的真情流露吗？不，根本不是的，他只是在假戏真做，借题发挥，趁此赚取天下人的眼泪而已，并顺便把项羽置于舆论和道义的不利境地，以利于他的政治斗争罢了。以前的政治家都是出色的演员，如果他们连这么一点表演天赋都没有或是虽有天赋但不愿意表演，那么他们也就不会被人们称为政治家。此处的刘邦之哭义帝熊心，后来的唐高祖李渊之哭隋炀帝，大抵不过如此。稚嫩的项羽因过于着急，在处理重大政治问题时犯了一个致命的错误，立即被政敌刘邦抓住了把柄，导致此后在舆论上陷入极大的被动。不能因为项羽杀了义帝，就对他大加挞伐，实际上就算此时他不这么做，那么等得胜之后，刘邦也一定会这么做。只不过依刘邦的老辣和他智囊团的水准，他会采取一个更为隐蔽的办法罢了，就像后来的朱元璋处理小明王韩林儿那样，既达到了目的，还做到了滴水不漏，堵住了天下人的口。

刘邦因此向天下发出檄文说："天下共立义帝，对他北面事之。如今项羽放逐并弑杀义帝于江南，真是大逆不道。寡人我现在亲自为义帝发丧，诸侯全部为义帝穿白戴孝。我将率领关内的全体将士和河南、河东、河内的三河英勇正义之士，沿长江、汉水南下，与诸侯王一起攻打楚国那个弑杀义帝的不义贼子。"

其时项羽所率的楚军与田横所率的齐军在城阳相持不下，正处于胶着状态。项羽虽然听到汉军已出关东进，但因为他与齐军交战已有时日，所以想速战速决击败齐军之后再向西攻打汉军，这样一拖延，最终给了刘邦以可乘之机。

项羽滞留齐地无法回师向西，其他诸侯迫于形势，虽说不是百分之百地愿意攻打项羽，但既然已经在表面上降服了刘邦，就不得不跟随刘邦一齐前往彭城。其时，刘邦所率的军队之中，除了他自己的汉军之外，还有塞王司马欣、翟王董翳、西魏王魏豹、殷王司马卬、河南王申阳（一说是韩王信，可以排除，因为史书明确记载是"汉王劫五诸侯兵"，韩王信系刘邦嫡系，没必要"劫"）五路诸侯的兵马——关内兵、三河士，总共五十六万人马。刘邦派人联络代王陈馀，因为赵国的实权也掌在陈馀手里，劝陈馀与诸侯一起出兵，攻打楚国。陈馀依旧对张耳耿耿于怀，他对刘邦的使者说："如果汉王杀了张耳，我就立即出兵攻楚。"刘邦收到陈馀的回复，不想杀死张耳却又想得到陈馀的支持，于是找到一个跟张耳长得很像的人，砍下他的头，然后派人送给陈馀。陈馀见人头确实跟张耳的相貌非常像，以为刘邦果真杀了张耳，于是派兵前去会合诸侯大军。

得到其他诸侯支持的刘邦派兵遣将，分两路向彭城进军：一路由其嫡系将领曹参、周勃、灌婴统率，从围津（今山东省菏泽市东明县）渡过黄河，从北路进攻定陶。曹参等人在定陶击败楚将龙且、项它，直指胡陵，从北面对彭城摆出进攻态势。一路由刘邦率夏侯婴、樊哙、陈平等人及五诸侯大军，经过曲遇（今河南省郑州市中牟县东北），攻占外黄（今河南省开封市杞县东），从西面进攻彭城。在外黄，彭越率三万人马归附了刘邦。为了掩护大军侧后，刘邦拜彭越为魏国相国，命其带兵攻打梁地（今河南省东北部），派樊哙北上攻打邹县（今山东省济宁市邹城市）、鲁县（曲阜市）、薛县（滕州市）、瑕丘（今济宁市兖州区东北），在北部形成一条防线，以阻止项羽从齐国南下回援彭城。

完成这些部署之后，刘邦率军一路向东进击，先攻克下邑（今安徽省宿州市砀山县东），命吕雉的哥哥吕泽驻守，接着攻下萧县，并向彭城挺进。此时是公元前205年五月。

项羽得知刘邦率诸侯大军攻楚，于是命部将继续攻打齐国，自己则率三万精兵，骑快马向南从鲁地出胡陵，突破樊哙的北部防线，迅速回援彭城。

彭城由于项羽出征而防务空虚，因此轻而易举地就被诸侯大军攻占。占领彭城之后，诸侯大军纷纷抢掠彭城的财物、珍宝和美女，刘邦与诸侯们每天饮酒作乐，庆贺胜利，以为项羽的楚国立等可灭。

诸侯这一松懈，为项羽回救彭城赢得了时间，项羽从胡陵方向赶来，从萧县开始由西向东攻打诸侯军，从早晨打到中午，就已杀到了彭城。

刘邦所率的诸侯大军大部分都是步兵，挡不住项羽的骑兵；诸侯军中没有一个主将是项羽的对手；项羽所率的三万精兵指挥统一、目标明确，而诸侯大军缺乏统一的指挥调度（此时汉军之中，唯一有能力指挥这样一支庞大军队的人是韩信，但此时的韩信，虽说被刘邦拜为大将，但在刘邦身边，其作用仅相当于一个参谋，难以发挥应有的作用），因此诸侯大军被楚军杀得大败。

汉军兵败如山倒，被楚军驱赶至谷水、泗水（今江苏省徐州市西）方向，斩杀近十万人。其余士卒纷纷往南面的山上跑，被楚军追到灵璧（今安徽省宿州市灵璧）东面的睢水上，汉军士卒十多万人死于睢水，睢水几乎为之不流。

楚军将刘邦团团围住，眼见刘邦就要被楚军所擒，突然刮起了一阵大风，飞沙走石，天色昏暗，楚军骑兵无法冲锋，只得暂时避风。趁着这个间隙，刘邦带着十数个随从，骑马逃了出去。刘邦想要到沛县去接他的父母妻儿一起跑，但楚军早就料到他会这样做，也去沛县抓捕刘邦的家小。情况非常危急，也非常混乱。刘邦的父母妻儿被汉兵接出之后，随着乱兵一路奔逃，吕雉所生的两个孩子（后来的鲁元公主和汉惠帝刘盈）也在逃亡之列，小孩子跑不快，正巧护送他们的汉兵看见了刘邦的车驾，就想把两个孩子放到刘邦的马车上。追击汉军的楚将丁公见汉兵把两个小孩子往一辆马车上放，猜到马车上应该是个重要人物，于是策马来追。汉军早就跑得人困马乏，刘邦见情况十分危急，竟然一脚将两个孩子踢下车，催促夏侯婴赶快驾车逃跑。与刘邦一起逃命的汉兵随从见丁公追来，前去阻拦丁公。夏侯婴见时间应该还来得及，于是赶快跳下车，又把两个孩子抱到车上。刘邦又急又怒，一边伸脚踢孩子，一边拔出剑来呵斥夏侯婴说："你快点赶车，否则我一剑杀了你。"夏侯婴对刘邦说："就算你再怎么着急，马车也不能跑得更快，为什么要丢掉孩子呢？"于是坚持把孩子抱上了车，刘邦无奈，只好由着夏侯婴。一路上，他对夏侯婴骂骂咧咧，十多次说要杀死夏侯婴。

丁公又叫丁固，是季布的异母弟。丁公杀死阻拦他的汉兵之后，再次策马来追刘邦，最终追上了刘邦。刘邦情急之下，回头大声朝丁公喊话说："两个好汉为什么要自相残杀呢？"丁公听了刘邦的喊话，于是勒住马头，不再追赶，刘邦这才顺利逃脱。而颇具讽刺的是，刘邦击败项羽之后，丁公兴冲冲地去见刘邦，以为凭着他在彭城私放刘邦的老交情，刘邦一定会重赏他。可谁知，刘邦却把他公开处决，并宣告天下说："丁公作为项王的臣子却不为项王尽忠。使项王失去天下的人，就是丁公这样的人啊。"杀死丁公后，刘邦又说："让后世为人臣者，不要效仿丁公！"

来看看刘邦逃命的这一段窘急场景，就会发现政治斗争不是你死就是我活。刘邦为什么要把孩子踢下车，就是因为他知道，如果楚军抓住了他，那他就只有死路一条，汉军阵营就全完了；而如果他这个汉军的首领还在，楚军就算是抓住了他的亲属，那么以后他还可以通过谈判等手段索回来，此后的事实也明确无误地证明了这一点。命悬生死一线之际，刘邦并不是不顾骨肉亲情，而是他能明确地分清什么是主，什么是次，并做出正确的判断。而反观楚将丁公，他竟然因刘邦一句戴高帽的奉承话，就私放了己方阵营的死敌，所以最后刘邦处死他，也可以说是太应该了。其他的错误都可以犯，但这样的原则性错误绝不能犯，所以刘邦对犯了这等错误的人，历来是定斩不饶，杀无赦！因为此时不杀，将来一定会坏事。诸如此前的曹无伤，诸如此处的丁公。

刘邦与他的两个孩子逃过了楚兵的追击，但刘邦的父母和妻子却没有那样走运。刘邦的父母亲、妻子，还有一个家臣审食其（音审异基）夹杂在逃难的汉军之中到处寻找刘邦，结果刘邦没有找到，却遇到了四处寻找刘邦的楚军，于是楚军把他们抓起来送到了项羽那里。项羽抓到这几个重量级的人质，把他们留置在军营中。

再说随刘邦一起攻打彭城的诸侯们，他们见刘邦败北，于是纷纷脱离汉军阵营，倒向楚军阵营。塞王司马欣和翟王董翳趁着汉军兵败直接跑到了项羽的军中。代王陈馀也从他派出参战并败逃而回的将士那里得知消息，常山王张耳并没有死，不仅没有死，还在这次军事行动中与汉王刘邦在一起。陈馀顿时感觉受了愚弄，再加上此时楚胜汉败，于是也选择背叛刘邦，与汉军为敌。齐将田横在项羽带领楚军精锐回彭城反击汉军之时，立即发动反攻，击败其余围城楚军，收回了齐国全部城池。不过田横光复齐地全境后，或许是在对楚作战中吃了不少苦头，或许是齐地遭到重创需要休养生息，或许见楚强汉弱不想再为齐国惹麻烦，总之没有选择再与楚国为敌，而是选择了在楚汉之间保持中立。

再来看看彭城之战后楚、汉两个阵营的力量强弱对比。此时，楚国一方有雍王章邯（还在废丘城中坚守）、燕王臧荼、九江王英布、临江王共敖、衡山王吴芮，另外，敌人的敌人就是同盟，所以反汉的代王陈馀和赵王赵歇，也可以归到楚军阵营之中，外加项羽，共是八个王（丧失了地盘的塞王司马欣和翟王董翳不作数），齐王田广保持中立。而反观汉军一方，则只剩下刘邦、韩王信和魏豹三个人（丧失地盘的常山王张耳不作数），当然，还有一个被拜为魏相的彭越。楚、汉两军力量对比悬殊。

第五节　英布反楚、魏豹背汉、木罂偷渡、背水一战

吕雉的哥哥吕泽率兵驻守在下邑，刘邦逃脱之后，狼狈逃到下邑投奔吕泽，总算是惊魂初定。其他逃散的将领听到消息，陆续赶到下邑与他会合。短短几天时间，刘邦经历了从大胜到大败，从大喜到大悲，从峰顶到底谷的巨大落差，个中滋味，可说是只有他自己才可以深刻地体会。

历经了大败和诸侯的背叛之后，刘邦颇有些心灰意冷，他拽下一个马鞍，沮丧地坐在地上问众人："函谷关以东的地方我不想要了，谁能与我共同对付项羽，就把这些地方全都送给他。"

张良替他筹划说："九江王英布，是楚军之中的勇将，现在和项王有矛盾；彭越和田横在梁地造反，这两个人也可以利用。纵观汉军营中诸将，只有韩信一个人可以独当一面。就算要把函谷关以东的土地送人，那也要送给这三个人，这样一来，打败楚国就容易得多了。"

刘邦一听，觉得张良说得非常有道理，于是立即采纳了，准备物色一个合适的说客去游说英布等人。刘邦和张良、陈平等人，真可以说是纵横捭阖的行家里手，极善拉拢敌军阵营一切可以拉拢的对象，极善利用他人之间一切可以利用的矛盾，几乎达到了见缝插针、无孔不入的地步。这和项羽形成了鲜明的对比。项羽是谁背叛他，他就亲自带兵去打，最终弄得分身乏术、焦头烂额。而刘邦则是他想打谁，就找一个跟这个人有矛盾的人去跟这个人打，最不行也要拉着跟他刘邦一块儿去打，不断发展壮大自己的统一战线，不断分化削弱敌方的同盟力量。之前拉拢项伯，拉拢司马卬，拉拢魏豹，现在竟然又想拉拢项羽手下最得力的诸

侯王英布，真可以说是不怕做不到，就怕想不到。

那么英布和项羽之间，到底发生了什么样的实质性矛盾呢？一起来看一看英布这个人。

英布是六县人（今安徽省六安市），在秦朝的时候，他只是个普通老百姓。小时候，有位相士给他看了面相之后说："你会在受刑之后称王。"到了壮年，英布犯了法，被判处黥刑（一种污辱刑，在脸上刺字，英布因此又被称为黥布）。英布自我解嘲地笑着说："有人曾经给我看相，说我会在受刑之后称王，现在大概就是这种情形了吧。"人们听到他这么说，都戏谑他。英布后来被发配到骊山为秦始皇修陵墓，骊山的刑徒有数十万人，英布专门和罪犯中的头目和那些英雄豪杰来往。其后不久，他就带着一些追随者逃了出去，藏匿在江中做盗贼。

陈胜起义之后，英布就去见番君吴芮，并和他的部下一起反叛，聚集了几千人的队伍。吴芮见英布确实是个人才，于是就把女儿嫁给了他。章邯在陈县消灭陈胜并击败吕臣之后，英布带兵和吕臣合兵，攻打秦左、右校军队，在清波击败秦军。后来，英布听到项梁平定了江东会稽，渡过长江向西进发，于是和蒲将军带领军队，在淮南归属了项梁。

归属项梁之后，英布经常性地担任军队先锋，作战非常英勇。项梁立楚怀王之后，自立为武信君，封英布为当阳君。项梁死后，英布又以兵属项羽，随项羽救巨鹿，破章邯，立下赫赫战功。巨鹿之战后，诸侯军队都服从项羽节制，其中的原因固然是项羽所向无敌，另外一个原因就是作为项羽宿将的英布打起仗来经常能以少胜多，所以诸侯将领十分忌惮。

项羽率诸侯军入关之时，因为汉军守函谷关，没办法顺利通过，也是派英布带兵从小道发动突袭，才得以斩关而入。

灭秦之后分封，项羽帐下嫡系大将之中，除英布被封为九江王，其他将领如龙且、钟离眜、季布等都没有封王，连范增都没有封，这也跟英布所立的战功有莫大的关系。

应该说，英布能被封王，一方面固然与他屡立战功有关，但另一方面也跟项羽对他的赏识和信任有很大的关系。以项羽的功高自许，他根本看不上除自己之外的任何武将，所以他能封英布为王，英布应该感激项羽才对。但英布封王就国之后，心态却发生了急剧变化。

英布的人生理想也就是小时候那个相士对他所说的那样，黥后封王，仅此而已。有了这个人生目标的激励，所以英布常常身先士卒，英勇作战。这与刘邦、项羽等人对"先入关者王之"这个约定异常热衷是毫无二致的。

可是等到英布成为九江王之后，随着人生目标的实现，他也失去了自我，没有了新的目标。所以齐国反叛之时，面对项羽的征召，英布没有动身。已经当了王，就没必要再去打打杀杀了。这种想法，应该是当时英布的真实心理写照。当然，还有另外一种可能，那就是英布之前在项羽手下一直是在委曲求全。项羽每攻破一座城池，都进行残忍的屠杀，天下人的非议非常多，英布想劝不敢劝，想脱离又怕即将到手的王冠飞走，所以一直都选择了隐忍——我现在替你卖力干活，等你给我回报封我当王，我们趁早分道扬镳，我不敢再跟着项王您了，行不？等到项羽派他弑杀义帝熊心之时，应该说英布心中的不满和逆反心理强烈到了极点，但他却没办法拒绝，那就最后一次，下不为例！基于这些原因，英布借口生病，没有再随项羽去攻打齐国。汉军攻打彭城，英布也选择了袖手旁观，没有派一兵一卒前去救援。

按照项羽的性格，如果不是发生齐国、赵国反叛和汉军东进的战事，他不收拾英布，那是绝对说不过去的。项羽之所以选择隐忍，一方面是因为他要集中精力对付齐军和汉军，需要一个稳固的后方；另一方面也是因为诸侯王之中，他能依靠的、能谈得来的，也就只有英布；再加上英布确实有较高的军事才能，他还不打算跟英布闹翻，不仅不打算闹翻，还准备要继续信任英布，重用英布，所以并没有派兵攻打他。

但英布可恐惧得不得了，他太了解项羽这个人了，谁要是敢不听他的命令拂了他的意，只要条件允许，就立马会降下最重的惩罚。陈馀和田荣仅仅因为没有听从他的调遣，所以没有被封为王；秦国的百姓仅仅因为帮着秦军守城，破城之后就全部被屠杀；齐国的百姓跟着田荣造反，项羽败齐之后也大肆屠戮。现在他英布不仅没有随他去征齐，还坐看彭城被汉军攻破，那么项羽该怎样对付他，还不够清楚明白吗？所以楚国的使者每来一次，他内心的不安就增加一分，项羽每派人斥责他一次，他内心的恐惧就增加一层，可说是惶惶不可终日。

项羽没有准确地把握英布的这些心理特征，并采取有效的应对措施。他手下的谋士们可能想到了，但并不一定敢跟他说。

而汉军营中的张良却及时地想到了这一层，不仅想到了，还及时地提醒了刘邦，真不愧"运筹帷幄之中，决胜千里之外"的美誉。

刘邦一经张良点拨，也觉得前去游说英布十分可行，但必须找一个恰当的人，前去准确无误地将形势利害为英布陈明，这才能说动英布背反楚国。可这样的人，一时半会还真不容易找。

其时楚军得胜，四处追捕刘邦，刘邦不敢在下邑久留，于是带着残兵败将，往关中方向奔逃。路过梁地虞县（今河南省商丘市虞城县）的时候，刘邦心情非常糟糕，于是对身边的一班谋士发脾气说："像你们这些人，成天只知道白吃干饭，根本不足以与你们共同谋划天下大事。"其他人都不敢作声，一个名叫随何的谒者（负责传达禀报的人）就问他："大王您为什么要这么说呢？您有什么想要让我们去办的事，为什么不直接说出来，而是这样责备我们呢？"刘邦说："那好，你们中间的谁能替我出使淮南，说动九江王英布发兵叛楚，把项王牵制在齐国几个月，那我就可以百分之百地夺取天下了。"随何说："原来是这件事情，那么，请允许我出使淮南，去说服九江王英布。"刘邦非常高兴，于是派给他二十个随从，让他前往淮南出使。

随何到达淮南后，接连等了三天，英布还是没有接见他们。因为英布王府中的日常事务是由太宰做主的，于是随何就先游说太宰说："大王不召见我，一定是认为楚国强大，汉国弱小，殊不知这正是我前来出使的原因啊。倘使大王能够召见我，我说的话如果是对的，那就正好是大王想要听的；如果我说的话不对，那就让我们二十人躺在刀斧之下的砧板之上，在淮南的刑场上公开处死我们，以表明大王反汉向楚的决心。"太宰把话转告给英布，英布觉得随何话里有话，于是就接见了他。

随何对英布说："汉王派我前来，恭敬地上书大王驾前，是因为我感到非常奇怪，大王您为什么和楚国那么亲近呢？"英布说："因为我以臣子的身份侍奉项王。"随何说："大王和项王都是诸侯，您北向而以臣子的身份侍奉他，一定是认为楚国强大，可以把您的国家托付给他。项王攻打齐国时，为了激励将士，亲自背负着筑墙的工具，为将士表率。相应地，您也应该出动国内的全部人马，亲自率领他们去为项王做前锋，对吧？可是呢，您不仅没有亲自前去，而且只派了四千人前去帮助楚国，作为北向侍奉人家的臣子，难道就应该是这个样子吗？汉王攻打彭城的时候，项王还在齐国没有赶来，那么大王您就应该早早调动淮南的所有人马，渡过淮河，帮助项王守卫彭城，与汉王激战于彭城之下。可是呢，大王的数万兵马没有一兵一卒渡过淮河，眼睁睁地看着彭城被汉兵攻破。把国家托付给人家的人，难道就应该是这样对待人家的吗？在我看来，大王不过是名义上顺从楚国，而实际上却在替自己做打算罢了，我认为大王这么做是非常危险的。但即便如此，大王您还是没有背叛楚国，之所以这么做，还是认为汉国太过弱小的缘故。可是楚国的军队虽然非常强大，却背负着天下不义的坏名声，因为项王背弃盟约并杀害了义帝。依目前的形势来看，项王凭着刚刚取得的胜利自以为强大，派兵追击汉军。汉王收拢诸侯之后，回师驻守成皋（今荥阳市西北汜水镇虎牢关村西北故成皋城）和荥阳，从蜀地和关中运来粮食，深沟高垒，分兵把守边境要塞。楚军要想从齐国回军，中间有梁国相隔，深入敌境八九百里。想打打不了，想攻攻不下，老弱残兵都从千里之外辗转运粮，劳师远征，将士十分疲惫；等到楚国军队到达荥阳、成皋之时，汉王的军队却坚守不动，楚军进攻又攻不破城池，撤退又无法逃脱汉军的追击，所以说楚国的军队是不足以依靠的。退一步讲，假使楚军战胜了汉军，那么诸侯们人人自危，必定会联合起来相互救援。楚国如此强大，必定会招来天下军队的攻击，所以楚国的优势比不上汉国，这是显而易见的。如今大王不和万无一失的汉国结盟却托身于危在旦夕的楚国，我真是替大王感到忧虑。当然，我也并不认为光凭您的军队就能灭亡楚国，实际上只要您出兵背反楚国，项王就一定会留下来不再追击汉军，只要您拖住项王几个月，汉王就一定会恢复元气，夺取天下就万无一失了。我请求大王归附汉国，汉王一定会裂土封赐大王，这淮南的所有土地，一定会全部成为您的封国啊。基于这些原因，汉王恭敬地派臣前来，向大王进献这些计策，希望大王认真地考虑。"

随何所说的这些，如一根棒槌，既狠又准地敲在了英布的心上，英布所担心的、顾虑的、恐惧的，随何都毫无遗漏地替他说到了，形势摆在眼前，已经不容英布不做出抉择了。他对随何说："我愿意听从您的意见。"于是答应叛楚归汉。当然，这一切只是私下里进行的，英布一时之间还不敢让人泄露消息，生怕消息一走漏马上会招来项羽的大军。

随何敢于前来游说英布，那就证明他早已猜透了英布的心思。英布心里想些什么，随何可说是了如指掌。英布虽然答应与汉军结盟，却不愿走漏消息，摆明了还是不敢公开与项羽决裂，想骑墙，想坐山观虎斗，想搞政治投机，而这是刘邦不愿意看到的。刘邦在那边等得心焦，眼巴巴地等着英布一反叛，项羽就会立即停止对汉军的追击，停下来对付英布，他才好趁机脱身。英布要是不公开反叛，那他派随何来干什么？

随何对自己的使命也非常清楚，所以他要不顾一切，极力促成这一件事情。

当时项羽的使者就在九江王府，正迫不及待地催促英布发兵，就住在馆驿里面。随何径直闯进去,坐在项羽使者的上席,说:"九江王已归附汉王,楚国凭什么让他出兵?"英布大惊失色,不明白随何为什么要当着楚国使者的面把事情挑明。楚国使者听了之后,也吃了一惊,站起身来就走了出去。随何趁机劝英布说:"事情已经到无法挽回的地步了,赶快就此杀死楚国的使者,不能让他回去,然后我们宣布归附汉王,与汉军并力作战。"随何当着项羽的使者的面说出英布反叛的事,堵死了英布的退路。英布没了选择的余地,无奈地说:"那就按照你的指教,出兵攻打楚国吧。"于是杀掉项羽的使者,出兵攻打楚国。

项羽听说英布叛楚归汉,气得暴跳如雷,但他还能分得清轻重缓急,知道刘邦是死敌,需要重点对付,而英布是流寇,只需要其他人去便可。于是他留下来攻打下邑,而派猛将龙且和项声进攻淮南。几个月之后,龙且经过一番苦战,终于打败了英布的军队。英布想带着败兵撤退到汉军的势力范围,但又怕项羽派兵在半道上拦截并杀死他,所以只好弃军而逃,与随何从隐蔽的小道逃奔汉国。

英布到达汉军驻地的时候,已经是八个月之后了,其时刘邦在宛县及叶县。英布去的时候,刘邦正坐在床边洗脚。刘邦听说英布来了,也不收拾一下,就召英布入见。英布进去之后,见刘邦一边洗脚一边和他谈话,显得非常无礼,胸中顿时怒火万丈,非常后悔前来投奔刘邦,甚至动了要自杀的念头。不过,英布回到刘邦替他准备的馆舍之后,发现他室内的陈设、装饰、仆从以及饮食规格等都和刘邦的一模一样,于是又大喜过望,觉得刘邦并没有看低他。

刘邦通过洗脚召见谈话的方式来折辱英布,又给他较高规格的待遇以安其心,既树立了他汉王的权威,给英布敲了警钟,又不至于使英布灰心失望走极端,一下子就吃定了英布,将英布治得服服帖帖,权谋之术不可谓不高。刘邦最终能够克成大业,与他的这种与生俱来的禀赋和资质有着非常密切的关系,这是项羽所没办法相比的。

英布安顿下来之后,派人去九江搬取家眷及亲属故旧。但项羽已经命项伯接管了九江的军队,并将英布的妻子儿女尽数杀死。使者只找到英布的一些故旧宠臣,有几千人,最后带了回来。后来英布被刘邦立为淮南王,与他一起攻打项羽,这是后话。

关于说服英布降汉的随何,汉朝建立后遭遇了一个有趣的小插曲:刘邦平定天下之后,大摆宴席款待群臣。刘邦在酒宴上公开表示看不起随何,并贬低他的功劳。说随何是迂腐的儒生,治理天下根本用不着像他这样的人。随何一听,立即就不乐意了,他跪在刘邦面前据理力争说:"当初陛下引兵攻打彭城的时候,项羽还没有从齐国赶来，陛下发步兵五万人，骑兵五千人，能攻下淮南吗？"刘邦说："不能。"随何说："陛下派我和二十个人到淮南，我一去，就遂了陛下的心愿，使英布顺利归汉。这说明我的功劳，比五万步兵和五千骑兵的功劳还大呀。可是陛下却说我是腐儒，治理天下用不着我，请问这是怎么回事啊？"刘邦理屈词穷，无言以对，马上改口说："哎呀，我正在考虑你的功劳呢。"于是拜随何为护军中尉（陈平曾经担任过的职务）。

继续回过头来看彭城之战后败逃的刘邦。刘邦一边往荥阳方向奔逃，一边派人去找他的父母及妻子，一双儿女虽说被夏侯婴所救，但刘邦不能时刻将他们带在身边，所以托付给了其他的将领，和刘邦又失散了。最后刘邦的父母亲和妻子没有找到，只有两个孩子被安全地送到了汉军营地。其他被楚军冲散的败兵也陆续回到荥阳，一起驻扎下来。刘邦命人修通连接黄河的甬道，通过甬道来运输敖仓的粮食。汉二年六月，刘邦立刘盈为太子，大赦天下，之后命刘盈守栎阳（当然是在其他人的辅佐下进行），诸侯的儿子在关内的，全部集中到栎阳守城。

为了防止废丘坚守的章邯在楚军攻来之时与项羽里应外合夹击汉军，刘邦命韩信前去彻底解决这一遗留问题。韩信采取水淹之计，引水灌入废丘城，废丘城最终被攻破。战败的章邯无任何援兵可倚，无任何出路可逃，他原是秦军主将，已经降过一次项羽，断没有再降刘邦之理，于是自杀而死。此时，关中地区才算完完全全地归刘邦所有。刘邦将废丘改名为槐里。

拔掉了章邯这一颗钉子，刘邦没有了后顾之忧，于是由萧何征发关内的大批百姓前往荥阳从军，汉军的军势得以复振。

再说项羽，攻下下邑之后，继续带兵追击汉军，一直追到了荥阳。刘邦拜灌婴为中大夫，统率汉军骑兵，与前来追击的楚军大战。正如随何劝说英布时所说的那样，楚军千里奔袭，劳师远征，再加上粮草转运困难，所以疲惫不堪，而从关内新收的汉军却以逸待劳，士气正旺，因此一战将楚军打得大败。后又在京县（今河南省荥阳市豫龙镇辖境）和索亭（今荥阳市索河街道）一带再次击败楚军。

京、索之战后，楚军无法突破汉军防线向西进攻，汉军也无法突破楚军防线向东进攻，双方开始在荥阳、成皋之间展开拉锯战，战争进入了僵持阶段。

这个时候，如果不是西魏王魏豹公开宣布背汉向楚，楚、汉两军或许仍然会在荥阳相持好一段时间，百战百胜的战神韩信也就不会得到闪亮登场的机会。

汉军在彭城被楚军击败之后，魏豹随刘邦一起回到了荥阳。魏豹借口回家探亲，带着他的军队回到了魏国。回国之后，魏豹立即封锁黄河渡口，脱离汉国，并派人与楚国联络。

魏豹反汉主要有两个原因：一是项羽在彭城之战中以少胜多大败诸侯联军，魏豹错估形势，以为项羽会最终战胜刘邦而取得帝位，所以他要提前站队，以免将来遭到项羽的清算。第二个原因说起来颇有些啼笑皆非，所有看到这段历史的人都把这件事情当作一个笑话看。事情的详细情况是这样的：魏豹回国之后，他的岳母请来当时非常著名的女相士许负给他的妃子薄姬相面，相的结果是薄姬面相大贵，将来会生下天子。魏豹听了非常高兴，薄姬是他的妃子，薄姬生的儿子自然就是他的儿子，他的儿子将来要当天子，那他这个当爹的还不赶快替儿子创基业打江山吗？基于以上两个原因，他选择了叛汉附楚，并请来楚将与魏将共同修筑城防，共同对付汉军。

魏豹背反，令刘邦大为吃惊，其时他正与项羽在荥阳艰苦对峙，连对付项羽都是大问题，更别说腾出手来攻打魏豹了。无奈之下，刘邦只好派辩士郦食其前去游说魏豹，允诺要是能说服魏豹重新归汉，就封郦食其为万户侯。万户侯可是个相当诱人的赏格，重赏之下，必有勇夫，辩才出众的郦食其马上就去了魏国。但见到魏豹之后，任凭郦食其说得天花乱坠、地涌金莲，魏豹就是不为所动。

魏豹对郦食其说："人生一世非常短暂，就像一匹疾驰的白马在一条窄小的缝隙前一晃而过（白驹过隙），还没看清楚就过去了，所以我要好好地把握。再说汉王待人傲慢，随意侮辱人，辱骂诸侯和君臣就像骂奴才那样，没有上下尊卑的礼节，我实在是不愿意再见到他了。先生请回吧。"

魏豹原是魏国公子，出身于贵族世家，比较讲究礼节仪行，这方面和项羽十分相像。而刘邦出身于平民家庭，再加上年轻时在市井厮混，自然养得一身无赖之气，让这些贵族出身的公子感觉很不适应，甚至可以说是忍无可忍。魏豹如此答复郦食其，应该也可以说是他的肺腑之言。郦食其见无法说服魏豹，只好回去向刘邦复命。

刘邦听说魏豹不愿归汉，心中非常忧虑。魏国处于荥阳的西北侧，其时汉军和楚军正在荥阳相持不下，而魏军要是在汉军的侧后插上一刀，那后果将不堪设想。为了消除来自魏国的威胁，刘邦决定派人前去攻打魏国，而他的将领之中，能够独当一面的，非韩信莫属。汉二年八月，刘邦拜韩信为左丞相，担任大军主将，曹参、灌婴为副将，率军十万，攻打魏国。

郦食其回来之后，刘邦问他："魏国的大将是谁？"郦食其回答说："是柏直。"刘邦说:"柏直年轻,没有经验,他不是韩信的对手。骑兵主将是谁?"郦食其说:"是冯敬。"刘邦说:"冯敬是原秦国将军冯无择的儿子,很有才能。不过他虽然有才能,但还不是灌婴的对手。步兵主将是谁?"郦食其说:"是楚将项它。"刘邦说:"项它不是曹参的对手,我没有什么可担心的了。"

其时魏国大军驻扎在蒲坂(今山西省运城市永济市),重兵把守黄河渡口临晋关,魏豹自己则固守都城安邑(今山西省运城市夏县),指挥一切防汉要务。韩信率军到达临晋关前,见魏兵设守非常严密,于是故意陈设疑兵,准备大量船只,摆出一副要强渡临晋关的架势。而暗地里,韩信却紧急调兵遣将,亲自带领一支队伍,绕道夏阳(今陕西省渭南韩城市),用木盆当船,渡河偷袭安邑城。魏兵最初都被汉军假装从临晋关渡河的假象所迷惑,压根儿没有想到他们会偷渡夏阳,所以毫无准备,等到大军临城,方才大吃一惊。仓促之间,魏豹亲自带兵迎战韩信,怎奈寡不敌众,被曹参所率的骑兵打得大败。无奈之下,魏豹只得献城投降。

因为魏豹作战勇敢,算得上是个英雄,再加上魏豹本是魏国公子,得魏国百姓倾心拥戴,所以刘邦一方面怜惜魏豹之勇,一方面不愿意在这个关键时刻处死魏豹失去魏人之心,所以特赦魏豹不死。而魏豹的妃子薄姬则在后来成了刘邦的妃子,为刘邦生下一个儿子,即后来大名鼎鼎的汉文帝刘恒。这是后话,放在后文讲。

魏豹听了相士的预言,说自己的妃子会生下天子,所以决意反叛刘邦,要为即将成为天子的"儿子"创业,谁知到头来妃子确实生下了天子,只不过不是他的儿子,而是别人的儿子,这可真是一个天大的黑色幽默。

刘邦见韩信仅月余时间就平定魏国全境,十分欣喜,他派人嘉奖韩信,将魏地改置为河东郡。

对于韩信来讲,他太需要这样一个能够独自领兵作战发挥才能的机会了,于是他向刘邦提出,由他率军继续东进,攻下代地和赵国,再收复北面的燕国和东面的齐国,从南面断绝楚国的粮道,然后与刘邦在荥阳会合,对楚军实施战略包围。刘邦知道韩信有这个才能,但他内心深处并不十分信任韩信,于是他派张耳前去,与韩信一齐攻打赵国和代地。

公元前205年闰九月,韩信率汉军击败代兵,在阏与擒获代相夏说,占领代地。

韩信占领代地之后,刘邦派人来向他征兵,韩信只得把手下的精兵回派给刘邦，补充汉军荥阳战场的兵源。

　　韩信与张耳带着数万兵马，准备东下井陉攻打赵国。赵王歇和成安君陈馀听说汉军将要进攻赵国，于是屯大军于井陉口，号称二十万，准备迎击汉军。

　　广武君李左车是个谋略非常出众的人，他听说韩信等人带着几万人将要通过井陉口来进攻赵国，于是向陈馀建议说："听说汉将韩信从西面偷渡黄河，包围安邑，俘虏魏王，生擒夏说，血洗阏与，现在汉王又让张耳前来协助他，攻打赵国，势在必行。汉军已连胜数阵，士气正旺，势不可当。但我听说从千里之外转运粮食，士卒就一定会面有饥色，临时砍柴做饭，大军就一定吃不饱。今井陉小道非常狭窄，两辆战车不能并排前进，骑兵不可列队通过，长达几百里的小路，汉军的粮草必定会在后面。请您派给我三万兵马，让我抄小道从后截断汉军的粮草辎重，您在这里深沟高垒，坚守不要与他们交战，汉军向前无法战斗，向后无法退却，因为我已经在后方出奇兵切断了他们的退路，汉军粮草断绝，不出十天，韩信和张耳的人头就会献在您的案前。请您一定要认真考虑我的建议，否则的话，我们就会让韩信俘虏了。"

　　陈馀素来讲求礼节信义，跟春秋时的宋襄公颇有一比，他认为他所率的军队是正义之师，要打就要堂堂正正地打，而不能靠阴谋诡计来取胜。他说："我看过兵书，兵法上讲：如果有十倍于敌军的兵力，就包围他们；如果兵力五倍于敌军，就要进攻他们；如果兵力两倍于敌军，就要努力和他们交战（十则围之，五则攻之，倍则分之）。现在韩信带的兵马虽然号称数万，而实际上只有几千人。他千里迢迢前来偷袭赵国，早就已经疲惫至极。现在我们面对几千疲弱的军队尚且不敢应战，以后再遇到兵力更强大的敌人，那该怎么办？那样一来，诸侯们都会认为我们胆小如鼠，动不动就来侵伐我们，那我们就真可以说是国无宁日了。"

　　而实际上，真正到了战场上，是根本不讲什么正义或是非正义的。《孙子兵法》开篇就讲："兵者，诡道也。"也就是说，战争是阴谋与技巧的综合运用，你不用阴谋，对手就会用，就算你再处于正义的立场，一旦战争失败，那也不再有任何的意义，对国家对个人都没有丝毫的益处，上天不会因为你空扛着一面正义的道德大旗而重新赋予你第二次生命。之前的宋襄公不懂这个道理，最终屈辱地死去；目下的陈馀不懂这个道理，最终导致兵败身死国灭。再者说，陈馀自己从田荣那里借兵袭击张耳，不觉得是非正义；项羽封王稍不如己愿，就马上挑起事端，让百姓罹患战争之苦，不觉得是非正义；为了一己私怨提出让刘邦杀掉张耳才肯出兵，不觉得是非正义；现在惯用阴谋诈术的韩信带领大军攻下魏国后又来攻打赵国，他倒讲起正义来了，也真是迂腐至极。

韩信从间谍那里得知陈馀没有采纳李左车的建议，立即大喜过望，于是他放心地带着几万兵马从井陉小道行军，向赵地进发。

在距离井陉口三十里的地方，韩信传令大军就地宿营歇息。等到夜半时分，韩信挑选两千名轻骑兵，每人手持一面汉军的红旗，从小道上山，隐蔽在可以看见赵军大营，但不被赵军发现的地方。临行前，韩信再三叮嘱他们说："天亮之后我率大军与赵军交战，赵军见我军退却，必定会倾巢出动，追击我军。到时候，你们要迅速突入赵军营寨，拔掉赵军旗帜，竖起汉军的红旗，不得有误。"吩咐完毕，然后命偏将传令说："今天打败赵军之后，我们好好地庆贺一番，让大家吃一顿饱饭。"其他的将领都不敢相信，但还是假意答应说："知道了。"

韩信对军吏说："赵军已经抢占有利地形并安营扎寨，他们担心我们遇到险阻而退兵，所以见不到我军主将的旗帜，是不会主动出来迎战的。"于是命一万军队先行进发，背着绵蔓水（今河北省石家庄市井陉县境内）排开阵势。赵军看见汉军背水列阵，全都嘲笑汉军不会打战。

天亮时分，韩信命人竖起汉军主将的大旗，并敲响战鼓出了井陉口。赵军看见，于是打开营门，与汉军交战。两军大战了好长一段时间，韩信和张耳假装战败，于是丢弃旗鼓，向河边的军阵中跑去。河边的将士打开阵门，让他们进入阵中。赵军见状，以为汉军大败，果然倾巢而出，争夺汉军的旗帜和战鼓，并追击韩信和张耳，想要在河边俘虏他们。汉军因为背水列阵，无路可逃，所以置之死地而后生，全都奋力向前，与赵军激战，一时打得难解难分，不分上下。趁着这个间隙，韩信半夜所派隐蔽在山上的两千轻骑兵悄悄下山，进入赵军大营，拔掉赵军的全部旗帜，换上了汉军的两千面红旗。

两军阵前，赵军和汉军激战半晌，无法战胜汉军，只得传令退回营寨。可是等他们回到营门口的时候，才突然发现营中的旗帜全都变成了汉军的红旗，周围是汉军骑兵，正不知汉军有多少。赵军将士大惊失色，以为汉军已经占领赵军营寨，并把赵王和大臣们全都俘虏了，立时阵脚大乱，四散奔逃。几名赵军将领虽然竭力制止，挥刀砍杀了数名逃跑的士兵，但根本无济于事，不能阻止大部队的逃亡。汉军趁机猛攻，前后夹击赵军，将本就溃败的赵军打得大败，最后在泜水（今河北省魏河）斩杀了成安君陈馀，并活捉了赵王歇。

韩信传令诸将不许杀死广武君李左车，谁要是能生擒来献，即赏千金。过了不久，马上有人绑缚着李左车来到主帅的大帐，韩信亲自上前替李左车解开绳子，然后请他坐下，像一个小学生对待老师那样对待他。

诸将在韩信面前一一报告他们的战果，然后向韩信祝贺。他们问韩信："兵法上都说，排兵布阵的时候，要右后靠着山陵，左前临着河流。可是今天将军却让我们背水列阵，还说打败赵军后要庆贺会餐，我们当时根本不相信会这么快取得胜利，谁知果然就像将军您所说的那样，请问这是什么战术啊？"韩信笑着说："这种战术在兵法上也有，只是你们没有注意到罢了。兵法上不是也说'陷之死地而后生，置之亡地而后存'吗？况且我平素没有机会和你们一起训练交流，你们也不太信任我，这就是所谓的'赶着街上的老百姓去打仗'。在这种情况下，不把将士们置于死地，使人人为了保全自己而奋力战斗，还怎么能够抵挡得住赵军的进攻呢？如果给他们留有生路，他们见赵军人多势众，那还不全都跑了，还怎么能用他们来取得胜利呢？"将领们听了，一个个心服口服，都自认为比不上韩信。

于是韩信向李左车请教说："我准备向北攻打燕国，向东攻打齐国，依您之见，该怎样才能取得胜利呢？"李左车推辞说："我听说败军之将，不可以言勇；亡国之臣，不可以图存。我只是个打了败仗的俘虏，哪里有资格跟您一起商量大事呢？"

韩信说："我听说百里奚在虞国时虞国灭亡了，但他去了秦国之后秦国却称霸了，这不是因为他在虞国时愚蠢，在秦国时聪明，而全在于他的国君能否重用他、听从他的意见啊。如果陈馀听了您的计策，那我韩信现在早就成了赵国的阶下囚。因为他不听您的计策，所以我才有机会向您学习。我是真心诚意地向您求教的，请您不要再推辞了。"

李左车见韩信态度十分诚恳，确系真心征求他的意见，于是对韩信说："我听说智者千虑，必有一失；愚者千虑，必有一得。所以说即便是疯子的话，圣人也可以有选择地采纳。不过我担心我的计策不一定值得您采用，但我仍然愿意为您效愚忠。陈馀虽有百战百胜之计，可是一着不慎，满盘皆输，军败鄗下，身死泜水。今将军您从夏阳渡河，俘虏魏王豹，生擒夏说于阏与，一举攻下井陉口，在不到一上午的时间就击溃赵国二十万大军，并杀死了主将陈馀，可说是名闻海内，威震天下。所以敌国的老百姓都放下农具，停止劳作，抓紧时间吃好的，穿好的，到处打探您准备进军的消息，因为他们都知道他们的好日子过不长了。这些可都是将军您有利的一面啊。可是将军您率领数万将士劳师远征，将士们十分疲惫，这也是显而易见的，现在的实际情况是已经没办法再让他们接着作战了。如果将军您带着这支疲劳之师前往燕国，驻扎在燕国坚固的城池之下，想要进攻的话，恐怕长时间也未必能攻克，到时候将士疲惫、兵少粮尽的实情就会暴露，那么弱小的燕国就不会投降，齐国得知消息后，也必然会坚守边境以图自强。燕国和齐国久攻不下，那么刘邦和项羽究竟谁胜谁负也就难以区分出来。这都是将军您不利的一面啊。所以我认为，'北攻燕、东伐齐'的想法是不可取的。善于用兵的人不会拿自己的短处去跟别人的长处较量，而是拿自己的长处去攻击别人的短处。"

韩信听得非常认真，他问："那我该怎么办？"

李左车说："依我看来，将军您不如按兵不动，休整士卒，镇守赵国，抚恤饱受战乱之苦的赵国百姓，然后杀牛赐酒，好好款待您的将士，让他们恢复元气。之后将大军朝燕国去的方向慢慢推进，等快到燕国边境的时候，再派一名舌辩之士，带着您的书信，将您下西河、虏魏豹、出井陉、灭陈馀的强大威力充分地展示在燕国面前，燕国就不敢不降服于您。燕国归降，再派人去齐国，齐国也必定会望风而降的。就算是再怎么有谋略的智士，也不知道该怎么替齐国谋划了。等到那个时候，天下的大局就牢牢地掌握在您的手中了。运兵作战，先虚张声势、先声夺人，在气势上压倒对方，然后再陆续行动，说的就是这个道理啊。"

韩信赞赏地说："太好了。"于是采纳了李左车的计策，然后派人前往燕国出使，燕国果然很快投降。

韩信派人向汉王刘邦报捷，并顺便请求刘邦立张耳为赵王，让张耳镇守赵国。刘邦同意，于是封张耳为赵王。

第六节　张良高论、范增之死、郦食其之烹、韩信定齐

再说刘邦,他与项羽在荥阳对抗了一年多时间。汉军在荥阳南修筑了运粮的甬道,向军队运输粮食,项羽屡次派精兵破坏汉军甬道,并夺取汉军的粮草。汉军断粮,军心动摇,陷于楚军的包围之中。刘邦非常恐惧,于是和大臣们商议该如何从后方骚扰楚军,以减轻汉军正面战场的压力。

谋士郦食其向他献计说:"之前商汤讨伐夏桀,将他的后人封在了杞地;周武王讨伐殷纣,把他的后人封在了宋地。秦王道德失范,背信弃义,不停地侵伐诸侯,灭了六国社稷,使六国的后人没有了立足之地。大王如果能重新拥立六国贵族的后裔,那么六国的君臣和百姓必然会感激拥戴大王的恩德,无不仰慕您的义行,纷纷臣服于您。大王的德义既已施行,那么便能朝南称霸,到时候,楚国人也只能恭敬地前来朝拜您了。"

刘邦没怎么仔细琢磨,粗一听,觉得郦食其说得很有道理,于是他高兴地对郦食其说:"真是太好了,你赶快催促去刻印,官印刻好之后,你就可以带着它们出发,巡行各地分封了。"

郦食其还没有出发,正好张良从外地回来。他回来之后,就立即来拜见刘邦。刘邦当时正在吃饭,见张良来了,于是就招呼张良说:"子房,你过来,有个客人给我出了一条击败楚国的好计策。"之后一边吃饭,一边眉飞色舞地把郦食其所说的话原原本本地讲给了张良,并问他这个计策怎么样。刘邦原以为张良会夸奖这条计策非常好,谁知道张良听了,立即焦急地问:"这是谁给陛下出的计策?如果照这个做法去办,您的大事可就全完了。"刘邦见张良说得非常认

真，连忙问道："为什么？"张良拿起饭桌上的一双筷子，向刘邦比画着讲了起来："第一，之前商汤讨伐夏桀并封其后代于杞地，是因为他完全有把握置夏桀于死地，现在您有把握置项籍于死地吗？"刘邦老老实实地回答说："不能。"

张良说："这就是您不能这么做的第一个原因。周武王讨伐殷纣并封他的后代在宋地，是因为武王已经砍下了殷纣的头，现在您能砍下项籍的头吗？"刘邦说："不能。"

张良说："这就是您不能这么做的第二个原因啊。周武王杀死商纣进入朝歌之后，在殷商贤相商容居住的闾里表彰他的德行，又从监狱里释放了商朝的忠臣箕子，然后替屈死的王叔比干重修了坟墓。现在您能替圣人修墓，在贤者居住的地方表彰他的德行，在智者的门前凭轼示敬吗？"刘邦还是回答不能。

张良说："这就是您不能分封六国后代的第三个原因啊。周武王把殷商堆积在钜桥的粮食和鹿台上的钱财拿出来散发给贫穷百姓，现在我们连正常的军需都无法保证，您能把府库里粮食和物资拿出来发放给穷人吗？"刘邦照样回答不能。

张良说："这就是您不能这样做的第四个原因啊。周武王代纣之后，把战车全部改造成供人乘坐的马车，把武器全部收了起来，以示不再对天下用兵了，现在您能不使用武器吗？"刘邦继续回答不能。

张良说："这就是您不能这么做的第五个原因啊。武王灭商之后，把战马全部放到华山之南，以示不再骑马作战，现在您能马放南山让它们休养吗？"刘邦依旧回答不能。

张良说："这就是您不能这么做的第六个原因啊。武王灭商之后，把专供运输军需的牛放在桃林的北面，以示不再需要它们来运输作战用的粮草，现在您能不运输粮草吗？"刘邦依然回答不能。

张良说："这就是您不能分封六国之后的第七个原因啊。天下的谋士贤才离开他们的父母妻子，远离他们祖先的坟墓，抛开他们的故旧朋友，而随大王您四处征战，还不就是期望着能够功成名就，最终得到一点小小的封地吗？如果现在您复立六国之后，大臣们都知道他们已经得不到封地了，那么还会有谁愿意追随您呢（当初的项羽就是因为这个原因才流放义帝的）？这就是不可复立六国之后的第八个原因啊。再者说了，现在楚国这么强大，您即使复立了六国，他们也会迫于强楚的威势而屈从于楚国，又怎么会臣服于大王您呢？如果真要用这个客人的计谋，我看大王您的大事可就全完了。"

听了张良一番鞭辟入里的分析,刘邦立即醒悟过来,他气得吐出嘴里的食物,破口大骂说:"郦食其这个书呆子,差一点儿坏了老子的大事。"于是赶快命人销毁了那些已经刻好的印信。

借分封六国之后削弱楚国的思路被否决,刘邦无计可施,于是派使者前去见项羽,提出割荥阳以西为汉,以东为楚,请求和项羽和解。

项羽带领楚军坚持了这么长时间,也打得精疲力竭,他准备答应刘邦,但亚父范增却提出了不同意见。范增说:"现在打败刘邦非常容易,您今天要是放过了他,日后必定会后悔。"项羽听了,立即回想起鸿门宴放走刘邦导致其后局势不断恶化的情形,前事不忘,后事之师,同样的错误绝不能再犯第二次!于是派人回绝了刘邦,之后命人加紧攻势,猛攻荥阳。

刘邦见项羽不同意和议,心里非常焦急,于是问群臣该怎么办。其他人都无计可施,于是刘邦想到了惯用阴谋诡计的陈平,向他求教。陈平对刘邦说:"项王为人非常恭敬有礼,那些品行廉洁且喜欢讲求礼节的人全都前去归附了他。但到了需要论功行赏,为这些人赐爵封邑的时候,项王却把这些东西看得太重,舍不得给,所以这些人并不真心诚意地亲附他,因为廉洁好礼毕竟是为人之道,但没有一个人愿意拒绝应该属于自己的利益。大王您待人轻慢且不讲礼节,那些有廉行重礼仪的人都不来归顺您;但是大王您能把官爵和食邑慷慨地赐给有功之臣,所以那些粗鲁愚钝、贪利无耻的人全都来投奔了您。如果能摒弃两边的短处,发扬两边的长处,那么天下就可以在挥手之间平定了。现在项王那边,忠心耿耿辅佐他的大臣也就只剩下亚父范增、钟离眛、龙且、周殷这几个人,大王最好能拿出几万斤金子,到楚军营中去行使反间之计,离间楚国君臣之间的关系,让他们互相猜疑。项王这个人不仅疑心特别重,而且特别喜欢听信谗言,如果有人向他进谗,他就一定会对这几个人起防范之心,甚至自相残杀。到时候,我们趁机举兵攻打,打败楚军就非常容易了。"

刘邦深以为然,拿出四万斤黄金交给陈平,黄金具体怎么用,则任凭陈平处分,刘邦丝毫不予过问。

陈平拿着这些黄金派人潜入楚军营中,大肆贿赂楚军将领,让他们公开散布谣言说项羽手下的将领们如范增、钟离眛等人,跟着项羽立下了很多战功,但最终却不能裂土封王,他们准备与汉军联合,一起消灭项氏并瓜分楚国的土地。项羽听到谣言,果然疑心大起,不再信任范增、钟离眛等人,把负责攻城的钟离眛调换成了其他将领。为了进一步验证这些消息的真实性,他派心腹之人担任使者，前去汉军营中一探究竟。

听说楚军使者要来出使，陈平立即意识到自己的反间计起了作用。为了确保离间计成功，陈平叫来负责接待楚使的汉军官吏，对他们进行了一番周密的安排。楚国使者到了汉营之后，汉军负责接待的官吏端着上等的菜肴进了营帐，进去之后看了一眼使者，故意吃惊地说："我还以为是亚父的使者呢，原来是项王的使者。"于是又把美食端了出去，重新端来了劣等的粗食。楚使大怒，回到楚营之后，愤愤不平地把汉营的遭遇原原本本地讲给了项羽听。项羽听了之后，顿时觉得那些传言是真的，亚父范增真的要和汉军相互勾结起来背叛自己。

范增前来劝项羽抓紧时间攻打荥阳城，因为项羽已经对范增起了疑心，所以对范增的劝说置之不理，不仅如此，还削夺了范增的权力，放缓了对荥阳的攻势。

范增感觉莫名其妙，私下里一打听，才知道项羽在怀疑自己。范增万没想到自己对项氏一直忠心耿耿，到头来却遭受了这样无端的猜疑，他跑到项羽那里，怒气冲冲地说："天下大势基本上已经定局了，希望大王您好自为之。老臣我已经七十多岁了，请让我回乡养老吧。"

项羽也在气头上，没有丝毫挽留，于是就同意了。

范增悲愤不绝地离开楚营，坐着一辆马车回彭城。由于他年老体弱，再加上怒气填胸，背上很快长出了一个毒疮，还没到彭城，就毒疮发作而死。

范增在回乡路上病死的消息传来，项羽感到非常后悔，他立即意识到，自己中了汉军的反间之计。于是他重新找来钟离眜，安慰并勉励他，让他猛攻荥阳。

荥阳城中的汉军求和不能，突围不得，内无粮草，外无援兵，形势非常危急。将军纪信对刘邦说："臣和大王的相貌有些相像，现在情势非常危急，请让我假扮您出东门，诈称要向楚军投降，大王您趁此机会，率军从西门突围出去。"刘邦无法可想，于是就同意了。

当天夜里，刘邦命两千多名女子穿着铠甲假扮士卒出荥阳城东门，楚军将士看见许多汉军士卒出城，立即上前进行攻击，结果杀死几个之后，才发现都是女子。这时跟在后面假扮刘邦模样的纪信坐着王车慢慢地走出了城门，他边走边喊："城中缺粮，汉王出来投降了。"夜色之中，光线不足，楚军将士在朦胧之间看不真切，只觉得非常相像，以为刘邦真的投降了，于是高呼万岁，庆贺胜利。其他各门的守军听了，也非常高兴，纷纷跑到东门去观看，刘邦得以和数十骑亲随偷出西门，逃出荥阳。刘邦临走之前，命令御史大夫周苛和枞公留下来守荥阳，投降的魏王豹也留下来协助他们，其他来不及通知的将领及士卒都在城中。

项羽听到刘邦出城投降，赶快跑来察看，结果发现上当受骗，他问假扮刘邦的纪信："汉王在什么地方？"纪信回答说："汉王早就已经出城了。"项羽大怒，命人烧死了纪信。

再说城中的周苛和枞公，他们见刘邦已经出逃，楚军已经发现纪信是假刘邦，于是赶快关上城门，继续坚守。周苛和枞公商议说："魏豹是反叛汉王的诸侯，一心向着楚国，我们很难跟他一起守城。"于是杀死了魏豹。

楚军攻克荥阳及成皋之后，生擒周苛和枞公。项羽对周苛说："如果你投降楚国为我效力，我会拜你为上将军，封三万户食邑。"周苛骂项羽说："你还不赶快投降汉王，汉王马上就要俘虏你了，你根本不是汉王的对手。"项羽大怒，烹杀周苛，一并杀死了枞公。韩王信假意降楚，后伺机逃归汉方。

刘邦跑回关内，收集散兵，准备再次向东进击。袁生就建议他说："汉与楚在荥阳相持数年，汉军常常处于下风。您这次不要直接去荥阳，最好向南出武关。项羽对您十分敌视，见您去了武关，一定会带兵到武关方向堵截，您在武关深沟高垒，不要与楚军交战，让荥阳和成皋一带的部队暂且休整。同时让韩信加强对河北赵地的安抚，联系燕国和齐国，之后您再去荥阳也不晚。这样一来，楚军要在多条战线进行战备，兵力分散，而汉军却得到了休整。恢复元气的汉军与精疲力竭的楚军交战，最后一定会取得胜利。"

刘邦采纳袁生的建议，于是率军出宛县、叶城之间，与前来投奔他的英布一路收集兵马。

项羽听说刘邦向南出武关，果然亲自带兵前往武关。刘邦坚守不与楚军交战，项羽无可奈何。

这个时候，在楚军后方的彭越渡过睢水，与楚将项声、薛公在下邳交战，彭越大败楚军。项羽得悉后，只好让楚将终公守卫成皋，自己带兵回东攻打彭越。刘邦见彭越挠楚使项羽回军，于是也趁机带兵北上，前往成皋。汉军在成皋击败楚将终公，夺取了成皋、荥阳。

项羽击退彭越后，听说刘邦再一次带兵到了成皋，于是带领楚军前来，包围了成皋。在楚军的猛烈攻势下，汉军很快处于劣势，刘邦见势不妙，急忙和滕公夏侯婴两个人逃出成皋北门，渡河跑到了修武。其时赵国张耳的军马驻扎在修武，刘邦与夏侯婴逃至修武之后，住在了馆舍里。刘邦逃走之后，成皋的汉军将领也陆续撤离成皋，前去追随刘邦，成皋被楚军夺取。

刘邦和夏侯婴在修武住了一个晚上，黎明时分，两个人假称是汉王的使者，赶着马车迅速跑进了韩信和张耳的营寨。其时张耳和韩信还没有起床，刘邦跑进他们的卧室，搜走了他们的兵符印玺，然后夺取了他们的军队指挥权，并当场召集将领，改由自己的嫡系将领带领赵国的兵马。张耳和韩信起床后，得知汉王刘邦来到了军营，立时大惊失色，赶快跑去谒见刘邦。刘邦既已夺取了二人的军队，于是命张耳继续在赵国征召兵马，守卫赵地，然后拜韩信为相国，让他带领那些没有派往前线的赵国士卒去攻打齐国。

再说楚军攻克成皋之后，准备进一步扩大战果，继续向西推进。刘邦得到韩信的大军，兵力复振，他带兵来到黄河岸边，犒赏军士，准备再次与楚军交战。郎中郑忠建议他在巩城和洛阳之间坚守，不要在正面与楚军交战，而是派另一支军队绕道楚军后方，与彭越联合起来打游击，破坏楚军的后防和粮草供给。这样一来，楚军往来奔波两线作战，汉军才会有机可乘。刘邦采纳了郑忠的意见，一方面部署重兵在巩城拦截楚军，使楚军无法向西推进；另一方面派卢绾和刘贾带领两万兵马、几百名骑兵，从白马津渡河，深入楚军腹地去找彭越，准备与彭越合兵攻打楚军，从后方骚扰楚军。

在汉兵于巩城、洛阳之间坚守的这一段时间里，刘邦回想之前多次被楚军包围的往事，越想越觉得压力非常大，就想放弃成皋以东地盘，屯兵巩、洛之间与楚军长期对抗。郦食其眼见他要犯下致命错误，于是赶快劝他说："民以食为天。荥阳东北的敖仓这个地方，天下向这里运输粮食已经好长时间了。我听说现在敖仓存贮的粮食非常多。楚军攻克荥阳之后，不坚守敖仓却带着大军向东而去，只留下一些罪犯来分守成皋，这是上天要把这些粮食资助给汉军啊。如今楚军非常容易击败，而我们不仅不知道抓住有利时机，反而要放弃优势退守，我觉得这么做是不对的。两强不能同时并立，楚、汉两国之间的战争相持已久，百姓骚动不安，国内混乱动荡，农夫放下农具停止耕作，女工走下织机不再织布，谁都在等待观望，百姓的心究竟要向着哪一方，还没有完全确定下来。所以请您赶快再次进军，收复荥阳，占据敖仓的粮食，阻塞成皋的险要，堵住太行交通要道，扼制住蜚狐关口（在今河北省张家口市蔚县南，两崖峭立，仅通一条道路，古代为河北平原与北方边郡之间的交通咽喉），把守住白马津渡。如此一来，天下大势和战争的主动权就尽在我们掌握之中了，不仅诸侯们看得非常明白，天下的人民也会知道他们究竟该归顺哪一方了。如今赵国、燕国都已经平定，只有齐国还没有攻打下来。齐王田广占据着幅员千里的齐国，齐将田间带领着二十万大军，屯兵于历城（今山东省济南市历城区），齐国的田氏宗族势力都非常强大。他们背靠大海，凭借黄河、济水的阻隔，南面接近楚国，并且齐国人又多狡诈，变化无常。大王您即使是派遣数十万军队，也不可能在一年或几个月的时间里迅速击败齐军。现在我请求奉您的诏命去游说齐王，让他归汉而成为东方的属国。"

郦食其一番话，可说是一语惊醒梦中人，使刘邦立即明白了过来，他绝对不能放弃成皋以东的有利地形，否则，他就会在之后与楚军的争衡中处于下风。他思虑再三，觉得这次郦食其出的并不是馊主意，于是听从郦食其的建议，派他前往齐国出使。

郦食其到达齐国后，游说齐王田广说："您知道天下人心究竟是向楚还是向汉吗？"田广回答说："我不知道。"看郦食其到底想要说什么。郦食其说："若是您知道天下人心的归向，那么齐国就可以保全下来；若是不知道天下人心的归向的话，那么齐国就不可能保全了。"田广问："那么天下人心究竟归向何处呢？"郦食其说："当然是归向汉王刘邦了。"田广当然要追根究底了："您这么说的道理何在呢？"

郦食其回答："汉王与项王并力向西攻打秦朝，在出发前就已在义帝面前明确地约定，谁先攻入咸阳，谁就是关中之王。可是汉王先攻入咸阳，项王却背弃了盟约，不让他在关中称王，而是封他到汉中为王。项王威逼义帝迁出彭城并派人暗杀了他，汉王听到之后，立刻带领蜀地和汉中的军队来攻打三秦之地。他攻下关中，出函谷关之后，还专门追问义帝迁徙之处。他收集天下的义兵，拥立以前六国诸侯的后代为王。攻下城池马上就给有功的将领封侯，缴获了财宝立即就分赐给士兵，和天下人同得其利，所以那些英雄豪杰、才能卓著的人都愿意为他效劳。诸侯的军队从四面云集而来投汉，蜀地和汉中的粮食船挨着船源源不断地顺江运输而来。项王既有背弃盟约的坏名声，又有杀死义帝的不义行为；他对别人的功劳从来不曾记得，但对别人的罪过却从来不曾忘掉；将士们打了胜仗得不到奖赏，攻下城池也得不到封爵；若非项氏子弟，没有哪个人能够得到重用；为有功之人刻下官印，在手中反复把玩，不愿意授给；攻城得到财物，宁可闲置起来，也不肯赏赐给大家；所以天下人都背叛他，有才能的人都怨恨他，没有人愿意为他效力。所以天下之士都投归了汉王，汉王安坐就可以驱使他们。当初汉王率领蜀地和汉中的军队，平定了三秦，占领了西河之外大片土地，率领上党精锐军队，攻下了井陉，杀死了成安君；击败了西魏，俘虏了魏豹，攻占了三十二座城池；这就如同勇猛的蚩尤军队一样，并不是靠人的力量，而是上天意志啊。现今汉军已经据有敖仓的粮食，阻塞成皋的险要，守住了白马渡口，堵塞了大行要道，扼守住蜚狐关口，天下诸侯，谁要是迟归降汉王，谁就会最先被消灭。大王要是赶快投降汉王，那么齐国的社稷还能够保全下来；若是不赶快投降汉王的话，那么危险就会马上降临。"

齐田的实权掌握在相国田横的手里，田广与田横商议再三，田横权衡利弊，觉得郦食其说得有道理，于是决定和汉方联合，命人解除了历下守军对汉军的防备，然后每天和郦食其一起饮酒作乐。

再说受刘邦派遣攻打齐国的韩信。他带兵向东进发，还没有渡过平原津（今山东省德州市平原县西南，古黄河重要渡口），就听说刘邦已派郦食其说降了齐王田广。韩信准备停止向齐国进军，范阳辩士蒯通得知消息，于是就前去游说韩信。

这个蒯通曾经在武臣进攻赵地时前去劝说范阳令，一番陈说利害，令赵地三十多座城池不战而降武臣，使武臣顺利平定赵地并最终成为赵王，其口才不能说不高。如今他来游说韩信，又会提出一些什么主张呢？

蒯通见到韩信之后对他说："将军受汉王诏令带兵攻打齐国，这是尽人皆知的事情。但是汉王却又暗地里派密使前去游说齐国，他并没有明确的诏令让您停止攻打齐国，所以您为什么要停下来呢？再者说了，郦食其一介书生，坐一辆小车，凭借三寸不烂之舌，就说降了齐国七十多座城池，将军您带着数万兵马，一年多时间才攻下赵地五十多座城池，当了几年的将军，还比不上一个竖儒的功劳吗？"韩信听了之后，顿时对郦食其起了嫉妒之心，在虚荣心的驱使下，听从了蒯通的劝说，连夜带兵渡过黄河，然后发兵袭击历下的齐军。

齐王田广既然已经允诺郦食其投降汉国，所以早就放松了对汉军的警惕和战备，因此韩信大军得以不费吹灰之力击破历下齐军，然后向齐都临淄挺进。

田广和田横听说韩信带汉军前来攻打齐国，以为是郦食其故意找借口先稳住自己，然后让汉军偷袭齐国，立即勃然大怒。但当时汉强齐弱是不争的事实，汉兵已经临城，田广再怎么生气也没有用，于是他威胁郦食其说："你如果能让汉军撤出齐国，我不再追究你欺骗出卖我的事情，否则，我会活活地烹死你。"

郦食其也是有骨气的人，他并不清楚韩信为什么要在明知自己已经说降齐国的情况下依然发兵攻打齐国，他其实也很想去问一问韩信，问他为什么要这样做,但不是在齐王田广的威胁和怀疑怨恨之下去做这件事情。于是他十分生气地对田广说:"做大事不会顾及琐碎的小节,有大德的人也不会在乎别人的责备,老子我不会为了你再去劝说韩信。"

田广见事已无可回转,于是命人烹死了郦食其,然后带兵向东败逃至高密(今山东省潍坊市高密市)。韩信占领临淄之后,立即发兵向东追击齐王田广,也追到了高密。

齐相田横逃到了博阳,他思虑再三,觉得齐国要想不被汉军消灭兼并,只能向汉国的敌国楚国求救一条路了,于是他派出使者,向宿敌楚国求救。

齐国之前和楚国水火不容,项羽就是因为长时间留在齐国平叛,才导致汉军平定三秦并一路东进,最终攻破了楚都彭城。但在这个世界上,没有永远的敌人,也没有永远的朋友,只有永远的利益。是敌是友,全看彼此的利益在某一时段是否一致。现在齐国因为韩信进兵而反汉,立即成了汉国的敌人,敌人的敌人,那就是朋友,必须争取和团结。齐国之前虽然与楚国处于敌对状态,但还是在楚、汉之间坐山观虎斗,并没有主动出击楚军,所以对楚军来说是安全的。但如若现在齐国被韩信完全占领,那可就大不一样了,楚军会随时处于汉军的两面夹击之中,所以尽管齐国是宿仇,但为了全局利益,还必须得去救。

出于这样一种考虑,项羽于是派楚将龙且带领数万大军,号称二十万,前去救援齐国。在巩、洛前线艰难坚守的刘邦得知齐国烹死郦食其之后反汉,禁不住大发雷霆。他对韩信十分不满,明明齐国已经全境降汉,但就是因为韩信争功袭击齐军,才最终逼反了齐国,并导致郦食其被杀。可是事情到了这个地步,也不能完全责怪韩信,毕竟自己疏忽大意在先,让蒯通钻了空子,替韩信出了这个馊主意。楚国已经派遣龙且前去救齐,如果不支持韩信,韩信兵微将寡被楚军击败,那么齐、楚在东方联盟,汉军的压力会变得更大。经过权衡,刘邦决定在自己本就十分艰难的情况下,派出曹参、灌婴等将领,带兵前去协助韩信,一方面要确保对齐作战的胜利,另一方面要将这两个嫡系将领安插在韩信身边,达到监视韩信的目的。

楚将龙且是项羽麾下一员骁勇善战的猛将,从小与项羽一起长大,情谊笃深。自项氏起兵以来,就一直追随项氏,项梁死后继续跟随项羽,因此深得项羽的器重和信任。之前英布被随何说反,背叛项羽的时候,就是龙且带大军前去,将英布打得大败,英布不得已,只好带着数名亲随,与随何从小路去投刘邦。如今齐国求救,项羽再次派龙且带兵前去,也是出于对他一贯的信任,希望他能像以前一样，战必胜，攻必取，独当一面，不要让项羽这边分心。

龙且带领大军到达齐国之后，顺利与齐王田广在高密会师。他们积极备战，准备与韩信大战一场。在两军接仗之前，龙且手下的一名将领就向龙且出主意说："汉兵远离自己的国土前来交战，除了奋勇作战，再没有别的选择，所以求战心切，锐不可挡。而反观楚、齐两国，尤其是齐军将士，因为都是在本土作战，所以非常散漫，战斗力不强。在这种情况下，不如深沟高垒，不要与汉军交战，然后让齐王派他的亲信大臣前去策反那些已经投降汉军的齐军将领，这些将领听说他们的齐王还在，楚国又派救兵前来，就一定会背反汉军。韩信带着数万军队，离开本土两千多里，齐国的城池一旦全部背反，他们不能在齐国取食，粮草供应一定会出现问题，到时候，就一定会不战而降。"

要说这个将领出的主意也确实非常高明，汉军前来，利在速战，而齐军在本土作战，有群众基础，耗得起。如果诚如这名将领所说，楚军在正面战场坚守不与汉军交战，而后田广派人在敌后策反已经降汉的齐将，那么汉军真的会陷入绝地。当然了，以韩信的韬略和才能，即使楚、齐联军选择了坚守，他也一定会想出破敌之策打开局面，只是由于这种情况并没有发生，所以在这里讨论也没有任何的实际意义。

龙且对这位将领的建议并不认同，他说："我太了解韩信这个人了，他非常容易对付。再者说，我们前来救援齐国，如果不与汉军交战而战胜他们，那我们还有什么功劳呢？如果我们在战场上打败他们，那么齐国的一半国土就都是我们的了，为什么要选择坚守不战？"于是决定与韩信交战，隔着潍水（今山东省潍河）与汉军摆开阵势。

韩信见龙且要与他决战，于是立即召集将领进行紧急部署。他命偏将带着几千人，连夜前往潍水上游，用一万多个沙袋截住了潍水的水流；约定只要见到汉军后撤，楚军一小半追击过河，就立即决开沙袋，放水下淹。

一切部署停当，第二天早上，韩信带着一半士卒渡过水浅的潍水，向楚军挑战。龙且见状，立即带领大军迎战，双方战斗半晌，韩信假装战败，带兵回撤。

龙且见状，不知汉军有水淹之计，还以为韩信真的败了，他高兴地对将领们说："我早就知道韩信是个胆小鬼，追！"于是带着大军蹚水过河，追击汉军。极度的专注使龙且没有觉察到，潍水的流势比以前缓慢了许多，水势也小了许多。作为联军主将，他没有敏锐地观察到这一变化，从而给他的军队带来了极为严重的后果。

按照之前的部署，韩信见楚军渡河追击，立即派人前往潍水上游传令，让决口放水。潍水上游的将领得令，立即命士卒奋力挖开沙袋，聚了大半个晚上的大水，立即从决口汹涌奔流而下。

其时龙且带着一小部分骑兵刚刚追过潍水，潍水河中的水立即暴涨，正在渡河的一些士卒被大水冲走，其他的步兵无法过河，龙且与他的大军立即被河水隔成了两段。

韩信见状，立即指挥汉军士卒上前围攻龙且。龙且虽然勇猛，但到底好猛难敌群狼，几十个骑兵难以抵挡数万汉军的重重包围和轮番攻击。战场上决定胜负的就那么短短几分钟，龙且没有那么大的神力支撑到河水放缓、大军渡过河来支援他的那个时候，最终他被汉将灌婴所率的骑兵杀死在潍水对岸的阵中。

主将龙且一死，对岸的楚军士卒立即大乱溃逃。齐王田广见状，赶快策马而逃，前去投奔彭越。韩信指挥汉军追击至城阳，俘虏了剩余的楚军士卒。

龙且是楚军营中难得的一名骁将，但他面对韩信，也和成安君陈馀一样，犯了骄傲轻敌的毛病。应该说，韩信有之前偷渡夏阳、袭击安邑、迫降西魏王魏豹，背水列阵、拔旗易帜、全歼赵军、杀死成安君陈馀的惊人战绩，就应该引起他的足够重视和警惕，然而他对韩信的判断却仍然停留在韩信当年忍受胯下之辱的那一层肤浅的记忆上，认为韩信胆小怯懦、非常容易对付，最终因轻敌被韩信用水淹之计战败，身死军亡，给信任和器重他的项羽更快地带来了颓势。

韩信斩杀龙且之后，派灌婴、曹参分路追击田广等人，最终杀死齐王田广，俘虏齐国守相田光，击败齐将田既、田吸。田横听说田广已死，于是自立为齐王，与灌婴交战，结果也被灌婴击败。田横不得已，只得前去投奔彭越。

韩信消灭了齐地的所有抵抗力量，平定了齐地，于是派使者去向刘邦报捷。那么在成皋前线相持的刘邦与项羽，战况又是如何呢？

第七节　彭越挠楚、蒯通说韩信、杯分父羹、四面楚歌、霸王别姬

　　成皋前线的战况，可说是一直处于胶着状态。

　　在韩信受命击齐、郦食其奉命说齐，二人先后离开刘邦之后，刘邦所派的卢绾和刘贾二将，也带领大军在楚军腹地和彭越顺利会合。他们在燕国城西击败楚军，攻占了梁地十几座城池，在东阿杀死了楚将薛公，并烧毁了楚军的粮草积蓄。

　　楚军粮道被断，侧后受袭，项羽十分生气，就想亲自带兵去攻打彭越，但又担心自己走后，一直坚守不出的汉军会趁机发动进攻夺取成皋，于是命大司马曹咎守城，并让塞王司马欣和翟王董翳两个人协助他。项羽临走之前，叮嘱曹咎说："我走了之后，你一定要谨慎地守卫成皋，无论汉军怎么挑战，都不要与他们交战。我十五天之内绝对会击败彭越，平定梁地，然后回来与将军会合。"

　　安排完成皋的守城事宜之后，项羽带兵向东进发。他一路猛攻被彭越等人夺占的陈留、外黄等城。陈留很快被攻下，但外黄却久攻不克。数日之后，弹尽粮绝的外黄守军出城投降。项羽性格之中的残暴因子再一次发作，他下令将城内十五岁以上的男子全部押赴城东，准备尽数活埋。外黄县令舍人的儿子年仅十三岁，他见自己的父兄都被押赴刑场，于是前去劝阻项羽说："彭越强行劫持外黄的百姓造反，百姓非常害怕，所以不得已暂且投降了彭越，然后等待大王您前来。可是如今大王您来了，却要活埋这些无辜的百姓，百姓又怎么会归顺您呢？如果您杀了外黄的百姓，那么外黄以东十几座城的百姓都会在恐惧之下拼死守城，大王您要想降服他们，就会非常困难了。"

　　项羽非常惊讶，自从他在咸阳烹死那个说他沐猴而冠的儒生以来，成年人之中除了自己的至亲如项伯，还有故旧元老如之前的范增敢于劝说自己之外，再没

有任何一个人敢于当面向他直言进谏，如今一个十三岁的小孩子向他当面提出这些问题，怎么能不令他感到震惊呢？是的，之前的项羽和这次一样，都是在攻下久未攻克的城池之后准备屠城，可是以前没有一个人劝说过他。他们或许是畏惧他，害怕他们在劝谏之后会重蹈那个咸阳儒生的覆辙，所以三缄其口，导致项羽屠城的命令得以不断执行，使项羽一次又一次地背上了残暴不义之名，饱受天下人的责骂。可是这一次呢，一个小孩子勇敢地站了出来，当面陈说利害，使项羽猛然间醒悟了过来，杜绝了一次惨祸的发生。可是，这个醒悟对项羽来说未免太晚了，因为命运的天平已经向刘邦倾斜很久了。

项羽听从外黄县令舍人儿子的建议，赦免了准备活埋的那些军民，东边的睢阳等城军民听说之后，争先恐后地向项羽投降，项羽得以迅速平定梁地。彭越当面交锋不是项羽的对手，只好带着队伍撤退到谷城（今山东省聊城市东阿县东）。

再说成皋前线。项羽走后，刘邦果然派人前去向楚军挑战。刚开始，曹咎谨记项羽的教诲，任凭汉军怎么挑战，就是坚守不出。刘邦见曹咎不出战，于是派兵士向东渡过汜水，到成皋城下去辱骂曹咎。

面对汉军士兵的百般辱骂和敢于渡过汜水到城下挑衅的狂妄之态，曹咎再也无法忍受，下令打开城门，与汉军交战。汉军士兵见楚军出城，立即渡汜水而逃，楚军在后紧追不舍。

刘邦见楚军出城东渡汜水来追，等到一小半楚军将士渡过汜水的时候，立即下令大军全线出击，袭击楚军。楚军半渡受击，立时大乱败逃。曹咎眼见楚军一败涂地，感觉无颜再见信任他的项羽，于是和司马欣、董翳全部自杀于汜水之上。

之前在《秦朝》一章中曾经提到，项梁之前因为犯罪而被栎阳县吏逮捕入狱，为了及早脱罪，他委托当时担任蕲县狱吏的曹咎写信给栎阳狱吏司马欣，得以很快出狱。因为这个缘故，项氏一家非常感激曹咎及司马欣，一贯对他们十分关照和信任。对帮助过自己的人心怀感恩是对的，可是要是把握不好这个度，不分能力强弱随便把感恩等同于信任和器重，那就会害人害己。项羽感激曹咎是一回事，但让才能平庸的曹咎镇守成皋显然超出了曹咎的能力范围。曹咎不能忍一时之气愤而出战，结果被汉军打得大败，不仅丢了成皋，还使楚国的大量财货和物资落入了汉军的手中，导致楚军在此后对汉作战中更加被动。

汉军占领成皋之后，继续向东进军，将楚将钟离眛包围在荥阳之东。在睢阳的项羽听说海春侯曹咎丢了成皋，顾不得喘息，立即带兵回援。围攻钟离昧的汉兵见项羽带兵赶回，十分惧怕项羽，全部从险要之处撤退了回去，再一次坚守不出。两军在广武（古城在今河南省荥阳市东北广武山上）再一次形成对峙之态。

这个时候，齐地的战事结束。汉将韩信得胜平齐、楚将龙且兵败被杀的消息传到了广武前线。

韩信派人向刘邦报捷并对他说："齐人虚伪狡诈，反复无常，再加上齐国邻近楚国，如果不设立一个代理齐王的话，只怕是不好镇抚，为了稳定局势，希望允许让我做这个代理齐王。"当时楚军正在荥阳猛攻刘邦，刘邦正火烧眉毛，一筹莫展，见到韩信的来信，立即气不打一处来。

韩信未去齐国之前，刘邦这边还勉强能应付得过来。韩信去了齐国之后，立即将本已降汉的齐国逼反，使汉军一方的局势大坏。但为了顾全大局，刘邦还是选择把曹参和灌婴两员猛将派往齐国支持韩信的军事行动，而留下自己在成皋前线苦苦支撑危局。如今韩信得胜，不赶快回师前来救援，反而不识时务地开口要价，想要当什么代理齐王。这个韩信真是太不懂事了！如果当时韩信就在刘邦面前，估计刘邦会当场拿刀捅了他。

在这一点上，韩信的理想和英布的几乎完全一致，都是竭尽才力作战，然后想被封王。至于封王之后怎么样，这两个人都没有想好，甚至是没有想过。韩信平定赵国之后，自己就有当王的念头了，但是胜利来得过于迅速，以至于他没有一个合适的时机向刘邦提出来，于是提出先封张耳为赵王，好为自己日后当王做铺垫。估计当时刘邦心里就很不高兴，要不要封张耳为王我说了算，你韩信乱讲什么？张耳的王是我封的，但人情倒被你落了去，这算什么事！刘邦的心里，自然对韩信有几分不满意。等到得后来，韩信为什么要听蒯通的话，不顾齐国已被郦食其说降的事实攻打齐国，实际上也是韩信急功近利的念头在作祟，如果他不攻打齐国，那么他就无法再立大功，要想当王就会变得遥遥无期。为了那个王位，韩信急了一点，但是，就是这一急，为他日后遭殃埋下了祸根。

不过从实际取得的效果来看，虽然韩信不太听话，但在他战胜龙且并平定齐国之后，已经完全形成了对楚军的战略包围，这个结果甚至远远高出了刘邦的预期。韩信的所作所为也完全可以说是开端令人心惊，结局近乎完美。但此时的刘邦在惶急之下，根本顾不得去考虑韩信的功绩，他面对韩信的使者，禁不住破口大骂："我被楚军困在这里，日夜盼你前来救我，谁知你却想要自立为王！"

刘邦身边的两个智囊张良和陈平见状，赶快在桌子底下踩住了他的脚。这个时候的韩信，势力如日中天，如果不遂他的意，他带着整个齐国与楚国联合，那可是谁也挡不住的事情。张良、陈平附耳对刘邦说："如今汉军正处于劣势，谁能禁止韩信称王？不如顺水推舟封他为齐王，善待他，礼遇他，让他镇守齐国，不然，恐怕会发生变乱。"

刘邦一下子醒悟了过来，他天生的政治家素养在这个时候马上派上了用场，于是他口气一转接着骂："大丈夫既然平定了诸侯，那就应该当个真王，当什么代理的假王呢？真是小家子气。"直骂得连韩信的使者都觉得韩信前来请示刘邦真是多此一举，刘邦真是太慷慨大度了，而韩信真是太小肚鸡肠了。

刘邦于是派张良带着印绶前往齐国，立韩信为齐王，然后征调他的军队攻打楚军。

齐国战场给刘邦带来了好消息，但对项羽来说，则不啻于晴天霹雳。大将龙且被杀，数万精锐损折，齐国全境归汉，楚军已经处于汉军的三面包围之中。

形势的极度恶化令项羽感到非常恐惧，如果他再不想办法摆脱困境，那么楚国早晚会被汉军围剿或是拖垮。于是他派身边的谋士、盱眙人武涉前去游说韩信，希望让韩信归降楚国，最不行也要在楚、汉之间保持中立。

武涉到达齐国，见到韩信之后，便使出浑身解数，劝说韩信。

武涉说："天下百姓忍受秦国的暴政太久了，所以联合起来攻打秦国。秦国灭亡后，根据每个人的功劳大小，分割土地，各自称王，以便让士卒和百姓得到休养生息。可是汉王贪心不足，侵伐他人的地盘，掠夺别人的土地，兼并三秦之后，又引兵出关，收编诸侯的士卒来攻打楚国，看来他不吞并整个天下是不会罢休的，他贪得无厌就是这么过分。再说汉王的为人也很难值得称道，他落在项王的手里好几次了，项王每次都因怜悯而放过了他，可是他在脱身之后，常常背信弃义，纠集甲兵再次来攻打项王，他这样的人，还怎么能够让人信任呢？现在您虽然感觉与汉王交情非常之深，卖力地为他东征西讨，但如果您一直朝这个方向走下去，就一定会死在他的手里。您之所以还能活到现在，就是因为项王还活着啊。如今汉王与项王谁胜谁负，关键就掌握在您的手里。您向汉则汉王胜，您向楚则项王胜。如果今天项王被消灭，那么明天就会挨着您了。您曾经与项王有老交情，为什么不脱离汉国而与楚国联合，三分天下并自己称王呢？如果错失这样的大好时机，一定要联合汉军来进攻楚国，这不是您这样的智者应该做的事情。"

纵观武涉的说辞，其实并没有说中韩信的要害，没有击中韩信的痛处，不像之前的随何之说英布那样，句句都说到了英布的最恐惧之处。既然他的说辞并不让韩信感到害怕，那么韩信自然会无动于衷。

第一，武涉只说刘邦如何背信弃义，却不说项羽如何不讲信义，这让韩信看来，武涉仅就是一个向着项羽的说客而已，而并不是一个站在中立的立场真心替他韩信着想的谋士，所以他对武涉的主张并不认同。弄不好武涉在说前面那段话的时候，韩信心里就在冷笑——还好意思说人家刘邦不讲信义，项羽不讲信义的事情你怎么不说？所以，韩信一开始就对武涉起了逆反心理。

第二，武涉并没有准确掌握韩信的心理特征，他只是不断地说一旦项羽败了，刘邦掉过头来就会收拾韩信，但刘邦为什么要收拾韩信，武涉一句都没有提起。刘邦手下的将领那么多，为什么单单要收拾他韩信？张耳失国之后还可以被封为赵王，魏豹背叛之后还能被再次宽恕，他韩信立下如此不世之功，刘邦有什么理由要杀他？之前的秦国因为灭人国、绝人祀而被天下人群起而攻之，那么有了这个前车之鉴的刘邦也一定不会对他这个齐王赶尽杀绝。事实也的确证明，那一段时间的刘邦也确实是若非万不得已，从来不会因为抢占地盘或是其他的原因而主动杀死诸侯王，这让韩信心存幻想。所以，武涉的说辞让韩信感到十分不屑。

第三，最重要的一点，武涉没有向韩信讲明项羽死后韩信非死不可的理由。韩信必死的理由至少有三：其一他的军事才能太过骇人，如果刘邦不杀死他，刘邦死后将无人能够制衡他，所以刘邦必须永绝后患；其二韩信擅作主张极不可靠，为了争功袭击齐国、逼反田广、坑死郦食其，为了私利不顾大局，这令刘邦难以容忍，韩信早就被蒯通拉下了水，但韩信自己却不知道；其三韩信又是第二个项羽，自恃有功自作主张搞分封，先请立张耳为赵王，再请立自己为齐王，乘人之危借机要挟，不把他刘邦的死活放在心上，刘邦在收到他自立为齐王的来信时早就对他动了杀机。武涉没有把这些利害关系讲透彻，拿韩信击败陈馀的战术来说，没有把韩信"置于死地"，所以韩信不愿意冒险背汉。

基于以上这些因素，韩信拒绝了武涉，他很客气地对武涉说："我之前在项王手下的时候，官秩不过是个郎中，职位不过是个执戟卫士。我向项王出谋划策，项王言不听、计不从，所以我离开项王，投奔了汉王。汉王信任我、赏识我，赐我上将军印信，拨给我数万兵马，解下他的衣服给我穿，端过他的食物让我吃，对我言听计从，所以我才有了今天。人家如此亲近我、信任我、器重我，就算我死了也不能背叛人家。先生您请回去吧，回去为我向项王致歉。"

武涉见韩信的话没有丝毫回转的余地，知道自己游说失败，只得回去向项羽复命。

武涉走了之后，蒯通觉得韩信就这么放弃三分天下的良机非常可惜，觉得有必要再去提醒一下韩信，于是就前去面见韩信。

对于蒯通，韩信还是非常欣赏的。之前韩信面对郦食其说服齐王田广归汉后的迷局，不知道自己究竟是应该停下来等待刘邦发出新的命令，还是应该按照原来的部署去继续攻打齐国，在那个关键时刻，是蒯通来向他献计，让他继续进攻齐国，这才一战奠定胜局，为他自立为齐王赢取了一个极为重要的砝码。所以，韩信对蒯通不仅是欣赏，实际上还心存感激。蒯通前来见他，韩信自然是待若上宾。

蒯通见到韩信之后，立即假借相面打开了话匣子。他说："我曾经学习过相面之术，非常灵验。"韩信作为一个有野心的人，对相面这些东西当然是非常感兴趣。一个自称精通相面之术的谋士前来面见一个诸侯，他将要说些什么，其实已不言自明，韩信于是就问蒯通："先生您相人是怎么相的？"

蒯通说："一个人是高贵还是低贱，在于他的骨法；一个人是忧愁还是喜悦，藏于他的容色；一个人是成功还是失败，取决于他的决断。用这个方法和标准去相一个人，可说是万无一失。"

韩信听了非常感兴趣，于是就问："那么先生照这个方法相一相寡人，看寡人的面相如何啊？"

蒯通看了看左右侍从，对韩信说："请屏退左右。"

韩信见蒯通如此神秘，知道蒯通一定会做出一个不宜为他人所知的判断，于是屏退了左右侍从。

蒯通见其他人都下去了，于是对韩信说："从大王您的正面来看，您不过封侯，而且还危机重重。但如果相您的背的话，则是贵不可言。"蒯通在这里实际上用了一个隐喻，意思是如果韩信继续照这个趋势走下去，最后最多保持一个侯位，还危机四伏；但如果选择"背反"刘邦的话，那就会飞黄腾达，显贵异常。

韩信感觉非常诧异，于是就问："这是什么意思？"

蒯通于是向他解释说："天下刚刚起兵发难的时候，英雄豪杰云集四方，在那个时候，大家最担心的都是能不能打败秦国。而现在跟以前不一样了，楚汉两国相争，使天下无罪的百姓尸横遍野，父亲和儿子同时死于野外者不计其数。楚国从彭城起兵，转战南北，到达荥阳，乘胜逐北，威震天下，可是兵困于京县、索亭之间，被阻于成皋之西的山川地带不能前进，已经三年时间了。汉王带领几十万大军，在巩县、洛阳一带据守，凭借山河地形的险要，虽然一日数战，却没有丝毫战功，失利后几乎无法自救，战败于荥阳，损兵于成皋，最后不得已只好出走宛城、叶县之间，这就是所谓的智尽勇乏了。两军将士的锐气都在坚固的险要关塞之间被挫伤，仓库的粮食都已消耗殆尽，百姓疲惫至极，怨恨不绝，无所依靠。依我看来，这样的惨祸不是天下的圣贤之人不能止息。如今楚、汉两王的命运如何都掌握在您的手上。您替汉王出力则汉王胜，您替项王出力则楚国胜。我愿意披肝沥胆，极尽忠诚地向您建议，但就是怕您不愿意采纳。如果真能听从我的建议，不如让楚、汉两方都不受损害而继续存在，您与他们三分天下，鼎足而立，一旦形成这种局面，就没有谁敢先轻举妄动。以您的聪明才智，拥有这么多的人马装备，据有强齐，牵制燕、赵，出兵楚、汉两国的军事薄弱地带，牵制他们的后方，顺应百姓的心愿，阻止他们的纷争，则天下之人都会争相响应，还有谁敢不听从您的命令呢？然后，您再割取大国的疆土，削弱强国的势力，用来分封诸侯，诸侯分封之后，自然就会因感激齐国而听命于齐国。安守齐国的疆土，安抚其他的诸侯，那么天下的诸侯，一定会相继前来朝拜齐国的。人们听说'天予弗取，反受其咎，时至不行，反受其殃'，也就是说，上天要赐予你利益你却不愿接受，那就会受到处罚；时机到了不采取行动，那就会反遭祸殃，请大王您认真地思考一下。"

韩信说："汉王待我非常优厚，他让我坐他的车，以示对我的尊崇；让我穿他的衣服，以示对我的恩遇；让我吃他的食物，以示对我的信任。我听说，乘坐他人的车，就要替人家分担祸患；穿他人的衣，就要替人分忧；吃他人的食物，就要为人家效死力，我又怎么能做出这等见利忘义的事情来呢？"

蒯通继续劝他说："您自以为和汉王关系非常密切，想建立万世不朽的功业，我认为这是不可能的。刚开始张耳和陈馀为普通百姓时，两人之间建立了非常深厚的友谊，只是因为张黡和陈泽的事情，两个人最终反目为仇。张耳背叛项王，杀害项婴后逃归汉王，汉王带兵东下，杀陈馀于泜水之南。这两个人都被天下人所嘲笑。张耳和陈馀的交情，可说是普天之下最深厚无比的了，可是最终却自相残杀，为什么？就是因为祸患常常生于贪婪多欲而又人心难测啊。现在您想以忠诚信义与汉王建立亲密的友谊，但也一定比不上张耳和陈馀之间的友谊那样稳固，但您和汉王之间的利益之争却比张耳、陈馀之间的矛盾分歧要大得多。所以我认为您觉得汉王不会加害于您，这绝对是错误的。春秋末期，越国的大夫文种和范蠡使濒临灭亡的越国保存了下来，并辅佐越王勾践击败吴国称霸天下，但他们取得胜利之后，文种却被逼自杀，范蠡被逼逃亡。狡兔死，走狗烹；飞鸟尽，良弓藏。野兽要是被捕尽了，猎狗就会被宰杀；飞鸟要是被打尽了，良弓就会被搁置。如果以交情而论，您和汉王之间的交情比不上张耳和陈馀之间的交情；如果以忠信来论，您对汉王的忠诚信义比不上文种、范蠡对越王勾践的忠信。以上两个先例，已经足够让您明辨是非了，请您一定要认真思考一下。

"再者说了，勇略、智谋使君主感到震恐的，往往会自身难保，而功勋卓著、冠盖天下的人得不到赏赐。我现在为您讲一讲您立下的功劳和谋略吧：渡过西河、俘虏魏王，生擒夏说，带兵下井陉口击败赵军，杀死陈馀，平定赵国，逼降燕国，战胜齐国，向南击溃楚国二十万大军，向东杀死楚军大将龙且，向西报捷于汉王。现在您拥有威胁君主的威势，立下无法赏赐的功劳。如果您到楚国去，楚国人不会信任您；如果您到汉国去，汉国人人感到震恐不安。那么您带着这么大的声威该向何处去呢？您作为一个人臣，却使自己的国君感到震恐，名望在天下人眼里比国君还要响亮，我真是替您感到危险。"

蒯通说到此处，韩信已经面上变色，他连忙制止蒯通说："先生您不要再说下去了，让我好好地想一想。"

但韩信这一想，又没了下文。

蒯通等了几天，见韩信没有动静，于是再一次前去游说他："善于听取别人的意见，就能把握事物发展的征兆，如果能认真考虑事情，就能把握成功的关键。听取好的意见而不做出决断且决策失误还能长久的，这样的先例真是少有。甘愿做喂马差事的人，就会失去争夺大权的机会；满足于微薄俸禄的人，他不可能得到公卿宰相的地位。所以智者办事往往果断而体现出他们的聪明，而犹豫不决常常会成为坏事的祸首。功业难以成功但非常容易失败，机会十分难得但非常容易失去。您现在面临的这样的好时机一旦失去，就再也不会回来。所以请您一定要仔细考虑。"

韩信仍然犹豫不决，不忍心背叛刘邦，又自以为立下的功劳很多，觉得刘邦终究不会夺去他的封国，于是谢绝了蒯通的游说。

蒯通见韩信不听自己的劝阻，担心自己的说辞传出去之后会为自己招来杀身之祸，于是假装疯癫做了巫师。

蒯通之说韩信，应该说得失利弊已经讲得非常明确，但他也选择了有所保留，没有向韩信挑明他已将韩信拉下水的事实，仍然没有将韩信逼上绝路，所以韩信没有选择背汉。

　　许多史料表明，蒯通前来游说韩信，实际上有替项羽暗中效力的一面。假使韩信真的选择背叛刘邦，在楚、汉两国之间保持中立，那么韩信最终能不能达到像蒯通所说的"制服燕、赵、楚、汉，使天下诸侯来朝"的这样一个效果，是要打一个问号的。韩信背反刘邦，受益最大的莫过于项羽，但韩信能不能守住他背叛之后的成果却存在着很大的变数。所以韩信选择不愿冒险，也是有道理的。

　　当然，也有很多人认为，当时韩信手下的主要将领如曹参、灌婴等人都是刘邦的嫡系，他们时刻监视着韩信，使韩信不敢轻举妄动。这也是站不住脚的，如果韩信真的要反，他的借口非常好找。受封齐王得到法律许可、在政治上名正言顺之后，立即假借支援刘邦之名，派曹参、灌婴等人率少量兵马回荥阳，这就完全可以把刘邦的耳目支走。自己再率大军屯兵于齐，一方面拥兵自重，一方面镇抚齐国，足可以让楚、汉双方都不敢妄动。蒯通为他所设想的那些目标，虽然实现起来有难度，但也并不是没有可能。只可惜，历史不可假设，这也不过是看到这段历史的人闲来无事的一番推测罢了。

　　武涉和蒯通先后游说韩信失利，使项羽几乎陷入了绝望之中。其时刘邦夺取成皋和荥阳，再次取食敖仓，大军的粮食充足。而楚军的形势却越来越严峻，因为彭越一直在后方骚扰楚军，敌进我退，敌退我进，到处骚扰并攻击楚军的后防，断绝楚兵的粮草。楚军之中除了项羽，再没有哪个人能是彭越的对手，派其他将领去了，不仅会被彭越击败，还会损失大量的粮草和士卒。而项羽要是亲自去了，彭越又会迅速带兵撤走，躲在湖泽之中与楚军打游击，汉军趁机进攻前方的楚军，这让项羽非常头疼。

　　为了尽快结束这种与汉军欲战不能、长期相持且彭越在后方不断骚扰的不利局面，项羽实在无法可想，于是就在楚、汉两军阵前架起了一座高台，然后把刘邦的父亲像待宰的牛羊那样，绑起来放在砧板上，摆出一副将要杀死刘父的架势，然后派使者对刘邦说："如果你不赶快投降，我就烹死你的父亲。"

　　刘邦能够面对强大的楚军不被击垮并一直撑下来，那就说明他绝不会因这种令人不齿的手段胁迫而轻易屈服。既然项羽忍无可忍要耍流氓，那么他也只能顺水推舟装无赖。他派人回复项羽说："我曾经与你共同在怀王面前称臣用事，相约彼此结为兄弟，因此我的父亲也就是你的父亲。如果你真要烹死你的父亲，那么看在你我曾经兄弟一场的分上，分给我一杯肉羹。"一番话，不仅把项羽的挑衅挡了回去，还反过来对项羽进行了道德绑架：你敢烹杀一个相当于你父亲的人，那你就等着天下人的唾沫星子淹死你吧。

对于刘邦这副无赖嘴脸，项羽暴跳如雷却无可奈何，他准备下令杀死刘父泄愤，却被项伯劝阻。项伯说："天下的局势还没有完全稳定，想争夺天下的人是不会顾忌家人的生死的，再说杀了汉王的父亲也不会起什么作用，只会招来天下人的忌恨罢了，弄不好还会为自己招来祸患。"项羽听了，也觉得确实就是这么回事，于是只好作罢。

楚、汉两军在广武对峙，旷日持久。精壮的士卒苦于久在军旅征战，老弱的兵丁苦于长期运输粮草，每个人都感觉精疲力竭，每个人都对战争感到厌恶至极，恨不得早一点结束。项羽也是同样的感觉。他派人对刘邦说："天下无法安定这么多年，就是因为我们两个人啊。我愿意与你单独挑战，一决雌雄，再不要让天下百姓跟着白白地受苦了。"刘邦怎么会傻到与力拔山兮气盖世的项羽单挑，他笑着回绝项羽说："我宁愿和你斗智，也不会和你斗力。"

项羽无奈，只得派壮士前去向汉军挑战。汉军营中有一名神箭手名叫楼烦（另一种说法是从楼烦国来的一位神箭手），楚国接连去了三个挑战的壮士，都被他用箭射死了。项羽闻讯大怒，亲自披挂上阵，前去挑战。楼烦见又来一个挑战者，再次引弓搭箭，准备要射。项羽见状瞪大眼睛，大声朝他吼叫。楼烦从来没有见过气势如此壮盛的人，立时被慑服，眼睛不敢正视，手脚也不听使唤，赶快逃回了营寨。

刘邦见楼烦逃回，十分奇怪，派人一打听，才知道是项羽在亲自挑战。其时楚、汉两军相持日久，平日里都是一些小将在相互挑战，作为楚军统帅的项羽亲自出来挑战，这还是头一次。刘邦非常吃惊，于是赶快走出去看。

项羽见刘邦来看，于是大声地向刘邦挑战，说为了天下苍生，愿与刘邦独身挑战，如果刘邦是条汉子，就不要当缩头乌龟。刘邦知道自己独身应战根本不是项羽的对手，为了遮掩自己的短处并激怒项羽，他隔着两军营寨一条一条地数落项羽的罪状说："两军将士，项羽有十条大罪，请你们静听：我最初与项羽同时接受怀王的命令，约定谁先入咸阳，谁就在关中称王，但项羽却违背约定，让我到偏僻的蜀地称王，这是第一条罪状；项羽假借怀王的命令矫诏杀死卿子冠军宋义，然后自尊为上将军，这是第二条罪状；项羽完成救赵的使命之后，应当回去向怀王禀报，他却擅自劫持诸侯的军队入关，这是第三条罪状；在出兵之前，怀王曾叮咛入秦后不要施暴掳掠，但项羽焚烧秦国的宫室，挖掘秦始皇帝的陵墓，私盗其中财物，这是第四条罪状；强行杀死已经归降的秦王子婴，这是第五条罪状；用欺诈的手段在新安活埋秦军二十万降卒，却封他们的将领为王，这是第六条罪状；项羽把他的亲信将领都封在条件好的地方，却把原来的诸侯迁徙、放逐到条件差的地方，让臣下争先背叛他们的国君，这是第七条罪状；项羽把义帝赶出彭城，自己在那里建都，侵夺韩王的土地，又兼并梁、楚之地，多据为己有，自私贪利，这是第八条罪状；项羽派人把已经放逐的义帝暗杀于江南，这是第九条罪状；项羽作为人臣而弑杀他的君主，无辜诛杀已经投降的人，主持政局却不公平，主持共同订立盟约却最先失信，为天下所不容，大逆不道，这是第十条罪状。我率领正义之师，与诸侯一起诛杀残暴的贼子，只让那些受过刑的囚犯前去击杀项羽就可以了，我又何必要跟你挑战？"

　　刘邦的这些骂词，可说是狠毒无比，每一条都像一记响亮的鞭子，狠狠地抽在项羽脸上。刘邦这么骂项羽，也并不见得他自己有多么高尚，同样的事情他也做过不少。但这样的骂词，也只有像刘邦这样厚脸皮的人才可以骂出来，项羽是骂不出来的，也从来没有见项羽这么骂过人。项羽习惯于动手，用拳头解决，但不习惯于动嘴，用武力之外的方式解决问题，所以见到刘邦像一个泼妇一样在两军阵前跳脚骂街，他立即就蒙了。刘邦骂完之后，项羽才突然回过神来，他立即恼羞成怒，命令埋伏的弓弩手射击刘邦。

　　利箭一下子射中了刘邦的前胸，刘邦痛得大叫一声，但随即，他就捧着脚大声取笑项羽说："贼子太没本事了，只射中了我的脚指头。"项羽听了，气得简直要晕厥过去。

　　刘邦被箭射中之后，伤势非常严重，只好躺在军营中养伤。虽说刘邦在两军阵前大声笑话项羽，说只射中了他的脚趾，但身边的汉军士兵却非常清楚地看见他究竟伤了哪里。在两军长久相持、士气低落的战争前线，主帅的健康状况如何，对全军将士的士气和信心将会有非常大的影响。为了稳定军心，张良强行请刘邦起来，然后到营中去巡行并慰劳将士，好让将士们安心战守，不让楚军有机可乘。

　　刘邦因为在军营里带伤巡视，导致伤势加重，劳军之后，他立即被快马送往成皋养伤。伤好之后，刘邦西行入关，来到栎阳，慰问安抚百姓。他摆酒设宴，把已死的司马欣的头悬挂在栎阳的闹市示众。司马欣原为塞王，都城就是栎阳，刘邦把他的头悬挂在旧都的街头，一方面是出于对司马欣降而复叛的痛恨，另一方面是因为司马欣在栎阳为王时间较短却深为秦人所痛恨（因项羽坑秦卒且王其将），所以刘邦这么做，不仅不会失民心反而会收买人心。而纵观楚汉之争，刘邦如此过分地对待一个已经死去的诸侯王，也是仅此一次。

刘邦在关中留了四日，又回到了广武前线的军中。关中萧何派去增援他的士卒，源源不断地开赴前线。

汉军的形势越来越好，而楚军的形势却越来越差。汉军占据敖仓这个大粮库，粮食多得吃不完，而楚军这边却是粮草断绝，将士疲惫。彭越依旧在后方不停地骚扰楚军，虽然项羽也曾数次前去攻打彭越，但每次都收效甚微。当了齐王的韩信又派灌婴率骑兵从后方攻打楚军，项羽几面应付，越来越显得力不从心。

在这种情况下，刘邦知道战争的主动权已经牢牢地掌握在了自己的手里，前去向项羽索回父母、妻子的时机已经成熟，于是派辩士陆贾前往楚营出使。

陆贾到达楚营之后，请求项羽归还刘邦的父母及妻子吕雉，项羽不同意，逐回了陆贾。

刘邦又派侯公前去游说项羽，侯公的辩才比陆贾还要出色。这一次，项羽听从了侯公的劝说，答应放回刘太公及吕雉等，并约定与刘邦平分天下，鸿沟以西为汉（鸿沟是之前魏国所修的一条运河，在今河南省荥阳市黄河南岸广武山上），鸿沟以东为楚。

侯公游说项羽时究竟说了哪些话，历史没有明确记载。北宋时的大文学家苏轼结合当时的情境，写了一篇《代侯公说项羽辞》，模拟了侯公游说项羽的整个过程，虽然不是历史的原貌，但也略可见出侯公的言辞之利。因《代侯公说项羽辞》不是历史的真实记载，仅是苏轼的推测之词，因此此处不再赘录，有兴趣的读者，可以查阅相关典籍看一看。

项羽向汉军归还刘太公和吕雉等人的时候，两军将士全都高呼万岁，为战争即将结束而奔走相庆。

刘邦于是封侯公为平国君，让他隐居起来，不愿意再见到他。刘邦说："侯公是天下辩士，他住在哪里，就可以使哪里的国家倾覆，所以封他为平国君。"

项羽归还刘邦的父母、妻子并与刘邦订立盟约后，下令解除战阵，带领将士向东回楚。一路上，楚军将士高呼万岁，庆祝和平。

刘邦见项羽东行回楚，于是也想带兵西行回关中。张良和陈平就对他说："汉国已经占据了天下国土的三分之二，且诸侯全都归附汉国，如今楚国将士疲惫、粮草断绝，这是上天要使楚国灭亡的大好机会啊，不如趁这个机会一举攻下楚国。如果今天我们放过了项羽，那就是所谓的'养虎遗患'啊。"

刘邦听从了张良和陈平的劝告，于是下令追击楚军。汉五年（公元前202）

十月，汉军追击楚军至阳夏南，在那里驻扎下来。为了合围楚军成功，刘邦之前已封英布为淮南王，令他从南边进击楚军，又派遣使者前去征调韩信和彭越的军队，和他们约定时日，在固陵（今河南省周口市太康县南）合围项羽。但到达固陵之后，韩信和彭越并没有按期派兵前来和汉兵会合，楚军眼见汉军追近，于是返身反击汉军，将汉军打得大败。

刘邦见状，只好又退回营中，深挖战壕，高垒石壁，对楚军采取守势。

刘邦问张良："韩信和彭越不愿遵守约定前来，该怎么办？"

张良对韩信和彭越的心思早就了如指掌，他对刘邦说："韩信之前被立为齐王，陛下您心里其实并不乐意，所以韩信心里也一直不踏实，再加上他本是楚国人，他很想把楚地故乡作为他的封地。彭越平定了梁地，立下的功劳非常多，但之前陛下因为魏豹是魏王，所以只能封彭越为魏相国，如今魏豹死了，又没有继承人，所以彭越早就有当魏王的想法了，但陛下一直没有向彭越提起这件事情。现在楚国马上就要被消灭了，而韩信和彭越却得不到更多的利益，他们当然不愿意前来。如果陛下能与他们共分天下，那么他们马上就会出兵了。如果陛下不愿意这么做，那事情的结果如何，可就真不好说了。陛下不如派使者前去对他们说，等消灭项羽之后，把楚地陈县以东到大海的地方全都划给韩信，把睢阳以北到谷城的地方全都划给彭越，并立彭越为梁王，让他们为了各自的利益而战，那么他们就一定会踊跃请战，这样一来，灭亡楚国就会非常容易了。"

刘邦听了之后赞赏地说："对，确实是这样。"于是分别派出使者，对韩信和彭越说："你们现在全力攻打楚国，等楚国灭亡之后，自陈县以东到海滨之地，全部归齐王所有；自睢阳以北到谷城的地方，全部归彭相国所有。"

使者刚一到达，韩信和彭越就马上回报说："我们请求现在就出兵。"

于是韩信率领大军从齐地出发南下，自东向西夹击项羽。

彭越率数万大军从梁地出发，与刘邦会师后共同追击项羽。

汉将刘贾带兵数万，与英布合兵，从淮河以北出发，从西南方向对楚军发动进攻，先攻下寿春，再屠破城父（今安徽省亳州市谯城区东南），兵锋直指项羽所部。

楚军大司马周殷受命镇守南线，被淮南王英布诱反，于是周殷带领九江的大军攻破六县，之后与英布、刘贾会师，一起北上合击项羽。

其时，汉军共五路大军，近六十万人，从西（刘邦、彭越）、北（韩信）、西南（刘贾、英布）、南（周殷）四面对楚军形成合围之势，项羽被迫率楚军向垓下（今安徽省宿州市灵璧县东南、沱河北岸）撤退。

韩信率三十万大军为前锋，自任中军主将，将军孔熙率左军，将军陈贺率右军。刘邦带兵居于韩信之后，将军周勃、柴武断后。项羽的兵力，仅仅有十万人，而且粮草非常少。

韩信先指挥中军进击楚军，被项羽击败，只得退却。中军退后，韩信令孔熙和陈贺的左、右大军夹击楚军，结果冲动了楚军阵势，楚军无法抵挡，只得往后退却。韩信见状，立即再次指挥中军乘胜进击，因此大败楚军。

项羽带着败兵在垓下固守，刘邦指挥大军将他们层层包围，俗称"十面埋伏"。

为了瓦解项羽军心，当天夜里，韩信教汉军士兵用楚地的方言唱歌，其词曰："人心都向汉，天下已属刘，韩信屯垓下，要斩霸王头。"歌声传进楚军大营，立即勾起了楚军将士的思乡之情，他们一边低声跟着唱，一边悲伤地流泪，厌战情绪困扰着每一个人，楚军军心尽解。项羽在大帐中猛然听到四面楚歌之声，禁不住大惊失色，他问左右："汉军难道已经占领所有的楚地了吗？为什么这么多楚人在唱歌？"左右也是同样的疑问，尽皆默然。

项羽听了一会儿，心情烦乱地回到大帐，和几名将领一起借酒消愁。他有个非常宠爱且善解人意的妃子名叫虞姬，常常伴随在他的身边。他有匹骏马名叫乌骓马，常常在作战中骑乘。在这个时候，项羽不禁回想起了以前骑着乌骓马冲锋陷阵无往而不利的情景，那个时候，他战无不胜，攻无不克，统率诸侯，分封天下，是何等的英雄气概！可是今天，他被汉军重重包围，连他最心爱的女人都保护不了，一想到在他战败身死之后，虞姬就会落入刘邦那个好色无赖的手中，他就不禁悲从中来，痛不欲生。

项羽悲伤之下，拔剑起舞，慷慨悲伤地吟唱说："力拔山兮气盖世，时不利兮骓不逝。骓不逝兮可奈何，虞兮虞兮奈若何！"歌词大意就是，力量可以拔起大山啊，豪气世间无人能比。时局对我不利啊，乌骓马不能驰骋。乌骓马不能驰骋啊，我该怎么办？虞姬啊虞姬，我该拿你怎么办？

项羽一连唱了好几遍，边唱边流眼泪。虞姬也悲伤不已，跟着作诗唱和，其词曰："汉兵已略地，四面楚歌声，大王意气尽，贱妾何聊生？"项羽听了，忍不住泪流满面，左右随从看见，无不悲伤哭泣，谁都不忍心抬起头来看他一眼。

虞姬唱完之后，拔剑自刎。项羽十分悲伤，抱着虞姬与她诀别。

项羽所唱的这一首歌，因作于他身陷绝境之时，因此显得格外悲壮，千百年来，打动着无数后人的心。因作于垓下，后世称之为《垓下歌》。虞姬所唱的歌，后世多称之为《和垓下歌》。

　　掩埋虞姬之后，项羽披挂上马，带着身边的八百壮士连夜突围，向南边逃去。

　　到了快天亮的时候，汉军才发觉项羽已突围而出，于是刘邦急命灌婴率骑兵五千前去追击。

　　项羽渡过淮河之后，能骑马跟着他的只剩下一百多人。到达阴陵（今安徽省滁州市定远县西北）的一个三岔路口，他们迷了路，于是向路边的一位农夫问路。农夫认出他是鼎鼎大名的西楚霸王项羽，其时因楚汉连年争战，百姓流离失所，痛苦不堪，无不希望战争早点结束。项羽一方处于下风的消息早就在民间风传，于是百姓也正如之前郦食其游说田广时所说的那样，做出了他们的选择——支持胜利的一方，让天下尽快恢复平静！基于这个原因，老农欺骗项羽说该往左走。

　　于是项羽带着一百多骑兵往左逃，结果却遇到了沼泽。无奈之下，项羽只好原路返回，在那个岔道口重新往右逃。

　　因为这个缘故，他们被汉军骑兵追上了。项羽带着骑兵继续往东奔逃，到达东城（今定远县东南）时，骑兵只剩下二十八个人。而身后追击的汉军骑兵却有数千人。

　　项羽知道自己这回是无法逃脱了，于是他对身后的将士们说："我从起兵到现在，已经八年了。前后经历了七十余战，战必胜，攻必克，从来没有失败过，于是称霸天下。可是今天被围困在这里，这是上天要让我灭亡，而不是我不会用兵作战啊。今天虽说难逃一死，但我还是希望能与诸位痛痛快快地打一仗，一定要取得三次胜利。我将带领诸位突破重围，斩杀汉军将领，砍断汉军的旗帜，让你们知道，确实是上天要让我灭亡，而不是我真的不会打仗啊。"于是将二十八骑分为四队，分别朝着四个方向。汉军密密匝匝地把他们围了起来，项羽对骑兵们说："我为你们杀掉一员领头的大将。"吩咐骑兵朝四面飞驰而下，约定在山东边的三个地点集结会合。安排完毕之后，项羽大喊一声，骑着马冲了下去，杀死了一名汉将。汉军骑兵将领杨喜前来追击项羽，项羽怒目圆睁，朝他大喝一声，杨喜人马俱惊，倒退了好几里地。于是项羽和骑兵们往来冲突，斩将砍旗，然后在山东边会为三处。汉军骑兵不知项羽在哪一队里，于是也分兵三处，将三队骑兵分别包围。项羽带领骑兵再次冲锋，杀死了一名汉军都尉、骑兵近百人，再次把他的骑兵队伍聚拢在一起，项羽清点他的骑兵，仅仅损折了两个人。

项羽问他的骑士们："怎么样？"那些骑士无限悲壮地说："果真就像大王所说的那样。"

通过几番冲突，项羽和这二十多名骑兵冲出了汉兵的包围，来到了乌江岸边（今安徽省马鞍山市和县东北长江边的乌江浦），准备渡过江去。乌江亭长素来非常佩服项羽，他早就听说项羽被汉军追击，估计项羽会来乌江岸边，于是棹着船在乌江岸边等候。此时见项羽败逃而来，于是急忙对项羽说："江东虽小，但方圆也在千里之外，百姓数十万人，也足可以封王。请大王赶快随我渡江，现在只有我这一条船，汉军就算追上来，没有船只他们也过不了河。"

项羽是什么人，从来都是他恩赐别人怜悯别人，谁承想到头来会被一个小小的乌江亭长怜悯，他的自尊心立即受到了前所未有的打击，他不愿意接受这个帮助。

项羽悲凉地笑着说："既然上天要让我灭亡，我又何必渡江呢？再者说了，我当初与八千江东子弟从这里渡江向西，到今天他们没有一个人活着回去，独独留下我一个人，就算是江东父老可怜我让我称王，可我还有什么颜面再见他们呢？就算他们不说什么，难道我的心里就没有愧疚吗？"

说完这些之后，他牵过骑乘的乌骓马，对乌江亭长说："我知道您是一位忠厚的长者。这匹马五岁了，这些年我骑着它冲锋陷阵，所向披靡，曾经一日驰行千里，我不忍心让它被汉兵杀死，现在送给您吧。"于是令骑士们全部下马步行，拿着兵器与汉军肉搏。

项羽一气杀死几百名汉军骑兵，自己也受了十几处伤，其他的士兵逐渐被汉骑兵所杀。在搏斗中，项羽看见了他以前的部下，现任汉军骑兵司马的吕马童，于是对他说："那不是我以前的老朋友吗？"

吕马童十分惭愧，不敢正视项羽，于是指着项羽对身边的将领王翳说："这就是项王。"

项羽对他说："我听说汉军悬赏千金、封万户侯买我的项上人头，现在我把这个好处留给你吧。"说完之后，即在阵中用剑自刎而死。

汉军将士见项羽自杀而死，立即像疯了一样，上前争抢项羽的尸体。王翳抢先砍下了项羽的头颅之后驰去，其余的骑兵立即为争夺项羽尸体而开始自相残杀，死者数十人。最后，骑兵郎中杨喜、骑兵司马吕马童、骑兵郎中吕胜和杨武各争得项羽一部分尸身。

刘邦的大军开到之后，这五个人把争抢到的项羽尸身献上争功，刚好合成一具完整的尸体。刘邦履行诺言，分别封这五个人为侯。

项羽死后，汉军继续攻打楚军，前后斩杀八万余楚军，其余的全部投降刘邦，但唯独鲁国不愿投降。刘邦非常生气，准备带领大军将鲁地的百姓全部杀死，后来又觉得鲁地百姓能够恪守礼仪，为君主守节不惜一死，可说是难能可贵。于是拿着项羽的头给鲁地的人看，鲁地的将领看见，确信项羽已死，悲伤之下，宣布投降。

因为项羽之前被楚怀王封为鲁公，再加上鲁地人怀念项羽，最后才投降汉国，所以刘邦以鲁公的礼节和规格把项羽安葬在了谷城。

在安葬项羽的时候，刘邦下令为项羽发丧，并亲自上前哭吊。应该说，在这个时候，刘邦的哭是真诚的，是发自内心的。最初的时候，他们俩曾经并肩作战，在战火中建立了深厚的情谊。后来，他们成为对手，都让对方吃尽了苦头，成为彼此挥之不去的梦魇，当然，也是相互之间值得尊重的对手。现在项羽死了，刘邦当然要哭，一方面是高兴的哭，死敌死了，是件非常值得庆贺的事情，想起之前的种种艰辛，确实需要痛痛快快地大哭一场；而另一方面则是难过的哭，惺惺相惜的哭。如果他们之间不是你死我活的政治对手的关系，他们或许会成为很好的朋友，但残酷的政治法则逼得他们不得不如此，项羽只因为在之前面对这个规则的时候稍稍犹豫了那么一点放走了对手，最后就遭受了这个规则的无情惩罚。他们虽不在一个营寨，但近似于朝夕相处；他们虽不是每天见面，却每时每刻都在惦念对方，现在突然之间走了一个，那种心底的失落感和空虚感，还真不是一下子就能排解的。

当然了，刘邦之哭项羽，还有一个很重要的原因，那就是打情感牌，争取项羽支持者的谅解。项羽虽然死了，但他还有数以千万计的支持者，他们仍然感念项羽，心系项羽。甚至有许多人，他们虽然在最后时刻选择了投靠刘邦，但在内心深处，对项羽有着相当大的愧疚。对这些人，武力征服易，心理收服难。现在刘邦这么一哭，他们多少会在心理上得到一丝慰藉，觉得刘邦还算尊重他们的项王，没有趁机泄私愤侮辱他们的项王，对刘邦的仇恨也会随之消减几分。所以说，不论刘邦这个时候的哭是假哭演戏还是真情流露，人们都在一定程度上认同了他，谅解了他，因为任何人都愿意吃这一套。他这么一哭，确实争取到了民心，为稳定汉初的统治起到了很大作用。所以，人们把他称为杰出的政治家。

项羽生于公元前232年，卒于公元前202年，死时年仅三十一岁。他的一生虽然十分短暂，但他在短短几年之中所建立的功勋却世所罕匹。项羽武功盖世，被后人推崇为中国历史上武力最强的武将，没有之一。清代女学者李晚芳评价他说："羽之神勇，千古无二。"可说是贴切异常。项羽成功，成功在了他的年轻上，因为年轻且天生神力，所以敢作敢为，无所畏惧，所向披靡。而项羽失败，却也败在了他的年轻上，因为年轻，没有多少阅历和人生经验，所以过分看重功名利禄，想"衣锦还乡"，放弃了"都可以霸"的形胜之地关中；所以轻信别人，如轻信刘邦、张良不会东进，给汉军以可乘之机；所以不懂得宽容该宽容的人，如向他进谏的儒生和已经投降的敌军将士及百姓等，大失天下民心；所以不懂得任用该任用的人，如范增、韩信、陈平等，导致智谋之士一个个离他而去；所以迷信武力不懂得妥协退让，如没有像刘邦那样拉拢争取田荣、彭越等人，导致后方一直不稳；所以不懂得明辨是非，比如面对汉军的挑拨离间应对失措等。无论遇到什么事情，都想用力气解决，而不是靠智谋解决，再加上残忍嗜杀的旧贵族劣根性使他大失民望，所以非常遗憾地失败了。但英雄人物大多有多重性格，成败得失的原因也极其错综复杂，所以不宜简单地进行武断评判。可以讨论，但不宜定性。

千百年来，人们惊叹于项羽的神勇，却又惊诧于他的残暴，所以对他的评价褒贬不一，毁誉参半，但也正因为如此，赢得了后人无数的瞩目和争议。宋代著名女词人李清照有《夏日绝句》诗："生当作人杰，死亦为鬼雄。至今思项羽，不肯过江东。"活着时应当做人中豪杰，死后也要做鬼中英雄。至今人们还在怀念项羽，因为他不肯回到江东苟且偷生。真是悲歌感慨，撼人心魂！

刘邦哭祭完项羽之后，下令不许诛杀项羽的宗族子弟，只不过，把他们全部赐姓了刘。其中项伯被封为了射阳侯。

从公元前207年十月刘邦入咸阳开始，至公元前203年十二月项羽自杀为止，楚汉战争历经四年零三个月时间，终于以刘邦为首的汉军集团获胜，以项羽为首的楚军集团失败而告终。楚汉战争是中国历史上占有重要地位的一场战争，经此一役，刘邦夺取政权，建立了大一统的西汉王朝。

第八节 封赏功臣、季布遇赦、田横自杀、定都之争、叔孙通制礼

汉五年（公元前202）正月，刘邦率军回师至定陶，诸侯及将领们联合起来，共同推举刘邦称帝。他们说："之前秦朝无道，所以天下人共诛之。大王您最先俘虏了秦王，平定了关中，普天之下功劳最多。使那些将要灭亡的留存了下来，使那些急危的安定了下来，使万民安居乐业，功勋非常卓著，德泽被于后世。现在有功之臣已全部裂土封王，各诸侯王的封地及名分已经确定了下来，可是大王您却和他们同称王号，没有上下尊卑之分，那么大王您如此卓越的功勋，就没办法宣示于后世了，所以，我们冒死拜请上皇帝尊号。"

称帝是自然要称的，打败了世间无人可敌的项羽，平定了天下，非称帝不足以彰显功德流芳后世。但表面的谦虚还是必不可少，因为这也是政治规则之一，不能违反。于是刘邦谦让说："我听说皇帝的称号，只有那些非常贤德的人才可以拥有，没有才德，说空话虚话的人是不配拥有的，现在你们都极力推举我称帝，这我实在是不敢接受。"

诸侯王及大臣们都上前劝进说："大王您虽然出身寒微，但是率领大家诛灭暴秦，威动海内；又从僻陋的巴蜀之地起兵，从汉中行威德，诛灭不义，封立有功，平定天下。大王的恩德施于四海，继续和大家一样当诸侯王很不妥当，即皇帝位才显得名实相符，请大王多以天下苍生为念。大王如果不接受皇帝这个尊号，那么功臣们也会怀疑您封赏的真实性和合法性。所以我们誓死要让您接受皇帝的尊号。"刘邦再三谦让，大臣们自是不肯。于是刘邦说："如果你们都认为我当皇帝能给国家和百姓带来好处，那我就只有遵从你们的意愿了。"

于是在定陶氾水（氾，音凡，古水名，故河道在今山东省菏泽市曹县西北，从古济水分出，东北流至定陶区北，注入古菏泽）岸边举行登基大典，即皇帝位，定国号为汉，都于洛阳。立正妻吕雉为皇后，嫡长子刘盈为太子，追尊已逝的母亲刘媪为昭灵夫人。

当了皇帝的刘邦，回想起与项羽的四年苦争，仍然感觉到心有余悸。出身于名将之门、百战百胜的项羽就这么失败了，而他一个毫无家族背景、在战场上屡屡逃遁的好色无赖，居然最终取得了胜利，这是什么原因？这个问题不仅刘邦自己在思考，汉初的许多政治人物都在思考，千百年来所有读到这段历史的读者也都在思考。

刘邦回到洛阳之后，在洛阳南宫摆酒设宴，款待与他一起出生入死、征战多年的功臣们。酒过三巡，菜过五味，刘邦感慨万千，对赴宴的大臣们说："诸位列侯和将军都不要隐瞒欺骗我，都把你们知道的情况说一说。我最后得天下，是什么原因？项羽最终失去天下，又是什么原因？"

高起和王陵回答说："陛下您待人傲慢并且常常用言语侮辱人，项羽却待人非常恭敬有礼而仁慈。但陛下派人攻城略地之后，能把降服的城池赏赐给有功之臣，这就说明陛下能与天下人共享利益。可是项羽却嫉妒比他有才能的人，有功的人不仅不赏赐，反而寻找错处进行责罚，贤能的人不仅不重用，反而经常猜疑他们。所以才杰之士都不愿意为他效力，纷纷离开了他，这是项王失去天下的原因啊。"

刘邦说："你们只知其一，不知其二。如果说起运筹帷幄之中，决胜千里之外，这我比不上张良；如果说起镇守国家，抚恤百姓，及时向军队供应粮草而不使粮道断绝，这我比不上萧何；如果说起调度诸侯百万大军，战必胜，攻必取，这我比不上韩信。张良、萧何、韩信这三个人，都是人杰，我能够重用他们，借重他们的聪明才智，所以最终取得了天下。项羽身边只有一个谋士范增，却还猜疑不能重用，这就是他被我击败的原因啊。"因为刘邦在这番谈话中认为他最终取天下主要得益于张良、萧何、韩信三人的功劳，于是人们把张良、萧何、韩信称为"汉初三杰"。

于是下令论功行赏，封赏有功之臣。大臣们都上前争功邀赏，各述功劳，争了好长一段时间，也没争出个先后高下来。刘邦认为萧何的功劳最大，封萧何为酂侯，所封的食邑户数非常多。那么萧何为什么能得到刘邦如此青睐呢？从头再来看一看。

刘邦和萧何是沛县老乡。刘邦在担任泗水亭亭长的时候，作为沛县主吏的萧何曾经多次帮助他。刘邦因为工作的关系，曾数次押送囚徒前往咸阳。按照惯例，凡是有人外出公干，县里的官吏们都要为他赞助一点路费。现在轮到刘邦，自然也不会例外。官吏们每人送给刘邦三百钱，而唯独萧何每次都送刘邦五百钱。因此，刘邦对萧何特别有好感。

秦朝的时候没有刺史，所以分派御史监督各郡的事务，相当于后来的刺史或巡抚。由于萧何的才能非常出众，秦廷监督泗水郡（也就是泗川郡）的御史把他征辟为从事。萧何以其精明能干，帮助监郡的御史把事务打理得井井有条，也因为这个缘故，萧何升任为泗水郡的卒史。郡、县官吏考核，萧何常常位居第一。御史非常赏识他，提议回去之后要向朝廷推荐他，征辟他到朝中任职，而萧何在那个时候，早就已经从民生疾苦之中窥度到了秦朝将要覆亡的危险，所以坚决地拒绝了御史的好意，最终得以继续留在了沛县。

萧何自刘邦沛县起兵之后，就一直跟随刘邦。刘邦率领大军占领咸阳之后，其他的将领都争着进入秦朝府库争抢财物，只有萧何迅速进入秦宫，收取了由秦朝的丞相和御史收藏的法律、户口、地图等图书典籍。后项羽率军入关，纵火焚烧秦朝宫室，因为这些图书典籍事先被萧何取出，最终保存了下来。刘邦被项羽封为汉王之后，任命萧何为丞相。刘邦在后来的行军作战之中，之所以清楚地知道全国的重要关塞要津，民风民情如何，户口钱粮多少，各地诸侯的实力强弱，各地百姓的困苦不利，就是因为萧何得到了秦朝藏书。

刘邦拜萧何推荐的韩信为大将，并在接受韩信的建议率军东进、平定关中、开始与项羽争夺天下的时候，让萧何留在关中镇守。萧何在留守期间，将关中及巴蜀地区治理得极为平稳有序，每每有什么建造宫室、制定法令的重要事务，萧何都及时上书禀报刘邦，得到刘邦的允许之后，才去慎重办理；有时候万一事情紧急来不及禀报，他就先根据实际情况进行处理，然后赶快报告刘邦。刘邦在与项羽的数次对垒之中，都因为被项羽打得大败而弃军逃回。每逢这个时候，萧何都赶快征发关中的百姓，进行训练之后派去补充刘邦的军队。因为萧何不越权，不擅权，再加上能够时时处处为刘邦着想，所以刘邦非常信任器重萧何，将关中的政事交给他全权处理。

汉三年，刘邦在京县、索亭一带与项羽苦苦相持的时候，多次派使者回关内慰问丞相萧何。萧何对刘邦的做法有些摸不着头脑，但也没往深处想。一个姓鲍的儒生却从中看出了端倪，他对萧何说："汉王在前线风餐露宿，与楚军苦战不下,已经是非常辛苦了,但他多次派使者前来慰劳您,这说明汉王还是不十分信任您,怀疑您会对他有二心,所以要想方设法稳住您。"

萧何听了之后,立即恍然大悟,他赶快向鲍生请教该怎么办。鲍生替他出主意说:"依目前的情况,相国您最好派您的家族子弟和直系亲属到前线去,协助汉王作战。这样一来,汉王一定会打消对您的猜疑,对您更加信任。"

萧何听了,觉得鲍生分析得非常有理,于是赶快按照鲍生的建议派亲属支前。刘邦见萧何派亲属前来协助他作战,果然非常高兴,从此对萧何更加信任器重。

所以在击败项羽平定天下并大封功臣之时,刘邦觉得萧何虽然没有随他打过一次仗,但他所做的每一件事情,却比亲临战场作战更重要。并且萧何做了这么多事情,从来都是积极主动做的,而不是在他刘邦的硬性要求或是哀求之下做的。再加上萧何从不居功自傲,不胡作非为,不借机要挟,他的为臣之道,比起英布、彭越尤其是韩信来,不知道要高明多少倍,所以刘邦对他的好感始终如一。

但其他大臣可就不这么想了,他们对刘邦封萧何为头等功臣十分不解,纷纷上前问刘邦说:"我们身上披着坚硬的铠甲,手里拿着锐利的武器,披坚执锐,艰苦奋战,跟随陛下征战天下,多的打了一百多仗,少的也有数十回的交锋,攻城略地,各有斩获,功劳大大小小各不相等。可是萧何呢,我们从来没见他上战场打过一次仗,只不过是做一些文字性的工作,并偶尔动动嘴,发一些议论,他的功劳怎么能居于我们之上呢?"

群臣不服,刘邦自然要说服他们,大的道理刘邦讲不出来,但拿一些生活场景做类比,刘邦却是信手拈来。刘邦于是问大臣们:"我问你们,你们知不知道打猎的事情?"

大臣们都说:"当然知道了,这谁不知道啊?"

于是刘邦说:"比如说在打猎的时候,追出去扑杀狡兔等野兽的是猎狗对吧,但发现猎物的踪迹,示意猎狗去追的,却是猎人。现在诸位将军立下的功劳就好比猎狗捕到了野兽,所以你们是功狗,而萧何立下的功劳就好比是猎人在指明猎物的方向,所以他是功人。再者说了,你们都是孤身追随我打仗,一家人里面,跟随我最多的也就是两三个人,但萧何却让自己的几十个亲属追随我打仗,这样的功劳,我们难道能够忘记吗?"

大臣们听了之后,心想一番争辩,不仅没有争出个什么来,反倒被刘邦比作了猎狗，要是再争的话，谁知道刘邦又会说出什么来，于是再不敢说话，但也并没有心服。

刘邦把立下大功的功臣全都封为了列侯，在评定这些列侯等级的时候，大臣们都说："平阳侯曹参在战场上身先士卒，身上的战伤有七十多处，攻下的城池和占领的土地是其他人没法相比的，他的功劳最大，应该排在第一位。"

刚刚刘邦为了让萧何得到列侯的封赏，举了猎狗和猎人的实例，已经有点委屈其他的功臣了，到了这个时候评定列侯的等级，再不好说什么而让大臣们感到为难，可是他的心里，还是想让萧何排在第一位。

关内侯鄂千秋揣摩到了刘邦的心思，于是上前启奏说："诸位大臣的说法都不对。曹参虽然在作战之中攻城略地，立下了许多功劳，但这只不过是一时之功；陛下与楚国的军队前后相持将近五年，在这五年里，陛下全军溃败，损兵折将后孤身逃遁已经好几次了，每次都是萧何从关中输送兵员前来补充缺额，陛下并没有给萧何下发任何诏令，而萧何却派几万人开赴前线，而那个时候正是陛下兵尽将乏、急需支援的时候。汉军与楚军在荥阳相持的那段时间里，军中没有现成的粮食，是萧何通过水路，从关中运来粮草，所以汉军才不至于粮草断绝。陛下虽然好几次在崤山以东遭到惨败，但萧何却把关中这块根据地守卫得完备无缺，等待陛下归来并让陛下在关中得到休整。这些难道不是万世之功吗？现在就算是没有曹参等一百多人，大汉朝也不会缺什么，就算是他们都在，也不一定能够保全汉朝的天下。所以说，怎么能把一时之功列在万世之功的前面呢？依臣之见，萧何排在第一位，曹参排在第二位。"

鄂千秋所说的这番话，可说是正中刘邦下怀，替刘邦遂了心愿。刘邦非常高兴，大声地说："鄂君说得太对了。"于是评定萧何为功臣第一，并特许萧何可以带剑穿鞋上殿，在朝见皇帝的时候，可以不用小碎步快走，赞礼的人可以不直呼他的姓名而称呼他的职务（赞拜不名，入朝不趋，剑履上殿）。

因为鄂千秋的缘故，刘邦得以封萧何为功臣第一，于是刘邦说："我听说推荐贤才的人应该受到最高的赏赐，萧何虽然功劳很大，但如若不是鄂君说明，天下人还无法知道得如此明了。"于是加封鄂千秋为安平侯。同日，刘邦尽封萧何的父子兄弟十多人，每个人都有各自的食邑。又因为之前刘邦到咸阳服徭役的时候，萧何比其他人多送了二百钱，所以再为萧何多封两千户食邑。

封完萧何，刘邦再封张良。张良和萧何一样，也没有立下一次战功。刘邦说："坐在军帐中制定策略，而使前方的将士决胜于千里之外，这就是张良的功劳。请偿自己在齐地选择三万户的封地。"张良谦让说："我最初起兵于下邳，与陛下在留县会合，这是上天要让我跟随陛下啊。陛下能够采纳我的计策，使那些计策很幸运地发挥作用，这都是陛下的英明神武啊。我不敢受封三万户，只把留县封给我就足够了。"于是封张良为留侯，与萧何等功臣一起受封。

刘邦封完二十多个立下大功的功臣，剩下的人因为功劳都差不多，一时排不出谁先谁后，所以无法迅速地行赏。这些人围在一起，日夜争论不决。

刘邦在洛阳南宫，从阁道望去，只见将领们三五成群地坐在沙中谈论，觉得有些不正常，于是就问张良："他们都在说什么呢？"张良说："陛下您不知道吗？他们正准备谋反呢！"刘邦不以为然地说："现在天下已经安定，他们为什么要谋反？"张良说："陛下最初以一介布衣起兵，依靠他们取得了天下。现在陛下贵为天子，所封的人，都是萧何、曹参等这些陛下的老朋友或是陛下亲信的将领；所诛杀的人，都是与陛下结下仇怨遭陛下痛恨的人。现在军吏还在统计功劳，就算是封尽天下的土地，也还是封不完这些人。所以这些人一则害怕陛下不会封赏他们，二则害怕陛下会追究他们之前的过失并处死他们，所以他们才聚在一起，相互商议要谋反啊。"

刘邦一听，立即感觉到了事态的严重，于是问张良："那该怎么办？"张良就问："在群臣之中，请问陛下平生最厌恶且大臣们都知道的，是谁？"

刘邦说："当然是雍齿了，在还没有起兵之时，雍齿就和我关系不睦，后又举丰邑之兵背叛我，多次在我极度困难的时候给我制造麻烦。我想杀了他，但又因为他立下许多战功，所以不忍心杀死他。"

张良说："这就好办了，现在请陛下赶快封雍齿为侯，然后遍示群臣。大臣们见陛下的仇人雍齿都封了侯，他们自然也会被封赏，对陛下也就不再有二心了。"

于是刘邦摆酒宴请这些将领，然后当着他们的面宣布封雍齿为什方侯，并催促丞相和御史抓紧时间议定功劳，封赏功臣。

宴罢，大臣们都非常高兴，他们相互讨论说："连雍齿这样的人都被封侯，我们还有什么可担心的呢？"于是不再三五成群地聚在一起抱怨议论了。一场因封赏功臣而引起的事端，被张良用计成功化解。

刘邦在封赏功臣的同时，当然也不曾忘记那些敌方阵营的仇家，以及那些会对新生政权产生威胁的人，他发布诏令，在全国范围内悬赏捉拿这些人。刘邦悬赏捉拿的这些人里面，最具代表性的当数项羽的部将季布、钟离眛和原齐王田横。

　　季布是楚地人，为人特别讲信用讲义气，爱打抱不平，在楚地特别有名气。季布在项羽手下做大将的时候，曾多次率军围困刘邦，使刘邦十分狼狈。项羽败亡以后，刘邦出千金悬赏捉拿季布，并下令有胆敢窝藏季布者，夷三族。季布躲藏在濮阳一个姓周的人家里。周家的户主对他说："朝廷悬赏捉拿将军非常紧急，追踪搜查马上就要到我家了。如果将军能听我的话，我才敢给你出个主意；如果不能，我情愿先自杀。"人家收留自己，并好心出主意，季布焉有不答应之理？于是周家的户主便把季布的头发剃掉，用铁箍束住他的脖子，穿上粗布衣服，然后把他放在运货的大车里，把他和周家的几十个奴仆一同出卖给鲁国人朱家（注：这里的朱家是人名，不是指姓朱的人家，与上文的周家相区别）。

　　朱家是鲁国特别有名的一个侠士，鲁地的人大多是儒生，喜欢做儒家学问，但朱家却因行侠仗义而闻名。他所藏匿和救活的豪杰有几百个，施救的普通人多得不可胜数。但他始终不夸耀自己的能力，不因施惠于别人而欣喜，对于那些他曾经帮助过的人，他生怕再见到他们。他赈济别人的困难，首先从贫贱的开始。他家中没有剩余的钱财，衣服没有完整的颜色，吃饭没有两样以上的菜肴，乘坐的也不过是个牛拉的车子。他一心专为替别人的急难而奔走，胜过办理自己的事情。周家的户主之所以把季布扮成奴隶卖给朱家，就知道朱家一定会行侠仗义，帮助季布解脱灾难。

　　再说朱家，他买到扮成奴隶的季布之后，心里知道他是季布，却没有声张，只是把季布安置到他的农田里进行耕作。朱家嘱咐他的儿子说："田里耕作的事，都要听从这个用人的安排，吃饭的时候，一定要和他吃同样的饭。"

　　一切安排停当，朱家便乘坐马车前往洛阳。到达洛阳之后，他拜见了汝阴侯夏侯婴。

　　夏侯婴见是著名侠客朱家，心里非常高兴，特意留朱家喝了几天酒。

　　朱家于是问夏侯婴："季布究竟犯了什么大罪，皇上如此紧急地追捕他？"

　　夏侯婴说："季布多次替项羽围困当今皇上，皇上非常怨恨他，所以一定要抓到他才会罢休。"

　　朱家于是问夏侯婴："那么您看季布是怎样的一个人呢？"

　　夏侯婴说："季布是一个有才能的贤者。"

　　朱家于是说："做臣子的各受自己的主上差遣，季布接受项羽指挥，这完全是做臣子的天职。项羽的臣下难道可以全都杀光吗？现在皇上刚刚夺得了天下，仅仅凭着个人的怨恨去追捕一个人，为什么要向天下人显示自己器量狭小呢？再说以季布的贤能，再加上皇上追捕他如此急迫，他不是向北逃到匈奴去，就是向南逃到越国去了。这种忌恨勇士而去资助敌国的举动，就是伍子胥所以要鞭打楚平王尸体的原因啊。您为什么不找机会向皇上说一说呢？"

对于这位大侠客的劝说，以夏侯婴一贯宽厚待人的懿行，他自然是完全听了进去。之前夏侯婴曾从刑场上救下了韩信，使其拜将建功，对于此时落难的季布，他又有什么理由不去搭救呢？夏侯婴预感季布一定躲藏在朱家的家里，于是答应他说："好。"

夏侯婴找了个机会，按照朱家所说的话向刘邦求情，刘邦想了想觉得有理，于是就赦免了季布。

在这个时候，许多有名望的人都称赞季布能变刚强为柔顺，朱家也因为勇救季布而名闻天下。

后来，季布被刘邦召见，他向刘邦表示服罪，于是刘邦任命他做了郎中。

朱家帮助季布摆脱了被杀的厄运，等到后来季布地位尊贵之后，他却终身不愿再与季布相见。朱家之前闻名，也仅限于鲁地周围和一些乡里熟悉他的人，通过这件事情以后，他立即在全国声名大振，自函谷关以东的人，无不热切地盼望能同他交朋友。楚地有个名叫田仲的人，也因为是侠客而闻名，尤其喜欢剑术。但他却像事奉自己的父亲那样对待朱家，他认为自己在行侠仗义方面比不上朱家。

前文曾经提到过，田横是田儋和田荣的弟弟，在侄子田广死后，他自立为齐王，但又被灌婴击败，田横不得已投奔彭越。但仅仅过了一年，刘邦就击败项羽，在诸侯们推举下做了皇帝，彭越因功被封为梁王。

田横曾经杀死汉军使者郦食其，如今彭越又被刘邦封为了梁王。天下太平之后的彭越不再有什么可以倚仗的东西，所以田横担心彭越会在顶不住压力的情况下杀死自己，于是带着手下五百多人逃进了东海，在海里的岛上居住。

刘邦听说之后，认为田横兄弟曾经平定齐地，齐国有才能的人多归附他们，如果放任他们在海岛中不加约束，那他们以后产生变乱的可能性会非常之大，于是派使者前去，赦免田横的罪过，然后征召他前往京城。

田横推辞说："我之前烹杀了陛下的使者郦食其，现在我听说郦食其的弟弟郦商是朝廷一名非常贤能的将领，我为此感到非常不安，所以不敢接受陛下的命令。请陛下让我做个普通的老百姓吧，就让我在这个海岛中生活到老。"

使者回来向刘邦报告，刘邦当然不会同意，于是他召来郦商对他说："齐王田横马上就要来了，谁要是敢动他的随从或手下一根毫毛，我立刻将他灭族。"之后，又一次让使者前往东海，把向郦商下诏的情况详细地向田横说了，然后对田横说："田横如果来，最高将会被封王，最低也能被封侯，如果执意不来，那我就一定会派兵前去诛杀。"

田横不得已，只好带着他的两个门客乘坐朝廷的驿车前往洛阳。

离洛阳还有三十里的时候，田横对使者说："人臣要觐见天子，必须沐浴一番，以示恭敬。"然后停了下来。田横对他的门客说："当初我和汉王一样，都曾面南背北称孤道寡，如今汉王做了天子，而我却是亡国的逃虏，要向他北面称臣，这本来就已经是非常大的耻辱了。更何况我杀了人家的兄长，却与人家的弟弟同朝为臣，就算是人家畏惧天子的命令不敢动我，难道我心里就一点也不愧疚吗？再者说了，皇帝之所以想见我，无非就是想看看我长什么模样罢了。现在皇帝在洛阳，这会儿砍下我的头，三十里远的路程，快马加鞭送过去，我的相貌还不会有太大的改变，还是能够看清楚长什么模样的。我死之后，拜托你们把我的头送给皇帝。"说完之后，就拔剑自杀了。

他的门客按照他生前的吩咐，于是捧着他的头，与使者快马加鞭去见刘邦。刘邦听说了田横自杀的缘由始末，叹息说："哎，田横兄弟都是从普通的老百姓起家，他们兄弟三人先后为王，难道不是很贤能的人吗？"说着为之流泪。

刘邦拜田横的两个门客为都尉，然后派遣两千名士卒，以王者的礼节安葬了田横。

田横被安葬之后，他的两个门客在他的坟墓旁挖了个洞，也一起自杀，为田横陪葬。刘邦听说之后，大惊失色，觉得田横的这些门客一个个都不简单。于是再次派出使者，前往东海去征召田横其他的那五百多名门客。

谁知，当使者到达的时候，那五百多名门客听说田横已死，也全都自杀了。通过这件事情，人们才知道，田横兄弟是特别能得贤才拥护的人。

关于刘邦追捕钟离眛的事，因为钟离眛与韩信的关系，所以特意留到后面再讲。

刘邦除了用封赏功臣和追捕仇家的方式来巩固政权之外，在其他方面也下了不少功夫。刘邦称帝之后，最初定都于洛阳，他在洛阳居住了一段时间，也没感觉有什么不妥，就准备长久地建都于洛阳。齐国有个士人名叫娄敬，他被征发为赶车的戍卒，前往陇西戍守。路过洛阳的时候，娄敬找到他的同乡虞将军，对虞将军说:"我希望能见到皇上,就一些要紧的事情向皇上进言。"虞将军见他穿着粗布衣,就想为他换一套华丽一点的衣服。娄敬拒绝说:"不用了,如果我本来是穿丝织衣的,那我就穿着丝织衣去见皇上,现在我穿着粗布衣,那我就应该穿粗布衣去见皇上。"虞将军无奈,只好前去向刘邦禀报。刘邦听了虞将军的推荐,于是召见娄敬,并赐给他饮食。

等娄敬吃完了饭,刘邦就问娄敬想要说什么,于是娄敬问刘邦:"陛下建都于洛阳,是想要建立一个和之前的周朝那样盛大的国家吗?"刘邦说:"是的。"

娄敬说:"陛下夺取天下,与周朝是有显著区别的。周朝的祖先始于后稷,被帝尧封于邰地,他们十几辈人积德行善;到公刘的时候,为了躲避夏桀,移居到了豳(音宾)地;到太王古公亶父的时候,为了防止狄人的侵伐,离开豳地,移居到周原岐山,国人争先追随他。及至周文王为西伯的时候,替虞、芮两国解决了纷争,才标志着他受命于天,所以太公望和伯夷等贤人从遥远的大海边赶来归附他。武王伐纣的时候,事先并没有召集,到孟津前来会师的诸侯有八百多家,都说商纣可以讨伐了,于是消灭了殷商。周成王即位之后,周公等人辅佐他,才在洛邑建立了成周的王城,并把这里作为天下的中心。诸侯从四方来进贡朝王,各处的远近都差不多。在这个地方,有德的人很容易称王,不行德政的国君也很容易覆亡。他们的原意是想让周朝的后人施行德政以招致百姓,而不是让他们凭借险要的地形来骄奢淫逸、凌辱百姓。所以在周朝强盛的时候,天下和睦,四方归顺,他们都仰慕周王朝的仁义德政,都归附于洛邑并事奉周天子,不用驻扎一个士卒,不用一个战士前去冲锋陷阵,八方的蛮夷之族就全部前来归顺并朝贡了。可是等到周朝衰落的时候,王城又一分为二,天下再也不朝见他们了,周王室也没办法再控制人家。这倒不是因为周王室的德行浅薄,而是因为周王室的形势太弱啊。

"如今陛下从沛县起兵,带着收罗来的三千士卒,带着他们直往咸阳,席卷蜀汉,还定三秦,与项羽战于荥阳,争夺成皋要塞,大战打了七十余场,小战打了四十余场,天下百姓为此而死难者,不计其数。如今百姓的哭声还没有断绝,受伤的士卒还没有痊愈,陛下却想与周朝的康盛时期相比,依我看来,这是没办法比的。

"秦地关中,被山带河,四面全是险要关塞,就算是有什么紧急情况,动员百万士卒应该是不成问题的。秦地土地肥沃,特产丰饶,这就是所谓的天府之国。如果陛下能入关并建都于关中，以后就算是山东发生了动乱，秦国旧有的地盘还是可以保全的。再者说了，和别人争斗，不扼住他的喉咙，不击打他的后背，那是不能获胜的。如果现在陛下入关并在那里建都，据有秦国的故地，那就等于是扼住天下的喉咙且拍打天下的后背啊。"

刘邦觉得娄敬说得有理，但又拿不定主意，于是就向大臣们征求意见。跟随刘邦的大臣大多数是崤山以东的人，他们都不想离家乡太远，于是都劝刘邦继续把都城建在洛阳："洛阳东有成皋之固，西有崤山渑池之险，背靠黄河，南有伊水、洛水，坚固的天险还是可以依仗的。再者说，周朝在洛阳建都，王朝延续了数百年，而秦朝把都城建在关中，仅仅二世而亡，所以说关中不如洛阳。"

听大臣们这么一说，刘邦一下子又疑惑起来，难以做出选择，于是他前去征求张良的意见。张良对刘邦说："洛阳四周固然有些天险，但它的中心地区非常狭小，方圆不过几百里，田地也不肥沃，再加上四面受敌，不是用武打仗的地方。而关中左有崤山和函谷关之险，沃野千里，南有丰饶的巴蜀之地，北有放牧牛马的胡地草苑，凭借三面的险要地形自守，而留下一面向东控制诸侯。如果诸侯安定，可通过黄河、渭水漕运天下的粮食，向西供应京城；而诸侯如果有变乱，也可以顺流而下，保证出征军队的军需供应。这就是所谓的金城千里、天府之国啊。再说，我们之前不就是这样打败项羽的吗？所以说，娄敬的说法是正确的。"

听张良这么一分析，刘邦立即拿定了主意，于是当天决定，建都关中，并向关中转移，又将咸阳改名为长安。

此后，山东的诸侯相继发生叛乱，景帝时吴、楚七国在东方发生叛乱，都是因为汉朝都城建在关中并远离战场，所以控制了全国的大局，保持了大局的稳定。

因为娄敬建都关中的主张非常有远见，所以刘邦迁都之后说："最开始提出让我建都关中的人是娄敬，'娄'不就是'刘'吗？"于是将娄敬赐姓刘，拜为郎中，号为奉春君。自此，在史书中，娄敬又称为刘敬。

刘敬建都关中的提议被刘邦采纳，在客观上起到了巩固汉王朝统治的作用，因而受到了刘邦的赏赐。而在刘邦刚刚称帝之后，与刘敬一样为巩固汉王朝统治而做出积极贡献的，还有一个名叫叔孙通的儒生。

叔孙通这个人在《秦朝》一章中曾经介绍过，他原是秦朝的待诏博士。当陈胜等人在东方起义的时候，秦朝的使者向秦二世报告说有人造反，而叔孙通却说那只是盗贼,还让秦二世放心,秦二世当时倒的确是放下了心,不过秦国也很快灭亡了。因此清朝学者洪亮吉毫不客气地评论说:"秦之亡,亡于赵高,实亡于叔孙通一言。"

叔孙通在秦二世面前说了谎话之后,担心有一天会大祸临头,于是赶快逃出咸阳,逃到了他的家乡薛县(今山东省枣庄滕州市南)。当时薛县已经被起义军占领,于是他就归附了当地起义军领袖项梁。项梁死后,他又追随楚怀王。楚怀王被项羽逼着迁出彭城之后,他又留下来事奉项羽。汉二年四月,在刘邦率诸侯大军攻打彭城的时候,叔孙通又转投刘邦。刘邦被项羽赶回击败,叔孙通也只好随着汉兵逃到了汉地。

叔孙通刚归顺刘邦的时候,一副儒生的打扮就去见刘邦,刘邦见了非常厌恶。叔孙通私下里一打听,才知道刘邦非常讨厌儒生,于是他赶快换下了儒生的衣服。叔孙通知道刘邦是楚人,于是他改穿精悍的楚制短衣。之后再去见刘邦,刘邦非常高兴。

叔孙通刚刚降汉的时候,他手下有一百多名儒生弟子。不过这些弟子,叔孙通一个也没有向刘邦推荐,他专门向刘邦推荐那些打家劫舍的土匪强盗。弟子们见状,都在私下里咒骂他说:"跟着老师这么多年,现在又投降了汉军,他现在不在汉王面前推荐我们,却专门推荐那些狡猾的匪徒,真不知是什么道理。"叔孙通听到后,对弟子们说:"现在汉王正亲冒矢石争夺天下,儒生们手持书本能上战场吗?所以我先把那些作战勇猛、能斩将夺旗的壮士推荐给汉王。你们不要着急,我不会忘记这件事情的。"

刘邦拜叔孙通为博士,号为稷嗣君,意思是他的德行和学业能够继承和发扬战国时期齐国稷下学宫的风范。

汉五年,刘邦在定陶被群臣尊为皇帝之后,叔孙通受命制定君臣朝会礼仪。刘邦废除了秦朝那些烦琐复杂的仪式,吩咐叔孙通制定仪法时务要求简便易行。

当时,因为天下大局已定,刘邦和大臣们都非常高兴,经常在一起宴饮。但这些在战场上英勇顽强的将领,天下太平之时,便立即露出了他们粗鲁狂野的一面,在宴会上喝醉了酒,就开始争论谁的功劳大,争不公平了,就在宴会现场高声叫骂,拔出剑来在大殿的柱子上乱砍,甚至直呼刘邦的小名"刘季",要让刘邦评理,真是毫无君臣礼仪可言,刘邦对此非常头疼:天下倒的确是打下来了,但大臣们成天在王宫里骂仗,也确实不成体统,毫无上下尊卑可言。

叔孙通揣摩透了刘邦的心理,于是对刘邦说:"儒生们虽然不能跟着您冲锋陷阵，但他们却可以帮着您守住江山。现在大臣们在朝会时毫无礼仪，非常有损于陛下您的威严，这不利于汉室江山的长治久安。请您允许我到鲁地去找一些儒生，让他们和我的弟子们一起给您制定一套朝廷上使用的礼仪。"

刘邦听了之后很感兴趣地问："不会太复杂吧？"因为刘邦本人就是个粗鲁的直性子，非常讨厌烦琐的礼节，他担心叔孙通会弄出一套非常复杂的仪式程序来。

叔孙通说："五帝用的音乐各不相同，三王用的礼仪也不一样。礼这个东西，是根据不同时代的人情风俗所制定的规矩和准则。所以孔子说：'夏、商、周三朝的礼仪各有什么增减，我是知道的，'这话的意思也就是指各朝的礼仪不一样。我可以借鉴上古的礼法，再吸收秦朝的一部分礼仪，综合起来为您制定一套符合今天使用的礼仪制度。"

刘邦说："你可以试着办，要注意简便易学，还要考虑我可以做得到。"

于是叔孙通前往鲁地，征召了三十多个儒生。其中有两个儒生拒绝跟着叔孙通前来，他们讥讽叔孙通说："你前后事奉过的主子差不多有十个了，都是你靠着当面阿谀奉承你的主子才得到他们的宠信。现在天下刚刚安定，战死的还没有安葬，受伤的还没有恢复，你又想要搞什么礼乐。礼乐制度的兴起与建立，那可是积德行善百年之后才可以做的。我们耻于做你所做的那些事情。你的所作所为不合于古礼，我们不去，你自己去吧，别玷污了我们！"

叔孙通被两个儒生抢白了一番，自我解嘲地笑着说："你们可真是些见识浅薄的穷儒，根本不懂因时而变。"于是带着三十个儒生回到了长安，把他们和刘邦身边原有的儒生及自己的弟子集合在一起，共一百多人，在郊外拉起绳子，立上草人，演习礼仪。

练习了一个多月之后，叔孙通对刘邦说："陛下可以去看看了。"刘邦到现场看儒生们演习了一遍，满意地说："这个我能做到。"于是下令让朝中的大臣们排练、演习，准备在十月岁首朝会时正式使用。

汉七年，长乐宫建成了，各地的诸侯和朝中的大臣们都来参加十月的朝会。朝会的仪式如下：天亮之前，谒者首先执行礼仪，他领着诸侯大臣们按次序进入殿门，院子里整齐地排列着保卫宫廷的骑兵、步兵，陈列着各种兵器，悬挂着各种旗帜。随着有人喊一声："趋。"殿下的郎中们就站到了台阶的两旁，每个台阶上都站着好几百人。功臣、列侯、将军以及其他军官都依次站在西边，面朝东；文官里面丞相以下的官吏都依次站在东边，面朝西。九行人设置了九个宾相,专门负责上下传呼。于是皇帝的车子从后宫里出来,他贴身的人员摇着旗子传话让大家注意,然后领着诸侯王以下俸禄六百石以上的官吏们依次向皇帝朝贺。从诸侯王以下,没有人不诚惶诚恐、肃然起敬。等诸侯王和大臣们行礼过后,宫里又按着严格的礼法摆出酒宴。那些陪着刘邦坐在大殿上的官吏全低着头趴在席桌前,一个一个按照官爵的大小高低依次起身向刘邦祝酒。等到酒过九巡,谒者传出命令说:"酒宴停止。"哪一个大臣稍有不合礼法,负责纠察的御史立即把他们带出去。

整个朝会从始到终,没有一个人敢大声喧哗和失礼。坐在皇帝宝座上的刘邦见殿里的大臣们战战兢兢、诚惶诚恐而又整整齐齐的样子,心里非常高兴,之前困扰他的大臣们粗鲁无礼、酗酒争功等问题,一下子迎刃而解,他心满意得地说:"我今天才真正体会到了做皇帝是多么尊贵。"

叔孙通因为对强化皇帝的权威做出了突出贡献,因此被刘邦升任为太常,并赐给他黄金五百斤。叔孙通趁机对刘邦说:"我的那些弟子已经跟随我好多年了,是他们和我一块儿制定了这套礼仪,希望陛下也能封赏他们做官。"刘邦听了之后,于是把叔孙通的弟子们全部任命为郎官。

朝会之后,叔孙通出宫,他把刘邦赏赐给他的五百斤黄金全都分给了那些儒生。儒生们都高兴地说:"叔孙通先生可真是个圣人,他能准确把握当前的时势。"此后不久,叔孙通又被升任为太子太傅,专门教习太子刘盈读书识礼。

当时,除刘敬、叔孙通等儒生通过有形或无形的手段来帮助刘邦加强皇权、巩固统治之外,包括萧何和刘邦自己在内的许多人都在为树立刘邦的威权而积极地努力着,而这些人里面,还不乏他的近亲属和亲属身边的奴役。

汉八年(公元前199),萧何在刘邦带兵外出期间,主持修建了未央宫,包括前殿、武库和太仓。刘邦回来之后,见宫殿修建得十分雄伟壮丽,非常生气,就责备萧何说:"我们打了这么多年的仗,天下百姓跟着受了这么多年的苦,现在成败还是个未知数,为什么要把宫殿修建得如此奢华?"萧何回答说:"正因为天下还没有安定,所以才可以借此机会修建宫室,况且天子以四海为家,如果宫室修建得不够壮丽,那就显示不出应有的威严,况且我们一次建好,不要让子孙后代再扩建重建就对了。"刘邦听了之后,知道萧何是通过修建宫殿的方式在为他树威,于是转怒为喜。

在经历了春秋和战国长期的混乱,又经历了短暂的秦王朝之后,再加上楚、汉之间长达四年的战争,这使得许多人心中很少有忠君的意识,还保持着战国以来形成的"士无常君，国无定臣"的思想。为了巩固皇权，刘邦通过尊重自己父亲的方式来潜移默化地教育引导大臣和百姓遵循礼法，尊重长辈，效忠君主，取得了预期的效果。

　　刘邦每隔五天就到刘太公那里去，如普通百姓家的儿子一样，向刘太公行礼。刘邦走了之后，刘太公家的管家就对刘太公说："天上没有两个太阳，地上没有两个君王。今皇帝虽然是您的儿子，但他却是天下之主；太公您虽然是皇帝的父亲，却是皇帝的臣子。怎么能让君主拜见臣子呢？再这样下去，就会使皇帝的威严难以树立。"刘太公也是个饱经沧桑的老人了，经管家这么一说，他立即就醒悟了过来。刘太公知道儿子要想维护来之不易的这一切，就必须得有一套人人遵守的办法不可，于是等下次刘邦来向他行礼的时候，刘太公就拿着一把扫帚到门口去，然后倒退着走，不给刘邦向他行礼的机会。刘邦非常吃惊，赶快下车搀扶太公，刘太公说："皇帝是天下之主，怎么能因为我一个人而乱了天下的法度呢？"

　　刘邦听了父亲的话若有所思，于是经与博士们商议，尊刘太公为太上皇。这样一来，不仅维护了他的权威，又无损于他做儿子的孝道。刘邦感激提出这个建议的管家，特意赏赐他黄金五百金，以示对他的褒奖。

　　不过，刘太公毕竟在农村生活惯了，在皇宫里住了一段时间之后就感觉极不适应，一点也不快乐。刘邦不知就里，于是问太上皇宫中的侍从，侍从回答说："太上皇以前在老家生活时，每天都和邻居亲朋在一起踢球、斗鸡、喝酒，虽然没有人伺候着，但非常快乐。可是现在呢，虽然住进了皇宫，成天有人伺候着，却没有人陪太上皇玩，所以太上皇感到闷闷不乐。"刘邦于是在皇宫附近为刘太公修建了一座新丰城，又将丰县部分亲朋邻居迁来，让他们在新丰城中居住。新丰城街巷布局跟家乡丰邑城一模一样，迁来的街坊邻居，不仅是老人小孩能认得自家的住处，就连鸡鸭猪犬都认得主人的家。

　　不过，对父亲的尊敬毕竟是对父亲的尊敬，刘邦本性还是不改其豪迈爽朗，该与父亲开的玩笑，他还是照开不误。汉九年未央宫落成的时候，刘邦在宫中大摆宴席，会见诸侯和大臣。在酒宴上，刘邦端着酒杯，起身向他的父亲敬酒，说："大人您当初总认为我是个偷奸耍滑的无赖，说我不能替家里置办产业，不如我的哥哥刘仲会经营出力。那么现在看来，我置办的产业与二哥相比，究竟谁的多呢？"刘邦这是在宴会上借酒挪揄他父亲的话，当然也是一句自矜自夸的话。宴席上的诸侯和群臣听了，无不心领神会，哈哈大笑，高呼"万岁"，以此为乐。

刘邦的权威，不仅在诸侯和大臣们中间树了起来，更在自己的家人甚至是父亲面前树了起来。但并不因为刘邦树立起了他作为皇帝的威势，天下就可以永远太平无事，来自功臣宿将的反叛可说是前赴后继、此起彼伏。

第九节　功臣自危、伪游云梦、冒顿单于、白登之围

　　汉五年（公元前202）十二月，项羽在乌江被逼自刎之后，临江王共尉（共敖之子）因为不愿降汉，刘邦派卢绾和刘贾前去围攻，最终击败共尉并将他生擒，共尉被解送洛阳处死。

　　汉六年（公元前201）十月，燕王臧荼因为刘邦下诏大肆捕杀之前忠于项羽的部将，所以在恐惧之下起兵叛汉。臧荼起兵之后，很快攻下代地，刘邦担心派别的嫡系将领去不是骁勇善战的臧荼的对手，派韩信等人前去又不放心，于是亲自带兵出征，臧荼战败被杀。

　　斩杀臧荼之后，刘邦心上一块大石落地，他立卢绾为燕王。那么卢绾是什么人呢？为何会突然间一下子被刘邦封为燕王呢？

　　卢绾是刘邦的发小，儿时的伙伴。卢绾的父亲与刘邦的父亲关系本来就十分要好，等到两家生孩子，结果刘邦、卢绾同一天出生。乡里的乡亲们都抬着羊、端着酒同时向两家人贺喜。等到两个人长大一些，又一起学习，关系也非常好。乡亲们见他们老一辈人关系好，两家的儿子同一天出生，儿子长大后关系又特别好，觉得真是一件非常值得庆贺的事情，于是再次向他们两家贺喜。刘邦曾经因为吃了官司而四处躲藏，卢绾经常追随他、帮助他。等到刘邦从沛县起兵的时候，卢绾以宾客的身份相随。刘邦前往汉中之时，卢绾被任命为将军，并常常担任侍中，负责照顾刘邦的饮食起居。在楚汉战争时期，卢绾升任太尉。由于卢绾和刘邦关系密切，因此他得以自由出入刘邦的卧内。他所得到的衣被、饮食和赏赐，都是其他大臣不敢相比的。虽然萧何、曹参这些人都因为才能过人、忠于职

守而得到刘邦的礼遇，但若论起与刘邦的亲密关系和受宠信的程度，都无法和卢绾相比。卢绾后来被封为长安侯。

等到此时击败臧荼之后，刘邦就想封卢绾为燕王，但又怕引起其他大臣的不满，于是就下令让大臣们从功臣里面推举。大臣们都知道刘邦想封卢绾为王，于是就顺水推舟上奏说："太尉长安侯卢绾经常跟随陛下征战并平定天下，立下的战功最多，封他为燕王最为合适。"奏章上报之后，刘邦立即就批准了。就这样，卢绾被封为燕王。在当时的诸侯王里面，若论受宠幸程度，谁也比不上燕王卢绾。

当年秋天，利几造反，刘邦闻讯，同样是亲自带兵出征。利几本是项羽的部将，担任陈县的县公。项羽战败之后，他随之投降了刘邦，刘邦封他为侯爵，食邑颍川郡某县。刘邦回到洛阳之后，准备召见所有在册的侯爵，一来加强控制，二来宣示恩威，让这些人更加忠于刘氏政权。但对于刘邦的这个举动，利几却如惊弓之鸟，以为刘邦要秋后算账杀死自己，惶急之下，利几起兵造反，但很快被刘邦击败，利几生死不明。

臧荼和利几等人因恐惧而造反，其他的功臣宿将也不例外。但这些功臣宿将里面，刘邦最担心和忌惮的，莫过于韩信。

前文曾经讲过，刘邦一直对韩信不放心。只是由于形势所迫，所以才一直没有对韩信采取相应的措施，刘邦的这种不满，到项羽被灭之后陆续开始发作，而韩信对此却没有丝毫的防备之心。

早在汉五年（公元前202）十二月，刘邦在谷城安葬项羽之后，即率大军回师。在定陶，他趁韩信不备，快马驰入齐王大营，夺走了韩信的兵符。

这不是刘邦第一次袭夺韩信的兵符，这已经是第二次了。经历了修武被夺兵符一事，韩信竟然没有提起丝毫的警惕之心，以致第二次被刘邦夺走了兵符。兵符被夺，韩信的齐王也就成了一个空架子，韩信在齐地基础并不牢固，手下的将领大多都是刘邦的亲信，而齐地的贵族和百姓还没有对他完全亲服，所以在这个时候，韩信名义上是齐王，但实际上还不如灌婴等人。

怎么处置韩信，或许刘邦早就已经想好了办法，虽然韩信在齐地根基不稳，但他毕竟通过大胜楚军、斩杀龙且等业绩，在齐民之间树立起了较高的威望，再加上齐国地形复杂，地势险要，所以不能让他继续留在齐地，得给他换个地方。刘邦借口楚义帝没有后嗣，韩信又是楚人，熟悉楚风楚俗，可以延续义帝的祭祀，于是改封韩信为楚王，都于下邳。刘邦为韩信选定的这个都城也是经过精心推敲的，相比于原楚都彭城，下邳一则城小，可存储的物资及屯扎的军队有限；二城防不够坚固，易于攻打；三则周围无险可守，如有风吹草动，周围的军队可迅速兵临城下，是个四面受敌之处。这是都城的问题。另外，关于封地的问题，项羽被灭，韩信出力最多，所以拥护项氏的楚人对韩信非常怨恨，韩信在楚地缺乏民意基础，自己不敢轻举妄动，也便于汉廷控制。刘邦改封韩信为楚王，可说是颇动了一番脑筋。

在改封韩信的同时，刘邦封彭越为梁王，都于定陶；韩王信仍为韩王，都阳翟；改封衡山王吴芮为长沙王，都临湘（今湖南省长沙市）；淮南王英布、赵王张耳还和以前一样，不做改变。（燕王臧荼当时也未改封。）

韩信被改封为楚王之后，立即动身前往楚地就国。到了楚地之后，他在淮阴城外的河边找到当年那个给过他饭吃的老大娘，赐给她千两黄金，感谢她当年的活命之恩："我当年曾立誓要重重地报答您，我不敢违背誓言。"这一个典故，史书上称之为"一饭千金"。曾经帮助过他的那个老大娘，因为是河边漂洗衣物的劳动妇女，因此史书把她称为"漂母"。

韩信又召来下乡南昌亭长，赐给他一百铜钱，对他说："你真是个小人，做好事不能善始善终。"南昌亭长羞愧不已。

还有那个当年逼得他钻裤裆的家伙，当然也不能放过。韩信派人把他找来之后，那个屠户子弟面对已经成为楚王的韩信，立即吓得面无土色。韩信却坦然地对众人说："这是一个壮士，当初他侮辱我的时候，我难道不能杀了他吗？是因为我知道杀了他也没有什么用处，只会给自己惹来麻烦，所以忍耐了下来，一直到今天，才取得了这样的成就啊。"于是任命那个屠户子弟为楚军中尉。人们都对韩信这种以德报怨的做法非常感慨。

项羽败亡之后，他手下的大将钟离眛也随之逃亡。因为韩信曾在项羽手下当差，与钟离眛共事并结下深厚的友谊，所以钟离眛就投奔了韩信。因为钟离眛一直对项羽忠心耿耿，曾多次猛攻刘邦，对刘邦丝毫不留情面，所以刘邦对钟离眛非常怨恨。刘邦听说钟离眛逃到了楚地，于是就下诏给韩信，让他抓捕钟离眛。但韩信碍于道义，讲义气没有听从刘邦的命令。

韩信刚到楚地，一则对楚地并不熟悉，二则楚地还没有完全平定，所以到各县巡视的时候，都带着大批的兵马。因为这个缘故，许多人暗中向刘邦上书，说韩信要谋反。

刘邦接到告密之后，问诸将该怎么办。诸将为了在皇帝面前表现，都说：

"区区一个韩信,大军一到,还不活埋了他!"都争着要带兵去攻打韩信。刘邦对这些将领的盲目乐观感到很不满意,韩信有什么才能,阅人无数、征伐无数的刘邦可说是最清楚不过,那可不是他手下的哪个将领能够匹敌得了的。如果这个仗真要打起来,就算是刘邦亲自带领大军前去,也未必能够胜他。再说天下刚刚平定,就要再次开战,刘邦多少有些胆寒。

但道高一尺,魔高一丈,韩信厉害,就有比韩信更厉害的人。生物链中的每一个生物群,都有他们特定的天敌,所谓一物降一物,这是自然界的法则,要不然,某一物种长时间一家独大,大自然还不乱了套?韩信作为自然界中的一个个体,当然也不能例外。韩信在用兵作战之时,惯用阴谋诡计,而刘邦身边也有一个惯用阴谋诡计的人,这个人就是陈平。陈平的阴招,比起韩信来有过之而无不及,所以在这个时候,刘邦一下子就想到了陈平。

面对刘邦的询问,陈平一个劲儿地推辞,说自己没有好办法。刘邦知道陈平的处事风格,一则因为他惯用阴招,所以不问他三遍,他就不会主动说出来;二是陈平献计,多少有些待价而沽的意思在内,于是刘邦一再坚持催问。陈平不好再拒绝,于是问:"其他大臣是怎么说的?"刘邦就把将领们争先要去攻打韩信的事情告诉了陈平。

陈平一听就开始摇头,他先问刘邦:"有人上书密告韩信谋反,这件事情还有别的人知道吗?"刘邦说没有。陈平又问:"韩信本人知道不知道?"刘邦说:"韩信本人不知道。"陈平于是问:"那么请问陛下,您的兵马与韩信的兵马相比,谁的更精良?"刘邦想了想说:"似乎是韩信的兵马更精良。"陈平又问:"那么陛下您的将领之中谁的军事才能可以胜得过韩信?"刘邦再次摇头:"没有一个能比得上。"陈平说:"这就是了,手下的兵马没有人家的精良,将领的才能没有人家的高,还想派兵去攻打人家,这不是自找失败吗?我真是为陛下感到危险。"

刘邦听了陈平的这几句分析,立即感觉到陈平已经是成竹在胸,于是问:"那我该怎么办?"

陈平说:"古时候天子外出巡狩,常常会召见各地的诸侯。南方有一个地方叫云梦泽。陛下您不妨装作要出游云梦泽,声明在陈县会见各路诸侯。陈县在楚国西部边境,韩信听说您出游云梦泽,一定不会有所提防,就自然会跑来谒见您。等到他前来谒见您的时候,您就可以下令把他抓起来,这只需要一个武士就足够了。"

刘邦听了之后，立即觉得陈平的这个计策可行。于是派遣使者前往各地，声明自己要向南巡游云梦泽，让各路诸侯都来陈县见他。

韩信收到刘邦让各路诸侯会陈的命令，立即感觉到刘邦这次出巡是冲着他来的。韩信想起兵谋反保全自己，但又觉得自己并没有什么罪过；想去见刘邦，又怕被刘邦抓起来处死，左右为难。

他身边有人就给他出主意说："皇帝最恨的人是钟离昧，如果您带着钟离昧的项上人头去见皇帝，皇帝一定会非常高兴，您也就没什么事了。"韩信一听，觉得有理，于是就找来钟离昧，和他商量这件事情。

韩信把钟离昧找来之后，支支吾吾说了半天，钟离昧总算是听明白了，韩信是要拿他的人头到刘邦那里去争取自己活命的机会。钟离昧之前在受到项羽猜忌的情况下仍能忠诚不渝地跟随项羽并一直活到今天，那就说明他一定有过人之处，他对事件本质的认识，远比韩信要透彻深刻。于是他劝韩信说："汉王不敢派兵攻打楚国，就是因为有我钟离昧在您这儿，如果您现在杀了我去讨好汉王，那么我今天死了，下一个轮到的就一定会是您。"韩信似有所动，但他却实在不愿意为了钟离昧而去冒这个大险。钟离昧焦急地望着韩信，见他迟疑不决，颤抖着声音问："您真的要拿我的人头去见汉王吗？"韩信一言不发，算是默许了。钟离昧失望至极，大骂韩信说："您真不是个宽厚的长者。"说完就拔剑自杀了。

韩信当了楚王有了话语权之后，曾经居高临下地斥责当年的南昌亭亭长是小人，说他做好事不能有始有终，但如今事情降临到自己头上，他也并不能比南昌亭长做得更好，看来，每个人都有情难自已、被逼无奈的时候啊。

当然，对于钟离昧的结局，其实还可以深入探究。如果联系此前刘邦对待丁公和季布的态度来看，如果钟离昧面对刘邦的诏捕，不依赖韩信的庇护，而是主动到刘邦那里去投案，并据理力争，还不一定就非死不可，说不定刘邦还会把他树立为一个忠君爱国的典型，隆重地对他进行表彰。因为他自始至终忠于项羽，即使面对猜忌也毫无二心，这真是难能可贵的，这样的人是任何一个统治者都会极力推崇的对象，怎么会诛杀呢？如果刘邦真要杀他，就很难堵天下人悠悠之口。在这一点上，钟离昧自己犯了迷糊，却大骂韩信不是长者，也真是让人有点感慨叹息。而韩信也同样，看不清自己的结局不说，也看不清钟离昧的结局，战场上的神将立马变成了政治上的蠢人，白白连累钟离昧赔了一条性命不说，还空背了一个小人的骂名。

钟离眛自杀之后，韩信在痛苦与无奈之中，带着钟离眛的人头去见刘邦。刘邦听说韩信来谒，于是预先安排好武士，等韩信跪地参拜的时候，立即下令把他擒拿，然后绑起来押往后面的副车。

韩信遭到袭击，大声叫屈说："果然就像人们所说的那样，狡兔死，走狗烹；飞鸟尽，良弓藏；敌国破，谋臣亡。现在天下已经平定，看来我确实到了该死的时候。"

刘邦从前车上回过头大声地对他说："你别喊冤叫屈，有人告你谋反，再说，你谋反的事情难道还不够明显吗？"

武士把韩信反绑着双手押进车里，戴上刑具押往陈县。在陈县，刘邦大会诸侯，然后分派别的将领占领了楚地。当天，刘邦宣布大赦天下。

到达洛阳之后，刘邦因为找不到韩信谋反的证据，再加上韩信确实立下大功，没理由也不忍心杀死他，于是就把他贬为淮阴侯，把他留在朝中而不是带兵外任，也不让他到封地淮阴去。龙失其渊，虎离山林，再怎么才能出众的人，一旦离开让他可以发挥才能的舞台，也就无任何作为了。

刘邦擒获韩信之后，儒生田肯向刘邦祝贺并向他进谏说："陛下擒获韩信，又牢牢地控制关中地区。关中地势险要优越，是形胜之地，甲士百万，两万人足可抵挡诸侯大军一百万（'百二秦关'的来历）。再加上地势居高临下，如果要出兵攻打其他诸侯国，就如同站在屋顶上用瓶子向下倒水一样（高屋建瓴），真是非常有利。而齐国，东面有琅琊和即墨那样富饶的地方，南面有坚固的泰山，西面有黄河做天然屏障，北面有渤海丰富的渔业资源，国土方圆两千多里，甲士百万，县与县相隔千里之外，地形也非常有利，两万将士就可以抵挡诸侯大军十万。所以齐国就相当于是东方的秦国，如果不是特别亲信的宗族子弟，不要封他在齐国做王。"

田肯的谏言一下子在理论上印证了之前刘邦的判断，在改封韩信之前，他就对齐地的重要性有了一个非常明确的认识，只不过没有像田肯这样上升到理论的高度罢了，现在田肯明确无误地说出来，使刘邦感到非常高兴。刘邦点头称是，并赐给田肯五百金做奖赏。

刘邦把韩信贬为淮阴侯之后，把他的封国楚国分为两个国家，以淮河为界，东面封屡立战功的大将刘贾为荆王（都城在今江苏省无锡宜兴市）；西面封异母弟刘交为楚王，都彭城；立他与没有明媒正娶的曹氏所生的长子刘肥为齐王，统治齐地七十多座城池，附近百姓只要会讲齐地语言的，全部划归齐国统治。

韩信心里十分怨恨刘邦夺了他的封国，但他也知道，刘邦十分畏惧并厌恶他的军事才能，刘邦没有杀他，就已经是万幸了。为了避祸，韩信常常借口有病，不去上朝或是跟随刘邦出行。他闷闷不乐地待在家里，耻于与曾经受过他节制指挥的周勃、灌婴等人处于同等地位。有一天，韩信外出，顺路去了将军樊哙的府上，熟谙君臣相处之道的樊哙赶快向他行跪拜礼，恭敬地称他为大王，并自称臣下，说："没想到大王竟然肯光顾下臣的寒舍，真是令臣不胜荣幸。"韩信出门之后，自我解嘲地笑着说："真没想到，我这辈子竟然会与樊哙这样的人同列于朝。"

这可就是韩信的不对了，韩信再怎么有水平，但他不应该看不起樊哙。樊哙虽说出身于屠户之家，但他作战勇猛，对刘邦忠诚不二，鸿门宴独闯项羽军营，凭一身胆气使刘邦成功脱险，后又屡次冲锋陷阵，立下大功，虽说不能像韩信那样独当一面打开局面，但也绝非等闲之辈。韩信如此轻视樊哙等人，也就注定要与刘邦信任的这些大臣结怨，并逐渐失去这些人的帮助和同情，使自己越来越孤立。

刘邦有一次闲来无事，与韩信评论朝中将领的才能高下、水平高低，认为各有优劣、各有长短。末了，刘邦突然萌发了一个念头，就想看看自己在韩信心中究竟占多少分量，于是他问韩信："你看依我的水平，能统率多少兵马？"韩信几乎不假思索地说："陛下不过能统率十万兵马。"实事求是地说，韩信的这个评价非常中肯，因为刘邦确实最多只能带十万兵马，再带得多了，就没办法指挥。刘邦带兵入咸阳，就是十万人，当个统帅基本胜任。后刘邦带领诸侯大军攻打彭城，五十六万人，立即就没了章法，部署混乱，指挥失灵，粮草不继，被项羽率三万人用一个早上打了个落花流水，一败涂地。

但作为一个已经战胜其他强劲的对手并获得最终统治权的胜利者来说，没有人不希望自己是万能的，就算自己不是万能的，那臣下也应该要把他吹捧成万能的。可是如今韩信说自己最多只能带十万人马，这就让刘邦有些不高兴。不过，刘邦又转念一想，统率十万大军是不是就应该是个上限了，如果真是这样的话，那么在韩信的眼里，他刘邦还是很有才能的。只是不知道用兵如神的韩信能不能突破这个上限？这让刘邦顿生好奇之心，想到这里，他问韩信："那么你能带多少兵马？"

韩信十分自信地回答说："我是多多益善，带的兵越多越好。"

刘邦愕然不已，但旋即就笑出了声来，这个小子，真是不知天高地厚，已经沦为了阶下囚，脑袋说不准哪天就要搬家，还一点都不知收敛！他决定揭一揭韩信的伤疤，讽刺一下他："既然你多多益善，怎么会被我抓了起来？"

韩信并未因刘邦的反讽就感到羞惭，他不卑不亢地说："陛下不善于统率士兵，但善于统率将领，这就是我被陛下擒获的原因啊。况且陛下的才能是上天赋予的，并不是人力能够达到的。所以就算我的才能再高，也没办法胜过陛下啊。"

韩信这一番中肯的话，不仅分析了自己的长处和短处，也分析了刘邦的短处和长处，并由衷地赞叹刘邦的才能之高，这让刘邦多少找回了一些自尊。

对于韩信，这个时候的刘邦真是感到无奈至极，眼前的这个人，若论用兵作战，那就算是最狡猾的狐狸也不是他的对手，水平之高让敌手闻风丧胆；可是若论政治素养，却犹如一个婴孩一般懵懂无知，一点心眼也没有，颇有些童言无忌的意味，丝毫不知道防备他人。如果仅仅论他骇人的军事才能，刘邦是非杀他不可，因为这样的人留着，早晚会是心腹之患；可是面对他政治上的低能，刘邦却又实在下不了手，因为这样一个毫无心机的人，就算是手把手教他该怎么开展政治斗争，他也不一定会有什么建树，刘邦杀他，多少有些胜之不武。思虑再三，刘邦决定先不杀韩信，暂且放他一马。但是，他心底里对韩信的不快和厌恶，却是越来越深。

这个时候，若不是陈豨反叛，那么韩信也许会在憋屈与悲怨之中，一直就这样下去。那么陈豨又是谁呢，他和韩信之间又是什么关系呢，他又为什么要反叛呢？来看一看这件事情的前因后果。

刘邦伪游云梦泽擒获楚王韩信之后，把韩信的封国一分为二，然后再次分封功臣。经过逐一盘点所封的异姓诸侯王，刘邦觉得韩王信长得威武雄壮，再加上作战英勇，所封之地韩地颍川北近巩县、洛阳，南逼宛县、叶县，东接重镇淮阳，是兵家必争的战略重地；担心韩王信日后会为长安带来威胁，于是以防御匈奴为名，将韩王信改封到太原，建都晋阳（今山西省太原市）。

韩王信到达太原之后，向刘邦上书说："我的封国紧靠边界，匈奴多次入侵，晋阳距离边塞比较远，不利于抗击匈奴，请允许我迁都马邑（今山西省朔州市）。"

晋阳城由战国名臣董安于为其家主赵简子所督建，历史上是一个出"天子"的地方，城防坚固，形制完备，韩王信主动提出放弃晋阳而迁都于偏远的马邑，这让刘邦更加放心，于是刘邦当下就同意了。

韩王信迁都马邑之后，多次与匈奴交战，却很少取得胜利，因为这个时候在冒顿（音墨毒）单于主政下的匈奴，号称匈奴最强盛的时期。

秦统一六国前，赵国名将李牧守边，匈奴被李牧一战打得大败，数十年不敢窥视北边。秦统一六国后，秦始皇派大将蒙恬率领三十万大军攻打匈奴，在今河套以南地区（河套地区是指黄河"几"字弯及其周边流域，即今内蒙古鄂尔多斯高原与陕北地区）设置了四十四个县，并将中原地带的平民百姓或刑徒迁徙过去，屯垦戍守。匈奴首领头曼单于被蒙恬击败，只得率兵往北迁移。

后蒙恬被胡亥处死，秦朝爆发起义，中原各地起兵反秦，原来那些被强征到边疆守边的将士纷纷逃亡。头曼单于见有机可乘，于是再次率兵南下，夺取了一些被秦军占领的土地。

头曼单于的长子名叫冒顿，原先被确定为继承人。后来，头曼单于非常宠爱的另一位阏氏（音烟支，匈奴单于可以娶好几位妻子，均称之为阏氏，与中原国家皇帝的妃嫔类似）又生了个儿子，头曼单于就想废黜冒顿，立这位阏氏所生的儿子为继承人。为了用计除掉冒顿，头曼单于于是派冒顿前往月氏当人质。

其时匈奴东边的东胡和西边的月氏都十分强盛。匈奴和月氏结盟，并派太子冒顿前去当人质，以示取信月氏之意。可是在冒顿当人质不久，头曼单于就开始发兵攻打月氏。月氏首领异常震怒，准备处死当人质的冒顿，冒顿事先得知消息，盗取月氏的宝马，逃回了匈奴。

冒顿逃回匈奴，这让本意要借刀杀人的头曼非常惊讶，但也非常佩服冒顿的勇气。头曼觉得冒顿是一个可造之才，于是拨给他一万名骑兵，让他统率。

冒顿并不感激父亲让他统率骑兵的培养之举，他对头曼阴谋设计杀他的事情非常痛恨，他决心杀死头曼，夺取单于之位。为了让部下绝对服从他的命令，冒顿设计了一种名叫鸣镝的响箭，在训练骑兵时声明：他的响箭射向哪里，其他人的箭就要射向哪里，谁要是不射，那就定斩不饶。

于是他时常带着骑兵外出狩猎，他的鸣镝所射之处，哪一位骑兵没有跟着放箭，就一律军法处置。经过这样一段时间的练习，部下已经完全能够遵从他的号令了。

为了考验部下并强化这种号令，有一天，冒顿在出猎时下马之后，突然用鸣镝射向自己骑乘的宝马。一些左右随从知道这匹马深受冒顿喜爱，迟疑着没敢放箭。冒顿毫不留情，当场处死了这些不敢放箭的随从。

又过了一段时间，冒顿带着他宠爱的阏氏前去围猎，在狩猎中，冒顿突然将鸣镝射向自己的阏氏。随从们一下子陷于两难境地,上次毕竟是一匹马,而这次却是一个人,而且还是冒顿的宠妃,射还是不射?犹豫之间,大多数的将士射出了手中的箭,而少数几个随从还是没敢放箭。这些随从并不因心慈手软而得到冒顿的宽恕,冒顿照样处死了他们。

连续经过了这几件事情,他的部下终于明白,冒顿鸣镝所指,就是必须射杀的目标,不管冒顿的鸣镝射向何处,都必须绝对服从,不管这个目标是一匹马还是一个人,谁要是迟疑不决,就立即会招来杀身之祸。在残酷的杀戮和非人道的训练之中,冒顿的部下全都被训练成了只会服从而不问是非的杀人机器。

但冒顿还是要再试一次。又过了一段时间,冒顿再次带着部下外出打猎,出行不远,在牧场上看到了头曼单于的一匹爱马,冒顿见状,立即将鸣镝射向这匹马。这一次,他的部下不再迟疑,全部跟着放箭,射杀了那匹马。

经过这件事情,冒顿知道,他的部下已经成了一支令行禁止的强大力量,完全可以依靠他们来取得任何一场战争的胜利。

没过多久,头曼单于外出狩猎,让冒顿随行。在出猎的过程中,冒顿突然将鸣镝射向头曼单于。前车之覆,后车之鉴。前面那么多同伴的鲜血给予了其他人足够的教训,鸣镝所指之处,就是必杀的目标,至于这个目标究竟是单于的宝马还是单于的爱妃抑或是他们的大单于首领,都已不再是这些骑兵考虑的事情,他们只需要服从就行了。霎时之间,数千支箭像飞蝗一样,飞向头曼单于,可怜堂堂的匈奴大首领,还没有弄清楚到底发生了什么事情,就被乱箭射成了刺猬。

射杀头曼之后,冒顿即刻回军,杀死了头曼单于的那位宠妃和她所生的儿子,凡是不服从他的大臣,也全都诛杀。在肃清一切反对力量之后,冒顿自立为单于。

冒顿杀父并自立为单于,消息自然传了出去。东胡仗着势力强大,派使者前来对冒顿说,想要一匹头曼时期的千里马。冒顿当着东胡使者的面征求大臣们的意见,是给还是不给,大臣全都大声反对说:"千里马是匈奴的宝马,不能给。"谁知冒顿却说:"我们和东胡是友好的邻邦,怎么能舍不得一匹马呢?"大臣们听了全都有些泄气,但因为是冒顿决定的,所以谁都不好再说什么,于是把头曼的千里马送给了东胡。

不费吹灰之力得到匈奴一匹宝马,东胡首领觉得冒顿真是软弱可欺,于是再次派使者前来,提出要得到冒顿单于的一个阏氏。和上次一样,冒顿照样又是召集群臣,问他们给还是不给。上次索要千里马也就罢了,毕竟只是一匹马,可是这次居然索要起阏氏来了，而且要的还是冒顿单于的阏氏，这不是在侮辱整个匈奴没有男人吗？左右大臣都愤怒地说："东胡实在是太无理了，竟然索要单于的阏氏，请您赶快下令，派兵去攻打他们。"可谁知冒顿没有丝毫恼怒之色，他说："我们和东胡是友好的邻国，怎么能舍不得一个女子呢？"于是决定把自己宠爱的一位阏氏送给东胡。大臣们全都泄气不已，实在想不通冒顿究竟是怎么想的，也搞不清楚之前那个狠毒干练连射杀父亲都毫不手软的冒顿怎么会懦弱如此，连老婆都被人家要走了，天底下再也没有比这更窝囊的人了！

东胡使者带着冒顿宠爱的阏氏回去复命，东胡首领一时之间几乎难以置信：冒顿竟然真的把自己的阏氏送给了他，这个冒顿还是不是个男人？这样没有血性的人，是怎么当上匈奴首领的？或许，或许真的是因为东胡太强大了吧。基于这样一个认识，东胡首领越发骄傲自满，不把匈奴放在眼里。

东胡和匈奴之间有一千多里的荒芜地区，无人居住，双方各自在边界设置了自己的边防力量。东胡首领想要占领这块地盘，但考虑到之前冒顿的种种懦弱表现，觉得依靠出兵占领真是多此一举，前两次连宝马和阏氏都送来了，这样一块无主之地，派一介使者前去，还不乖乖地送上门来。于是派使者前往匈奴出使。

东胡使者来到匈奴之后，对冒顿说："匈奴与我东胡两国之间有块无主之地，匈奴也到不了那里，我们想把它划入东胡的地盘。"和前两次一样，冒顿还是召集群臣，然后征询他们的意见。经过了前两次事情，大臣们全都不再对维护匈奴的主权和尊严抱任何信心，匈奴的宝马可以送给东胡，单于的阏氏可以送给东胡，那么一块荒芜的无人之地，无关利益，无关荣誉，还有什么理由要捍卫呢？大多数大臣都懒得作答，几个耿直的大臣说不能给，当然也有少数几个大臣说那不过是一块荒弃之地，可以送给东胡。

大臣们都以为这次的冒顿仍会像前两次一样，软弱地把土地送给东胡，谁知这次的冒顿却突然间像变了一个人似的，他大发雷霆，拍案而起，大声斥责那几个说要把荒地送给东胡的大臣："土地，是国家的根本，怎么能送给别人呢？"说着，马上下令处死了那几个说要把土地送给东胡的大臣。

东胡的使者吓得战战兢兢，不知道该如何应对。冒顿将东胡使者严词斥责一番，喝令帐内武士将其押出帐外斩首，然后传令全军进发，攻打东胡，如有后退，立斩不饶。

匈奴的将士们早就在前两次事件中窝了一肚子火，这次见冒顿下令要进攻东胡，全都精神振奋，踊跃争先。而东胡呢，也因为前两次的事情，对匈奴十分轻视，所以对匈奴毫无防备，前来告急的边将一个接着一个，但东胡王就是不相信，直到冒顿带领大军打到驻地，才猛然间醒过神来，可是说什么也晚了。冒顿的大军势不可当，东胡军队被打得大败，东胡王被杀死，之前送给他的宝马和阏氏仍归旧主冒顿所有。

冒顿击败东胡之后，俘虏了东胡未来得及逃走的所有牧民，并劫掠了当地的所有牲畜，然后满载而归。

之后冒顿又率领大军，击败了西面的月氏，吞并了南面的楼烦和白羊河南王（今河套以南一带），又全部收回了当初被秦将蒙恬所占领的匈奴土地，将匈奴的势力范围推进至原河南塞（指河套以南之地，内蒙古鄂尔多斯市以南），到达朝那（今宁夏固原市彭阳县）、肤施，进而侵入燕国和代地。其时汉军正与项羽在荥阳一带相持不下，中原地区饱受战乱之苦，根本没有多余的兵力应付匈奴，因此冒顿的势力得以迅速壮大，手下能够拉弓射箭的士卒有三十余万。

此后，冒顿又率兵向北征服了位于今内蒙古自治区、新疆维吾尔自治区、蒙古、俄罗斯等地的浑庾、屈射、丁零、鬲昆、薪犁等国，使北方各少数民族全部服从于他的统治之下。匈奴从他们的先祖淳维单于到头曼单于，已经一千多年了，其间匈奴的国土疆域时大时小，并不统一。到了冒顿之时，他用武力统一北方各部，匈奴进入了历史上最为鼎盛的时期。匈奴的疆域南起今内蒙古的阴山，北至今俄罗斯贝加尔湖，东面到达辽宁省辽河，西面越过葱岭（帕米尔高原），领土面积比汉王朝的面积还大，冒顿也因此成为匈奴历史上第一个明载的杰出军事家和统帅。

刘邦击败项羽，初定中原之后，派韩王信前往代地，抗击匈奴。韩王信虽勇，但怎么能是冒顿的对手？汉六年（公元前201）秋，韩王信在马邑被冒顿大军团团包围，韩王信不敌，汉军救兵又急切难到，情急之下，于是多次派使者前往冒顿营中，向匈奴求和。

后来，汉朝派出的救兵到达代地，发现韩王信未经汉廷同意多次私自派遣使者与冒顿接触，于是把这些情况报告给了朝廷。刘邦据此怀疑韩王信有背汉降胡之心，多次派人责备韩王信。韩王信非常恐惧，在内忧外困之下，投降匈奴。

冒顿受降韩王信之后，以马邑为据点，越过句注山（又名勾注山，今山西省忻州市代县北雁门山），攻下太原郡，兵锋直指晋阳城下。

刘邦闻讯大惊，汉七年（公元前200）冬，他带领陈平、刘敬等谋士和樊哙、夏侯婴、周勃等将领，亲率三十二万大军，一则镇压韩王信叛乱，二则出征匈奴。

士气高昂的汉军在到达太原之后，在铜鞮（今山西省长治市沁县一带）大败韩王信的军队，韩王信战败，逃奔匈奴。韩王信的将领白土人曼丘臣、王黄等人又拥立赵国后裔赵利为王，收集韩王信的手下残兵，继续与匈奴联络，准备攻汉。冒顿于是派左、右贤王各带一万余名骑兵与王黄等屯兵广武（今山西省朔州市山阴县西南）以南至晋阳一带，企图阻挡汉军北进。汉军击败韩王信之后，士气正盛，于是乘胜北上，在晋阳打败了王黄等人与匈奴的联军。匈奴军队战败向西退却，汉军乘胜追至离石（今山西省吕梁市离石区），再次击败匈奴军队。匈奴不甘于失败，再次在楼烦西北集结兵力，却被势不可当的汉军骑兵击溃。

这里有必要介绍一下汉军骑兵和骑兵主将。汉二年（公元前205）四月，刘邦在彭城被项羽打得大败，逃回荥阳之后，项羽的骑兵马上追来。步兵为主要兵种的汉军在彭城之战中吃尽了楚军骑兵的亏，为了扭转这种不利局面，刘邦决意建立自己的骑兵队伍。于是他就在军中挑选能够担任骑兵将领的人，将领们都推举原秦朝降将李必和骆甲，说这两个人原本就是骑兵出身，并且现在又担任校尉之职，让他们担任骑兵将领最为合适。刘邦听了，就准备让李必和骆甲二人担任骑兵主将，但李必、骆甲二人还是有着相当的自知之明，他们知道刘邦不会轻易信任他们，再加上他们本是降将，在军中也没有什么威望，汉军将士未必会心服他们，于是他们对刘邦说："我们原为秦民，恐怕军中士卒不会听从我们的命令，所以请陛下最好选派一名您特别亲信而又善于骑射的人做我们的主将，我们做他的副手辅佐他。"刘邦一听觉得很有道理，于是就把作战勇猛的灌婴任命为中大夫，让他组建并统率骑兵，让李必、骆甲二人分别担任左、右校尉。汉军骑兵组建之后，即在灌婴的率领下屡立战功，多次击败楚军并断绝楚军后方粮草，使楚军往来奔波苦不堪言。后灌婴受命率领骑兵入齐助韩信作战，在阵中斩杀楚军骁将龙且；占领齐国后，又受命南下攻楚，攻克楚都彭城。垓下之战项羽趁夜突围之后，又是灌婴率骑兵将项羽追至东城，逼项羽自杀；燕王臧荼造反之后，灌婴又随刘邦前去平叛，击败燕王臧荼。因立下赫赫战功，灌婴被封为颍阴侯。

综观灌婴的作战史，汉军骑兵的历史虽短，但真可以说是一支百战百胜的队伍。此次灌婴率骑兵继续随刘邦出征，接连降服了楼烦以北的六个县，在武泉（今山西省朔州市北）以北击败匈奴骑兵，在晋阳一带击败由韩王信率领的匈奴骑兵，在硰石（今山西省忻州市宁武县境）击败匈奴的骑兵……

汉军骑兵骄人战绩如此，不禁令刘邦有些骄傲自满、忘乎所以。大部队到达晋阳之后，刘邦听说匈奴大军屯于代谷（今忻州市繁峙县至原平市一带），为了摸清底细，于是就派使者前去探听虚实。

冒顿明白汉军势在必得，知道刘邦派使者前来是为了打探消息，于是决定示弱诱敌。冒顿命人将精壮的士卒和肥壮的马匹全部藏匿起来，只将那些年老体弱的士卒和瘦弱的牛马显露在外面。

不可否认，刘邦是一个非常精明的人，他虽然没有系统地读过几本兵书，但对"兵不厌诈"的常识还是熟谙于心的，他担心匈奴要诈，所以陆续向匈奴方派遣了十几批使者。在派遣使者与匈奴周旋的同时，汉军的推进和部署也在同步进行。十几批使者先后回来，异口同声地向刘邦报告说匈奴一方尽是老弱病残，不堪一击。当这些使者亲眼见到的表象转化为口头的轻蔑之时，刘邦的盲目自信被一再助长，于是他越来越坚信，匈奴真的是不堪一击。他决心要把匈奴一战打得翻不过身，永远再也不敢窥视汉王朝的边境。

在这种心态的驱使下，刘邦又派出了最后一名使者，这个使者就是刘敬。他希望睿智的刘敬能够在出使的过程中通过仔细观察，为他带来一条破敌的妙计。

但刘敬的这一番出使，不但没有为他带来妙计，反而兜头给他浇了一瓢凉水。刘敬说："两国交兵，通常情况下都是夸耀自己的长处，掩饰自己的短处，从而显示自己的强大。可是我在那里看到的情况恰恰相反，匈奴军中陈设的都是老弱的士卒和瘦弱的战马，这一定是匈奴人故意显露自己的短处，然后埋伏下奇兵引诱我们上钩，他们之前的败退绝对是佯败诱我，所以，我们不能再向北追击匈奴的军队了。"

而此时，汉朝大军在求胜心切的刘邦指挥下，已经越过句注山，朝着更北的方向推进，准备要包抄匈奴军。其时正值隆冬，再加上北国的气温远比中原要低，所以天气极度寒冷。汉军士卒由于缺乏防寒衣物，被冻掉手指的竟达十分之二三。但尽管如此，刘邦还是希望屡战屡胜的汉军能够创造奇迹，重创匈奴军主力，打赢这一场保卫中原新生政权的战争。所以在这个时候，刘邦绝不想半途而废，他迫切需要一场巨大的胜利来换取一劳永逸、永绝后患。所以他听到刘敬说出这样长别人志气、灭自己威风的话，立即气得破口大骂，他用他一贯的粗话辱骂刘敬说："你这个齐地老贼，靠耍嘴皮子挣了个官做，现在竟敢胡言乱语阻止我的大军！"于是命人把刘敬抓捕起来投入广武的大牢，准备击败匈奴后回军时再处置他。

刘邦没有听从刘敬的劝告，而是按照原定的计划，带领骑兵部队追往平城

（今山西省大同市），而汉军步兵因为行动迟疑，所以还没有完全赶到。

冒顿见汉军骑兵追至平城，知道诱敌深入的策略已经奏效，于是指挥匈奴大军，在白登山（今山西省大同市东北马铺山）设下埋伏。

刘邦带领骑兵和少量步兵刚刚进入冒顿设立的包围圈，就马上被四十万匈奴大军团团围了起来。冒顿用匈奴骑兵将随后赶来的汉军步兵大部队死死地截在外围，然后将刘邦和他的骑兵队伍死死围困在白登山上。

汉军的粮草辎重都由后面的步兵押送，刘邦和骑兵被围困在白登山之后，立即陷入内无粮草、外无援兵的艰难境地。刘邦发现被匈奴军包围之后，立即指挥骑兵进行突围。其时匈奴骑兵分四面包围汉军，西面是清一色白马，东面是清一色青马，北面是清一色黑马，南面是清一色红马。汉军朝哪个方向突围，冒顿就指挥骑兵着力防御哪个方向，所以汉军经过多次激烈的冲锋，最终也没有冲破匈奴兵的包围圈。

汉军在白登山上足足被围困了七天七夜，粮食早就吃完了，将士们缺乏御寒的棉衣，在寒风中冻得瑟瑟发抖。如果再这样围困下去，等待汉朝大军的将会是全军覆没。

在这情势十分危急的时刻，汉朝的君臣都在苦苦地思索脱身之计。陈平随刘邦在山上观察匈奴大军的阵势，看到在山下的冒顿单于对他新娶的阏氏十分宠爱，若有出入，必是出双入对，朝夕不离左右。于是陈平决定从冒顿单于这个新娶的阏氏身上打开缺口，他向刘邦献计贿赂冒顿的阏氏。刘邦没有其他更好的办法，觉得陈平的建议不妨一试，于是命人带着大量金银珠玉，趁夜潜下山去，向冒顿的阏氏行贿。

关于此次汉朝使者面见阏氏的细节，刘邦没有对任何人说起过，陈平也没有对任何人说起过，汉使究竟用什么说辞说服了阏氏，汉朝君臣对此是秘而不宣，讳莫如深，所以历史也没有明确记载下来。不过，后人根据当时汉、匈双方的实际情况和陈平惯用的手法，形象地模拟并再现了汉使说服阏氏的场景，可说是十分生动逼真。

精通匈奴语言的汉朝使者成功骗过匈奴哨兵，然后潜到了阏氏的帐篷前，他见到阏氏之后，向阏氏献上金银珠宝，又取出一幅美人图画，说是汉朝皇帝请阏氏转给冒顿单于的。阏氏见到黄金珠宝，心里已经十分高兴，再打开图画看时，却发现上面画着一个绝色女子。阏氏十分奇怪，于是就问："这画上的美人是谁？"

汉使恭恭敬敬地回答说:"这是我大汉朝国中的第一美人。我汉朝皇帝与单于在白登山相持不下,希望早日与单于讲和罢兵。我汉朝皇帝派我来面见夫人,就是希望夫人能够在单于面前代为美言,可又怕单于不同意,就准备把国中的第一美人敬献给单于。因为美人现在不在军中,所以先把她的画像呈上,烦请夫人转献给单于。"

阏氏一听,妒忌心顿起,她有些生气地说:"这个就不必了吧!"

汉朝使者说:"我汉朝皇帝也觉得把美人献给单于,会夺走单于对您的宠爱。可是我君臣被围已七日,为了早日与单于成功讲和,也只能行此下策了。如果夫人能够成功说服单于撤围,那我们也就不会把美人献给单于了。"阏氏听了之后,立即点头说:"我明白该怎么做了,请你回去转告汉朝皇帝,让他尽管放心好了,我这里自有见解。"

等汉朝使者离开之后,阏氏马上去见冒顿说:"军中得到消息说,汉朝有几十万大军前来救援,只怕明天就会赶到了。"冒顿哪里肯信,他问:"会有这样的事?"

阏氏说:"您是匈奴的大单于,对面山上是汉朝的皇帝,你们两个国主不应该互相逼迫得太厉害,因为就算您打败了他们,夺取了他们的土地,可您也不可能长期居住在那里。再者说,汉朝皇帝被围困了七天七夜,也丝毫没有任何的慌乱,一定是有神灵在保佑他,希望单于能够明察。"

冒顿本来与王黄和赵利约定了会师的日期,可是约定的时间到了,这两个人却没有来,于是冒顿怀疑他们与汉军是不是达成了默契,再加上匈奴大军围困汉军已七日,匈奴骑兵也是精疲力竭,可被围的刘邦却一点也不慌。汉朝的救援大军会不会来,他们会不会与王黄、赵利等人联合起来里应外合围攻匈奴?如果这些事情真要发生,那么到时候遭受灭顶之灾的,有可能就是他冒顿。想到这里,冒顿不禁有些忐忑不安起来,再加上阏氏在旁边不停地哭闹,终于使冒顿下定决心:撤围,放走被围的汉军!

匈奴军队在冒顿的授意下,打开包围圈的一角,让白登山上的汉军撤出。刘邦见匈奴军队打开包围圈,知道是陈平的计策起了作用,于是赶快带领汉军将士出城。因为之前被项羽围困多次,每次都命悬一线,多亏刘邦跑得快,才得以保住性命并卷土重来。所以刘邦对这种包围,可说是记忆犹新,心有余悸,因此出城之后,他就想打马狂奔,赶快脱离险境。可是替他赶车的夏侯婴却显得不慌不忙。刘邦低声斥责他说:"你还等什么,还不打马快走。"夏侯婴对刘邦说:"既然两国已讲和，则匈奴解围，必是真心诚意，如果我们仓皇奔逃，则势必会让匈奴看轻我们，不如叫士兵们保持严整的队形，拉满弓，箭头朝外，慢慢地朝外走，这样，匈奴兵见我沉着镇定，阵形不乱，则必定不敢轻举妄动。"刘邦觉得有理，于是下令照夏侯婴说的去做，果然顺利地从匈奴大军的包围圈里走了出来。

当刘邦等人与外围的汉军大部队会合的时候，冒顿也带领匈奴军离去。

刘邦回到广武，赶快把监牢里的刘敬放了出来，他向刘敬道歉说："我没有听从你的劝告，以致被匈奴围困在平城七日不得脱身，我已经把前面那十几个说匈奴可以攻打的使者全部处死了，特此向先生致歉。"于是封刘敬为关内侯，食邑两千户，号为建信侯。

看到上面这段记载，人们都由衷地为刘敬感到庆幸，因为他遇到的是刘邦，他不仅因此保全了性命，并且因他的忠心而得到了封赏。四百年后，几乎发生了同样的一件事情，但事情的结局却出乎所有人的意料。那就是官渡之战中战败的袁绍，他不仅没有封赏战前极力忠谏反对他出兵的田丰，反而以"羞见此人"为名，派使者处死了他。对待谏臣的态度，也决定了他们最终成事的格局。所以，刘邦从一介平民，一步一步由弱变强，成了大汉的开国皇帝，而四世三公的袁绍，却在刚愎自用中迅速由强大走向了败亡。个中原委，不能不令人陷入深深的思考。

自"白登之围"后，冒顿多次率兵对汉朝北部边境进行骚扰劫掠。

刘邦为此苦恼不已，于是问刘敬该怎么办。刘敬替他出主意说："现在天下初定，将士们因为连年征战，都非常疲惫，所以现阶段我们想要用武力征服匈奴，是根本没有可能的。冒顿弑杀他的父亲，自立为匈奴单于，又把他的后母全部纳入后宫，并凭借武力到处炫耀，这样的人，是不可以用仁义道德去说服的。当然了，臣有一条十分长远的计策，可以让他的子孙向大汉俯首称臣，但就是担心陛下做不到。'"

刘邦说："如果确实能够降服匈奴，让冒顿的子孙向大汉称臣，我又有什么做不到的呢？你的办法到底是什么，不妨说出来听听。"

刘敬见刘邦态度十分诚恳，于是对刘邦说："如果陛下能把长公主嫁给冒顿，并送给他大量的金帛财货，冒顿必然会十分感激并看重我朝，把长公主封为阏氏，长公主生下儿子，就一定会被立为太子，将来也一定会在冒顿死后被拥立为新的单于。为什么？因为匈奴人贪图汉朝的钱财和物资。陛下每年把大汉用不完而匈奴稀缺的东西送给匈奴一些，再派辩才出众的谋士前往匈奴，不断地向他们宣谕中原的文明和礼节。冒顿如果在位，他当然是我皇的子婿，冒顿就是死了,那么陛下您的外孙又是单于,谁听说过当外孙的敢和祖父分庭抗礼的呢?所以用不着交战,就会使匈奴逐渐臣服于我大汉。如果陛下不愿意把长公主嫁给冒顿,而派宗室女子或是后宫的女子假称公主前去和亲,那么冒顿早晚都会知道真相,他知道了以后,就不会再敬重汉朝,我们所做的一切也就会前功尽弃。"

刘邦想了想说:"你说得有道理。"于是准备把女儿鲁元公主送往匈奴和亲。

吕后知道了之后,在刘邦面前日夜啼哭,她对刘邦说:"我只有太子一个儿子、鲁元公主一个女儿,你怎么能把她嫁到边远的蛮荒之地匈奴呢?"吕后一闹,刘邦也只好打消了把女儿嫁给冒顿的念头,而是选一个宗室女子,假扮鲁元公主,然后派刘敬为使,护送着前往匈奴去和亲。

刘敬从匈奴和亲回来后,又向刘邦进言说:"匈奴的河南白羊王、楼烦王两处势力,距离长安近的地方只有七百多里,骑兵轻装奔袭,一天一夜就可以到达关中。关中近年因为连年征战,人丁锐减,但土地却很肥沃,亟须从别处迁徙一批百姓来充实。当初东方的诸侯起兵反秦的时候,如果不是齐国的田氏,楚国的昭氏、屈氏和景氏这些豪族强宗,起义是不会取得成功的。现在陛下虽然建都关中,但关中的人口非常少。关中北面紧靠匈奴,东面有六国的旧贵族,家族势力非常庞大,一旦发生变乱,陛下在长安,未必就能高枕而卧。希望陛下能把齐国的田氏大家,楚国的昭、屈、景氏,燕、赵、韩、魏六国贵族后裔,还有那些豪杰和名门望族全部迁徙到关中来。太平无事的时候,可以用他们防御匈奴,一旦东方的诸侯有变,可以率领他们向东去攻伐。这是巩固陛下的统治并削弱诸侯的办法啊。"

刘邦非常赞同,于是授权刘敬全权处理这件事情,让他把东方的六国贵族后裔及豪强名门十多万人口迁到了关中。

为了妥善安置这些迁入的豪强富户,西汉政府从刘邦开始,施行陵邑制度。刘敬在刘邦的陵墓长陵旁修建陵城,然后让那些迁入的富户居住,一方面扩大都城长安的规模,另一方面削弱诸侯王和六国旧贵族的势力,不断加强西汉政府的统治。这项制度从刘邦起开始实施后,其后的几任皇帝大都效仿,所以此后的霸陵、阳陵、茂陵,就不仅是指汉文帝、汉景帝、汉武帝的陵墓,也成了一些著名的官吏名士的故乡。

大批量强宗富户的迁入,使关中得到了进一步稳固。

第十节 贯高谋刺、陈豨反汉、成也萧何败也萧何、蒯通辩冤、彭越灭族

却说刘邦从白登撤兵，班师回长安的途中，顺便路过赵地。谁知这一来，不仅使平静的赵地横生波澜，甚至差一点为他自己招来杀身之祸。

其时赵王张耳早已病死，他的儿子张敖继位为赵王。吕后之前不愿意把女儿鲁元公主嫁给冒顿，无非就是想找一个在生活、风俗习惯等各方面与他们相同相近，且门当户对的女婿，而张敖则刚好符合她的选婿标准。张家和刘家不仅是世交，而且张敖性格温和、待人恭敬，再者说，把女儿嫁给作为诸侯王的张敖，也可以起到稳固汉王朝统治的作用。基于这些因素，鲁元公主最终成了赵国王后。

刘邦在赵国驻跸期间，赵王张敖丝毫不敢怠慢，每天早晚亲自照顾刘邦的饮食起居，恭敬地伺候他，态度十分卑下，极尽女婿之礼。但刘邦却对这个恭敬有礼的女婿没什么好感，他叉着两条腿坐在那里，动辄辱骂张敖，对张敖极其傲慢无礼。赵国的相国贯高、赵午等人已经六十多岁了，他们都是以前张耳的门客，平生颇有英雄气概。他们见刘邦无端辱骂他们的赵王，立即感觉受了莫大的侮辱。他们愤怒地说："我们的大王真是一个懦弱的王。"于是前去对张敖说："天下豪杰群起，有才能的人先立为王。如今大王侍奉皇帝如此恭敬，可是他却对您那样无礼，请让我们替您杀了他。"

张敖一听就急了，他咬破自己的手指，劝解贯高等人说："你们怎么能说这样不顾大义的话呢？我的父亲之前亡了国，全靠当今皇帝才得以复国，恩德泽及后世子孙，我们所享有的一丝一毫，可都是皇帝的功劳啊，请你们再不要说这样的话了。"

可是贯高等人却并没有听从张敖的忠告，他们私下里相互商议说："这就是我们的不对了，我们的大王是个不计私怨的宽厚之人，不愿意辜负别人的恩德。可是我们却无法忍受别人的侮辱，如今是我们埋怨皇帝侮辱了我们的大王，所以准备杀了他，那么为什么要把我们的大王扯进来呢？这样好了，我们自己去做这件事情，事情如果成功了，就归功于大王；事情如果失败了，就由我们自己来承担罪责好了。"

汉八年（公元前199），刘邦再次带兵前往东垣（今河北省石家庄市正定县），征剿韩王信的叛军余部。刘邦从东垣返回，路过赵地柏人县（今河北省邢台市柏乡县西南）的时候，贯高等人在柏人县行宫的夹壁内私藏了甲士，准备伺机刺杀刘邦。说来也巧，刘邦到达柏人县，刚要准备留在行宫休息，突然感觉一阵心跳，于是他随口问身边的人："这个地方叫什么名字啊？"左右随从回答说："是柏人县。"刘邦说："柏人这个名字不好，柏人的意思，那就是迫于人啊。"于是不在柏人县留宿，启程继续赶路。

这个时候，代地的战事依然吃紧，刘仲守不住代地，只好弃国逃回。刘邦十分生气，废黜了他的封国，把他降为合阳侯。

汉九年（公元前198）的时候，贯高的仇家无意中得知了贯高等人当年密谋刺杀刘邦的事，于是向朝廷告发。刘邦大怒，命人把赵王张敖和贯高等人全部抓了起来。参与其事的十多个人都争着要自杀，贯高大声斥责他们说："谁叫你们自杀的？我们的大王实际上并没有参与谋逆却被一起逮捕，如果你们都死了，谁为我们的大王辩解清白，说明他没有反叛呢？"于是被打进囚车，与张敖一齐被押送到了长安。

刘邦下令说："赵王的大臣和门客，谁要是敢跟随赵王到长安，一律灭族，绝不轻饶。"但贯高等人并不畏惧，他们十几个人都剃光头发，用铁链锁住脖子，装作张敖的家奴，跟着张敖来到了京城。

到达长安之后，廷尉马上开始审问张敖等人。贯高在接受审问时说："这些事情都是我们这些人干的，赵王确实不知道。"办案的官吏哪里肯信，对他严刑拷打，打了几千板子，甚至用烧红的铁条刺烧他，可贯高并没有因此而改口诬陷张敖。施刑到最后，贯高全身上下已经没有一处完好的地方了。

吕后因为鲁元公主的缘故，多次在刘邦面前为张敖讲情，说张敖是他们的女婿，他和鲁元公主感情非常好，根本不可能做出悖逆反叛的事。熟知男人本性的刘邦一听就怒了，他大声斥责吕后说："如果张敖据有了整个天下，他还会稀罕你的女儿吗？"

廷尉在贯高那里再没有得到任何不利于张敖的线索，只好把审问贯高的情况和贯高的供词报告给了刘邦，刘邦对贯高的所作所为非常吃惊，他赞叹说："真是个壮士，谁和他有交情，私下里去问问他，就知道真实情况了。"中大夫泄公说："贯高和我是同乡，我非常了解他。他可是赵国最看重名节，最注重信誉的人啊。"于是刘邦就让泄公去看望贯高。贯高浑身是伤躺在囚犯用的竹床上，见泄公进来，立即认出了他。他抬起头来跟泄公打招呼说："是泄公吗？"泄公点头称是，于是和他像平时那样聊天谈话，并问他张敖到底有没有参与谋逆。

贯高说："没有哪个人不爱自己的父母和妻儿的，这是人之常情。如今我的三族马上就要因为这件事情被处死了，难道我会为了替赵王隐瞒而牺牲自己全部的亲人吗？实在是因为赵王确实没有谋反，是我们这些人背着他做的。"于是把他们一班人替赵王鸣不平，然后背着张敖策划行刺刘邦的事情原原本本地讲了一遍，从而证实了张敖的清白。

泄公回去之后，把情况详细地报告给了刘邦。刘邦知道张敖是无辜的，于是就赦免了张敖。

刘邦非常钦佩贯高的义气，就让泄公去赦免他，并托泄公告诉他说："赵王张敖已经被无罪释放了。"贯高高兴地问："我们大王真的被释放了吗？"泄公说："当然了。陛下不仅赦免了赵王，而且还特别敬重你，派我来赦免你。"贯高说："我之所以没有自杀，全身上下被刑具伤得没有一块完整的地方，就是为了替我们赵王澄清他没有参与谋反的事实啊。如今赵王已经被释放，我的任务已经完成，死了也就没什么遗憾了。再说我作为一个臣子，却要谋杀当今皇帝，还有什么脸面再到皇帝身边去做事呢？就算皇帝不杀我，难道我自己心里就不惭愧吗？"说完之后，猛一仰头，折断脖子，自杀而死。

因为这件事情，贯高的义气名闻天下。不过，虽然当时的人们非常敬重贯高的义气和诚信，但后世许多人却对贯高的所作所为提出了不少异议。贯高虽然一身豪气，并且十分信守承诺，但是他不知"大义"二字为何物。诚如张敖所说，当初张耳丢了赵国，是刘邦帮他复了国，这样的大恩，绝不是因为受了几句辱骂就可以随便背弃的。张敖识大体，知大义，所以他最终能够守住先辈的基业，自己得以善终不说，还使自己的子孙得到了福报。而反观贯高等人，自以为名高，遇事不忍，不仅连累张敖丢掉了封国，并且使自己的族人白白丢掉了性命，那么试问，这样的义气还须要鼓励和推崇吗？

贯高死后，张敖虽然被证实没有参与谋逆，但他的王爵却因此被废除。因为是鲁元公主的丈夫，刘邦念及亲情，又封他为宣平侯。刘邦对赵国的这些宾客十分敬重，凡是扮作奴仆跟着张敖来到长安的，全部把他们封为各诸侯国的相国或是郡守。等到后来时，这些人的子孙几乎都做到了两千石俸禄的高官。张敖死后，他的儿子张偃因为是吕后的外孙，又被封为鲁元王。在当时诸侯王动辄被逼反并兵败身死族灭的大环境下，张敖及其子孙的结局，无疑是非常好的。

还是在汉七年（公元前200）之时，刘邦击败反叛的韩王信，追至平城却被匈奴大军围困白登山，后多亏向冒顿的阏氏行贿，才得以全身而退。刘邦离开平城的时候，立他的哥哥刘仲（刘老二刘喜）为代王，封陈豨为列侯，让陈豨以赵国相国的身份，统率监督赵国和代国的边防军队，并留下樊哙统领中央军协助平定代地。当时，赵、代等地的所有边防部队，都受陈豨的节制。一时之间，陈豨显贵无比，陈豨所部成为仅次于中央军的一支极为强大的军事力量，那么陈豨到底是什么人，为什么会得到刘邦如此的信任和垂青呢？

陈豨是宛朐人（今山东省菏泽市东明县西南），刘邦刚刚起兵的时候，陈豨也带着五百人起兵，后一直辅佐刘邦。他虽然不是刘邦的部下，但他和吕泽（吕后的哥哥）对刘邦的支持帮助并不比萧何、曹参等人差。陈豨年轻的时候，和刘邦一样，也非常仰慕魏公子信陵君，事事处处模仿信陵君，他特别讲求信用，别人有什么急难，只要是他能办到的，他就尽力去帮，答应别人的事，也一定要做到。因为这个缘故，他得到了许多人的支持，也得到了刘邦的赏识。而与此同时，陈豨也觉得刘邦是个人物，因此虽然刚起兵的刘邦势力并不是很强，但陈豨甘于听命于刘邦，跟着刘邦屡立战功。等到刘邦入咸阳、驻军灞上的时候，那个时候立下大功的张良、萧何、曹参都还没有封侯，而陈豨就已经被封侯了。当彭城之战中刘邦落败，回到荥阳与项羽对峙的时候，韩信受命前去攻打魏国和赵、代，陈豨以游击将军的身份，配合韩信平定代地。后燕王臧荼造反的时候，陈豨又跟随刘邦前去平叛，立下大功，后因功被封为阳夏侯。

陈豨被任命为赵相之后，来到长安觐见刘邦。因为他过去受过韩信的统辖，有过合作的渊源，再加上他也特别佩服韩信的才能，因此特意前往韩信的府上，拜见韩信并向韩信辞别。

前文曾经说过，韩信这个人是非常清高自诩的一个人，他看得起的人没几个，连樊哙、周勃这些立下汗马功劳的大将，他都不放在眼里，耻于与这些人为伍。但是，他对善于招揽宾客的陈豨非常看重。在之前的共事中，陈豨的能力和水平给他留下了非常深刻的印象，因此，韩信认为陈豨是个能成大事的人，也因此，韩信和陈豨惺惺相惜。

但此时的韩信和陈豨，两人的境况却是天壤之别。一个正受刘邦猜忌、防范，几近于软禁，心情极度失落；而另一个正受刘邦信任、器重，是处理边防事务的全权代表，春风得意无人可及。

但福兮祸之所伏，祸兮福之所倚，今天的信任和器重，谁能保证不转变为明天的猜疑和戒备呢？对于这个道理，韩信可说是再清楚不过了。

因此，当陈豨辞别的时候，韩信特意屏退左右，然后拉着陈豨来到庭院中间（防止隔墙有耳），对陈豨说："我能和将军说说心里话吗？我有特别重要的话要对你说。"陈豨说："将军有什么指教，请尽管吩咐。"韩信说："你现在准备前去任职的地方，那里驻屯着天下最为精良的兵卒。而你，又是陛下最为信任宠幸的大臣。你手握重兵驻扎代地，就一定会有奸邪小人向皇帝进谗，说你要谋反。皇帝第一次听到这种谗言，必定不会相信；可是第二次有人再说，皇帝就会怀疑你；到了第三次，皇帝就一定会发怒，并亲自带兵前去攻打你。到那个时候，你辩解不起丝毫的作用，只能起兵相抗。如果真到了你被逼造反的那一天，我一定会在京城起事帮助你。我们里应外合，则天下可图。"

对于韩信的才能和谋略，陈豨早就多次领教并深深钦服，如今见韩信这么说，陈豨立即深信不疑，他对韩信说："我一定会谨记您的教诲。"之后前往代地，走马上任。

成为赵相暨边防军总指挥的陈豨，有了更加便利的条件、权力和资金去实现年轻时的梦想。一方面他大肆招揽宾客，另一方面许多宾客也赶来投奔他。陈豨对待宾客用的是平民百姓之间的交往礼节，而且总是谦卑恭敬，屈己待人，在宾客们面前没有一点相国的架子，因此他"礼贤下士"的好名声为越来越多的人所称道。没过多久，他手下的门客竟多达数千人。有一次他休假回乡路过赵地，随行宾客所乘的车辆竟达上千辆，将邯郸城内的客舍全都住满了。

其时赵国的诸侯王是刘邦戚夫人所生的儿子刘如意。张敖的王爵被废之后，刘邦封刘如意为赵王，并特意让朝廷的御史大夫周昌屈尊去担任刘如意的相国，辅佐赵王如意守国。周昌之前是御史大夫，专门负责监察百官的过失，官员们的所作所为是否违规，是否僭越超出本分，周昌最有发言权。此时他见陈豨带着一千多辆大车的宾客队伍回乡，立即就感觉不合适。陈豨名义上被拜为赵相国，统率边兵抵御匈奴，他这个级别的官员，带一千多辆大车的随从，明显已经超出了朝廷的规定。仰慕信陵君是没有错的，但如果作为最高统治者的刘邦这么做，谁都不觉得有什么不妥，可是作为一个边将的陈豨这么做，明显已经超出了他的本分。回想一下秦始皇处死吕不韦时的情景就会发现，秦始皇在嫪毒事发、贬黜吕不韦之后，最初还是想给吕不韦留一条生路的。可是吕不韦回乡之后，仍然不知收敛，不知道夹着尾巴做人闭门谢客，前来拜访的宾客络绎不绝，犯了秦始皇之忌，最终迎来了一壶赐死的毒酒。那么此时的陈豨，虽说还没像吕不韦那样被贬退，但他这么讲排场，同样是犯了朝廷的忌讳。

陈豨回代不久，周昌就请求进京觐见。见到刘邦之后，他详细地向刘邦报告说："陈豨这些年招揽了许多宾客，规模大得让人难以置信，他休假回乡的时候，光是宾客们乘坐的马车，就有上千辆，将整个邯郸城的客栈都住满了。这么大的阵势和排场，不是为人臣者应该做的。陈豨在边疆执掌兵权已经好几年了，什么事情都由他做主处理，他的这些宾客也多有横行不法，再这样下去，非出乱子不可，请陛下明察。"

边将造反，这已经不是第一次了，前有燕王臧荼，后有韩王信，还有后面的许多人，每一次都是刘邦亲自出马，才能将叛乱止息。燕、代边境，是刘邦统一中原后最为担心的地方，所以他把戍守边疆这个重任交给了陈豨。可是现在，陈豨的所作所为，让刘邦感到越来越不放心。于是刘邦派人前往代地调查核实，看陈豨的门客到底有没有不法之举。

在这个世界上，只要还有人存在，那就一定会找到他的不是之处。经过调查，果然发现了陈豨的宾客在财物等方面有违法乱纪的事情，其中不少还牵涉到陈豨。陈豨听说朝廷派人调查他，心中十分恐惧，韩信的预言，不幸成了现实。

其时各方力量博弈，逃入匈奴的韩王信并没有放弃对汉朝守边将领的渗透和引诱拉拢。刘邦派人调查陈豨的消息很快传入匈奴，韩王信觉得机不可失，于是再次派使者前去联络陈豨，劝他反汉。

此前有淮阴侯韩信的告诫，此时有韩王信的陈说利害，陈豨越想越怕，他长时间追随刘邦，知道刘邦一旦对某个人产生怀疑，那么这个人就一定不会有好下场。陈豨比淮阴侯韩信高明的一点就是他能够看清自己身处的险境并立即做出决定，而不是心存侥幸等刀架在脖子上之后才追悔莫及。他意识到，凭他一人之力，还不是刘邦的对手，他必须联合逃入匈奴的韩王信等人，并进而联合匈奴，才可以与强大的汉军争衡。于是他当机立断，悄悄地派人前往韩王信部将王黄、曼丘臣处，密谋联合之事。

汉十年（公元前197）七月，刘邦的父亲去世，刘邦借此机会，下诏命陈豨进京。陈豨知道这是一个陷阱，去了就是有去无还，于是借口病重，没有赴京奔丧。

八月，陈豨知道事不宜迟，再拖下去会出问题，于是公开反汉，自立为代王，与王黄等人迅速攻下代地，并攻下赵国北部。

消息传到长安，刘邦虽说对陈豨反叛有一定的心理准备，但仍然感到十分吃惊，他说："陈豨曾经跟随过我，他非常重信用，能得到别人的支持。代地是个非常紧要的地方，所以我当时封陈豨为列侯，让他以赵相国的身份镇守代地，可是谁又能想到，他竟然会与王黄等人勾结，一起劫掠代地。代地被迫和他一起劫掠的官吏和百姓并没有罪，可以赦免他们。"九月，刘邦亲自带兵，前去平叛。

汉军顺利渡过漳水并到达邯郸之后，刘邦见陈豨并没有集结重兵在邯郸阻击汉军，立即大放宽心，他说："陈豨不把邯郸作为军事据点并派兵在漳水阻击我军，我知道他不会有什么作为了。"刘邦在十多年的反秦斗争及楚汉战争中，早就从一个押送囚犯的亭长成长为一个眼光独到深邃的战略家和卓越的军事统帅。其时在军事上除了韩信，再没有任何一个人的指挥作战能力能够胜过刘邦，也因为此，刘邦每次都选择御驾亲征，并且每次都能取得胜利。

赵相国周昌奏请把代地的郡守和郡尉全部斩首，说："代地常山共有二十五座城池，陈豨反叛，失掉了其中二十座。"刘邦问："这些郡守和郡尉都反叛了吗？"周昌回答说："没有反叛。"刘邦说："这是因为他们力量不足啊。"于是下令赦免他们，同时还恢复了他们的郡、尉职务。之后，刘邦又问周昌："赵国还有能带兵打仗的壮士吗？"周昌回答说："有四个人。"然后叫这四个人前来拜见刘邦，刘邦一见便破口大骂起来："你们这些小子也能当将军吗？"四个人都非常惭愧地跪伏在地上。但刘邦并没有革除他们的职务，还是给他们各封了一千户的食邑。左右近臣都劝谏说："有不少人跟着您进入蜀地和汉中，其后又攻打西楚，立下战功却还没有得到普遍封赏，现在这几个人什么功劳都没有，为什么要封赏他们？"刘邦说："这就是你们所不知道的了！陈豨反叛，邯郸以北都被他占领，我用紧急檄文来征集各地军队，但至今还没有人到达，现在可用的就只有邯郸一处的军队了。我又何必吝惜封这四个人为千户，不用它来抚慰激励赵地的年轻人呢！"左右近臣听了之后都佩服地说："对。"于是刘邦又问："陈豨的将领都是些什么人？"左右回答说："还就是韩王信之前的部将，王黄、曼丘臣等人，以前都是商人。"刘邦高兴地说："我知道该怎样对付陈豨了。"于是悬赏千金求购王黄、曼丘臣等人的人头,并花重金利诱陈豨的将领,陈豨的很多将领为此投降了刘邦。

汉十一年(公元前196)冬,汉军在曲逆(今河北省保定市顺平县东南)城下击败并斩杀了陈豨的大将侯敞、王黄,又在聊城(今山东省聊城市)与齐地兵马击败陈豨的大将张春,斩首一万多人。太尉周勃取道太原,平定代地。大军到达马邑的时候,马邑守军不愿投降,于是周勃率军将马邑攻得残破。

东垣由陈豨的将领赵利把守,刘邦亲自率军前去攻打,但打了一个多月,也没有攻下。城上的叛军为了羞辱汉军,派士卒大声辱骂刘邦,刘邦愤恨不已,于是下令猛攻。不久,东垣守军无法抵抗,只好献城投降,刘邦把那些之前骂了他的士卒一律找出来斩首,那些没有骂他的士卒,则处以黥刑之后予以赦免。为了讨个吉利,刘邦下令把东垣改名为真定。

因为王黄、张春、侯敞等人兵败,所以他们的部下凡是被汉军悬赏购求的,一律都被生擒来献。陈豨的军队,为此而很快溃败,陈豨只得仓皇向北逃窜。

刘邦击败叛军主力,回到洛阳,他说:"代郡地处常山的北面,赵国却从山南来控制它,太遥远了。"于是就封儿子刘恒为代王,建都晋阳(后迁中都,即今山西省晋中市平遥县),代郡、雁门郡(郡治在雁门关北,今山西省朔州市右玉县)都隶属代国。

再说淮阴侯韩信。韩信在三年前陈豨离京之时,曾与陈豨约定,如果有人在刘邦面前说他造反,刘邦第一次不信,第二次怀疑,第三次就会在盛怒之下亲自带兵前去征伐,如果陈豨真到被逼造反的那一天,他韩信愿意在京中响应,助陈豨一臂之力。那么在陈豨被逼造反之后,韩信又做了些什么呢?

在刘邦带兵前去平叛之时,大部分的将领都跟随刘邦去出征,而韩信则借口有病留了下来。他暗中派人前去给陈豨送信,对陈豨说:"将军您只管发兵,我将全力支持您。"韩信于是召集他的家臣,打算趁夜假传诏令,赦免官府的囚犯和奴仆,然后带领这些人去袭击吕后和太子。部署好了之后,就只等陈豨回报。

韩信有个门客得罪了韩信,韩信把他抓起来,打算要杀了他。门客的弟弟见哥哥有性命之虞,立即前去面见吕后,向吕后详细地报告了韩信图谋造反的事情。吕后听了之后,非常吃惊,打算找借口把韩信召进宫来之后抓捕他,但又怕不能把韩信的那些同谋者一网打尽,于是就找来相国萧何商量。

萧何听到韩信造反的消息也非常吃惊,因为韩信最初是他推荐的,如果他不趁机在吕后面前好好表现并撇清自己,那么一旦韩信闹出大的动静,他将难逃干系。萧何替吕后出主意说，可以让人假称刚从皇帝陛下那里回来，就说陈豨已经兵败被杀，让大臣们都入宫祝贺，韩信来了之后，就趁机把他抓起来。吕后觉得可行，于是就让萧何去骗韩信入宫。

萧何到了韩信的府上，对韩信说："陛下的使者刚刚从代地回来，说陈豨已经被皇上击败，代地的叛乱终于被平息了。大臣们都十分高兴，纷纷入宫贺喜，您为什么不去呢？"

韩信对陈豨兵败之事将信将疑，他对萧何说："我病得很厉害，还是不去了吧。"

萧何说："虽然您有病在身，但这么大的喜事，您最好还是去一下，要不然，别人会认为您对陛下打了胜仗感到并不高兴。"

萧何说到这个分上，韩信装不住了，他担心萧何等人会怀疑他与陈豨有联系，再加上当初萧何那么鼎力推荐他，对他有知遇之恩，觉得萧何不会欺骗他，于是就强打精神，跟着萧何前往宫中。

韩信刚刚进入宫中，就被宫中的武士抓了起来。之后，吕后命人在长乐宫的钟室里处死了他，并夷灭了他的三族。

民间传说，因为韩信立下盖世奇功，他曾让刘邦许下了对他"三不杀"的诺言，即"见天不杀，见地不杀，见铁不杀"。以为不见天、不见地、不用武器，就没有什么人能奈何得了他。可谁知，聪明歹毒的吕后，却命人把韩信关进了一顶木制的轿子里，用白布把轿子裹了个严严实实，然后让宫女用木剑刺穿白布杀死了他，果真信守承诺，不见天、不见地、不见铁地杀死了他。

韩信临死之前，才知道上了萧何的当，他悔恨地说："我真后悔当初没有听从蒯通的计策，今天被女子和小人所欺骗，这难道不是天意吗？"

因为韩信的成功也是萧何极力推荐的结果，韩信的败亡也是萧何蓄意欺骗的结果，所以人们把这段典故称为"成也萧何，败也萧何"，比喻无论是好事还是坏事，都由同一个人造成。

韩信在这个时候才明白没有听从蒯通的劝说早一点脱离刘邦阵营是一个致命的错误，但未免有些太迟了。实际上，他早就应该想明白，自从他在蒯通的怂恿下出兵攻打已被郦食其说降的齐国，就已走上了不归路，刘邦在那个时候就对他动了杀机；定齐之后，不赶快回荥阳辅助刘邦却趁火打劫要当什么假齐王，进一步坚定了刘邦要杀他的念头；垓下战前，刘邦约他和彭越在固陵合围项羽，可韩信却再次爽约，这一次，刘邦已对他忍无可忍，只不过迫于形势，没有发作而已。等到消灭项羽之后，刘邦立即驰入军营，夺其军，之后徙封楚王，又伪游云梦泽将其擒获，废去王号降为侯爵，一步一步，勒紧了他脖子上的绳索。韩信在有能力造反的时候，没有选择造反，可是没有能力造反的时候，却被逼着造反了，这就是韩信的悲哀之处。要么当一个良将贤臣，只讲付出，不求回报，像曹参、萧何那样，最终让刘邦主动封他，虽然最后的封赏可能会比预期差一些，但还不至于赔上自己及全族人的身家性命；要么认清形势，好聚好散，适时脱离刘邦，创立自己的基业，下场也还不至于像现在这样惨。

韩信在刘邦面前讥笑项羽是妇人之仁，谁知到头来自己也是妇人之仁。项羽好歹还死在了战场上，死得轰轰烈烈、惊天动地，而韩信，却死得实在是太窝囊了。

司马迁在《史记》中评论韩信说，如果韩信能够学会谦虚退让，低调做人，不自夸自己的功劳，不炫耀自己的才能，那么他在汉王朝所享有的地位，就有可能比肩于周公、召公和姜子牙等人，汉王朝也会客观评价他对待他，为他立庙配享，使他的祭祀世代不绝。韩信不在这方面多加修炼，却在天下已经大定的时候图谋不轨，最后被灭族，不也是情理之中的事情吗？

只可惜，这只是一个假设，假如韩信能够那样做的话，那也就不是韩信了。上天造化每一个英才的时候，都赋予他们百分之百的天赋，比如赋予韩信百分之九十九的军事才能和百分之一的政治才能。如果韩信在政治上表现过于出色，他就绝对不会在军事上取得那样令人惊叹的成就；同样，上天赋予了刘邦百分之九十的政治才能和百分之十的军事才能，如果刘邦像韩信那样用兵作战出神入化、鬼神莫测，他也就不会在政治上有那么高的建树，成为创立大汉王朝的汉高祖。每一个人都是集优点和缺点于一身，没有哪个人会样样都占上风，也正因为如此，这个世界才因每一个个体的差异而显得丰富多彩、斑斓多姿，令每一个生灵无限眷恋。所以从这个角度来说，韩信仍然是一个成功者，他将他的英名永远地留在了世界军事史上，让无数后人敬佩、惊叹、哀怜、叹息！

韩信是中国历史上杰出的军事家，是中国军事思想"谋战"派的代表人物，被后人奉为"兵仙""战神"，与萧何、张良并称为"汉初三杰"，萧何对他的评价是"国士无双"。中国人对富贵而位极人臣者的高度概括是"王侯将相"，陈胜就曾大发感慨说"王侯将相，宁有种乎"，可谁又能想到，可望而不可即的王侯将相，竟然先后被韩信一个人全部担任了个遍。楚汉之时的人们评价韩信说"功高无二，略不世出"，也就是说他立下的功劳，再没有哪个人能够超过，他高明的谋略，世界上再没有哪个人能找出来。他在登台拜将之后，出谋明修栈道、暗度陈仓、还定三秦，为刘邦东向争天下奠定基础；彭城刘邦战败独立领兵后，擒魏豹、灭陈馀、迫降燕国、平定齐国，最后到垓下指挥合围楚军，神出鬼没，无一败绩。其指挥才能之高超，其军事谋略之突出，其用兵艺术之出神入化，再没有哪一个人能够达到他这样的水准和高度。但凡用兵之人，没有哪一个人不佩服他、仰慕他、畏惧他。因他指挥的许多经典战例，都成为后世耳熟能详的典故成语，如明修栈道、暗度陈仓、背水为阵、拔帜易帜、四面楚歌、十面埋伏等。也因为此，他被后世推崇为中国战争史上最善于灵活用兵的军事家，没有之一。

刘邦征伐陈豨回京之后，听说韩信被处死，心里既高兴，又怜悯。高兴的是这个令自己十分畏惧的军事天才终于死了，自己总算可以松一口气了；怜惜的则是韩信终究还是为汉王朝的建立立下过许多功勋，汉王朝迫于形势没法善待他也就罢了，最后还杀了他，确实是有些亏待他了。

于是他问："韩信临死之前，可曾说过什么？"吕后说："韩信说后悔没有听从蒯通的计策，致有今日。"

刘邦说："蒯通我知道，这是齐国的辩士。"于是下令让齐国逮捕蒯通，然后把他押送到长安来。

蒯通被押来之后，刘邦问他："你曾经教唆淮阴侯韩信谋反，对吗？"

蒯通说："对，我确实给他出过这样的主意。可是那小子并没有听从我的劝告，所以才会自取灭亡。如果那小子用我的计策，陛下又怎么能将他除掉呢？"

刘邦一听，蒯通这家伙不仅毫不掩饰地承认他曾经教韩信谋反，还在这里说如果韩信谋反之后会有什么样的好处等，全然不顾他刘邦的感受，这可真是一个天生的反贼，顽固不化，无药可救。刘邦勃然大怒，下令说："把他给我烹了。"

谁知蒯通听了之后，却大声呼喊说："哎呀，我实在是太冤枉了。"

这么一喊，刘邦的好奇心立即被吊了起来。自从项羽被灭韩信被擒之后，刘邦的自信程度空前高涨，他还从来没有在面对面的交锋中怕过谁，也很少会在面对面的交锋中败给谁（除了白登山误中冒顿的诱敌之计被围之外），他开始讲究以德服人，以理服人，最不行也要真刀实枪地用武力征服。他决心要与蒯通辩个清楚，于是他问："你教韩信谋反，犯下这样的死罪，我烹你理所当然，你还喊什么冤呢？"

蒯通说："秦朝法度败坏、政权瓦解的时候，山东六国大乱，各路诸侯纷纷起兵，天下的英雄才俊像乌鸦一样，一时云集。秦朝失去了它的帝位，所以天下人全都上前争夺，于是才能高超而行动敏捷的人最先得到了它。盗跖的狗朝着唐尧狂吠，并不是因为唐尧不够仁德，只是因为他不是狗的主人。当初我给韩信出主意的时候，我只知道有韩信，而不知道有陛下。再者说了，天下磨快了刀子、手持利刃想要干陛下所干的事情的人实在太多了，只不过他们的能力达不到罢了，陛下又怎么能将他们全都烹死呢？"

蒯通短短一番话，马上把刘邦说得心悦诚服，因为：第一，蒯通说的确实是实情，刘邦就是跟这些磨刀霍霍的对手一路走来并脱颖而出的；第二，蒯通恭维他是才俊之中的才能高超而行动敏捷的人，最后捷足先登当了皇帝，这让刘邦心里非常受用；第三，蒯通确实是一个非常出众的辩士，他清楚地知道什么能说、什么不能说，该怎样说才能让刘邦先怒后喜、高度认同，从而准确地抓住了刘邦的脾性，就像之前的郦食其用"高阳酒徒"游说刘邦一样，非常对刘邦的脾气。于是刘邦下令说："放了他。"最终赦免了蒯通。

韩信在被擒之后，有了足够的时间去仔细考虑他遭受刘邦猜忌和防范的根本原因，最终想明白，就是因为他第一次听了蒯通的劝说，出兵攻打齐国送死郦食其，从而上了刘邦的黑名单，所以越到最后，韩信对蒯通的怨恨可说是越强烈。他本来从无反叛之心，却被蒯通拉下了水，再也没办法回头，是蒯通搅了他称王的好事，所以，他在临死之前，决心要拉上蒯通垫背。他临死前所说的那句话，表面上看起来是他非常悔恨没有听从蒯通的计策，实际上他是变着法儿把蒯通供了出来。因此刘邦回来一听，就立即把蒯通抓了起来。

只可惜，蒯通是一个靠卖弄口舌而生存的人，他虽没有韩信那样坚韧不拔的毅力，但也没有韩信那样倔强不知低头的脾气，他在关键时刻，脑筋远比韩信要灵活聪明，另外，他不像韩信那样，会给刘邦造成致命的威胁。所以，韩信死了，而蒯通却活了下来。

韩信虽然对刘邦夺去他的王爵和封国而不满，但最终却因卷入陈豨的反叛事件而被杀。这在表面上看起来，确实有些匪夷所思，但这就是历史的事实。大名鼎鼎的韩信，竟然会因一个名不见经传的陈豨而丢掉性命，奇怪吗？不奇怪。因为历史真实地记载了韩信的事迹，却刻意地抹去了陈豨的生平，只是因为一些关键的地方实在绕不过去，才一鳞半爪地留下了一些线索。这些线索虽少，却足证陈豨确实是一个人物，孤傲的韩信跟他称兄道弟，这只是一个侧面的反映，前去投奔他的数千宾客，不可能全是趋炎附势的无能之辈。因卷入陈豨事件而被杀的，韩信不是第一个，自然也不会是最后一个。

刘邦在率兵前去讨伐陈豨到达邯郸的时候，派人向梁王彭越征兵。彭越说自己有病，不能前去，于是派偏将带着军队前往邯郸，跟随刘邦出征。刘邦见彭越没有亲自来，非常生气，于是派使者前去责备彭越（这一点跟当年项羽责备英布如出一辙）。彭越见刘邦派使者前来责备他，心里非常恐惧，打算亲自前往邯郸，向刘邦谢罪。他的部将扈辄劝他说："当初皇帝征兵之时，大王没有去，现在皇帝派人来责备，您再去，这样就显得您当初不去是故意为之，去了非被皇帝抓起来不可。皇帝现在已经开始猜忌您，这样下去是非常危险的，君疑臣则臣必死，不如您现在就出兵叛汉，胜负尚未可知。"彭越觉得扈辄说得过于严重了，但也确实不敢亲自去邯郸向刘邦请罪，于是他继续称病，不去觐见刘邦。

彭越的太仆因为某事惹怒于他，彭越大怒，准备处死他的太仆，太仆得知消息后非常害怕，于是偷偷地跑到刘邦那里，向刘邦告发说彭越和扈辄阴谋叛汉。刘邦处理此类事情，向来比较老辣，有之前处置韩信的成功经验，可说是驾轻就熟，于是他派出使者，悄悄地潜入梁地，来了个突然袭击。彭越毫无防备，被刘邦的使者逮捕，后被押赴洛阳囚禁起来。

彭越谋反一案，由朝廷的廷尉审理。廷尉认为扈辄劝彭越谋反而彭越没有处死扈辄，所以认为彭越谋反的证据充分，呈请刘邦按律处置彭越。刘邦见事实情况只是扈辄劝说彭越谋反而彭越没有答应，觉得就这样处死彭越未免有些过分，于是下令赦免彭越，然后削去他的王爵，把他废为平民百姓，流放到蜀地青衣县（今四川省雅安市名山区一带）。彭越被赦免之后，以庶民的身份前往蜀地，走到郑县（今陕西省渭南市华州区）的时候，在大路上碰上了从长安前往洛阳的吕后。彭越见到吕后，于是在吕后面前哭泣流泪，他辩解自己没有罪行，希望吕后能在刘邦面前替他说情，让他不要去蜀地，而是回到他的故乡昌邑。吕后当着彭越的面十分痛快地答应下来，然后带着他一块返身前往洛阳。

吕后见到刘邦之后，对刘邦说："彭王是个非常勇武的人，如今把他流放蜀地，这真是养虎遗患，不如赶快借此机会除掉他。他在路上向我哭诉，神情悲伤而怨恨，所以我稳住了他，然后把他带了回来。"刘邦默然，前有韩信，今有彭越，削夺了他们的王爵和封国，不怨恨那是假的。这些人九死一生拼了老命打下天下，如今该到了他们享受的时候，却突然之间夺走了属于他们的一切，换了谁都不会甘心。如果真把他们放到一个陌生的地方，不闹出点动静那还真不符合这些人的性格。于是刘邦默许了吕后的提议。

彭越的悲惨命运，就此注定。天堂有路你不走，地狱无门自来投，在谁面前辩解不好，偏偏在心如蛇蝎的吕后面前辩解，从而叩开了地狱的大门。

吕后授意彭越的门客，让他们再次向朝廷上告彭越要谋反。廷尉经过审理，呈请将彭越灭族，刘邦批准了廷尉的建议，于是彭越被诛杀，家族被灭，封国被废除。

彭越被杀之后，他的头颅被悬挂在洛阳城门上示众。朝廷下令说："谁敢为彭越收殓并探视他，一律逮捕并从严问罪。"而一个名叫栾布的人却不顾诏令，不仅前去探视彭越，还在城门下大哭拜祭。刘邦闻报非常恼怒，命人将栾布抓来，准备处死他。

那么栾布是什么人，他和彭越之间又是什么关系呢？

栾布是梁地人。彭越还是平民的时候，曾经和栾布有交往。栾布家里非常贫寒，在齐地被人雇用，替卖酒的人家做佣工。过了没几年，彭越就到巨野中做了强盗，而栾布却被人掳掠并卖到燕地做了人家的奴仆。栾布在燕地，曾想办法替他的主人家报了家仇，燕将臧荼听说他的事迹之后，觉得他是一条好汉，于是推荐他担任了都尉。后来臧荼做了燕王，就任用栾布做了将军。等到臧荼被逼造反的时候，刘邦带兵前去平叛，臧荼被杀，栾布也当了阶下囚。彭越听说栾布被囚，于是到刘邦那里为栾布求情，然后把栾布赎回，让他担任梁国的大夫。

彭越被杀之前，栾布受命出使齐国。但等他返回的时候，彭越却被诬以谋反罪，被诛灭了三族。栾布并没有因为彭越被杀就逃亡，他径直去了洛阳城门，然后在彭越的头颅下面报告自己出使齐国的情况，然后大哭祭祀彭越。军吏见状，立即逮捕了他，并报告了刘邦。刘邦非常生气，于是命人把栾布抓来，然后怒骂他说："你是要和彭越一同谋反吗？我明令禁止任何人不得为彭越收尸并探视他，你却偏偏要哭祭他，那你同彭越一起造反已经很明确了。来人，赶快把他扔进油锅！"

左右力士抬起栾布就要向汤镬走去，栾布回过头来大声说："我能说一句话再死吗？"刘邦说："你想说什么？"栾布说："当初皇上你被困于彭城，兵败于荥阳、成皋一带的时候，项王之所以不能顺利西进，就是因为彭王据守着梁地，与汉军联合而牵制楚军啊。在那个时候，其实彭王还是有其他选择的，他若跟楚军联合，汉军就失败；他若跟汉军联合，楚军就失败。但彭王没有任何犹豫，选择了与汉军联合，所以最终帮助陛下击败了楚军。再说垓下之战，没有彭王,项羽不会灭亡。现在天下已经安定了,彭王接受陛下的符节并受了封赏,也想将这个封爵世世代代地传下去。现在陛下仅仅为了向梁国征兵,而彭王因病未能前来这件事,就怀疑彭王要谋反。彭王谋反的形迹没有任何的显露,陛下却因一些无关紧要的小节而诛灭了他的家族。这样下去,我担心有功之臣人人都会感到自危并铤而走险。现在彭王已经死了,我活着还不如死去的好,就请您烹了我吧。"

栾布一番话说得理直气壮,刘邦听了,也觉得很有道理。刘邦本来就对处死彭越心有愧意,再加上栾布不会给他造成任何威胁,于是下令赦免栾布,并任命他做了都尉。

因为栾布颇有豪气且恩怨分明,到汉文帝时,他担任了燕国的国相,又做了将军。栾布曾经毫不掩饰地说:"在穷困潦倒的时候,不能降低身份委曲求全的,不是好汉;等到富贵显达的时候,不能称心快意的,也不是贤才。"因此,对那些曾经有恩于自己的人,栾布选择了优厚地报答;而对那些与自己有仇怨的人,栾布就必定会借助法律的手段来除掉他,真可以说是实现了他所说的"称心快意"。

只不过,在彭越被杀的时候,栾布并不在他身边,否则,栾布也许会凭着他的据理力争,为彭越赢得一线生机吧。

彭越与韩信、英布并称为汉初三大名将。与韩信和英布通常在正面作战不同的是,彭越以擅长打游击战而著称,被后人追尊为游击战的鼻祖。在楚汉战争中,彭越屡次率军破坏项羽的后防补给线并供给汉军粮食,不停地骚扰楚军,使项羽顾头顾不得尾,最终使汉方在刘邦的正面坚守、韩信的千里奔袭、彭越的后方骚扰之下,战败了被拖得疲惫不堪的楚军,赢得了楚汉战争的胜利。唐朝安史之乱后,唐肃宗朝追谥姜太公为"武成王",又从历代名将中遴选"十哲"进入"武成王"庙配享,汉初三杰之一的韩信入选,与白起、诸葛亮等人同列;唐德宗时,又追封古代名将六十四人,梁王彭越入选;宋朝时扩大为历代名将七十二人,彭越亦在列。由此可见,后人对彭越游击战的高度推崇和对他所立功勋的高度认可。

第十一节　英布叛乱、《大风歌》、卢绾反汉、萧何入狱、立储之恨

汉初三大名将如今已经死了两个，那么英布呢，他会善终吗？真是非常可惜，名将的结局，一般都不怎么好，英布也惹上了麻烦事情。

在淮阴侯韩信被吕后设计杀死之后，英布心里非常恐惧。等到夏天，梁王彭越又被灭族。刘邦为了警告其他诸侯王，对彭越施以醢刑（剁成肉酱），然后把装着肉酱的罐子遍赐诸侯。朝廷的使者到达淮南的时候，英布正在田猎，他看到罐子里的肉酱，内心恐惧到了极点。历史上曾经有过一次广为人知的醢刑，那就是殷纣将九侯施以了醢刑。殷纣是暴君的代名词，他对诸侯施以酷刑，人们都感觉非常符合他的本性，可是刘邦对立下大功的彭越施以醢刑，那就不能不令其他功臣感到极度的胆寒。这种精神恐怖主义，对人的摧残往往是最致命的！

韩信、彭越和英布三人被并称为汉初三大名将，一个很重要的原因是刘邦在击败项羽的关键时候，他们三个人起了极为相似且非常重要的作用，仿佛三个同胞兄弟，共同立下了同一件功劳，所以后面的薛公评论他们三人是一体同功之人。如今韩、彭二人先后被灭族，英布顿时起了物伤其类、兔死狐悲之感，刘邦会放过他吗？他能比韩、彭二人更幸运，躲过这一劫吗？显然，没有任何一个人会为英布打这个包票。

英布担心刘邦会像密捕彭越那样暗中派人潜入淮南抓捕自己，于是悄悄地命人部署集结军队，并侦察周边郡县的异常动静。

英布有个宠爱的小妾病了，就去找医生治疗。医生的家与中大夫贲赫家对门，英布的小妾多次前往医生家，贲赫觉得自己是侍中（侍中可以出入王宫禁

中），平时许多的工作职能也是以侍奉英布为主，觉得英布的小妾病了，他一来身份特殊，不需要回避；二来可以趁此机会讨好英布的小妾，好在英布那里留下一个好印象，于是向英布的小妾送上了许多贵重的礼物，并陪着她在医生家里饮酒。

小妾得了贲赫的好处，因此觉得贲赫是个很不错的人。于是在一次为英布侍寝之时，很自然地夸奖贲赫是个忠厚的长者，谁知英布听了之后，立即大怒。他质问小妾："你是怎么知道的？"于是小妾就把她和贲赫交往的过程详细地告诉了英布。英布听了之后十分恼怒，怀疑小妾与贲赫私通。

小妾本想替贲赫美言几句，谁知事与愿违，好话没有说成，反而让英布怀疑她与贲赫有淫乱关系。消息传到贲赫耳中，贲赫又惊又怕，于是借口有病，不去上朝。

英布见贲赫不来上朝，越发怀疑贲赫与他的小妾有染，恼怒之下，就准备逮捕贲赫。贲赫得知消息，赶快前往朝廷的驿站，坐着驿车前往长安，他要向朝廷告发英布叛乱。

英布听说贲赫乘坐驿车前往长安，立即派人去追，却没有追上。

贲赫到达长安之后，上书告变，称英布谋反已有证据，可以趁着他发动叛乱之前杀死他。

刘邦看了贲赫的奏折之后，就把萧何叫来商量。萧何考虑了一下说："英布应该不会有这样的举动，这恐怕是仇家在诬陷他。请先把贲赫关起来，然后派人悄悄地到淮南去调查，看淮南王究竟有没有谋反。"

刘邦觉得可行，于是照萧何所说的去办。

再说英布，他见贲赫逃往长安上书告变，知道贲赫把他在国内暗中集结军队的事情告诉了刘邦，再加上汉王的使者在淮南也确实调查到了英布调遣军队的事实。英布知道没办法再隐瞒下去了，于是杀死贲赫的全家，然后发兵造反。

英布造反的消息传到长安，刘邦其时正病得厉害，厌恶见人。他睡在内宫之中，命令守门人不得让大臣们进去打搅他。大臣们心急如焚，却都不敢进去向刘邦说这件事情，就连周勃、灌婴这些与他关系较亲密的人都不敢进去。

一直等了十多天，樊哙忍不住了，他上前径直推开宫门，闯了进去，其他大臣都紧紧地跟在后面。

刘邦一个人躺在床上，枕着一个小太监在睡觉。樊哙上前流着泪说："刚开始陛下与我们在沛县起兵，平定天下，是何等的威武雄壮！现在天下已经平定，陛下又是何等的疲惫困倦。陛下病得这么厉害，大臣们都非常担心。陛下不与大臣们一起商议国家大事，难道会和一个宦官来决定国家大事吗？再者说，陛下难道忘了赵高之事吗？"

刘邦听了之后，立即笑着坐了起来。

英布造反的消息坐实，刘邦立即释放了贲赫，并任命他为将军。

刘邦召集诸将，问他们："英布发动了叛乱，我们该怎么办？"将领们都争着说："出兵攻打他，活埋了这小子，还能怎么办？"

汝阴侯夏侯婴找到原楚国的令尹薛公，和他谈论这些事情。薛公说："英布造反，只不过是迟早的事情。"夏侯婴不解地问："皇上待他不薄，封给他土地，立他为淮南王，使他显贵于天下，他为什么要造反？"薛公说："英布和韩信、彭越是一体同功之人。春天杀了韩信，夏天杀了彭越，英布自然而然地会担心祸患降临到他的头上，所以就造反了。"

夏侯婴对薛公的分析十分满意，于是前去觐见刘邦说："我有个门客叫薛公，原来是楚国的令尹，这个人非常有才能，如何对付英布，陛下可以问他。"刘邦于是召见了薛公，问他该怎样平息英布之乱。

薛公回答说："英布叛乱，本来就不奇怪。如果英布采取上计，山东之地，将不再为陛下所有；如果英布采取中计，谁胜谁败，还是个未知数；如果采取下计，陛下就可高枕无忧了。"

刘邦问："什么是英布的上计？"

薛公说："向东攻取吴地，向西夺取楚地，吞并齐国，攻占鲁国，派遣使者前往燕、赵两国交涉，让燕、赵两国固守他们的本土，不要参与作战，这样一来，山东之地，就不再为大汉所有了。"

"什么是中计？"

"东取吴地，西取楚地，攻下韩、魏两国，占有敖仓的粮食，封锁成皋的要塞，与陛下长期对抗，谁胜谁负，可就很难预料了。"

"什么是下计？"

"向东夺取吴地，向西攻占下蔡，把越地作为他的大后方，然后他在长沙指挥作战，这样一来，陛下就会高枕而卧，英布的叛乱很快就会平息。"

刘邦问："那么英布会采取哪种计策呢？"

薛公说："英布会采取下计。"

刘邦非常奇怪，问："英布为什么放着上计与中计不用，而选择下计呢？"

薛公说："英布本来是骊山的囚徒，凭着自己的努力，做到了万乘之主，都是为了自身的荣华富贵，从来不替天下百姓和子孙后代考虑，所以他最终会选择下计。"

刘邦说："你说得非常好。"于是封薛公为千户，立皇子刘长为淮南王，然后亲自带兵，前去平叛。

英布刚刚造反的时候，非常自信地对他的将领们说："皇上已经老了，经过这么多年征战，非常厌恶打仗，所以他绝对不会亲自前来，而是派其他将领前来。将领们之中，只有淮阴侯韩信和梁王彭越让我感到难对付，其他的将领，根本没有什么可担心的。"于是下定决心，发动了叛乱。

英布的战略方向果然像薛公所分析的那样，他先派兵向东攻打荆王刘贾。刘贾被击败之后，在逃往富陵（今江苏省淮安市洪泽县）的路上被乱军所杀。

英布收编了刘贾的所有军队，然后带着这些军队渡过淮河，攻打楚国。

楚国发兵与英布交战，楚军主将把大军分为三路，想采取互为犄角，互相救援的策略。有个谋士就对他说："英布善于用兵，士卒们向来非常畏惧他。况且兵法上说，诸侯在自己的领地上与敌人作战，他的士卒就非常容易逃散。如今我们兵分三路，英布如果集中力量击败我们一路大军，其他两路大军就会望风而逃。不如将三军并为一军，集中优势兵力与英布抗衡。"楚军主将不认为这个谋士说得有理，没有采纳他的劝告。

可接下来的战况马上验证了这位谋士的忠告，英布果然率精兵击败了楚军的一路兵马，其他两路兵马见状，全都不战而溃，败逃而去。

英布占领楚地之后，继续率军向西，在蕲西（今安徽省宿州市西）与刘邦所率的汉军相遇。

英布最怕的是刘邦会亲自带兵前来攻打他，可是他侥幸地认为，刘邦老了，厌恶打仗，不会亲自来了，所以他义无反顾地发动了叛乱。可谁知，刘邦也知道汉军之中除他亲征之外，其他人都不是英布的对手，所以为了打胜这一仗，他硬撑着来了。这就是知己知彼，百战不殆。此时的刘邦，他的战略战术水准和指挥作战才能已经达到了一个空前的高度，所以他能够百战百胜，无所畏惧。

英布的部队十分精锐，再加上连胜荆军和楚军，士气正旺。刘邦知道不能马上和锐气正盛的英布军交战，于是率军退入庸城之中，坚守不出。

刘邦在城上望见英布排兵布阵几乎和之前的项羽一模一样，心里非常厌恶（因为此前他屡败于项羽之手，对所有与项羽有关的东西都感到十分忌惮和不快）。他在城上，远远望见了城下指挥攻城的英布，于是向英布喊话说："你为什么要造反？"

此时的英布，再辩解说什么自己本来不想造反的话显然已是多余，开弓没有回头箭，他只能一条路走到黑，于是他回答说："我也想当皇帝啊。"

刘邦大怒，对着英布破口大骂。

通过此前刘邦与项羽的交战史，就会发现但凡刘邦开始大声辱骂对手的时候，那就标志着他已经成竹在胸了。他卓越的政治才能中夹杂着许多无赖的潜质，他能够有条有理地把骂词表达出来，既可以激怒敌人使敌人乱了方寸，又可以鼓舞己方的士气。为什么不骂呢？

此时的英布，虽然已经扯旗造反，但他之前被刘邦重重地奚落过，曾经被正在洗脚的刘邦傲慢地接见过，他再怎么造反，在心理上对刘邦的畏惧、在地位上低人一头的那种卑下之感，却是说什么也无法消除的。所以从两军主帅这一个层面上，英布首先在气势上就输了。

其次，英布是反贼，师出无名，而刘邦是皇帝，带着大军前来平叛，英布在道义上也站不住脚。

最后，经过了好多天的相持，英布军队的士气已经有所懈怠，而汉军远道而来且养精蓄锐数日，求胜心切。

基于这些因素，刘邦知道与英布交战的时机已经成熟，于是下令大军全线出击。

果不其然，英布竟然一战被打得大败。

英布战败之后，引败兵向东退却，渡过淮河之后，又数次停下来掉头与汉军交战，但无奈军心动摇，毫无战心，屡战屡败。最后，英布只带着一百多人逃往江南。这悲壮的一幕，与当年的项羽何其相似！

前文述及，英布的妻子是长沙王吴芮的女儿。其时吴芮已经死了，长沙王是吴芮的儿子长沙成王吴臣。吴臣派人欺骗英布，说他愿与英布共同逃亡，带着英布一齐前往越地。吴臣是英布的妻弟，英布于是相信了他，跟着吴臣前往番阳（今江西省上饶市鄱阳县）。吴臣的手下在当地百姓的民宅里，发动突然袭击，杀死了英布。大名鼎鼎的英布，就此灭亡。

与韩信、彭越二人死后受到很多人同情和怜悯不同的是，许多人都认为英布之死是咎由自取。英布在跟随项羽之时，曾经多次立下大功。作为项羽手下较为得力的大将之一，项羽在屠杀活埋无辜士卒之时，英布常常充当马前卒的角色。

第九章　西汉（上）

秦灭之后，项羽封英布为九江王，对他可说是不薄，可是英布却背叛了项羽。许多人虽然对项羽的残暴多有诟病，但对项羽的英雄气概和悲壮之举却颇有心理共鸣。英布背叛项羽，这让许多人在内心深处已经不再信任他、认同他、支持他，所以英布最后被杀，很少有人同情他。

刘邦在击败英布之后，命部将率军追击英布，而他自己则带兵先行班师。在班师途中，他顺便去了一趟老家沛县，并在那里停留了一段时间。

在沛县的行宫中，刘邦摆酒设宴，邀请故乡的父老子弟一起饮酒作乐。他命人从沛县城中找来一百二十个小孩子，然后教他们唱歌。

刘邦畅饮之后，即兴作诗一首，并击筑高歌，其词曰："大风起兮云飞扬，威加海内兮归故乡，安得猛士兮守四方。"然后让那些小孩子跟着他一齐唱。

这首诗歌，本无诗名，后世取句首二字，称之为《大风歌》。因是刘邦即兴所作，只有三句，所以在诗歌史上极为罕见。这首诗抒发了刘邦一统天下、壮志得酬之后的豪迈之情，全诗之中充满着一股王霸之气。当然，也有他对自己日渐年老而国家尚且动荡不安，渴望英雄才俊维护他的帝国的忧虑之情。

刘邦大声地唱，小孩子们跟着唱，刘邦拔剑起舞，舞了一阵，回想之前的种种往事，既感慨万千，又悲伤感怀，禁不住泪流不止。他对沛县的父老们说："远离家乡的游子，总会因为思念家乡而感到悲伤。我虽然建都于关中，但千秋万岁之后，我的魂魄仍然会因思念沛城而感到愉悦。我从担任沛公起诛灭暴逆，从而得到了整个天下，所以把沛县作为我的汤沐邑，免除沛县父老的徭役，让你们世世代代不须要缴税服役。"沛县的父老非常高兴，他们整日陪着刘邦开怀畅饮，讲一些过去有趣的往事，感到非常快乐。

汤沐邑，古人称沐浴的温水为"汤"；"沐"，就是洗头的意思，也可以理解为"洗浴"。汤沐邑一词，源自周代的制度，是指诸侯朝见天子之时，天子在王畿之内赐给他一块供住宿、斋戒和沐浴的封邑。从最浅表的意思来理解，也就是诸侯风尘仆仆地远道而来，必须洗个澡之后才能去见天子，所谓的汤沐邑，也就是让诸侯洗澡的地方。后来，汤沐邑多指国君、皇后、公主等受封者收取赋税的私邑。而贵族受封的汤沐邑，则是一种食邑制度。

在沛县留了十多天，刘邦准备回长安，沛县的父老又极力挽留。刘邦说："我的随从非常多，留的日子多了，只怕父兄们供养不起。"于是起身返京。沛县的父老倾城而出，全部前往沛城之西，向他进献牛酒。刘邦不得已，只好又停留下来，搭起帐篷，与乡亲们饮酒三日。

沛县的父老都向他叩头求情说："沛县非常幸运地被陛下免除了赋税和徭役，而丰邑却没有免除，恳请陛下哀怜他们。"刘邦回答说："丰邑是生我养我的地方，我永世不会忘记，我之所以不能释怀，只是因为之前雍齿与丰邑的子弟为了魏国而背叛我。"沛县的父老们极力向刘邦恳求，刘邦不得已，只好答应下来，也免除了丰邑的赋税及徭役。此后，刘邦拜他的侄子，他二哥刘仲的儿子，沛侯刘濞为吴王，之后带领大军回长安。

回头继续看代地造反的陈豨。

在陈豨扯起造反的大旗之后，逃入匈奴的韩王信为了策应陈豨，于汉十一年（公元前196）春天，与匈奴骑兵一起侵入参合（今山西省大同市阳高县南），并在那里安营扎寨，与汉朝为敌。刘邦于是派遣将军柴武带兵前去迎击。柴武到达参合之后，先打亲情牌，给韩王信写了封信说："皇帝陛下宽厚仁慈，尽管有些诸侯背叛逃亡，但当他们再度归顺的时候，陛下总是恢复他们原有的爵位和名号，并不随意诛杀。这些都是大王您所知道的。大王您是因为战败才逃归匈奴的，这并不是大罪，您赶快自己回来吧！"

韩王信收到柴武的来信之后，苦笑不已，他回信道："皇帝把我从里巷平民中提拔起来，让我南面称王，这对我来说已经是万分荣幸了。在荥阳与西楚对敌之时，我不能以死尽忠而被项羽俘虏，这是我的第一条罪状。等到匈奴进犯马邑，我不能坚守城池，献城投降，这是我的第二条罪状。现在不仅不忠于大汉，反而为敌人带兵，与将军争这一日一夕的活路，这是我的第三条罪状。文种、范蠡没有一条罪状，却在消灭吴国之后一个被杀一个逃亡；现在我对皇帝犯下了三条罪状，还想在世上求取活命，这就是伍子胥在吴国之所以被杀的原因啊。现在我逃命隐藏在深山之中，每天都靠向蛮夷乞讨过活。我思归之心，就像瘫痪的人不忘直立行走、盲人不忘睁眼观看一样，实在是迫切至极，只不过是形势不允许我这么做罢了。"

柴武见韩王信在情理上转不过投降的弯，知道他不敢归汉，于是引军与韩王信交战。参合城最终被汉军攻破，韩王信被杀。

韩王信最初投奔匈奴的时候，是带着他的太子一起去的。到匈奴颓当城的时候，韩王信的妃子生了一个儿子，因地取名，叫韩颓当。太子的妃子也生了个儿子，取名韩婴。汉文帝十四年（公元前166）时，韩颓当与韩婴带着他们的部属归降了汉朝。汉朝封韩颓当为弓高侯，封韩婴为襄城侯。韩氏子孙，最终归汉。这是后话，此处不再详叙。

在刘邦率中央军北上攻打陈豨所部的时候，燕王卢绾也受命率部燕国军队从东北方向攻打陈豨。陈豨感觉非常吃紧，于是派王黄前往匈奴，搬取救兵。燕王卢绾担心匈奴出兵后会给近邻的燕军带来非常大的压力，于是也派使者张胜前往匈奴，向匈奴声明说陈豨已经兵败，希望匈奴不要帮助陈豨，而是和汉、燕联合起来，共同诛灭陈豨所部。张胜到了匈奴之后，原燕王臧荼的儿子臧衍就对他说："您之所以在燕国受到重用，是因为您对匈奴的情况非常了解。燕国之所以这么长时间还没有灭国，是因为北地的诸侯屡次叛乱，战争打了多年还没有结束。如今您为了完成燕国的使命，迫不及待地想要消灭陈豨，可是等有一天陈豨等人被消灭了，下一个轮到的就是燕国了，燕国被灭，您和燕王恐怕马上就会成为汉朝的囚虏了。先生您为什么不让燕国暂时放过陈豨而与匈奴联合呢？如果局势得到缓和，燕国就可以长期存在，就算是朝廷要打燕国的主意，燕国也可以安如磐石。"

张胜觉得臧衍说得非常有道理，于是自作主张，私下里让匈奴帮助陈豨攻打燕国，以期在表面上造成一个匈奴大军在陈豨带领下攻打燕国，燕国奋力抵抗的假象，好让刘邦不对燕国采取行动，从而长久地保全包括燕王卢绾等在内的人的荣华富贵。

卢绾见张胜未去出使前匈奴倒还没有主动攻打燕国，张胜一去出使，匈奴军队却打上门来，于是怀疑张胜和匈奴有勾结。他把张胜的家属全部抓了起来，然后向刘邦上书，请求将张胜灭族。卢绾的奏折送出之后，张胜从匈奴回来了，他详细地向卢绾解释了他要那样做的理由。卢绾猛然醒悟，于是又连忙向刘邦解释说是其他人谋反，他没有调查清楚，然后释放了张胜的家属，从而使张胜能够安心做他和匈奴之间的间谍。

之后，卢绾又派他的下属范齐前去找陈豨，劝陈豨逃亡并打游击战，表面上造成与燕国战事连年不绝的假象，不仅让陈豨，也好让燕国得以长期存在。

但纸里终究包不住火，卢绾派人与匈奴和陈豨勾结的事情，最终随着陈豨部将的降汉而浮出水面。刘邦听陈豨降将说卢绾派人与陈豨勾结，说什么也不相信，于是派使者前去召卢绾回京，卢绾心虚，称病不敢回京。刘邦又派辟阳侯审食其和御史大夫赵尧前去召卢绾回京，并借此调查他的属下。卢绾更加恐惧，躲藏起来不见二人，他对他的心腹宠臣说："不是刘氏而被封王的，现在就剩下我和长沙王吴芮了。去年春天族灭淮阴侯韩信，夏天诛杀了梁王彭越，这都是吕后的阴谋。现在皇上病得很厉害，政事皆决于吕后，吕后这个女人非常狠毒，专门找借口想要诛杀异姓诸侯王及立下大功的大臣。"继续借口有病,拒不回京。卢绾的手下见势不妙,全都悄悄地逃走了。卢绾的这番话,很快就传到了辟阳侯审食其的耳中。审食其回京后,把调查的情况详细向刘邦做了禀报,刘邦听了更加生气。

此后不久,刘邦又从匈奴降将那里,得知了张胜流亡匈奴,替燕王卢绾联合匈奴的事实,于是他勃然大怒说:"看来卢绾果真是造反了。"汉十二年(公元前195)三月,刘邦派樊哙为主将,率军攻打燕国。后因刘邦病重,又改以周勃代之(具体原因后面讲)。

卢绾听说刘邦生病,于是带着他的家属、宫人、亲信等共数千骑,在长城下等候,希望刘邦病愈之后,亲自回长安向刘邦解释谢罪。然而卢绾并没有等到这一天。四月,刘邦病逝,卢绾见再也没有机会向刘邦解释什么,只好带着他的宫人及家人部属逃亡到匈奴。匈奴封他为东胡卢王。不过卢绾虽然被匈奴封为东胡卢王,可是匈奴军队仍然会时不时地前来劫掠他一番。卢绾非常苦闷,常常想回汉朝,可是上天并没有给他这个机会,一年多后,卢绾死在了匈奴。

吕后当权时期,卢绾的妻子和儿女逃出匈奴,重回汉朝。其时正赶上吕后病重,所以没有来得及召见,朝廷安排他们住进燕王在京的府邸里,准备等吕后病好后再设宴召见他们。谁知吕后一病不起,很快逝世,所以相见的仪式没有举行,他们的回归没有及时得到朝廷的认可。卢绾的妻子在不久之后也病死,一直到汉景帝中元六年(公元前144),卢绾的孙子卢他之,以东胡王的身份,向汉朝投降,卢氏子孙才算正式回到了汉朝。

看看以上韩信、彭越、英布等人身死族灭的悲惨结局,再看看同样是反叛者却逃入匈奴的韩王信、卢绾等人的后人所得到的谅解和礼遇,就会让人产生一种最为深切的感受:什么是三十六计,走为上计!事情到了无可奈何的地步,一走了之,不失为保全己身最好的办法。

陈豨反汉前后持续了大约有三年时间。汉十二年(公元前195)冬,樊哙率兵追击兵微将寡的陈豨,陈豨溃败无法逃脱,在灵丘(今山西省大同市灵丘县)被斩杀。轰动一时的陈豨反叛事件,至此画上了一个句号。

回头看看,自楚汉战争以后,功臣和诸侯王叛乱者屡屡不绝,影响较大的依次有燕王臧荼、陈公利几、韩王信、赵相贯高、赵相陈豨、淮阴侯韩信、梁王彭越、淮南王英布、燕王卢绾等九位,这里面既有并非刘邦嫡系的诸侯王,还有原属项羽阵营的降将,更有深受刘邦信任的陈豨、卢绾等人。在楚汉战争中,背叛项羽的诸侯及将领几乎都有一个如出一辙的理由，都说是项羽"战胜而不予人功、得地而不予人利"，所以将领们都先后背叛了他。那么在赏罚有信、知人善任的刘邦手下，诸侯们理应都不会造反才对啊，为什么也接二连三地造反了呢？有一个非常重要的原因，那就是但凡是皇帝，其猜忌心都非常严重，功臣和诸侯王在被猜疑之下，只有造反一条路可走。像臧荼、利几、陈豨、英布都属于这种情况。不仅有嫌疑的功臣受猜疑，甚至无嫌疑的功臣都受到了猜疑，就连一直忠心耿耿的萧何都受到了刘邦的怀疑，还有谁是刘邦不怀疑的呢？

早在楚汉战争时期，刘邦与项羽在京、索之间相持之时，就曾怀疑关中留守的萧何。他在前线苦战，却多次派使者回关中慰劳萧何，多亏了鲍生出主意让萧何的亲戚全部上前线，才算暂时消除了刘邦对他的怀疑。

陈豨在代地发动叛乱的时候，刘邦亲自带兵去平叛。淮阴侯韩信谋反未遂，被萧何诱入宫中杀死。刘邦在邯郸听说韩信被萧何和吕后设计被杀，于是派使者回京，拜萧何为相国。（萧何此前就已经是丞相，其时的相国一职，则更显尊贵意味，为了政治的需要，不仅治国的文臣可以拜为相国，带兵打仗的将领也可以拜为相国。如在萧何之前就曾拜淮阴侯韩信、曹参、傅宽等人为相国，萧何之后拜樊哙、周勃等人为相国。吕氏被铲除之后，分设右、左丞相，相当于正、副丞相，由两位不同的大臣分别担任。）

刘邦又为萧何加封食邑五千户，派五百名兵卒和一名都尉作为相国的卫队。大臣们见萧何受到这么高规格的赏赐，都前来向萧何祝贺，而一个名叫召平的人却穿着白衣来了，声称要前来吊丧。召平是原秦国的东陵侯，秦朝被灭之后，他就成了平民百姓，在长安城东以种瓜为生。他种的瓜特别鲜美，也就是人们通常所说的"东陵瓜"。萧何对召平的做法感到非常不解，于是问召平为什么？召平对萧何说："您马上就要大祸临头了。皇上在外风餐露宿艰苦征战，而您在京中安闲地留守，您没有像皇上那样亲冒矢石、冲锋陷阵，皇上却为您增加封邑并设置了卫队，这是什么缘故？这全是因为淮阴侯刚刚在关中谋反，皇上开始怀疑啊。所以说现在设置卫队护卫您，并不是因为皇上宠信您啊。请您赶快辞去封邑不要接受，然后拿出全部的家财为皇上置办军需，这样一来，皇上就会更加信任您了。"听了召平一席话，萧何不禁惊出了一头冷汗，于是他赶快按召平说的去做。刘邦在前线，见萧何又是辞去封邑又是尽出家财，虽然嘴上不说什么，但是心里非常高兴。

第二年秋天，英布造反，刘邦又是亲自带兵前去征伐。在路上，刘邦多次派使者回京，让他们观察萧何在京中干什么。而此时的萧何，因为刘邦带兵外出，所以还像刘邦征伐陈豨时那样，继续做些抚慰百姓、鼓励耕织的事情，并仍然把多余的家财拿出来补充军费。有门客就对萧何说："相国您离灭族已经不远了。您现在的职位已贵为相国，群臣里面功劳第一，还有什么样的封赏可以加给您呢？况且您刚入关中就深得百姓之心，距今已经十多年了，百姓都非常拥戴您，您还勤勤恳恳地为百姓办好事。皇上之所以几次问您在关中的动向，就是担心您会在关中发动叛乱啊。您为什么不用低价去购买百姓的田地，让百姓骂您，怨恨您，从而自毁形象，这样一来，皇上就会心安了。"萧何觉得门客说得对，于是就照门客说的去做。刘邦在前线听说萧何的所作所为之后，心里特别高兴。

刘邦击败英布班师回朝之时，百姓跪在大路中间，拦路向刘邦告状，说相国萧何用低价强买百姓的田产数千万。刘邦将百姓安抚一番，然后收下了百姓的状子。

刘邦回城之后，萧何去拜见他，刘邦笑着说："你这个相国，竟然会与民争利。"然后把百姓控告他的状子全部交给萧何说："你自己去向百姓道歉吧。"萧何于是趁机在刘邦面前为百姓求情说："长安地形狭窄，上林苑中有很多空地，白白地在那里荒废着。请陛下允许百姓到上林苑中耕种，秋天让他们把粮食收走，把秸秆留下来作为苑中禽兽的食料。"

刘邦不听则已，一听立刻勃然大怒，他斥责萧何说："你一定是收了商人的私财，现在跑来为这些人索要我的上林苑。"于是命人把萧何抓了起来，然后套上枷锁投入了监狱。

几天之后，一名姓王的卫尉在为刘邦警卫时，上前问刘邦："相国究竟犯了什么大罪，陛下为什么突然之间把他抓起来了？"刘邦不满地说："我听说，李斯担任秦始皇的丞相时，办了好事都归功于主上，有了错误则全部由自己承担。如今相国收受那些下贱商人的大量钱财，之后跑来为这些人求取我的上林苑，想以此来讨好百姓，所以我把他抓起来准备治他的罪。"

王卫尉替萧何抱不平说："若说在自己的职责范围之内，如果有对百姓有利的事从而为他们向陛下提出请求，这真是宰相应该做的事，陛下怎么能怀疑相国收受了商人的贿赂呢？况且之前陛下与楚军相持有数年之久，陈豨、英布反叛之时，陛下亲自带兵外出平叛，在那个时候，相国留守关中，如果他存异心，只要稍有异动，函谷关以西的地方就不属陛下所有了。相国不在那个时候为自己谋利，现在难道会稀罕商人们的几个小钱吗？再说秦朝皇帝就是因为听不到自己的过失而失去了天下，李斯为主上分担过错的做法，又有什么可值得仿效的呢？陛下怎么怀疑相国如此浅陋呢？"刘邦听了王卫尉的话，心里很不高兴。当然，对于王卫尉所说的这些，他也没办法解释，因为这是一种帝王心术，不便向臣子明言。

刘邦的真实意图，并不是真的以为萧何收了商人的贿赂而要治他的罪，而是在这个时候，他已经一眼洞穿了萧何之前低价贱买百姓田产之事确系伪装。本来在这个时候，萧何在刘邦面前装出一副名誉扫地的样子，灰溜溜地离开，然后灰头土脸地回去向百姓退田，继续忍受百姓的谩骂，然后威望骤降，然后大失民心，然后才能显示出贵为天子为民做主的刘邦更得民心，这就对了。可是这个不知趣的萧何，露出马脚不自知不说，还要为民请命，索要皇家的林苑！这就一下子犯了刘邦的忌讳，整个天下都是我刘邦的，你拿着我的东西送给老百姓为自己捞取好名声，有这样做臣子的吗？就算是百姓要感谢，那也应该感谢我啊！普天之下威望最高的应该是皇帝，而不是相国，你想风头盖过皇帝，那你的死期就到了。这是刘邦想要整治萧何的最真实的原因！

王卫尉这个年轻人，政治修为不够，什么都不懂，还敢跑到刘邦面前为萧何鸣不平，真是令刘邦越发气闷。当然，刘邦虽有猜忌的一面，但也确实有帝王风度，他知道萧何对他一直忠心耿耿，为他付出了很多，这一点王卫尉说的倒是实情。想来想去，刘邦觉得还是不要杀死萧何的好，毕竟萧何只是好名声大了一点，谋反的心是绝对没有的，适时地把他敲打一下，让他知道夹着尾巴做人，不要抢皇帝的风头，也就可以了。于是当天，刘邦就派人手持符节前往狱中，赦免萧何出狱。

萧何比刘邦大一岁，当时已经是六十一岁了，在监狱里蹲了几天，还是没有想明白刘邦为什么要惩治他，但他素来谨慎，从不敢对刘邦有任何的违逆，此时见刘邦赦免了他，于是赶快戴着刑具赤着脚跑来向刘邦谢恩。刘邦见萧何蓬头垢面前来，心上的气还是没有出平，他没好气地说："相国你算了吧，你为百姓求取上林苑，我没有同意，我不过就是像桀纣那样的暴君，而你却是贤德的好相国。我把你抓起来，就是为了让百姓知道我有多残暴。"萧何不敢再说一句话，恭恭敬敬地退了出去，从此以后，他很少再主动过问国家大事。通过这样整治萧何，刘邦在一定程度上削弱了相国的权力，他的皇权得到了进一步加强。

所以，就连萧何这样恭敬谨慎、一心为民的人都受到刘邦如此的猜忌，更何况是心怀怨恨、确有谋反迹象的韩信、彭越等人呢？至于陈豨，他因为仰慕信陵君而礼贤下士，招揽宾客，就算是周昌不怀疑他，刘邦也早晚会怀疑他。汉初的格局已与战国时的格局大不一样，信陵君养客是因为当时的魏王孱弱昏聩，众臣庸碌无能，魏国面临重重危机，所以养客以备不时之需；那么此时刚刚建立的汉朝，皇帝刘邦神武雄威，大臣个个精明强干，陈豨只是众多将领之中的一员，他广揽门客意欲何为呢？如果陈豨养客的确是为了树党，为日后叛乱做准备，那么就可以说，他兵败被杀，一点也算不得冤枉；如果说他养客是为了让人们认为他有信陵君的遗风，那么恐怕他就太不明智了。魏武帝曹操名言"不可务虚名而处实祸"用在陈豨的身上，应该说是再贴切不过。

陈豨是较早随刘邦起兵而立下大功的元勋之一，但在正史之中，他的记载却是少之又少，许多的地方，甚至是经过了人为的刻意删减，乍一看上去，陈豨这个人就像是凭空冒出来的一样，让人感觉到非常突然。为什么会出现如此奇怪的景象呢？皆因为陈豨与吕后大哥吕泽关系非常密切。在后来吕氏与刘氏的火并之中，获胜的刘氏一方，为了尽量贬低吕氏的功劳，消除吕氏对朝政的影响，对和吕氏有关的一切，都进行了最大限度的淡化处理。那么与吕泽关系较睦的陈豨，在后来的历史中成为一个名不见经传的人，也就不是什么奇怪的事情了。

那么为刘氏争夺天下而出过大力的吕氏，与刘氏的关系，就如同吕后与刘邦之间的夫妻关系一样，何等亲密无间，何等患难与共，又怎么会出现裂缝呢？从头来看一看。

这一切，都要从刘邦最为宠爱的戚夫人说起。

戚夫人又称戚姬，定陶人，出身于一个贫奴家庭。楚汉战争时期，刘邦在征战中遇到年仅十六岁的戚夫人，立即被她的美色所吸引，于是纳为妃嫔。

刘邦征战期间，吕后等人一直在老家，后又被项羽关押；击败项羽之后，又在关中留守，再加上年老色衰，所以逐渐被刘邦冷落。而戚夫人则一直陪在刘邦的身边。因为戚夫人能歌善舞，擅长跳一种名叫"翘袖折腰"的舞，还会唱楚歌、击筑、鼓瑟。刘邦高兴时，她能让刘邦开怀大笑；刘邦苦闷时，她能让刘邦忘记忧愁，因此，戚夫人受刘邦宠爱程度，不是一般的妃嫔能够相比的。

戚夫人为刘邦所生的儿子取名为如意。也真可以说是人如其名，这个儿子太如刘邦的意了。他在脾气、性格等各方面都跟刘邦非常相似，所以刘邦非常喜欢这个排行第三的儿子（老大是庶出的刘肥，老二是吕后子刘盈），常常夸赞这个儿子有他的风范。

汉七年（公元前200），身为代王的刘邦二哥刘仲弃国而逃，被废为合阳侯,年仅八岁的刘如意被封为代王。汉九年(公元前198),因赵相贯高谋刺刘邦事发,赵王张敖被废为宣平侯,十岁的刘如意被改封为赵王。

因为刘邦非常喜欢刘如意,再加上非常宠爱戚夫人,因此戚夫人渐渐有了野心,她想让自己的儿子替代刘盈当太子。戚夫人说的次数多了,刘邦也动了这个心思,他觉得嫡出的长子刘盈为人仁慈却软弱,根本不像自己,于是就想改立他喜欢的刘如意为太子。

刘邦把他改立太子的提议交给大臣们讨论,大臣们感觉刘邦喜新厌旧,今天要废结发之妻的儿子,明天就能侵害他们这些功臣的利益,所以都表示反对。尤其是御史大夫周昌,反对得更为坚决。刘邦问他为什么反对,周昌因为有口吃的生理缺陷,再加上情绪比较激动,于是说:"臣口不能言,然臣期期知其不可。陛下欲废太子,臣期期不奉诏。"也就是说:"我虽然不太会说话,但我知道绝对不能这么办。陛下想要废太子,我绝对不会听从您的命令。"

周昌在与刘邦争辩时,因为口吃,把本来不需要重叠的"期"字说成了"期期",后又由于三国时魏国的邓艾也口吃,说到自己的时候连说"艾……艾……",因此人们把"期期艾艾"作为一个成语,形容口吃。

周昌在他的堂兄周苛被项羽所杀之后,被刘邦拜为御史大夫,多次随刘邦与楚军交战,并立下战功。刘邦大封功臣之时,周昌与萧何、曹参等人一起受封,被封为汾阴侯。周苛的儿子周成因其父,也被封为高景侯。

周昌虽然口吃,但他却是个骨头很硬的人,敢于直言,一身正气,因此包括萧何、曹参在内的许多大臣都非常害怕他,就连刘邦也有些怕他。有一次,周昌入宫奏事,刘邦其时正在和戚夫人亲热,周昌见了,赶快扭头就跑。刘邦起身就追,追上之后,他骑在周昌的脖子上问道:"你看我是一个什么样的皇帝?"周昌挺直脖子,昂起头来说:"您就是夏桀、商纣一样的皇帝。"刘邦听了之后,自我解嘲地哈哈大笑,但从此却对周昌非常敬畏。

此时刘邦见周昌不顾口吃的毛病极力反对,对他的忠心感到极为欣慰,于是他欣然而笑,将此事暂且搁置起来。

事后,吕后因为在东厢偷听,完整地听到了上述对话,于是她特意前去跪谢周昌说:"如果不是您,太子几乎就被废掉了。"

刘邦想立刘如意为太子却遭到大臣反对,心里非常苦闷。有一天,刘邦突然悲伤地唱起歌来,唱着唱着,竟然流下泪来。大臣们都不知道刘邦为什么会这样,只有一个名叫赵尧的年轻人猜中了他的心思。

赵尧是掌管符玺的御史，是御史大夫周昌的属下，虽然年轻，却非常聪明。他的同僚、赵国人方与公就对御史大夫周昌说："您的御史赵尧，年纪虽轻，却是一个奇才，您对他一定要另眼相待，他将来必定会代替您的职位。"周昌笑着说："赵尧年轻，只不过是一个刀笔小吏罢了，哪里会到这种地步呢！"过了不久，赵尧到刘邦的身边去侍奉刘邦。

赵尧见刘邦悲歌感慨，于是上前问刘邦："陛下您闷闷不乐，莫非是因为赵王年轻而戚夫人和吕后关系不睦吗？是担心在您千秋万岁之后赵王不能保全自己吗？"刘邦十分惊异这个年轻人竟然能猜中自己的心思，于是承认说："对。我非常担心赵王和戚夫人，但我却想不出什么办法来。"

赵尧说："陛下最好为赵王派去一个地位高贵而又非常强势的相国，这个人必须是吕后、太子和群臣平素都非常敬畏的人才行。"刘邦说道："对。我也是这么考虑的，但是群臣之中，谁能担此重任呢？"

赵尧说："御史大夫周昌，为人坚韧耿直，况且从吕后、太子到满朝文武，人人都对他非常敬畏，因此，只有周昌能够担此重任。"刘邦说："非常好，那就让周昌去。"

于是刘邦召见周昌，对他说："有件事情，我一定得麻烦您，我想，您无论如何也要为我去辅佐赵王，去担任他的相国。"

周昌一听，立即哭了起来，他说："我从一开始就跟随陛下，您为什么单单要在半路上把我丢弃给诸侯王呢？"刘邦说："我也非常清楚地知道这是降职，但我又非常担心赵王，考虑再三，觉得除您之外，再没有其他人可以承担这个重任。真是迫不得已，您一定得为我走一趟！"于是御史大夫周昌被调任为赵国相国。

周昌走了一段时间以后，有一天刘邦拿着御史大夫的印信，一边轻轻地把玩，一边自言自语说："谁可以接替周昌担任御史大夫呢？"说话之间突然看见了侍立的赵尧，仔细地把他看了看，说："没有人比赵尧更合适了。"于是拜赵尧为御史大夫。赵尧此前已有军功和食邑，后来又随刘邦攻打陈豨立功，被封为江邑侯。

刘邦虽然派周昌担任了赵国的相国，但他仍然很不放心，怕他死后吕后会加害如意，改立如意为太子的念头仍然非常强烈。因为这个缘故，吕后惶惶不可终日，不知道该怎么办。有人就给吕后出主意说，张良是个特别有智谋的人，并且素来为刘邦所信任和器重，最好去找张良想想办法。

吕后虽然贵为皇后，但她毕竟是一个妇道人家，碍于礼法，不方便直接去找张良，于是就让她的哥哥吕泽去找张良。

吕后的哥哥吕泽在当时，也是一个重量级的人物。他几乎与刘邦同时在沛县起兵，他在灭秦和楚汉战争中，作为一支独立的军事力量，立下汗马功劳，他不曾隶属于刘邦，但多次为战败的刘邦提供了其他人不能提供的帮助。吕泽战功卓著，足以封王，但因为他是刘邦的妻兄，所以在生前并没有封王，只封为建成侯。直到在他死后十三年，才由掌权的吕太后追封他为王，谥曰悼武王。

吕泽与汉军之中的许多大将如陈豨、靳歙、丁复、傅宽、郭蒙、朱轸等人，有着很深的渊源。与其他的将领之间，也有着非常深厚的战火中建立起来的情谊。因此，刘邦一提易储，许多大臣因为跟吕泽的关系，都愿意替吕泽出头。所以在这方面，只凭美貌而受宠的戚夫人，在实力上显然跟吕后没办法相比。不过，刘邦还在，只要刘邦铁了心想改立太子，那么其他人谁都挡不住。

外甥的未来，就关乎着吕氏家族的未来，从这一点来说，吕泽、吕后与刘盈的利益是一致的。于是吕泽前往张良的府上，胁迫张良说："您经常担任皇上的重要谋臣，现在皇上想要更换太子，您怎么能高枕而卧呢？"

本来在刘邦大肆屠戮功臣宿将的恶劣政治气候中，谨慎的张良为了明哲保身，根本不想参与任何的政治斗争，再加上他体弱多病，所以常常闭门谢客，不愿与其他人扯上过多的关系。现在吕泽登门拜访，开口就是关乎太子的大事情，张良心中自然是很不情愿。所以他尽量推辞说："当初皇上多次处在危急之中，所以才很幸运地采用了我的计谋。如今天下安定，皇上由于个人的喜好想要更换太子，这是至亲骨肉之间的事，即使一百个像我这样的人去劝他，又有什么用呢？"

吕泽久在军旅，他能立下卓著战功，就证明他也不是好糊弄的，他显然不满意张良的答复。于是他强行要挟张良说："你一定得给我出个主意。"

张良没有办法，只好替吕泽出主意说："这种事情是很难用口舌来争辩的。皇上不能招致而来的，天下有四个人。这四个人已经年老了，都认为皇上对人傲慢且经常侮辱人，所以他们全部逃避躲藏在山中，坚守道义不肯做汉朝的臣子。但是皇上很敬重这四个人。现在您如果能不吝惜金玉璧帛，让太子写一封信，言辞要谦恭，并预备好马车，再派有口才的人前去恳切地聘请他们，他们应该会来。来了以后，把他们当作贵宾，让他们时常跟着太子入朝，叫皇上见到他们。那么皇上见到他们之后，就一定会感到惊异并询问他们为什么会跟随太子。这一问，皇上知道这四个贤能的人愿意辅佐太子，那么必定会为巩固太子之位带来不小的帮助。"

吕泽大喜过望，于是回去报告吕后。吕后赶快让吕泽派人带着刘盈写的信，言辞谦卑、礼物丰厚，前去迎请这四个人。

这四个人请回来之后，就住在吕泽的侯府里。

英布反叛的时候，刘邦病得很厉害，躺在床上不想动，打算派太子刘盈率兵前去讨伐叛军。这四个老人听到后立即感觉到不妥，当年晋献公让太子申生率军攻打东山皋落之狄的事情还历历在目，于是他们商议说："我们之所以来，是为了要保全太子，太子如若率兵前去平叛，事情就危险了。"于是他们对吕泽说："太子率兵出战，如果有幸击败叛军立了功，那么权位也不会高过太子；如果无功而返，那么从此以后就要遭受祸患了。再说与太子一起出征的各位将领，都是曾经同皇上平定天下的勇猛强悍之将，如今让太子统率这些人，这和让羊指挥狼有什么区别，他们绝对不肯为太子卖力，太子不能建功是必定的了。我们听说'爱其母必抱其子'，如今戚夫人日夜侍奉皇上，赵王如意常常被抱着出现在皇上面前，皇上也说'终归不能让不成器的儿子居于我的爱子之上'，显然，赵王如意取代太子之位是必然的了。您何不赶紧请吕后找机会向皇上哭诉说：'英布是天下的猛将，善于用兵，现今的各位将领都是陛下过去的同僚，您现在让太子统率这些人，这无异于让羊指挥狼，没有人肯为太子效力。再者说，如果让英布知道了这个情况，就一定会大张旗鼓地一路向西进犯。皇上虽然患病，但还可以勉强乘坐在马车上，躺着统辖军队，众将不敢不尽力。皇上虽然会非常辛苦，但为了妻儿，还是要再坚持一下。'"

于是吕泽当机立断，趁夜去见吕后，让吕后去向刘邦哭诉，说了那四个老者授意的那番话。

刘邦听了之后说："我本来就觉得派这小子去不行，还是老子自己去吧。"于是刘邦强打精神，亲自带兵东征。京中留守的大臣都前往灞上送别。病中的张良也勉强支撑着前去送行，到曲邮（今西安市东）的时候，他对刘邦说："我本应该随陛下前去平叛，但我实在是病势沉重，没办法追随陛下。楚国军队雄壮敏捷，希望皇上不要跟他们硬拼。"刘邦点头，张良又趁机为刘盈求情说："请任命太子为将军，监督关中的军队。"刘邦点头同意，并勉励他说："子房你虽然患病，但还要在病中辅佐好太子啊。"这个时候，叔孙通是太子太傅，而张良是太子少傅。

刘邦在去征讨英布之前，本来就病得厉害，谁知去了之后，又被流矢射伤。刘邦年老血衰，箭伤很难痊愈，再加上伤口感染，病势越来越沉重。在病势渐沉之际，他改立太子的念头越来越强烈。少傅张良劝阻不听，于是太傅叔孙通出马。

叔孙通说："之前晋献公因宠爱骊姬而废了太子，改立骊姬的儿子奚齐，结果使晋国乱了几十年，成为天下人的笑柄。秦朝也是由于没有及早确定扶苏为太子，结果让赵高钻了空子，伪造遗嘱立了胡亥，从而自己导致了国家社稷的灭亡，这是您亲眼所见的。如今太子仁慈孝顺，天下人都知道；再说吕后又是和您一起同甘共苦患难相随过来的，您怎么能忍心背弃她呢！如果陛下一定要废掉太子另立他人，那我现在就请求死在您的面前。"说着拿起了宝剑。

刘邦见叔孙通说得认真，怕这个书呆子真会以命相搏，于是假意说："算了，算了，我不过是开了个玩笑。"叔孙通说："太子是国家的本干，本干一动，整个国家就要随着动摇，您怎么能拿整个天下开玩笑呢！"刘邦没有办法，只好说："好了，我听你的。"

不过刘邦虽然当着叔孙通的面答应了下来，但他仍然想改立太子，这一点，没有逃过张良的眼睛。于是张良再次替吕泽等人出了个主意。

有一天宫中举行宴会，太子上前侍奉刘邦。那四个老人就一直跟在太子的身后，他们全都八十多岁了，须发皆白，衣着打扮非常奇伟。刘邦见了，感觉非常奇怪，于是就问："你们几个人是做什么的？"

四个老者上前回答刘邦的问话，并各自做了自我介绍，分别是东园公唐秉、甪里先生周术（甪音路，甪里是复姓）、绮里季吴实、夏黄公崔广。他们是秦始皇时七十名博士官中的四位，后来他们隐居于商山，号称"商山四皓"。

刘邦大惊失色，说："我找你们找了好多年，你们一直躲着不肯见我，现在为什么跟我的儿子在一起？"

商山四皓都说："陛下轻慢并经常辱骂读书人，我们义不受辱，所以在恐惧之下逃走躲了起来。我们听说太子为人孝顺仁慈，恭敬爱士，天下人都乐于为太子所用，所以我们前来跟随了太子。"刘邦万没想到自己从来都招致不来的商山四皓竟然会甘愿放下身段辅佐自己看不上眼的刘盈，于是怀疑刘盈是不是真的有过人之处，如果强行废立的话，一定会招致朝政的动乱。于是他对商山四皓说："烦请诸位先生帮我善始善终地调教太子。"

商山四皓为刘邦敬祝寿之后，即退了下去。刘邦心有不甘地目送着他们离开，然后叫过一旁的戚夫人，指着商山四皓的背影对她说："我想要改立太子，可是他们四个人却前来辅佐太子，太子的羽翼已成，难以撼动了。吕后真成了你的主人了。"戚夫人一听，立即哭了起来。

刘邦伤感地说："你为我跳一段楚舞，我为你唱一段楚歌。"其词曰："鸿鹄高飞，一举千里。羽翮已就，横绝四海。横绝四海，当可奈何！虽有矰缴，尚安所施！"歌词大意：志向远大的天鹅，高高地在天上飞翔，一飞就是数千里。它的羽翼已经丰满，它要纵横四海。它要纵横四海啊，可怎么办？就算是手持弓箭，也拿它没有办法呀。

连着唱了好几遍，戚夫人哭得泣不成声，刘邦失意地起身离开，酒宴就这样结束。自此以后，刘邦绝口不再提改立太子的事情。

第十二节　盖棺论定、南越称臣、陆贾《新语》、韩信申军法、张苍定章程

汉十二年（公元前195）四月，刘邦的病情越来越沉重，吕后找来了一位名医，为他诊治。名医诊断之后，半天没有说话，刘邦就问："我的病怎么样啊？"名医吞吞吐吐地说："嗯，陛下的病是可以治好的。"刘邦通过观察医生的表情，就知道自己的病已经没法治好了，于是他大骂医生说："我以一介平民，提三尺剑取天下，这不是上天注定的吗？既然一切都是上天注定的，那么就算是扁鹊来了，又有什么用处呢？"于是拒绝医生给他治疗，赐给那个医生五十斤黄金，打发他走了。

吕后眼见刘邦已经没有可能好转了，于是问刘邦："陛下百岁之后，如果萧相国死了，谁可以代他为相呢？"

刘邦说："曹参就可以。"

吕后又问："如果曹参死了之后呢？"

刘邦说："王陵可以。不过王陵这个人憨直有余而灵活不足，陈平倒可以给他当个助手。陈平这个人，智计有余，却很难独当一面。周勃这个人，虽然不善言谈，但为人忠厚，日后安定刘氏江山的，绝对就是周勃，让周勃做太尉执掌军队吧。"

吕后又问："那么陈平和周勃都死了之后谁当相国呢？"

刘邦说："以后的事情怎样，不是你所知道的了。"

四月二十五日，刘邦逝于长乐宫，享年六十二岁。

刘邦死了以后，一直过了四天，吕后还没有向外公布他的死讯。她找来她的

亲信审食其说："朝中的许多大臣和皇帝一样，都是平民出身，本来让他们北面为臣，他们心里就已经很不满意了，现在再让他们来侍奉年轻的皇帝，他们一定会不乐意，不把他们全部杀掉，天下就不会安定。"

审食其和刘邦、吕后是沛县老乡，最初是刘邦的门客。刘邦自立为沛公以后，自己带着队伍外出打天下，就把吕后和父亲刘太公托付给兄长刘喜和审食其。公元前205年，刘邦在彭城之战中大败而逃，刘太公、吕后及审食其全部被项羽抓获，后被作为人质羁押于楚军营中。在这期间，审食其担负起了照顾刘太公及吕后等人的责任，渐渐获得了吕后的信任，并因此和孤独的吕后私通。后因刘邦派侯公说项羽，审食其和吕后、刘太公被楚军放回。汉六年（公元前201），审食其被封为辟阳侯，吕后一直非常信任他。

此时刘邦离世，吕后再无其他亲信之人可以商量大事，于是找来审食其商议该如何对付其他大臣。不料她与审食其的谈话却被宫人传了出去。

将军郦商听到后，于是就前去拜见审食其说："我听说皇帝已经驾崩了，四天了还没有发丧，准备要尽杀朝中的大将。如果真是这样的话，那么局势就会非常危险了。陈平和灌婴带着他们剿灭英布的十万得胜之军守住荥阳，樊哙、周勃带着二十万军队平定燕、代等地，现在听说皇帝已经驾崩，吕后又准备杀死他们，那他们就一定会联合起来攻打关中。朝中的大臣在内部叛乱，诸侯在外面造反，那么汉家的天下马上就会灭亡了。"

审食其和吕后关系暧昧却未遭刘邦的清算，那就足以证明他有绝对的过人之处。他一听完郦商的话，就知道郦商说得绝对没错，于是赶快跑去找吕后，把郦商所说的话原封不动地转告了吕后。

吕后仔细一思量，觉得靠诛杀大将来掌控局面的举措并不稳妥，于是改变主意，公布了刘邦的死讯，为刘邦发丧，并大赦天下。

安葬刘邦之后，太子刘盈即位为皇帝，他就是汉惠帝。大臣们在朝会上讨论说："先皇虽然出身寒微，但能拨乱反正、平定天下，是汉王朝当之无愧的太祖，所建立的功勋最高，当尊号为高皇帝。"于是议定，庙号为"太祖"，谥号为"高皇帝"，全称为"汉太祖高皇帝"，简称"汉高帝"，也即一些史书中所称的汉高祖，其实没有这样的叫法。

刘邦虽然出身于平民之家，但他却具有卓越的政治才能、超凡的战略眼光，以及无师自通的帝王权术。他意志坚定，百折不挠，知人善任，大度能容，通过亲自罗致、"招降纳叛"、广结统一战线等措施，争取一切可以争取的同盟，团结一切可以团结的力量，最终由弱变强，击败对手，建立了中国历史上第二个大一统的封建帝国。

刘邦与其他许多帝王不同的是，他能够从容地面对死亡，这也是他比建立第一个大一统帝国的秦始皇高明的地方，因为他看透生死，不惧死亡，所以他能够从容地安排后事，使他的王朝在他死后得到了平稳过渡并一直延续了四百多年。而秦始皇则不然，因为恐惧死亡，厌恶"死"字，所以还没有来得及将后事安排停当就撒手西去，致使强大的秦朝瞬间崩亡，给后人空留下许多的感慨和叹息。

因为刘邦出身于平民家庭，所以他对普通百姓的生活和疾苦，有着非常深刻的了解，这一点与血统优越、皇族出身的秦始皇不同，更与从小食不果腹靠乞讨度日的明太祖朱元璋不同。所以刘邦在建立政权之后，既不像秦始皇那样严刑峻法、赋敛深重、苛待百姓，使民怨沸腾，也不像后来的明太祖朱元璋那样走极端，大肆屠戮功臣并低俸肃贪使朝臣震恐，而是采取了轻徭薄赋、宽厚仁慈地对待官民的方法。因此，刘邦所建立的西汉政权，不仅得到了最广大百姓的衷心拥护，也得到了士大夫阶层的倾心拥戴，所以汉初的几次地方诸侯反叛事件，都因得不到拥护刘氏政权的百姓支持而迅速被剿平，即便是中央政权出现的几次小波动，也都在衷心拥护刘氏的功臣们的共同努力下，有惊无险地重回刘氏手中。这不得不归功于刘邦的虑事周全、处事妥当和一系列国策所起的重要作用。

刘邦所建立的西汉政权，职官制度采取了秦朝的制度，即"汉承秦制"。官吏的设置和名称虽与秦朝略有不同，但大体上还是一致的。不过在汉初，因为前期为了统一战线的需要，刘邦册封了许多诸侯王，所以在全国施行郡县制的同时，还同时施行分封制，两种制度阶段性并存，这是与秦朝很不相同的地方。

刘邦吸取秦朝灭亡的教训，在政治上施行较为宽厚的政策。经历了秦朝的暴虐和秦朝的暴亡，刘邦可说是异常深刻地领会到了人民战争的威力，也非常深切地体会到了百姓生存的艰难。所以，他在入咸阳之后，就宣布废除秦朝的苛法，并将这种宽仁的政策一直持续了下去。

在经历了秦朝本身的残酷统治、三年的反秦起义和四年的楚汉战争，汉初的社会遭到了惊人的破坏，百姓流离失所，经济衰败凋零，因此，恢复生产、休养生息成为建国后亟须解决的问题。

早在汉二年（公元前205）刘邦并三秦之后，就下令为提供军需的蜀、汉两地百姓免除租税两年，关中百姓凡是从军的，免去全家一年的赋税。普通百姓年纪五十岁以上，有德行、能带领众人一起行善的，就安排其为三老，每乡一人。

又从乡三老中选择一个人担任县里的三老,与县令、县丞和县尉一起商议政事,免除其徭役(类似现代大镇的主要领导兼任县级常委)。并在每年的岁首十月赐酒肉慰劳百姓。

汉五年(公元前202),在击败项羽即皇帝位之后,刘邦即连续下发命令,遣送所有的士兵回家,同时下诏奖励耕织。规定凡是复员的士兵都按军功授予田地和住宅,关东的百姓愿意留在关中为民的,免除徭役十二年,回关东原籍的免除徭役六年,所有复员的士卒朝廷一律供养一年;之前的许多百姓为了躲避战乱而逃入山林之中,没有被官府编入户籍,现在天下已定,要全部回到本乡,恢复其爵位、田地和住宅,当地官吏要按照法律来教育引导他们,不得殴打、歧视、侮辱;凡是因饥饿而自卖为奴婢的,一律恢复庶民的身份,分给田地,让从事农业生产;凡是前秦的军吏士卒,一律赦免其罪行,无罪而无爵或虽然有爵但不满大夫的,一律进爵为大夫,原是大夫以上的,一律进爵一级;爵位在七大夫以上的,一律赐给食邑;爵位在七大夫以下的,一律免除本人及家属的赋税,不服徭役。

汉七年(公元前200),下令奖励生育,凡百姓家中生育子女者,一律免除徭役两年。

汉十二年(公元前195),下诏说:"朝廷决定要最大限度地减少赋税。现在各地向朝廷进献贡礼没有统一的规定,官员们为了向朝廷进贡,通常都多收赋税,而诸侯王就更多了,百姓的生活非常艰难。从现在起,诸侯王和通侯都在每年的岁首十月向朝廷进献,各地以其人口数为准,按每口每年六十三钱的标准进献。"这道诏令规定各郡县及诸侯国向朝廷进献的贡礼,不得超过一定的数额,同时这些郡县及诸侯国向百姓征税,也不得超过一定的限额。这道诏令所规定的情况,成为汉初轻徭薄赋最重要的内容。

同时下令,让各地官员向朝廷推荐人才,若发现有德行、才能的贤人,必须亲自前去劝导出仕,并安排车辆送往京师。凡是有贤才而不举荐被朝廷发现的,一律免去其官职。这道诏令,是中国历史上皇帝所下的第一道"求贤诏",也是汉代选拔人才制度"察举制"的雏形。

此外,刘邦还通过祭祀大禹、祭祀孔子,并为纪信等人立庙等举动,来进一步树立尊卑观念、体现儒学价值、争取百姓支持、强化封建统治。汉十二年(公元前195),刘邦征伐英布路过涂山(位于今安徽省蚌埠市怀远县),命人立大禹庙以镇涂山。涂山禹王庙,自此成为官方和百姓祭祀大禹的正式场所;刘邦路过鲁地时，专程到曲阜以隆重的"太牢"（猪、羊、牛三牲各一）祭祀儒家先圣孔子。刘邦是中国历史上第一个亲自前往孔庙祭孔的皇帝，开了帝王祭孔的先河。因为将军纪信在楚汉战争中为帮刘邦逃脱而假扮刘邦被项羽烧死，所以刘邦在称帝之后，厚赏并追封纪信，并赐黄袍加身，在长安上林苑中建庙祭祀，在每年的二月初八祭奠他。到了汉文帝、汉景帝时期，纪信又被封为长安城的城隍神，即长安城阴间的县令。

刘邦能够在汉初施行这些非常宽松的政策，与一个名叫陆贾的人有很大的关系。

陆贾是楚地人，他之前以门客的身份，随刘邦平定天下。因为陆贾口才非常好，所以得以追随刘邦左右，刘邦也因此常常派他去出使其他诸侯国。

刘邦平定中原之后，赵佗也平定了南越，并自称为南越武王。为了让南越臣服于汉朝，刘邦于是派陆贾为使，出使南越。

秦始皇时期，秦始皇先后派屠睢和任嚣为主将，率军平定南岭地区的百越之地，而作为秦国宗室将领的副将赵佗却从来没有更换过。公元前214年，岭南被平定，秦始皇将番禺（今广东省广州市）设立为南海郡的郡治，以任嚣为郡尉统管一郡的政治、军事、监军等诸项事务（郡守空缺）。南海郡下辖番禺、龙川（今广东省河源市龙川县）、博罗（县治在今惠州市惠东县境）、四会（今广东省肇庆市四会市）四个县，因为龙川县战略位置重要，因此作为副将的赵佗被任命为龙川县令。

赵佗被任命为龙川县令之后，在龙川县修筑了坚固的城防，并率军民大力垦荒。他既加强对越地原始居民的统治，防止他们聚众反抗，又注意加强措施，拉拢安抚越族居民；他号召军吏与越族女子通婚定居，促进汉、越同化，又积极向秦始皇上书，请求从关中迁去了近五十万居民，与越族居民杂居通婚，从而既促进了民族的融合，也确保了越地的稳定。

秦始皇死后，继位的秦二世毫无恩威却继续加重对百姓的压榨，从而导致了秦末农民起义，中原陷入混乱状态，而偏远的南海郡却因任嚣、赵佗施政宽严有度而没有发生变乱。公元前208年，任嚣病重，他怕自己不久于人世，于是召来他曾经的副将、龙川县令赵佗，对他说："我听说陈胜等人兴兵作乱，秦政无道，天下百姓饱受战乱之苦，项羽、刘季、陈胜、吴广这些人兴兵聚众，争夺天下，英雄豪杰纷纷叛秦自立，中原扰乱，不知道何时才能平定下来。虽然南海偏僻，并且距中原较远，但我也担心其他的割据势力会前来侵夺地盘。我准备派兵断绝中原通往越地的道路，以自我防备，等待中原的变乱平定，可是又很不巧地病得厉害。番禺倚山临海（古代珠江河面宽阔，所以称之为海），东西有数千里之宽，还有许多中原的士人帮助我们，虽然只有一个州郡，但也完全可以建立一个独立的国家。南海郡中，没有哪个官吏值得让我去跟他说这些事情，所以我把你找来和你商量，因为我怕我万一哪天病重不起，来不及向你说这些事情。"

任嚣这个趁着天下大乱，依靠南海郡傍山靠海、有险而守的有利地形来建立国家，从而抵抗中原起义军、确保越地稳定的设想正合赵佗之意，于是他当即答应了任嚣。见赵佗同意了他的提议，任嚣于是颁布了任命文书，下令由赵佗代行南海郡尉的职务。

按照任嚣的嘱咐，赵佗立即加强了对岭南的防守，他下令封锁了中原通向岭南的四个重要关口，阻断了中原通往岭南的四条新路，并构筑了捍卫番禺的三道防线。

公元前206年，病重的任嚣听说秦朝灭亡，在吃惊与伤感之下，病情加重逝世。任嚣死后，赵佗向各关口的军队下达了加强防守的命令，并借口说："贼兵马上就要来了，请堵塞交通要道，聚兵自守。"并借机杀死了秦政府安置在南海郡而不受他信任的一些官吏，然后全部换上了自己的亲信将领，据南越而自守。

公元前203年，赵佗趁中原刘、项争夺天下正酣战不休的有利时机，起兵兼并了桂林郡（今广西一带，郡治在布山县，今广西贵港市）和象郡（今广西西部、越南中部北部，郡治待考），在当地汉、越两族士民的支持下，建立了以番禺为都城，占地上千里的南越国，自称"南越武王"。南越国的疆域与原秦朝桂林、象郡和南海郡三郡的辖区大致相当，北接长沙国，西濒夜郎国，东临闽越国，辖境相当于今天的北至广东北部和江西南部一带，西至广西、云南的大部，东至福建南部，南至越南的中、北部，在当时除中原之外，也算得上是一个大国了。

刘邦击败项羽并陆续平定诸侯的反叛之后，因为军士疲惫，百姓困苦，所以再不想运用军事手段平定南越，于是就派遣陆贾前往南越，游说赵佗。

赵佗听说汉朝使者前来，于是梳着越地传统的发式——像一撮锥子一样的发髻，伸开两腿傲慢地坐着接见陆贾。

陆贾从中原大国来，他背后站着强大的汉朝，并且他早就摸清了赵佗的祖谱和底细，于是他义正词严地斥责赵佗说："您本是中国人，亲戚、兄弟和祖先的坟墓都在真定。而现在您却一反中国人的风俗，丢弃衣冠巾带，想用弹丸之地南越来与天子抗衡,成为大汉的敌国,如果再这样下去,那可就大祸临头了。当初秦朝暴虐无道,诸侯豪杰并起,只有汉王首先入关,占据咸阳。项羽背弃盟约,自立为西楚霸王,诸侯们都归属于他,在当时可说是最强大的力量。可是汉王从巴、蜀出兵之后,征服天下,平定诸侯,最终杀死项羽,并灭了楚国。五年之间,平定了整个中国。这不是人力所能办到的,而是上天帮助的结果。大汉天子听说君王您在南越称王,不愿帮天下人讨伐暴逆,当朝将相都想带兵来攻打您。但是天子爱惜百姓,想到他们刚遭受了战乱之苦,因此才决定暂且休兵,派遣我授予您南越王的金印,剖符定封,相互通使。君王您听说天子的使节前来,理应远远地到郊外去迎接,北面称臣,但是您却想拿刚刚建立、还没有把百姓全部收服的小国来在此逞强。倘若让大汉知道了此件事,挖掘焚烧您祖先的坟墓,诛灭您的宗族,再派一名偏将带领十万人马来到越地,那么越人面对大军压境,杀死您再投降汉朝,就如同翻一下手背那么容易。"

汉强越弱,这是明摆着的事实,南越的文明程度也根本无法与中原相比,之前强大的秦朝初次征越失利,但第二次就取得了胜利,靠的正是中原强大的经济实力和源源不断的兵源。作为征服岭南亲历者的赵佗,对这一切可说是再清楚不过。再者说,强秦征服了南越,项羽消灭了强秦的大军,刘邦又击败了强悍的项羽,那么刘邦与南越较量是什么结果,还不够明显吗?

所以,赵佗从一开始,其实就没有想过要与汉朝抗衡,只要朝廷愿意给他名分,承认他南越王这个既定事实,派来的使者不傲慢、尊重他、明事实、讲道理,那么他向大汉称臣,也不是不能接受的。

于是赵佗立即向陆贾道歉说道:"我在蛮夷之地生活的时间长了,所以太失礼仪了。"然后赶快把陆贾延入上座。

坐定之后,赵佗问陆贾:"请问我和萧何、曹参、韩信相比,谁更有才德呢?"

所谓谁更有才德,有时候某人所处的地位其实就最具代表性。赵佗随任嚣平定越地,并继承任嚣的遗志,在秦乱之时据越地而自立,吞并桂林、象郡,建立起了南越国并自立为南越武王,既任用从中原来的士人,也信任重用岭南当地的越人如吕嘉等,以一个外来者的身份,成功统治了南越这块少数民族聚居地。他把中原的先进文明如耕作、打井、灌溉、冶金、纺织等技术在越地传播推广,使岭南百越部落由原始氏族社会跨越式地走向了文明程度较高的封建社会,并利用中原先进的文化和伦理教育引导越地百姓,倡导汉、越居民通婚,不仅和睦了民族关系，促进了民族融合，也极大地推动了岭南的社会进步发展，成为岭南文明的重要奠基人。他所建立的功勋，历史明确记载并给予了非常中肯的评价。他自称的南越武王，就是他"才德"的一个非常有代表性的符号。

那么赵佗建立了这样的功绩，他自然想与汉朝的相国萧何、开国第一功臣曹参，以及"兵仙"韩信来比一比，看谁对历史的贡献更大。对于赵佗的这个疑问，陆贾自然是心领神会。作为大汉的使者，如何成功地完成自己的使命，这是时刻都须要认真思考的问题。想要让外邦信服，那么至少就要做到自然得体、不卑不亢，既不伤害小邦尊严，也不丧失大国气节，既不刻意奉承，也不有意贬低，而是让既定的事实来说话，让客观的现实来评价。赵佗以一个外来者的身份，建立独立的国家并采取有力的措施，使越人甘愿接受他的统治，促进了南越的稳定、繁荣和发展；萧何虽是相才，但军事却是他的短板；曹参虽然作战勇猛，但在战略战术和政治方略上却并无大书特书之处；韩信在这方面的缺点就更明显，虽是"战神""兵仙"，但在政治上却模糊不清。那么很显然，萧何、曹参以及韩信的才德，比起赵佗来是有所逊色的。

基于这样一个判断，于是陆贾对赵佗说："大王似乎更有才德。"

赵佗一听，非常高兴，他立即有点忘乎所以起来，觉得自己应该和刘邦也有一比，于是又问："那么我和皇帝比，谁更有才德呢？"

陆贾知道有些事实还是必须让赵佗明白，否则赵佗一犯骄傲的毛病，后面的事情就不好谈了。于是他告诉赵佗说："皇帝以一介平民的身份，从沛县和丰邑起兵，讨伐暴秦，诛灭强楚，为天下兴利除害，继承了三皇五帝的宏伟业绩，统治并治理整个中国。中国的人口多得以亿来计算，幅员万里，处于天下最富饶的区域，人多车众，物产丰富，政令出于一家，这种盛况是自开天辟地以来从未有过的。而现在大王您治下的百姓不过几十万，且都是未开化的蛮夷之民，又居住在这局促狭小的山地海隅之间，最多就像汉朝的一个郡罢了。所以，大王为什么要同汉朝的皇帝相比呢？"

赵佗听了，大笑不已，陆贾这些得体的话，已经深深地打动了他。不过，他作为南越王，嘴上还是不能服输的，他说："我不能在中国发迹起事，所以在此称王。假使我占据中国，我又哪里比不上汉王呢？"

赵佗由此非常喜欢陆贾，把陆贾留在越地，两人饮酒作乐，时间长达好几个月。

赵佗对陆贾说："我居住在南越，这儿的人里面，没有一个人能和我谈得来，你来之后，让我每天都能听到以前从未听过的事情。"于是送给陆贾一个袋装包裹，价值千金，另外还送给他不少礼物，价值也达千金之巨。

陆贾成功地完成了他出使南越的使命，拜赵佗为南越王，使赵佗向汉朝俯首称臣，服从汉朝的管理和约束。

陆贾回朝之后，把出使的情况向刘邦汇报，刘邦非常高兴，拜陆贾为太中大夫。

陆贾一有时间，就在刘邦面前谈论《诗经》《尚书》等儒家经典。每逢听到这些，刘邦就很不耐烦，有一次，他实在忍无可忍，于是大骂陆贾说："老子的天下是骑在马上打下的，哪里用得着《诗》《书》？"陆贾也早就看出刘邦根本不重视诗书和文化，于是他针锋相对地说："您在马上可以取得天下，难道您在马上可以治理天下吗？商汤和周武王都是以武力征服天下，然后顺应形势以文治守成。文治武功并用，这才是使国家长治久安的上策啊！从前吴王夫差、智伯瑶都是因极力炫耀武力而使国家灭亡；秦朝也是因为一味地使用严酷刑法不知变更，最终导致灭亡。假使秦朝统一天下后，行仁义之道，效法先圣，那么请问，陛下您又怎么能取得天下呢？"

刘邦听了之后，心里很不高兴，但也非常惭愧，因为虽然陆贾顶撞了他、讥讽了他，但他知道陆贾说的都是实情。陆贾敢于顶撞刘邦，就是因为他知道刘邦有这个度量和胸怀，也敢于承认错误。刘邦能有今天，也就是因为刘邦这个显著的性格特征使然。

刘邦惭愧之余，对陆贾说："那就请你试着为我写一写秦朝失去天下、我们得到天下的原因到底是什么，以及古代各王朝成败得失的原因之所在。"

于是陆贾粗略地论述了国家兴衰存亡的征兆和原因，一共写了十二篇。每写完一篇之后，他就呈送给刘邦。刘邦读了之后，非常高兴，当即就在金殿上高声称赞，左右群臣见状，也非常高兴，在殿上高呼万岁，向刘邦祝贺。

刘邦经过征求大臣们意见，把陆贾所著的这部书称为《新语》。

《新语》对秦亡的教训和汉兴的经验进行了非常深刻的总结，极大地影响了刘邦对汉初许多政策的制定和实施，对恢复社会经济和民力、巩固汉朝的统治，起到了非常重要的作用。

与陆贾做出同样贡献的，还有萧何、韩信、张苍、叔孙通等人，其中萧何制定法律，韩信制定军法，张苍制定历法，叔孙通制定礼仪。

刘邦在初入咸阳之时，即宣布废除秦朝的苛法，用约法三章赢得了民心。平定天下之后，在叔孙通的影响下，刘邦提出以儒家思想为主，以法家思想为辅，废除秦朝连坐及夷三族等严刑峻法（当然个别叛乱的诸侯例外，如韩信、彭越等人），提出了"德主刑辅"的政治主张（以教化为主，刑罚为辅，从而达到宽严相济、张弛有度的统治效果）。刘邦命萧何参照秦朝法律，在战国时期李悝所制定的《法经》六篇（盗法、贼法、网法、捕法、杂法、具法）的基础上，增加了户律（户口管理、婚姻制度和赋税征收）、兴律（主要规定征发徭役、城防守备）和厩律（主要规定牛马畜牧和驿传方面）三章，作"汉律九章"，即《九章律》。相比于秦朝的严苛法律，《九章律》显得更为宽舒简明。

幽禁中的韩信与张良一起整理先秦以来的兵书，共得一百八十二家。这也是中国历史上第一次大规模的兵书整理行动，为中国军事学术研究奠定了科学的基础。张良、韩信把这一百多家的兵书经过整合删减，共定编三十五家，同时收集、补订了军中律法。与此同时，韩信自己写下了三篇军事专著，但这三篇专著在韩信被杀后由吕氏盗去，后又随诸吕被诛而亡佚。

关于叔孙通制定礼仪，前文已有述及，此处不再赘述。叔孙通受命制定了一套适合当时形势需要的政治礼仪制度，并撰写了《汉仪十二篇》《汉礼度》《律令傍章十八篇》等仪法法令方面的著作。

张苍是阳武（今河南省新乡市原阳县）人，非常喜欢图书、乐律及历法。秦朝的时候，他是朝廷的御史，掌管宫中的各种图书档案，后因有罪，偷偷地跑回了老家。刘邦起兵过阳武的时候，张苍以门客的身份，跟随刘邦攻打南阳。张苍因牵涉到某事之中，坐法当斩，当他被行刑军士解去上衣，按倒在斩台上的时候，王陵刚好路过。见他身材高大，且又肥又白，像一个葫芦籽一样，觉得他不是个一般人，于是就到刘邦那里去为他求情，张苍因此保了一条命。张苍因为之前曾任秦朝御史，因此熟读各类经典，特别有学问。此外，他还精通算术、音律和历法。因为张苍有这些特长，所以特以列侯的身份，在相国府中办公，负责管理审计各郡国上交的会计账簿，前后达四年多时间。后张苍为丞相，重新修订了国家的度量衡和历法。当时仍用秦朝的《颛顼历》，以每年的十月为岁首。张苍通过吹奏律管，根据声音的高低来确定和调整音阶，又依据韵律和章节谱写乐章，并且用它们做类比来确定时令、节气，他谱写的乐章，也因此而成为典范。

因为刘邦"命萧何次律令，韩信申军法，张苍定章程，叔孙通制礼仪，陆贾造《新语》。又与功臣剖符作誓，丹书铁契，金匮石室，藏之宗庙"（《汉书》评语），不仅规范了封建统治秩序，还最大限度地团结了社会各阶层，凝聚了人心，恢复了国力。在他临终之前，国家的经济已经明显复苏，一切秩序井然，人民安居乐业，为其后实现"文景之治"和汉武帝反击匈奴打下了坚实的基础。

　　刘邦所开创的长达四百二十多年的汉王朝，与后来的唐王朝一起，是公认的中国历史上最强盛的朝代，有所谓"汉唐盛世"之称。汉朝与大约同时期欧洲的罗马帝国并称为当时世界上最先进的文明强大帝国。也是从汉朝开始，华夏大地上的子民被称为"汉族"居民，并一直延续至今。刘邦作为汉朝的实际创立者，是汉民族和汉文化的伟大开拓者，对中国的统一和强大、汉文化的保护和发扬做出了决定性的贡献，不愧为中国历史上杰出的政治家和卓越的战略家。

第十三节　萧规曹随、"人彘"之祸、吕后专权、诸吕得势

刘邦虽然死了，但他所建立的王朝却得到了延续。继任的汉惠帝刘盈，能守住他的基业并发扬光大吗？

刘盈即位以后，在经济上继续奉行刘邦时的与民休养生息政策。刚即位时，便下诏恢复了曾经施行过的"十五税一"的税收政策。因为刘邦在位后期，为了对内平定叛乱，对外迎击匈奴，所以增加了一些赋税。刘盈即位之时，内乱已经平定，匈奴也因为和亲政策不再骚扰边境，所以，汉惠帝便取消了增加的那部分赋税，恢复了十五税一的低税率。"十五税一"，即国家征收土地产量的十五分之一作为田税。另有一种说法是，佃农向地主缴纳十分之五的土地产量之后，地主再向国家缴纳土地产量的十分之一。即地租率为百分之五十，税率为十分之一，简称"十五税一"。

在文化上，刘盈废除了源自秦朝的"挟书律"，即除了官府可以藏书之外，民间一律禁止藏书。刘盈废除这项法令以后，在秦时饱受压制的儒家思想和其他思想如黄老哲学等开始活跃起来，极大地促进了文化的繁荣和发展。

刘盈在位期间能够取得这些成就，与相国曹参有非常大的关系。

公元前193年，在刘邦死了两年之后，萧何也因操劳过度，渐渐卧病不起。相国病危，年轻的皇帝刘盈亲自前去探望。他问萧何："丞相百年之后，谁可代之？"

深谙君臣之道的萧何默不作声，因为在这种情况下，但凡皇帝发问，那么皇帝心里一般已经有了合适的人选。皇帝如果主动提出来，是要显示他的知人善

任,所以做臣下的,万不可冒昧推荐,万一推荐的人不是皇帝喜欢的人,那就会闹得谁都下不了场。

果然,刘盈顿了一顿之后又问:"曹参怎么样啊?"

萧何听了,挣扎着起身,向刘盈叩头祝贺说:"陛下能得曹参为相,我萧何死而无憾。"

一方面,萧何高度认可曹参,是因为刘邦在临死之前,早就对重大人事进行了安排,这事吕后知道,萧何当然也知道;另一方面,萧何认可曹参,那是曹参确有过人之处,他确实是萧何之后担任汉相的不二人选。

萧何和曹参都是沛县老乡,刚开始他们关系十分要好。等到刘邦在沛县起兵后,曹参常常带兵出征,而萧何作为丞相则常常留守,两人一个为武将,一个为文相,关系渐渐地就没那么亲密了。等到西汉政权建立,刘邦分封功臣,为功臣们排座次的时候,因为刘邦认为萧何功劳最高,将萧何排在了战功最高的曹参前面,两个人因此产生了嫌隙。

刘邦称帝之后,韩信被改封为楚王,刘邦庶长子刘肥被封为齐王,因为刘肥过于年轻,所以任命曹参为齐国相国(公元前194年,即孝惠帝元年,朝廷下诏废除了诸侯国设相国的法令,改任曹参为齐国丞相,自此,只有中央政府的相被称之为相国,其他诸侯国的相都改叫丞相),辅佐刘肥治理齐国。

曹参到齐国之后,他把齐地有名望的老年人和儒生们都召来,询问能使百姓安居的办法。齐国的儒生数以百计,众说纷纭,曹参不知道该如何决定。他听说胶西有位盖(gě)公,精通黄老学说,于是派人带着厚礼把他请来。见到盖公之后,盖公对曹参说,治理国家的策略贵在清净无为,不要动辄朝令夕改,骚扰百姓,让百姓无所适从,最好是让百姓自行安定。曹参听了之后,觉得很有道理,于是退出自己办公的正厅,让盖公住在里面。此后,曹参治理国家的要领就是采用黄老学说,所以他当了九年的齐国丞相,齐国经济繁荣,社会安定,百姓安居。人们都极力称赞他,说他是贤明的丞相。

孝惠帝二年(公元前193),萧何病死。在齐地的曹参听到萧何的死讯之后,对他的宾客们说:"我要入朝担任相国了,你们赶快收拾行装,准备出发。"门客们都将信将疑,没过多久,朝廷的使者果然到了,宣布了曹参出任朝廷相国的命令。

曹参离开齐国之前,对他的继任者说:"一定要特别留意齐国的监狱,要让它发挥正常的作用,而不要随便做出什么改变。"继任的丞相惊讶地问:"治理国家，没有比这更重要的了吗？"曹参说："当然不是。监狱是一个善恶并存的地方，如果监狱的制度执行不好的话，奸人就无处容身了，奸人无处容身，那么变乱就很容易产生，这是秦朝有那么多刑徒且最终失去天下的原因啊。所以，我特意先嘱咐你这件事情。"

曹参到京城之后，继任萧何为相国，凡是萧何制定的法律和制度，他一样也不做变更，一切事务完全按照萧何之前的规定去办。他从全国各地挑选一些不善言辞、质朴厚重的人来到京城做官。那些凡是在文辞上苛求末节，想要借此出名的官吏，曹参都罢斥不用。由于完全遵循萧何制定的法令和政策，所以曹参几乎没有什么可做的事情，于是他就整日饮酒作乐。大臣们和门客见曹参不理政事，都想上门去劝他，可是他们刚到曹参的家里，曹参就请他们喝酒，喝酒的间隙，这些人刚想说些什么，曹参又劝他们喝酒，直到这些人醉得不能向他进言为止。

相府的后园靠近官吏们的房舍，官吏们整天在房舍中喝酒唱歌，大声喧哗。曹参的随从官员们都非常厌恶，但毫无办法，只好请曹参游园，想让曹参听到这些官吏醉酒后唱歌喧哗之事，去制止他们。谁知曹参来了之后，竟然命人在后园里准备酒菜，隔着墙和那些喝酒的官吏相互唱歌应和。

曹参发现别人有细小的过错，总是尽力地遮盖隐瞒，所以他的相府中一直都平安无事。曹参的儿子名叫曹窋（音竹，古同窟），在朝中任中大夫，常在皇帝身边。刘盈疑心曹参不理朝政，是不是曹参看不起他，于是对曹窋说："你回家之后，找机会试探性地问一下你的父亲，就说高帝刚刚弃群臣而去，皇帝正年轻力壮，富于春秋，您作为相国，每天饮酒作乐，也不向皇帝请奏公事，您这样，还把天下大事放在心上吗？但你不要说是我让你这么问的。"曹窋听了之后，就回家了。在家里，瞅了个空子，他就拿孝惠帝刘盈教他的话问曹参，谁知曹参不听则已，一听立即大怒，狠狠地把曹窋打了二百鞭子。之后对曹窋说："赶快回去侍候皇上吧，天下大事，你还没有资格来讨论。"

曹窋话没问到，还白白挨了一顿鞭子，回宫之后，就把事情的经过告诉了刘盈。刘盈十分生气，决定亲自问一问曹参。

第二天上朝的时候，刘盈责备曹参说："你为什么要责打曹窋，你知不知道，是我让他那么问你的？"

曹参听了，赶快摘下帽子，向孝惠帝谢罪说："陛下您觉得自己和高帝相比，谁更英明圣武？"

刘盈老实地回答："我怎么敢跟高帝相比？"

曹参又问："那么在陛下看来，臣和萧何谁更有才能？"

刘盈同样老实地回答："你似乎赶不上萧何。"

曹参说："陛下说得太对了。高帝和萧何平定了天下，明确了各项法令，现在陛下只需要顺其自然，垂拱而治，大臣们各司其职，各负其责，遵循好高帝和萧何制定的法律和制度，不要推翻既定的成法，不要失职渎职，不要乱政扰民，就必定会使天下太平，万民乐业。"

刘盈恍然大悟，明白了曹参每天饮酒的原因。曹参并不是不理朝政，而是希望创造一种清静无为而不扰民的环境，让百姓自我安定，让社会自我发展，从而实现从"无为"到"大治"的目的。曹参一共当了三年相国，一直坚持"无为而治"，使汉初的政治日益稳定，经济社会日益发展，社会财富日益积累，百姓安居乐业，生活水平日益提高，受到了百姓的称赞和历史的肯定。由于曹参完全遵循萧何制定的法律制度而不做任何的改变，所以人们把这段典故称为"萧规曹随"，比喻后一辈的人完全依照前一辈的方式进行工作。

曹参的无为而治，极大地帮助孝惠帝刘盈稳定了政治，发展了社会经济。此外，为了增加人口，刘盈还下令，凡是民间女子在十五岁至三十岁之间不出嫁，就要征收六百钱的罚款，督促民间女子到龄即嫁。刘盈还放宽了原来刘邦时规定商人不得穿丝制衣服、不得乘车并课以重税等种种限制，在一定程度上促进了商业的繁荣和发展。

刘盈还扩建了长安城的街道，并修筑了长安城的城墙，使长安这座城市更加焕发出作为京城和天下大都市的魅力。

为了感谢夏侯婴当年对自己的救命之恩，刘盈把紧靠皇宫北面的一座一等府第赏赐给他，名为"近我"，其意为"离我最近"，以示对夏侯婴的感激、尊敬和宠信。

如果单从以上这几个方面来看，刘盈体恤百姓、无为节俭、崇尚文化、感恩图报，无疑是个好皇帝。

不过，凡事都有两面性。

因为刘盈非常仁慈友善，所以他在即位后能够施行仁政，减轻百姓负担，从而使政治清明、国泰民安，使一切呈现出欣欣向荣之态。但也正因为其仁慈友善，所以他在政治上鲜有建树，因为刘邦虽然死了，但他强悍的老婆吕后还活着。刘盈虽然贵为皇帝，但实权却操在皇太后吕雉的手里，仁孝的刘盈不愿违逆母亲的意愿，不愿与母亲争权，一切由着吕雉，最终导致了一幕幕人间惨剧的发生。

刘邦在世之时，因为多次准备更换太子，虽然最终未能成功，但也让彼时失宠的吕后深深地感受到了那种被遗弃的危机感和痛苦。为此，吕后深恨戚夫人母子。

刘邦死了以后，大权掌握在吕后手里，再没有谁能够充当戚夫人母子的保护神，于是，吕后得以肆意妄为，残酷地报复戚夫人母子。

吕后下令将戚夫人抓起来，剃光头发，脖子里套上铁圈，穿上囚犯穿的衣服，然后把她囚禁在永巷，让她从早到晚舂米，借此从肉体上折磨她，从精神上羞辱她。

此时的戚夫人，年仅三十岁，青春正盛，却丝毫不懂政治斗争。刘邦未死之时，她集三千宠爱于一身；刘邦一死，转眼之间就成了囚徒，她实在是心有不甘。于是她一边舂米，一边歌唱她创作的歌曲，借以抒发她内心的忧伤。其词曰："子为王，母为虏，终日舂薄暮。常与死为伍，相离三千里，当谁使告汝。"儿子贵为藩王，母亲沦为奴仆，从早开始舂米，一直舂到天黑。死亡常常伴随，不知何时降临，我和你相隔三千里远啊，可以让谁去告诉你我的悲惨处境？

这首歌在历史上比较著名，称之为《舂歌》或《戚夫人歌》。这是戚夫人舂米时脱口而作的歌，歌词是三、五言句式的"俚歌俗曲"，极为朴实，直抒胸臆地唱出了她惨遭囚禁，孤苦无依，希望爱子前来救援的悲苦和无助。

因为这首歌是戚夫人在落难时所作，因此博得了无数人的同情和怜悯，读后令人心情极为沉重悲伤。但这首歌并没有为戚夫人母子带来任何帮助，相反，它为戚夫人母子招来了杀身之祸。

吕后听到这首歌之后，大怒不已。好个戚夫人，你死到临头，还不愿认命，你不是盼望着让你的儿子前来救你吗？好，我杀了你的儿子，看你还有什么办法可想。

吕后于是派使者前去召赵王刘如意入朝。但赵相周昌因受刘邦所托，责任就是保护赵王，他知道吕后召刘如意入朝，那赵王去了之后肯定是凶多吉少，于是推说赵王身体不好，不能前往。

吕后并不因周昌的拒绝就死心，她前后派出了三次使节，但周昌都强硬地拒绝了。他对吕后的使臣说："高帝派我来侍奉赵王，现在赵王年纪还非常小。我听说太后非常怨恨戚夫人，想把赵王召回朝中杀死，所以，我不敢让赵王入京。

再者说，赵王这几天刚好有病，没办法接旨。"

使者回来，把周昌所说的话告诉吕后，吕后十分不满，于是改变策略，先召周昌进京。

周昌可以保护赵王，但赵王却无法保护周昌。作为中央任命的藩国大臣，周昌必须得听从中央的调遣。

周昌到京之后，去拜见实际掌权的吕后，吕后怒骂他说："难道你不知道我非常怨恨戚夫人吗？而你却不让赵王进京，为什么？"周昌知道无法和吕后强辩，只好默不作声。吕后骂完之后，再次派使者前去征召赵王入京。

这一次，没了周昌的赵王如意不再有哪个人敢为他遮风挡雨，他无可奈何地跟着使者来到了京城。

赵王还没有入宫，孝惠帝刘盈为人非常仁慈。他知道吕后非常怨恨戚夫人和赵王，知道赵王来了之后会被杀死，于是就亲自前往灞上去迎接赵王，然后一起入宫，每天与赵王一起吃饭、睡觉。吕后虽然想杀赵王，却一直找不到机会。

有一天早上，刘盈早起后准备去射猎，赵王因为年幼贪睡，刘盈不忍心叫醒他，就一个人出去了。吕后安插在刘盈身边的耳目及时地把这一情况传递给了吕后，吕后于是命人趁机潜入宫中，强行给赵王如意灌下了毒酒。等到刘盈射猎完毕之后回来，赵王如意早就死去多时了。

赵王死了之后，吕后又把刘邦其他妃嫔所生的儿子，淮阳王刘友改封为赵王。周昌听说如意被毒杀，于是称病引退，不再上朝拜见吕后，三年之后，他也在悲伤之中死去。

杀死刘如意之后，吕后不再有后顾之忧，她开始肆无忌惮地迫害戚夫人。她命人将戚夫人的手足全部砍掉，挖去了她的双眼，用药熏聋了她的耳朵，并给她灌下了哑药，然后把她关进了猪圈里，起名为"人彘"。彘是猪的意思，人彘也就是人猪的意思，吕后这么做，可说是极尽侮辱残害戚夫人之能事。狠毒莫过妇人心，这句话在吕雉的身上，可说是得到了最为淋漓尽致的体现。

吕后如此残害戚夫人之后感觉还不解恨，于是她又兴冲冲地叫来她当皇帝的儿子刘盈，让刘盈来观看"人彘"。刘盈到了之后，只见一个怪物在肮脏的猪圈里蠕动，却不知"人彘"究竟是什么东西，于是就好奇地问。一问才知道这个无手无足、又聋又哑、缺少双目的怪物，原来就是曾经深为父皇所宠爱的美丽庶母戚夫人。刘盈又惊惧又悲伤，禁不住痛哭失声，回宫之后，就得了一场大病，一年多没有痊愈。刘盈派人对吕后说："这种事情简直不是人能够做出来的，我是太后的儿子，太后如此行事，我还有什么颜面治理天下？"从此以后，他每天饮酒作乐，多近女色，不理朝政，大权完全落入了吕后的手中。

不几日之后，备受折磨的戚夫人悲惨地死去。她死的时候，毫无尊严可言。

当然，要仅仅是这一件事情，还不至于使刘盈一蹶不振。吕后所做的另一件事情，则完完全全败坏了伦常，不仅让刘盈十分难堪，也让读到这段历史的人感觉非常难堪。

吕雉是随着丈夫刘邦打过天下的，所以，她非常崇尚权力，也热衷于权力，想死死地把权力握在手中，并不断地强化。

刘盈即皇帝位之后，其中的大事之一当然是要为他立正妃，即皇后。皇帝立皇后，应该说是可选择的余地非常大，王侯将相家的女儿，百官公卿家的女儿，完全算得上是门当户对，都是可以选的。可是吕后为刘盈所选的这个皇后，却出乎所有人的意料。

她为刘盈所选的皇后是鲁元公主和宣平侯张敖的女儿——张嫣。鲁元公主是什么人？那可是刘盈的亲姐姐，那么张嫣自然就是刘盈的亲外甥女，这亲舅舅娶亲外甥女，实在是有悖伦理。对权力极度迷恋的吕后，想通过这种亲上加亲的方式，把权力牢牢地归口于自己儿女手中。可是掌握权力还有其他的方式，这种违背伦常的婚姻却让刘盈感到了极度尴尬。刘盈反对不了，鲁元公主自然也反对不了，对于强悍的吕后所做出的决定，他们作为子女，只有服从。

孝惠帝三年（公元前192），年仅十岁的张嫣被立为皇后。刘盈虽然娶张嫣为皇后，但他在心理上却始终无法接受张嫣，所以直到他四年后离开人世，也没有碰过张嫣。据传说，张嫣在四十岁去世之时，宫人们为她收殓之时，发现她仍然是处女之身。

皇后得不到临幸生不了孩子，吕后于是又自作主张，一边吩咐张嫣对外宣称自己已有身孕，一边把刘盈其他妃嫔所生的儿子抱来，当作张嫣的儿子立为了太子，并杀死了太子的生母。

吕后所做的这些事情，让刘盈越发地痛苦、沉沦。相比于强悍狠毒的吕雉，刘盈真可以称得上是仁慈懦弱，当然，他也曾经想要振作，想要争取，想要打击吕后，树立他自己的尊严，但最终还是因心慈手软而不了了之。刘盈即位后不久，有人把审食其与吕后私通的事情报告了他，刘盈大怒，命人将审食其抓起来关进监狱，准备处死他。

吕后对此十分羞惭，没办法出面为审食其求情，大臣们都怨恨审食其平时仗着吕后宠幸胡作非为，再加上秽乱后宫，行为着实可恶，于是都想借机杀死他。审食其在狱中心急火燎，想来想去，就想到了平原君朱建。因为他曾施恩于朱建，希望朱建能够想办法搭救他。那么朱建是什么人，怎么会跟审食其扯上关系呢？

朱建是楚地人，原是淮南王英布的相国。英布准备反叛的时候，征求朱建的意见，朱建不赞成英布造反，并列举了几条不能造反的理由，但英布并没有听从。英布兵败被杀之后，刘邦听说朱建曾谏阻英布造反，因此特意赦免了朱建。

朱建也是一个特别有口才的辩士，他为人正直廉洁，就住在长安城里。他不随便附和别人的言行，也坚持道义不取悦于人。审食其特别钦佩朱建的品行，很想和朱建交个朋友，但朱建却认为他品行不端，所以一直不肯见他。后来，朱建的母亲去世了，因为陆贾和朱建关系一直很要好，所以就前去吊唁。

朱建家境非常贫寒，连给母亲出殡发丧的钱都没有，正要去借钱置办殡葬用品，陆贾却让朱建只管为母亲发丧，而不必去借钱。之后，陆贾径直去了审食其家里，他向审食其祝贺道："平原君朱建的母亲去世了，我特来向您道贺。"审食其迷惑不解地说："平原君的母亲死了，你祝贺我做什么？"陆贾说道："之前您不是一直想和朱建交个朋友吗，但是他讲究道义不愿和您交往，这都是因为他母亲还在。现在他母亲过世了，您若是赠送厚礼为他母亲送丧，那他一定会从此为您效死力的。"

审食其恍然大悟，于是赶快给朱建送去了价值一百金的厚礼。长安城中的那些达官贵人，听说审食其向朱建送上了厚礼，为了讨好审食其，也纷纷前去给朱建送礼，每人送去了价值五百金的钱物。

朱建得以十分宽裕地为他母亲发丧，通过这件事情，审食其果然结识了朱建。

此时审食其下狱，心里非常着急，想来想去，就想到了正直廉洁有好名声的朱建，只要朱建肯出面，就一定能为他找到一条活路。于是审食其派人给朱建带话，说自己想见见他。

但朱建却谢绝了他，朱建说："您的案子现在审得正急，我不敢见您。"

拒绝审食其的家人之后，朱建就去找孝惠帝的男宠宏孺。他对宏孺说："皇帝宠爱你的原因，天下没有哪个人不知道。现在辟阳侯因受宠于太后而被捕入狱，人们都说是您在皇上面前说的坏话，辟阳侯的亲信们都想杀掉您。如果今天辟阳侯被皇上杀了，那么明天太后也会发怒，并找借口杀掉您。您为什么还不脱掉上衣，光着膀子，到皇帝那里去为辟阳侯求个情呢？如果皇帝听了您的话放出辟阳侯，太后一定会非常高兴。从此以后，不仅皇帝宠信您，太后也会宠信您，那么您不就可以长保荣华富贵了吗？"

宏孺听了之后，觉得朱建说得有理，心里非常恐惧，于是就按照朱建出的主意，到孝惠帝那里为审食其求情。孝惠帝为难半晌，只好命人放了审食其。

审食其起初见朱建不肯见他，以为朱建得了自己的好处却不愿为自己办事，心里非常怨恨朱建，等到他获释之后，得知自己获救正是朱建所为，心里颇为震惊。

就这样，刘盈既不能阻止母亲吕后的劣行，又不愿据理力争，犯颜与母亲争衡。最终在做了七年有名无实的皇帝之后，于公元前188年病死，年仅二十四岁。刘盈的谥号是"孝惠"。汉朝的皇帝之中，除了两汉的开国之君汉高帝刘邦和光武帝刘秀的谥号之中没有"孝"字之外，其他人都有一个"孝"字，意为孝子善于继承先皇的基业。"惠"是"仁慈、柔顺"的意思，这个谥号，可说是逼真地刻画了刘盈的一生。因为这个缘故，武帝时的司马迁在作《史记》时，没有设《孝惠本纪》，只设了《吕太后本纪》，所有孝惠帝的事迹都附在《吕太后本纪》之中。

刘盈死后，在为他发丧之时，吕后只是干号，却不见落泪。张良的儿子名叫张辟强，在宫中担任侍奉皇帝的侍中。张辟强当时年仅十五岁，觉得吕后干哭不落泪必有缘故，于是他对丞相陈平说："太后只有孝惠帝一个儿子，如今孝惠帝驾崩，她干哭而不显得悲伤，你知道是什么原因吗？"

陈平一听就知道张辟强这个小娃娃一定是看出了什么门道，于是就问他："是什么原因？"张辟强说："皇帝的儿子们年纪都还小，太后非常畏惧你们这班老臣，心里正盘算着该怎样对付你们。您现在应该赶快请求拜她的侄子吕台、吕产、吕禄为将军，让他们统领南北二军，并且让吕家的人都入宫任职，在朝中掌权，这样吕后才会心安，你们也才能幸免于祸患。"

陈平听了，暗暗钦佩张辟强这个小孩子见识不凡，于是马上按照张辟强的建议去做，吕后听了之后，果然非常高兴。让吕台、吕产、吕禄统领南北军及诸吕入宫之后，吕后心上一块石头落地，哭起她的儿子来也显得格外哀伤。

刘盈在他母亲的哭声中成为一个历史过客，而吕氏的权势才刚刚开始。

吕后立太子刘恭为帝，自己临朝称制，行使皇帝职权。自此，朝廷大权皆归于吕后，吕后也成为中国太后专政的第一人，并开汉代外戚专权的先河。因为此时吕雉已经成为皇太后，所以在后文之中，应该改称她为吕太后，但为了行文叙事的方便和前后文的统一，仍然将她称之为吕后。

吕后为了巩固自己的统治，决定封自己娘家的吕氏子弟为王，借此不断壮大吕氏势力。于是在朝堂之上，她当众征求大臣们的意见。

右丞相王陵听说要封吕氏为王，当即反对说："高皇帝曾经与众大臣刑白马而盟誓说：'不是刘氏子弟而封王的，天下人共同联合起来讨伐他。'现在封吕氏为王，不符合当初的约定。"

王陵和刘邦是沛县老乡，是县里的豪族。刘邦未起事之前，对王陵非常尊敬，兄事王陵。但王陵却对油滑无赖的刘邦没有好感，始终看不起刘邦。相反，他跟同样看不起刘邦的雍齿却关系非常密切。

刘邦在沛县起兵之后，王陵不愿跟随刘邦，而是带着数千人马，占据了南阳（今河南省南阳市）。刘邦还定三秦之后，准备出关攻打楚军，王陵于是在这个时候归顺了刘邦。

项羽知道王陵作战勇猛、武艺高强，想要争取王陵，于是把王陵的母亲接到楚军营中，恭敬地侍奉她，想让她出面劝王陵降楚。但王陵的母亲早就从一系列事件上看出残暴的项羽难以成事，所以铁了心不愿让自己的儿子追随项羽，在楚军营中伏剑自杀，从而使王陵降楚成为绝无可能之事。

项羽大怒，对已死的老太太施以了烹刑。王陵为此深恨项羽，于是一心一意跟随刘邦。

击败项羽建立汉政权之后，刘邦仍然对王陵最初不愿从汉且与雍齿交厚的事记恨在心，迟迟没有封赏王陵，直到汉六年（公元前201），才封王陵为安国侯。

不过，刘邦虽然对王陵心存芥蒂，但他也非常清楚，王陵这个人为人正直，是个非常可靠的人。所以在吕后病榻问相之时，他把王陵排在了曹参之后。当然，刘邦当初虽然被正直的王陵所蔑视，但他能够成为大汉的开国皇帝而王陵却只能做一个普通将领，那就说明他有比王陵更高明的地方。这个高明之处就是，刘邦不仅能够看清自己，也能看清别人。他一方面看重王陵的质朴耿直，但另一方面也深知王陵这个人宁折不弯，不懂变通，这样的性格是没办法当一个好相国的，所以他又提出让圆滑的陈平辅助王陵，给王陵当副手。

孝惠帝五年（公元前190）曹参去世之后，按照刘邦临终前的安排，王陵继任为右丞相，陈平当了左丞相。

果然不出刘邦所料，正直的王陵在吕后刚刚提出要封诸吕为王时，就表示了激烈的反对。他提出了刘邦与众大臣的"白马之盟"。

最初，刘邦为了结成统一战线，拉拢诸侯反攻项羽，对其他诸侯非常慷慨，凡是叛楚向汉的，一律封王，甚至连田横这样已经失势的逃到海岛上的避世前王，也开出了只要来降，"大者王，小者侯"的优厚条件。可随着时间的推移，令人极为恐怖的一幕出现了，凡是被封王的异姓诸侯，除地处偏远的长沙王吴芮之外，无一例外全部被杀或被废！燕王臧荼被杀，楚王韩信先被废为淮阴侯、后被杀，赵王张敖躲过杀身之祸后被废为宣平侯，梁王彭越被杀，韩王信被杀，淮南王英布被杀，燕王卢绾逃往匈奴……这其中，赵王张敖没有被杀，很大程度上是因为他是刘邦的女婿，所以依靠姻亲关系保住了一条性命，而其他的异姓诸侯王，除卢绾逃往匈奴捡了一条性命之外，其余无一善终。

令无数人热切向往且象征着无上荣耀的王爵，突然之间成了极为不祥的夺命符。一方面，刘邦在垂暮之年，面对此起彼伏的异姓王叛乱，感觉已精疲力竭，实在不愿再一次面对诸侯的反叛；而另一方面，也为了让其他的大臣不再重蹈韩信、彭越、英布等人的覆辙，所以刘邦痛定思痛，与大臣们一起立誓："非刘氏而王者，天下共击之。"也就是说，除了刘氏子孙可以封王之外，其他的大臣最好不要觊觎王爵，因为觊觎的下场只有一个，那就是夷灭三族。这个约定既对巩固刘氏的江山有益，也在客观上保护了其他的大臣，所以尽管大臣们心里有些失落，但仍然能够接受并拥护这个约定。

现在吕后提出要封诸吕为王，王陵当即拿"白马之盟"反对，吕后自然是很不高兴。

右丞相反对，那就再问左丞相陈平和太尉周勃。谁知这一问，陈平和周勃竟然全都点头说："高皇帝平定了天下，所以封刘氏子弟为王，现在太后临朝称制，想要封吕氏子弟为王，也没有什么不可以。"吕后听了非常高兴。

散朝之后，王陵怒气冲冲地责备陈平和周勃两个人说："当初与高皇帝歃血为盟之时，你们不在场吗？现在高皇帝驾崩，太后掌权，想要封吕氏子弟为王，你们纵容太后，曲意逢迎，背弃盟约，将来到九泉之下，还有什么面目去见高帝呢？"陈平反驳说："如今在朝堂上当面反对太后，据理力争，这我们不如你，但如果要论保全国家社稷，安定刘氏，你未必能比得上我们。"周勃点头附和。

王陵张口结舌，无言以对，因为他知道陈平说的是实情。

因为王陵反对封吕氏子弟为王，于是吕后决定对王陵还以颜色。她下令拜王陵为太傅，让他去做小皇帝的老师。太傅名义上地位比丞相尊贵，但没有实权，王陵明升暗降，被夺去了相权，心里非常生气，于是借口有病，不再去上朝。

王陵被赶走之后，吕后将陈平擢升为右丞相，又任命她的亲信审食其为左丞相。不过审食其并不处理政务，而是专门监督管理宫中的事务，像个郎中令。陈平、周勃虽然名义上是右丞相、太尉，但朝中一应大事，都由吕后和审食其商量后才能决定，所以陈平和周勃基本上也被架空，陈平处理不了政务，周勃管理不了军队。刘姓宗室和大臣们对此非常不满，却无可奈何。

其后，吕后追封她的大哥吕泽为悼武王，以此作为吕氏子弟封王的铺垫。

此后，吕后封孝惠帝的几个儿子为王，接着封吕泽的儿子吕台为吕王（割齐国济南郡为封地）、吕产为梁王、吕释之的儿子吕禄为赵王、吕种为沛侯，吕台的儿子吕通为燕王，封她姐姐的儿子吕平为扶柳侯，并追尊父亲吕文为吕宣王，封女儿鲁元公主的儿子张偃为鲁王。

同时，为了进一步安抚刘氏，吕后封齐悼惠王刘肥（刘邦与曹氏所生的庶长子）的儿子刘章为朱虚侯，把吕禄的女儿嫁给了他。刘章的弟弟刘兴居后来被封为东牟侯。

吕后如此恩遇刘肥的儿子，说起来之前还有一段缘由。

还是在孝惠帝二年的时候，作为齐悼惠王的刘肥入朝。因为此前刘邦为了以孝治天下，当了皇帝之后还隔几天到他父亲那里去拜见行礼，因此他的这种做法也深深地影响了儿子刘盈。一天，刘盈和刘肥到吕后那里去赴宴，刘盈觉得刘肥是哥哥，于是就像行使普通百姓家的礼节那样，谦让着让刘肥坐在了上座，而刘肥也没觉得有什么不妥，一屁股就坐在了上座。吕后见状大怒，觉得刘肥目无尊上，竟然不把她当皇帝的儿子放在眼里，于是秘令人端来毒酒，把一杯放在刘肥面前，然后让刘肥站起来向她祝寿。刘肥毫不知情，端起那杯毒酒，准备向吕后祝寿。刘盈知道他的母亲狠毒，也知道她命人端来的两个酒杯到底意味着什么，于是赶快端起另一杯酒，也站起来为吕后祝寿。吕后大惊失色，怕毒死自己的儿子，于是扬手打翻了刘盈手中端的酒杯。刘肥对眼前发生的一切感到非常怪异，他不敢再喝下去，于是假装不胜酒力告辞而去。事后，刘肥得知吕后准备用鸩酒毒死他，立即惶然大恐，觉得他再也不可能活着离开长安回到他的封地去了。与他一齐来朝的齐国内史就给他出主意说："太后只有皇帝和鲁元公主两个子女。今大王您有七十多座城池的封邑，而鲁元公主却只有几座城池的食邑。如果大王能拿出一个郡献给太后，请求作为鲁元公主的汤沐邑，那么太后一定会非常高兴，大王也一定会高枕无忧的。"刘肥一听，觉得是个好办法，于是依计献出城阳郡（治所在今山东省日照市莒县城阳镇），并尊鲁元公主为齐国王太后（从辈分上来讲，鲁元公主是刘肥的妹妹，身为齐王的刘肥尊鲁元公主为齐国王太后，意味着鲁元公主成了刘肥的母辈）。吕后对刘肥的这个做法感到非常满意，于是在京城的齐王府中摆酒设宴，与刘肥把酒言欢，之后，爽快地允许刘肥离开长安，返回齐国。

因为这个缘故，吕后对刘肥特别有好感，觉得刘肥憨厚老实，也比较尊重她这个后母。所以在刘肥死后，除他的大儿子刘襄顺利继承王位之外，吕后还特意封他的另外两个儿子为侯，并与吕氏结了亲。

汉高后二年（公元前186），吕王吕台死，其子吕嘉嗣位为吕王（后因吕后对其不满意，被废，改立吕产为吕王）。汉高后四年（公元前184），封其妹吕媭为临光侯，侄子吕他为俞侯，吕更始为赘其侯，吕忿为吕城侯。就这样，吕后先后封吕氏子弟十多人为王为侯。

前文讲到，因为刘盈在生前碍于伦理不愿亲近张嫣，所以作为正后的张嫣一直没有生子。吕后于是让张嫣假称有孕，然后抱来别的美人所生的儿子，对外宣称是张嫣所生的儿子，然后杀了那个美人。这个孩子被取名为刘恭，立为太子。刘盈死后，刘恭即皇帝位。等到刘恭年纪稍大一些的时候，他在偶然之中得知了自己的身世，才知道自己根本不是皇后的亲生儿子，而他的亲生母亲早就被吕后杀了。刘恭非常愤怒，对身边的人说："太后怎么能杀死我的母亲却把我说成是皇后的儿子呢？我现在还小，等我长大了，一定会为我母亲报仇。"

刘恭实在是年纪太小了，他不知道宫廷里究竟有多么险恶，或许他早上发了这个怨言，还没到中午，这句怨言就原封不动地被宫里的眼线们报告给了吕后。

吕后闻言大怒，担心刘恭长大后真的会对她不利，于是也把他抓起来关押在了曾经关押戚夫人的永巷之中。她对外宣称皇帝得了重病，需要休养，其他人都没办法见到刘恭。

之后，吕后对朝中的大臣们说："凡是拥有天下、能够治理万民的人，就要像上天那样覆盖一切，像大地那样包容一切，皇帝能让百姓安居，百姓也会拥护皇帝，这样上下之间的关系就能融洽，天下就会大治。现在皇帝病了这么长时间，已经没有能力再治理天下了，应该找人替代他。"

大臣们都跪下叩头说："皇太后为了安定天下百姓和宗庙社稷操劳，考虑得真是非常长远，我们都愿意听从您的旨意。"于是刘恭的帝位被废，后被吕后所杀。因为刘恭在位时间较短，所以没有谥号，后世称其为少帝。

刘恭被废之后，吕后又立刘盈其他妃嫔所生的一个儿子常山王刘义为皇帝，并将其改名为刘弘。

在这期间，吕后开始了一系列杀刘氏王、立吕氏后的举动。

刘邦的第六子刘友，系刘邦其他妃嫔所生，之前被封为淮阳王，赵王刘如意被吕后毒杀之后，刘友被徙封为赵王。吕后将吕氏女子许配给他做王后，刘友很不满意，却没办法拒绝。刘友不爱吕氏女子，非常宠爱另外的姬妾，吕氏女子十分嫉妒，于是跑到吕后那里，告了刘友一状。她在吕后那里诬陷刘友说，刘友经常在众人面前说："吕家的人怎么能够封王，等太后千秋百岁后，我一定要消灭他们。"吕后一听大怒，于是征召刘友前往京城。

刘友到了京城之后，吕后却没有接见他。她命令卫兵将刘友在京城所住的赵王府邸团团围住，不给刘友饭吃。赵国的大臣们想要偷偷给刘友送饭，却都被抓了起来。

刘友在王府中饿得奄奄一息，他自知已经没有解脱的可能了，于是强打精神唱歌说："诸吕用事兮刘氏危，迫胁王侯兮强授我妃。我妃既妒兮诬我以恶，谗女乱国兮上曾不寤。我无忠臣兮何故弃国？自决中野兮苍天与直！于嗟不可悔兮宁蚤自贼。为王而饿死兮谁者怜之！吕氏绝理兮托天报仇。"其大意为：诸吕在朝中掌握大权啊，刘家的江山岌岌可危。凭借他们的权势胁迫诸侯啊，强行把吕氏女子嫁给我为妃。我的妃子由妒生恨啊，竟然诬告我有罪，进谗言的女人祸国殃民啊，连皇上也被欺瞒。我难道没有忠义之臣吗？为什么要抛弃我的国家？我死在田野之中，是非曲直就由苍天来评判吧！真是后悔啊，我为什么不早一点自杀？作为一个国王却最终被饿死，又有谁知道这可怜的处境？吕氏断绝天理啊，我祈祷上天为我报仇雪恨。

这首诗歌在历史上被称之为《赵幽王歌》，被北宋郭茂倩收入《乐府诗集》之中，表达了刘友在饥饿难忍之时的悔恨、悲愤之情。

不久之后，刘友在幽禁中被活活饿死。吕后以普通百姓的礼节，把他安葬在长安城边百姓的坟边。

过了几天，天上发生了日食，白天变得像夜晚一样漆黑。吕后对这个自然天象非常厌恶，心里很不痛快，她对左右近侍说："这都是为了我啊。"

一个月后，吕后改封梁王刘恢为赵王。刘恢是刘邦的第五个儿子，系其他妃嫔所生。吕王吕产被改封为梁王。梁王不到他的封国去，而是作为太傅，教小皇帝读书。又把梁国改名为吕国，把原来的吕国改名为济川国。

梁王刘恢被改封为赵王之后，心里非常不乐意。一则赵地比不上梁地富庶，二则赵地现在已经成为是非之地。吕后因为第一任刘姓赵王刘如意，痛恨一切跟刘如意有关的人或事，包括继任的赵王，也包括赵国这个地方。为了加强刘、吕联姻，吕后又把吕产的女儿强行嫁给刘恢为赵王后，王后的随从们都是吕氏子弟，在赵国为所欲为，专横擅权，并暗中监视刘恢，弄得刘恢一点自由都没有。刘恢非常宠爱一个姬妾，赵王后却用鸩酒毒死了她。刘恢非常悲伤，为了纪念爱姬，作了四首诗歌，让乐官们弹唱。几个月后，刘恢在悲伤之中选择了殉情自杀。吕后听说之后，借题发挥，说赵王刘恢为了一个女人，不顾国家社稷，于是废除了他后代的王位继承权。

刘恢自杀之后，吕后于是派人向刘邦的第四个儿子代王刘恒传话，想要改封刘恒为赵王。面对前后连续三个赵王死于非命的惨痛事实，聪明而警觉的刘恒立即婉言谢绝了吕后，他说他愿意为国家守卫代地边境，而不愿到相比于代地更富庶的赵国去当赵王。

太傅吕产、右丞相陈平见状，于是向吕后上书，说武信侯吕禄在列侯中排名第一，请求立吕禄为赵王，吕后马上就同意了。同时，吕后追封她的二哥，也就是吕禄的父亲吕释之为赵昭王。

刘邦最小的儿子刘建在卢绾被废之后被封为燕王。刘建死了之后，他的正后没有儿子，只有一个美人替他生了一个儿子。吕后派人杀了这个美人所生的儿子，这样一来，刘建就没有儿子了。吕后借此废除了刘建的封国，并封吕台的儿子吕通为燕王。吕通的弟弟吕庄被封为东平侯。

经过这样自然死亡和残酷杀戮（老大刘肥、老二刘盈、老八刘建死，老三刘如意、老五刘恢、老六刘友被杀），刘邦的八个儿子之中，仅剩四子代王刘恒和七子淮南王刘长。

吕后的妹妹临光侯吕媭有个女儿，是营陵侯刘泽的妻子。刘泽是刘邦的远房亲戚（一说是刘邦的堂弟），曾经跟随刘邦平定陈豨之乱，俘虏陈豨的大将王黄，因功被封为营陵侯，后担任大将军。

之前，有个齐国的儒生田生想去游历诸侯，但缺乏路费盘缠，于是找到刘泽，说自己有很高明的计策，愿意为刘泽谋划，帮助刘泽晋升。刘泽非常高兴，于是大方地送给田生二百斤黄金。田生收下金子之后，就返回了齐国，当时并没有为刘泽出一计一谋。刘泽觉得自己受了骗，于是派人到齐国对田生说："以后,你再不要和我来往了。"田生接到刘泽的传话之后,随即来到长安。他并没有去见刘泽,而是租下了一座很大的宅院,然后让他的儿子刻意去结交吕后宠信的宦官——大谒者张卿。过了几个月,等到他的儿子和张卿已经很熟了之后,于是就让他的儿子邀请张卿到自己家里来做客。听说张卿答应要来,田生特意在家里挂起华丽的帷帐,摆设出精美的器具,就像列侯的家里那样。张卿来看到之后,非常吃惊,以为田生是一个非常有地位的人。酒过数巡,趁着张卿正高兴的时候,田生让其他人退下,然后对张卿说:"我在京城观看了一百多座诸侯王的府邸,都是高帝时的功臣们的。吕太后当初帮助高帝统一了天下,功劳非常之大,再加上现在又是皇太后,地位非常尊贵。吕太后的年纪渐渐大了,可是吕家的人势力还很微弱,太后很想立吕产为王,但又担心大臣们不同意。现在您是太后最宠信的人,大臣们都很敬重您,您何不到大臣们那里去吹吹风,让他们在太后那里提议封吕产为王呢?如果您这样做了,太后一定会非常高兴。等到吕氏子弟都被封王封侯之后,您也一定会被封为万户侯的。现在太后心里有自己想做的事情,您作为她的宠臣,如果不赶快想办法替她去做的话,那么您恐怕很快就会大祸临头了。"张卿听了之后,觉得田生说得非常有道理,于是回去之后,马上按照田生的主意去做,吕产因此顺利地被封为吕王。吕后非常高兴,于是封张卿为建陵侯,并赐给他千斤黄金。张卿受赏之后,非常感激田生,于是拿出一半赏金,准备送给田生。田生没有接受张卿的黄金,却对他说:"吕产被封王,大臣们心里其实不服。比如营陵侯刘泽,是刘室宗亲,担任大将军,他一定会对此不满。不如您现在去对太后说,划出十多个县来,也把刘泽封王。刘泽得到王位,一定会非常高兴地离开京城前往封国的,那么吕姓诸王的地位,不就更加稳固了吗?"张卿听了之后,于是立即进宫向吕后进言。

　　吕后听了张卿的话,一方面考虑到刘泽是妹妹吕媭的女婿,正是在大封诸吕的情况下需要拉拢抚慰的对象,另一方面考虑到如果不封刘泽,那么在她死后,刘泽很有可能利用大将军身份跟诸吕作对,于是把齐国的琅琊郡划出来,封刘泽为琅琊王。

　　刘泽被封王之后,田生才跑去见刘泽。他把事情的经过全部告诉了刘泽,刘泽心里既高兴,又惭愧,高兴的是自己得到了王位,惭愧的是自己曾经错怪了田生。

　　刘泽于是带着田生一齐前往封国。田生劝他赶快启程赶路,一天也不要再在京城停留,以免吕后反悔。

果不其然，他们刚出函谷关之后，吕后就派人追赶刘泽，想要把刘泽追回来。但刘泽已经出关，追之不及，吕后只好作罢。

没有功劳的吕氏子弟先后被封王封侯，而刘家的后人却先后被杀，封地被夺，那些曾经跟随刘邦出生入死的功臣也被撇在一边。功臣、刘氏及吕氏之间的矛盾之激烈，可说是剑拔弩张，一触即发。

吕后心里对这一点自然也是非常清楚，吕后之妹吕嬃对这一点更是清楚。她们对其他功臣的猜忌防范之心，可说是与日俱增。

不过，因为在分封诸吕之时，右丞相陈平曾经起了推波助澜的作用，所以吕后对陈平非常信任，对他的表现也非常满意。吕后如此信任陈平，跟刘邦临死前陈平所做的一件事情有很大关系。

刘邦在前去平定英布叛乱之时，被流矢射伤，伤情非常严重。回到长安之后，燕王卢绾又反。刘邦病势沉重，不能亲自前去平叛，于是派舞阳侯樊哙以相国身份，统率大军前去攻打。

在那一个时段，正是赵王刘如意与刘盈争夺太子之位宣告失败的时候，刘邦对没有废去刘盈的太子之位耿耿于怀，同时也对他死后刘如意和戚夫人的生死安危时刻挂怀。在这个极为敏感的节骨眼上，有人就对刘邦说："樊哙是吕后的亲妹夫，他们早就串通一气，陛下千秋万岁之后，樊哙一定会帮助吕后，回兵攻赵，尽灭赵王如意和戚夫人。"

刘邦一听大怒："樊哙见我病成这样，巴不得我早一点死掉。"于是叫来陈平，问他该如何迅速解决问题又不会造成什么负面影响。陈平建议像当初伪游云梦擒拿韩信的那样用计擒拿樊哙，既省事，又不会让军中有什么动荡。刘邦听了觉得可行，于是又叫来周勃，就在病床上向二人下诏说："你们二人赶快赶往军中，宣布我的旨意，让周勃代替樊哙为将。然后就在军中斩下樊哙的头，拿回来让我验看。"

陈平和周勃受诏之后，一边赶路，一边商量说："樊哙是皇帝的老乡，又是老部下，立下的功劳非常大。况且他又是吕后的亲妹夫，可说是皇亲国戚，地位尊贵。现在皇帝正在气头上，下令让我们杀死樊哙，将来万一他后悔了，倒霉的可就是我们。不如把樊哙抓起来关进囚车，押送长安之后，让皇帝自己决定是杀还是放，这样我们也好解脱干系。"

两人商议已定，于是继续赶路。陈平把周勃藏在车里，不让外人知晓。等到达汉军大营的外围，陈平命人在远离军宫的地方筑起了一座高坛，作为宣诏的地方，然后派人持皇帝的符节去叫樊哙来接旨。

樊哙虽是武将，但他久经沙场，阅历丰富，知道皇帝的使者前来宣诏，必定是有什么重大的事情。于是谨慎的他向使者打听，来的都是些什么人。按照陈平的吩咐，负责传召樊哙的从者回答说，只有陈平一个人。樊哙一听只有文官陈平一个人前来，想了一下，觉得有可能是战略部署方面的事情，于是放心地一个人骑马前来接旨。

陈平在高台上宣读圣旨，樊哙跪下接旨，不料他刚刚跪下，台后藏匿的周勃马上转了出来，和几个随从将他当场拿下。

樊哙被打入囚车，周勃立即持符赶往中军大帐，夺取帅印并接替樊哙，继续率兵平定燕国。而陈平则押着樊哙返回长安。

走到半路的时候，刘邦驾崩的消息传来。陈平一听，立即惊出了一头冷汗。刘邦一死，朝中必定是吕后做主，幸亏他和周勃没有杀死樊哙，否则，他们就只有死路一条了。

陈平担心吕媭会在吕后面前说他的坏话，于是快马加鞭赶往长安。在路上遇到使者，使者向陈平宣读吕后的诏令，让他和灌婴驻扎在荥阳。

陈平受诏之后，觉得如果不赶快回去向吕后说明，那么他难保不人头落地。于是迅速赶回京师，前往刘邦的灵堂。陈平见吕后一拨人都在，于是在刘邦的灵前放声大哭，一边哭，一边说："陛下您让我就地斩杀樊哙，臣不敢轻易处置大臣，现在已经把樊哙带回来了，特此向陛下交旨。"

世界上没有向死人交旨的道理，只有向活人说话的用意。一旁的吕后和吕媭一听樊哙还活着，于是全都松了一口气。看到陈平泪流满面、泣不成声，吕后反倒不好意思了，走过来安慰陈平说："你辛苦了，赶快下去休息吧。"陈平趁机请求留宿在宫中担任警卫，吕后于是任命他为郎中令，并对他说："你要好好辅佐新皇帝。"

樊哙被囚车押回来之后，几乎脱了一层皮。吕后立即下令，赦免樊哙无罪，并恢复了樊哙的爵位和封邑。吕媭向樊哙询问被擒的经过，一听就知道这么阴毒的主意一定是陈平给刘邦出的，并怀疑之前向刘邦进谗的也是陈平，因此非常痛恨陈平。

相国曹参死后，按照刘邦临死前的安排，王陵继任为右丞相，陈平被任命为左丞相。王陵因反对诸吕封王被免之后，陈平升任右丞相，审食其任左丞相。

吕媭因为陈平替刘邦出主意囚禁樊哙，差一点儿令樊哙丢掉性命，因此多次在吕后面前说陈平的坏话。她对吕后说:"陈平担任相国,很少过问政务,每天除了喝酒,就是亲近妇女,这样的人怎么能担任相国呢?"

陈平听到吕媭的谗言之后,表现得比以前更加放浪形骸,更加不理朝政、沉湎酒色。吕媭越发不满,但是吕后听了之后,心里暗自感到高兴。因为陈平不理政事,正好有利于她独揽大权,这样的右丞相,正是她梦寐以求的。

于是有一天,吕后当着吕媭的面对陈平说:"人们都说'小孩子和女人的话听不得',就看你跟我的关系怎么样了,不要担心吕媭说你的坏话。"

陈平听了非常高兴,而吕媭则无可奈何。

因为陈平深谙明哲保身之术,所以他从来不当面顶撞吕后,吕后提议封诸吕为王,他就假装同意,并且表现得比任何人都态度坚决,而且还能替吕后找出分封诸吕的理由,再加上他知道吕后贪权却假装不理政事,任由吕后恣意妄为,让吕后得偿所愿。试问他这样的右丞相,怎么能教吕后不喜欢呢?

不过,陈平虽然在表面上阿附吕后,但他内心却忧虑无比。他知道凭他一个人的力量,根本无法与吕氏尤其是吕太后对抗,又害怕再这样下去自己会沉陷泥沼,被刘氏宗亲和其他的大臣疏远,于是成天都在家里考虑对策。

陆贾和陈平一样,也担心有一天会祸及己身,于是也告病在家,不过问朝政。有一天,陆贾去拜见陈平,谁知去了之后,才发现陈平一直在坐着冥思苦想,陆贾坐了好一阵子,陈平才猛然发现了陆贾。

陆贾就问他:"相公在想什么呢,想得如此投入?"

陈平反问说:"你猜一猜我在想什么?"

因为两人关系十分要好,于是陆贾直言不讳地说:"您现在担任朝中的右丞相,是食邑三万户的侯爵,可说是富贵之极,再没有什么欲求了。可是您却如此忧烦多思,一定是在担心吕氏家族和年幼的皇帝啊。"

陈平说:"对,我确实就在考虑这些事情,请问我该怎么办?"

陆贾说:"俗话说,天下太平,要看丞相;天下动荡,要看武将。将相和睦,那么官吏们就会亲附。官吏们如果亲附,那么即使天下发生了变乱,大权也不会分散。现在大汉的命运就掌握在您和太尉两个人的手里啊。我有好几次想把这些讲给太尉周勃听,可是他却跟我开玩笑,岔开了话头。依我之见,您何不与太尉好好地谈一谈,两人建立亲密友好的关系,这样一来,政局就绝对不会乱。"说完之后,又帮着陈平策划了对付吕氏的好几套方案。

陈平采纳了陆贾的建议,于是向太尉周勃献上五百金的厚礼,又筹办了盛大的宴会宴请周勃。周勃非常高兴，也回请陈平，因此两人之间的关系日益密切。他们互通信息，共同商量，因此吕氏的许多计策都没有得到施行。

陆贾的这些计策发挥效用之后，陈平为了表示感谢，赠送给陆贾奴婢百人，车马五十辆，钱五百万，作为陆贾的日常生活费和活动经费。陆贾有了这些钱，在公卿大臣们之间交游往来，更加声名大振，对陈平和周勃的帮助更加有力。

一方面是陈平和周勃等大臣们紧密团结，而另一方面吕氏的势力却在日渐衰减。一个很重要的原因是，吕后渐渐老了。

权力这个东西是个好东西，拥有它，就可以拥有想要的一切，但唯独有一样，它不能给予掌握它的人，那就是青春永驻、长生不老！秦始皇如此，吕后自然也是概莫能外。

汉高后八年（公元前180）三月的一天，吕后前往郊外举行除灾求福的祭祀之礼，回来的路上，恍惚之间，看见一个像黑狗一样的东西，钻到了她的腋下，忽然之间就不见了。吕后找人占卜，占卜的人说是赵王刘如意的鬼魂在作祟。从此以后，吕后就生了重病，腋下常常疼痛，且病势越来越沉重。

在病重之际，吕后仍然没有忘记采取措施巩固吕家的权势。在弥留之际，她任命赵王吕禄为上将军，统领北军；吕王吕产统领南军，把军权牢牢地控制在吕氏手中。吕后告诫两个侄子说："高帝平定天下后，与大臣共同立下盟约'非刘氏而王者，天下共击之'。如今我们吕家这么多人被封王，刘家的人和大臣们心里肯定不满，我马上就要死了，皇帝还很年轻，大臣们恐怕会发动政变。所以你们一定要常居军中，牢牢握住军权，守卫好宫殿。我死之后，你们千万不要离开皇宫为我送葬，不要被其他人趁机控制。"

八月，吕后病死。这一年是公元前180年。

第十四节　诸吕被诛、代王入京

吕后临死之前留下遗诏，赐给诸侯王每人各黄金千斤，将、相、列侯、郎、吏都按官爵的品级不同分别赐给黄金。同时让吕王吕产担任相国，让吕禄的女儿做皇后。

因为吕后在执政期间大肆分封吕氏子弟，却杀害刘氏子弟并排挤功臣故旧，因此刘、吕两家的仇恨越积越深。她在世期间，碍于她的强势，刘氏和功臣不敢发难，而在她死后，刘、吕两个利益集团的流血斗争便不可避免地发生了。

刘邦的八个儿子之中，除其他的已死之外，活着的代王刘恒和淮南王刘长都是外藩，不在京城。而在京城之中，刘氏子弟中有胆略、有见识的，则非刘肥的两个儿子朱虚侯刘章和东牟侯刘兴居莫属。

刘章是刘肥的次子，特别有气魄，有胆识，虽然吕后生前特别喜欢他这个后生，让他做吕禄的女婿，并封他为朱虚侯，但他心里并不满意，他对刘氏子弟遭到的诸多不公正待遇感到非常怨恨。

有一次，吕后举办家庭私人宴会，刚满二十岁的刘章入宫侍奉。吕后让刘章当酒令官，刘章于是趁机请求吕后说："臣是将门之后，请允许我以军法行酒令。"吕后并没有多加考虑，只以为是年轻人随意说着玩，于是就同意了。喝酒喝到热闹处，刘章进献助兴的歌舞，他对吕后说："臣愿意为太后献上一首耕田歌。"一直以来，吕后都将刘章当作一个小孩子看待，甚至将他当作自己的亲生儿子看待，爱护他，疼惜他，并没有意识到他会有其他的什么想法，于是就笑着对刘章说："若说是你的父亲，还多少知道耕田的事情。你一生下来就是王子，怎么能知道耕田的事呢？"谁知刘章一本正经地说："臣知道。"吕后感到十分好奇，她虽说现在是皇太后，但在年轻时，还是在田里亲自劳作过的，她倒要看看刘章这个娃娃能说出个什么来，于是她说："那你试着为我讲一讲耕田是怎么回事？"

刘章得到允许，于是边舞边唱说："耕田要耕得深，播种要播得稠，苗长出来之后，就要疏苗，不是自己种的苗，就一定要锄掉它。"疏苗是指在播种的时候，担心种子发芽率不高，所以要多撒种子，等种子长出来之后，很多株苗密密地长在同一个地方，那株苗都会因养分不足而长势不好，所以，在单位株距内，必须留下最壮的那一株，把多余的拔掉，除去多余的苗就叫疏苗。

吕后听了之后，一下子明白了过来，敢情刘章这个娃娃是在借机讽刺她排挤杀害刘氏子弟并扶植吕氏的事情啊。不过，讽刺归讽刺，杀害排挤刘氏却的确是事实。再说刘章只是在隐喻，并没有明言，且是吕禄的爱婿，吕后自然也不能发作。于是她默然不语。刘氏子弟，心里果真是不服啊。

过了一会儿，吕氏子弟之中，有一个人喝醉了酒，不胜酒力逃席而去。刘章见状，立即追了出去，追上之后，当场拔剑杀死了那个人，然后回来大声地向吕后报告说："臣担任酒令官，请得太后允许，用军法行酒令。如今有人逃离酒席，不遵酒令，臣按照军法，处斩了他。"吕后及参加宴席的人全都大惊失色。但因为吕后有言在先，允许人家用军法行酒令，所以刘章斩杀逃酒之人，自然是无罪的。

刘章之所以敢这么做，一则因为他知道吕后爱重他，二则因为他是吕禄的女婿，吕后不会为难他，其他人自然也不敢拿他怎么样，所以他才借机上演了这样一场杀人立威的好戏。

宴席因此不欢而散。通过这件事情，吕氏子弟都非常畏惧有见识、有能力、有章法的朱虚侯刘章，而那些内心向刘的大臣也全部开始依附刘章，刘氏的势力渐渐地强大了起来。

吕后死了之后，赵王吕禄担任上将军，吕王吕产为相国，他们两个名义上都是外藩，但实际上都住在京城之内。他们统领南北两军，用武力恐吓大臣们，想要夺取刘氏天下，建立吕家的政权。

刘章的妻子是吕禄的女儿，因此知道吕禄等人在谋划什么。这个吕氏女子与其他吕氏女子不同，她与刘章有真感情，她担心自己和自己的夫君被杀，于是将吕禄等人图谋发动政变的事情告诉了刘章。刘章于是立即暗中派人前往齐国，联络他的大哥齐哀王刘襄，让刘襄举兵向西，他和弟弟刘兴居做内应，以杀死吕氏子弟，然后夺取汉家政权。

刘襄收到刘章的来信，觉得此事可行，于是和他的舅舅驷钧、郎中令祝午及中尉魏勃密谋发兵。当时诸侯国的丞相都是中央派遣的，主要起监视诸侯王的作用。齐国的丞相召平听说齐王刘襄要谋反，于是立即发兵，包围了齐王宫。魏勃就去欺骗召平说："大王调兵，并没有朝廷的虎符验证，所以丞相发兵包围大王，是非常正确的。我愿意替您带兵包围王宫。"召平相信了魏勃，于是派魏勃带兵去围王宫。可谁知，魏勃在掌控了军队之后，却马上带兵围住了相府。召平目瞪口呆，叹息说："哎，道家有言，当断不断，反受其乱，说的就是我这种情况啊。"说完之后，就拔剑自杀了。

齐国军队的统一指挥权到了刘襄手中，于是刘襄任命驷钧为丞相，魏勃为将军，祝午为内史，动员全国的将士，发兵向西。

刘襄又派祝午前去诓骗琅玡王刘泽说："吕氏准备发动政变，齐王想要发兵向西攻打诸吕，但齐王觉得自己是个乳臭未干的小孩子，又从来没有上过战场，愿意举国听从大王的号令。大王您从前就是高皇帝手下的将军，久历战阵，熟悉军旅之事。齐王不敢离开军队前来琅玡，所以派我前来，请大王驾幸临淄，与齐王共同筹划起兵之事，并率领齐国军队，向西平定关中之乱。"

刘泽见祝午说得信誓旦旦，也确实觉得刘襄过于年轻，于是轻信了祝午的话，骑着快马前往临淄去见刘襄。

谁知刘襄见到刘泽，立即把他扣留了起来，然后威胁他写了手令，派祝午带着手令前往琅玡国，尽数发动并兼并了琅玡国的军队。

刘泽被小儿辈所欺骗，无法返回封国，心里非常不甘，经过一番思考，他终于想出了脱身之计。于是他对刘襄说："齐悼惠王是高皇帝的长子，追根溯源，大王您是高皇帝的嫡长孙，在高后驾崩之后，应该被立为皇帝。现在大臣们心里都狐疑不定，而我是刘家人里面年纪最大的，大臣们本来就等着我去和他们商量并决定这件事情。现在大王把我留在这里没有任何益处，还不如让我前往长安，去谋划拥立大王之事。"刘襄听了非常高兴，于是派人用豪华马车将刘泽送往京师。

刘泽走后，刘襄于是发兵攻打齐国辖境内被割封给吕王的济南郡。在发兵的同时，刘襄向其他诸侯王发出檄文说："之前高皇帝平定天下，封刘氏子弟为王，悼惠王被封在齐国。悼惠王薨逝之后，孝惠帝派留侯张良立臣为齐王。孝惠帝驾崩之后，高后执掌权力，因为她年纪大了，所以听任吕氏子弟废去了高帝所立的诸侯王，并连着杀了三个赵王，灭了梁国、燕国、赵国三个封国，用来封吕氏子弟为王，又把齐国一分为四。忠直的大臣进谏，但高后却昏乱听不进去。如今高后崩，皇帝又年纪太小，没办法治理天下，所以依赖各位大臣。现在诸吕专横擅权、自尊官爵，又带领军队聚众示威，劫持列侯及大臣们，伪造皇帝的诏令颁布天下，刘氏的宗庙岌岌可危。现在我率领大军入关，就是要杀死那些本不该受封却被封王的人。"

齐王率兵西进的消息传到长安，相国吕产派颍阴侯灌婴率兵前去迎击齐军。灌婴率兵到达荥阳之后，与身边的将领们商议说："吕氏在关中执掌军、政一切大权，准备灭刘氏而自立。现在我如果打败了齐国军队回去，那不是就更加壮大吕氏的势力了吗？"于是在荥阳按兵不动，然后派使者前去面见齐王及诸侯，准备与齐王及诸侯联合。准备等吕氏发动政变之时，共同合兵诛灭吕氏。

刘襄见到灌婴派来的使者之后，暂且休兵，在齐国西部边境等候消息。

吕禄和吕产准备废去汉帝并建立吕家天下，但他们在内十分畏惧绛侯周勃和朱虚侯刘章，在外十分担心齐王刘襄和楚王刘交，又担心灌婴会背叛他们与诸侯联合。经过商议，他们准备等灌婴与齐兵打起来之后再发动政变，商量来商量去，一时间犹豫不决。

绛侯周勃虽然名义上是太尉，但他手中却没有兵符，连军营的门都进不了。陈平虽然是右丞相，却不能行使丞相的职权，两人心里非常着急。

曲周侯郦商年老多病，他的儿子郦寄与吕禄关系非常好。周勃经和陈平商量，定下了一条计策，他们派人劫持了郦商，然后命令郦寄去诱骗吕禄说："高皇帝与高后共同平定了天下，刘氏子弟被封王的有九个人，而吕氏子弟被封王的有三个人，这都是大臣们主动提出并商议通过的，事情已经向诸侯们宣布，诸侯们都认为非常合适。现在太后崩，皇帝年纪小，而您佩戴着赵王的印绶，不赶快前往您的封国守藩，却在这里担任大将军，率领军队留在京城，大臣们和诸侯都在怀疑您了。您为什么不把将军印还给朝廷，把兵权交给太尉呢？同时也让梁王归还相国印，与大臣们盟誓并前往封国，齐国就必然会退兵，大臣们也会安心，您也会高枕无忧，在幅员千里的封国安安心心地做您的赵王，这可是万世之利的大好事啊。"

年轻的吕禄没有经验，觉得郦寄说得很有道理，准备把将军印交出来，并把军队交给周勃。他派人把他的想法告诉了梁王吕产和吕家的老人们。吕氏家族的人顿时吵成了一锅粥，有人认为可行，有人认为不行，但谁都没办法说服谁，所以一直拖延着没有决定。

吕禄非常信任郦寄，常常和郦寄一齐出外游猎。有一天，他和郦寄游猎时顺便去看望他的姑妈吕媭，吕媭十分生气，大骂吕禄说："你是大将军却离开军队四处游玩，看来吕家的人离灭门不远了。"说着把家里的珠玉宝器全部搬出来，扔到地上说："我不替别人保管这些东西了。"

吕禄似有所动，但终究还是没有下定决心。

一天早上，担任御史大夫的平阳侯曹窋去找相国吕产办理政务，正遇上郎中令贾寿从齐国出使回来。贾寿指责吕产说："大王不早一点到您的封国去，现在可好，想去也去不了了。"于是把灌婴与齐国、楚国联合，准备发兵诛杀吕氏的事情详细地告诉了吕产，催促吕产迅速入宫掌控大局。吕产一听，赶快起身前往未央宫。

曹窋听到了吕产和贾寿的谈话，于是赶快骑着快马告诉了陈平和周勃。周勃一听事情紧急，想要凭太尉的身份进入北军大营，谁知却被拦在了军营之外。

襄平侯纪通平时保管皇帝的符节，于是周勃就让纪通拿着符节到北军大营假传圣旨说，要让太尉进入北军营中。

之后，周勃又让郦寄和典客刘揭去对吕禄说："皇帝已经下令让太尉统领北军，想让您赶快回到封国去，请您赶快交出将军印离开，不然，大祸就要临头了。"吕禄阅历浅，缺乏政治斗争的经验，他觉得和郦寄关系那么好，郦寄应该不会欺骗自己，于是把将军印解下来交给典客刘揭，把兵符交给了太尉周勃。

周勃带着将军印进入军门，传令军中说："想要效忠吕氏的，露出你们的右肩；想要效忠刘氏的，露出你们的左肩。"军中将士全都露出了左肩，周勃于是成功地掌控了北军。

北军大营已被控制，可是还有南军大营。陈平经和曹窋紧急商量，于是召来刘章，让他做周勃的助手。周勃让刘章去监守军门，又让曹窋传令卫尉说："不要让相国吕产进入皇宫。"

再说吕产，他不知道吕禄已经解印弃军离开北军，准备按他们之前商量的那样，进入未央宫，劫持小皇帝后发动政变。可是宫门已被卫尉关闭，吕产没办法进入宫中，只得在殿外的大厅中往来徘徊。曹窋担心没有足够的把握打赢南军，于是快马跑去和周勃商量。周勃也没有必胜的把握战胜吕产，不敢公开发布诛杀吕氏的命令。

危急时刻，他决定把刘章这个年轻人先派出去："请赶快先入宫保卫皇帝。"朱虚侯请求给他增派人马，周勃于是派给他一千多名士兵。

刘章带兵进入未央宫殿门，立即在殿里发现了吕产。当时天已傍晚，刘章下令攻打吕产。吕产急走躲避，正赶上狂风大作，吕产的随从一片混乱，没有一个人敢出来争斗。刘章于是率兵追击吕产，吕产惶急之下无处可逃，逃进了郎中令官府的厕所里，刘章带人就在厕所里杀死了他。

刘章杀死吕产之后，皇帝派谒者持符节前去慰劳他。刘章想要夺取皇帝的符节，但谒者却坚决不肯给他。刘章无奈，只好把谒者拉上车，凭借他手中的天子符节在宫中快马加鞭迅速行动，最终杀死了长乐宫的卫尉赘其侯吕更始。

至此，宫中的威胁已全部消除，刘章骑着快马到北军大营向周勃报告战斗状况。周勃向他拜贺说："我担心的只有吕产，现在吕产一死，天下可以安定了。"于是派人兵分多路，前去缉捕吕氏家族的人，不论男女老幼，一律杀死，包括已经解印的吕禄。

樊哙的妻子吕媭因为是吕氏一族，也被抓了起来。其时樊哙已死去近十年，吕媭所生的嫡子樊伉袭封为舞阳侯。

因为吕媭在吕后掌权时也参与国政、执掌权力，做事特别有主见（这从她斥责侄子吕禄一事上完全可以看出来），所以大臣们都非常怕她。

但吕媭有主见，并不等同于她们家族掌握紧要权力的人有主见。吕媭不久前训斥侄子的预言，不幸成了现实。

因为吕媭之前多次在吕后面前说陈平的坏话，所以吕媭被抓之后，陈平命人用乱棍活活打死了她。

樊伉因为是吕媭所生，大臣们担心留下他将来会遭到报复，所以也杀死了他。樊氏的爵位因此空了下来。动乱平息之后，樊哙与其他姬妾所生的庶子樊市人被复封为舞阳侯，继承了樊哙的爵位和封地，樊氏一脉，才又延续了下去。

随后，周勃等人派人前去诛杀了燕王吕通，并废去了鲁王张偃的王爵（因为张偃是鲁元公主的儿子，吕后的外孙，因此也受到了牵连，后来他被改封为南宫侯）。担任帝太傅的审食其与诸吕的关系非常密切，大臣们本来要杀死他，但因为陆贾和朱建等人四处活动，替他说好话，所以审食其不仅没有被杀，反而又被改任为左丞相。

大臣们对朱虚侯刘章的才能非常畏惧，担心他当了皇帝以后谁都没有好日子过，于是决意支开他，派他到齐王刘襄那里去通报杀死诸吕的事情，并下令让刘襄撤兵。

荥阳的灌婴接到诸吕被杀的消息，于是也带兵班师回朝。

大臣们坐在一起，密谋说："现在的小皇帝及吕王刘太、淮阳王刘武、常山王刘朝，都不是孝惠帝真正的儿子。那是吕后专权之时，把别人家的孩子抱来养在后宫，然后杀死他们的母亲，对外宣称是孝惠帝的儿子。吕后这么做都是为了壮大吕氏的势力啊。现在已经诛灭了诸吕，却把吕氏所立的小皇帝和诸侯留下来，等他们长大懂事以后，我们这些人就要被灭族了。不如看哪个诸侯王最贤明，就立哪个诸侯王为帝。"

许多史料表明，大臣们说小皇帝刘弘和刘太、刘武、刘朝等人不是孝惠帝刘盈的儿子，是吕后从别处抱来的吕家的孩子，这未必就是事实，他们怕将来会遭到报复才是真的。当发言权掌握在大臣们手中之时，他们说是，那就是，他们说不是，那就谁也没有办法了。

因为齐王刘襄在消灭吕氏的过程中首倡并起了重要作用，因此又有大臣提议说："齐悼惠王刘肥是高皇帝的长子，现在刘肥的嫡子刘襄为齐王，按照这个本源推论，刘襄是高皇帝的嫡长孙，立他为帝最为合适。"

这个建议提出之后，琅琊王刘泽马上站了起来，他要说话了。

别人都以为，刘泽和刘襄最初一起起兵发难，应该会支持刘襄即帝位，谁知刘泽却说："吕氏家族的人作为皇室的外戚，凭借手上的权力专权作恶，几乎断送了刘氏天下，并将功臣们害得好苦。如今齐王的外祖母家姓驷，他们家的驷钧是个大恶人。如果立齐王为帝，那么吕氏之祸马上又会重现。"大臣们听了，全都倒吸了一口冷气。吕后一家，就让他们吃尽了苦头，如今费尽九牛二虎之力才将诸吕铲除，如果再冒出一个跟吕后一样的人，谁能受得了？于是立即罢了拥立刘襄之议。

刘泽最初轻信刘襄并去帮助他，谁知却被刘襄扣留，并被驷钧恶意侮辱威胁，他早就将这口气憋在了心里。争夺帝位有时候不需要千军万马，只需要动一动舌头就足够了。刘襄在这个事情上取巧要诈，最终因刘泽一句话弄丢了即将到手的帝位，也真可以说是咎由自取吧。

又有人提议拥立淮南王刘长，但也有人提出了反对意见，一则是刘长年纪还小，二则刘长的外戚家族也不是善类，最终也被否决。

讨论来讨论去，大臣们最终讨论说："代王刘恒是高皇帝的儿子，且是高皇帝现存的儿子当中年纪最大的，再加上代王仁慈孝顺、宽容厚道，太后薄家的人也比较谨慎善良。立高帝最大的儿子本来就合乎礼法，且代王以仁孝闻于天下，立他最为合适。"

刘恒之母薄太后的父亲是吴地人。还是在秦朝的时候，薄姬的父亲与原魏王宗家的女子魏媪（魏老太）私通，生下了薄姬。诸侯叛秦天下大乱之时，魏豹立为魏王，魏媪于是将女儿薄姬送入魏豹的宫中。

前面已经提到，当时有个非常著名的女相士，名叫许负，时人谓之"神相"。魏媪于是请她来给女儿薄姬看相。谁知许负看了之后说，薄姬面相贵不可言，将来一定会生下天子。

其时刘邦正和项羽在荥阳对峙，争夺天下。魏豹刚开始与刘邦一起攻打项羽，回家省亲时听说了许负所说的预言，心里非常高兴，以为自己的儿子将来会当皇帝，于是叛汉，要为当天子的儿子创立基业。谁知许负的预言却并不是那样实现的，没过多久，韩信和曹参击败了魏国，俘虏了魏豹。魏豹的妃子们都被送进官家的纺织工房里做工。

魏豹被杀后不久，有一次刘邦到纺织房里去，发现魏豹的几个妃子长得很漂亮，于是下诏将这几个妃子充入后宫，这里面就包括薄姬。但纳入后宫之后，薄姬却一次也没有见过刘邦，因为刘邦后宫的美人实在是太多了。

薄姬之前与魏豹的另外两个妃嫔管夫人、赵子儿关系较好，三个人相互约定说："三个人之中不论谁先富贵了，都不要忘记了另外两个人。"可是当薄姬被充入后宫连见刘邦一面都难的情况下，管夫人和赵子儿却已经先后得到了刘邦的临幸，并被封为了美人。

有一天，刘邦在河南宫的成皋台上赏玩，发现管夫人和赵子儿先是窃窃私语，继而开怀大笑。刘邦很好奇，就问她们笑什么，管夫人和赵子儿于是如实说了她们当初和薄姬的约定。原来她们在嘲笑薄姬。

刘邦听了之后，立即对薄姬起了恻隐之心。自从把薄姬纳入后宫之后，刘邦早就忘了她的存在。当天晚上，刘邦就召幸了薄姬。

侍寝之时，薄姬对刘邦说："昨天晚上，我做了一个梦，梦见一条苍龙盘踞在我的肚子上。"刘邦说："这可是一个大贵的征兆，我来帮你促成这桩好事吧。"于是临幸了薄姬。只一晚，薄姬就有孕在身，后来生了一个男孩，就是刘恒。自那以后，薄姬很少再见到刘邦。

公元前196年春，汉军击败陈豨之后，刘邦封年仅六岁的刘恒为代王。

次年四月，刘邦病死之后，吕后开始清洗之前比较受宠的妃嫔和她们的儿子（以戚夫人母子最具代表性）。所有之前比较受宠的妃嫔，都被吕后囚禁了起来，不得出宫。而薄姬因为不受宠，所以吕后没有为难她，允许她随儿子前往代国。薄姬的弟弟薄昭也跟着去了代国。

因为薄家人比较小心谨慎，遵纪守法，相比于其他诸侯王的外戚来说，很少有劣行，因此朝中的大臣们最后都不约而同地看中了外戚德行较好的代王刘恒。

商议停当之后，丞相陈平和太尉周勃就暗中派人去请代王来长安。

刘恒见到朝廷的使者，问明来意，安排使者下去休息，然后召集他的心腹大臣们开始商议。

郎中令张武等人说："朝廷的大臣们都是高皇帝时的大将，熟谙军事，又多计谋、善诡诈，他们真实意图不止于此，只不过畏惧高皇帝和吕太后的威势，不得不屈从罢了。现在刚刚诛灭诸吕，血洗京城，说要迎大王去即天子位，实在是不可相信。请大王假装有病不要前去，以静观其变。"

中尉宋昌却提出了反对意见，他说："你们说得都不对。之前秦朝纲纪废弛，所以天下豪杰群雄并起，自以为能够得到天下的，何止万人，可是最终即天子之位的，只有刘氏一家，天下豪杰于是断绝了这个念头，这是其一；高皇帝分封刘氏子弟为王，封地像犬牙那样相互交错，互相制约，这就是所谓的坚如磐石的宗族啊，天下人都对刘氏的强大感到心服，这是其二；大汉兴起之后，废除了秦朝的苛法，制定了简便易行的政策法令，又广施恩德于民，百姓人人安居，国家处处稳定，没有任何人能够动摇，这是其三；以之前的吕太后之强大，分封三个吕氏子弟为王，擅权专制，然而周勃靠一柄天子的符节进入北军，振臂一呼，将士们全都敞开左肩，以表示拥护刘氏、脱离吕氏，很快就消灭了吕氏。这都是上天注定的，不是人力所能达到的。如今其他的大臣就算是想要作乱，但百姓也不会供他们驱使，他们的党羽又怎么能一心一意地跟随他们呢？况且朝内还有朱虚侯刘章、东牟侯刘兴居这样的刘氏亲族，在外还有吴国、楚国、淮南国、琅玡国、代国这些强大的国家，他们怎么敢呢？如今高皇帝的儿子之中，就剩下淮南王和大王您两个人了，大王您又年长，再加上贤达圣明，天下闻名，所以大臣们都顺天应人前来迎接大王，请大王不要怀疑。"

刘恒把大臣们讨论的情况上报给薄太后，和薄太后商量，一时之间，犹豫未决。于是令人占卜，结果龟甲上裂开了一条大横纹，卜辞曰："大的横纹，我要成为天王，像夏启那样光大父辈的基业。"

刘恒见到卜辞，自言自语说："我本来就已经是王了，还当什么王呢？"占卜的卜师说："卜辞所说的天王就是天子。"

于是刘恒派薄太后的弟弟薄昭前往京城去见周勃等人，打探消息。

薄昭到了长安之后，周勃等人详细地向他陈述了要立代王刘恒为皇帝的原因和理由，请他回去之后向代王解释。

薄昭于是回代向刘恒禀报说："事情确实是真的，不用再怀疑了。"

刘恒听了之后，对宋昌说："果然就像你所说的那样啊。"

于是命宋昌做参乘，与张武等六人乘坐朝廷的传车前往长安。快到长安的时候，刘恒停了下来，派宋昌乘快马前往长安探察动静。

宋昌到达渭桥的时候，丞相以下的官吏都在那里准备迎接代王。

宋昌于是回去向刘恒报告，刘恒听说大臣们都在渭桥迎候，于是乘快马赶往渭桥。

大臣们见到刘恒，都上前拜见他，刘恒也下车回拜。

周勃上前对刘恒说："希望能跟大王单独说几句话。"

宋昌大声地说："太尉如果说的是公事，就请在这里公开说；如果太尉说的是私事，很抱歉，大王在这里不谈私事。"

周勃于是跪倒，向刘恒呈上天子的玉玺和符节。刘恒见状，推辞说："还是到代王府再商量这件事情吧。"于是进驻代王府邸，大臣们都跟了进去。

丞相陈平、太尉周勃、大将军陈武、御史大夫张苍、宗正刘郢、朱虚侯刘章、东牟侯刘兴居、典客刘揭等人再次参拜刘恒，说："皇子刘弘等人都不是孝惠帝的亲生儿子，没有资格奉宗庙承大统，刘氏宗亲、文武大臣、列侯、俸禄两千石以上的官吏共同商议说：'大王是高皇帝的长子，应该继承皇帝之位。'请大王即天子之位。"

刘恒推辞说："继承高皇帝的江山社稷，这是一件非常重要的事情，我才疏学浅，恐怕难担重任。还是把楚王请来，我们共同商议一下，看谁最合适。我实在是不敢贸然答应你们的请求。"

大臣们见刘恒推辞，全都跪在地上请求他。刘恒在西面的客位上推让了三次，又在南面的主位上推让了一次，大臣们还是不肯答应。

陈平等人说："我们早就研究过了，大王继承皇帝之位是最恰当的，天下的诸侯和百姓也都认为大王即皇帝位是最合适的。我们为了刘氏的江山社稷，不敢随随便便就做出这样的决定。希望大王能够答应我们的请求。"

刘恒辞谢多次，见群臣态度坚决，于是对大臣们说："如果宗室、大臣、诸侯和天下百姓都认为除我之外再没有其他更合适的人，那我不敢再推辞了。"于是应群臣之请，即皇帝位。

大臣们按照爵位和官秩高低依次排列殿中。接下来的事情，就是如何处置小皇帝刘弘了。

东牟侯刘兴居上前说："诛灭吕氏的时候，我没有出过力，请让我去清理皇宫。"于是他和太仆夏侯婴驾车入宫，对小皇帝刘弘说："你不是刘家的后代，你不应该当皇帝。"说完之后，挥手示意护卫皇帝的执戟卫士全部离开，有几个卫士不肯离去。宦者令张泽见状，向卫兵们耳语一番，那些卫兵才放下兵器撤了下去。

夏侯婴叫来皇帝乘坐的马车，然后把小皇帝抱进马车，载着他就往外走。小皇帝问夏侯婴："你们要把我拉到哪里去？"夏侯婴回答说："出去到外面居住。"最后把小皇帝安顿在了少府之中。

把小皇帝拉走之后，其他的大臣赶着天子乘坐的马车，前往代王府邸去迎接刘恒。他们向刘恒报告说："皇宫已经清理完毕。"

于是刘恒趁夜前往未央宫，有十名谒者手持兵器站在正门口，问他："天子在里面，你要进去做什么？"刘恒有些尴尬，回头问太尉周勃是怎么回事。周勃于是赶快跑过去对十名谒者说了一番，十名谒者这才放下兵器走了。

刘恒于是进入未央宫，即皇帝位，是为汉孝文皇帝，简称汉文帝。刘恒任命宋昌为卫将军，统领南、北二军（卫将军位在大将军、骠骑将军、车骑将军之后，为汉文帝首设）；任命张武为郎中令，负责护卫宫中。当天夜里，刘恒下达诏书，对大臣们诛灭吕氏的行为给予了肯定，认为吕氏大逆不道，被诛是罪有应得（以安众大臣之心）。并宣布大赦天下，百姓男子赐爵一级，女子赐给牛酒，允许百姓欢聚宴饮五日（因为按照汉朝法律，百姓如果有三个以上无故聚众饮酒，将会被课以罚金）。

也就在当天晚上，朝中的大臣们分头行动，把小皇帝刘弘、吕王刘太、淮阳王刘武和常山王刘朝全部杀死在他们的府邸中。因为这几个小孩子都是孝惠帝刘盈的儿子，因此史书上自此有孝惠无后的说法。

滕公夏侯婴在刘邦彭城战败之后，面对刘邦屡次将刘盈和鲁元公主踹下车的行为，他表示出了极大的不忍，也表现出了他作为一个长者的宽厚和仁慈，并因此在后来受到了孝惠帝刘盈的表彰和恩报。可是，当大臣们手持凶器，杀害与当年的刘盈差不多大小的几个幼童之时，他却没有再挺身而出，甚而至于，小皇帝刘弘就是他亲自接到皇宫之外的，他也是帮凶之一。他当初力主搭救刘盈姐弟之时，也许是他善良的天性使然，可是此时四个小孩子同时被杀，他的善良躲藏得无影无踪。并不是夏侯婴之前是在伪装，而此时却露出了残忍的本性，实在是因为政治斗争不是你死就是我活，在关系到自己的生死存亡之时，谁都无一例外地选择了对自己有利的一面。所以也不能过多地苛责夏侯婴，他也是不得已而为之啊。

孝惠皇后张嫣因为确实没有参与吕氏的图谋和政变，因此大臣们没有杀害她。张嫣被废去皇后名位，安置在未央宫北面的北宫之内。

至此，吕后所苦心经营的吕氏大厦，在刘氏宗亲和故旧大臣的联手攻击下，轰然倒塌。

最初，吕后面对刘如意几欲夺嫡的惨痛现实，其内心的痛苦和煎熬可想而知。很显然，天底下没有哪个母亲不疼惜自己的子女，她也是在为自己儿子的皇位和幸福着想。可是，在具体筹办的过程中，吕后犯了作为一个妇道人家常见的错误，那就是目光短浅，愚蠢狭隘。在关键的一着，儿子的婚姻大事上，她硬生生地拉了一个令人嗤之以鼻的甥舅配，不仅成为历史的笑柄，也让刘盈正后无子，以至于在她死后，大臣们借口刘盈庶出的儿子并非亲生，将几个年幼的王子屠戮殆尽。她的一片爱子之心，最终却换来了儿子的绝嗣，还有吕氏的绝种。这大概是吕后生前怎么也没有料到的。这个结局，还不如当初让刘如意继承皇位，而让刘盈去当一个藩王来得强。

吕后和唐朝的武则天一样，在权力面前，都有一点走火入魔。而吕后比武则天的结局更惨。武则天临死之前，在狄仁杰的劝告下，明白了天下只有儿子把母亲供奉太庙祭祀的成规，而没有侄子把姑姑请入太庙供奉的先例，从而避免了武氏惨遭灭门之祸。但强盛一时的吕氏却远没有那么幸运。这大概也是上天对她杀韩信、杀彭越、杀刘如意、杀刘友、杀刘恢、杀刘建之子等恶行的报应吧。

当然，吕后也并非一无是处，她在政治上还是可圈可点的。她在统治期间，继续丈夫刘邦之时的与民休息政策，遵行黄老之术，无为而治，重农活商，崇尚节俭，不论是国力，还是民力，都得到了很好的恢复，为文帝、景帝二朝实现"文景之治"打下了良好的基础。司马迁在《史记》中给予她很高的评价，认为孝惠帝和她执政的这一时期，"政不出房户，天下晏然；刑罚罕用，罪人是希；民务稼穑，衣食滋殖"。也就是说，发布政令不出房户，天下就能太平无事，很少使用刑罚，而作奸犯科的人却不多，百姓都勤于耕织，衣食丰足，国家逐步走向了繁荣富强。

吕后在政治、经济等方面取得一系列成就之时，在外交上也是小有建树。

公元前192年，即刘邦死后三年，匈奴的冒顿单于因为死了阏氏，竟然派使者给吕后送来了一封求婚书信。

冒顿在信中说："孤偾之君，生于沮泽之中，长于平野牛马之域，数至边境，愿游中国。陛下独立，孤偾独居，两主不乐，无以自娱，愿以所有，易其所无。"这封信翻译成现代文大意就是：我出生并成长在荒凉辽阔的大草原，曾经多次到达两国边境，很想到中国来看一看。现在我死了王后，感到非常孤独。陛下您也是一个人，既孤独又寂寞。我们两个人现在都不快乐，也没有什么东西可以娱乐。我愿意以我所有，换取我所没有的东西。

其时的冒顿，大约三十五岁，而吕后却已近五十岁了。不过，在冒顿看来，刘邦是皇帝，他也是皇帝，那他和刘邦就是兄弟关系。按照匈奴的风俗，别说是兄长死了兄弟可以娶寡嫂，就是父亲死了儿子也可以娶庶母，那他娶刘邦的老婆，并没有任何不妥之处。

可是这在饱受文明礼仪熏陶的中原人看来，简直就是耻事一桩。别说是皇室，就是普通的百姓家庭，少夫娶老妻，也会被人当作笑话看。更何况吕后作为一个大国的太后，儿子都已经当了皇帝，匈奴年轻的单于却要娶她做阏氏，这不是侮辱人是干什么？

所以吕后看完书信，立即勃然大怒，准备要斩杀匈奴使者，然后派兵攻打匈奴。她召来大臣们，把书信丢给他们，让他们讨论。

樊哙自告奋勇地说："我愿意领兵十万，横行匈奴之中。"

其他大臣见吕后在气头上，于是全都顺着吕后的心思附和樊哙说："好。"

谁知中郎将季布却大声反对说："樊哙这个人真该斩首啊！当年高皇帝率领四十万大军尚且被匈奴兵围困在平城，十分之二的士兵都被冻掉了手指，樊哙当时就在军中，没有办法解围。事后天下人用歌谣传唱这件事情说：'平城之下也真是太辛苦了，七天没有进食，连弓都拉不弯。'如今这首歌仍然有人在唱，樊哙怎么能用十万人马横行匈奴之中呢？这是当面欺君！再说秦王朝不就是因为对匈奴用兵，才导致陈胜等人起兵造反的吗？直到现在战争留下的创伤还没有平复，而樊哙又当面奉承，想要使天下动荡不安，这怎么能行呢？再者说了，匈奴人就像不懂礼节的禽兽一样，听到他们说的好话并不值得我们高兴，听到他们说的坏话也并不值得太后动怒。"

季布一席话，立即使大臣们面上变了颜色。他们回想了一下之前跟匈奴和韩王信、陈豨作战的种种苦处，才全都意识到，对匈奴用兵，还真不是那么容易的事情。

吕后听了季布的话，也觉得对匈奴用兵会动摇国本，还不一定取得胜利。于是命大谒者张泽给冒顿写了一封回信说："单于没有忘记我，还给我来了封信，我觉得非常不安。我现在已经老得不成样子了，头发也白了，牙齿也掉了，走起路来也不稳了，单于您不知道是从哪里听到的消息，实在是太过奖了。您听到的这些都是不真实的，但这不是我的过错，还希望您能原谅。我这里有御车两辆，良马八匹，现送给单于，好让您日常骑乘。"

冒顿没有想到吕后会这么回信，收信之后，不禁哑然失笑，不过想了一下，又觉得在讲求文明礼仪的中原人面前，似乎是出了丑丢了人。

惭愧之余，冒顿态度诚恳地回了封信说："我之前没有听说过中国的礼仪，多有冒犯，幸好陛下原谅了我的鲁莽。"然后向汉朝献上了马匹。

吕后把宗室女子作为公主，嫁给冒顿为阏氏，于是汉、匈两家再次和亲。

不过，在与匈奴和亲并取得汉、匈和平的同时，汉朝与南越的关系却开始交恶。刘邦死后，吕后对南越采取了较为强硬的政策，下令禁止向南越出售铁器。

对于中原政府的这一做法，南越武王赵佗非常不满，但以他的政治智慧，他没有直接去指摘汉政府，而是向朝廷上书说，是长沙哀王吴回（吴臣之子）向朝廷进谗言，想要借机挑起事端，吞并南越。

长沙国也不甘示弱，也向朝廷上书，指责南越国无中生有，诬枉诽谤。

南越和长沙二国，毕竟相比之下，长沙国不仅之前为刘氏夺取天下出过大力，而且在地理位置上来说，也对汉政府更为重要。于是吕后对南越国采取强硬政策，下令在原来禁止向南越出售铁器的基础上，扩大禁止出售物品的范围，包括金器、铁器、农具、马、牛、羊等。马、牛、羊即便是出售，也只向南越出售公的，不出售母的，让南越的牲畜无法繁殖。

当时南越正处在自然开发的良好时期，汉朝下令禁止向南越出售生产工具和牲畜，严重地阻碍了南越的发展。赵佗十分焦急，三次派使者与汉政府交涉，希望能取消禁令，但汉政府不但没有让步，反而扣留了他的使者。

公元前183年，赵佗又听到消息，说他在真定的父母的坟墓被掘，宗族兄弟也被逮捕诛杀。对此，赵佗和他的大臣们都非常生气。

赵佗说："汉高皇帝立我为南越武王，并与我南越互通使者，互相交换出售物品。现在高后听信奸臣的谗言,轻视南越,禁止交易物器,这一定是长沙王的主意。他想依靠中原的力量来吞并南越,并把这一切作为他的功劳。"于是赵佗宣布脱离汉朝,自上尊号为南越武帝,发兵攻打长沙国的边境县城。在攻下几座城池之后,退兵而去。

吕后听了也非常生气,于是派将军周灶率兵去攻打南越。当时正值炎夏,北方的将士不习惯南方炎热潮湿的气候,许多士兵都得了传染病,军队的战斗力锐减,连阳山岭(今广东省清远市阳山县境)都没有翻过去。

汉军未战就已败绩,赵佗以此凭借武力在边境耀武扬威,又用钱财贿赂闽越、西瓯和骆越,让他们归附南越。一时之间,南越的疆域东西长达一万多里。赵佗出入乘坐皇帝专坐的黄盖车,自称皇帝,与中原分庭抗礼。

对此,饱受疾病折磨的吕后已无可奈何,对于朝廷内部的许多事情,她都已经有心无力,哪里还有气力去管千里之外对吕氏地位不造成丝毫威胁的南越王赵佗呢?

她在弥留之际最为担心的,还是她离世之后权力的归属问题。因此她谆谆告诫两个侄子,刘氏不满,大臣不平,因此要握紧兵权,紧守皇宫,不要为她送葬,不要被人算计。可是历史,却偏偏跟她开了一个非常大的玩笑。

在她尸骨未寒之际,一股压抑了许久的力量如秋风扫落叶一般,将吕氏瞬间荡涤干净。这一切,在地下的吕后大概是不知道了。

第十五节　济北王叛乱、周勃入狱、宽以待人、刘长之死、废除苛法

吕后死了，在刘氏后人之中，刘恒非常幸运地当了皇帝。

之前，大臣们都埋怨吕后分封没有立过任何功劳的吕氏子弟为王，觉得这样做非常不公平，因此，他们联合起来铲除了诸吕。

可是等权力掌握在他们手中，让他们选一个皇帝之时，他们也并不比吕后做得更加公平。他们没有选择首倡倒吕的齐哀王刘襄，也没有选择在诛灭诸吕的过程中起了非常重要作用的朱虚侯刘章（要知道当时若非刘章当机立断发起攻击杀死吕产，连久经沙场的周勃都没有必胜的把握），却把远远地躲在代地，没有出过一点力气的刘恒拉过来当了皇帝。这对刘襄和刘章来说，公平吗？实在是太不公平了！

所以说，公平只是相对的，对自己有利，当然觉得公平，很少有人会拒绝，哪怕别人比自己更应该得到这个东西。任何人在分配利益的时候，首先考虑的都是自己，然后才是别人，这是一条千古不变的铁律，也暗合前文讨论过的"赏非其功"和"罚非其罪"定律。

所以，吕后封吕氏子弟为王是为了巩固吕氏家族的权力，大臣们选择立刘恒为帝也是为了保住自己的既得利益，或者是让自己以后的日子好过一点。那么接下来当了皇帝的刘恒，他又该怎么做呢？

刘恒也未能免俗！

首先，刘恒改封琅玡王刘泽为燕王，把齐国的琅玡郡仍旧还给了齐国。刘恒为什么对待刘泽如此慷慨，那是因为刘泽在关键时刻说了一句最关键的话，成

功阻止了大臣们拥立刘襄,而使刘恒成了继承帝位的不二人选。现在刘恒当了皇帝,当然要投桃报李,厚待刘泽了。

其次,成功掌握兵权、控制军队的周勃被提任为右丞相,而将右丞相陈平降为左丞相,又封灌婴为太尉。刘恒对他这么做的解释是:"之前吕产自立为相国,吕禄自立为上将军,擅自假借皇帝的命令派遣灌婴将军带兵攻打齐国,准备取代刘氏天下。灌婴深明大义,在荥阳按兵不动,与诸侯共同谋划讨伐吕氏。吕产准备发动叛乱,丞相陈平与太尉周勃经过紧急商议,谋划接管由吕氏掌控的军队。朱虚侯刘章率先发难,诛杀了吕产,太尉周勃率襄平侯纪通持天子符节进入北军大营,典客刘揭上前,夺取赵王吕禄的印信,从而成功掌控了军队,最终诛灭了吕氏。因此,寡人论功行赏,加封太尉周勃食邑万户,赐金五千斤;丞相陈平、将军灌婴各加封食邑三千户,赐金两千斤;朱虚侯刘章、襄平侯纪通、东牟侯刘兴居各增加食邑两千户,赐金一千斤;封典客刘揭为阳信侯,赐金一千斤。"又把之前吕后在齐国、楚国划出地盘封给诸吕的地方,仍旧归还给齐国和楚国。长子刘启被立为太子,薄昭被封为轵侯。

再次,刘恒说:"最初大臣们诛灭诸吕前来迎接我的时候,我还猜疑不敢相信,代地的大臣也都劝阻我不要到长安来,只有中尉宋昌力劝我前来,才使我能够继承帝位。之前我已拜宋昌为卫将军,现封他为壮武侯。随我从代地来的六个人,都拜为九卿。"

最后,刘恒说:"之前跟随高皇帝前往蜀地、汉中的六十八个列侯,全部加封食邑各三百户。跟随高皇帝两千石以上的官吏中,颍川守尊等十个人,各赐食邑六百户;淮阳守申徒嘉等十人,各赐五百户;卫尉定等十人,各赐四百户。封淮南王舅父赵兼为周阳侯,齐王舅父驷钧为清郭侯。"当年秋天,又封原常山丞相蔡兼为樊侯。

封完了这些人,还是没有轮到封赏朱虚侯刘章和齐王刘襄,刘章之前好歹还增加了两千户食邑,赏了一千斤黄金,而刘襄则只字未提。虽然刘襄作为诸侯王,已经没办法再封赏了,但口头表扬一下,也还是能做到的,但刘恒就是没有。

为什么?一切皆因为,刘襄、刘章兄弟已经招致了刘恒的忌恨。

刘章因为诛灭诸吕有功,刘恒曾经一度要许诺封他为赵王,但后来,有人告诉刘恒说,刘章最初其实是想拥立他的兄长刘襄当皇帝的。刘恒听了之后,心里立即对刘章老大不满,拖了很久,才最终于汉文帝二年(公元前178)封刘章为城阳王（从齐国划出来的地盘），封刘兴居为济北王（也是从齐国划出来的地盘）。

而在分封刘章、刘兴居兄弟二人的同时，还分封赵幽王刘友的儿子刘遂为赵王、刘辟强为河间王，又封皇子刘武为代王，皇子刘参为太原王，刘揖为梁王。相比之下，刘章、刘兴居得到的封赏，比起刘遂和刘武、刘揖来说逊色多了。

而刘章的哥哥刘襄，则因为皇帝梦破灭，早在公元前179年就抱病身亡。一年前刘襄还能带领大军起兵反吕，但仅仅过了一年，他就一命归西，一个无法排除的原因是，刘襄是被活活气死的。

而刘章在被封为城阳王之后仅仅两年，也一病不起，很快亡故。他和他的哥哥刘襄一样，死的时候都很年轻。

两个兄长先后早逝，身为弟弟的刘兴居坐不住了。他们兄弟三人，都是齐悼惠王刘肥的儿子，按理说，刘肥是刘邦的长子，嫡长子刘盈死了之后，刘盈的后人尽数被诛戮，那么庶长子刘肥的儿子是最有资格继承皇位的。并且刘襄、刘章兄弟，又曾在荡平诸吕的过程中立下大功，现在因受到不公正待遇相继含恨而死，刘兴居心中的怨恨可想而知。他必须找一个机会，一出心中恶气。而这个机会，被刘兴居等到了。

公元前177年，匈奴右贤王背弃和亲之约，率军侵占河南地（今内蒙古鄂尔多斯地区），大肆劫掠。匈奴入寇，刘恒为了树立威信，决定御驾亲征。到达甘泉（今陕西省咸阳市淳化县境）后，他下诏说："汉朝与匈奴结为兄弟，为了保持边境的和平与安宁，所以每年送给匈奴丰厚的物资。如今右贤王擅自离开他的故土，带领他的部下进驻河南地，捕杀边境的官吏和百姓，驱散保卫边塞的蛮夷部众，这是违背协约的行为。为此，我朝特派遣边防骑兵八万五千人前往高奴，派丞相灌婴率军攻打匈奴。"

匈奴兵退走之后，刘恒征发中尉部下精通骑射的士卒，让卫将军宋昌统率，驻扎在长安，以进一步加强京都的卫戍力量。

随后，刘恒从甘泉前往高奴，顺路来到太原，召见原代国的大臣们，一一封赏了他们。刘恒当了皇帝，故国重游，颇有一番衣锦还乡的心理因素在内，一如之前的汉高祖刘邦回沛县唱《大风歌》一般。刘恒赏给百姓牛酒饮食，又诏令免除太原和中都百姓三年的赋税，停留在太原游玩了十多天。

刘兴居等的就是这个机会，他听说刘恒前去代地攻打匈奴，于是率兵反叛，准备攻打荥阳。

刘恒听说刘兴居起兵造反，于是命攻打匈奴的灌婴赶快撤军，派棘蒲侯陈武为大将军，率十万大军前去平叛，自己则紧急赶回长安。

为了分化瓦解刘兴居的军心，刘恒下诏说："济北王背德反上，连累他的下属的臣民，实在是大逆不道。济北的官吏和民众，凡是在中央的平叛大军未到之前先安定下来的，以及献出城池或率领军队投降的，一律赦免其罪行，恢复原来的官职和爵位。与济北王有过往来的，也一律赦免。"

可想而知，这道诏令一下，刘兴居手下的大部分官吏将士立即一哄而散。济北实在是太小了，区区一个郡，就算是全民皆兵，又怎么能跟那么大的中国抗衡呢？刘兴居实在是太年轻了，也实在是太冒失了，在济北这个地方，他确实是说一不二，济北的官吏百姓都必须听他的，可是，他忘了，他手中的这个权力，是中央政府授予的。只要大部分的民心还向着中央，他这个小地方根本就翻不起大浪。这个时候的天下大势，早就不是秦末暴政下的动荡时期，老百姓好不容易过上了太平日子，怎么会为了刘兴居一人的利弊得失而牺牲已有的幸福并赔上身家性命呢？

在这一点上，刘恒比之前的项羽不知道聪明了多少倍！济北的官吏百姓不是迫于形势才不得不听从刘兴居的命令跟着造反吗？好，现在他充分地理解官吏和百姓的难处，赦免他们而不是威胁杀死他们，不把他们逼上绝路，那么这些人，还有理由跟着刘兴居继续造反吗？答案是显而易见的！

当然了，刘兴居敢于造反，他内心深处还是有一个足以倚恃的理由的，那就是，现任皇帝刘恒是"摘桃派"，他窃取了刘氏宗亲和大臣们诛灭诸吕的胜利成果，许多刘氏子弟心中不服。他想趁此机会扯旗造反，应该会有很多人响应。可是他也应该想到，就算是其他人对刘恒不服，但也不一定就会服气他刘兴居。再者说，刘恒虽然没有在诛灭诸吕时出力，但他却得到了那些开国老臣的青睐和支持，这是其他任何人都没办法相比的。进一步说，刘恒上任伊始就颁布了一系列施惠于百姓的国策，已经大得民心，刘兴居起兵造反，难道不是自取灭亡吗？

所以仅仅过了一个月，济北的军队就被击败。刘兴居兵败被俘，自杀而死。

刘恒遵守诺言，赦免了跟随刘兴居造反的官吏和百姓。

刘兴居死后，他的封国被废除。

平心而论，刘恒即皇帝位，对于刘襄、刘章兄弟来说确实不公平。没有得到皇位也就罢了，功成之后，他们不仅没有得到应有的封赏，反而遭到刘恒的猜忌和防范，就更是不公平。

但是，站在国家社稷和黎民百姓的角度来看，换了任何一个人当皇帝，都不得不这么做。因为不论是谁当皇帝，都必须巩固帝位，加强皇权，要不然，不但皇位不保，性命堪忧，国家也会重新陷入动荡之中，黎民百姓又会跟着遭殃。

所以说，相比于历史上的许多帝王，刘恒对待政治对手和故旧大臣的态度，已经算得上是相当宽容厚道的了。

但这个宽容厚道，仍然是建立在确保他的权力不受影响的基础上的。

在采取封赏拥立他的功臣、恢复刘姓王爵位和封地、赏赐开国功臣等措施巩固他的帝位之后，刘恒将枪口对准了功高震主的重臣——周勃。

周勃为人质朴刚强，温和忠厚，刘邦生前就认为他可以担当大任。周勃不大喜欢研究学问，所以也很少像儒生们那样讲究繁文缛节。每次召见儒生们商量事情，他都毫不客气地坐在主位上，然后催促儒生们说："快点给我说事情。"他的性格大体上就是这个样子。

刘邦临死之前，樊哙带兵去平定燕王卢绾之乱。刘邦听信别人的说辞，以为在他死后樊哙会和吕后联合起来夺取权力并杀死赵王刘如意，于是派周勃前去代替樊哙。

周勃代替樊哙之后，连续取得对燕作战的胜利，最终平定了燕地。等他从燕地班师回朝的时候，刘邦已经死了。于是周勃继续以列侯的身份为孝惠帝刘盈效命。孝惠帝六年（公元前189），朝廷设置了太尉一职，由周勃担任。吕后死后，周勃与陈平经过谋划，一举杀死诸吕，然后迎立刘恒为皇帝。

迎立刘恒为皇帝之后，周勃被任命为右丞相。因为周勃在诛灭诸吕及拥立刘恒的过程中起了决定性作用，所以他感觉非常骄傲，每天上朝散朝，都显得非常得意。而皇帝刘恒则对他非常客气，恭恭敬敬地对待他，常常目送着他离去。

中郎袁盎觉得周勃的做法有违礼法，于是就找机会向刘恒进谏。他问刘恒："陛下觉得周勃这个人怎么样啊？"

刘恒回答说："这是社稷之臣啊。"

袁盎对刘恒说："周勃只不过是功臣，而不是国家的重臣，社稷之臣应该是可以和君主共存亡的人。吕后在位时，吕氏子弟弄权，擅自封王封侯，刘氏一门，虽然没有断绝，但势力也已经薄弱了。当时周勃是太尉，掌握兵权，但他却不能扶持刘氏。等吕后死了之后，大臣们都联合起来攻打诸吕，周勃因为手里有兵权，碰了一个好机会，所以成其大功。所以说，他只是个功臣，而不是国家的社稷重臣。周勃每次见到陛下，都显得非常傲慢，可是陛下却对他非常谦让，君主和臣子都有失礼节。我真的认为陛下这么做很不合适。"

刘恒听了之后,在以后上朝的时候,对待周勃越来越严肃,周勃发现刘恒的态度转变之后,对刘恒越来越敬畏。周勃后来知道事情的内情之后,就责备袁盎说:"我和你哥哥的关系那么好,谁知你却在皇上面前诋毁我!"但袁盎却觉得自己并没有做错什么,所以一直没有向周勃道歉。

刘恒当了皇帝,所以必须熟悉各方面的国家事务。于是在有一天朝会时,刘恒就问右丞相周勃:"全国一年判决的案件有多少?"周勃压根儿没想到皇帝会问这个,不过他确实也不知道,只好惭愧地说不知道。

刘恒又问周勃:"全国一年的粮食和财政收入支出各是多少?"周勃还是答不出来,他汗流浃背,非常惶恐。

刘恒见周勃不知道,于是就转过来问左丞相陈平。陈平回答说:"这些事情都有专门主管的人。"

刘恒问:"主管的人是谁?"

陈平回答说:"陛下如果问判决的案件,就问廷尉;如果问钱粮收支,就问治粟内史。"

刘恒就觉得有些奇怪了:"如果这些事情都有人管,那你们丞相做什么呢?"

陈平回答说:"我们的职责就是管理群臣。陛下不以我们愚钝,让我们担任宰相之职。宰相的职责就是对上辅佐天子调理阴阳,顺合四时,对下抚育万物应时生长,对外镇抚四夷诸侯使服从中央,对内使百姓亲附君主,让卿大夫们各尽其职,做好他们的本职工作。"

刘恒对陈平的回答大为赞赏,直夸陈平说得好。

周勃非常惭愧,退朝之后,就责备陈平说:"你平时为什么不教我回答皇上的提问呢?"

陈平对周勃的责难感到哑然失笑,于是他说:"您身居丞相之位,难道不知道自己的职责吗?如果皇上问长安城里有多少盗贼,您也要强行作答吗?"

周勃目瞪口呆,才知道自己在这方面的才能远远比不上陈平。若说是上战场用兵作战,那他周勃绝不在话下,但若说是怎样能回答好皇帝的提问,那就实在是太为难他了。

周勃的门客发现了他的艰难处境,于是劝他说:"丞相诛灭诸吕,拥立代王即天子位,威名震动天下。现在您受到最优厚的赏赐,担任最尊贵的官职,深受皇帝恩宠，可说是位极人臣。如果您还不想办法急流勇退，那么不久之后，祸患就会降临在您的身上。"周勃听了之后非常恐惧，也深深地为自己的处境感到忧虑，于是假称有病，上书请求辞去丞相之职。

周勃请辞，正中刘恒下怀，刘恒没有丝毫的挽留，当即就同意了。于是左丞相陈平一人专任丞相。

但过了还没有一年，陈平却老死了。刘恒想来想去，再任用其他人吧，一时之间也难以信任；骤然提拔自己的亲信吧，又担心难以服众，想来想去，再一次任命周勃为丞相。

当时，经过刘邦、刘盈、吕后三朝的休养生息和发展生产，社会经济得到了较大程度的恢复，但国家财力仍然不足，人民生活仍然十分困顿。造成这一问题的原因是"一人耕之，十人聚而食之"。当时许多有封邑的大臣都住在京城长安，他们的封地大多离长安很远，从他们的封地往长安运送粮食物资，不仅加重了吏卒们运输的负担，也无法使他们的封国得到有效的管理。刘恒于是颁布诏令，让列侯全部前往他们的封国去。但担任重要职务或皇帝亲自下令留在京城的，可以让他们的太子代为前去。诏令颁布之后，很多人都找借口拖延，迟迟不愿意前去就国。因为一个很明显的事实是，远离中央，就会远离权力核心，就会信息闭塞，就会有人进谗，就会渐渐被皇帝疏远，甚至莫名其妙被诛杀。

碰巧这个时候发生了日食天象，刘恒于是对周勃说："之前我下诏让列侯都到他们的封地去，但许多人借口留在了长安。丞相是我非常倚重的重臣，请为我给其他的列侯带个头，率先到封国去。"于是免去了周勃的丞相之职，让周勃前往他的封邑。然后任命灌婴为丞相，撤销太尉这个官职，太尉的职能由丞相兼任处理。

周勃免相回到封地之后，心里始终充满恐惧。对于鸟尽弓藏、兔死狗烹的道理，周勃不仅非常明白，而且亲身经历，甚而至于，他就亲自充当过看客和刽子手。韩信被刘邦以伪游云梦的诈谋手段抓获，后被灭族；彭越被刘邦派人潜入梁地秘密逮捕，后被诛戮；樊哙在大军之中被周勃以陈平之计阴谋擒拿，后侥幸获释。前事不忘，后事之师。周勃每天睁眼闭眼之间，这些事情总是在他心头萦绕，挥之难去。

因此，怎样避免自己步彭越、韩信等人的后尘，就成了周勃面临的头等大事。所以每逢河东郡的郡守和郡尉等人前往绛县（今山西省运城市绛县）巡查，周勃都全副武装去见他们，并让家将手持兵器护卫自己，以防止自己被抓起来杀掉。

这样的情况出现了几次，就有人向皇帝刘恒告发说，周勃想要谋反。

刘恒心里本就对周勃十分忌惮，时刻想要找机会打压，正愁无处下手，现在闻听有人上告，立即下诏让廷尉去办理周勃谋反一案。周勃于是被逮捕起来，下到了长安的狱里。

担心的事情最终降临到了自己头上，本就木讷的周勃连惊带吓，竟然不知道该如何为自己辩解。

狱吏觉得周勃也不过如此，于是开始在狱中刁难苛待周勃。周勃难以忍受，于是让家人送给狱吏黄金千斤，请求狱吏手下留情。狱吏得了周勃的好处，决定替周勃出个主意。于是在提审周勃时，他在手持的牍板后面写下"以公主为证"几个字，然后示意给周勃看。

周勃看了之后，立即恍然大悟。之前刘恒为了拉拢他，把一个女儿许配给他的儿子周胜之，如果现在公主出面做证说周勃没有造反，那么刘恒就一定会相信。

于是周勃一方面让儿媳妇出面当证人，另一方面把刘恒加封给自己的封邑和赏金全部送给了轵侯薄昭，请求薄昭出面为他讲情。

等到周勃的案件审理到非常紧急的时刻，薄昭于是进宫去见薄太后，对薄太后说周勃并没有谋反一事。薄太后听了之后，联系事件发生的前后，也觉得周勃不会谋反，于是去找刘恒为周勃说情。

其时刘恒正在朝会，薄太后说话之间，越说越气，拿起头上的头巾饰物就朝刘恒扔了过去，她责备刘恒说："当初周勃手里拿着皇帝玉玺，带领整个北军，他没有在那个时候造反，今天居住在一个偏僻小县，难道会造反吗？"在这个时候，刘恒已经看过了周勃在狱中的申辩状，其实他心里也非常清楚，周勃不会造反。于是他赶快向薄太后道歉说："监狱的官吏刚刚已经把事情查清楚了，正准备释放周勃。"于是派使者带着天子的符节，前去狱中赦免周勃出狱，恢复了他的爵位和封邑。

周勃被释放之后，感慨万千地说："我曾经率领百万大军南征北战，但哪里会知道监狱的官员是如此尊贵啊？"

周勃在蒙冤下狱期间，朝中的宗室大臣们都不敢出面替他说一句公道话，只有他认为诋毁过他的袁盎在刘恒面前坚持为他讲情，说周勃是无罪的。周勃能够出狱，袁盎出了不少力。周勃因此非常感激袁盎，于是和他结为莫逆之交。

周勃功高震主却能绝处逢生，是因为他碰上的是刘恒。要是换了其他的帝王，周勃能够活下来的概率微乎其微。

汉文帝刘恒是中国历史上有名的宽容之主。这样的宽容，不仅体现在他对待重臣周勃的态度上，还体现在他对待其他大臣、诸侯王及黎民百姓的做法上。

大臣之中，比如袁盎、冯唐等人，向刘恒进谏之时，常常犯颜直谏，言辞直率尖锐，丝毫不留情面，让刘恒下不了台。但刘恒总是宽容他们，从来不像后世的一些皇帝一样，动辄惩罚他们，甚至处死他们。

宦官赵同仗着刘恒比较宠信他，经常在刘恒面前说袁盎的坏话，令袁盎十分愤怒。袁盎的侄子袁种是常侍骑，他建议袁盎说："您可以找机会当面与他争斗，在朝廷上将他公开羞辱一番，以后他就再不敢毁谤您了。"袁盎觉得其法可用。有一天，刘恒坐车出行，指令由赵同担任参乘，在车上服侍。袁盎见状跪在马车前向刘恒进言说："皇上，我听说能和天子一起坐在御车上的人，要么是英雄豪杰，要么是贤德才士，今大汉虽然贤才匮乏，但您也不能跟一个受过刀锯之刑的太监坐在一起啊！"刘恒听了之后，有些尴尬地笑了笑，之后命令赵同下去。赵同不得已，只好哭着下了车。

刘恒有一次登上他的陵墓灞陵，打算从西边的陡坡上飞车而下。袁盎担心飞车下山会有闪失，就骑马挨着皇帝的马车，紧紧地拉住缰绳。刘恒不解地问："将军您害怕吗？"袁盎说："我听说千金之子，不坐在屋檐下；百金之子，不倚在楼台的栏杆上，圣明的国君，不侥幸面对危险，都是因为担心发生危险啊。如今陛下贵为万乘之君，却要驾着六匹快马的马车飞驰下山。如果发生马惊车毁的事故，陛下有个三长两短，怎么能对得起高祖和太后呢？"刘恒听后，于是作罢。

刘恒的妃子慎夫人很受宠幸，在内宫常和刘恒、窦皇后同席而坐。有一次，刘恒与窦皇后、慎夫人到上林苑游玩。等到就座的时候，郎署长布置座席，作为中郎将的袁盎就把慎夫人的座席向后拉远了一些。慎夫人当场发怒，不肯就座，刘恒也很生气，起身就与慎夫人回了宫。袁盎趁势劝谏刘恒说："我听说尊卑有序，那么宫廷上下才能和睦。如今陛下既然已经立了皇后，那么慎夫人再受宠幸，也不过是个妾。小妾怎么能和主人同席而坐呢？这样一来就没有尊卑上下的秩序了。陛下宠爱慎夫人，可以对她厚加赏赐。如果陛下一定要这样给慎夫人一个尊贵的地位，那么您名义上是为了宠爱慎夫人，实际上却是害了她，陛下难道忘了'人彘'之祸吗？"刘恒听了之后，禁不住心惊肉跳，之前戚夫人因为得宠于刘邦，刘邦死了之后，被妒嫉的吕后百般折磨而死。如果自己这样宠爱慎夫人，难保自己死后窦皇后不残害慎夫人。于是刘恒赶快向袁盎道谢，然后把袁盎的话告诉了慎夫人。慎夫人听了之后，也觉得袁盎这么做确实是出于一片忠心，虽说是目前有伤一时虚荣，但避免了日后惨遭横祸。于是赐给袁盎黄金五十斤，以示对袁盎善意提醒的嘉许。

季布担任河东郡守，刘恒即位之后，有人就推荐说季布很有才能，于是刘恒召见他，准备任命他做御史大夫。可是季布来了之后，又有人说季布虽然勇敢，却喜好酗酒，况且酒风不好，令人难以接近。刘恒听了之后，又把这事搁置了起来。季布来到京城长安，在馆舍里住了一个月，刘恒才召见了他。召见之后，就让他仍回河东郡。

以季布阅历之丰富，他早就猜度到了刘恒前热后冷的原因，他直率地对刘恒说："我没有什么功劳却得到了您的恩宠，极不称职地在河东郡担任郡守。现在陛下无缘无故地召见我，这一定是有人夸大其词赞誉我来欺骗陛下；现在我来到了京城，没有接受陛下的任何命令，陛下就要让我回去，这也一定是有人在您面前说了我的坏话。陛下因为一个人的赞誉就召见我，又因为一个人的毁谤而要我回去，我担心天下有见识的人听了这件事情，就会窥探出您为人处世的深浅了。"

阅历尚浅的刘恒被经验丰富的季布批评一番，既尴尬，又惭愧，下不得台面，他默然半天，才对季布说："河东是一个特别重要的郡，好比是我的左膀右臂，所以我特地召见你啊！"之后并没有犯颜，而是客客气气地让季布离开。于是季布辞别刘恒，仍旧回到河东任职。

有关季布的一则著名典故是"一诺千金"。楚地有个名叫曹丘的人，特别善于辞令，他用金钱结交权贵，又多次借助权势获得钱财。他曾经侍奉过赵同等皇帝贵幸的太监，与窦皇后的哥哥窦长君关系也十分密切。季布听说之后，便寄了一封信劝窦长君说："我听说曹丘不是个品行端正的长者，希望您不要再和他来往了。"等到曹丘准备回乡时，他想要窦长君写封信介绍他去见季布。窦长君听了之后，立即劝他说："季将军对您非常反感，您还是不要去见他了。"曹丘态度坚决地请窦长君写了封介绍信，然后便启程去拜访季布。到达之前，曹丘先托人把窦长君的引荐信送给了季布，季布见信之后，十分生气，于是坐等曹丘上门。曹丘到了之后，对季布作了个揖说："楚人有句谚语说'得到黄金百斤，不如得到季布一句诺言'。您怎么能在梁、楚一带获得这样高的声誉呢？再说我是楚地人，您也是楚地人。由于我到处宣扬，您的名字传遍天下，难道我对您的作用还不重要吗？您为什么要如此固执地拒绝我呢？"季布听了之后，非常高兴。于是将曹丘延入上座，留他住了几个月，把他作为最尊贵的客人，并送给他丰厚的礼物。季布"一诺千金"的名声之所以传播得更为广远，都是曹丘替他宣扬的结果。

关于冯唐直谏的事迹，后文将会叙及。

大略而言，像袁盎、季布、冯唐这样不留情面地当面进行劝谏甚至批评，若换作一般的人君，轻则被黜，重则遭诛，那都是很有可能的事，君不见比干之于殷纣，伍员之于夫差，李斯之于胡亥乎？袁盎、季布、冯唐，实在是太幸运了，他们的英名能够垂于书帛，留于后世，全都是因为刘恒成就他们的结果啊。刘恒，真可以说是千古人君的典范！

骠骑将军张武，是刘恒从代国带来的嫡系亲信。张武有贪财的毛病，刘恒发现他受贿之后，并没有惩罚他或是把他交给廷尉治罪，而是打开御府，拿宫中的财物重重地把他赏赐了一番，赏赐的数目就是他受贿的数目。张武羞愧难当，从此再没有受贿一文钱。

刘恒对诸侯王的宽容，一是对不法的淮南王刘长，二是对骄横的吴王刘濞。

淮南王刘长是汉高祖刘邦最小的儿子，他的母亲原是赵王张敖的妃嫔。汉八年（公元前199），刘邦带兵前去征剿叛乱的韩王信余部，路过赵国时，赵王张敖把自己的一个美人献给了刘邦。刘邦非常宠幸这个美人，不久之后，这个美人就怀孕了。女婿把自己的妃嫔献给老丈人当妃嫔，这事在今天看起来也真够荒唐的。

刘邦走后，张敖不敢再把这个美人留在后宫，而是为她另外修建了宫殿。

没过多久，赵相贯高等人阴谋行刺刘邦的事情败露，张敖等人全部被逮捕入狱，张敖的母亲、兄弟和妃嫔全部被拘捕在河内郡的官府之中。那个受刘邦宠幸并有孕在身的美人也未能幸免于难。这个美人对狱吏说："我受到皇上宠幸，现已怀孕，请把我放出去。"狱吏不敢隐瞒，赶紧把这件事情如实报了上去。而刘邦当时正在气头上，所以没有理会这件事情。

这位美人的弟弟赵兼知道审食其颇得吕后信任，于是找到审食其，请求审食其在吕后面前帮忙讲情。但吕后非常嫉妒这位美人得了刘邦的欢心，不愿意到刘邦面前为她说情，审食其见状，也没有再坚持劝说。

后来，这位美人在狱中生下了刘长，她心里非常怨恨刘邦的绝情，于是就自杀了。狱吏不敢怠慢，赶快把孩子抱去交给了刘邦。刘邦一见孩子，非常后悔没有及时释放那个美人，但人死不能复生，只好善待孩子以弥补心中的亏欠了。刘邦让吕后收养刘长并抚养他，并把那位美人安葬在她的故乡真定。

淮南王英布造反被击败后，年仅三岁的刘长被立为淮南王。因为刘长自小被吕后抚养长大，所以他和吕后之间的亲情关系，自非其他妃嫔所生的儿子相比。所以在刘邦死后，其他妃嫔所生的儿子如刘如意、刘友、刘恢等人相继被杀或被逼而死，而刘长却安然无恙。

不过刘长虽然与吕后之间有母子情谊，但他内心对审食其的怨恨却丝毫未减，认为当初在搭救他的母亲之时，审食其没有尽力。只不过在吕后活着的时候，他始终没敢发作。

刘恒当了皇帝之后，在刘邦的八个儿子之中，活着的仅剩刘恒和刘长。刘恒和刘长都是刘邦的侧室妃嫔所生，因此刘长觉得他和刘恒之间特别有共同语言。仗着这一层关系，刘长一贯骄横不法，一而再、再而三地违法乱纪。刘恒念在兄弟之间的情分上，常常宽赦不予追究。

孝文帝三年（公元前177），刘长从封国入朝，对待大臣们非常骄横，他跟随刘恒到御苑打猎，与刘恒同乘一辆车，也不叫刘恒"皇上"，常常对刘恒以"大哥"相称。刘恒也不跟他计较。

刘长因为自小生活在皇宫，衣食无忧，因此身材长得魁梧，力气大得能够举起大鼎。他觉得杀死审食其，为母亲报仇的时机成熟了。于是他带着随从就去了审食其的府上，声称要拜见审食其。

审食其听说刘长前来拜访，因此立即出来迎接。谁知出来之后，刘长却从袖中抽出一柄铁锤，一锤砸在了他的头上，审食其当场被砸得昏死过去。刘长命随从斩下审食其的头，然后骑着马飞快地跑到金殿之中，袒露着上身，向刘恒请罪说："臣的母亲当初跟赵国谋反的事情一点也扯不上关系，那时辟阳侯审食其应该能通过吕后救我的母亲，但他却没有争取，这是他的第一条罪状；赵王如意母子没有罪，吕后却杀了他们，审食其也没有劝阻，这是他的第二条罪状；吕后封吕氏子弟为王，准备夺取刘家天下，审食其也没有阻止，这是他的第三条罪状。我现在为了天下苍生，杀死了贼臣审食其，为母亲报了仇，特来宫中向陛下请罪。"

刘长这个举动，颇有些当年刘章的风范，但刘章在酒宴上以军法行酒令是有言在先，行诛之前没有特定的目标，所以当时包括吕后在内的人都无话可说。

可是如今刘长以私仇刻意诛杀朝廷重臣，却是严重违反了朝廷的法令。作为一个诸侯王，别说是杀死朝廷的列侯，就是杀死一个平民百姓，那也是法律所不允许的。

但刘恒非常怜悯刘长，觉得他一出生母亲就死了，杀死审食其也是事出有因，念在手足亲情的分上，再一次赦免了他。

刘恒赦免刘长之举，使朝中的王公大臣包括薄太后及太子刘启在内，全都非常畏惧刘长。刘长杀人却未被治罪，因此回国之后，越发横行无忌。他不遵守朝廷的法令，出行时像皇帝一样警戒并清道，乘坐黄伞车，把自己发布的命令也称为"制"，自己在淮南国制定了一套法令，处处都讲究和皇帝一样的排场。

孝文帝六年（公元前174），棘蒲侯柴武的太子柴奇收罗但、开章等七十多名因罪被免官的人，想要谋反。为了加强同盟力量，于是派开章前去联络刘长。刘长见到开章，不仅与开章相洽甚欢，还为开章娶亲成家，让他享受两千石的俸禄。

后来朝廷察觉了柴奇等人谋反的事情，于是派使臣到淮南来召刘长前往长安。

经过调查，大臣们查清了刘长擅自委任官吏、越权封赏侯爵、擅自赦免死囚、任意加害无辜、截留朝廷贡物、拒绝天子慰问、网罗亡命之徒、联络匈奴、闽越，图谋造反等种种不法之举。丞相张苍、典客冯敬等人向刘恒上书，认为刘长犯有以上种种大罪，按律应当处死，请求依法惩处，但刘恒却批示说："我不忍心依法惩处淮南王，可赦免他的死罪，废掉他的王爵。"大臣们见刘恒不愿意处死刘长，于是又建议把刘长流放到蜀地，并让他有子女的妻妾随行，并由当地官府供给他日常的饮食器具。

刘恒批准说："每天供给刘长肉五斤，酒二斗，受他宠幸的美人姬妾十个人随行，其他的都按照你们的建议去办。"

之后，朝廷把刘长的同谋尽数处死，然后命刘长启程前往蜀地。一路上用囚车押解他，让沿路的各县把他递解入蜀。

当时袁盎就劝谏刘恒说："皇上您一向非常娇惯淮南王，没有为他安排严正的太傅和国相去教导，所以才使他落到今天这个地步。再说淮南王性格刚烈，如今如此粗暴地对待他，我担心他会在途中因受风寒雨露致病而死，陛下就会落个杀弟的恶名，到那个时候，又该怎么办呢？"

刘恒不以为然地说："我只是特意让他吃吃苦头罢了，马上就会让他回来的。"

因为没有刘恒的命令，所以沿途各县负责递解押送刘长的官员都不敢打开囚车的封门让刘长走出囚车休整。刘长悲愤地对他的仆人说："谁说老子是勇猛的人？我哪里还能勇猛呢？我因骄横听不到自己的过失，终于到了今天这个地步。人生在世一辈子，怎么能每天在这样的环境中度过？"于是绝食而死。

囚车到达雍县的时候，县令打开封门，才发现刘长死了，于是赶快把死讯报告给朝廷。

刘恒听说刘长死了，哭得非常伤心，为了表达他的悔恨，他也开始绝食。

薄太后、妃嫔及大臣们听说皇帝绝食，全都慌作一团，前去劝说刘恒，但刘恒都听不进去。

因为之前袁盎劝过刘恒，因此大臣们让袁盎再去解劝刘恒。袁盎去了之后，跪地向刘恒叩头请罪。刘恒对袁盎说："我后悔没有听从你的劝告，现在淮南王真的死了，我该怎么办？"袁盎安慰他说："人死不能复生，现在已经没有办法了，还望陛下不要太难过。况且陛下有三件超越世人的大德行，淮南王之死，根本不足以对您的英名造成损害。"

刘恒听了之后，顿生好奇之心，问："我有哪三件超越世人的大德行啊？"

袁盎说："陛下还是在做代王的时候，太后曾经生了病，你尽心服侍三年，目不交睫，衣不解带，汤药若不是您亲自尝过，就不敢进献给太后。当年的大贤曾参以孝行闻名于世，他作为一个普通百姓，都觉得难以做到，而陛下当时作为一个王侯，亲自奉行孝道，可说是超过曾参很多了。这是第一件。当初诸吕在京中用事，诸吕死后，大权都掌在老臣们的手里，京中虚实安危如何，无从得知，可是陛下毅然从代地乘驿车前往京中，就算是孟贲、夏育这些古代的勇士，也比不上陛下啊。这是第二件。陛下到达京中的代王府邸之后，大臣们请求陛下即天子位，陛下西向辞让两次，南向又辞让了三次。当年的许由只不过辞让了一次，就获得了永世的美名，如今陛下辞让了五次，超过贤人许由四次。这是第三件大功德。再者说了，陛下把淮南王放逐到蜀地，只不过是想让他吃吃苦头，让他改过自新，是地方上负责押解的官吏不负责任，最终导致淮南王病死，过错根本不在陛下，所以，陛下为什么要自责呢？"

刘恒听了之后，心头非常宽慰，他问袁盎："那么接下来该如何向天下人解释呢？"

袁盎出主意说："只有把丞相和御史大夫都杀了，才能向天下人谢罪。"

把过错都推到丞相和御史大夫身上，刘恒觉得有些过分了，于是下令让丞相和御史把那些沿途各县负责递解押送刘长而没有打开囚车进献饮食的县吏全都逮捕起来，然后斩首暴尸。之后，以列侯的礼节把淮南王葬在雍地，并安置三十户人家为他守冢祭祀。

之后，刘恒又听从袁盎的建议，封刘长的四个儿子为侯，刘安为阜陵侯，刘勃为安阳侯，刘赐为阳周侯，刘良为东城侯。

袁盎成功解开皇帝的心结，化解了一桩危机，因此大臣们都很佩服他。从此，袁盎在朝中声名大振。

又过了几年，民间有歌谣歌唱淮南王刘长的遭遇说："一尺布，尚可缝；一斗谷，尚可舂；兄弟二人不相容。"刘恒闻听之后，叹息说："尧舜放逐骨肉之亲，周公杀死管、蔡二叔，天下人都称赞他们的贤明。为什么呢？因他们不因私情而损害国家的利益。天下人难道认为我是在贪图淮南王的封地吗？"于是把刘章的儿子、城阳王刘喜改封为淮南王，谥刘长为淮南"厉"王。"厉"的意思是"暴慢无亲"。又按照诸侯的规格礼仪，为他修建了陵园。又过了四年，刘恒重又让刘喜回到城阳，将原淮南国一分为三，分封刘长的三个儿子刘安为淮南王，刘勃为衡山王，刘赐为庐江王。刘长的四子东城侯刘良因早死没有后代，所以没有封。

刘濞是刘邦哥哥刘仲的儿子。刘仲被立为代王弃国逃归之后，刘邦废去他的王爵，贬他为合阳侯，其子刘濞被封为沛侯。

刘邦征讨英布之时，年仅二十岁的刘濞以骑将身份随刘邦出征。当时，荆王刘贾被英布所杀，且没有后嗣。刘邦担心吴地人轻佻强悍，必须有一个勇壮的王来镇服他们。而自己的儿子都还年幼，于是就立刘濞为吴王，统辖三郡五十三城。

之前刘邦见刘濞之时，刘濞还很小，刘濞长大之后，刘邦没怎么见过他，所以刘濞被封王并拜受官印之后，刘邦召见了他。谁知见了之后，刘邦却对刘濞很不看好。他对刘濞说："看你的相貌，你有造反之相。"刘邦心里非常后悔，但分封的话已出口，不好反悔，于是就抚着刘濞的背，告诫他说："此后五十年，东南方向将发生叛乱，难道是你吗？但我们刘家的人都是一家人，希望你好自为之，不要造反。"刘濞吓得汗流浃背，跪地叩头说："不敢，不敢。"

刘邦死后，在孝惠帝和吕后时期，天下刚刚平定，各国的诸侯都在各自的国内安抚百姓。刘濞当王不久，自然也是安抚勉励百姓，没有与朝廷作对的理由。

吴国的豫章郡（治今江西省南昌市）有座山，盛产铜。刘濞就招募一些亡命之徒到山上偷偷铸钱，并在海边煮海水为盐。因为吴国有私铸的钱，并且有私盐，所以不用向百姓征收赋税，吴国的资财也是非常富饶。

刘恒当了皇帝之后不久，刘濞的太子刘贤入京，陪伴皇太子刘启喝酒下棋。刘贤的师父都是楚地人，所以使他从小养成了轻佻、剽悍的个性，平时又很骄横。在与刘启下棋时，为了争一路棋，他竟然对刘启出言不逊很不恭敬，刘启大怒，拿起棋盘就朝刘贤打去，不料下手重了，竟然一下子把刘贤打死了。

皇太子是国家的储君，打死了人，自然不会像普通百姓那样被问罪。刘恒在安排大臣对前期的事务进行妥善处理之后，派人将刘贤的尸体送回吴国安葬。

刘贤去京城的时候是活着去的，回来的时候却变成了一具死尸。刘濞极为愤怒，他说："既然天下姓刘的是一家人，那么死在长安就葬在长安，何必送到吴国来安葬！"于是又派人把刘贤的尸体送回长安。

这事说到底是刘启这边理亏，于是刘恒只好下令将刘贤安葬在长安。

通过这件事之后，刘濞心中对刘恒父子十分不满，也不再严格遵守藩王应尽的礼节，常常称病不来长安朝见皇帝。

朝中的大臣们都知道刘濞是因为儿子被打死才不愿意来京朝见的，但事情一码归一码，皇太子打死诸侯太子是一码事，但诸侯不来朝见皇帝又是另一码事。

朝廷经过调查，知道刘濞果然是装病不来朝见。于是每次吴国的使者前来京师，朝廷全都逮起来治罪。刘濞对此十分恐惧，谋反的念头越来越强烈。

后来，刘濞又派使者前往长安代他行使秋请朝聘的礼节，刘恒再次责问吴国的使者。

这一次，吴国派来的这个使者很有辩才，他详细地对刘恒解释了刘濞装病的缘由始末。他说："吴王确实没有生病，朝廷多次逮捕吴国的使者，吴王心里非常害怕，因此才装病不敢前来朝见陛下。再者说了，看见深水中的鱼是不吉祥的，陛下也不应该把臣下的隐私完全看个清楚。现在吴王假装生病，被发觉后，见皇上追问得很急，所以只能越发封闭孤立自己，他担心被皇上诛杀，实在是迫不得已才这么做的。希望皇上能够原谅吴王的这些过错，让吴王与陛下之间的关系，能有一个新的开始。"

刘恒听了，觉得使者说得确实有理，于是下令释放了吴国的使者，并赐给刘濞倚几与手杖，允许他直到老死都可以不来京城朝见皇帝。刘濞得以脱罪，于是暂时打消了谋反的想法。

因为吴国境内有铜山和盐,所以吴地的百姓没有赋税。百姓按规定去服兵役,还给予一定的货币补贴。刘濞每年都要抽时间去看望慰问那些有才能的人,并赏赐乡里的父老乡亲。其他郡国的官吏想要到吴国来追捕逃犯,刘濞总是收留他们而不交给别的郡国。这样前后四十多年,刘濞在国内可说是大得民心。

而刘恒对刘长、刘濞的过分纵容,也最终导致了在他死后的"吴楚七国之乱"。当然这都是后来发生的事情了,后文会陆续讲到。

刘恒对百姓的宽和体恤,则主要体现在他废除连坐法和肉刑、入粟拜爵、减免田赋、开放山林湖泽之禁等一系列措施上。

汉初的统治者都推崇"黄老之学"。黄老之学的一个显著特征就是"无为"。无为不是无所作为,而是在法律规定的范围之内不折腾、不扰民。黄老思想不仅要求"君正",而且要求"法正"。因此,在这种思想的影响下,汉初的几任统治者都坚持废除秦朝的苛法,宽以待民。刘恒即位刚刚三个月,他就下令废除了"收孥连坐法"。

在废除"收孥连坐法"之前,为了体现对大臣们的尊重,刘恒下诏征求他们的意见说:"法令是治理天下的准则和规范,最终目的是为了禁止暴虐,并引导民众向善。如今触犯律令的人已被依法惩处,但使他没有罪的父母、妻子、儿女和兄弟连坐,以至被收为奴仆。我很不赞成这种做法。你们一块儿讨论一下。"

大臣们听了之后觉得非常吃惊,因为这样的法令已经实施了不止一天两天,人人都习以为常,就是受刑者也没有意识到有什么不服,从来都是逆来顺受,如今皇帝突然提出说不合适,大臣们思想上一时之间还真有点转不过弯来。大臣们都发表意见说:"百姓不能严格自律,所以制定法令管理他们,实行连坐之法,把与罪犯有关联的人一起收捕治罪,就是为了让老百姓在心理上产生恐惧,不敢轻易犯法。况且这种做法由来已久,继续沿袭以前的做法,感觉还是更有利于治理国家。"

刘恒反驳说:"我听说法令公正,那么百姓就会诚实守信;罪罚得当,百姓就会心服顺从。再者说了,管理百姓并引导民众向善,那是官吏应该做的事情。如果官吏既不能引导百姓向善,又以不合理的法令惩治百姓,那就会反过来促使民众做坏事。怎么能够杜绝犯罪呢?我看不到你们所说的有利之处在哪里,你们再认真考虑考虑。"

听刘恒这么一说,大臣们才醒过神来,刘恒这是下决心要废除这项残酷的法令啊。虽然废除法令之后,可能对犯罪的震慑力会相对减弱,但确实会给百姓带来实实在在的好处。于是他们都说:"陛下施与百姓如此大的恩惠,功德极为盛大,不是我们这些浅薄的臣下所能相比的。我们遵奉陛下诏令,废除收孥连坐的相关法令。"

刘恒废除肉刑,与一个名叫缇萦的小女孩有着直接的关系,甚至也可以说,他这么做是他废除秦朝苛法的延续。

齐国有位名医叫淳于意,因为担任齐国的太仓令,人们又称他为仓公。淳于意是临淄人,从小就喜欢医术,后来又师从同郡的名医公乘阳庆。公乘阳庆七十多岁了,没有儿子,就把自己的秘方全部传给了淳于意,因此淳于意的医术越来越高超。

淳于意为人治病效果特别好,判断病人的生死也往往特别灵验。但他天生怕受拘束,喜欢四处云游行医,也不怎么顾家,有时候又不愿意为一些病人治病,因此许多病人都特别怨恨他。

汉文帝十三年(公元前167),淳于意在替一个大户人家的妇女治病时,遭人陷害,被当地官府判决有罪,押赴长安处以肉刑。

淳于意有五个女儿,没有儿子。当囚车押送着淳于意准备进京之时,他的五个女儿跟在后面大哭不止。淳于意心烦意乱,骂女儿说:"生了五个孩子却没有一个儿子,遇到急事难事没有一个能顶上用的。"淳于意最小的女儿缇萦听了之后,非常伤心,于是就跟着她的父亲去了长安。

到了长安之后,缇萦向刘恒上书说:"我的父亲是齐国的官吏,齐地的百姓都称赞他的廉洁和公正,如今我的父亲因为犯了法,按律被判处肉刑。令我感到非常伤心的是,刑法一旦施行,被判处死刑的人将不再恢复他们的生命,被判处肉刑的人将无法复原他们的肢体。就算是他们想要改过自新,也没有任何机会了。我愿意入宫为奴,为我的父亲赎罪,让我的父亲有一个改过自新的机会。"

缇萦的求情书很快就呈到了刘恒的手中,刘恒看了之后十分感动,也非常同情缇萦父女的遭遇,于是决定废除肉刑。

刘恒在下达的诏书中说:"我听说有虞氏之时,如果哪个人犯了法,就给他穿上画有图案或染有颜色的特殊衣帽,作为耻辱的标志,而民众不犯法。为什么能这样呢?是因为天下大治至极啊。如今的法令上有三种肉刑(黥、劓、刖),可是犯罪却有增无减,那么问题到底出在哪里?难道不是我德行浅薄和教化不明的缘故吗?对此我感到非常惭愧。所以教育百姓的方法不成熟不得当,从而使百姓愚昧并导致犯罪。《诗经》上说'恺悌君子,民之父母'。(和乐敬人的君子，才是百姓的父母。）现在百姓有罪，没有进行教化，就施以刑罚，有人想改过从善也办不到。我特别同情他们。刑法一旦实施，就会让人肢体断裂，墨字刻入肌肤，终身不能复原，这是多么令人痛苦，又是多么不道德的事情啊，哪里还称得上是百姓的父母呢！诏令废除肉刑。"

肉刑被废除之后，对于犯有同样罪行的人，改处笞刑和杖刑，即用鞭子或板子打。虽然改为笞刑和杖刑之后，因为许多罪行挨的板子非常多，当场打死的人也不在少数，但比起在脸上刺字、割掉鼻子或是砍掉双脚的肉刑来说，这种刑罚在心理上给人的感觉应该说是温馨多了，文明程度也更高。同时，改为笞刑和杖刑，大多数人只要不被当场打死，受刑后是完全能够复原的，因此这项改革对于保护劳动力，促进生产发展，有着十分重要的意义。

刘恒不仅废除了收孥连坐法及肉刑等苛法，自身也是严格地遵守法律，不因为皇帝至高无上就以个人的意志去破坏法律。

轵侯薄昭是薄太后的弟弟，刘恒的舅舅。刘恒从代地入京登基，就是薄昭替他探的路。刘恒当了皇帝之后，薄家的人只有薄昭一人被封侯。这在一人得道，鸡犬升天的封建时代，也是极其难得、极其罕见的。

然而，薄家就这么一个仅有的侯爵，也在汉文帝十年（公元前170）化为乌有。这一年冬天，刘恒拜薄昭为将军带兵出征，而薄昭却杀死了皇帝的使者。于情，刘恒不忍心杀死仅有的这一个舅舅，但于法，他又不愿意让别人说自己执法不一。经过痛苦的思想斗争，刘恒决定逼薄昭自杀。刘恒首先派一些大臣到薄昭的府上去喝酒，在酒席上劝薄昭自杀，但薄昭说什么也不肯，大臣们只好回来向刘恒复命。刘恒听说薄昭不愿意自杀，于是又让大臣们穿着丧服，披麻戴孝到薄昭家里去，一起向薄昭号丧。薄昭无奈，只好自杀。

对于刘恒的这个做法，后世的许多人都多有议论，认为刘恒虽然在执法上不徇私情，但在道义上却不近人情，逼死了仅有的亲舅舅。持这种观点的人有唐朝宰相李德裕等人。北宋名臣司马光在编写《资治通鉴》时认为，刘恒没有早一点给薄昭请一个品行较好的师父，导致薄昭骄纵犯上，杀死了朝廷的使者，因此刘恒也有一定的责任。

而魏文帝曹丕则讥讽刘恒说："对待国舅，只宜用恩泽赡养而不是把权力交给他，等他犯了法之后，又不得不依据法律处置他。"

曹丕的话正确与否不必去评论，因为历史给了这一事件最好的注解。刘恒逼死了他的舅舅，被人称之为薄情，但就在他的任期内，却开启了"文景之治"，并在他的孙子武帝一朝，实现了汉世的鼎盛，使汉家的江山延续了四百多年。而反观自认为人情练达的曹丕，在他死后，仅历曹叡一世，曹家大权就落入了司马氏手中，曹氏后人要多凄惨有多凄惨。若说这样的结局跟曹丕一点关系也没有，那恐怕说不过去！

　　法律是天下公正的天平，如果上面倾斜一点，那下面就会严重偏离。如果上面始终持正，那下面就会永远平稳。刘恒忍着内心的痛楚逼死了自己的舅舅，但却将"公正"二字刻进了每一个汉家子民的心中。因为这个，天下百姓信任了他们四百年，拥护了他们四百年！

第十六节 张释之公平执法、南越重新归服、汉匈和亲、节俭的皇帝、邓通饿死、贾谊被贬

刘恒能够知法用法、守法护法，与一位名叫张释之的大臣有很大的关系。

张释之是堵阳人（今河南省南阳市方城县东），他的哥哥家境比较殷实，于是花五百万钱给他捐了个官。张释之在文帝朝做了十年的骑郎，也没有获得升迁，张释之有些灰心，对朋友说："我做了这么长时间的小官，又耗费了兄长那么多钱，真是不想再做下去了。"于是准备弃官回乡。

中郎将袁盎非常了解张释之，知道他十分贤德，不想让他这样的人才流失，于是就在刘恒面前推荐张释之，请求将张释之补为官秩六百石的谒者。刘恒同意了。

张释之补为谒者后，朝见皇帝已毕，于是结合上古时期的圣贤事迹向刘恒畅谈治国理想。没想到刘恒对此十分反感，他对张释之说："你还是现实一点，不要高谈阔论，就说些目前能够施行且可以见效的事情吧。"于是张释之开始谈论秦汉之间的事情，就秦朝为何失去天下，而汉朝为何兴起立国发表了一番见解，说了很长一段时间。这一次，刘恒听得非常入迷，觉得张释之对时势的把握非常准确，赞赏之余，拜张释之为谒者仆射。

有一次，刘恒前往上林苑观虎，张释之随驾。观虎之后，刘恒饶有兴致地问上林尉，苑中有多少珍禽异兽，每一种禽兽有多少只，都有什么不同的习性等等，连着问了十几个问题，可是上林尉却左顾右盼，一个也答不上来。旁边掌管虎圈的啬夫见状，于是上前代替上林尉回答刘恒的提问。因为他对苑中的情况非常熟悉，所以回答得非常周全，想以此在皇帝面前留下一个特别有能力、特别懂

业务的好印象。

刘恒听了之后，果然对啬夫的表现非常满意，他说："每一个官吏就应该像啬夫这样。上林尉可真是无能。"于是当场命令张释之，准备拜啬夫为上林令。

张释之考虑了一下，问刘恒说："陛下觉得绛侯周勃是什么样的人？"

刘恒不假思索地说："当然是有才德的宽厚长者啊。"

张释之又问："那么陛下觉得东阳侯张相如是个什么样的人？"

刘恒同样回答说："当然也是长者。"

张释之于是对刘恒说："周勃和张相如都是长者，但这两个人都不善言谈，让他们讲述一件事情，他们甚至说不出一句完整的话来。哪里像这个啬夫喋喋不休、伶牙俐齿呢？之前秦朝就是任用尖刻的刀笔吏，这些人都争着做一些急苛的表面文章，但他们都是徒有文笔和嘴皮上的功夫，没有怜悯百姓的恻隐之心，不说一句实话，所以秦朝皇帝听不到自己的过失，以至于秦朝刚刚历经两世就迅速灭亡。现在陛下如果因为啬夫夸夸其谈而越级提拔他，那么我担心天下人就会以此仿效，争做表面的文章而不再务实。皇帝的一举一动，对下面的影响都非常大也非常快，所以每做一件事情，都不可不慎重。"

刘恒听了之后非常赞赏，觉得张释之说得非常有理，于是打消了提拔啬夫的打算。

在回宫的路上，刘恒让张释之担任他的参乘（坐在他身旁），一边让马车慢行，一边问张释之秦政之弊，张释之都详细地向刘恒做了说明。刘恒非常满意，回宫之后，拜张释之为公车令。

张释之担任公车令之后，马上就遇到了一件考验他的事。一天，皇太子刘启与梁王刘揖乘坐马车入朝，经过司马门的时候，两个人都没有下车。而按照宫卫令，王公大臣出入司马门，全部都要下车。如果违反规定，就要被课以罚金四两的处罚。规矩是人人都须要遵守的，如果皇太子和诸侯王率先不遵守法令，那以后就会有越来越多的人过司马门而不下车。那宫廷的秩序，还不乱成一团？

于是张释之起身就追刘启和刘揖的马车，追上之后，不让他们进入殿门。之后，张释之进殿弹劾皇太子和梁王，说他们过公门不敬。事情很快传到了薄太后那里，于是刘恒脱下帽子向张释之道歉说："是我教育儿子不够严谨。"薄太后又特意派人前去赦免皇太子和梁王，皇太子和梁王才得以进入大殿。

通过这件事情，刘恒越发敬佩张释之，觉得他与众不同，于是拜他为中大夫，不久之后又升任为中郎将。

刘恒即位之后，按照惯例，就开始为自己修建陵墓——灞陵。有一天，刘恒前去视察自己的陵墓，张释之也随驾前往。刘恒在灞陵之上向北眺望，当时他宠爱的慎夫人也在身旁。刘恒就指着通往新丰的大道对慎夫人说："这就是通往邯郸的道路啊。"接着，刘恒让慎夫人鼓瑟，自己合着曲调歌唱，其意非常凄惨悲伤。他回过头来对大臣们说："哎，用北山的石头做外棺，缝隙用切碎的苎麻丝絮堵住，再用漆粘涂在上面，难道还能打开吗？"其他的大臣都随声附和。

张释之上前进言说："如果里面有能引起人们贪欲的东西，即使封铸整个南山做棺椁，也会有缝隙；如果里面没有引发人们贪欲的东西，即使没有石椁，又哪里用得着忧虑呢！"刘恒听了之后，越发觉得张释之很有远见，于是任命他做了廷尉。

又有一次，刘恒出行通过中渭桥，突然有一个人从桥下跑了出来，惊了御驾的马，刘恒差一点被摔下马车。他心里十分恼火，于是命侍卫拘捕这个人，然后交给廷尉查办。

张释之把这个人押来之后，审问他究竟是怎么回事。这个人回答说："我从这里路过，听说皇帝的御驾要过桥，于是赶快藏在了桥下。好长时间过去，我以为天子的御驾已经过去了，所以就从桥下走了出来，谁知道皇上的马车还在，我吓坏了，所以跑了起来，没想到惊了皇帝的马。"

张释之问明情况，于是依法判定："冒犯车驾，罚金四两。"然后报了上去。

刘恒一看张释之的判决，立即勃然大怒，他叫来张释之大骂说："这个人惊了我的马，幸亏我的马脾性柔和，要是换了其他的马，谁敢保证不把我摔伤或是摔死？可是你却仅仅判处罚金！"

张释之据理力争说："法律是天子和百姓应该共同遵守的，不应偏私。法有定规，如果加重处罚，那么法律就不能再取信于民。再说这个人惊了陛下的御驾，其实您当时也可以当场下令把他处死。现在您既然已经把他交给了廷尉审理，那么您就应该尊重廷尉的执法行为。廷尉是天下法律的天平，如果廷尉用法不公正，那么以后各地用法也就不再公正，这让百姓以后还怎么办呢？请陛下明察。"刘恒考虑了很久，渐渐消了气，对张释之说："你的量刑判决是恰当的。"

又有一次，有一个人偷窃了汉高祖庙里的玉环，被卫士抓了起来。刘恒十分恼怒，下令把盗窃者交给廷尉治罪。张释之根据法律规定，上报朝廷说，盗窃宗庙的衣服和御用器物者，罪当斩首弃市。刘恒大怒不已，骂张释之说："这个贼人如此可恶，盗窃先帝宗庙的器物，我把他交给廷尉查办，就是希望你能够从重判决，诛灭他的九族。现在你倒好，按照法律判决他死刑，这根本就不符合我的心意。"

张释之听了之后，脱下帽子，跪在地上向刘恒叩头谢罪说："判处这个人死刑，就已经是处罚的最高限了。如果盗窃宗庙器物就该诛灭九族，那么万一哪天有人挖掘了高祖的长陵，试问陛下又该如何加重处罚呢？"刘恒听了之后，觉得张释之说得确实不无道理。于是赶快去和薄太后商议这件事，两人商议了很久，最终认为张释之的判决非常合理。

周勃之子中尉条侯周亚夫和梁国丞相山都侯王恬开看到张释之执法公正，特别赞赏他，于是和他结为密友。

张释之所说的"法律应该为天子和天下人所共同遵守"这句话，与法家"法不阿贵，刑无等级"的观点有着极为相似的地方。他不因一个平民惊了皇帝的车驾或是盗了宗庙的器物就阿附皇帝的心意加重处罚，也不因皇太子违犯禁令就畏惧妥协，而是以独有的胆识和勇气维护法律的公平公正，坚持"王子犯法与庶民同罪"，坚持作为一个法官的独立执法权。别说是在两千多年前的封建社会初期，就是在文明程度较高的今天，仍然具有非常积极而重要的借鉴意义。当时的人们称赞他说："张释之为廷尉，天下无冤民。"由此可见张释之在百姓心中的分量是何等之重。

当然，张释之能够做到这些，一方面固然与他的个人品质和聪明才智有很大关系，但另一方面人们也不应该忘记他所得遇的明君——汉文帝刘恒。假如刘恒不是一个性格宽和的君主，假如刘恒不是一个具有公平守法意识的君主，那么即使有再多的张释之，又有什么用呢？张释之和北宋的包拯，他们的境遇难道不是一模一样的吗？他们两个人能够青史留名，难道不该庆幸他们都遇到了明君吗？

顺便提一句，汉文帝刘恒去世后，皇太子刘启即位，是为汉景帝。张释之因为司马门弹劾刘启之事，内心极为惶恐，想要称病隐退，又担心招致更大的祸患，想当面向刘启谢罪，又不知道该说些什么。后来他终于有机会向刘启当面谢罪，刘启倒也没有为难他。但纵然如此，刘启还是在一年后，将他贬为淮南王的国相。不久之后，张释之死于淮南任上。

相比于商鞅之于秦惠文王，张释之应该说是幸运多了！

除了废除首孥连坐法和肉刑，刘恒还下令废除了过关用传制度，即废除进出城门关口要出示证件的法令。这项措施的实施，加快了人口的流动，也促进了财富的积累。

刘恒又采纳太子家令晁错的建议，允许百姓入粟拜爵，即用粮食换取爵位的办法来充实边防军粮。边境城市贮藏了足可以支应五年的粮食之后，又让郡县也开始积存粮食。等边境和郡县的粮食都充足之后，再减免天下的田租。当时随着社会趋于安定，许多人弃农经商，农业生产受到一定程度的影响。为了进一步提高农民种粮的积极性，刘恒先后两次颁布诏令减免田租，把租率由十五税一减为三十税一（汉文帝十三年，甚至一度免除了田租）。从此以后，三十税一成为汉代定制。另外，算赋（成年人的人头税）也由每人每年一百二十钱减至每人每年四十钱。成年男子的徭役减为每三年服役一次。这样的减免，在中国封建社会时期，可说是绝无仅有的。通过入粟拜爵和减免徭役税赋，进一步减轻了农民负担，改善了农民的处境。

公元前158年，刘恒又下令，开放原来属国家所有的山林河泽，允许私人采矿、捕鱼、晒盐等。弛山林川泽之禁，促进了农副业生产和盐铁生产，不仅丰富了商品种类，促进了商品的流通，也在一定程度上增加了社会财富，推动了经济繁荣和社会发展。

刘恒在注重发展农业生产、不断增强国家综合实力的同时，也非常注重采取相应的策略与周边的少数民族国家尽量友好相处。西汉刚刚从秦末暴乱和楚汉争雄的废墟上建立起来，一切百废待举，国家根本没有足够的财力支持规模较大的战争，如果强行开战，那对国家和百姓而言，无疑又是一场浩劫。因此刘恒审时度势，对匈奴、南越等国采取克制忍让的策略，不轻易用兵，使国内经济社会得到较好的恢复和发展。

先说南越国。在吕后时期，因为吕后对南越国施行经济封锁政策，导致赵佗与汉政府交恶，这种情形一直持续到了汉文帝之时。

刘恒即位之后，派人重修了赵佗先人的坟墓，设置守墓人并每年按时祭祀，并赐给赵佗的堂兄弟官职和财物。同时在陈平的推荐下，拜曾经出使南越的陆贾为太中大夫，再次出使南越。

陆贾到达南越之后，挖苦责备赵佗说："大王您自立为帝，也不派遣使者通报我们一声。"并把汉文帝刘恒的书信呈给了赵佗。

刘恒在他给赵佗的信中首先声明，他已派人重修了赵佗的坟墓，并赏赐了赵佗的亲戚兄弟。接下来，刘恒向赵佗阐述了战争带来的害处，言明开战对谁都没有好处。对于南越和长沙接壤之处的纠纷，刘恒说那是高皇帝刘邦定下来的，他也不敢擅自变更。再说了，汉朝这么大，得到南越的地盘也并不见得更大，得到南越的财富也并不见得更富，还是让赵佗自治的好。最后，刘恒阐明主旨，说两个人都称帝，争来争去，真正仁义的人不会这么做，希望有一个人能够去除帝号，两国重新修好。

刘恒的这封信在历史上被称为《汉文帝赐南越王书》。

赵佗见到老朋友陆贾，非常惭愧。在仔细研读刘恒的来信之后，他也向汉文帝刘恒写了一封回信。

赵佗在信中说："只因为之前高后对南越国区别对待，禁止向南越出售铁器和农具，出售的牛马羊，也只给公的，不给母的。老臣身在偏僻之乡，马、牛、羊不能繁殖，所以不能按时向大汉纳贡。臣为此多次派内史藩、中尉高、御史平等人向大汉说明缘由并谢罪，但都没有得到回复。又听说高后诛灭了我的所有族人，挖掘并焚烧了我先人的坟墓，所以我的属下都讨论说，既然不能在内振兴汉室，不如在外独立以示与众不同。因此改号称帝。再加上我怀疑长沙王在高后那里说我的坏话，所以我才攻打了长沙国的几个边境县城。南方偏僻潮湿，居住的都是蛮夷之族，东面的闽越，只有几千人却称王；西瓯和长沙国也称王，所以老臣我妄自尊大，窃取皇帝的尊号，也不过是图个好玩，自我安慰一下罢了。老夫平定了越地上百座城池，越地东西南北数千万里，国中有甲兵百万多人，可是我却一直向汉称臣，为什么，就是因为我不敢背叛祖先啊。现在陛下哀怜我，恢复了南越的故号，允许两国通使，老夫我即使死了，也再不敢称帝了，特此向陛下献上薄礼，并向陛下致以问候和敬意。"

赵佗的这封信，在历史上被称为《报文帝书》。

在陆贾的劝说下，赵佗向汉朝谢罪，并表示愿意永远做汉朝的藩臣，每年向汉朝进贡。同时，赵佗向国中下令说："我听说同一个朝代不能有两个君主，同一个时代不能有两个贤人。现在的皇帝是非常贤明的皇帝。所以我从今以后，要去除帝号，并不再僭越乘坐黄盖车。"

通过陆贾的出使，赵佗重新归服汉朝。汉朝与南越，又恢复了之前的邦交关系。直到汉景帝时期，赵佗仍然向汉朝称臣，每年春秋两季派人到长安朝见汉朝皇帝。但是在南越国内，赵佗仍然继续冒用皇帝的名号。只是在派使者朝见汉朝皇帝的时候，才自称南越武王，像其他的诸侯王一样接受汉朝皇帝的命令。

汉武帝建元四年（公元前137），赵佗去世，享年一百余岁，葬于番禺（今广州市）。赵佗死后，他的后代续任了四代南越王。公元前111年，南越国被汉朝所灭。南越自公元前204年建国到公元前111年被灭，共历时九十三年。

再说匈奴。吕后时期，冒顿单于送来了向吕后求婚的书信，吕后恼怒之下准备攻打匈奴，但在中郎将季布的劝说下，最后选择了和亲。刘恒即位之后，继续和亲政策不变。

公元前177年，匈奴右贤王背弃和亲之约入寇，刘恒派灌婴率八万五千战车和骑兵前去应战，后又亲自前往代地。右贤王见状撤兵而去，而汉朝也因济北王刘兴居叛乱而罢兵。

其时，冒顿单于派右贤王进占了黄河河套以南地区，后消灭了月氏，平定楼兰、乌孙、呼揭等国，匈奴进入历史上的鼎盛时期。

考虑到汉朝的实力也在逐渐增强，匈奴出击并不一定会取得胜利，于是冒顿单于致信刘恒，表示愿意恢复过去的和约。他在信中说：

"上天所立的匈奴大单于恭敬地问候皇帝无恙。之前皇帝说起和亲之事，和来信说的意思相合，双方都很高兴。汉朝边境的官吏侵扰和侮辱右贤王，右贤王未经请示单于，听信了后义卢侯难氏等人的意见，同汉朝官吏相抗拒，使两国君主订立的盟约遭到破坏，离间了汉与匈奴的兄弟亲情。

"皇帝责备的书信第二次送来后，我们也派出使者持信说明情况，却未见回来，汉朝的使者也没有再来。汉朝因为这个原因不与我们和解，我们邻国当然也不能归附。

"如今因为小吏破坏了和约，我们惩罚了右贤王，派他去西面寻找月氏攻击他们。赖上天保佑，我们的将士英勇顽强，马匹强壮有力，已经消灭了月氏，斩杀并收降了月氏的士卒。又平定了楼兰、乌孙、呼揭及其周围的二十六个国家，把它们都并入了匈奴的疆域，那些弯弓射箭的百姓，都已合为一家。

"现北方已经安定，我们愿意休养士卒，喂养马匹，消除以前发生的不愉快的事情，恢复旧有的盟约，使边疆的百姓安宁，顺应匈、汉长期以来的友好关系，使幼童得以成长，老者平安生活，世世代代安居乐业。我们还不知皇帝陛下的意愿如何，所以派郎中系雩浅（人名）呈送书信请示皇帝，并献上骆驼一匹，战马两匹，驷马车两乘。如果皇帝不希望匈奴靠近边塞，那么我就诏令官吏和百姓居住到远离汉朝边塞的地方。

"我国的使者到达后，希望皇帝陛下能够及早答复并打发他回来。"

刘恒收到冒顿的书信之后，让大臣们商议，看到底是攻打匈奴有利，还是与匈奴和亲有利。

大臣们都说："冒顿单于新近消灭了月氏，士气正盛，我们切不可与之争锋。再者说了，匈奴的土地都是盐碱地，得到也不能居住。还是和亲最为有利。"

大臣们的意见深合刘恒之意，于是刘恒决意继续与匈奴和亲。

刘恒回信给冒顿单于说："郎中系雩浅送给我的信中说，右贤王未经请示单于，听信他人意见攻打我国，单于已经处罚了他。现在单于提出要消除以前发生的不愉快之事，休兵牧马，共建和平，我非常赞同这一提议，这都是古代圣明君主的心意啊。

"汉与匈奴结为兄弟，所以送给单于的东西非常丰厚。可是违背和约、离间兄弟之情的，常常是匈奴。不过右贤王的事是发生在大赦之前的，也希望单于不要过多地责怪他。

"如果单于确实会按照信中所说的那样去做，那么请明确告知各位官吏，让他们不要违背和约，信守承诺。我也将谨慎地按照单于信中的请求对待此事。

"使者说单于虽然亲自带兵讨伐别的国家克成大功，但常为战事苦恼。现有皇帝穿戴的衣服锦袍等，金制的发饰、衣带、带钩、绣花绸、锦缎等，赠送给单于。"

汉、匈双方通过互派使者、互通书信，又实现了友好往来。

公元前174年，冒顿单于去世。他的儿子稽粥即位，称之为老上单于。

老上单于即位之后，汉政府继续和亲政策。可是这一次和亲，却和出来了一些麻烦，这个麻烦就出在随行的一个宦官身上。

刘恒把宗室的公主嫁给老上单于做阏氏，同时派燕国籍的宦官中行说（音中杭悦）去做公主的侍臣，让他辅佐公主。

中行说长期在中原生活，不愿意到偏远闭塞的匈奴去，但朝廷却强行要让他去。

中行说非常怨恨，他说："如果一定要让我去，那么我将会给汉朝带来麻烦。"刘恒只以为他是在发牢骚，也没怎么在意。

中行说到了匈奴之后，就投降了老上单于，老上单于非常信任他。

之前，匈奴人都非常喜欢中原送给他们的丝织品和考究的食物。中行说到匈奴之后，对老上单于说："匈奴所有的人加起来，还比不上汉朝一个郡的人多，匈奴之所以强大，就是因为衣食与汉朝不同，所以根本不必依赖汉朝。如今单于改变风俗喜欢汉朝的东西，汉朝所给的东西不过是他们总数的十之一二，可是匈奴却完全地归属汉朝了。希望把汉朝送来的丝绸做成衣服，穿着它在杂草荆棘丛中骑马奔驰，让衣裤全部破裂损坏，以此显示它们不如匈奴的旃衣皮袄坚固耐用。把汉朝送来的食物全都丢弃，以表示它们不如匈奴的牛奶和乳制品方便甜美。"

中行说又教匈奴的官吏们记数，以方便他们核实记录他们的人口和牲畜数目。

汉朝送给单于的书信，写在一尺一寸长的木简上，开头文字是"皇帝恭敬问候匈奴大单于身体安好"，之后再写上所送的东西和要说的话等。

中行说出主意，让单于用一尺二寸长的木简给汉朝皇帝写信，而且印章和封泥的尺寸都加宽加大加长，把开头语写得非常傲慢"天地所生、日月所置的匈奴大单于恭敬地问候汉朝皇帝安好"，再如此写上所送的东西和要说的话语等。

因为中行说屡次出主意危害汉方利益，因此汉朝的使者每次前往匈奴出使，都免不了要与中行说辩论一番。

汉朝使者说："匈奴的风俗轻视老人。"

中行说诘难汉朝使者说："汉朝的风俗，凡是被派去戍边的从军者，在出发之时，他们的老年父母亲难道不省下暖和的衣物和甘美的食品，把它们送给出征者享用吗？"

汉朝使者说："当然是这样。"

中行说说："匈奴人都明白战争是重要的事，他们的老弱者不能参加战斗，所以把肥美的饮食留给健壮者食用，这是为了保卫自己。只有这样，父亲和儿子才能长久地相互保护，怎么能说匈奴轻视老人呢？"

汉朝使者不能对答，又说："匈奴人父子竟然同在一个毡房里睡觉。父亲死后，儿子娶后母做妻子，兄弟死了，其他健在的兄弟把死者的妻子娶做自己的妻子。没有帽子和衣带等服饰，缺少应有的礼仪。"

中行说反驳说："匈奴的风俗，人人吃牲畜的肉，喝它们的乳汁，用它们的毛皮做衣服穿，牲畜吃草饮水，随着季节而迁移。所以情况紧急时人人练习骑马射箭，时势宽松时人们都欢乐无事，他们的规定非常简便，很容易做到。君臣之间的关系简单，一个国家的政治事务，就像一个人的身体一样。父亲兄弟死了，娶他们的妻子，只不过是担心种族的消失。所以匈奴虽然伦常混乱，却一定立本族的子孙。如今的中国人虽然表面上看起来正派，不娶父兄的妻子，可是亲属关系却越来越疏远，而且互相残杀，甚至改朝易姓，都是这类缘故造成的。再说礼仪带来的弊端难道还不够明显吗，它使君臣上下之间产生怨恨，而修建宫室，极尽奢华，必然使民力耗尽。百姓努力耕田种桑而求衣食，修筑城郭以保全自己，所以百姓在形势危急时不去练习攻战技能，局势缓和时又被劳作搞得精疲力竭。唉！生活在土石房屋里的汉人，还是不要多说了吧，你们喋喋不休地说了这么多，就算你们有衣带和帽冠，那又有什么了不起的呢？"

从这以后，汉朝使者如果有人想辩论，中行说总是说："汉朝使者不要多嘴，只须操心汉朝输送给匈奴的丝绸饮食，必须要数量足，质量好，这就行了，别的话不要多说。而且供给匈奴的东西一定要齐全完好；如果不齐全、粗劣，等到秋熟时，就要派骑兵践踏你们成熟的庄稼。"

中行说知己知彼，所以在辩论中咄咄逼人、占尽上风，而汉朝使者大多不了解匈奴风俗，所以在外交上根本占不到任何便宜。

中行说入匈奴之后，出于对汉政府的怨恨，极力破坏汉、匈和亲，不断为匈奴单于出谋划策，鼓动匈奴袭击汉朝边境并发起战争等，因此被称作历史上第一个汉奸。不过从客观上来说，汉、匈本是一家，中行说入匈奴之后，教匈奴人记数记录等，也推动了游牧民族文明的发展。

当然了，中行说为了泄私愤，教匈奴人用病菌危害汉人的做法，当使他遗臭万年。中行说在匈奴注意到，如果一些池塘中有病死的马、牛、羊等动物，那么这些池塘里的水就会有毒。人畜食用之后，轻则痢疾，重则丧命。所以他建议匈奴人把一些病死的牲畜掩埋在汉军进攻匈奴必经之路的水源上游，以此戕害汉军将士的健康。

后来，汉军在进攻匈奴的时候，食用了这些水源中的水之后，许多人确实传染了疾病并为此丢掉了性命。过了好长一段时间之后，汉军才发现了这件事情，经过防备，才避免了更大伤亡。而后来的骠骑将军霍去病，据说就是因为食用了这些传染了病原体的水，最后不治而亡，真是非常之可惜。而这也成为历史上有记载的最早的细菌战。

由于中行说非常了解汉朝的情况，所以他日夜教单于在最有利的时间和地点对汉军发动攻击，劫掠人畜，而汉军却没有对他们形成有效的打击。

汉文帝十四年（公元前166）冬，老上单于亲率十四万大军入北地郡，进占朝那、萧关，杀死北地都尉孙卬，抢掠了许多百姓和牲畜，随后又到彭阳（今宁夏固原市彭阳县），并派突击队攻入回中宫（秦宫，故址在今宁夏固原市境内），并将回中宫烧毁，匈奴侦察骑兵直达雍州的甘泉宫，距长安仅二百里。

刘恒以中尉周舍为卫将军，郎中令张武为车骑将军，发兵车千乘、骑兵十万，屯驻长安附近，防卫京师。为提振士气，刘恒亲自前往劳军，并发布了一系列加强军队管理的命令。刘恒准备亲自带兵攻打匈奴，大臣们都劝谏他不要亲自前去。但刘恒坚持要去，最后，薄太后出面强行阻止，刘恒才算作罢。于是拜昌侯卢卿为上郡将军，宁侯魏遫为北地将军，隆虑侯周灶为陇西将军，东阳侯张相如为大将军，成侯董赤为内史，栾布为将军，大发上郡、北地、陇西等处战车骑兵迎击匈奴。匈奴军与汉军在塞内争战月余，老上单于最终率军退出塞外。汉军把匈奴军逐出塞外即还师，未能斩杀更多的匈奴兵。

自此以后，匈奴日益骄横，每年都要侵犯边境，烧杀抢掠汉朝边境的百姓和牲畜财产，其中以云中、辽东二郡受害最大，连同代郡共有万余人被杀掠。

家贫思贤妻，国乱思良将。这个时候的刘恒，每天考虑的都是怎样才能得到一个才能出众的将领，为他防御匈奴。

中郎署长冯唐原是赵国人，是上党郡守冯亭的后代。秦朝未统一六国之前，赵国是与匈奴接壤面积最大且发生冲突最多的国家。冯唐因为特别有孝行而受到人们的称赞，他做官的时候，年纪已经很大了。刘恒认为他年岁大，经历的事情多，于是就问他一些赵国及赵国将领的事情。

刘恒问："我在代郡时，我的尚食监高袪多次和我谈到赵将李齐的才能，讲述了他在巨鹿城下作战的情形。现在我每次吃饭时，心里总会想起巨鹿之战中的李齐。老人家您知道这个人吗？"

冯唐回答说："李齐的才能，比起廉颇和李牧这样的将领来说，还差得远呢。"

因为当时历史学的普及并不广泛，因此刘恒并不了解廉颇和李牧，听冯唐这么说，于是就问冯唐："那么廉颇和李牧又有什么才能呢？"

冯唐说："我的祖父在赵国时，也曾经统率过士兵，和李牧的关系较好。我的父亲从前做过代相，和赵将李齐也非常要好，所以对他们比较了解。"之后就把廉颇和李牧的事迹向刘恒讲了一遍。

刘恒听了冯唐的话，对廉颇和李牧更加感兴趣，他拍着大腿说："哎，为什么我得不到廉颇、李牧这样的人才呢？如果我手下有这样的将领，怎么还会为匈奴忧虑呢？"

冯唐直言不讳地说："请恕老臣直言，我想即使陛下得到廉颇和李牧，也不会任用他们。"刘恒一听当即大怒，怒气冲冲地站起来，回了后宫。过了好一会儿，刘恒又召见冯唐并责备他说："你为什么要当众顶撞我侮辱我呢？难道就不能私下和我探讨一下吗？"冯唐向他道歉说："我是个鄙陋之人，不懂得忌讳回避。"

刘恒逐渐消了气，就问冯唐："你凭什么说我得到了廉颇和李牧也不会任用他们呢？"

冯唐回答说："我听说上古时期的国君在派遣将军时，跪下来推着车毂对将军说，国门以内的事由我来决定，国门以外的事就由将军裁定。所有军队中因功封爵奖赏的事，都由将军在外决定，回来再奏报朝廷。这并不是一句假话啊。我的祖父说，李牧在赵国边境统率军队时，把征收的赋税自行用来犒赏部下。赏赐由将军在外决定，朝廷不从中干预军中的事情。国君把御边的重任交给他，只要求让他取得成功，所以李牧才能够充分发挥自己的聪明才智，派遣精选的兵车一千三百辆，善于骑射的士兵一万三千人，武艺精良的士兵十万人，因此能够在北面驱逐单于，东破东胡、消灭澹林，西抗强秦，南援韩、魏。在那个时候，赵国几乎就要称霸中原。可是没过多久，赵王迁即位，他的母亲是个卖唱的歌伎。赵王迁一即位，就听信郭开的谗言，捕杀了李牧，让赵葱、颜聚代替他。赵葱、颜聚无将兵之才，因此导致赵军大败，后赵国被秦国所灭。

"如今我听说魏尚担任云中郡的郡守，他把军市上的税金全部用来犒赏士兵，还拿出个人的钱财，五天杀一次牛，宴请宾客、军吏、亲近左右，因此匈奴人远远地躲避他，不敢靠近云中郡的边关要塞。匈奴曾经入侵一次，魏尚率领战车和骑兵出击，杀死了很多敌军。那些士兵都是普通百姓家的子弟，从乡村乡野来参军，哪里知道军中的法令制度呢？他们只知道整天拼力作战，杀敌捕俘，到幕府报功，只要有一句话不合实际情况，文吏就用法律来制裁他们。应给他们的奖赏没有兑现，但他们犯了小法却必定会被用法追究。下臣愚钝，觉得陛下制定的法令太严明，奖赏太轻，惩罚太重。况且云中郡郡守魏尚，只是犯了多报六颗首级的小罪，陛下就把他交给法官，削夺他的爵位，判处一年的刑期。从这个角度来推论，所以我说陛下即使得到了廉颇、李牧，也是不能任用他们的。下臣实在是愚蠢，犯了君王的忌讳，罪该万死！"

刘恒听冯唐这么详细一说，才知道冯唐说他不能任用廉颇、李牧这样的人，是事出有因的。刘恒想了想，也觉得要想打胜仗，就确实要给领兵的将领一定的自主权，兵法所谓"将能而君不御者胜"，指的就是这种情形啊。于是他当天就让冯唐拿着天子的符节，前去赦免魏尚，让他重新担任云中郡郡守。同时任命冯唐做车骑都尉，掌管中尉和各郡国的车战之士。

冯唐的晚景不佳。汉景帝朝，冯唐被任命为楚相，但很快被罢免。汉武帝即位后，当时匈奴犯边，汉武帝下诏广征贤良，人们都举荐冯唐，可是冯唐当时已经九十多岁，不能再到朝廷做官了，汉武帝只好任命他的儿子冯遂为郎官。因为冯唐一生素有贤名却未获大用，且汉武帝求贤时已经年纪太老，所以后世的文人通常用"冯唐易老"来形容怀才不遇。

冯唐推荐的魏尚虽然很有军事才能，但他一个人并不能替刘恒解决所有的忧虑。从内心深处讲，刘恒是不愿意同匈奴开战的，刘恒一朝并非无良将，因为战争是综合实力的较量，没有雄厚的根基和财力，轻言开战，带来的并发症是相当严重的，汉初的综合国力并不允许汉政府长期与匈奴处于战争状态。

基于这样一个现实，刘恒采纳太子家令晁错的建议，施行"募民实边"政策。即在边地建立城邑，招募内地百姓迁徙到边境，一面种田，一面防御匈奴。每个城邑迁徙千户以上的百姓，由政府发给农具和衣物、粮食，直到他们能够自给自足为止。迁去的百姓，平时进行训练，战时进行御敌。又在北部和西部边地建立三十六所马苑，用官奴三万人，养马三十万匹，同时鼓励内地的百姓养马，用来满足战争的需要。

这些政策的实施，既开发了边地，又加强了边境防御力量，对于防御匈奴，不失为一个有效的策略。不过，募民实边，总需要一个过程，不可能一蹴而就。要想发展必要稳定，你在发展的时候人家时不时来搞个破坏，那你想发展也发展不了。所以刘恒在立长远打基础的时候，还迫切需要用别的办法稳住匈奴，而这个办法就是——继续和亲！

于是刘恒派使者送信给匈奴，老上单于也派人向汉朝回信，表示答谢，双方再次就和亲之事达成协约。

公元前160年，老上单于死，其子军臣单于立，仍以中行说为亲信，积极准备攻汉。公元前158年，军臣单于背弃和亲协约，率六万骑兵，兵分两路入侵上郡、云中郡，大肆劫掠一番而去。刘恒急派中大夫令勉为车骑将军，率军进驻飞狐口（即蜚狐关）；以原楚相苏意为将军，将兵入代地，进驻句注山；又派将军张武屯兵北地。同时，派兵加强沿边各处的防守力量，以抗击匈奴。又拜三位将军保卫长安，河内守周亚夫驻长安西的细柳，祝兹侯徐悍驻渭水北的棘门，宗正刘礼驻灞上。

此时，匈奴骑兵已进至代地句注边，边境烽火警报连连告急，直达甘泉宫和长安。经过几个月的部署调度，汉朝大军逐渐抵达边境。军臣单于见汉朝大军已至，于是率军退走。汉军只好也撤军回国。

总体而言，在文帝一朝，汉政府与匈奴大略上保持着一种和平的态势，没有大动干戈。刘恒对匈奴处处忍让，最大限度地维持了内地的稳定，保护了内地的发展，使中原的国力、民力、财力得到了较大程度的恢复和提高，总体上是利大于弊，这为实现"文景之治"及后来汉武帝彻底解决匈奴问题打下了良好的基础。

刘恒对待大臣宽容厚道，对待邻国谨慎友好，但最为令人称道的，还是他的节俭。

如果作为一个经济上不宽裕的普通百姓，生活上勤俭节约，那么人们多半会给予理解，认为这是一种艰苦朴素、勤俭持家的美德。但如果作为一个权力至高无上的皇帝，再时时处处讲求节约，那就会令人感到难以理解。而汉文帝刘恒就是这样一个令人难以理解的人。他的勤俭节约在历史上是出了名的，并且他是真正的节俭，而不是故作姿态、欺世盗名。

刘恒从代国来到长安做皇帝的二十三年间，宫室、园林、狗马、服饰和御用器具等没有增加，凡是对百姓不利的事情，要么放松管制，要么立即废除，以方便黎民百姓。

刘恒曾经想要建造一座露台，召来工匠进行预算，说是要花费黄金一百斤。刘恒一听，立即打消了这个念头："百斤黄金，相当于十户中等百姓的家产，我奉守先帝的宫室，常常感到恐惧和羞耻，为什么还要建露台呢！"

刘恒在衣着上也不铺张，他常常穿着粗丝衣服。就连他宠爱的慎夫人，衣服也不准拖曳到地上，帏帐不准绣花，以示敦厚淳朴，为天下人做表率。

刘恒为自己建筑陵墓灞陵，都用瓦器，不准用金、银、铜、锡等贵重金属作装饰。陵墓依山而建，没有修建高大的外坟，以便节省开支，不烦扰百姓。

公元前158年，在位二十三年的刘恒在未央宫逝世，享寿四十七岁。他死时留下遗诏："朕听说天下万物自萌生以来，就没有不死的。死是天地之间的常理，万物的自然规律，有什么值得过分哀痛的呢！现在的世人都喜欢活着而厌恶死亡，人死了之后，修建坟墓，购置许多的贵重物品厚葬，以致家业破败；长期服丧，妨害正常的生产和生活。我很不赞成这种做法。况且我生前没有大的德行，对百姓没有什么帮助，现在死了，又让人们长久地为我服丧，耽误他们的正常劳作，干扰他们的正常生活，这就加重了我的过失，这不是我所希望的。

"我获得保全宗庙的机会，凌驾于天下万民和诸侯王之上，已经二十多年了。依赖天地之灵和社稷之福，才使国内安宁，没有兵革之乱。我并不聪敏，常常担心自己犯下过错，使先帝的遗德蒙羞，随着时间的推移，时常担心自己不能善终。如今有幸得以享尽天年，还能被后人供奉在帝庙里，以我的不贤明，却能得到如此美好欣慰的结局，还有什么值得哀痛悲伤的呢？

"现在诏令王公大臣及天下百姓，我死之后，只许办三天丧事，就可以脱下丧服。不要禁止民间娶妻嫁女、祭祀、饮酒、吃肉。办理丧事和应当服丧哭祭的人，都不要让他们赤脚踩地，孝带不要超过三寸宽，送葬时，不要陈列车驾和兵器等仪仗队，不要发动民众到宫中号丧。宫中应当哭丧的人，都只在早晚各哭十五声，行礼完毕即止。不是早晚哭祭时间，不准擅自啼哭。安葬以后，大功服丧十五日，小功服丧十四天，细麻服丧七天，就脱去丧服。不在这项诏令规定范围内的其他事情，都要参照这个诏令办理。

"将诏令通告天下，让天下人都明白我的心意，我葬在灞陵，灞陵山水仍保持原貌，不要改变。后宫夫人以下的美人、良人一直到少使这七个等级的宫女，一律遣送回家。"

遗诏征调京城附近各县的士卒一万六千人，内史管辖的士卒一万五千人，由张武统率，负责他的陵墓安葬等诸项事宜。

刘恒的节俭，大抵如此，他生前竭力减轻人民负担，临死之前，仍怕在他死后继任的皇帝为他大办丧礼，因此留下遗诏详细地交代后事，大到陵墓的外形、陪葬品，小到服丧的日期、不打赤脚以及哭丧的声数等，真是体贴入微，不愧是千古人君的典范。

此外，刘恒在他母亲薄太后生病的三年时间里，精心侍奉，薄太后所服的汤药，他亲口尝过之后才会放心。刘恒的仁孝之名，因此闻于天下。元代郭居敬所编的宣扬儒家思想及孝道的通俗读物《二十四孝》故事，其中一孝就选录了汉文帝刘恒"亲尝汤药"的孝行，并以诗赞曰："仁孝临天下，巍巍冠百王。莫庭事贤母，汤药必亲尝。"

当然，金无足赤，人无完人。刘恒虽有以上诸项功德和懿行，但作为一个如此圣明的帝王，他也做过一些令人难以置信的事情。

其中的第一件，是宠信方士新垣平。刘恒虽说在临死之前的遗诏中声称，人的出生死亡是大自然的规律，任何人无法改变，但其实，他也特别想长生不老。

方士新垣平叫人在一只玉杯上刻上"人主延寿"四个字，然后前来谒见刘恒，假称是一个仙人送给皇帝的。刘恒见了之后，非常高兴，于是封新垣平为上大夫，对他的赏赐前后累积达千金之巨。

新垣平在刘恒面前装神弄鬼，爬上高位，禁不住有些志得意满。他还请刘恒做了两件大事：其中一件是在公元前163年改元。因此公元前163年，又称为汉文帝后元元年。另外一件，是准备进行祭祀天地的封禅大礼。

丞相张苍和廷尉张释之暗地里派人去监视新垣平的行动，结果找到了那个在玉杯上刻字的工匠。张苍和张释之因此上书，告发新垣平是在装神弄鬼。在真凭实据面前，刘恒才发觉自己上了当，他痛恨自己的糊涂和方士的可恶，于是下令革去了新垣平的职务，并把他交给廷尉审理。新垣平被夷三族。

第二件，莫过于宠幸邓通之事。刘恒的宠臣有三位：一位是太监赵同（本名赵谈，因与司马迁的父亲司马谈同名，司马迁为避讳，在史书中将赵谈改名为赵同），赵同因为善于观察星象和望气而受到宠幸，常常做刘恒的陪乘；第二位是北宫伯子，北宫伯子是一位仁慈的长者，他因此而受宠幸。第三个人就是邓通，但邓通并没有什么特殊的才艺。

邓通是蜀郡南安（今四川省乐山市）人，因善于划船当了黄头郎。

有一天晚上，刘恒做了一个梦，他梦见自己要升天，但情急之下却不能上去，正在万分紧急的时刻，有一个黄头郎从他的背后推着他上了天，他回头看见那人衣衫的横腰部分，衣带在背后打了个结。

古人大多都非常迷信，刘恒也不例外。做了这个梦之后，刘恒就觉得自己将来一定能登天成仙，而那个从背后推自己上天的黄头郎就是助自己登仙的人。梦醒之后，他就前往渐台，按梦中所见暗自寻找推他上天的黄头郎。等他看见邓通的时候，发现邓通的衣带在背后打了结，正是梦中所见之人。刘恒于是把他叫来，问他的姓名。当他听说邓通的名字之时，心里非常高兴，因为邓通二字，正是"登通"，即登天可通的谐音，于是格外宠幸他。

邓通为人十分老实谨慎，不喜欢与外人交往，虽然刘恒多次恩赐他休假，但他也不想外出。刘恒前后十多次赏赐他多达上亿的金钱，官职更是升到了上大夫。刘恒为示宠爱，多次到邓通家游玩。

丞相张苍被免之后，廉洁正直的申屠嘉继任为相。有一天，申屠嘉入朝拜见刘恒，而邓通站在刘恒的身边，对他这个丞相看上去不那么恭敬。申屠嘉心里非常生气，奏事完毕之后，就对刘恒说："皇上您喜爱您的宠臣，那么就让他富贵，但是朝廷上的礼节，却必须严格遵守。"刘恒一听，就知道申屠嘉想要说什么，于是他赶快打断申屠嘉说："请您不要再说了，我会私下里教育邓通的。"

申屠嘉散朝之后，回到相府坐下，下了一道手令，让邓通到相府来，声明说如果邓通不来，就要把他斩首示众。邓通非常害怕，赶快进宫告诉了刘恒。刘恒说："你先过去，我现在就派人召你入宫。"

有了刘恒的承诺，邓通才敢前往相府去见申屠嘉。到了相府之后，他摘下帽子，脱下鞋子，给申屠嘉叩头请罪。申屠嘉很随意地坐在椅子上，故意不与邓通见礼，他大声斥责邓通说："朝廷是太祖高皇帝的朝廷。你邓通只不过是一个小臣，竟敢在大殿上不遵礼节，这是大不敬之罪，应该斩首。来人，现在就把邓通给我斩了！"邓通大惊失色，不住地磕头，直磕得额头上的血都流出来了，但申屠嘉仍然没有说要饶恕他。

这边刘恒估计申屠嘉已经让邓通吃尽了苦头，于是派使者拿着皇帝的符节去召邓通进宫，并且向申屠嘉道歉说："这是我的近臣，您就放了他吧！"于是申屠嘉才放邓通出府。

邓通回到宫中之后，哭着对刘恒说："丞相差点杀了我！"

通过这件事情，邓通越发地小心谨慎。他没有别的才能，不能举荐贤士，只是一味地取悦刘恒而已。

有一次，刘恒让神相许负给邓通相面，谁知许负相面后竟然说："邓通日后会因贫穷饥饿而死。"刘恒不满地说："能使邓通富有的人就是我，怎么能说他贫困呢？"于是刘恒把蜀郡严道的铜山赐给邓通，并允许他私自铸钱。

当时，因为刘恒颁布废除盗铸钱令，允许民间私铸钱币，大部分的私铸钱都又薄又轻，质地粗劣，而邓通所铸的"邓氏钱"却是分量足、厚薄匀、铜质纯，与吴国刘濞所铸的吴钱流通全国。邓通因此富可敌国。

刘恒的背部长了一个毒疮，痛得寝食不安。邓通为了报答刘恒对他的宠爱，竟然用嘴替刘恒吮吸毒疮中的脓血。脓血被吸出之后，刘恒感觉疼痛一下子缓解了许多。成语"吮痈舐痔"即典出于此，比喻不择手段地谄媚讨好别人。

刘恒想到自己贵为天子之尊，但身患恶疾之时，身边却只有邓通一个人关心他。于是他闷闷不乐地问邓通："天下谁最爱我呢？"邓通为了替自己留条后路，宣扬太子刘启的美德并结好于刘启，于是说："天下最爱陛下的，莫过于太子。"碰巧这个时候刘启前来探病，于是刘恒就让太子给他吮吸脓血，刘启嫌弃脓血肮脏，但又不敢不从，只好上前替父亲吮痈，可是脸上却显出非常为难的样子。刘恒心里很不高兴，于是就让太子退了下去。

刘启惶恐地退下之后，听说邓通常为刘恒吮吸脓血，心里十分惭愧，在惭愧之余，心里也非常怨恨邓通，因为邓通，他才在父亲面前留下了不好的印象。

刘恒死了之后，刘启即位为帝，邓通立马被免职。没过多久，又有人告发邓通偷偷到塞外盗铸钱。刘启就把这事交给廷尉审理，结果确有此事，于是就把邓通家的财产全部没收充公，但即使如此，邓通还欠国家好几亿钱。

刘恒临死之前，担心自己死后邓通会有不测，于是吩咐他的女儿馆陶长公主刘嫖照顾邓通。邓通被抄家之后，刘嫖为了接济邓通，于是赐给邓通一些钱财。谁知官吏见了之后，马上没用来顶债，连一支簪子也不让邓通带在身上。

刘嫖无法，只好让人仅仅供给邓通日常的衣服和食物。到了最后，邓通身上竟然没有一文铜钱，寄居在别人家里，直到死去。

第三件事，就是关于贾谊不受重用之事。这件事情历来颇有争议。

贾谊是洛阳人，很小的时候，他就很有才名，他的老师就是以博学闻名的丞相张苍。贾谊十八岁的时候，就以能诵读诗书、善作文章而闻名于郡中。河南郡守吴公听说他很有才能，于是将他召置门下，以帮助他处理政务。吴公对贾谊非常器重和爱敬，在贾谊的辅佐下，吴公治理河南郡政绩显著，社会安定，时评天下第一。

刘恒即位之后，听说河南郡的吴公政绩全国第一，不仅和秦相李斯是同乡，还曾向李斯学习过施政的方法，因此征召吴公为廷尉。吴公借机举荐贾谊，说贾谊虽然年轻，却精通诸子百家之书。刘恒于是征召贾谊，聘为博士。当时贾谊年仅二十一岁，是所聘博士中年纪最小的。每逢刘恒下令让博士们讨论一些问题，那些年长的老儒生通常都还没有想好，而贾谊就已经做出了完备的回答，其他人都觉得贾谊的回答完整地表达出了他们想要说的话。博士们都认为贾谊非常有才能，而他们比不上贾谊。刘恒为此非常欣赏贾谊，破格提拔他，一年之内，贾谊就升到了太中大夫。

贾谊认为从汉朝建立到刘恒之时已经有二十多年了，天下太平，万物谐和，正是应该改换历法、变易服色、订立制度、决定官名、振兴礼乐的时候，于是他草拟了各种仪法，崇尚黄色，遵用五行之说，创设官名，完全更替了秦朝的旧法。

可是当时刘恒刚刚即位，正须要保持谦虚低调，因此贾谊的这些主张都没有来得及实行。但此后各项法令的更改，以及发布的重农抑商、加强粮食储备、诸侯王到封地就国等政令，都是贾谊首倡的。

刘恒觉得贾谊特别有远见，于是就和大臣们商议，想要提拔贾谊担任公卿之职。但是周勃、灌婴、张相如、冯敬这些老臣都嫉妒贾谊。他们戎马倥偬、身经百战、九死一生，才因功升至公卿之位，而年纪轻轻的贾谊只是动了动嘴皮，写了几篇文章，就要担任公卿，这让他们很难接受。于是他们劝刘恒说："这个洛阳人，年纪轻而阅历浅，却想攫取更高的权力，将国家的许多大事都弄得纷乱不堪。"刘恒刚刚即位，从大局出发，为了团结老臣，于是逐渐疏远了贾谊，不再采纳他的意见，任命他为长沙王太傅。

贾谊辞别刘恒之后，前往长沙赴任，他听说长沙地势较低，气候潮湿，自认为到那里之后，会活不了多长时间，又因为是被贬到了那里，因此心里非常不愉快。

贾谊在南渡湘水的时候，想到屈原也是因为遭受靳尚、子兰等权贵的毁谗而被贬，最后投汨罗江而死，觉得自己的遭遇与屈原非常相似，于是就写了一首《吊屈原赋》，以表达对屈原的崇敬之心，并发抒自己的怨愤之情。

贾谊虽然被贬，但他仍然时刻关心着国家大事，经常向刘恒上疏，提出自己的意见建议。在贾谊被贬到长沙的同一年，周勃被诬造反下狱，贾谊得知消息后，上疏建议刘恒以礼对待大臣。刘恒看了之后很受启发，于是以后大臣但凡犯了罪，要么设法以愧其心，比如对张武；要么逼他自杀，比如对薄昭，而不是把他们交给廷尉。刘恒把蜀郡的严道铜山赐给邓通，并允许邓通及吴王刘濞私铸钱币，贾谊又向刘恒上疏《谏铸钱疏》，指出私人铸钱导致币制混乱，于国于民都很不利，建议刘恒下令禁止，但刘恒并没有采纳他的建议。

贾谊做长沙王太傅的第三年，有一只猫头鹰飞入他房间，落在他座位旁。贾谊因为被贬居长沙，本来心情就非常郁愤，自以为活不长久，如今被人们视为不祥之鸟的猫头鹰又飞入他的房间，就更令他伤感不已。因为楚地人都把猫头鹰叫作"鹏鸟"，于是贾谊作了一篇《鹏鸟赋》，以抒发自己忧愤不平的情绪，并以老庄的齐生死、等祸福的思想自我宽慰。

一年多之后，贾谊被召回京城拜见皇帝。当时刘恒正坐在宣室，接受神的赐福。因为刘恒有感于鬼神之事，于是就向贾谊请教鬼神的本原。贾谊因此详细地向刘恒讲述了所以会有鬼神之事的种种情形。到了半夜时分，刘恒听得非常入神，不知不觉地前倾身子，从座席上往贾谊身边挪动。

听贾谊说完鬼神之事，刘恒感慨地说："我好长时间没见贾生了，自认为已经超过了他,现在看来还是比不上他。"

过了不久,刘恒任命贾谊为梁怀王的太傅。梁怀王刘揖是刘恒的小儿子,颇受刘恒宠爱,又喜欢读书,因此才让贾谊当他的老师。

在那个时候,为了弥补对死去的淮南王刘长的愧疚之心,刘恒听从袁盎的建议,封刘长的四个儿子为列侯。贾谊为此劝谏,说祸患的产生从此就要开始了。

贾谊又多次向刘恒上疏,说有的诸侯封地太多,甚至几个郡连在一起,就算是在古代,也没有出现过这样的情形,他建议刘恒逐步削减诸侯的封地和权力,但是刘恒没有听从。

几年之后,梁怀王在骑马时不慎从马上掉下来摔死,贾谊认为自己作为太傅没有尽到管护责任,因此在自责之余非常伤心。他在伤感哭泣中过了一年多时间,也郁郁而终。死的时候,年仅三十三岁。

贾谊的一生虽然短暂,却堪称起伏坎坷。在政治上,贾谊具有远见卓识,他对当时强大的诸侯王对中央政权造成的危害认识得非常深刻,提出施行"众建诸侯而少其力"的策略。也就是在诸侯王原有的封地上分封更多的诸侯,从而分散削弱他们的力量,诸侯王的封地,一代一代地分割下去,越分越少,直到"地尽而止",力量越来越薄弱,无法再与中央政府抗衡。汉景帝刘启时吴楚七国之乱,以铁的事实证明,贾谊对诸侯国发展形势的分析是正确的。但在汉文帝刘恒一朝,刘恒正致力于发展国内经济,根本没有基础、没有时间实施贾谊的这些政治主张。到景帝朝,晁错提出"削藩",是贾谊政治主张的继续;汉武帝刘彻时主父偃提出的"推恩令",则是贾谊"众建诸侯而少其力"主张的全面实施了。

贾谊注意到,富商大贾与诸侯王相互勾结,残酷剥削农民,导致农民越来越贫困。基于此,文帝二年,贾谊上《论积贮疏》,提出了重视农民,重视发展农业,提倡积贮,提倡节俭,禁止奢靡之风的主张。

贾谊最令人称道的还数他在文学上取得的成就。他的《治安策》《过秦论》《陈政事疏》等政论文,不仅文采斐然,而且说理透彻,逻辑严密,感情充沛,气势磅礴,代表着汉初政论散文的最高成就,在中国散文史上占有非常重要的地位,对后世的散文影响极大。同时,贾谊又是骚体赋的代表作家。赋是在楚辞的基础上发展而成的一种新文体,是汉代文学的代表形式。贾谊的作品《吊屈原赋》《鵩鸟赋》等,是汉初骚体赋的代表作。

贾谊虽然在政治上受到周勃等人的排挤并遭贬,但他提出的有关政治、经济等一系列主张,在刘恒一朝是大体上实行,景、武二朝是逐渐推进、全面实施,因此对西汉王朝的长治久安起了非常重要的作用。

贾谊在世之时提出的政治主张没有得到很好的实施，而在他死后，时势的发展却全都印证了他的先见之明，因此，许多人都对贾谊的怀才不遇感到非常惋惜。古往今来的许多著名人物，都对贾谊给予了较高评价。西汉刘向认为贾谊评论夏、商、周三代和秦朝的兴亡及治乱之由，其水平之高，就算是伊尹和管仲也不一定能过；刘向之子刘歆认为汉朝可以称之为有学问的儒生，只有贾谊一个人；明朝李东阳认为汉文帝一朝的名臣只有贾谊一个人；毛泽东更是对贾谊的《治安策》赞不绝口，认为该文是"西汉一代最好的政论"，"全文切中当时事理"……

但才能如此出众的贾谊，竟然没有得到汉文帝刘恒的重用，奇怪吗？确实是非常奇怪，要知道，汉文帝可是历史上少有的明君。

但如若仔细对照汉文帝刘恒执政的理念和贾谊的生平，也许可以发现蛛丝马迹。刘恒即位之初，朝内重臣恃功而骄，朝外诸侯蠢蠢欲动，国内民众并不富庶，边境匈奴不时劫掠，而刘恒个人又不是马上皇帝，自身威望不高，可用资源非常有限，难以突破种种束缚迅速消除面临的内忧外患。贾谊纵然才高八斗，但治大国若烹小鲜，有些国策，却不是说实行就能实行得了的，万一操之过急，弄不好就会前功尽弃，鸡飞蛋打。刘恒刚刚即位，客观上还离不开周勃、灌婴、张相如这些重臣的支持，也须要平衡各方利益。让刚刚二十出头的贾谊担任公卿，那那些为西汉建国出生入死的大臣该如何安抚呢？那么唯一的做法就是，周勃等人已经时日无多，而贾谊还非常年轻，让他远离政治中心和舆论旋涡，在时间推移中慢慢磨砺历练，造就坚韧而成熟的政治品格，等到时机成熟，再让他重返朝堂不迟。可惜，年轻的贾谊没有意识到这一点，没有用足够的思想准备来应对人生的逆境，反而用满腹的牢骚和自怨自艾来面对人生对他的考验，结果在悲伤和忧郁之中，过早地离开了人世，没有等到大显身手的那一天。这恐怕是很多人所没有预料到的吧。

所以苏轼评价说："贾生，王者之佐，而不能自用其才也。贾生志大而量小，才有余而识不足也。"可谓是一语中的。而至于李商隐《贾生》一诗："宣室求贤访逐臣，贾生才调更无伦。可怜夜半虚前席，不问苍生问鬼神。"则显然是有失公允了。把一个临死之前都在惦念天下百姓的贤明皇帝写成了只关注鬼神等虚妄之事的昏聩之主，实在是有些偏激和不负责任。

当然了，刘恒没有及时重用贾谊的真正原因，恐怕只有刘恒一个人知道。其后的人们，只不过是依据当时的时局形势，做出一个大略的推测罢了。

瑕不掩瑜，相比于刘恒在政治上的诸多建树和对人民始终如一的体恤爱护，只能说，他迷信方士、宠信邓通、未重用贾谊等行为，也只不过是白璧微瑕，丝毫影响不了他的大功绩。

刘恒死后，大臣们经过一致讨论后认为，有夺取天下之功的称之为祖，有治理天下之德的称之为宗，于是尊谥刘恒为"孝文"皇帝，庙号为"太宗"。

第十七节　幸运的窦漪房、晁错"削藩"、七国之乱、晁错之死、名将周亚夫

刘恒死后，其子刘启即位为帝，是为汉景帝。

刘启的母亲名叫窦漪房，并不是刘恒的原配皇后。

窦漪房是赵国清河观津（今河北省衡水市武邑县东南）人。孝惠帝时，窦漪房以良家子的身份入宫，侍候吕后，称为窦姬。后来，吕后想要赏赐一批宫女给诸侯王，每个诸侯王五个人，窦漪房也在这批宫女之列。

因为她的家乡在赵国，为了以后离家近一点，窦漪房提前给具体办理这件事情的宦官打了个招呼，请他在分配的时候，把她的名字放到赵国的名册之中。宦官答应了窦漪房，谁知在正式分配的时候，却忘了这件事情，把她的名字放到了代国的名册之中。名册呈送给吕后之后，吕后批准了这个分配方案，于是诏令这批宫女前往规定的各诸侯国。

窦漪房在将要出发的时候，才知道自己被派到了代国，她哭泣不止，十分怨恨那个宦官，不想去代国。但诏书已下，不容许更改，窦漪房不得已，只好悲戚地前往代国。

老子有言："祸兮福之所倚。"这句话用在窦漪房身上，可说是再贴切不过。窦漪房因为没有被分配到离家近的赵国而怨恨悲凄，但谁又能想到，到了代国之后，当时的代王刘恒竟然一眼就看上了她，并且专宠她一个人。窦漪房先后为刘恒生了一女两男，大的是女儿，取名为刘嫖，两个小的是儿子，长男名叫刘启，次男名叫刘武。

刘恒在当代王时已经有了一个王后，这个王后为他生了四个儿子。刘恒还没

有当皇帝之前，这个王后就死了。刘恒当了皇帝之后，这个王后生的四个儿子先后病死，因此窦漪房所生的儿子刘启就成了刘恒的长子。

刘恒即位几个月后，大臣们都奏请立太子，于是刘启被立为太子。大臣们又请立皇后，刘恒生母薄太后说："诸侯皆同姓，立太子母为皇后。"于是，窦漪房被立为皇后。窦漪房的女儿刘嫖被封为长公主，封邑馆陶（今河北省邯郸市馆陶县）。次子刘武被立为代王，两年后改封为淮阳王，后又改封为梁王。刘武就是人们常说的梁孝王。

窦漪房的双亲很早就死了，安葬在老家观津。薄太后对皇后的境遇十分怜悯，于是追尊窦漪房之父为安成侯，其母为安成夫人。同时下令让清河郡为窦漪房的双亲置办二百户的园邑，由长丞侍奉看守，所有的规矩和礼法都比照薄太后为父亲灵文侯所置灵文园的法度行事。

窦漪房离家的时候，年龄还很小，她有个哥哥，名叫窦长君；还有个弟弟，叫窦少君，也叫窦广国。窦漪房作为良家子入宫之后，和自己的两个兄弟也失去了联系。

窦少君在四五岁的时候，因为家里很穷，没有人照顾，因此被人抢走并拐卖，家里人根本不知道他被卖到了哪里。先后被转卖了十多次之后，窦少君被卖到了宜阳，为买他的主人在山里烧炭。一天晚上，窦长君和一百多名同伴在山崖下睡觉，谁知山崖崩塌，崖下熟睡的工人全部被压死，窦少君因为睡在最外面，所以幸免于难。

大难不死之后，窦少君为自己算了一卦，结果是几天之内，他将会被封侯。买他的主人家因为出现事故压死了一百多人，因此苦主们都来找麻烦，主人只好全家逃往长安，窦少君也跟着去了长安。

到了长安之后，窦少君听说新皇帝立的皇后姓窦，是清河观津人。他马上感觉到，这个皇后可能是自己的姐姐。窦少君被拐卖的时候只有四五岁，但他的记忆力很好，他清楚地记得他们所在的观津县以及他们家的情况，还有小时与姐姐一起在桑树上摘桑葚掉下来的情形。他把这些情节全部写在信中，然后呈给了皇后。窦漪房收到信之后，立即把这件事情报告了汉文帝刘恒，刘恒于是召见了窦少君。窦漪房与窦少君分别的时候，窦少君还很小，现在窦少君已经成年，相貌发生了很大的变化，所以窦漪房根本就认不出来。那个时候又没有DNA检测技术，滴血认亲尽管不科学，但也通常应用于父子认亲。于是窦漪房就当面问他一些小时候的事情，窦少君都一一做了回答，和窦漪房的记忆完全相符。但窦漪房仍然不敢确认，于是她又问窦少君还有什么可以作为凭据的。窦少君回忆说："姐姐离开我将要西去长安的时候，我到驿站送行。姐姐从别人那里讨要来米汤给我洗头，又讨要来食物让我吃完，然后才走。"

窦漪房一听，这些正是自己当年和弟弟分别时发生的事情。于是她确认，这是自己的亲弟弟无疑。窦漪房和弟弟当场相认，她拉住窦少君，泣不成声。左右的侍从们见了，也十分感动，陪着他们流泪。

刘恒赐给窦少君大量的田宅和金钱，又赏赐窦漪房的堂兄弟们，并让他们全部迁到长安居住。

周勃、灌婴等人商议说："我们以后的生死命运如何，全都系于窦长君和窦少君两人身上了。这两个人出身贫寒，不能不为他们选择好的老师和宾客教导他们，要不然，他们又会像吕氏子弟一样，为祸宫廷。"周勃和灌婴把他们的主张上奏给刘恒，刘恒下令为他们挑选博学有礼且品行较好的人担任他们的师父，教他们学习知识礼仪。经过这些师父们的教导，窦长君和窦少君此后都成为谦让有礼的君子，从来没有倚仗他们的权势欺凌过任何人。

后来窦漪房因病失明，刘恒也就逐渐不再宠爱她，改而宠幸慎夫人和尹姬。刘恒死后，刘启即位，窦漪房被尊为皇太后，窦少君被封为章武侯，因窦长君已经去世，因此封他的儿子窦彭祖为南皮侯。窦氏家族，可说是因一个宦官的疏忽而迎来了前所未有的好运，所以说，谁能保证自己实现了眼前的愿望就一定是幸运的呢？谁又能保证没有实现眼前的愿望就一定是不幸的呢？

刘启即位之后，汉王朝建立以来所积累的一些深层次矛盾，开始逐渐显现，其中最主要的就是诸侯国与中央政府的关系问题。

刘邦建立汉朝之后，在总结秦亡的教训之时，认为秦朝灭亡的主要原因是没有分封同姓子孙为王，在各地吏民相继起兵叛秦之时，没有同姓的地方诸侯来保卫中央，所以导致了秦政权的迅速瓦解。基于这样一个认识，刘邦一面想方设法铲除异姓王，一面大肆分封同姓王，并与大臣们立下了非刘氏不得为王的"白马之盟"。

其时的诸侯国，疆域辽阔，人口众多，经济发达，拥有强大的军事力量，诸侯王的地位仅次于皇帝，在封国内大权独揽，并拥有任免官吏、征收赋税、铸造钱币等多项权力，但因为那些同姓王与刘邦的血缘关系非常近，所以诸侯王虽然权力很大，但却基本上没有与中央政府发生正面的冲突。

刘邦死后，吕后夺取刘氏诸王的封地，大封吕氏子弟为王，使诸侯王与中央政府的矛盾，演变为刘、吕两家之间的矛盾。吕雉死后，诸吕被灭，汉文帝刘恒即位，再次分封同姓诸侯王。但在这一时期，刘恒本来就是刘邦的庶子，其他诸侯王与他之间的血缘关系，已经不再那么亲近，政治上也不再那么可靠，但由于刘恒采取稳妥的安抚手段，所以除了济北王刘兴居反叛被杀，淮南王刘长谋反被贬之外，其他诸侯国与中央政权之间，基本上还是维持着一种相对平稳和睦的关系。

而这一平稳的关系，随着吴王刘濞之子刘贤被时为太子的刘启所打杀而变得紧张起来。刘濞借故不来朝见，而刘恒则因为秉性宽厚，再加上自家理亏，所以不仅赦免刘濞无罪，还赐给他几杖，允许他永远不来朝见。

刘恒的宽容，在某种程度上给自己的儿子种下了祸根。

刘启即位之后，下决心要解决中央皇权和地方王国势力之间的矛盾，即推行"削藩"之策。而提起"削藩"，就不能不提起刘启的"智囊"晁错。

晁错是颍川（今河南省许昌市禹州市）人，年轻时师从轵县（今河南省济源市轵城镇）人张恢，学习申不害、商鞅的法家思想。或许是因为这样，养成了严厉、刚直但却刻薄、狠辣的性格。汉文帝时，因为通晓经典，任太常掌故。

当时，国内没有专门研究《尚书》这一典籍的人。秦朝七十名博士之一的伏生，在秦始皇焚书坑儒之时，暗中将述录唐尧、虞舜、夏、商、周史典的《尚书》藏在墙壁夹层之内，因此避免了这部典籍被焚毁。汉朝建立后，孝惠帝刘盈除"挟书律"，伏生掘开墙壁，找出当初藏匿的《尚书》，发现还有二十九篇保存完好。伏生藏书的事迹传到朝廷，汉文帝刘恒非常重视，打算聘请伏生到长安来传授，但伏生当时已经九十多岁了，不方便出行。于是刘恒诏令太常派人到伏生那里去学习《尚书》，太常就派了聪敏的晁错。晁错去了之后，在伏生的口述下，将保存完好的二十九篇连同解释整理记录了下来，使《尚书》得以完整地流传下来。

学成回来之后，晁错上书向刘恒报告学习的经过，并顺便提出了一些他对国家大事的看法。刘恒觉得晁错非常有才华，于是任命晁错为太子舍人、门大夫，后升为博士。晁错任博士之后，向刘恒上了一道奏章，名称是《言太子宜知术数疏》，意思就是说，太子刘启应该知道治理国家和驾驭臣下的方法，即当年韩非子所说的"术"数，刘恒非常赞赏，于是拜他为太子家令。太子家令虽然不像公卿那样显赫，但也已经是俸禄八百石的官秩了。由于晁错能言善辩，善于分析问题并提出解决方法，因此深得刘启的器重和信任，一时号为"智囊"。

汉文帝十五年（公元前165），刘恒命人推举贤良、方正、文学之士，贤良是指才能、品德好，方正是指正直，文学是指通晓经学，晁错被推举为贤良。刘恒亲自出题，由推举的贤良方正之士一百多人进行对策。当时贾谊已死，因此在参加对策的一百多人之中，晁错的对策最为出色，刘恒非常赞赏，于是擢升晁错为中大夫。

担任中大夫之后，晁错得以正式议论朝政。他又多次向汉文帝上书，建议削夺诸侯国的权力，并更改一些法令。奏折上了数十次，刘恒虽然没有采纳晁错的建议，但却深深地为他的才华所折服。既然晁错是一个人才，那么，他就要把这个人才留给自己的儿子。

刘启即位之后，任命晁错为内史。晁错多次请刘启单独听他奏事，刘启对他言听计从，对他的器重程度，远远地超过了九卿。朝廷的法令，多经由晁错修订更改。刘启特别欣赏晁错，但大臣们却普遍与性格严苛的晁错关系不和。

丞相申屠嘉素来与晁错不睦，此时见他作为丞相，在皇帝面前说话却没有晁错说话管用，因此心里对晁错非常不满，但因为刘启宠信晁错，他也无可奈何。

晁错的内史府位于太上皇庙之内，大门是由东边通出宫外的，晁错进出多有不便，于是就自作主张向南凿开了两道门。而打通这两道门所凿开的墙，正是太上皇宗庙的外墙，申屠嘉听说之后，觉得晁错真是胆大妄为，心里非常生气，就想以此为借口奏请刘启杀掉他。但申屠嘉发脾气发得早了些，这事情传了出去，被晁错的门客听到了。门客连夜把这件事情告诉了晁错，晁错听了之后非常害怕，因为这种事情可不是闹着玩的，之前有人偷窃了高祖庙里的一只玉杯，要不是张释之拦着，刘恒差一点儿就下令将其诛灭九族。但光害怕是不解决任何问题的，危急时刻，晁错想起了一贯宠信自己的当今皇帝刘启，于是连夜到刘启那里去说明情况并承认错误，当场取得了刘启的谅解。

第二天，申屠嘉在上朝时弹劾晁错，说晁错凿开太上皇庙的围墙做门，实属大逆不道，请依律由廷尉审明罪状之后，下狱处死。

申屠嘉满以为，刘启听了之后一定会大发雷霆，然后当场下令将晁错交给廷尉法办，可谁知刘启听了之后却说："晁错凿开的并不是真正的宗庙外墙，而是宗庙的外围短墙，所以其他官员才会居住在里面。况且晁错凿门是我让他这么做的，所以，晁错并没有罪过。"

因为事先有准备，所以刘启一句回答就堵死了申屠嘉争辩的所有可能，申屠嘉要是坚持，那么就是刘启的不对了。所以申屠嘉不但没办法再追究晁错的过错,反而还要为此向刘启当面谢罪。

退朝之后,申屠嘉愤恨地对长史说:"我真是后悔没有先杀了晁错再报告皇帝,却先去请示皇帝,以致被晁错这个小儿所欺骗,最终导致了这个糟糕的结局。"

回到相府之后,申屠嘉越想越气,吐血而亡。

申屠嘉是梁地人。最初,他以一个弓弩手的身份,跟随刘邦攻打项羽,因军功升任队率。后又跟随刘邦攻打英布,因功升任都尉。孝惠帝时,升任淮阳郡守。刘恒即位之后,为了笼络人心,赏赐曾经跟随刘邦征战的旧臣们,申屠嘉因此得到了五百户的食邑。

颍阴侯灌婴死后,张苍接任丞相,申屠嘉升任御史大夫。

张苍任丞相之时,认为汉朝属水德,崇尚黑色,并为此修订了国家的历法和制度。可是鲁国人公孙臣却认为汉朝属土德,应该崇尚黄色,并说不久之后成纪县(今甘肃省天水市秦安县)会出现黄龙,这就是汉朝属土德的证据。刘恒不信,把这件事情交给张苍去处理,张苍认为五德运转的规律自己最清楚不过,公孙臣不过是在胡说八道,所以压根儿没有理会。可是没过多久,成纪县竟然真的出现了黄龙。于是刘恒征召公孙臣为博士,并让公孙臣重新制定顺应土德的历法和制度,并结合新垣平的建议,以此改元。

张苍为此十分羞愧,只好称病。张苍曾经推荐了一个人到朝中做官,但这个人却是个奸恶之徒,贪赃枉法,刘恒非常生气,于是就责备张苍。张苍再一次在皇帝面前失掉了威信,只好告病辞职。

张苍辞职之后,刘恒想要任命窦漪房的弟弟窦少君为丞相,但又十分担心地说:"恐怕这么做之后,天下人都会说我是因为窦皇后才讲私情任命了窦广国。"而实际上,当时的窦少君,经过贤德的师父教导,已经成长得非常有才能,而且品行也非常好。但刘恒考虑了很久,还是觉得任命窦少君不合适。而那些曾经跟随过刘邦的老功臣又大多已经死去,健在的人里面,也没有合适的人选,于是就任命御史大夫申屠嘉为丞相,并封他为故安侯。

申屠嘉为人廉洁正直,恪守礼节,家里从来不接受别人请托办理的私事。但申屠嘉也比较刻板,仅仅因为晁错这一件事情,竟然被活活气死。

申屠嘉死后,刘启任命陶青为丞相,并将晁错擢升为御史大夫。

在这个时候,无论是从刘启的角度来看,还是从晁错的角度来看,抑或是从天下人的角度来看,晁错都到了大显身手的时候。

刘启还是太子之时，作为太子家令的晁错就多次建议削减诸侯国的封地，并多次向刘恒上书，但未被刘恒采纳。

刘启即位之后，身为御史大夫的晁错立即向刘启上了一本《削藩策》，建议削减诸侯王的封地。他对刘启说："之前高皇帝刚刚平定了天下，兄弟少，儿子们又全都年幼，于是就大封同姓的人为王。所以高祖的庶子悼惠王刘肥被封为齐王，统辖七十余城。他的弟弟元王刘交被封为楚王，统辖四十余城。高祖哥哥的儿子刘濞被封为吴王，统辖五十余城。分封的这三个庶支，就已分了天下的一半。如今的吴王刘濞，前有吴太子刘贤被杀的仇怨，假装生病不来朝见，按照上古的法令，早就该罪当处斩了。太宗孝文皇帝仁慈不愿加诛，便赐给他倚几和手杖，这样的恩德，真可以说是无以复加了。但吴王不思改过自新，反而更加骄横，利用国内的铜山铸钱，煮海水为盐，引诱天下的亡命之徒，预谋发动叛乱。如今削减吴国的封地，刘濞也会造反；不削减他的封地，他也会造反。削减他的封地，他会早发动叛乱，但造成的为害却小；不削减他的封地，他造反得迟，但造成的为害就会更大。"

刘启在当太子之时，就深刻地认识到了诸侯国强大的地方势力对中央政权造成的威胁，他早就对晁错的削藩之策颇为欣赏，如今他成了皇帝，那么削减诸侯王的封地，就成了亟须着手实施的头等大事。

刘启把晁错的奏折交给大臣们讨论，其他大臣都不敢表示异议，只有窦太后的侄子窦婴在朝堂上和他进行了辩论。因为这件事情，窦婴与晁错的关系，也处得很僵。

削藩的大计既经确定，于是晁错立即着手准备实施。他修改了三十条法令，每一条都牵涉到诸侯国的切身利益，诸侯们为此极为痛恨晁错。

刘启即位的第三个年头，楚王刘戊（刘交之孙、刘郢客之子）来朝。晁错趁机上书，说楚王刘戊在一年前薄太后逝世后服丧期间，竟然不守孝道违反礼制，在宫中偷偷淫乱，请求诛杀刘戊。刘启当然不会因为这一件小事就真的杀了刘戊，不过以此为借口削地倒是真实的目的。于是他做个顺水人情，下诏赦免刘戊的死罪，然后削去楚国的东海郡（郡治今山东省临沂市郯城县），以示对刘戊的惩罚。赵王刘遂因为前两年犯有罪行，也一并处罚，削去河间郡（郡治今河北省沧州河间市）；胶西王刘卬因卖官鬻爵，罚削六个县。

同时，对于不来朝见的吴王刘濞，刘启命令大臣们讨论该如何罚。

消息传出，朝野上下一片哗然，诸侯们既震惊，又愤怒。吴王刘濞听说朝中正在讨论该如何处罚他不去朝见的罪过，担心自己的封地被削，并且削地的口子一旦打开，就再没有停止的时候。思来想去，刘濞决定以朝廷削地为借口，联合其他诸侯进行造反。

但刘濞把诸侯王挨个儿数了个遍，感觉其他诸侯要么缺乏阅历，要么缺乏勇气，没有几个能够聚在一起商量大事的。只是听说胶西王（治今山东省潍坊市高密县）刘卬（刘肥之子）特别勇猛，争强好胜，且喜好兵事。于是就派中大夫应高去煽动他说："现在的皇帝受奸臣的蒙蔽，越来越信用器重奸佞之臣，十分贪图眼前小利，听信贼臣的谗言，擅自变更法令，侵夺诸侯国的封地，征收的赋税越来越多，诛杀并惩罚良善之人，可说是一天比一天厉害。俗话说，舔完米糠就会吃米。吴国与胶西国，都是比较知名的诸侯，一旦被朝廷盯上，日后恐怕就再也不得安宁了。吴王身体患病，不能朝见已经二十多年了，时常害怕受到朝廷猜疑，但却没办法自证清白。现在就算是走路都小心翼翼，缩起肩膀叠起脚，还怕得不到朝廷的谅解。听说大王曾经因为售爵之事犯下罪过，但与其他诸侯被削地的情形相比，应该说是罪不至此，现在看来，朝廷的真实意图，已经不单单是削地这么简单的事情了。"

刘卬说："对，确实就是这么回事，吴王打算怎么办呢？"

应高说："如今吴王认为他所忧虑的事情和您是一样的，所以想顺应时势，不惜牺牲自己来为天下人除害，大王觉得还可以吗？"

刘卬一副很吃惊的样子说："我怎么敢这样做呢？皇上虽然步步紧逼，但我就算是一死，又怎么敢不拥护他呢？"

应高说："御史大夫晁错，迷惑天子，削夺诸侯的封地，排斥忠良，阻塞贤才，朝里的大臣们对他都十分怨恨，诸侯们都有背叛之心，他的行为已经可恶到了极点。如今彗星在天上出现，蝗灾不断发生，这是万世难逢的唯一机会，再者说了，忧愁劳苦的时代正是圣人须要出现的时候啊。所以吴王准备以讨伐晁错的名义，跟随大王的车驾，驰骋天下，所向之处，尽皆降服，所指之处，尽皆归顺，天下没有人敢不服。大王如果能够答应，那么吴王就会率领楚王攻占函谷关，守住荥阳敖仓的粮食，抵御朝廷的军队，并修筑军营整顿军队，等待大王的前来。大王如果能够亲自驾临，那么天下就可以夺取，两主分治天下，有什么不可以的呢？"

应高一番话，鼓动得刘卬血脉贲张。刘卬未经过多考虑，当场就答应了下来。

应高见刘卬答应了，就回去报告刘濞。刘濞听完应高出使的经过，觉得刘卬答应得实在是过于轻率，担心他反悔，于是又亲自前往胶西，当面与刘卬订立了盟约。

胶西国的大臣们听说刘卬与吴国密谋结盟反叛，都劝谏刘卬说："侍奉一个皇帝，再没有比这更简单快乐的事情了。如今大王与吴王发兵向西，即使取得了成功，两个君主也会为了土地而开始纷争，到那个时候，祸患才算是刚刚开始。各诸侯国的封地，不足朝廷的十分之二，如今以这样微不足道的力量与朝廷对抗，一则寡不敌众，二则令亲人担忧，这恐怕不是一个好的计策。"

但刘卬鬼迷心窍，根本听不进去。

吴国和胶西国既已订盟，于是共同派出使者，前去联合齐王刘将闾、楚王刘戊、赵王刘遂、济南王（治东平陵县，今山东省济南市章丘市西）刘辟光、济北王刘志、淄川王（治今山东省潍坊市寿光市南）刘贤、胶东王（都即墨）刘雄渠等，相约共同起兵。

这几个诸侯有人痛恨晁错上书削减了他们的封地，有人担心以后也会被朝廷借故削地处罚，于是全都答应一起叛乱。

其时，不仅诸侯们对晁错痛恨异常，朝中大臣也对晁错普遍感到不满，朝野上下，对晁错是一片不满之声。晁错的父亲非常忧虑，专程从老家颍川赶来，对儿子提出忠告说："皇帝即位时间不长，你现在刚刚执掌朝政大权，就削夺诸侯王的封地，使刘氏宗亲之间的关系越来越疏远，现在人们到处都在议论你，埋怨你，你为什么要这么做？"

晁错回答说："我就是要这么做。如果不这么做，天子就不会被人尊崇，刘家的天下就不会得到安宁。"

晁父见晁错丝毫不能被点化，痛苦地叹息说："刘家的天下确实是安定了，可我们晁家可就实在是太危险了。你好自为之，我要离开你先走一步了。"说完之后，晁父就服毒自杀了。临死前，他说："我实在是不愿意亲眼看着祸患降临在我们晁家身上。"

晁父满以为，自己的自杀身死会给晁错带来一丁点儿的警示，可是，他实在是错估了他的儿子。

经过大臣们讨论，晁错力主削去吴国的豫章、会稽二郡，以示对吴王刘濞不来朝见的惩罚。刘启当即批准了这个提议，并下达了诏书。

朝廷削减吴国豫章、会稽二郡的诏令到达吴国，吴王刘濞立即下令杀死了朝廷派到吴国境内的两千石以下的官吏，然后率先发兵叛乱。

听到刘濞起兵，胶西王刘卬也杀死了朝廷所置的两千石以下的官吏，接着起兵；胶东王刘雄渠、淄川王刘贤、济南王刘辟光、楚王刘戊等，全都发兵响应，一起向西进发。赵王刘遂在发兵的同时，又派人暗中前去联合匈奴，请求匈奴给予支持。

而在这个时候，原本答应刘濞、刘卬要跟他们一起叛乱的齐王刘将闾却反悔了，他不愿意跟着刘卬等人一起响应刘濞的叛乱，而是命人坚守城池，不与同谋。

刘卬、刘贤、刘雄渠、刘辟光、刘志、刘将闾和之前的刘章、刘襄、刘兴居都是刘肥的儿子。刘襄死后，他的儿子刘则袭为齐文王，刘则没有儿子，在他死后，刘恒改封刘将闾为齐王。城阳景王刘章死后，他的儿子刘喜袭封为王，是为城阳共王。后刘兴居叛乱被诛，为了提防强大的齐国，同时削弱齐国的势力，刘恒把齐国一分为七，除了已有封地的刘喜和刘将闾，又封刘卬、刘贤、刘雄渠、刘辟光、刘志五人为王。

所以说，此时叛乱的诸侯之中，除了吴王刘濞、楚王刘戊和赵王刘遂，原齐国地面上的六个王，可都是血缘关系非常近的自家兄弟。而对于城阳王刘喜，因为已经是他们的侄子，隔了一辈，所以他们对他也不十分信任，约定叛乱的时候，也没有通知他，只是相互商议说："城阳景王特别正义，当初还曾诛灭了诸吕，我们还是不要让他参与起兵了，事成之后，分给他一些土地就行了。"

齐国地面上的七个王本来就落下了一个，而现在，齐王刘将闾又反悔，刘卬等人一见，立即急了眼，于是和淄川、济南两国将临淄包围，攻打齐国。刘将闾见势不妙，于是赶快派一名姓路的中大夫前往长安，向朝廷求救。

再说济北王刘志，他本来答应了要与刘卬等人共同起兵，可是他毁坏的城墙没有完工，忠于朝廷的郎中令竟然伺机劫持了他，然后把他看管了起来，不让他发兵，这样一来，刘志自然是无法跟着叛乱了。

至此，共同起兵反抗朝廷的，计有吴、楚、赵、胶西、济南、淄川、胶东七国。西汉历史上的大事件——吴楚七国之乱，就此开始。时间是公元前154年正月。

七国军队齐发，吴王刘濞下令国中说："我今年已经六十二岁了，亲自担任大军的统帅。我最小的儿子刚刚十四岁，也加入了前锋部队。所以，全国上下的男子，凡和我同岁及以下，和我小儿子同岁及以上，都要应征出征。"通过这样一道命令，刘濞动员了国内十四岁以上，六十二岁以下的男子共二十多万人，又派遣使者前去联合闽越和东越，闽越不愿随刘濞造反，但东越却派兵前来助阵。

刘濞率军向西渡过淮河之后，与楚国军队会师。他分路派出使者，向各诸侯王发出檄文说：

"吴王刘濞恭敬地问候胶西王、胶东王、淄川王、济南王、赵王、楚王、淮南王、衡山王、庐江王，还有已故的长沙王的儿子（因吴芮的玄孙吴著没有嫡子，在他死后，长沙国被废除，他的两个庶子被封为侯，刘濞估计他们心存不满，所以引诱他们一起叛乱），请你们指教寡人。如今朝廷有奸臣晁错，没有立下任何的功劳，却侵夺诸侯的封地，并派遣官吏弹劾抓捕审讯惩罚诸侯，专门以侮辱诸侯为能事，不以诸侯王君主的礼仪对待刘氏骨肉同胞，抛弃先帝的功臣，提拔任用奸佞之徒，惑乱天下苍生，想要危害国家。皇上又多病且神志失常，不能醒悟并察觉到这些。我想要举兵诛灭奸臣晁错，所以恭敬地请教各位诸侯的意见。

"吴国虽小，但国土方圆三千多里；人口虽少，但精兵良将也有五十万。另外，我国曾与南越交好三十多年，他们的君主也会不加推辞地派兵追随我，我们的兵力又能增加三十多万。我虽然没什么才能，但愿意亲自追随各位王侯。

"越国和长沙国接壤，他们可追随长沙王的儿子平定长沙以北的地方，然后向西进攻蜀地、汉中；派人告诉东越王、楚王及淮南国的三位王侯（淮南王、衡山王、庐江王），与我一齐向西进军；齐地的各位王侯与赵王平定河间、河内郡之后，一部挺进临晋关，一部与我在洛阳会合；燕王、赵王已经与匈奴订立了盟约，燕王向北平定代郡、云中，会合匈奴大军进入萧关，向长安进军，匡正天子的错误，并安定高祖的宗庙。希望诸位王侯能够勉力去做！

"楚元王的儿子、淮南王、衡山王、庐江王未受朝廷的恩惠已经有十多年了，怨恨已深入骨髓，早就想要采取行动了，但我还没有得知这几位王侯的真实心意，所以暂不敢听命。

"如今各位王侯如果能够保存那些将要灭亡绝嗣的国家，扶弱锄强，安定刘氏，这就是国家的希望。吴国虽然贫穷，但我一直在衣食用度上勤俭节约，积累财富，修理兵器甲盾，屯积粮食，夜以继日地努力，已经三十多年了。所有以上我做的这些，都是为了今天，希望各位王侯能够利用这些有利条件。

"能够斩杀或捕获大将者，赏赐黄金五千斤，封为万户侯；斩杀或擒获副将的，赏赐黄金三千斤，封食邑五千户；斩杀或捕获偏将者，赏赐黄金两千斤，封食邑两千户；斩杀或捕获两千石官员者，赏赐黄金一千斤，食邑千户；斩杀或捕获一千石官员者，赏赐黄金五百斤，食邑五百户；立下以上军功者，都可以封为列侯。那些带着军队或以镇守的城池投降的，如果士卒有一万人，户口有一万户，那么所得的赏赐等同于斩杀或捕获大将；士卒和户口各五千，则等同于斩杀或捕获副将；士卒和户口各三千，则等同于斩杀或捕获偏将；士卒和户口各一千，等同于斩杀或捕获两千石官员；其他归降的小吏，依照他们的职位高低，依次授予爵位和黄金。其他的封赏，都比朝廷的规定高一倍。原来已经有爵位及封地的，在原来的基础上再行封赏。

"希望各诸侯王把这些规定明确地向士大夫们宣布，我不会欺骗他们！我的金钱在全国各地都有，不一定非要到吴国本地来取用，各诸侯王就是日夜不停地取用，也不会用完。有需要赏赐的人尽快告诉我，我会亲自给他送去。这就是我要对你们说的，请你们认真地考虑。"

在这篇檄文中，刘濞首先说明了自己举兵的理由，接着炫耀并夸大自己的兵力，为各诸侯国壮胆，并大略安排了各诸侯国进军的路线和地点，同时对这些诸侯提出了希望。最后，刘濞制定了详细的封赏办法，激励全体参战人员。不得不说，刘濞的这篇檄文，具有相当强的煽动性，如果单从这篇檄文上来看，朝廷能否承受如此强大兵力的攻击，是确实需要仔细考量的。那么，对于七国武装叛乱这件事情，朝廷又是如何应对的呢？

七国打着"诛晁错，清君侧"的旗号反动叛乱的消息传到长安，刘启立即召集大臣们商量对策。

本来，在许多人看来，"削藩"是晁错提出的，也是他实施的，此时吴、楚七国造反的借口就是要诛杀晁错，那么作为晁错，应该当仁不让地提出由自己统兵前去平乱，那么无论是对皇帝刘启、对满朝文武，还是对天下百姓，都是一个合理的交代，同时对吴、楚七国也是一种强有力的回击。可是，面对"削藩"引发的七国造反这个结果，晁错显然考虑得不够周全，他提出的对策是：把大军交给大臣不可信，应该由刘启亲自担任统帅，带领军队去与吴、楚七国叛军作战，而由他留守长安。

刘启本以为，作为自己智囊的晁错，面对"削藩"引发的七国叛乱，早就应该准备了一套相当成熟的应对方案，但他万万没有想到，晁错提出的这个方案竟然是让他亲自带兵去与叛军对抗。

刘启和他的父亲刘恒一样，也不知兵，就是不懂军事。当年刘恒面对匈奴的入侵，为了鼓舞士气并树立威信，就自己提出要御驾亲征，但遭到了满朝文武的坚决反对，最后在薄太后的强硬干预下，才算没有成行。

中国传统政治制度的核心和精要就是"保皇"或"保帅"，只要皇帝在，那么这个政权就在。通常情况下，除了开国之君是马上皇帝，须要亲自带兵开疆拓土之外，继任的君主很少有亲自担任主帅带兵出征的，其中一个很重要的原因就是，风险太大，危险程度太高，因为刀剑无眼，谁也无法保证刺斜里会不会飞来一支冷箭，要知道刘邦就是被流矢射伤最终伤口感染而死的。

可想而知，当晁错提出要让刘启御驾亲征之时，大臣们是什么反应了！

朝中的大臣们本就对晁错十分不满，此时见他不顾皇帝的安危，竟然要让皇帝亲自带兵出征，纷纷表示反对。

而对刘启而言，晁错不仅没有想办法为他分忧，反而给他出了一个天大的难题。他要是去，一则没有取胜的把握，二则自身安危难保，所以是绝对不能去的。可他要是不去，就会给群臣和天下人留下一个胆小怯懦的印象，极大地损害他的威信和形象。

晁错的建言显然使皇帝刘启处于一个进退两难的尴尬境地，但晁错对此却毫无察觉。刘启在内心深处对晁错的失望和不满，是显而易见的。不过在这个时候，大臣们的强烈反对成了刘启摆脱困境的最好台阶，于是经过廷议，决定由朝中的大将率兵前去平叛。

那么此时的汉廷之中，谁是可以承担这一重任的人呢？

这个人就是成名于细柳的周亚夫！

公元前158年，匈奴军臣单于率六万骑兵入侵中原，刘恒在派大军前去抗击的同时，又分别任命三位将军保卫长安，其中徐悍驻棘门，刘礼驻灞上，周亚夫驻细柳。

周亚夫是周勃的次子，最初担任河内（郡治今河南省焦作市武陟县）郡守。周勃死后，他的长子周胜之继承了他的爵位。周胜之娶了汉文帝刘恒的女儿，当了驸马，但他与公主的感情并不好，两个人没有共同语言。没过多久，周胜之因为杀人罪被剥夺爵位收回了封地。刘恒念在周勃功勋卓著的分上，不愿让周家的爵位就此中绝，于是命大臣们在周勃的儿子当中推选一个比较贤能的来继承他的爵位，结果大臣们都推举周亚夫，于是刘恒就让周亚夫继承了他父亲的爵位，并封他为条侯。

周亚夫还没有封侯在河内守任上的时候，著名女相士许负替他相了一面，对他说："你三年后会被封侯，封侯八年会出将入相，执掌国家权柄，地位十分显贵，可说是位极人臣。但再过九年，你会因饥饿而死。"

周亚夫根本不相信许负所说的话，他笑着说："我的哥哥周胜之已继承我父亲的爵位封侯了，就算他死了，那么他的儿子又会继承侯爵，我又怎么会被封侯呢？就算是像你说的，我将来会富贵，那么既然我富贵了，又怎么会饿死呢？你给我讲一讲这个道理。"

许负指着周亚夫的嘴角说："你看，你的嘴边有一条竖直的纹路直达口中，这就是一个饿死的面相啊。"因为许负的名声实在是太大了，时人誉之为"女神相"，周亚夫虽然不信，但也震惊不已。

谁知过了三年，周胜之就因杀人而坐罪，被夺去了封国，周亚夫果真继承了父亲的爵位，被封为了条侯。

匈奴入侵之时，周亚夫受命率军驻扎细柳，守卫京师。

刘恒为了激励士气，就到距长安最近的灞上、棘门、细柳去劳军。先到了灞上和棘门，守营的军士见是皇帝来了，直接放行，让皇帝的车驾及随从进了军营，等到刘恒离开军营的时候，徐悍、刘礼等人率领军中高级将校骑着马将刘恒恭恭敬敬地送出了军营。

在灞上和棘门劳军之后，刘恒又前往细柳营。细柳营中的军士全副武装，军容十分严整。替皇帝开道的先驱侍卫到达营门，却无法进入。侍卫通报说："天子马上就要来了，赶快打开营门迎接。"而负责守卫军门的都尉却说："我们将军早就传下了将令：军中只听将军的命令，不听天子的诏令。"在交涉的过程中，刘恒也来到了军营，但军门的都尉也不让他进去。

刘恒无法，只好派遣使节手持天子的符节前往军中宣诏说："我要进入军营慰劳大军。"周亚夫见到皇帝符节，才传令打开营门，放刘恒和他的随从们进入。

营门的士卒们又对刘恒的随从车骑说："我们将军有规定，在军营里面，车马不得快速驱驰。"于是刘恒拉紧缰绳，慢慢行走。

到达中军营帐，周亚夫身披铠甲手持兵器向刘恒施军礼说："穿戴铠甲的将士，没办法向您行跪拜礼，请允许我用军礼来参见您。"刘恒大受震动，于是欠着身子扶着车前的横木向将士们行礼，并命人向周亚夫称谢说："皇帝前来慰劳将军。"举行了庄重的劳军仪式之后，皇帝离开了军营。

出营之后，大臣们都对周亚夫的无礼感到愤愤不平，不停地在刘恒面前抱怨。但刘恒却说:"哎,你们有所不知,周亚夫才是真正的将军啊。刚刚我们去了灞上和棘门,那里真是把军国大事视为儿戏,他们的将领太有可能被敌人偷袭而被俘虏。而像周亚夫这样治军严谨,严阵以待,敌人又怎么能够侵犯他呢?"

以后的好长一段时间里,刘恒都对善于治军的周亚夫赞不绝口。过了一个多月,匈奴兵退去,灞上、棘门、细柳三处的军队都撤了回来,刘恒当即任命周亚夫为中尉,负责京城长安的警卫工作。中尉在汉武帝时更名为执金吾,是一个排场很大、极为庄重且十分显赫的官职,因此东汉光武帝刘秀在未发迹前就曾非常艳羡地说:"仕宦当做执金吾,娶妻当娶阴丽华。"也就是说,做官就要做执金吾那样的官,娶老婆就要娶阴丽华那样漂亮的女子。

刘恒在临死之前,告诫儿子刘启说:"我死之后,国家一旦发生非常危急的事情,周亚夫是真正能够带兵的将军。"刘恒死后,刘启拜周亚夫为车骑将军(位列大将军、骠骑将军之后)。

此时吴、楚七国造反,刘启马上就想起了刘恒临死之前对他的叮嘱,于是任命周亚夫为太尉,由他带领三十六名将军,前去攻打兵力最强、势头最猛的吴、楚军队。

但要平息叛乱,光靠周亚夫一路军队显然不够,为了策应周亚夫,刘启打算再派几路军队前去支援。而这些带兵的将领,则必须是对皇室忠心且刘启可以信赖的人才可以。刘启在刘氏宗亲和窦氏外戚中考察了很久,觉得再没有哪个人能像窦婴那样贤明了,于是就想任命窦婴为大将军,让他带领军队去驻屯在荥阳。

窦婴是窦太后窦漪房堂兄的儿子,他的父辈以上世世代代都居住在观津。窦婴仗义疏财,喜欢结交宾客。汉文帝刘恒之时,窦婴曾任吴国国相,后因病去职。刘启刚刚即位之时,他被重新起用,担任掌管皇后、太子(东宫)家事的詹事一职。

梁孝王刘武是刘启的同母弟弟,他的母亲窦太后非常疼爱他。有一次刘武入朝,刘启举办家宴,以同胞兄弟的身份与他一起宴饮,窦太后和窦婴也在场。其时刘启还没有立太子,酒酣耳热之时,刘启为了博母亲欢心,随口说道:"我死了之后,会把帝位传给梁王。"窦太后听了之后,非常高兴。刘武知道这不是刘启的真心话,所以嘴上推辞了一下,不过他的心里还是非常高兴。

一旁侍奉的窦婴见状,赶快端起一杯酒进献给刘启说:"天下,是高祖打下的天下,帝位应当父子相传,这是大汉朝立下的制度规定,皇上凭什么要擅自传给梁王?"刘启听了之后默然,窦太后听了之后,立即对这个娘家的侄子恨入骨髓，从此不再给他好脸色看。而窦婴也嫌詹事这个官职太小，于是就借口有病辞了职。窦太后于是除了窦婴进出宫门的名籍，从此不再让他入宫。

此时吴、楚七国叛乱，前方没有刘启信赖且颇具才德的人带兵，于是刘启就想到了曾劝自己不要把皇位传给刘武的窦婴，觉得他对皇室非常忠诚，立即下诏召他进宫。

可是窦婴对窦太后忌恨他之事始终难以释怀，他借口自己有病，坚决推辞说自己难以胜任。窦太后见状，也深深地为自己之前所做的事情感到惭愧。

刘启于是放低身段，向窦婴下话说："天下正有急难，你怎么可以推辞呢？"于是任命窦婴为大将军，赏赐他黄金千金。由他选拔将吏，即刻带领大军开赴前线。

窦婴见刘启如此信任他，于是就趁机推荐闲居在家的袁盎、栾布等素有贤名的才德之士。对于刘启所赏的千金黄金，窦婴一点也没有拿回自己的家里，而是放在大将军府走廊的穿堂里，每逢有手下的军吏路过，窦婴就让他们根据自己的需要酌量取用。因为这个缘故，窦婴深得将士们和士人的推戴。

对于窦婴的推荐，刘启十分重视，于是任命栾布为将军，命他带兵攻打齐国，又派遣曲周侯郦寄带兵前去攻打赵国。同时让窦婴带领大军前往军事重镇荥阳驻扎，既监督进攻齐、赵两地的军队，也可以随时对前线进行有效的支援。

大军即将开拔。应该说，这一番军事部署，如果排除吴、楚军队像当年刘邦从南阳、武关一线入咸阳灭秦的可能性之外，可以算得上是相当周密了。名将周亚夫东挡吴、楚，栾布、郦寄攻打齐、赵，尽力不使叛军合兵且朝中不出大事，汉廷就算没有胜算，但确保关中无虞至少是没有任何问题的。

问题出就出在此时晁错的一己私心和性格褊狭上面。此时大敌当前，晁错不思枪口一致对外，竟然想要趁机整治袁盎。

此前因为袁盎多次向汉文帝刘恒直言劝谏，因此被调任陇西都尉。到任后，袁盎对士卒非常体恤爱惜，因此将士们都愿意为他舍身效命。不久，袁盎升任齐国丞相，随即又调任为吴相。

吴王刘濞的骄横可说是朝野共知，袁盎临行前，他的侄子袁种为他饯行，对他说："吴王骄横已经不是一天两天了，吴国国内收留了许多奸邪之人。现在你去了吴国，如果你准备查办惩治他们的罪行，那么吴王不是上书控告你，就是派刺客谋杀你。南方地势低，气候潮湿，你每天只管饮酒作乐，不要管其他的事情，时常劝吴王不要反叛就是了，这样一来，你就有可能侥幸摆脱祸患。"袁盎觉得侄子说得有理，于是照侄子说的法子去做。刘濞果然没有为难他，并且很优厚地对待他，赏赐给他许多财物。几年之后，袁盎告老还乡。

晁错和袁盎关系一直不好，如果他们两个人同时出现在某一场合，那么有一个人就必定会马上离开，即使两个人不得不在同一场合出现，但也从来不说一句话。刘恒死后，晁错担任御史大夫，他派人查办袁盎收受吴王刘濞钱财的事情，准备要按律惩治袁盎，幸亏刘启下诏赦免了袁盎，把他废为庶人，才使袁盎逃过一劫。

按理说，晁错因为和袁盎关系不和，把袁盎整成了平头百姓，应该也可以收手了，杀人不过头点地嘛！但这么做明显不符合晁错的性格，他还要痛打落水狗。此时吴、楚七国造反，晁错想当然地就认为袁盎参与了吴王刘濞的叛乱计划，准备要把袁盎抓起来治罪。

晁错对他的两个下属说："袁盎接受了吴王刘濞的很多钱财，专门替吴王打掩护，一再保证说吴王不会反叛。可是现在，吴王却真的造反了，冰冻三尺，非一日之寒，袁盎不可能不知道吴王反叛的事情。现在我想提请皇上惩治袁盎参与奸谋但却没有阻止并报告朝廷的罪行。"两个下属都说："袁盎参与谋反的罪证还没有暴露出来，惩治他于法无据。现在叛军已经打了过来，惩治一个袁盎有什么用呢？再者说了，袁盎作为朝中有名望的大臣，不可能参与吴王叛乱的阴谋。"晁错听了之后，一时犹豫不决，不知道究竟是否该把袁盎抓起来问罪。

晁错的这一犹豫，立即为自己招来了祸患。

因为袁盎这个人，可不是个好惹的人。他虽然不像战国时的范雎那样睚眦必报，但也比范雎差不了多少。有一件事情很能说明他的性格。

袁盎从吴相任上告老还乡，在归途中遇上了当时的丞相申屠嘉，于是按照礼节下车拜谒。谁知申屠嘉态度非常傲慢，连车都没有下，在车上向袁盎还了个礼，然后就走了。袁盎回来之后，感觉在他的下属面前很没面子，于是就专程到丞相府上，求见申屠嘉。

一直等了很久，申屠嘉才出来接见他。袁盎跪在地上对申屠嘉说："我想单独跟您说几句话。"申屠嘉说："如果你所说的是公事，请到相府里去登记，然后由我向皇帝上奏；如果你说的是私事，那么很抱歉，我在家里从来不谈私事。"袁盎于是跪在地上问申屠嘉："你现在担任丞相之职，那么请问你自认为比起陈平和周勃这两个人，谁更贤能呢？"申屠嘉说："我比不上他们两个人。"袁盎说："这就对了。你也知道你比不上他们。陈平和周勃辅佐高皇帝平定天下，因功拜将封侯，后来又诛灭诸吕，存续了刘氏社稷。你之前不过是一个弓箭手，后来升为队长，功劳慢慢积累，最终成为淮阳郡的郡守，并没有出过什么安定天下的奇谋妙计，也没有在野战攻城中立下斩将夺旗的功勋。皇帝从代地来到京城之后，每次在去上朝的路上，只要郎官呈上奏折，他都无不立刻停下车子听他们进言的，如果那些意见没有可取之处，他就放在一边；如果那些建议可用，他就立即采纳，并且大声地鼓励称赞那些向他提意见的人。为什么，因为他想要招揽天下的贤士才俊，来帮他治理国家啊。皇帝每天都能听到他所听不到的东西，每天都能了解到他所不知道的事情，所来越来越圣明。可是你呢，骄傲自满，堵塞天下人之口，一天比一比愚昧。以皇帝的圣明，督责愚钝的丞相，我看你马上就要大祸临头了。"申屠嘉听了之后十分吃惊，于是他赶快上前扶起袁盎，向他拜了一拜说："我是个粗人，真没有想到这些，非常感谢您的指教。"之后把他请入内室，待为上宾。

袁盎和申屠嘉都是硬脾气的人，这两个人遇在一起，可说是石板上摔乌龟，硬碰硬，但袁盎几句话，就能把申屠嘉这个在家里从不谈私事的人说得赶快向他赔礼道歉，那就证明他比申屠嘉更硬。他对待在任的丞相尚且如此强硬，那么他对待其他人，就更不会服软。

当年申屠嘉抓住了晁错的把柄，想要杀掉晁错，不想被晁错事先得知消息，晁错恐惧之下，跑到刘启那里提前打了预防针，申屠嘉因此被活活气死。

如今晁错也抓住了袁盎的把柄，也想杀掉袁盎，袁盎也事先得知了消息，他当然也非常恐惧，于是也想跑到刘启那里去打预防针，却不成想晁错因此而……

其时大将军窦婴还没有出发，袁盎和窦婴的关系非常好，于是他连夜去见窦婴，向窦婴说明吴国造反的缘由始末，请求窦婴向皇帝代为转达，他愿意在皇帝面前当廷对状。

于是窦婴就入宫觐见刘启，再一次向刘启推荐袁盎，说袁盎曾任吴国国相，对吴国的情况比较了解，如果起用袁盎，那将会对平叛发挥非常重要的作用。刘启听了之后，立即下诏召见袁盎。

袁盎入宫觐见的时候，刘启和晁错正在谋划调遣军队筹算军粮的事情。刘启于是问袁盎："你曾经担任吴国相国，那么你应该知道吴国的大臣田禄伯，他这个人怎么样啊？现在吴、楚七国造反，你有什么好办法可以对付他们？"

袁盎回答说："田禄伯根本不值得陛下忧虑，吴、楚之乱也马上就会平息。"

刘启一听，十分欣慰，于是问："吴国采铜山铸钱，煮海水为盐，以吴地的富庶，招诱天下豪杰。现在吴王已经那么大年龄了，头发都白了，他要是没有策划周全，会发动叛乱吗？你怎么能说他们不足为虑呢？"

袁盎回答说："吴国采铜山铸钱，煮海水为盐，国内积累了巨大的财富，这确实是事实，但他们怎么能招揽到真正的英雄豪杰呢？如果吴国真的得到了英雄豪杰之士，那么这些贤士也一定会用君臣大义教导辅佐吴王，吴王又怎么会造反呢？所以说，吴国招罗的不过是些无赖流氓亡命之徒，所以他们才会联合起来跟着吴王造反。"

之前晁错从来不和袁盎说话，此时听袁盎这么分析，他禁不住赞叹说："袁盎的分析是正确的。"

袁盎的分析对吗？恐怕未必。若说吴国没有才士，这是假话，但有人才能不能重用就又是另外一回事了。看看之前的楚汉之争，谁要说最后落败的项羽手下没有贤才，那就是极不客观的。

当时著名的辞赋家枚乘，因写《七发》而闻名于世，时任刘濞的文学侍从。刘濞发动叛乱前，他就上书劝阻刘濞，但刘濞不听；七国之乱开始后，又上书劝谏刘濞，但刘濞还是不采纳。枚乘劝谏刘濞的上书中，最著名的一个词汇就是"千钧一发"，比喻刘濞的叛乱行为就像把千钧的重物系在了一根头发丝上，已经危险到了极点。枚乘见刘濞不听劝阻，只好离开了刘濞。

与枚乘同样劝阻刘濞未果而离开的还有散文家邹阳和辞赋家严忌（本名庄忌，后因避汉明帝刘庄讳改名为严忌）等人。

那么此时的晁错为什么要附和袁盎呢？一切皆因为晁错已经乱了方寸。之前他为了国家的长久利益只顾大力推行削藩，但对削藩导致诸侯王叛乱这一后果，晁错显然考虑得不够充分，也没有预备强有力的应对举措。最初他提出让皇帝御驾亲征，就已经犯了人臣大忌，他后来的一系列表现也让刘启感到越发不满，依此前晁错的受宠信程度，如果晁错可以提出有效的办法，那么刘启根本没必要去低三下四哀求窦婴并接见袁盎。

此时袁盎所说的只不过是一通冠冕堂皇的虚辞，根本不解决任何实际问题。可是在心里没底的晁错和刘启听来，却是句句在理。此时晁错见袁盎受到了皇帝的重视，心里十分慌乱。朝外各诸侯发动叛乱的借口就是要杀他，而朝内晁错竟然找不到一个可以支持他的人，本来他手握皇帝这张王牌，一贯无所顾忌，一贯战无不胜，但此时这张王牌却不再属他专有。晁错非常心虚，于是就想在口头上讨好袁盎，跟袁盎和解。可是，一切都太晚了。

刘启问袁盎："那么依你之见，该如何平息七国之乱？"

袁盎回答说："请陛下屏退左右。"

于是刘启让其他人全部退了下去，只留下晁错一个人。

袁盎见晁错留了下来，便强调说："我所说的这些话，作为人臣，是不可以听的。"

刘启于是让晁错也退下去。晁错不得已，快步走向东厢房回避，心里愤愤不平，极为痛恨袁盎。

见其他人都退下去了，于是刘启问袁盎："现在你可以说了吧。"

袁盎说："吴、楚等国在反书中明确提出'高皇帝分封刘氏子弟为王并赐给他们土地。现在贼臣晁错擅自寻找诸侯的过错，削夺他们的封地'。所以他们以这个名义发动了叛乱，举兵向西，要杀死晁错，并恢复他们原有的封地才肯罢休。在这个时候，只要杀了晁错，并派遣使者赦免造反的吴、楚七国，恢复他们被削减的封地，就可以兵不血刃地平息七国之乱。"

听完袁盎的话，刘启惊愕之余，立即陷入了沉默。他本以为曾经担任过吴相的袁盎一定是掌握了刘濞的什么软肋，手中会有什么克敌制胜的法宝，谁料说了半天，竟然是要让他杀死晁错，向造反的吴、楚七国妥协。

刘启能这么做吗？实在是不能这么做。第一，晁错对他一向忠心耿耿，为维护中央集权不遗余力，且政论对策皆切中时弊，杀了晁错，岂不令精忠报国者寒心；第二，杀死大臣向叛军妥协，这会极大地损害中央的威信，一旦开此恶例，那此后将会被更多的乱臣所效仿。

但是，刘启又开始动摇。首先，各诸侯王的封地是高祖赐予的，现在晁错建议削夺他们的封地，到底是不是违反了祖制，是不是确实做得有点过分？刘启心里也在疑问。其次，七国发动叛乱的借口是晁错离间了刘氏宗亲骨肉之间的关系，只要杀死晁错，诸侯就会师出无名，如果真是这样，牺牲一人而免除兵革之乱，安宁整个天下，似乎也是可以考虑的。最后，晁错几乎跟朝中所有的大臣都关系不好，杀死晁错一人，倒可以团结其他人同心协力对付吴、楚，多一份力量就多一份胜算，这不得不令刘启仔细权衡。

刘启经过好一阵激烈的思想斗争，终于下定了决心，他对袁盎说："如果真像你所说的那样，我又何必因爱惜晁错一人而拒绝整个天下百姓呢？"

袁盎说："在我看来，没有比这更好的办法了，还请陛下认真地考虑。"

实际上刘启已经不须要再考虑，因为他刚刚已经考虑好了。

于是刘启下令，拜袁盎为太常，并任命吴王刘濞的侄子刘广为宗正，让他们秘密整治行装，准备出使吴国。

袁盎和窦婴本来之前关系就非常要好，此时二人双双得势，长安城中的那些有才能的人都争相归附他们，每天光随从他们的车子就有几百辆。

政治是一个非常微妙的玩意儿，皇帝的一举一动、一言一行都是政局时局的风向标，时刻有人关注，并据此揣测皇帝的动向好恶。

刘启在吴、楚叛乱的紧要关头，突然起用一个曾经被晁错按律处置并废为庶人的大臣，况且这个大臣曾经深受叛王的欣赏，那么，刘启对晁错和叛乱者的态度如何，还不够鲜明吗？

于是，在十多天后，丞相陶青、中尉陈嘉、廷尉张欧等人联名上书弹劾晁错，他们在奏折中说："吴王举兵反叛，大逆不道，想要危害国家社稷，天下人应当一起诛杀他。现在御史大夫晁错说：'把数百万军队独自交给大臣，实在是不可信任，陛下不如亲自带兵出征，让晁错留守京师。前方吴国还没有攻打下来的城邑，也可以先给吴国。'晁错不称颂陛下的大德与信义，却想要陛下疏远群臣和百姓，又想把国家的城邑送给叛军，没有一点为人臣的礼节，实属大逆不道。晁错应当腰斩，他的父母妻子兄弟姐妹无论长幼都应当斩首。"

陶青等人所上奏的内容，不过是十多天前刘启的决定而已，一切都是那么顺理成章、水到渠成，于是，刘启在这道奏章上批了个："可。"

而将晁错满门抄斩的奏折批准之时，身为当事人的晁错竟然毫不知情。

刘启派中尉陈嘉到晁错家中去宣诏，欺骗晁错说要请他上朝议事，让晁错上了中尉的车。

中尉径直把晁错拉到了处决犯人的东市，然后就在那里宣读皇帝的诏书，把晁错腰斩于市。晁错被杀的时候，还穿着朝服。随后，晁错全家老幼，尽数被杀！

晁父对儿子的苦劝言犹在耳，但仅仅过了十多天时间，晁错就遭受了灭族之祸！

晁错死后不久，周亚夫手下的将领谒者仆射邓公从攻打吴、楚军的前线回来，向刘启报告前方的战争情况。刘启就问他："你从军中来，有没有听说晁错死后，吴、楚等国准备要退兵的消息？"

邓公毫不客气地对他说："吴王为了造反已经秘密筹划了几十年，他以朝廷削减他的封地为借口发怒起兵，并打着诛晁错的旗号，实际上他根本就不是为了晁错。通过这件事情，我担心以后天下之士都不敢再开口向陛下进言了。"

刘启问："为什么？"

邓公说："晁错担心诸侯的势力越来越强大，中央没办法控制，所以请求削减他们的土地以增强京城的力量，这是万世之利的事情。但他的计划刚刚开始实行，就被施以了如此酷刑，结果只能是让朝廷的大臣们不敢再开口，在外却替诸侯们报了仇，我真的认为陛下这么做很不合适啊。"

刘启又是好长一段时间的沉默，末了说："你说得对，我也非常后悔。"后升任邓公为城阳中尉。

刘启说他杀了晁错很后悔，这话倒是有一点真的成分在里面。不过，刘启也就只对当面向他谏净的邓公这么说了说，事实上，他从始至终再没有用任何的实际行动来表示他的悔恨，既没有为晁错平反，也没有追究那些见风使舵弹劾晁错的大臣。一切只因为，他是皇帝，他不能向天下人承认错误。在帝王的度量上，刘启既比不上他的祖父刘邦，也比不上他的父亲刘恒。

正如晁错的父亲对自己儿子所说的那样，晁错的做法保全了刘氏，却害了晁家。晁错一心为国，但却丝毫没有考虑到自身的安危，所以古人评价他是"善于谋国，但却不善谋身"。晁错虽然死于非命，但千百年来，他公而忘私、国而忘家的精神，却引发了越来越多人的共鸣，他的不幸遭遇也得到了越来越多人的同情。

从晁错被诛这一件事情上，许多人也发现，晁错在被杀之时及被杀之后，除了一个跟他素未谋面的邓公替他说了几句公道话，朝中的大臣们竟然再没有一个人替他求情鸣不平。由此可见，晁错的人际关系也确实差到了不能再差的地步。

从晁错自身来看，晁错当初掘开太上皇庙空地外的围墙，按照之前张释之判处那个盗玉杯的罪犯死刑的法律释义来看，晁错当时就已经够上灭族的罪了，只不过由于他跟刘启亲密的私人关系而侥幸得以豁免。那么此后的晁错也应该想到，人非圣贤，孰能无过，袁盎并没有与刘濞同流合污，只不过是为了自保迫不得已收受了刘濞的钱财，贬为庶人也就算了，根本没有必要把袁盎往死里整。想把别人往悬崖边逼，结果一不小心，却使自己掉进了万丈深渊。

那么被刘启派往吴国出使的袁盎，结果又是什么样的呢？

袁盎到达吴地的时候，吴、楚等人正在攻打梁国（都城睢阳，今河南省商丘市睢阳区西南）。宗正刘广因为和刘濞是近亲属，所以先去面见刘濞，向他口头宣布皇帝的诏令，让他跪拜天子的使者并接受皇帝的诏书。

刘濞听说袁盎作为朝廷的使者前来，知道袁盎准备游说自己，所以根本就没打算要见袁盎。他笑着对刘广及身边的人说："我已经是东帝了，我还要朝拜什么人呢？"于是下令扣留袁盎，准备强迫他担任吴国的将领。袁盎不愿意，刘濞就让一个都尉带五百人把他包围了起来，准备要杀死他。

之前袁盎在担任吴相的时候，他手下的一个从史和府中的一个婢女私通。袁盎知道后，假装什么也不知道，对待那个从史还和以前一样。后来，有人对那个从史说："相国早就知道你跟他婢女私通的事情。"那个从史一听非常害怕，就逃走了。袁盎听说那个从史逃走，便亲自驾车去追，追回来之后，把那个婢女赏赐给了他，仍旧让他担任从史。

这时袁盎来到吴国，受命围困袁盎的校尉司马正是当年他手下的那个从史。司马把他随身的装备财产全部变卖，换了两石美酒，然后送给守卫的士卒们喝。正赶上天气阴冷，士卒们又饥又渴，纷纷上前饮酒驱寒，结果全都喝醉了。当天晚上，司马找到袁盎，然后对他说："相公赶快走吧，吴王准备等天亮之后杀死您。"

袁盎没有认出司马，不相信地问："您是谁，为什么要这么做？"

司马回答说："我就是当年您赐下您婢女的那个从史。"

袁盎这才确认他的身份，并对他说："您的双亲还活着，我不值得连累您。"

司马说："相公离开之后，我也会马上逃走，并把我的亲戚藏起来，相公还有什么可担心的呢？"说着割开军帐，领着袁盎从地道逃了出来。

为了避免让别人发现，袁盎把天子符节上的毛摘下来藏在怀中，拄着杖，一直走了七八里地。到天亮的时候，他遇见了梁国的骑兵，说明情况之后，骑着梁国骑兵的马逃出了险境，回朝向刘启报告情况。

袁盎出使的结果，应该说早在刘启的预料之中。该做的刘启都做了，先是妥协、退让，还搭上了晁错一家人的性命，后又派袁盎前去赦免并恢复他们之前的封地，但刘濞还是铁了心要反，那就只有用武力来解决问题了。

那么汉军在前方的战况如何呢？战况并不乐观，因为周亚夫一直坚守不出！

来看看周亚夫带领大军开赴前线过程中所发生的事情。

周亚夫被授命平叛之后，即带领大军向东行进。汉军行至灞上之时，有一个名叫赵涉的人求见周亚夫，他建议周亚夫绕道进军，以免在半路上遭到叛军的伏击。周亚夫听从了赵涉的建议,沿着刘邦当年入关的路线,反其道而行之,走蓝田、出武关,星夜兼程赶赴洛阳。经过搜查,果然发现叛军伏兵并击溃了他们。

周亚夫在洛阳见到了游侠剧孟,他非常高兴地说:"吴、楚七国起兵造反,我日夜兼程赶到洛阳,根本不指望洛阳能够保全,原以为诸侯已经和剧孟取得了联系,但现在看来,剧孟根本没有什么行动。吴、楚举大事却不寻求剧孟的帮助,我知道他们不可能有大的作为了。现在我稳据洛阳,洛阳以东再没有什么人或事能令我感到忧虑了。"

那么剧孟到底是怎样的一个人,竟然令大名鼎鼎的周亚夫如此推重呢?

剧孟是洛阳人,平素好行侠仗义,帮助别人不计报酬,行为处事就跟搭救过季布的朱家一样,因此在诸侯之中有很大的名气。剧孟喜好赌博也没有从事一份正儿八经的职业,因此在耕读传家的平常人看来,似乎剧孟不是一个好人。

剧孟曾经与袁盎有过交往,袁盎给予了剧孟非常优厚的待遇。安陵有个富人就善意地提醒袁盎说:"我听说剧孟是个赌徒,将军您这么有名望,为什么要跟他这样的人来往呢?"袁盎对这个富人说:"剧孟虽然是个不务正业的赌徒,但他的母亲死的时候,从全国各地赶来吊唁的宾客络绎不绝,为他母亲送葬的车辆多达千余辆,由此可见,剧孟绝对有他的过人之处。并且每个人都会有遇到急事难事的时候,但真正遇到困难去求人的时候,不以自己的双亲不同意为借口,不以自己外出不在家为托词拒绝别人的,普天之下,这样的人恐怕也就只有剧孟和季心这两个人了。现在看起来每天都有好几个人骑马跟着你,但一旦有个急难之事,还能靠得住吗?"袁盎把这个富人骂了一顿,然后和他绝交了。人们听说这件事情之后,都非常佩服袁盎。

袁盎所提到的季心,是季布的弟弟,也是个豪气干云、急公好义、古道热肠、好打抱不平的人,许多人都以能为季心效劳而感到万分荣幸。季心曾经杀过人,逃亡到吴地投奔袁盎,对待袁盎像对待自己的兄长那样恭敬,对待后来的灌夫、籍福等人像对待自己的弟弟一样友爱。季心曾经担任中尉司马一职,后来令权贵豪强闻风丧胆的"苍鹰"郅都,见到季心都不敢不以礼相待。当时,季心以勇猛仗义,他的哥哥季布以信守诺言而闻名于关中。

而剧孟就是和季布、季心兄弟这样名闻天下,且能得人死力的人。假如造反的吴、楚七国向剧孟求助并得到他的鼎力相助的话,那关东之地的豪士侠客争相为之效力,朝廷要想讨平叛逆,还真须要费一番苦功夫不可。

有名将之称的周亚夫得到剧孟,喜不自禁,就像已经征服了一个敌国那样高兴，由此可见，剧孟的能力究竟达到了何种骇人的地步。

周亚夫在荥阳会合了各路兵马，准备与吴、楚叛军进行交锋。他父亲周勃的手下有个门客姓邓，当时在军中担任都尉，作战经验非常丰富，特别有奇计，于是周亚夫就征求他的意见说："对于击败叛军，你有什么好的计策？"

邓都尉说："吴兵士气正旺，攻势凌厉，我们不能和他们正面直接交锋，楚兵轻佻浮躁，缺乏耐心，必定坚持不了多久。现在将军您最好引兵前往东北的昌邑城（今山东省菏泽市巨野县），在那里修筑坚固的防御工事，然后把梁国丢给叛军，叛军一定会竭尽全力去攻打。将军所率领的大军深沟高垒，不要与吴、楚军交战，然后派轻骑兵绕道叛军后方，截断他们的粮道。到那个时候，吴军因为全力攻打梁国而筋疲力尽，再加上粮草断绝，以我们精锐的大军去攻打他们，难道还不会取得胜利吗？"

周亚夫非常赞赏，采纳了邓都尉的计谋。于是下令在昌邑之南修筑坚固的防御工事，然后派轻骑兵前去断绝吴兵的粮道。

再说吴国这面。

吴国刚刚发兵的时候，任命大臣田禄伯为大将军。田禄伯对刘濞说："我们的大军全部集结在一起向西推进，而不从其他方向派出奇兵，恐怕难以取得成功。我愿意率领五万人马，沿着长江和淮河而上，一路收取淮南、长沙的军队，最终攻入武关，然后在关中与大王会合，这也是一条奇计啊。"

刘濞年轻时跟着刘邦打过仗，对军事也算得上是略懂一二，田禄伯提出分兵之策，刘濞马上就觉得可行，准备要答应。但他的太子刘子驹却劝阻他说："父王本来就打着反叛的旗号在起兵，这样的军队是很难委托给其他人的，如果把军队分拨给他人，这个人又反叛父王，那该怎么办呢？再者说了，将在外，君命有所不受，军队到了别人的手里，不可预料的情况实在太多，只会白白地给我们带来麻烦。"

刘濞想了想之后，也觉得还是要慎重一些为好，于是就拒绝了田禄伯。

客观来讲，如果田禄伯之计得以实施，吴、楚大军在荥阳对峙，田禄伯率奇兵溯江淮、入武关，京师长安震恐，七国之乱到底会以怎样一个结局收场，还真是难以预料。当然，也无法排除另外一种可能，那就是刘子驹所提出的，如果田禄伯背叛刘濞，那又会是怎样。一种情况是，田禄伯归顺朝廷，反戈一击，那么刘濞将会以更快的速度失败；另一种情况是，田禄伯另立山头，雄霸一方，成为新的地方割据势力。不过，无论是哪种情况，秦末楚、汉争雄的局面将会再次重现，唯一有所不同的，就看战争规模的大小和时间的长短了。

　　这时，吴国一位年轻的将军桓将军又看出了问题，他对刘濞说："吴国的军队大部分是步兵，比较有利于在险要的地势条件下作战，而朝廷的军队大多是战车和骑兵，比较有利于在空旷的平地上作战。希望大王不要一一攻克沿途的城池，而是丢下这些城池长驱直入，赶快向西占领洛阳的兵器库，取食于敖仓，借助山河的险要地形来命令诸侯，到时候，就算不能入关，天下大势也已经定了。如今大王慢慢地向前推进，每到一处，都驻扎军队攻打必经之路上的城邑，照这样下去，朝廷的骑兵和战车一到，在梁国和楚国郊外的平阔原野摆开阵势，那我们就大事不妙了。"

　　刘濞听了之后，觉得桓将军分析得非常在理，但他又犹豫不决，拿不定主意，于是和身边的一些老将商量。老将们都说："这个年轻人勇于争先的想法是好的，但他怎么会知道长远的大计呢？"于是刘濞又不采用桓将军的计策。

　　综合后来的战争形势来看，就算是刘濞担心田禄伯不可靠，不采用田禄伯的分兵之计，但如果他采取桓将军之计，那这一场战争最终谁胜谁负还真是个未知数。刘濞保守如此，那等待他的结果是什么，其实已不言自明。

　　就这样，刘濞亲自带着所有的军队，一路向西进发。还没有渡过淮河，寸功未立，他手下的门客都被封为了将军、校尉、候、司马等职务，但唯独一个名叫周丘的门客没有得到任命。

　　周丘是下邳人，因犯下重罪逃亡吴国，平日里嗜酒如命，行为放纵，根本就不像个有才能的人，所以刘濞看不起他，也没有任命他。

　　周丘很不服气，就去拜见刘濞说："我因为没有才能，所以不能在军队中任职，我不敢请求大王让我带兵，我只求大王给我一个汉朝的符节，我一定能回报大王。"刘濞于是给了周丘一个符节。

　　周丘得到符节，连夜跑到下邳城中。当时下邳的军吏听说刘濞造反，全都坚守城池。周丘到达传舍之后，用符节召来下邳县令，然后让随从捏造罪名杀掉了县令。之后，周丘便召集他们兄弟所交好的富豪官吏，对他们说："吴国的叛军马上就要来攻打下邳了，他们来了之后，屠灭下邳不过是一顿饭的工夫。如果你们现在投降，你们的家室就必定能保全，有才能的人，甚至还可以被封侯。"这些豪吏出去之后相互转告，整个下邳的军民就全部投降了。

　　周丘一夜之间得到三万人马，派人向刘濞报告之后，就带着这些人马向北攻略城邑。等周丘到达城阳时，他的军队已经扩张到了十多万人，其时城阳中尉是多谋善战的邓公,周丘甚至一战击败了邓公的军队。

由此可见,并不是像袁盎所说的那样,刘濞手下没有豪杰之士,只不过是刘濞自身的才能所限,没有像他的叔父刘邦那样做到知人善任罢了。

刘濞督率大军,一路向西,凡所过之城邑,必是一一攻打。等周亚夫率汉军到达荥阳的时候,吴军已经开始攻打梁国了。吴、楚联军因在棘壁(又名大棘,今河南省商丘市柘城县)击败梁国军队,因此士气十分高昂,一时之间,攻势锐不可当。梁孝王刘武十分惊恐,接连派遣六位大将抗击吴军,但相继被吴军击败,梁军士卒全部败逃回城。

危急之下,据守睢阳的刘武派人向近在咫尺的太尉周亚夫求援,但周亚夫却在昌邑坚守不出。刘武非常着急,每天都派使者前往周亚夫处求救,但周亚夫不为所动,始终坚守不出。刘武愤怒不已,派使者到长安去见刘启,在刘启面前诋毁周亚夫,说周亚夫大敌当前临阵退缩,在两军阵前坐山观虎斗,居心叵测。刘启于是派使者前往军中降诏,命周亚夫出兵救援梁国。但周亚夫拒不执行命令,他一方面仍然坚守不出,另一方面,却派弓高侯韩颓当率轻骑兵绕道后方,去断绝吴、楚大军的粮道。

韩颓当是原韩王信的儿子。韩王信叛汉后投降匈奴,韩颓当就出生于韩王信前往匈奴途中。韩颓当在文帝十四年(公元前166)归汉,受到汉朝的礼遇,被封为弓高侯。韩颓当因自小在匈奴长大,因此骑射本领十分出色,周亚夫叫他率轻骑兵去后方断绝叛军粮道,可说是得其人矣。

刘武见周亚夫连皇帝的诏书都拒不执行,知道周亚夫已经是老鼠吃秤砣——铁了心,无奈之下只好积极自救。他任命韩安国和张羽为将军,率军抵抗吴军。

韩安国是西汉名臣,其事迹后面介绍;张羽的哥哥张尚原是楚王刘戊的相国,刘戊发动叛乱之时,张尚引君臣大义极力劝谏,但却被刘戊所杀。张羽和他的哥哥一样,非常有才干,更兼此时国恨家仇,担任抗吴将领,也是非常合适的人选。

在韩安国和张羽的指挥下,梁军渐渐扭转劣势,士气越来越高,多次击败攻城的吴军。

此时,周亚夫派出的韩颓当等人在后方成功夺取泗水入淮之口(今江苏省淮安市洪泽县境),截断了吴军的粮道。叛军粮草难以为继,军心浮动。刘濞深知大军缺粮意味着什么,在这个时候,他才想起之前桓将军抢占荥阳和敖仓的建议,但战争的主动权一旦失去,再要夺回谈何容易。刘濞想要放弃睢阳城向西进军,但又怕城中的梁军和周亚夫的军队在后袭击,无奈之下,只好前往汉军营寨,向周亚夫挑战。双方的军队在下邑相遇,但吴军使尽浑身解数,周亚夫就是拒不应战。

在这一个时期,各方的压力都非常大,梁军坚守城池疲惫不堪,吴军粮草断绝急于求战,而汉军营中,由于周亚夫一直奉行只守不战之策,所以不仅一些将领有看法,以为周亚夫为将怯懦,许多士卒也自卑惊慌,士气越来越低迷。

一天晚上,汉军大营突然发生骚乱,一些军士误以为吴军潜入营中偷袭,顿时惊慌失措,相互攻击械斗,一直闹到了周亚夫的中军帐外。但周亚夫始终在帐中安睡不起,并未出帐察看。周亚夫的镇定自若在无形之中对骚乱的军士形成了一种威慑,军士们于是渐渐散去,骚乱自动平息。

吴军在下邑挑战数日,见周亚夫拒不出战,于是决定声东击西,用计攻破汉军营寨。

一天晚上,吴军集结大部兵力,在汉军营寨的东南方向发动了佯攻。老到的周亚夫一眼看穿吴军是在虚张声势,于是在营寨的西北方向部署下了重兵。果不其然,天明之时,吴军在汉军营寨的西北角发动了猛攻,但因汉军早有准备,因此进攻的吴军遭遇埋伏,被打了个落花流水。

吴兵被汉军击败,士气越来越低落,再加上军中断粮,许多士卒甚至被活活饿死。再耗下去吴军即将面临全军饿死的困境,刘濞无奈之下,只好传令撤兵。避其锐气,击其惰归,周亚夫等的就是这个机会,他见吴兵撤退,立即出动精锐部队,追击吴军。饥饿的吴军无法抵挡,立时溃不成军。刘濞见大势已去,只好带着身边的数千壮士,乘夜弃军而逃。

刘濞渡江之后,前往丹徒(今江苏省镇江市)投奔响应七国起兵的东越。东越的兵力有一万多人,根本不足以抵挡追击的汉军,于是刘濞派人四处收聚败逃的散兵,以图自保。

刘濞败逃之后,汉军乘胜攻击溃败的吴国军队,群龙无首且军心尽散的吴兵只得向汉军或梁国军队投降。汉方悬赏千金购求吴王刘濞的首级,并派人利诱东越。东越人权衡利弊,决定杀死刘濞。于是假意请刘濞慰劳军队,趁刘濞劳军之际,安排武士刺杀了刘濞,将刘濞的人头快马送往朝廷。

刘濞的儿子刘子驹、刘子华逃往闽越,楚王刘戊兵败自杀。

这一场声势浩大的七国之乱,前后历时三个月,以汉兵全胜和吴、楚的溃败而结束。在这个时候,汉营诸将才觉得周亚夫当初选择坚守而不是与吴军直接对阵的策略是正确的。

周亚夫击败吴军之后，即命韩颓当率兵前往齐地，助栾布救援齐国。

其时的齐都临淄，已被胶西王刘卬、淄川王刘贤、济南王刘辟光等人整整围困攻打了三个月。齐王派出的路中大夫到达长安，向朝廷递上了齐王的求救书信。刘启召见路中大夫并对他说："回去告诉齐王，一定要好好坚守城池，朝廷的兵马现在已经打败吴、楚叛军了。"

路中大夫回到临淄，胶西、淄川、济南三国正引兵攻打临淄城，将临淄城围得密不透风。路中大夫无法进入临淄城中，被三国的将领抓了起来。

三国的将领劫持路中大夫并对他说："如果你对守城的齐军说汉军已经被打败，让齐国迅速开城投降，那我们就不杀你。"

路中大夫为了完成自己的使命，把汉军已经驰援的消息传递到临淄城中，于是就假装答应了。

三国将领押着路中大夫到了临淄城下，让他向城上的人喊话。

谁知路中大夫望见城楼上的齐王，却大声呼喊说："朝廷已派出百万大军，太尉周亚夫已打败了吴国和楚国的军队，现在马上就要来救援齐国，我们一定要坚守到底，不能开城投降。"

三国将领这才发觉上了路中大夫的当，气急败坏之余，杀了路中大夫。

路中大夫的做法，与当年晋国的解扬何其相似！

再说齐王刘将闾，在路中大夫前去长安求救的这一段时间里，因为三国攻城非常猛烈，渐渐有些支撑不住，而汉朝的援军又迟迟未到，于是派人和三国商议，准备要加入反汉阵营。但就在将要订立盟约之际，碰巧这个时候路中大夫从长安赶回，刘将闾听说周亚夫已击败吴、楚军队，汉军马上就要来救援齐国，心里非常高兴，齐国的大臣们也劝他不要与三国通谋，刘将闾于是拒绝三国，坚定了守城的决心。

没过多久，汉军大将栾布和平阳侯曹奇率领大军来到齐国，击败了三国的军队，三国各自引兵退去，齐国之围遂解。但齐国之前与三国通谋的事情，也随即暴露出来。栾布等人即回军包围临淄，准备要向齐国问罪。

刘将闾非常害怕，思来想去，为了不连累子孙，于是服毒自杀。

消息传到长安，刘启认为齐国最初是立场坚定地站在朝廷一边的，只因后来迫于形势才与三国通谋，所以齐国的罪过，还是要与造反的胶西、胶东、济南、淄川等国有所区别，于是立刘将闾的太子刘寿为齐王，继承齐国的封地和爵位。

刘卬回国之后，光着上身，打着赤脚，坐在草席上喝水向他的母亲王太后谢罪。刘卬的太子刘德劝他说："汉兵劳师远征，我通过观察，发现他们已非常疲惫，完全可以袭击他们，希望大王收聚剩余的军队攻打他们，就算是不能战胜他们，那么带领军队逃入大海，也不算晚啊。"

刘卬已经信心尽丧，他对刘德说："我手下的将士都已经疲惫不堪，不能出战了。"于是否决了刘德的提议。

汉将韩颓当派人给刘卬送来了书信，他在信中说："臣奉天子之诏，诛讨不义之人，归降的人赦免其罪过并恢复原有的待遇，不愿归降的将予以消灭，大王何去何从，请尽快答复我，我也好做出决定。"

刘卬袒露着上身，在汉军营寨前叩头谢罪。他对韩颓当说："我刘卬未能恭敬地遵守法令，惊扰了百姓，又让将军如此劳苦，从那么远的京城来到敝国，我恳请对我处以碎尸万段之罪。"

韩颓当手执天子赐予的金鼓（象征皇帝亲临），责问刘卬说："大王为战事所苦，我想听听大王发兵的前因后果。"

刘卬用膝盖跪着走路并叩头辩解说："一切只因为，晁错作为天子执掌大权的臣子，擅自变更高皇帝的法令，侵夺诸侯的封地。我们认为晁错的做法是不符合道义的，担心他败乱整个天下，所以七国共同发兵，准备要诛杀晁错。现在听说晁错已经被诛杀，所以我们就收兵回国了。"

韩颓当驳斥他说："就算是大王认为晁错不好，那为什么不向天子说明情况呢？况且没有天子的诏书和虎符，你们就擅自发兵攻打其他守法的侯国，由此看来，你们的真实目的，根本就不是为了诛杀晁错。"说着拿出皇帝下发的诏书，当场为他念了一遍。

这封诏书是刘濞刚刚战败之时，刘启下发给出征的周亚夫、窦婴、栾布、郦寄等将军的。刘启在诏书中说：

"听说为善的人，上天将会回报给他福分；为非作歹的人，上天将会为他降下祸殃。高皇帝亲自表彰功德，封立子弟为诸侯，赵幽王、悼惠王断绝了封爵，孝文皇帝哀怜他们，所以给予他们恩惠，封赵幽王的儿子刘遂、悼惠王的儿子刘卬等为王，让他们侍奉先王的宗庙，作为大汉的藩国。

"可是吴王刘濞违背道义，引诱天下有罪之人，私铸钱币以扰乱天下，假称有病不入朝二十多年，大臣们多次请求惩治刘濞，但孝文皇帝非常宽仁地对待他，希望他能改过自新。

"可是刘濞现在竟然与楚王刘戊、赵王刘遂、胶西王刘卬、济南王刘辟光、淄川王刘贤、胶东王刘雄渠相约造反,起兵危害宗庙社稷,杀害朝廷大臣及汉朝使者,胁迫百姓,烧毁民舍,挖掘坟墓,其行为非常残暴。

"如今刘卬等人又更大逆不道,焚毁宗庙,掳掠皇室御用器物,朕非常痛恨。

"现在我穿着白衣,不敢到正殿中去。将军们,你们要多多劝勉士卒,让他们努力击杀造反的叛贼。前方杀敌的将士,所杀的叛贼越多,功劳越大,凡是对俘虏的叛将,俸禄是三百石以上官秩的,全部都要杀死,绝对不能释放。

"如有议论质疑本诏书或不遵守本诏书的,一律处以腰斩之刑。"

韩颓当读完诏书,对刘卬说:"大王自己考虑该怎么办吧。"

刘卬听完诏书,已经知道皇帝刘启对自己的真实态度,他绝望了,回答道:"像我这样的人,真的是死有余辜。"于是自杀而死。齐国太后、太子全都自杀而死。

胶东王刘雄渠、淄川王刘贤、济南王刘辟光也全部自杀,他们的封国被废除,封地纳入中央政府的版图。

济北王刘志因为被他的郎中令劫持未能发兵,侥幸逃过一劫,朝廷没有诛杀他,把他改封为淄川王。

赵王刘遂被郦寄带兵围困在邯郸城中,刘遂坚守,郦寄攻打了十个月也没有攻下。之前他曾派人联络匈奴,但匈奴得知七国战败,不肯出兵帮助赵国。将军栾布在平定齐地之后,回军与郦寄会师,汉军水淹邯郸城,邯郸城墙被水冲塌,汉军冲入城中,刘遂无奈自杀,其封国也被废除,封地并入于汉。

第十八节　骄横的梁孝王、太子被废、"苍鹰"郅都、袁盎被刺、梁孝王之死

从汉景帝三年（公元前154）正月开始，到三月结束，历时三个月的七国之乱宣告平息。造反的七国之中，除楚国之外，其他六国全部被废除。对汉朝廷而言，七国之乱以惊险起始，以近乎完美收官。之前地方诸侯王势力与中央政权之间的矛盾，基本被解决，地方诸侯王再也没有能力、条件和中央抗衡。

叛乱平息后，刘启趁机收夺了其他诸侯国的一些郡、县，并通过收回诸侯王任免官吏和征收赋税的权力、治理封国的权力，更改诸侯国的官吏制度、改丞相为相、裁去御史大夫等官吏等措施，进一步削弱了诸侯王的权力，加强了中央集权。当初贾谊提出的"众建诸侯而少其力"的计划，在这个时候得到了继续推行，这为汉武帝时实施"推恩令"彻底解决诸侯王问题铺平了道路。

从此以后，诸侯王再无权过问封国内的政事，无权再任命官吏，无权再征收赋税，只能按照朝廷规定的数额，收取一定的租税作为他们的俸禄。总之一句话，诸侯王在封国内失去了政治、经济和司法权力。他们的封国，在地位上已经跟汉朝的一个郡没有什么区别了。

但就在其他诸侯国因七国之乱而被废除、被收回支郡边郡或是被收回绝大多数权力的同时，有一个诸侯国，它的权力和地域却不仅没有削弱，甚至比之前更为显赫广大。

这个诸侯国就是梁国！

七国叛乱平息后，经过统计，梁国所斩杀和俘虏的叛军，在数量上基本与中央政府军的相等。因为梁国在平定叛乱中立下大功，梁王刘武又是刘启的同母胞

弟，因此梁国在众多诸侯国之中，与朝廷的关系最为亲密，梁国也成为吴、楚七国之乱后封地最大的诸侯国。梁国统辖有四十多个县，而且全都是土地肥沃、物产丰饶的大县。

窦太后非常宠爱刘武，给予刘武的赏赐非常之多。仗着与皇帝亲近，又受到太后的宠爱，刘武自我意识开始急剧膨胀。

刘武建起了一座堪比皇家园林的东苑，又扩大都城睢阳城的规模，方圆达七十里，大兴土木修筑宫殿，在空中架起通道，从宫殿连接到平台长达三十多里。

刘武因功获得了皇帝赐予的旌旗，他外出的时候，跟随的车辆和随众达千人之多。赴郊野围猎的时候，排场跟皇帝一模一样。并且在出入之时，也像皇帝一样，出入称警跸，命人封锁道路，进行戒严。

刘武又请求刘启同意他自主任免官吏，因此梁国可以自己择相，并任免两千石的官吏，权力非常之大。刘武大肆招延四方豪杰，许多游士纷纷来到梁国，像齐人羊胜、公孙诡、邹阳等，多得不可胜计。公孙诡这个人，以善使阴谋诡计而著称。他第一次见刘武时，与刘武相洽甚欢，刘武对他的赏赐就达千金之巨。不久之后擢升为中尉，梁国称他为公孙将军。

因为之前有抗击吴军的先例，梁国自然而然地制造了大批量的兵器和弓箭，却没有人敢过问。梁国府库内堆积的金钱达百万万，珠玉宝器甚至比京师的还要多。

刘武有这些僭越行为，消息自然而然就传到了京师，刘启心里对刘武十分不满。窦太后看出刘启对刘武有想法，于是就迁怒于梁国的使者，不见他们，并下令让他们查办责备梁王的不法行为。

刘武十分不安，于是就派在吴、楚七国之乱中立下大功而名显天下的韩安国去出使。

韩安国到了长安之后，窦太后也不见他。韩安国于是就去拜谒刘启的姐姐馆陶长公主刘嫖。他哭着对刘嫖说："为什么梁王作为一个儿子非常孝顺，作为一个臣子非常忠诚，可太后却没有感觉到呢？之前吴、楚、齐、赵等七国叛乱的时候，自函谷关以东，全部联合起来向西进军。只有梁国与朝廷最亲，成为叛军西进的最大阻碍。梁王一想到太后和皇上都在关中，而诸侯在外造反，每说一句话，都禁不住泪流不止。他跪在地上，亲自送我们六个将领带兵出征，攻打吴、楚叛军，使叛军不敢越过梁国向西攻打关中。吴、楚叛军最后兵败，梁王出了很大的力啊。现在太后因为一些细小的礼节就责备梁王，为什么要这样呢？梁王的父亲和兄长都是皇帝，梁王从小就见惯了这些大场面，所以他也照着去做，出入时都要清道警戒，况且梁王所乘用的车马和旗帜都是皇帝赐予的，梁王就想驾着车马在小县城里来回驱驰炫耀一下，好让天下人都知道太后和皇帝有多么喜爱他。可是现在梁国的使者一来到京城，都说是要让他们回去查问和责备梁王。梁王非常恐惧，日夜流泪不止，又非常思念太后和皇上，不知道怎么办才好。为什么梁王这么孝顺太后，这么忠于皇上，太后却不体谅他呢？"

刘嫖听了之后，十分感动，于是就去见窦太后，把韩安国的话原原本本地告诉了窦太后。窦太后一听，也非常感动，她高兴地说："我要亲自去告诉皇上。"

窦太后见了刘启之后，也把韩安国的话复述了一遍，刘启听了也十分喜悦，心里对弟弟刘武的怨恨，一下子烟消云散。他脱下帽子，向窦太后道歉说："我们兄弟之间没能互相通气，倒让太后为我们担忧了。"

于是他们相继召见了韩安国，并重重地赏赐了他，连刘嫖都给予了韩安国千金之赏。

由于韩安国出色的才能，使皇帝和刘武兄弟之间、窦太后和刘武母子之间不再有任何芥蒂，因此窦太后和刘启都非常欣赏他。从此以后，梁国和朝廷之间的关系更加亲密，刘武也更得刘启及窦太后的亲近及欢心。

汉景帝七年（公元前150）十月，刘武到京城长安朝见刘启，刘启为他举行了隆重的迎接仪式，派遣使者持天子的符节，驾着四匹马拉的高车（规格为皇帝的副车），到关前去迎接刘武。

刘武在朝见皇帝之后，趁机上书留在京城，得到了刘启的许可。

因为是一母同胞，刘武在入宫的时候就陪侍着刘启，两个人同乘一辆马车，出宫的时候，就和刘启一起去游猎，在上林苑中猎射禽兽。梁国的侍中、郎官、谒者只须要登记一下姓名，就可以自由出入宫廷，与朝廷的官员没有什么不同。

在京师居住的时间长了，刘武开始搞不清自己的身份，他竟然异想天开地想要当储君，让汉景帝刘启立他为太子！而凑巧的是，这个时候太子刘荣被废了。

刘荣是刘启的长子，他的母亲是栗姬。

栗姬是齐国人，她并不是刘启的皇后。刘启的皇后是薄太后娘家的人，因为这桩婚姻是薄太后当初一手包办的，所以刘启和她没有什么感情可言，一点也不宠幸她，所以薄皇后从当太子妃到皇后的二十多年间，竟然一直没有子嗣。而来自民间的栗姬则因姿容美艳且能歌善舞，受到刘启的宠爱，先后为刘启生下了三个儿子：刘荣、刘德和刘阏于。

公元前155年，即刘启即位的第二年，薄太后去世，薄皇后的靠山没了，再加上她没有儿子，所以她的皇后之位，已经是岌岌可危。

公元前153年，栗姬所生的庶长子刘荣被立为太子，但薄皇后却并没有被废黜。这就为后来的一系列变故埋下了伏笔。

刘荣被立为太子，如果不出什么意外，那么按照惯例，刘荣早晚会成为天子，而薄皇后早晚也会被废，栗姬母凭子贵，也会被立为皇后。一些具有政治眼光的人，于是便开始想办法结好刘荣及其母栗姬。

馆陶长公主刘嫖是刘启的同母胞姐，这个人别的特长没有，但有一样本事，那是其他的任何人都比不了的，她善于为弟弟刘启进献美女，而且她进献的美女，都受到了刘启的宠爱。年纪渐长的栗姬因此失宠，她心里非常怨恨刘嫖。

栗姬怨恨刘嫖没有去找刘嫖，而刘嫖却不识时务地找上了门来。刘嫖来做什么呢？刘嫖来为她女儿提亲。

刘嫖向栗姬提出，要把自己的女儿陈阿娇嫁给栗姬的儿子刘荣，两家亲上加亲。

刘嫖虽然是个女流，但却非常有政治眼光，她想通过这种政治联姻的方式，长保自己的富贵地位。在来之前，刘嫖也经过了多方权衡：其一，她是窦太后的女儿，很受窦太后宠爱；其二，她是皇帝的亲姐姐，多次为皇帝进献美女，又很受皇帝的信任。其时的刘嫖，势力可说是如日中天，炙手可热。那么她提出与栗姬结亲，栗姬一定会答应。

谁料，栗姬这个人虽然长相漂亮，但却在政治上缺乏权谋。在这个时候，她考虑的并不是通过其他的手段来巩固自己及儿子的地位，而却纠结于刘启宠幸其他的美人而冷落了自己。而为刘启进献美女的刘嫖，则尤为令她讨厌，于是她干脆利落地拒绝了刘嫖。

刘嫖热脸贴了个冷屁股，立即气不打一处来。这个时候的刘嫖是什么人，好多人想巴结都找不到门路，谁知栗姬却如此不识相，刘嫖决定报复栗姬。

其时刘启有十四个儿子，最大的三个儿子都是栗姬所生，其他的几个儿子要么无人君之相，要么不受刘启宠爱，而王夫人王娡所生的第十子刘彘，不仅非常聪明，而且他们母子都很得刘启的喜爱。

于是刘嫖在栗姬这里吃了闭门羹之后，立刻上了王夫人的门。

刘嫖一讲明来意，颇有政治眼光的王娡马上就同意了。于是刘嫖和王娡为子女结下了两桩亲事：刘彻和陈阿娇，刘嫖次子陈蟜和王娡三女儿隆虑公主。

为了实现自己的政治意图，并对栗姬还以颜色，刘嫖一有机会，就在刘启面前说栗姬的坏话，并经常在刘启面前夸奖王夫人的儿子刘彻。刘嫖甚至诬陷栗姬说，栗姬为了争宠，让自己的侍从对其他的美人施巫蛊之术。刘启听了之后，渐渐对栗姬有了嫌恶之心，但因为他与栗姬之间，毕竟有着非常深厚的感情基础，所以在内心深处仍然对栗姬存有好感。

可是这一丝好感，却随着一件事情的发生而消失殆尽。有一次刘启生了病，病得十分厉害，刘启认为自己已经没有好转的可能了，因此心情非常低落，于是就在栗姬前来探病的时候，对栗姬说："等我百年之后，我把其他的王子全部托付给你，希望你能善待他们。"

只要是稍有一点政治常识的人，都知道刘启在病重之时说这种话，那就无异于托孤了。他能这么对栗姬说，栗姬就马上应该意识到，她在刘启心目中的地位仍然无人可以替代，刘启已经有了要立她为皇后的打算。可是天生对政治不敏感的栗姬，并没有听出刘启的话外之音。天性善妒的她，仍然纠结于刘启对其他美人的宠幸，她不仅不答应照顾其他妃嫔所生的儿子，而且朝刘启大发脾气，说了一些恶毒的话。

栗姬的不识大体令刘启十分生气，但因在病中，已经实在没有气力责备栗姬，但他对栗姬的不满，却记在了心里。

不久之后，刘启的病好了。王夫人王娡知道刘启怨恨栗姬，于是她决定火上浇油，把栗姬母子推进火堆。

汉景帝六年（公元前151）九月，在刘荣被立为太子两年后，薄皇后被废黜。四个月后，王娡暗中派人煽动掌管礼仪的大臣上书奏请立栗姬为皇后。

主管礼仪的大行于是向刘启上奏说："子以母贵，母以子贵。现在太子的母亲没有名号，应该立为皇后。"刘启听了勃然大怒，立即把对栗姬的不满发泄到了无辜的大行身上，他斥责大行说："这是你应该说的话吗？"下令将大行处死。

之后，余怒未息的刘启又下令废掉太子刘荣，改封刘荣为临江王（治今湖北省荆州市江陵县）。刘荣被废，栗姬内心愈加愤恨，但她几次想要求见刘启，却都被告知皇帝不想见她，栗姬最终在极度愤恨和不满之中死去。

两年后，刘荣被控在修建宫殿时侵占了宗庙的土地，于是刘启下令将刘荣征召到京城问罪。

刘荣临行之前，他所乘坐的马车车轴突然断裂，只好换乘另一辆车。江陵的一些老臣见状都流泪说："我们的大王这一去，恐怕是回不来了。"

刘荣到达京城之后，刘启并没有亲自责问他，而是把他交给了中尉郅都，命中尉府查办。

刘启不把刘荣交给廷尉审理，而是交给中尉郅都，显然是要置刘荣于死地。因为郅都，那可是当时有名的酷吏。

郅都是西汉杨县（今山西省临汾市洪洞县东南）人，在文帝刘恒一朝担任郎官。景帝刘启朝，郅都为中郎将。郅都敢于犯颜直谏，在朝会上当场与大臣折辩并使他们屈服。郅都特别有勇力，办事公正廉洁，私人求情的书信，他从来不拆看，别人向他送礼或请托他办事，他从不接受，这一点跟申屠嘉非常像。郅都常说的一句话是："已经背离父母而来当官，就应当在职位上奉公尽职，保持节操而死，妻子儿女终究是顾不得了。"

有一次，郅都跟着刘启到上林苑去游猎，刘启的宠妃贾姬刚刚进了厕所，一头野猪突然闯了进去。刘启用眼神示意郅都前去救护，但郅都却不愿前去。刘启急了，就想亲自拿起武器冲进厕所去救贾姬，谁料郅都却拦在他面前说："今天失去一个姬妾，明天自然会有其他的姬妾递补进宫，天下难道会缺少贾姬这样的人吗？陛下就算是不顾惜自己，可是江山社稷和太后怎么办呢？"刘启听了之后，只好转身回来。不一会儿，野猪从厕所里离开，贾姬毫发无损。后来，窦太后听说了这件事情，认为他明大义，顾大局，于是赐给黄金百斤，以示对他的奖赏。刘启由此非常看重郅都。

由于西汉初年政府倡导无为而治，所以造成许多地方宗族豪强势力急剧膨胀，有的居然横行不法，藐视官府。济南郡的瞷（音见）氏家族，全族共有三百多户人家，强横奸猾，称霸地方，欺压百姓，并与官府作对。济南郡的地方官循于常法，根本没办法管理他们。事情报到朝廷，刘启拜郅都为济南郡太守，让他去治理济南。

郅都到济南郡上任之后，采取以暴制暴的措施，把瞷氏家族为首的几个豪强全部灭了族，并对其他的为恶者进行了严厉的处罚，其余的豪强势力见了，立即吓得肝胆欲裂，丝毫再不敢违抗官府的命令。此后一提起郅都的名字，这些豪族都禁不住双腿发抖。郅都担任济南郡太守一年多时间，济南郡大治，郡中夜不闭户，路不拾遗。

郅都打击济南豪强势力，令所有知道这件事情的人无不闻风丧胆。别说是宗族豪强，就是周边十多个郡的郡守，听到郅都的威名都怕得不行，畏惧郅都就像畏惧他们的上级一样。当时和郅都同级的都尉，专管一郡的军事，但每次去见郅都，都不敢直接进去，总是让郡府的门人们通报。

公元前150年，郅都升任中尉，掌管京城长安的警卫和治安，统率北军。其时条侯周亚夫担任丞相，周亚夫因为在平息七国叛乱中立下大功，因此十分傲慢，其他官吏见了周亚夫都行跪拜礼，但郅都见了他只是作个揖，并不跪拜。

当时因为实行了多年的休养生息政策，人民安居乐业，民风十分淳朴，普通百姓都敬畏法律，自重自律，不敢犯禁，犯法的大多是皇亲国戚，列侯功臣。郅都施行严酷的刑法，行法不避权贵，凡违法犯禁者，一律严惩不贷。因此长安城中的贵族皇亲都非常畏惧他，和他打照面时都不敢看他的眼睛，背后给他起了个外号叫"苍鹰"，意谓执法非常凶狠。

刘荣被征召到长安之后，下在中尉府接受审问。郅都一贯严酷执法，根本不管刘荣是临江王还是废太子，马上严厉地责讯刘荣。按照他之前的行事风格，那么刘荣即便不被处死，也会被处以重刑。刘荣非常害怕，请求郅都为他提供刀笔等书写工具，他要直接给皇帝刘启写信，向皇帝谢罪。但郅都却不肯通融，并告诉手下的官吏不得给刘荣提供书写用具。窦婴听说之后，暗中派人给刘荣送去刀笔。刘荣向刘启写信谢罪之后，便在中尉府中自杀了。

窦太后听说刘荣死在中尉府中，立即勃然大怒。她痛恨郅都执法严酷，连她的孙子都不肯放过，于是放出狠话，要用严刑处罚郅都，并向刘启施压。刘启无法抗拒窦太后，但为了保护郅都，只好免去郅都的中尉之职，并让他回乡。但随后，刘启却派使者持天子符节追赶郅都，在半道上拜他为雁门郡的郡守，直接到雁门郡上任，而不必到长安领旨谢恩，到达雁门之后，还可以根据实际情况便宜行事，不必事事请示朝廷。

当时，匈奴骑兵连年侵扰汉朝北部边境，边境的雁门、云中等郡备受劫掠之苦。匈奴人早就听说过郅都的大名，听说郅都出任雁门太守，立即率兵撤离雁门郡。直到郅都死去，匈奴人都不敢靠近雁门一步。

传说匈奴人因为其士卒非常畏惧郅都，为了帮助士卒消除这种恐惧症，于是照着郅都的模样刻了一个木偶，然后做成驰马射箭的箭靶，让骑兵们射击，但却没有一个人能够射中。由这一件小事可以看出，匈奴人畏惧郅都畏惧到了什么程度。

第九章　西汉（上）

在当时的匈奴，郅都与文帝朝的魏尚齐名，有"近汉有郅都、魏尚，匈奴不敢南乡沙幕"的说法。这句话是后来汉成帝时一个名叫谷永的大臣做出的评价，意思是汉朝有郅都和魏尚这两个人，匈奴不敢向南越过沙漠到汉匈边界。沙幕就是沙漠的意思。

窦太后之前听说郅都罢官回乡，心中恶气稍出，才算勉强作罢。后来无意中听说刘启重新起用了郅都，立即觉得自己受了愚弄，于是下令逮捕郅都并将他处死。刘启替郅都辩解说："郅都是忠臣。"但窦太后愤怒地质问他说："临江王难道就不是忠臣吗？"执意杀死了郅都。郅都被杀之后，匈奴骑兵重新侵入雁门。

郅都是西汉最早以严刑峻法镇压不法豪强，维护封建统治秩序的酷吏，在他之后有宁成、张汤等人。郅都死后，长安城中的贵族列侯开始横行无忌，违法犯禁不止，刘启无奈，只好拜宁成为中尉。宁成担任中尉后，行事处处仿效郅都，长安城的贵族豪强惶恐不已，不得不再次夹起尾巴。后人把郅都与战国时期赵国的廉颇、赵奢等名将并列，誉之为"战克之将，国之爪牙"。

郅都严词审讯废太子刘荣，不过是他一贯对待宗室权贵的行事风格，但由于逼死刘荣，他自己也赔上了身家性命。

但刘启就不一样了，他的出发点就很值得玩味。之前的晁错在太上皇庙的外墙上凿了门，什么事也没有，现在自己的儿子侵占了宗庙外的空地，马上就十恶不赦了。刘启因为怨恨栗姬，恶其余胥，连带憎恶栗姬的儿子刘荣，非要置他于死地不可。在这一点上，刘启恐怕难逃天下人悠悠之口。

刘荣死后，安葬在蓝田。据传，当时有数万只燕子口衔泥土飞来，然后把土放在他的坟茔上，天下的百姓都非常同情刘荣的不幸遭遇，认为他死得冤枉。

刘荣被废之时，距刘武入朝仅一个月时间。太子之位空缺，窦太后就想让刘启立刘武为太子。在一次家庭宴会时，她当着刘武的面对刘启说："我听说殷朝的惯例是亲近自己的亲人，周朝的惯例是尊奉自己的祖先（殷道亲亲、周道尊尊），其道理其实是一样的。等我百年之后，我把梁王托付给你。"

对于窦太后的话，刘启是半懂不懂，前半句没理解，后半句有点模糊，他以为窦太后是说在她死后，要让他照顾好梁王，于是刘启在座席上挺直身子回答说："知道了。"

晚宴结束后回宫，刘启召来袁盎等通晓经术的几个大臣，把窦太后对他所说的殷道亲亲、周道尊尊的话对他们讲了，然后问他们："太后这话究竟是什么意思？"

袁盎等人回答说："太后这是想要让您立梁王为太子啊。"

刘启大吃一惊，就问这到底是怎么一回事。

袁盎等人说："殷朝的原则是亲近亲人，意思是让弟弟继承哥哥的君位。周朝的原则是遵从祖先，意思是让儿子继承父亲的君位。"

刘启这才弄明白殷道亲亲和周道尊尊是怎么回事，刘启心里话，经术这个东西可真是害人不浅！于是他问大臣们："那你们的意见如何呢？"

大臣们都回答说："现在汉朝效法周朝，按周朝的原则不能立弟弟，应当立儿子，所以《春秋》就因此责备宋宣公。宋宣公去世的时候，不立他的儿子而立了弟弟。弟弟继位为国君，是为宋穆公，宋穆公临死前又把君位传给哥哥宋宣公的儿子。结果宋穆公的儿子与宋宣公的儿子争夺君位，认为他应该接替宋穆公继位，于是就刺杀了宋宣公的儿子。宋国因此大乱，前后历经五世才稳定了下来。所以《春秋》说：'君子遵循正道，宋国的祸患是宣公造成的。'我们请求面见太后，当面向她讲明情况。"

袁盎等人入宫去见窦太后，他们问窦太后："太后说想立梁王为太子，如果梁王将来去世，那么又该让谁继位呢？"

窦太后说："我再立皇上的儿子。"

于是袁盎等人把宋宣公临死前不把君位传给儿子而传给弟弟，导致祸乱五世不绝的事情对窦太后讲了一遍，窦太后听了之后恍然大悟，于是打消了立梁孝王刘武为太子的想法，然后下令让刘武回到他的封国去。

刘武回到梁国后不久，胶东王刘彻被立为太子，更名为刘彻，刘彻之母王娡被立为皇后。

刘武储君梦断，心里非常怨恨，他打听清楚是袁盎等大臣运用经术大义阻止刘启及窦太后立他为太子，立即把所有的怨气都转嫁到了袁盎等大臣身上。

经与羊胜、公孙诡等人商议，刘武派出刺客，到朝中刺杀袁盎等十多名参与讨论立储大计的大臣。

第一个刺杀他们的刺客来到关中后，向人打听袁盎到底是一个什么样的人，结果众人都夸奖说袁盎是一个很正直的人。这个刺客是一个深明大义的豪杰，他不想昧着良心刺杀一个深受人们敬重的人，于是就找到袁盎说："我受雇于梁王前来刺杀您。但我听说您是一个非常正直的忠厚长者，所以我不忍心杀死您。但后面要来杀您的人有十几个，您一定要小心防备。"

袁盎听了之后，心里极为苦闷。碰巧那几天他的家里又接连发生怪事，他就去找人占卜，结果在回来的路上，被梁国的刺客拦住了。

刺客问他："您是袁将军吗？"

袁盎望着那个刺客回答说："没错，我就是人们所说的袁将军，您找我有什么事，莫非是弄错了吧？"

刺客回答说："我没有弄错，找的就是你！"说着一剑刺在袁盎身上，之后弃剑而去。

袁盎及十多个大臣先后被刺杀，朝廷立即派人追查刺客。经过仔细勘查，发现杀死袁盎的剑是一把新铸的剑，于是审问长安城中的铸剑工匠，铸剑工匠指认说："是梁国的郎官委托我铸造这把剑的。"

根据铸工的证词，朝廷查清了刺客的来历，然后派人四处缉拿。

朝廷前后派出的使者达十多批，不停地在长安和梁国之间往返。随着调查的深入，越来越多的证据指向梁王刘武及其身边的宠臣羊胜、公孙诡。刘启非常愤怒，打算重重地惩治刘武。窦太后得知消息后，日夜哭泣，连饭也吃不下去。

刘启对此十分忧虑，不知道该怎么办才好。有人就向他出主意说："最好是委派通晓经术的大臣去办理此案，才可以妥善解决这件事情。"

于是刘启就派通经术、知大礼的田叔前往梁国，处理这件事情。

田叔是原赵王张敖手下的大臣，贯高谋刺刘邦事败后，张敖被押解到长安，田叔等人也跟随张敖来到了京城。贯高为张敖力证清白后，张敖被废为宣平侯，但他手下的田叔等人却因十分贤能得到了刘邦的重用。田叔被拜为汉中守，任职长达十多年之久。

此时算上田叔在内，汉朝廷的使者来到梁国的已达十几批，他们在梁国到处搜捕羊胜、公孙诡等人。但刘武把他们藏在宫中，不把他们交给朝廷。

韩安国见情势越来越危急，为了保护刘武，同时也顾全朝廷的颜面，于是就去觐见刘武。

韩安国在之前担任梁国使者之时，就曾充分运用他的聪明才智，为僭越的刘武辩护，从而使刘武更受窦太后和刘启的宠爱。韩安国回到梁国后不久，因为牵涉到某一件案子，被免官下狱。狱官田甲见韩安国落难，于是趁机凌辱韩安国。韩安国生气地说："死灰难道不会复燃吗？"田甲不屑地说："如果死灰复燃，那我就撒一泡尿浇灭它。"没过多久，梁国的内史空缺，刘武想让公孙诡担任内史，就派人到长安去请示。因为窦太后和刘启对韩安国印象非常好，于是专门派使者到梁国，下诏拜韩安国为内史。韩安国立马从一个囚徒成为级别为两千石的官员。狱吏田甲见状，立即吓坏了，于是弃官而逃。韩安国放出话来说："田甲如果不回来就任，我就杀他全家。"田甲无奈，只好跑回来，袒露着上半身向韩安国谢罪。韩安国笑着说："你现在可以撒尿了。"田甲吓得不住地叩头，韩安国说："像你这样的人，值得我去惩治吗？"最终没有为难他，继续平和地对待他。

刘武派人刺杀袁盎等事发，朝廷的使者在梁国大肆搜捕，梁国上下一时人心惶惶、鸡犬不宁。韩安国听说刘武把羊胜、公孙诡藏在宫中，于是就去劝谏刘武。

他哭着对刘武说："我听说主忧臣辱，主辱臣死。大王没有好的臣子，所以事情才会糟糕到这种地步。现在抓不到公孙诡和羊胜，请允许我向您辞别，并赐我一死。"

刘武惊讶地说："还没到这么严重的地步吧？"

韩安国泪流不止地对他说："大王自己认真考虑一下，您与皇上的关系，比起当年的太上皇与高皇帝的关系，以及现今皇上与临江王的关系，哪个更亲密呢？"

刘武说："我当然比不上他们亲密。"

韩安国说："太上皇、临江王与高皇帝、皇上都是父子之间的关系，但是高皇帝说'拿着三尺宝剑夺取天下的人是我啊'，所以太上皇从始至终不得过问一件政事，一直居住在栎阳宫。临江王是皇上的长子，又被立为太子，只因为他母亲一句话的过错，就被废黜为临江王；又因修建宫室时侵占了祖庙空地的事，最终自杀于中尉府中。为什么这样呢？因为治理天下终究不能因讲私情而妨害公事。俗话说：'即使是亲生父亲，谁又知道他会不会变成老虎？即使是亲兄弟，谁又知道他会不会变成恶狼？'现在大王您身为诸侯，却被一个谗邪臣子的虚言所诱惑，违反了皇上的禁令，阻挠了彰明法纪。皇上因为太后，不忍心用法令来惩治您。太后日夜哭泣，希望大王能自己改过，可是大王还是执迷不悟。假如就在这个当口，太后突然逝世，大王您还能依靠谁呢？"

韩安国话还没有说完，刘武立即痛哭失声，他感激地对韩安国说："我现在就交出公孙诡和羊胜。"

公孙诡、羊胜两人见刘武已无法再袒护他们，只好在宫中自杀。他们的尸体被交给了朝廷使者。

田叔把公孙诡、羊胜等人诱说梁王刘武刺杀袁盎等大臣的罪状全部查明，然后回去向刘启复命。

田叔在快要到达长安的时候，把梁王刘武及公孙诡、羊胜等人谋刺大臣犯上作乱的罪状一把火烧了个干净，然后空着手去见刘启。

刘启问他说：“案子查得怎么样？”

田叔回答说：“已经查清楚了。”

刘启问：“这些事情跟梁王有牵涉吗？你详细地给我说一说。”

田叔回答说：“这些事情梁王确实做了，而且样样都是死罪。”

刘启问：“他们的供词在哪里，拿来我看。”

田叔说：“我劝陛下还是不要深究梁国的事情。”

刘启疑惑地问：“为什么？”

田叔说：“现在如果不处死梁王，那么朝廷的法令以后就没办法再施行了，但如果处死了梁王，那么太后就会坐不安席，食不甘味，最终为此事烦忧不安的，还不是陛下您吗？”

刘启听了之后，深有感触，于是问田叔：“那么该如何向天下人交代这件事情呢？”

田叔说：“就说梁王对这件事情丝毫不知情，做这些事情的都是梁王手下的邪臣羊胜、公孙诡等人。现在羊胜和公孙诡已经被依法处死，梁王自然而然就没事了。”

刘启非常高兴，于是对田叔说：“赶快去告诉太后。”

田叔把整件事情的处理经过告诉窦太后，窦太后听了之后，立即停止了哭泣，高兴地坐起来开始进食，面色也恢复了平静。

因为田叔和韩安国等人在处理刘武刺杀袁盎等大臣这件事情上所表现出的杰出才能，既妥善地处理了事情，成功化解了危机，又顾及了朝廷的颜面，还保全了梁王，使窦太后和刘启不再感到忧虑，因此窦太后和刘启都非常感激他们，从此更加看重他们。

后韩安国逐渐晋升到中央朝廷任职，而田叔则被刘启拜为鲁相。

其时的鲁王是刘启和程姬所生的刘余。刘余特别喜欢修筑宫室和外出打猎，但他本人有些先天性的生理缺陷——口吃。因为这个缘故，刘余知道自己前程受限，因此也颇有些自暴自弃，再加上年纪尚轻，所以在封国内一贯胡作非为。

田叔刚到鲁国上任，就有一大班老百姓到他跟前告状，说是鲁王抢夺了他们一百多人的财物。田叔见状，于是把这些告状的人全部抓了起来，当着刘余的面，把领头的各打了五十大板，其他人各打了二十大板，然后大声斥责他们说："鲁王难道不是你们的主人吗？你们怎么能来告他的状呢？"刘余听了之后非常惭愧，于是把府库中的钱拿出来，想让田叔把钱还给老百姓。

田叔知道这个年轻人其实本质并不坏，只不过是之前没有好的师父教导他罢了。于是他对刘余说："大王您自己夺了百姓的财产，却让相国去还给，这不成了大王做坏事而让相国做好事了吗？还是大王亲自去发还给百姓吧。"于是刘余就亲自把财物全部发还给了百姓。

刘余非常喜欢打猎，而田叔却不喜欢。不过为了刘余的安危，田叔时常陪着他到林苑中去。刘余见他既不爱打猎，又老跟着自己，于是就让他到馆舍中休息，但田叔出来之后，就坐在林苑之外一直等刘余。刘余多次派人叫田叔回去休息，但田叔就是不肯，他说："大王为了打猎经常在户外遭受风吹日晒，我为什么要回到馆舍中去休息呢？"刘余听了之后，于是渐渐改掉了游猎的嗜好。

田叔的贤能，大抵如此。

再说梁王刘武，他虽然通过韩安国和田叔的努力，成功度过了几次危机，但他与皇帝刘启之间的关系，却再也无法恢复到像之前那么亲密了。

不过，随着时间的推移，刘启对刘武的怨恨，也渐渐开始消解。于是刘武便上书刘启，请求到京中来朝见。刘启同意了。

到函谷关的时候，为了以防不测，大臣茅兰向刘武出主意，让他乘坐拉死人的布车，只带两个骑兵先入关，然后躲藏在馆陶长公主刘嫖的花园里。

朝廷派去迎接的使者没有见到刘武，只听说刘武已经入关，他的随从及车马都在关外，但却不知道刘武去了哪里。

窦太后从使者那里得知消息，立即哭了起来，说："一定是皇上派人杀了我的儿子。"

刘启听说窦太后哭闹，既忧愁，又害怕，不知道该怎么办才好。

刘武得知消息后，背着刑具来到宫门前，伏在地上向皇帝请罪。刘启和窦太后见刘武没有死，全都非常高兴，他们抱在一起互相痛哭，似乎又恢复了像以前那样的亲密关系。

但刘启心中对刘武的不快始终存在，虽然他同意刘武留在了京城，但渐渐疏远了刘武，再也没有跟他同乘过一辆车。

公元前144年，刘武再次进京朝见，他向刘启上书，希望留在京城，但刘启没有同意。刘武不得已，只好闷闷不乐地回了梁国。

回国之后不久，刘武到北面的梁山（位于今山东省济宁市梁山县境内，因《水浒传》而名扬天下的梁山）去狩猎，有人向他献上了一头牛，那头牛长相畸形，脚从背上长出来，刘武见了之后，感到非常厌恶。

按照当时的一种说法，脚本来是长在下面辅助主身躯的，但现在却长在了背上，寓示着刘武作为一个藩臣却背反朝廷，冒犯皇权。所以刘武见了之后，立即意识到眼前的这头牛是在影射自己，因此心里十分痛苦。没过多久，刘武就患热病死了。死后谥号为"孝"，因此刘武被称之为梁孝王。

刘武对窦太后非常孝顺，每当听到窦太后生病时，就急得吃不下饭，睡不着觉，总想到长安去侍奉太后，窦太后因此也非常疼爱他。

刘武的死讯传到长安，窦太后哭得非常悲伤，她饭也不吃，觉也不睡，嘴里说："皇帝果然杀了我的儿子。"

刘启听了之后，心里既为弟弟之死而感到哀伤，也为太后寝食俱废且怨责自己而感到忧惧。经与刘嫖商量，将梁国一分为五，将刘武的五个儿子全部封王，五个女儿全部赐予了汤沐邑。窦太后听说之后，心里才高兴起来，特地为皇帝加了一餐。

刘武未死之前，梁国的财富多得以百万万计，等他死的时候，府库里剩余的黄金仍然有四十多万斤，其他的财物，大略与此相等。

刘武的长子刘买承嗣梁王之位，是为梁共王，他的母亲是李太后。刘买继位七年死，其子刘襄立，是为梁平王，他的母亲是陈太后。

刘襄的王后姓任，很得刘襄的宠爱。刘武在世之时，家里有一个珍贵的酒樽，上面有云雷花纹，价值千金，所以刘武告诫子孙们说，要他们妥善保管这个酒樽，不要给任何人。

任王后特别想得到这个酒樽，于是就向刘襄讨要，刘襄径直叫人打开府库，把酒樽给了任王后。

刘武的夫人、刘襄的祖母李太后听了之后大怒，对孙子孙媳擅自处理先祖遗物的做法非常不满，准备要在汉朝的使者来梁国时，向汉朝使者告发。可是等汉朝使者来的时候，刘襄和任王后为了阻止她，关上殿门不让她出门，李太后用手使劲掰门，结果被门夹伤了手指，最终没有见到汉朝使者。

而这个李太后私下里与食官长和郎中尹霸等人私通，刘襄和任王后为了防止李太后向朝廷继续告发，派人向李太后暗示，如果她再深究酒樽的事情，就把她淫乱的事情说出去。李太后被人抓住了把柄，为了自身名节考虑，不得不向孙子孙媳妥协。

李太后后来病死，她在病中之时，任王后也不去探病，死了之后，又不为她服丧。

后来，睢阳城中有个叫类犴反的人，有人侮辱了他的父亲，还与淮阳太守的门客一起乘车外出，太守的门客下车之后，类犴反就在车上杀死了那个侮辱他父亲的人。

淮阳太守大怒，以此责备梁国的高级官吏们，因此梁国的官吏们都紧密追捕类犴反，把他的亲戚全部抓了起来。类犴反为了自保，就向朝廷上书，告发了梁王刘襄与李太后争夺酒樽的事情。

其时，梁国丞相以下的官吏都知道那件事情，淮阳太守他们想要打击梁国的高级官吏，便把当年那件事情详细地报告了朝廷。皇帝命人调查，结果事情完全属实。大臣们建议将刘襄废为庶人，但皇帝说："李太后有淫乱行为，而刘襄没有好的师父教导他，所以陷入了不义。"于是削夺了梁国的八座城池，赦免了刘襄，但任王后却被枭首示众。

刘襄死后，他的儿子刘无伤继位为梁王。

刘武的其他四个儿子当中，刘明被封为济川王，刘彭离被封为济东王，刘定被封为山阳王，刘不识被封为济阴王。

刘明后来因为射杀他的中尉，被废为庶人，封国被废除，地入于汉。

刘彭离非常骄横，没有一点做人君的仪行。每天晚上，他与他手下的奴仆及一些亡命少年就出去抢劫杀人，夺取路人的财物，并且以此为乐。后来，光是发现的被他杀的人，就有上百人，国中的人知道了这件事情，都不敢在夜晚走路。那些被害人的家属上书向朝廷告发了这件事情，大臣们都建议处死刘彭离，但皇帝网开一面，把刘彭离废为了庶人，他的封地也并入于汉。

刘定死后无子，封国被废除，封地并入于汉。

刘不识死后无子，封国被废除，封地并入于汉。

就这样，梁国虽然一分为五，封了五个王，但到最后，不仅只剩了一国，封地也在原有的基础上再次缩小了。

第十九节　荒淫的王室、"地下"造反、谨慎的卫绾

七国之乱后最强大的梁国的情况，大体就是这样，那么其他诸侯国的情况是怎样的呢？

七国之乱平息后，刘启赦免了逃亡的叛军。楚元王刘交的孙子刘戊自杀，刘启赦免了刘交其他的儿子刘艺等参与谋反的人，并封刘交的儿子平陆侯刘礼为楚王。

楚国是叛乱的七国之中唯一将封国延续下来的藩国。

同时，刘启又封程姬所生的刘端为胶西王，贾夫人所生的刘胜为中山靖王（这就是后来三国时刘备常说的他的先祖），改封程姬所生的淮阳王刘余为鲁王，改封程姬所生的汝南王（今河南省驻马店市上蔡县）刘非为江都王（前吴国所在地，今江苏省扬州市）。其中刘非曾在平定七国之乱中立下军功。

其他的诸侯王有栗姬所生的两个儿子河间献王刘德、临江哀王刘阏于，唐姬所生的长沙定王刘发（东汉光武帝刘秀的先祖），贾夫人所生的赵王刘彭祖，王夫人王儿姁所生的广川惠王刘越、胶东康王刘寄、清河哀王刘乘、常山宪王刘舜等。

刘启的这些儿子，系刘启的五位夫人所生，这些诸侯王大多荒淫无耻，缺乏德行，受到人们的非议。

鲁共王刘余，之前在叙及田叔事迹时略有提及。刘余因为口吃，所以不喜欢多说话，他晚年喜欢音乐。刘余死后，他的儿子最初也非常喜欢音乐和车马，但后来却变得非常吝啬贪财，生怕家里的财物不够用。

江都易王刘非，吴、楚七国叛乱的时候，他刚刚十五岁，特别有勇力，自告奋勇上书要去攻打吴军。刘启赐给他将军印，允许他带兵攻吴。吴国被击败后两年，由汝南王改封为江都王。刘非因立下军功，所以刘启赐给他天子所用的旌旗。刘非因此十分骄纵，炫耀武力。匈奴入侵之时，刘非又上书朝廷，想要带兵攻打匈奴，但却未获批准。刘非死后，他的儿子刘建继承王位。刘建荒淫好色，品行十分低劣，之前就非常垂涎刘非宠爱的一位美人淖姬。刘非死后还没有下葬，他就派人把淖姬接到守丧的房舍里，与淖姬发生奸情。此外，刘建还与自己所有的姐妹乱伦。刘非死后，刘建嫁给盖侯王信之子的妹妹刘徵臣回国奔丧，刘建再次与她乱伦。刘建的这些劣行传到朝廷，大臣们都建议把刘建逮捕后治罪，但皇帝不忍心那样做，而是命大臣们审讯刘建，刘建在供认了自己的罪行后自杀。他的封国被废除，封地入于汉。

胶西王刘端，品行不端且为人凶恶。刘端患有阳痿，每次接触女人之后，都会大病数月。刘端非常宠爱一个年轻的郎官，但不久之后，这个郎官却与刘端后宫的妃嫔有了淫乱行为，刘端非常恼怒，不仅杀死了这个郎官，还杀死了这个郎官的家人。刘端多次违反朝廷法令，大臣们多次请求处死刘端，但皇帝不忍用法律处置他，刘端因此越来越骄横。大臣们无法，只好提请削夺刘端的封地，皇帝同意了，因此刘端的封地有一大半都被朝廷削夺。刘端心里非常恼恨，也不再打理封国内的政务，导致仓库全部毁坏漏雨，国库内的粮食物资大批大批地腐烂败坏，却不让人去存储和搬迁。此外，刘端也不让官吏们再去收租赋。刘端撤除了所有的警卫，封闭他的宫门，然后只从一个小门出去游玩。刘端还多次改名换姓，乔装成平民百姓，到其他的郡国去游玩。同时，刘端对朝廷派到封国内的官吏，却是异常凶狠。朝廷派到胶西的高级官吏，如果他们按照汉朝的法令来治理胶西，刘端就必定寻求他们的错处向朝廷告发，实在找不到错处的，就施展阴谋诡计，用毒药毒死他们。刘端狡诈无比，好耍手腕，他的强横足以拒绝别人的劝谏，智谋也足以掩饰他的过错。所以朝廷派去的高级官员，如果听从他的命令，那么又会被朝廷所依法处置。所以小小的一个胶西国，刘端所杀害的两千石的官员竟然非常之多。刘端死后，因为没有子嗣，所以封国被废除，封地入于汉。

赵王刘彭祖，为人非常奸诈，他表面上对人非常谦恭，但内心却非常刻薄凶狠。刘彭祖喜好钻法律的空子，并以此诡辩诬陷他人。他的姬妾和儿孙非常多，所以朝廷派来的高级官员想要依照朝廷的法令来治理赵国，就必定会影响到刘彭祖的利益。因此每当朝廷派来新的官员，刘彭祖都穿着奴仆所穿的衣服亲自谦恭地去迎接，亲自为他们打扫馆舍，然后故意提出一些疑难问题让他们发表看法，如果这些官员出言不慎，触犯了朝廷的忌讳，刘彭祖就马上悄悄地记录下来。以后这些官员要想治理赵国的话，刘彭祖就拿出这些话来要挟他们；如果这些官员不屈从，刘彭祖就上书朝廷诬蔑他们。刘彭祖在位五十多年，朝廷的相和两千石官员没有人能在赵国任职满两年的，他们中的大多数人都因受刘彭祖诬陷而被治罪，严重的被处死，轻的也会被判刑，所以朝廷派来的高级官员没有人敢治理赵国。刘彭祖因此越来越胆大妄为，肆无忌惮。他派人到国中与商人串通做垄断专营生意，这样的收入比他封国内征收的租税还要多。不过刘彭祖得来的钱财虽然比较多，但由于他拥有数不清的姬妾和子孙，需要打赏的实在太多，所以这些钱来得快，去得也快。刘彭祖也非常淫乱好色。江都王刘建自杀后，刘彭祖又娶了淖姬，把她作为自己的姬妾，并且非常宠爱她。他十分迷信，又喜欢干一些下级官吏做的事情。他上书朝廷，说愿意亲自查办封国内的盗贼，因此经常深更半夜与士兵们在城中一起巡逻。过往的使节和商人都认为刘彭祖非常奸诈阴险，所以没人敢在邯郸城中停留。因为刘彭祖家风不好，所以刘彭祖的子女也品行不端。刘彭祖的太子刘丹，与自己的女儿及亲姐姐乱伦，后被告发，爵位被削夺。

中山靖王刘胜，喜欢饮酒，并好女色，有子孙一百二十多人。刘胜行事常常与他的哥哥刘彭祖相反，他指责刘彭祖说："哥哥做国王，专门替下级官吏干事。当国王就应该有国王的样，每天欣赏音乐歌舞，享受女色。"刘彭祖不甘示弱，也指责刘胜说："中山王只知道每天淫乐，不辅佐天子安抚老百姓，如何可以称得上是天子的藩臣呢？"

长沙定王刘发，他的母亲唐姬原是程姬的侍女。有一次刘启喝醉了酒，到程姬的宫中让程姬为他侍寝，结果程姬来了例假，不方便。于是就让唐姬假装成她去陪刘启。刘启醉得实在太厉害，没有认出来，于是就临幸了唐姬。第二天早晨刘启醒来，才发现昨夜侍寝的不是程姬而是她的婢女。唐姬一夜而有身孕，后生下一子，就是刘发。因为唐姬地位卑微，所以刘发也不受宠爱，被分封到低洼潮湿的长沙国。后刘发到长安朝见，刘启下诏让诸侯们都向皇帝献舞，刘发仅仅张开衣袖举了一下手，然后就停了下来。左右都觉得刘发非常笨拙，于是大笑不已。刘启哭笑不得，于是问刘发是怎么回事，谁知刘发却镇定自若地说："臣的封国非常小，地方太狭窄了，我根本就转不过身来。"刘启有些好笑，于是又把武陵（今湖南省常德市武陵区一带）、零陵（今永州市零陵区一带）、桂阳（今郴州市桂阳县一带）三个郡划给长沙国。

广川惠王刘越死后，他的儿子刘齐继位为王。刘齐有个宠臣叫桑距。不久桑距犯下重罪，刘齐想要杀死桑距，桑距逃走了，刘齐就把桑距的家人全部抓了起来。桑距非常怨恨刘齐，于是上书朝廷，告发刘齐与自己的亲姐妹乱伦。刘齐非常恐惧，为了弥补自己的罪过，便频繁上书揭发朝廷王公大臣的罪行。

综上，刘启的儿子大多缺乏德行，他们或因淫乱，或因不法，封国多被废除。

但其中也有例外，如河间献王刘德，就以博学贤德而闻名于世，在当时被称为贤王。他还对中国古文化的保存及传承做出了很大贡献。

刘德因为母亲栗姬失宠忧死，大哥刘荣又被废杀，因此很少过问政事，而是致力于古书典籍的搜集和整理。

刘德喜好儒学，衣着打扮和言行举止都仿效儒生。当时因为秦始皇焚书坑儒，所以许多典籍都散佚了，不过也有许多儒生冒着生命危险把一部分经书藏了起来。刘德抛开作为一个诸侯王的身份，亲自前往民间搜寻书籍，他每每打听到民间有藏书者，都亲自前去花重金收购，并命人重新抄写一份留给原藏书者。对不愿意出让的人，他也好言相求，从来不仗势强夺。刘德因此得到了儒生与百姓的爱戴，他们都不顾路途遥远，跑来向刘德献书，而对于那些献书者，刘德都予以重用或是重赏。

刘德搜寻及征集到的书，计有《诗》《左传》《周官》《礼记》等几十种。数量之多，几乎可与朝廷相匹。并且他所征集的书，都是先秦旧书，史料价值及文学价值都非常之高，堪称精品。

古籍征集来之后，刘德就亲自组织人马进行整理订正。他请来著名儒生毛苌、贯长卿等人，又广招天下著名学士，一方面对这些书进行整理，一方面进行研究，对残缺不全或是不同版本的书，都精心组织进行研讨勘误，精心校对，并装订成册。流传至今的《毛诗》（注解《诗经》的专注）和《左传》，都是经过刘德整理的。另外，鲁恭王也从孔子故宅壁间发现了一些故文经书。

刘德曾带着整理出来的古籍到朝廷献书，受到时任皇帝汉武帝刘彻的称赞和赏赐。

而汉代的经学，也因此分为"古文经学"和"今文经学"两派。如像刘德和鲁恭王征集发现的这些秦始皇统一中国前用古文字写成的古籍，就是古文经。而汉初由于缺乏典籍，由那些秦末的老儒生通过背诵经文与注释，由弟子用当时通行的隶书即今文抄写下来的经书，则称之为今文经。由于背诵中主观掺杂了当时的阴阳五行学说，所以今文经学多讲阴阳灾异。

但后来，刘德却因此受到了刘彻的猜忌，因为刘德的名声实在是太好了。刘彻警告刘德说："汤以七十里，文王百里，王其勉之。"也就是说，当年的商汤和周文王以方圆七十里及百里的地方，最终贤声遍布，得到越来越多百姓的拥戴，最后夺取了天下。刘德明白了刘彻的用意，知道如果自己再这样下去，难免会招来杀身之祸。于是回国之后，他整日饮酒作乐，多近妇女，不久之后，就染病而亡。

刘德死后，刘彻念在他确实为保存和延续古文化做出了贡献，于是赐谥号为"献"，当地人则把刘德称为"献书王"。

刘启的儿子当中，除刘彻和刘德之外，大多没有良好的德行，这大概也与刘启的个人修为有很大的关系。

当年刘启还在当太子的时候，因为弈棋用棋盘打死吴太子刘贤，史书上都一边倒地批评刘贤的老师轻浮剽悍，但对刘启偏激狭隘缺乏宽容的性格，却只字不提。

张释之是公正执法的名臣，但因为刘启当太子之时张释之曾经弹劾他的不法行径，所以他即位之后，丝毫不顾惜张释之已经高龄，将他贬死于潮湿的淮南。

至于晁错，那就更不用说了，晁错就算是不懂人情世故，与其他的大臣不和，但对汉家天下还是极为忠心的，刘启在迫不得已时杀了晁错也就罢了，居然还将晁错灭族，并且在平定七国之乱之后，也丝毫没有为晁错平反昭雪并加以体恤的意向，甚至连提都没有提一下，真是令天下之士寒心。当年的刘邦面对陈馀不杀死张耳不出兵的激愤之言，购求与张耳相貌相像者之首以搪塞陈馀，虽说也有屈从于能力不足的无奈，但他对效忠者的保全，却不知在无形之中赢得了多少摇摆不定的人心。

还有刘荣，就算他的母亲有万般不是，但好歹是自己的亲生儿子，虎毒不食子，也完全用不着用"苍鹰"郅都来审讯。

而令人更为寒心的事情还在后面，那就是将太尉周亚夫下狱逼死。

最初的刘启，对周亚夫是非常器重的。七国之乱平息后，周亚夫和窦婴获得了较高的声望，长安城中的宾客，都争相归附他们二人。每逢朝会讨论大事，刘启都必定会征求周亚夫和窦婴的意见，其他公卿列侯都不敢望其项背、与他们平起平坐。丞相陶青被免之后，刘启擢升周亚夫为丞相，此时的周亚夫，真可说是一人之下，万人之上，达到了人生的巅峰。

但此后刘启却对周亚夫逐渐产生了不满。

在平定吴、楚叛乱之时，因为周亚夫从平叛的大局出发，采取坚守不战之策，没有派兵救援被吴兵围攻的梁国，因此梁王刘武深恨周亚夫。此后刘武每次朝见，都要在窦太后和刘启面前说周亚夫的坏话。积羽沉舟，积毁销骨。时间一长，就难保刘启和窦太后不对周亚夫产生不好的想法。

但就算是刘武每天在刘启面前说周亚夫的坏话，孰是孰非刘启心里还是有一本账的。刘启真正疏远周亚夫始于栗太子刘荣被废之事。

周亚夫对汉朝社稷的忠诚是毋庸置疑的。秦始皇因为没有及时确立皇位继承人，导致强大的秦朝瞬间倾覆，以汉高祖刘邦的强势，仍然不敢擅行废立之举，就是因为他们都知道，轻易废立太子，将会导致国本动摇，轻则产生内乱，重则丧失政权。所以刘启在废去栗太子之时，身为丞相的周亚夫据理力争。但刘启不为所动，仍然废去了刘荣的太子名位，并且渐渐疏远了周亚夫。

后来，窦太后建议将皇后王娡的哥哥王信封侯。刘启不同意，他解释说："之前南皮侯窦彭祖和章武侯窦广国，先帝并没有封他们为侯，是儿臣即位后才封他们为侯的，所以说，王信现在不能封侯。"意思很明确，想封可以，等他死了之后，让即位的刘彻去封。

窦太后说："每个人都应当根据当时的实际情况来处理事务。之前窦长君活着的时候，没有被封侯，他死了以后，他的儿子窦彭祖才被封侯，现在我每每想起这件事情，都觉得非常遗憾。希望这样的遗憾再不要发生在王皇后身上，请皇上赶快封王信为侯。"

刘启不好再推辞，于是找借口说："这事我得和丞相商议。"

可谁知耿直的周亚夫听了之后，立即像当年的王陵拒绝吕后那样拒绝了刘启，他说："高皇帝曾与大臣们订立盟约，非刘氏不得为王，非有功不得封侯，如果不遵守这个约定，则天下人群起而攻之。现在王信虽然是皇后的兄长，但他并没有立下军功，封他为侯，显然不符合规定。"

刘启听了之后无话可说，于是这件事情就搁置了起来。

其后不久，匈奴王唯徐卢等五人向汉朝投降，刘启为了鼓励更多的匈奴人投降汉朝，于是想封唯徐卢等五人为侯。周亚夫反对说："唯徐卢等人背叛他们的主上来投降陛下，陛下却封他们为侯，那么照这样下去，又该如何责罚那些不守臣节的人呢？"刘启非常恼怒，他斥责周亚夫说："你的话真是迂腐不可用。"仍然把唯徐卢等五人全部封为了列侯。

周亚夫见刘启对自己言不听计不从，知道自己已经招致了刘启的嫌恶，于是借口有病，请求辞去丞相之职，刘启心里也正对周亚夫不满，于是就批准了。

没过多久，刘启突然想起了周亚夫，于是就在宫中召见周亚夫，请他一起吃饭。可是周亚夫来了之后，却发现面前放着一大块肉，既没有切碎，也没有放筷子。

周亚夫心里很不高兴，于是就朝尚席（主管宴席的官吏）索要筷子。

刘启望着他笑了笑说："莫非这还不能让你满足吗？"

周亚夫这才意识到自己这个无意中的举动再一次招致了刘启的不满，于是赶快脱下帽子向刘启谢罪。

刘启见状，便站起身来，意思是让周亚夫平身。谁知刘启刚刚起身，周亚夫马上就站起来快步走了出去。

刘启注视着周亚夫的背影，目送着他离开，不满地说："这种人心怀怨气，怎么能够安心辅佐少主呢？"

周亚夫的年纪渐渐大了，为了替他办好丧事，他的儿子偷偷地买了五百具甲盾，准备在他死后为他陪葬，戎马一生，到了地下也肯定喜欢打仗，这样的心情可以理解。

这种甲盾在当时是明令禁止个人买卖的，周亚夫的儿子既要求佣工们迅速赶工期，还不想早点给钱，结果心有怨气的佣工们就把他偷买武器甲盾的事情上告给了朝廷，说他要谋反。这件事情最终牵连到了周亚夫。

刘启接到佣工们告状的书信之后，命人把这件事情交给狱吏去处理。

狱吏把周亚夫叫来责问，但心气高傲的周亚夫却拒绝回答。

狱吏无法，只好把情况如实报告给刘启。刘启对狱吏的表现十分不满，他大怒说："我不用你审，也不用他回答。"于是把案件转交给廷尉去审理。

廷尉审问周亚夫说："君侯想要谋反吗？"

周亚夫气极了，他辩解说："我买的甲盾是用来陪葬的葬器，怎么能说我要谋反呢？"

廷尉讽刺他说："你就是不在地上谋反，恐怕也是要到地下谋反吧！"

廷尉的这句话与其后张汤给颜异定罪的"腹诽"、南宋秦桧给岳飞定罪的"莫须有"、明朝徐有贞给于谦定罪的"意欲"等，有异曲同工之处，因而成为中国历史上的一句名言。

周亚夫听了之后，气得几乎要昏厥过去。

之后，廷尉授意狱吏侮辱周亚夫，想要迫使周亚夫屈服。周亚夫本来在狱吏刚刚逮捕他的时候就想自杀，但他的夫人坚信他无罪，觉得他也会像他当年的父亲周勃一样，坐一场冤狱之后就会被释放，于是就劝止了他。

现在周亚夫受到这样的侮辱，觉得实在是难以忍受，就在狱中绝食了。

五天后，周亚夫在狱中吐血身亡。神相许负的预言，令人惊奇地应验了。

周亚夫死后，再没有什么人能够阻挡王信封侯，刘启顺理成章地封王娡的哥哥王信为盖侯。

周亚夫是西汉名将、军事家，为平定七国之乱、巩固西汉政权立下了卓越的功勋，受到后人的推崇和景仰。唐代追封历代名将六十四人，周亚夫荣列其中；宋代追封古代名将七十二人，周亚夫亦名列其中。

但就是这样的一名良将，也没能在刘启的手中善终，刘启的刻薄寡恩，由此可见一斑。在刘启的任期内，得罪过他但却唯一没有被秋后算账的，可能就数卫绾了。

卫绾是代地人，汉文帝刘恒为代王时，卫绾因为善于驾车而得以服侍刘恒，后官至中郎将。刘启为太子时，有一次，他设宴邀请刘恒身边的左右近臣们，其他人都去了，只有卫绾装病没有去，刘启为此怀恨在心。刘恒觉得卫绾忠诚谨慎，在临死前叮嘱刘启："卫绾是个忠厚长者，你要好好对待他。"但刘启即位后一年多时间，也没有过问过卫绾。卫绾见刘启不理睬他，办事更加认真谨慎。有一次刘启前往上林苑，就让卫绾驾车陪着他去。回来的路上，刘启自己憋不住了，就问卫绾："你知道你为什么能和我同乘一辆车吗？"卫绾说："我不过是个赶车的人，侥幸因功升为中郎将，我不知道为什么能有这样的荣幸。"刘启质问他说："我当太子的时候，有一次邀请你赴宴，你为什么不肯来？"卫绾回答说："真是死罪，我当时确实是病了。"刘启见他说得非常真诚，不由得让他不信，于是就消了气，并赐给卫绾一把剑。卫绾推辞说："先帝已经赐给我六把剑了，现在我不敢再接受赏赐了。"刘启惊讶地说："剑是很容易被人拿去交换的，难道你还把那些剑一直保存下来了吗？"卫绾说："都保存着。"刘启不大相信，让卫绾去取剑，卫绾果然取来了六把剑，那些剑都在鞘中，未曾取用过。刘启对卫绾的谨慎非常满意，觉得他可以辅佐少主，因此非常信任他。后来卫绾官至丞相，他丞相任上既没有什么建树也没有什么大的过错。刘启死后，新即位的汉武帝发现官府中有许多无辜受屈的囚犯，而卫绾身为丞相却未能负责替他们申冤，卫绾因此被免去丞相之职。

综上所述，卫绾作为皇帝身边的近侍，推辞不去参加太子的宴请是对的。反倒是作为太子的刘启，设宴结交皇帝近臣，其心有不可测之处。刘启对此不自我反省，却在即位后指摘当初坚持原则的臣子，其作为人君的胸襟气度和境界高下，也可以说是一目了然了。

但刘启在历史上的地位却并不低，历史给予他的评价也不低。他与他父亲刘恒统治的这一时期，在历史上被称为"文景之治"。那么这又是什么原因呢？

一切皆因为，对待亲人和大臣忌克少恩的刘启，对待老百姓还算不错。刘启即位之后，延续他父亲刘恒的一贯做法，无为而治，与民休息，轻徭薄赋，轻刑慎罚，将田租由十五税一降到了三十税一，又缩短男丁服徭役的时间，不断减轻人民的负担，使汉初的经济得到了较大程度的恢复。而他自己则过得相对节俭，在位期间很少修建亭台楼阁，生活用度也并不奢侈，因此相比于历史上许多穷奢极欲不顾百姓死活的帝王，刘启应该算得上是一个好皇帝。他顺利地完成了从汉文帝到汉武帝的历史性过渡，因而历史记忆了他，给予了他较高的评价。

汉景帝十六年（公元前141）正月，四十八岁的刘启身患重病，他自知已没有好转的可能，于是在病中为十六岁的太子刘彻举行了象征成年的加冠礼。不久之后，刘启病死，刘彻即位，是为汉武帝。

第二十节 儒道之争、金屋藏娇、倒霉的韩嫣、"主人翁"董偃、卫子夫霸天下

刘彻即位之初,汉朝立国已经有六十多年了,天下太平,大臣们都希望天子举行封禅大典,修订各种制度,将汉朝的治国思想由最初的黄老之术改为儒家思想。刘彻也比较崇尚儒家的学说,通过贤良、方正的科目招纳贤士。赵绾、王臧等儒生因靠文章博学而做官,甚至达到了公卿的高位,王臧担任郎中令,赵绾担任御史大夫。赵绾和王臧想要建议刘彻仿效古制在城南建立宣明政教的明堂,作为朝会诸侯的地方,但依他们的水平和声望,还不能完全说服刘彻,于是二人就推荐了他们的老师申培公,刘彻便派人带着厚礼去征召申培公。

申培公是鲁国非常著名的儒生,以研究《诗经》而闻名当时。吕后时期,申培公游学长安,与楚元王太子刘郢客同师受学。刘郢客被封楚王之后,聘请申培公为太傅,让他教授太子刘戊读书。刘戊不喜欢读书,对要求严厉的申培公非常憎恶。等到刘郢客死后,刘戊当了楚王,他竟然残忍地对申培公施以宫刑以示羞辱。申培公深以为耻,回到了鲁国,闭门谢客,专门研究学问并教授学生。他的学生成才的非常多,其中博士就有十多人,担任大夫、郎中等职务者达百余人。

申培公被征召到长安之后,刘彻就向他请教治理国家的诀窍。申培公当时已经八十多岁了,他对刘彻说:"想要治理好国家,并不在于说漂亮话,而在于多做实事。"当时的刘彻年轻气盛,正喜欢用文辞来夸饰功绩,见申培公这么回答,心里很不高兴。但既然已经把申培公召来了,又不好猝然退回去,于是拜申培公为太中大夫,让他居住在鲁国在京城的官邸里,商议建立明堂的事情。

但赵绾、王臧等人所草拟的天子巡狩、封禅和改换历法服色等制度的计划还

没有完成，消息却传到了窦太后的耳中。

窦太后的一生，经历了西汉的建国到兴盛，她一直非常推崇使汉朝恢复元气的黄老之术，不喜欢儒家学说。而到了汉景帝尤其是汉武帝一朝，随着诸侯叛乱使国家的集权统治受到威胁，治国思想领域的儒、道之争，儒、法之争，却是越来越趋于白热化。

景帝刘启时代，有一个非常著名的儒生名叫辕固生，他与申培公、燕国的韩婴都是研究儒家经典《诗经》的权威。辕固生曾经和一个名叫黄生的人当着刘启的面争论汤、武起兵之事。黄生说："商汤和周武王并不是秉承天命当上天子的，他们是谋朝篡位、弑君自立的乱臣贼子。"辕固生说："不对。当初夏桀和殷纣残暴无道，天下百姓之心，都向着商汤和周武王。商汤和周武王顺应天下民心而诛杀桀、纣，桀、纣的百姓不维护他们的统治却归顺了商汤和周武王，商汤和周武王是在不得已之下，被拥立为天子的，他们不是受天命又是什么呢？"黄生说："帽子再怎么破旧，也必须戴在头上；鞋子就算是再新，也只能穿在脚上。国君就是国君，臣子就是臣子。为什么，因为这是上下尊卑的秩序！夏桀和商纣虽然无道，但他们总归是君上，而商汤和周武王虽然圣明，但他们终究是臣下。君主有过错，做臣子的不能正言劝说他们改正，却反而借此机会诛杀他们并取而代之，这不是弑君篡位是什么？"辕固生说："如果照你这个说法，那么汉高帝灭暴秦即天子位，也是不对的了？"刘启听了两个人的争辩，心想要是向着黄生，那就证明汉政权取代秦朝权是非法的，但如果向着辕固生，那就证明汉家天下最终被别的政权替代也是合理的，于是他折中打圆场说："好了，吃马肉不吃马肝，也不算不知道马肉的味道；讨论学问不谈论汤、武受命之事，也不能算得上是愚蠢。"两个人这才停止了争论。从那以后，学者们再不敢公开争论汤、武究竟是受命于天还是弑君自立的问题了。

不过站在一个客观公允的立场来看，辕固生主张以有道伐无道，无疑是有一定的进步性的，因为无数的历史事实已经证明了这一点。

但窦太后不这样想，她不仅自己读《道德经》（《老子》），还要求刘启和窦氏家族的人全部都读。有一天，她召来辕固生，问他："你认为《老子》是一本什么样的书？"辕固生是儒生，当然会推荐儒家学说并贬低道家学说，于是说："不过是家里人日常所说的话罢了。"窦太后一听大怒，她反讽地说："是啊，它怎么能比得上像律令条款一般管制犯人的儒家诗书呢？"愤怒之下，命人将辕固生放进猪圈，让他跟野猪搏斗，想让他这个手无缚鸡之力但却伶牙俐齿的儒生在猪圈里送命。

内心倾向于儒家思想的刘启知道辕固生无罪，不想让辕固生白白送死，于是偷偷命人塞给辕固生一把锋利的匕首。辕固生到了猪圈之后，一刀刺死了野猪。窦太后无话可说，又找不到其他的借口治辕固生的罪，只好作罢。

有了这个前因，许多人都知道窦太后崇尚黄老之术，所以在窦太后还活着的时候，大多数人不敢明着提出推崇儒家学说的事情。这个时候的赵绾和王臧提议建明堂、改正朔等，立即就犯了窦太后的忌讳。但这还是次要的，主要的是他们讨论并准备推行的新政大多触犯了权贵们的利益。

当时的丞相是窦太后的侄子窦婴，太尉是王太后的弟弟田蚡。这两个人都喜好儒家学说，赵绾和王臧能够成为公卿，主要靠的就是他们二人的举荐。赵绾等人准备推行的新政，其中很主要的一项内容就是让列侯回到自己的封地去，同时检举窦氏家族和皇室成员中品德不好的人，开除他们的族籍。而这个时候外戚中的列侯，大多与皇室盘根错节，关系非常复杂，不是儿子娶了公主，就是女儿嫁了王子，京城长安如此繁华，他们可不想回到自己的封地去。另外，皇室成员中品行不端的人很多，他们这个新政，摆明了是要收回权贵们的特权，试问权贵们又怎么会坐以待毙呢？他们每天都会出入窦太后的宫中，在窦太后面前攻击毁谤窦婴等人，窦太后为此越来越厌恶窦婴等人。

但这仍然没有使窦太后最后发作，使她最后发作的，是御史大夫赵绾的一道奏折。由于刘彻的决策大多受到窦太后的掣肘，因此赵绾上书建议刘彻不再把政事禀报给窦太后。消息传到窦太后耳中，窦太后闻言大怒，派人暗中察访赵绾和王臧非法牟利的事情，然后拿这些罪责去责备刘彻，问他怎么会任用这等奸利之徒，并直言赵绾、王臧想当第二个新垣平，是可恶的江湖骗子，该灭族。朝中的奸利之徒不仅仅是赵绾和王臧二人，但窦太后却偏偏拿两个人开刀，就是傻瓜都能看明白她真正的意图是什么。

刘彻迫于无奈，只好把赵绾和王臧下狱，让司法官审讯他们。赵绾和王臧为了不连累刘彻，在狱中自杀身亡，他们建议的兴办明堂和改正朔历法服色等事，全部被废止。他们的老师申培公也被免去官职，回鲁数年后去世。丞相窦婴和太尉田蚡被罢免，随后，柏至侯许昌被任命为丞相，武强侯庄青翟被任命为御史大夫。

刘彻知道在窦太后在世之时，自己仍然难有作为，但窦太后的年纪越来越大了，而自己还不满二十岁，他有的是时间等。

公元前135年，窦太后去世。刘彻借口丞相许昌和御史大夫庄青翟为窦太后办丧事不力，免去了他们的官职，然后重新任命田蚡为丞相，韩安国为御史大夫。这个时候的刘彻，在历经六年之后，才算刚刚握稳权力，成为真正意义上的皇帝。

刘彻并不是汉景帝刘启的嫡长子，他最终能被立为太子并登上大位，与两个女人有着非常密切的关系。

先来看第一个女人，即他的母亲王娡。

提到王娡，就不能不提到王娡的母亲臧儿。

臧儿可不是一个普通人，她的祖父就是被西楚霸王分封为十八路诸侯之一的燕王臧荼。幼年时的臧儿，是真正的金枝玉叶，但随着后来臧荼被逼造反且战败被杀，臧家随即家道中落。臧荼死后，他的儿子臧衍逃往匈奴，幼年的臧儿流落民间。

臧儿成年后，嫁给槐里的平民王仲为妻，生了一个儿子名叫王信，生了两个女儿，大的叫王娡，小的叫王儿姁。王仲死后，臧儿又改嫁给长陵（刘邦与吕后陵墓所在区域，今陕西省咸阳市东）的田氏，生了两个儿子，大的叫田蚡，小的叫田胜。

王娡到了及笄之年，由她母亲臧儿做主，嫁给了本地一个名叫金王孙的平民。没过多久，王娡替金王孙生下了一个女孩金俗。

古时之人十分相信相面术，臧儿也不例外。

出身名门却早早没落的臧儿不甘心一辈子在贫寒之中度过，于是把全部的希望都寄托在两个貌美如花的女儿身上。有一天，臧儿头脑一热，就去替王娡和王儿姁相面。果不其然，相士看了之后告诉她说："您这两个女儿都是大贵之人，她们一个将来会生下天子，一个会生下王侯。"

臧儿听了之后，心里立即有了一个想法。她是见过世面的人，也是听过故事的人，如果一个容貌出众的女子生在贫穷人家，那么能够改变她命运的最好途径，就是通过婚姻这种方式。

既然相士说王娡将来会生下天子，那么臧儿就有充足的理由冒险一试。

主意打定之后，臧儿叫人把已为人妇的王娡从金王孙家抢了回来，然后托人往皇宫里送。

金王孙非常愤怒，坚决不肯跟王娡断绝夫妻关系。

王娡入宫之后，凭着她的美貌和心计，立即就得到了时任太子刘启的宠爱。

受宠的王娡又在刘启面前夸耀她胞妹王儿姁的美貌，于是王儿姁也被送入了太子宫。

王娡和她的妹妹王儿姁都为刘启各生了四个子女，其中王娡为刘启生了三个女儿一个儿子，三个女儿分别是平阳公主、南宫公主、隆虑公主，一个儿子就是刘彻。

王儿姁为刘启生的四个孩子都是儿子，这在前文已有介绍，此处不再详叙。

从她们姐妹俩的生育状况来看，她们二人是相当受宠的。当时连太子刘荣的生母栗姬都只能称之为"姬"，而当时被称之为"姬"的，都是封号较低的等级，而王娡和王儿姁却都是夫人，在王娡未封皇后之前，在名位上唯一能够和她们姐妹俩相提并论的，也就只有中山靖王刘胜和赵王刘彭祖的母亲贾夫人了。

王娡被送入太子宫的时候，是隐瞒了婚史的。不过汉时对女性的贞节并无过高要求，当时的史官能够如实地把王娡的婚史记录下来并在当朝公之于世，也可以足证这一点。王娡初入太子宫，被封为美人。王娡怀刘彻的时候，梦见天上的太阳滚到了自己的怀里。她把这个梦境悄悄地告诉了时为太子的刘启。刘启说："这可是贵不可言的征兆啊。"

刘彻还没有出生，汉文帝刘恒死，刘启即位为汉景帝。传说刘启当了皇帝的第一个晚上，就做了一个奇怪的梦，他梦见汉高祖刘邦对他说："王美人生的儿子，可取名为彘。"

等到王娡生下孩子，果真是个男孩，因此刘启就将这个男孩取名为刘彘。刘彘自幼非常聪明，刘启非常喜爱他。

但光靠他的母亲受宠和刘启喜欢他还不够，因为国有国法，家有家规，皇帝也不能擅自改变某些已有的成规，比如立嫡长子为太子的规矩。所以刘彘想要成为皇位继承人，那中间还有重重障碍。

而这个障碍，被第二个女人适时地消除了。

帮助刘彻荣登大位的第二个女人，就是他的姑姑馆陶长公主刘嫖。

刘嫖在前文已有介绍，她是窦太后唯一的女儿，皇帝刘启的亲姐姐，再加上她替刘启物色并进献了不少美女，因此刘启非常信任她。

刘嫖的封邑在馆陶县（今河北省邯郸市馆陶县），所以称馆陶公主。刘嫖的丈夫是堂邑侯陈午（陈婴之孙），与陈午有两子一女，长子陈须，次子陈蟜，女儿名叫陈阿娇。

刘嫖是个特别有政治眼光和心计的女人，她的儿子陈蟜早早就被封为了隆虑侯。为了长保陈家的地位富贵，刘嫖决定为自己的女儿陈阿娇找一门好亲事。

刘嫖首先考虑的是栗姬的儿子刘荣。因为当时的刘荣已被封为太子，如果不出什么意外，那么刘荣将来就是皇帝，自己的女儿就是皇后，陈家就会有享不尽的荣华富贵。

可谁知，刘嫖的提议被栗姬严词拒绝。史书上记载的原因是栗姬痛恨刘嫖替刘启进献美人，但另外一个原因很可能是，栗姬虽然不像刘嫖那样头脑活泛，但她认为自己是良善人家，不愿与刘嫖这样的奸猾无礼之人有太多的往来。

刘嫖被栗姬拒绝之后，恼怒之下，于是将目光转向王娡的儿子刘彘。

有了栗姬这个教训，刘嫖这次采取了一些手段。据说，有一天刘嫖把自己的女儿带到了宫中，然后陪着刘彘一起玩耍。

刘嫖把年仅四岁的刘彘抱在膝上，问他："彘儿想要娶媳妇吗？"

刘彘说："想啊。"

刘嫖于是指着左右宫女侍女一百多人问刘彘："你想娶哪一个呢？"

谁知刘彘把这些宫女看了个遍，都说不要。

刘嫖于是指着陈阿娇问他说："那么阿娇好不好呢？"

刘彘说："好啊！如果能娶阿娇做媳妇，我一定会造一座金屋子让她住在里面。"典故"金屋藏娇"即来源于此。

刘嫖听了大笑不已，一旁的王娡听了也感觉十分好笑。刘嫖通过察颜观色，知道王娡在内心深处并不反对这件事情，于是趁机向王娡提亲，王娡当即答允。同时，刘嫖和王娡又结了另一门亲事，那就是王娡的女儿隆虑公主嫁给刘嫖的二儿子陈蟜。

王娡答应之后，刘嫖于是缠着刘启，请求刘启赐婚，刘启答应了。

至此，刘彘脚下的路越来越宽，而刘荣前方的路却越来越窄。没过多久，在王娡和刘嫖的联合作用下，刘荣的太子之位被废，刘彘被封为太子，改名为刘彻。

刘启死后，刘彻即位，是为汉武帝。

儿子当了皇帝，那么母以子贵，王娡一家理所当然地要跟着富贵了。王娡被尊为皇太后，王娡之母臧儿被尊为平原君，已死的王娡之父王仲被追尊为共侯。王娡同母异父的两个弟弟田蚡、田胜分别被封为武安侯、周阳侯。这个时候，皇太后王娡的娘家人被封侯的就有三个。但这三个人品德操行都不怎么样，盖侯王信喜好饮酒，田蚡和田胜都比较贪婪。

王娡当初入宫嫁给刘启之前,曾经有过一段婚史,并且与前夫金王孙有一个孩子金俗。王娡入宫之后,对这段往事一直是讳莫如深,不愿提起。因为这不仅关系到皇室的声名,也关乎她个人的前途命运,如果在刘启驾崩之前这段往事被捅出,那么刘彻的太子之位和她的皇后之位受不受影响都非常难说。从某种意义上说,这件事情就是王娡心上的伤疤,那是绝对不能揭的。可是王娡不愿意揭,却并不代表其他人不愿意提,不管这些人是出于一种什么样的心理和动机。

当时刘彻有一个宠臣名叫韩嫣,是弓高侯韩颓当的孙子。刘彻在做胶东王的时候,韩嫣和刘彻一起读书游戏,彼此之间建立了非常深厚的感情。等到刘彻当了太子之后,更加宠幸韩嫣。刘彻即位之后,与韩嫣的关系更为亲密,常常在一起吃饭、睡觉,韩嫣比刘彻最宠爱的妃子还要受宠。韩嫣擅长骑马射箭,也特别擅长取悦别人。刘彻想要讨伐匈奴,于是韩嫣就马上换上匈奴人的服装,骑着马学习匈奴人的兵阵之法,刘彻为此非常高兴,觉得韩嫣深通自己心意,且非常支持自己。于是封韩嫣为上大夫,赏赐给他的钱,更是多得不计其数,与汉文帝的男宠邓通颇有一比。韩嫣因此富贵无比,常在长安城的大街上把金丸当球踢,一天踢出去十多个。那些贫苦人家的孩子,常常跟在他的身后,看见他踢出金丸,就马上跑过去争抢,从而成为长安城中一道奇特的风景。当时长安城中有一句谚语"苦饥寒,逐金丸",就是专门针对这件事情而说的。

韩嫣因为特别善于讨好他人尤其是皇帝和与皇帝有关的人,所以他在听说了皇太后王娡有一个女儿在民间的消息后,就赶快告诉了刘彻,并建议刘彻与这个素未谋面的姐姐相认并把她接回来。在韩嫣看来,皇太后与金俗母女相认,皇帝与金俗姐弟相认,亲人团聚,该是多么令人感动的一件事情啊。自己把这件事情办好了,既可以讨皇帝的欢心,又可以讨皇太后的欢心,自己的荣华富贵,自然是不必说的。

果然,刘彻听了之后,立即责备韩嫣说:"你为什么不早说呢?"便亲自带人驾着车去找。金家就在离长安城不远的长陵镇子上,皇帝的车驾到了那里之后,刘彻命卫士将金家团团围住,然后叫人进去找金俗。其时金王孙已死,他是一个有骨气的男人,至死他都没有告诉女儿有关她母亲的任何事情,并一手把金俗拉扯大。金俗成年之后,找了一个倒插门的女婿,生下了一子一女,过着普普通通的日子,她并不知道皇宫里的那些贵族与自己有什么关系,因此这个时候皇帝的卫兵上门找人,金家的人根本不知道发生了什么事情,吓得魂飞魄散,金俗甚至吓得钻到了床底下。

卫士们最终找到了金俗，然后把惊恐万状的她带到了刘彻面前。刘彻打趣她说："嘿，大姐，为什么要藏得这么深呢？"之后让她乘坐副车，载回了皇宫。

刘彻带着金俗一起去拜见皇太后王娡，王娡大约已经风闻刘彻的所作所为，见刘彻带着一个民间女子进宫，明知故问对刘彻说："你行色匆匆，去了哪里？"

刘彻回答说："我今天到长陵找姐姐去了。"说着扭头望着金俗说："赶快拜见太后。"

在这个时候，已经不容王娡不认女儿了，再者刘启已死，儿子刘彻已经当了皇帝，就是认了，也不会有什么麻烦，但要是不认，传出去还会让天下人指责她这个皇太后连亲生女儿都不认，有损她的仁慈之名。

于是王娡颤声问道："你是我的女儿金俗吗？"

在来皇宫的路上，早就有人把事情的前因后果全部告诉了金俗，金俗大概做梦都没有想到自己的母亲竟然是当朝皇太后，自己的弟弟竟然是当朝皇帝。恍如梦中的金俗伏在地上，回话说："我就是金俗。"

王娡失声痛哭，金俗跪在地上也哭。母女相认，相互哭泣不止，左右宫女侍从也跟着哭，帮助营造悲喜交加的浓厚氛围。这场面，与当初王娡的婆婆窦太后与窦广国姐弟相认的感人情景几乎是一模一样。

刘彻端酒上前为太后祝寿，并赏赐给金俗金钱千万，奴婢三百名，良田百顷，府邸一座。王娡替女儿道谢说："真是让皇上破费了。"于是又叫来和刘启所生的三个女儿平阳公主、南宫公主、隆虑公主，让她们三个与大姐相认。由于金俗并未出身于皇家，因此她虽然可以享受公主的物质待遇，但却不能称之为公主，只能是县君，仅比公主。刘彻赐给金俗汤沐邑，号为修成君，金俗的儿子号为修成子仲。后修成子仲仗着自己是皇太后的外孙，横行京师，欺凌官民，成为京城的一霸。金俗的女儿后来嫁给了淮南王刘安的太子刘迁。

从表面上来看，韩嫣帮忙把王娡留在民间的女儿金俗找了来，让金俗与王娡母女相认，应该是替王娡办了一件好事。但其实不然，韩嫣此举，真可以说是拍马屁拍到了马蹄子上。因为他实在是没有认真想一想，王娡如果想认这个女儿，金家又没有搬迁，她自己派人去找来不就可以了，又何必劳韩嫣的大驾呢？所以，由着这件事情，王娡心里恨透了多事的韩嫣。

皇太后想要找一个人的碴儿，那将是非常容易的，就是无辜的人都可以"欲加之罪，何患无辞"，更别说是皇帝身边骄纵的男宠了。王娡几乎没怎么想，就想到了韩嫣所做的两件足可以杀头的大罪。

第一件事情是韩嫣的僭越无礼。公元前137年，江都王刘非入京朝见。刘彻就想和这个勇武的哥哥一起到上林苑去打猎。因为刘彻的车驾要等清道后（净水洒街、黄土垫道）才能出发，刘彻就让韩嫣乘坐他的副车先去苑中，观察苑中禽兽的情况。刘非在路上远远地望见皇帝的副车前来，后面跟着上百个随从，以为是刘彻来了，于是赶快下车跪在路边，想要拜谒皇帝。谁知韩嫣驾车快马而过，竟然对伏谒路边的刘非视而不见。刘非见车队并没有停下来，一打听过去的是韩嫣，立即气不打一处来。他刘非是什么人，十五岁就拿起武器上过平定七国之乱的战场，一个小小的韩嫣，竟敢跟他这般无礼，这口气怎么能咽得下。刘非到了皇宫，立即向皇太后王娡哭诉说："我请求收回我的封国，让我到宫中做个侍卫侍候皇帝，就像韩嫣那样。"王娡安慰刘非之余，心里也对韩嫣产生了不满，但因为这件事情发生在她与金俗相认之前，所以当时她还没到想要杀死韩嫣。

第二件事情，就是韩嫣与宫中的妃嫔发生了奸情。韩嫣特别受刘彻的宠爱，出入后宫毫无禁止，久而久之，就与后宫的妃嫔发生了奸情。这种事情发生在普通的男人身上，别说是杀头，就是灭族都有可能，但韩嫣是刘彻最宠爱的人，所以只要皇帝不追究，其他人自然也就不敢追究。可是皇太后王娡不这样想，前有江都王刘非的哭诉，后有与女儿金俗相认时的尴尬，此时不收拾韩嫣，更待何时？

于是王娡命人前去勒令韩嫣自杀，刘彻闻讯，赶快跑到母亲面前为韩嫣求情，但王娡铁了心要杀韩嫣，她不仅不松口，还拿大道理把刘彻狠狠地训斥了一番。

连皇帝求情都不起作用，韩嫣只好服毒自杀。

倒霉的韩嫣，用自己的性命为金俗一家换来了荣华富贵。

刘彻即位之后，他当年想要"金屋藏娇"的原配陈阿娇被封为皇后。窦太后被尊为太皇太后。刘嫖被尊为大长公主，又因她是窦太后唯一的女儿，被尊为窦太主。

与汉初的另外几位皇后的命运一样，陈阿娇实际上也是一个不幸的女人。刘盈的皇后张嫣、刘恒的代王后、刘启的薄皇后，不是无福早夭，就是政治联姻，并没有得到皇帝真正的宠幸。

陈阿娇刚刚嫁给刘彻的时候，两个人应该是幸福的，但遗憾的是，陈阿娇竟然一直没有为刘彻生下一子半女。在母以子贵、子以母贵的王位继承准则面前，没有生下儿子的陈阿娇，其皇后之位显然是岌岌可危。

刘彻即位之后，陈阿娇的母亲刘嫖认为自己在刘彻立太子一事上出了大力，因此恃功自傲，无休止地向刘彻索取财物，刘彻心里十分讨厌她。再加上陈阿娇一直没有生子，因此刘彻对她的爱也渐渐衰减。

刘彻的母亲王娡看出了端倪，她对自己的儿子说："皇上啊，你刚刚即位不久，大臣们还没有完全归附于你，前段时间又因为明堂的事情惹怒了太皇太后，连皇位都差一点不保现在正是需要你姑妈和表姐大力支持的时候，你可千万不能跟她们翻脸啊。娘是个女人，如今要教你一点对付女人的办法。女人是很好对付的，你背着她们做什么都行，可当着她们的面千万别忘了说她们的好话呀。"刘彻何等聪明之人，经母亲这样一点化，心里马上有了主意，自此以后，他对刘嫖和陈阿娇又稍加恩礼。

但刘彻的暂时礼遇，并不能改变陈阿娇没有子嗣的尴尬处境，而更致命的是，刘彻的身边又出现了另一个让陈阿娇颇感威胁的女人。

这个女人就是卫子夫。

卫子夫出身寒微。她的母亲卫老妇人在平阳侯曹寿（也叫曹时，曹参曾孙）家中当家童，因为这个缘故，年纪轻轻的卫子夫也成了平阳侯府中的一名歌女。

卫子夫有一个哥哥名叫卫长君，大姐名叫卫君孺，又叫卫孺，二姐名叫卫少儿（霍去病的母亲）。卫子夫的父亲死后，卫老妇人与前来平阳侯府中办事的县吏郑季私通，生下了一个儿子。因为卫老妇人的前夫姓卫，所以就冒用前夫的姓，给这个孩子取名为卫青。此后，卫老妇人又生下卫步、卫广两个儿子。卫青出生之后，就被悄悄送到了他的生父郑季家中。郑季不大喜欢这个野合而生的儿子，就让卫青去放羊。郑季的其他儿子也不把卫青当兄弟看，而是把他当成家里的奴仆一样，随意凌辱虐待。卫青年纪稍长之后，不愿再受郑家的奴役，便回到母亲身边，做了平阳公主的骑奴。有一次，卫青跟随别人来到甘泉宫，一位囚徒看到他之后，惊奇地说："这是贵人的面相啊，你将来一定会被封侯的。"卫青对这个囚徒的话丝毫不信，他笑着说："我身为人奴之子，只求不要遭到鞭打和辱骂就已经是万幸了，哪里还敢奢望封侯呢？"

公元前139年春天，即位两年的刘彻到灞上去祭祖，回宫时顺路去看望嫁给平阳侯的姐姐平阳公主。

刘彻虽然即位只有两年，但与陈阿娇结婚的时间却并不短，可就是一直没有孩子。所以平阳公主也跟着她姑姑刘嫖学习，物色了十几个年轻漂亮的良家女子留在家中，准备进献给刘彻。

刘彻来了之后，平阳公主就把那十几个盛装的女孩子带出来，让他们拜见刘彻，可是刘彻见了之后，竟然一个也没有看上。

平阳公主失望之余，只好命她们退下，然后摆酒设宴，让府里的歌女前来唱歌助兴。

可真是有意栽花花不发，无心插柳柳成荫。平阳公主精心挑选的十多个女子刘彻一个也没有看上，而她没有怎么打扮的卫子夫出来之后，却立即被刘彻看上了。

不一会儿，刘彻借口上厕所离开筵席，卫子夫立即跟了出去。在尚衣轩中，刘彻临幸了卫子夫。

回席之后，刘彻非常高兴，赐给平阳公主黄金千金。平阳公主趁机奏请将卫子夫送进宫中，刘彻同意了。

临上车的时候，平阳公主抚着卫子夫的后背对她说："去吧，在宫里要好好地表现，将来显贵了，可不要忘了我的引荐之功。"

不过，卫子夫入宫之后，却再也没有得到刘彻的召幸。刘彻似乎忘了她。

差不多过了一年时间，刘彻下令将宫中年迈体弱的宫人释放出宫。卫子夫因此得以见到刘彻，她哭着请求刘彻也释放她出宫。刘彻面对哭泣得梨花带雨的卫子夫，顿起怜爱之心，于是再次临幸了她。这一次临幸，使卫子夫有了身孕。有了身孕之后，卫子夫越来越受刘彻的宠爱。

陈阿娇听到卫子夫受到刘彻的宠幸而怀孕，立即妒火中烧，她多次在刘彻面前寻死觅活，刘彻感到非常厌烦。陈阿娇的母亲刘嫖也因为陈阿娇不孕而嫉妒卫子夫，其时卫子夫的弟弟卫青在建章宫当差，为了恐吓卫子夫，刘嫖派人把卫青抓了起来，准备杀死卫青，给卫子夫一个下马威。

卫青有个朋友名叫公孙敖，在宫中担任骑郎。公孙敖听说卫青被抓，于是赶快带着一帮侍卫前去，把卫青抢了回来。

刘彻听说刘嫖想要杀死卫青的消息之后，非常恼怒。为了警告刘嫖和陈阿娇，同时显示自己对卫家的恩宠，他立即加封卫青为建章监，让他统领羽林军，并加侍中衔，让他可以出入宫禁奏事。卫子夫的哥哥卫长君也加为侍中，短短几天之内，刘彻赏赐给卫家的财物累计达千金之多。公孙敖因为出手搭救卫青，也受到了刘彻的重用。

卫子夫的姐姐卫君孺嫁给太仆公孙贺为妻，后生子公孙敬声；二姐卫少儿之前在平阳侯府中当侍女，与前来侯府服役的平阳县小吏霍仲孺私通，生下一子霍去病。但霍仲孺不敢承认自己与平阳侯府的侍女私通，也不敢认领儿子霍去病，而是在服役期满之后，回家另娶，后生子霍光。卫少儿后来又与陈平的曾孙陈掌私通，刘彻得知内情后，于是召来陈掌，封他为詹事，让卫少儿做了他的妻子。卫青则因为经常在刘彻身边，又兼着才干出众，颇得刘彻信任，升任为太中大夫，掌管朝中的议论之事。

卫子夫刚开始为刘彻生下的是两个女儿，虽然没有生下儿子，但她所受的宠爱却一点也没有减少。

而与之相反的是，陈阿娇则越发被刘彻疏远。刘嫖对女儿所受的冷落非常不满，但她又不敢到已经当了皇帝的刘彻面前去讲，于是就在刘彻的姐姐平阳公主面前多次埋怨说："如果不是我，皇帝不可能登上帝位，现在当了皇帝却抛弃了我的女儿，怎么能这么忘本呢？"平阳公主对刘嫖说："陈皇后一直生不下孩子，所以失去了宠爱，这是没有办法的事情。"刘嫖听了，无话可说。

为了祈求生子，陈阿娇前后花巨资求子而不得。无助之下的陈阿娇，只得寄希望于巫术，希望用巫术来挽回刘彻对她的爱。

当时有一个女巫叫楚服，她对陈阿娇说她有办法让皇帝回心转意，帮陈阿娇挽回爱情，陷入绝望之中的陈阿娇立即就相信了。于是楚服日夜不停地用巫术祭祀祈祷，并让陈阿娇服用媚药。楚服还把自己打扮成男子的模样，与陈阿娇同吃同住，就像恩爱的夫妻那样相亲相爱。她们的这种做法，成为后世宫廷中宫妃与太监"对食"找相好的滥觞。

楚服帮陈阿娇所施的巫术在当时有一个专门的词汇，叫"妇人媚道"。按照这种巫术的说法，不仅可以诅咒跟自己争宠的人，还可以使自己得到皇帝的专宠。之前陈阿娇的母亲刘嫖诋毁栗姬之时，就说栗姬在施行"巫蛊"之术，在其他宠妃的背后吐唾沫诅咒他人，栗姬因此被刘启疏远。

楚服与陈阿娇所做的事情渐渐传到了刘彻的耳朵里，刘彻大怒，于是命御史大夫张欧追查此案。张欧的下属侍御史张汤穷究此案，最终把楚服等人帮陈阿娇施巫蛊邪术祝告鬼神诅咒他人为己争宠且女扮男装与其他宫女淫乱的事情查了个清楚。

巫蛊之术在当时属于大逆不道之罪。于是，女巫楚服被斩首，三百多名与案件有牵涉者也一同被杀。同年秋，刘彻命人赐给陈阿娇一道策书说："皇后不守礼法，竟然迷惑于巫蛊之术，诅害他人，为己求媚，不可以承天命。应当交回皇后的玺绶，离开皇后之位。"陈阿娇的皇后之位因此被废黜。

陈阿娇因为巫蛊之事被废，刘嫖在惭愧之余十分恐惧，于是专程前去向刘彻叩头谢罪。刘彻安慰她说："皇后的行为不符合大义，所以不得不把她废黜。你应该相信道义，放宽心，不要轻信别人的胡言乱语而感到疑虑或害怕，皇后虽然被废，但她仍然会按照礼法享受应有的待遇，居住在别宫和上宫也并没有多大的区别。"

在这个时候，陈阿娇的处境每况愈下，早在五年前，一直宠爱她们的窦太后去世，她们失去了最大的靠山，而祸不单行的是，一年之后，陈阿娇的父亲陈午也死了。

陈午死后，已五十多岁的刘嫖，不甘寂寞之下竟然做出了一件十分荒唐的事情。

当时有个名叫董偃的美少年，和他的母亲靠卖珠维持生计。董偃十三岁的时候，随着他的母亲出入刘嫖家。刘嫖左右侍奉的人见了，都夸董偃长得英俊。刘嫖听说之后，于是召见了董偃，她对董偃说："让我替你的母亲来抚养你吧。"于是就把他留在自己的府中，教他读书算账、相马骑射，读了不少传记。

董偃长到十八岁的时候，刘嫖为他举行了成年的加冠礼。刘嫖出外的时候，董偃就为她驾车；晚上回来，董偃就与她同寝。董偃性格温和，待人很有礼貌。那些王公贵族和大臣因为刘嫖，都和他来往，并称他为"董君"。刘嫖为此越发宠爱董偃，并拿出钱财，让他和那些达官贵人结交。她下令府中说："董君每天所需的开支，黄金达到百斤以上，铜钱达到百万以上，布帛达到千匹以上，才需要向我报告。"

安陵人袁叔，是袁盎哥哥的儿子，他和董偃关系十分要好。他私下里劝董偃说："您暗地里侍奉公主，随时都会遭受不测之祸，您还想就这样安然无事地过下去吗？"董偃十分惶恐地说："我早就为这件事情担心了，但一直不知道该怎么办才好。"

袁叔替他出主意说："城庙路远没有住宿的宫舍，外面是竹林和田地，到处杂草丛生，您为什么不劝窦太主把附近的长门园献出来呢？这个地方是皇上一直想要得到的。如果您这样做了，皇上知道这个主意是您出的，您就一定会高枕无忧，以后再也不用担心了。如果您不这样做，过不多久皇帝也会开口索要，到那个时候，您又该怎么办呢？"

董偃听了之后，当即去找刘嫖，把袁叔教他的话告诉了刘嫖。刘嫖立即上书，请求把长门园献给刘彻。刘彻听了非常高兴，收下长门园，并把那里改为长门宫，董偃因此得以无恙。

刘嫖非常高兴，于是让董偃带着黄金百斤前往袁叔家中，为袁叔贺寿。袁叔于是替董偃策划了一个能够见到刘彻并得到刘彻许可的计策，这个计策是让刘嫖假装生病不要去上朝。

刘彻见姑妈兼岳母病了，于是亲自前来探病。刘嫖趁机请求刘彻有空的时候带着随从多到她的林苑中来游玩，刘彻答应了。

过了几天，刘嫖假装病好了，就去朝见刘彻，刘彻特意花了一千万钱陪她宴饮。

又过了几天，刘彻带着随从来到刘嫖的林苑之中，刘嫖一身仆人的打扮，把刘彻迎进府内。

还没有坐定，刘彻就对刘嫖说："我想拜见一下主人翁。"原来刘彻早就得知了刘嫖与董偃之间的事情。

刘嫖见刘彻问起董偃，赶快下殿摘下耳环首饰，光着脚伏在地上向刘彻请罪说："老身行为无状，辜负了陛下的厚恩，犯下了死罪。陛下没有降罪于我，对我真是太宽大了，死罪！死罪！"

刘彻让她起来，于是刘嫖赶紧收拾好首饰，穿上鞋到东厢房把董偃引了出来，两个人一起伏在殿下。

刘嫖介绍说："馆陶公主的仆人董偃见过陛下。"然后向刘彻叩头请罪。刘彻不仅没有怪罪董偃，还赐给他衣服和帽子。

当天，刘彻在刘嫖的府上玩得非常痛快，他不叫董偃的名字，而是把他叫作"主人翁"。董偃"主人翁"的名号不胫而走，传遍了京城。相传这是"主人翁"典故的由来。

从此以后，董偃老陪着刘彻走马射猎、斗鸡踢球等，刘彻玩得非常高兴。为了感谢董偃和刘嫖，刘彻专门在宣室为刘嫖设下宴席，然后让侍者去请董偃。

可是当董偃将要进入宣室的时候，却被站在门口的东方朔拦住了。

东方朔对刘彻说："董偃有三条应该杀头的罪名，怎么能够进入宣室呢？"

刘彻问："这话怎么说？"

东方朔说："董偃以臣下的身份，私侍公主，这是第一条罪状；败坏男女风化，搞乱婚姻礼制，有伤先王的制度，这是第二条罪状；陛下现在非常年轻强壮，正须要学习六经，精心治国，做出一番像唐尧、虞舜那样的功绩，可是董偃不劝陛下学习经术，反而用奢侈绮靡的游戏来迷惑陛下，这是国家之大贼，社会之大害，这是他第三条罪状。"

刘彻听了之后，沉默了好一会儿才说："我已经摆好了酒宴，以后会自觉改正！"

东方朔说："不行，宣室是先王的正殿，不是议论正当的国事，不能进去！"

刘彻听了之后，只好传令将酒席改设到北宫，让董偃从东司马门进去。

从此以后，刘彻不再亲近董偃，董偃在忧郁之下，刚刚三十岁就死去了。

过不几年，刘嫖也死了。临死之前，她叮嘱不要把自己跟丈夫陈午合葬，而是将自己与董偃合葬。

刘嫖仗着自己的权势私通董偃，并在死后与董偃合葬，这在后世被认为是公主贵人做越礼之事的开始。从此以后，公主养男宠，也就是所谓的面首，成了一种约定俗成的不良风气。

刘嫖死后没几年，陈阿娇也死了。而具有讽刺意味的是，在死之前，她一直住在她母亲献给刘彻的长门宫中。

与刘嫖、陈阿娇等人的失势形成鲜明对比，则是卫子夫的极度得宠和卫氏一门的显贵。

公元前128年春，在接连为刘彻生下三个女儿卫长公主、诸邑公主和石邑公主之后，卫子夫又为时年二十九岁的刘彻生下了一个儿子。这个儿子不仅是卫子夫唯一的儿子，也是登基十二年之久的刘彻的第一个儿子。刘彻为此极为高兴，授命当时负有盛名的文学侍从枚皋（枚乘之子）作《皇太子生赋》，东方朔作《立皇子禖祝赋》，以庆贺皇长子的诞生。为了感谢上天赐给他第一个儿子，刘彻又命人修建了婚育之神的庙进行祭拜。刘彻为这个孩子取名为刘据，意谓占据天下，虎踞龙盘。

满朝的文武大臣也为这位十多年来首次降生的皇长子感到高兴，采取各种方式进行庆贺。中大夫主父偃上书刘彻，请求立卫子夫为皇后，刘彻愉快地批准了这道奏章，册立卫子夫为皇后。同时大赦天下，与民同乐。卫子夫被立为皇后，卫氏一门包括卫青、霍去病等五人先后被封侯，贵富震动天下，当时有一首《卫皇后歌》说："生男无喜，生女无怒，独不见卫子夫霸天下。"生了男孩子用不着欢喜，生了女孩子也用不着忧戚，难道没有看见卫子夫称霸天下吗？

公元前122年，刘据和他父亲一样在七岁时被立为皇太子，刘彻为他选择了品德较好的大臣石庆作为他的老师，同时让一些驰名天下的大学者辅导他学习《春秋》等儒家经典。此时的大汉王朝，就像皇太子刘据一样，在刘彻的主导下，欣欣向荣地成长着。

第二十一节　外儒内法、耿直的汲黯、大儒公孙弘、怪才东方朔、司马相如和卓文君

窦太后去世后，不再有他人掣肘的刘彻采取一系列强有力的措施，着力加强集权统治。这些措施主要有确立儒学为治国思想，设立中朝，继续解决外戚及诸侯问题等。

刘彻初即位时，即下诏让朝堂和各郡国举荐贤良方正文学之士，虽然当时推行的新政因窦太后的反对而失败，但汉朝的统治思想，总体上却在朝着儒家学说的方向迈进。窦太后死后，刘彻又多次下诏征求贤良文学之士。在这几次举荐中，董仲舒、公孙弘等一批大儒名儒走上了历史的舞台。

董仲舒是广川郡人（今河北省衡水市景县广川镇），公元前179年出生于一个家有大量藏书的地主阶级家庭。优越的家庭和学习环境，为天资聪颖且酷爱学习的董仲舒成才提供了得天独厚的条件。董仲舒读起书来常常废寝忘食，家里修建了一个后花园，然而董仲舒"三年不窥园"，也就是三年时间没有到后花园里去游玩过。经过苦读，他遍览儒家、道家、阴阳家、法家等各家书籍，终成儒学大师。

董仲舒在三十岁时，开始招收大批学生进行讲学。他在讲学时，在讲堂外面挂上一幅帷幔，他在帐子里面讲，学生在帐子外面听。同时，他还让他的得意门生吕步舒等人给其他弟子转授。所以，当时他虽然招收了许多学生，但很多人学习多年，却并没有见过他的面。通过讲学，董仲舒为汉王朝培养了一大批人才，他的学生后来有的当了诸侯国的国相，有的成了长吏。由于董仲舒广招门生，宣扬儒家经典，因此他的名声越来越大，在汉景帝时，董仲舒被征召为博士，掌管

经学的讲授。

公元前134年,汉武帝刘彻下诏征求治国方略,董仲舒被推举参加策问。他在《举贤良对策》中系统地提出了"天人感应""大一统"和"罢黜百家,表彰六经"等主张。刘彻为此对董仲舒进行了三次策问,内容全是"天人"关系问题,所以称之为"天人三策"。

先说"天人感应"。

董仲舒把《春秋》中所记载的自然现象,都用来解释社会和政治的兴衰成败。他认为,作为人君,就应该"法天"(尊重上天),并推行德政,制定适宜于黎民百姓的政策,否则,上天就会降下种种"灾异"来谴责警告人君,如果被上天警告的人君仍然不思悔改,那么上天就会将灾难降临到他的头上。当时人们的科学水平低,很多人对"天命论"深信不疑,因此董仲舒就借用"天"来限制皇帝的行为和私欲,他以秦朝为例,以秦朝统治者无视上天的警告从而引发农民起义使秦朝覆亡的教训来恐吓后面的统治者,使他们不敢胡作非为。虽然皇帝权力至高无上,但他们仍然害怕上天降罪。所以"天人感应"后来变成了皇帝的精神枷锁,对皇帝的私欲和权力形成了客观上的约束,使他们行事不再无所顾忌。"天人感应"思想为整个封建统治的长治久安,做出了重要贡献,对后世的影响非常大。就是到了科学较为发达的今天,人们仍然会把一些无端降临的灾祸看成是不修德行带来的恶果。这一思想对国人的影响,不可谓不大。

再说"大一统"。

汉初将黄老之学作为治国思想,奉行无为而治,国家经济恢复得非常快,西汉国力蒸蒸日上。但到了景帝时期,却出现了吴、楚七国之乱,统一的国家将面临着分裂的危险。时任博士的董仲舒认为,重要的问题是要巩固集中统一的政权,防止分裂割据的局面出现。董仲舒从儒学经传中寻找统一的理由,最终在《春秋公羊传》中找到了"大一统"。董仲舒因此提出了"大一统"的主张。他在《天人三策》中说:"《春秋》大一统者,天地之常经,古今之通谊也。"也就是说,《春秋》所主张的大一统,是天地之间的常理,是适合古今任何时代的普遍准则。

"大一统"既然是天地之间的普遍准则,那么无论是哪个朝代都应当遵循。根据"大一统"的主张,董仲舒提出了思想要"大一统"的论点,这就是"罢黜百家,表彰六经"。

最后说"罢黜百家,表彰六经"。

董仲舒在《天人三策》中认为，各家的学说非常多，人们的主张也各不相同，所以皇帝也没有一个标准来统一法令和思想。法令和制度经常改变，老百姓根本不知道该遵守什么，这不利于国家的统一。为此，他建议"诸不在六艺（'六艺'是之前读书人必备的六种技能，'礼'指礼节、'乐'指音乐、'射'指射箭、'御'指驾车、'书'指书法文学、'数'指算术数论）之科、孔子之术者，皆绝其道，勿使并进。"儒学盛行而其他各家的学说被禁止之后，国家的法律和制度就会统一，老百姓也就知道该干什么而不该干什么了。

董仲舒的学说，实际上是以《春秋公羊传》等儒学为核心，吸收法家、道家等学派的理论，杂以当时非常流行的阴阳五行说，建立了一个新的思想体系，把神权、君权、父权、夫权等贯穿在了一起。至此，中国历史上的帝制神学体系，最终形成。

董仲舒的主张对维护刘彻的集权统治及其后的封建统治都非常有利，因此刘彻对他的对策非常满意，采纳了这些主张。刘彻下令施行"罢黜百家，独尊儒术"的政策，将儒家学说作为治国的正统思想，其他各家都受排斥。刘彻下令大力推行儒学教育，以儒家五经为主要教材，在长安创办"太学"（"太学"是中国古代的最高学府）。从此以后，儒学的权威被树立，儒家思想在中华传统文化舞台上独领风骚两千多年，受到历代统治者的推崇。董仲舒为儒学的兴盛做出了突出贡献，因此被后人尊为"儒者宗"。

不过，董仲舒的学说，也自有其严重的弊端在里面。因为按照他的学说，天地之间的一切，包括人的五官七窍、五脏六腑、喜怒哀乐等等，都已经像日月星辰、山川沟壑、风雷雨雪那样早就被上天安排好了，所有人都按照这个规律在各自的轨道上运行就行了，没有必要再进行思考，当然也没有必要再进行探索，就更加不能"越轨"创造了。否则，上天一旦感应到，就会降下相应的惩罚。可想而知，在这种治国思想的指导下，虽然通过"天人感应"对皇权进行了一定程度的限制，维护了封建社会的安宁，但是，却将近两千年来许多的思想、科技扼杀在了萌芽状态，使中国封建时代后期的思想意识日趋僵化。当然，董仲舒之后再无新思想横空出世，似乎也不能怪董仲舒，难道不是吗？

当然了，刘彻在"罢黜百家，独尊儒术"的同时，其实对其他各家并未施行严格的限制，比如丞相公孙弘兼修儒、法两家，主父偃以纵横家起家，汲黯、司马迁以黄老学说起家等。为了巩固皇权和统治，刘彻对内施以严酷的刑法来约束贵族和大臣，对外则用儒道来向老百姓宣扬皇室的宽厚仁慈。这种以儒为主、以法为辅，儒、法并行的方式在后来被称为"儒表法里"或"外儒内法"。

对于刘彻这种表里不一的做法，主爵都尉（后来的右扶风）汲黯对他进行了毫不客气的当面批评。

汲黯这个人前文曾有提及，他是濮阳县人。他的祖先曾受到古卫国国君的恩宠。到汲黯时已是第七代，代代都在朝中担任卿、大夫之职。汉景帝时，汲黯因父亲推荐而当了太子洗马，因为他为人严正，所以人们都很畏惧他。刘彻即位后，汲黯被任命为谒者。

东越的闽越人和瓯越人相互攻战，刘彻就派汲黯前去视察。汲黯并未到达东越，走到吴县就折回来了，他向刘彻报告说："东越人相互攻击，这本来就是当地的民风民俗，不值得天子的使者去过问。"

河内郡发生了火灾，火势蔓延，连烧一千多户人家。刘彻又派汲黯去视察。汲黯回来报告说："那里是普通人家失火，由于房屋密集，所以导致火势蔓延开去，损失并不大，所以不必多忧。我路过河南郡时，发现当地贫民遭受了水旱灾害，灾民多达一万多家，缺衣少食，有的竟到了父子相食的地步，我就趁着接受陛下委派的便利条件，手持天子符节，让河南郡开仓发放了官仓里储存的粮食，以赈济当地灾民。现在我请求缴还符节，并承担假传圣旨的罪责。"刘彻认为汲黯非常贤良，便赦免他的罪过，把他改任为荥阳县令。在朝中做官已久的汲黯认为让他当县令是一种耻辱，便趁机告病还乡。刘彻得知消息，召汲黯入朝，任为中大夫。但由于汲黯多次在刘彻面前直言谏诤，所以他无法长时间留在朝中，于是被调任为东海郡太守。

汲黯喜好黄老之学，崇尚无为而治，治官理民喜欢清静少事，所以他就挑选一些办事得力的丞史去做这些事情。他处理郡中事务，通常是督责下属按大原则行事，并不苛求小节。汲黯体弱多病，所以经常躺在卧室内休息不出门。但纵然如此，仅过了一年多时间，东海郡便得到了较好的治理，郡中吏民纷纷称赞他。刘彻听说之后，把汲黯召回京师，任命为主爵都尉，享受九卿的待遇。汲黯主政力求无为而治，弘其大要却并不拘泥于法令条文。

汲黯生性傲慢，与人相处并不怎么讲究礼数，常常当面顶撞别人，也容不得别人的过错。凡是与自己情投意合者，汲黯就友好地对待他们；凡是与自己脾性不相符合的，汲黯见他们时就显得极不耐烦，因为这个缘故，那些繁文缛节的士人不愿依附他。但是汲黯十分好学，为人又喜欢行侠仗义，注重志气节操，特别注意自身的修养。汲黯喜欢直言进谏，曾多次当面触犯刘彻。他平素非常仰慕傅柏和袁盎的为人，与灌夫、郑当时和宗正刘弃等人交好。他们这几个人也因说话直来直去而得罪刘彻及其他的大臣，因此做官都做不长久。

汲黯多病，有一次患病已过了三个月的假期，刘彻却多次批准他继续休假养病，但汲黯的病也并没有什么好转。后来实在病得很厉害，庄助就到刘彻面前替他去请假，刘彻就问庄助："汲黯这个人怎么样？"庄助回答说："让汲黯担官任职，看不出有什么与众不同之处。但如果让他辅佐年幼的君主，坚守现有的基业，以利诱之他不会来，以威驱之他不会去，就算是有人自称像孟贲、夏育那样勇武，也不能动摇他的志节。"刘彻点头称是："对啊，古代有所谓安邦保国社稷之臣，大概就是像汲黯这样的吧。"

刘彻平时对严厉的汲黯也非常敬畏。后来显贵的大将军卫青，刘彻接见他的时候，有时候蹲在厕所里也感觉没有什么不妥；还有丞相公孙弘，刘彻接见他的时候，有时候连帽子也不戴。但汲黯前来觐见的时候，刘彻如果不装束整齐，是不敢见他的。有一次刘彻坐在武帐中，恰逢汲黯前来奏事，刘彻刚好没有戴帽子，他望见汲黯，于是赶快躲到帐子里，派内侍代为批准了汲黯的奏章。刘彻对汲黯的敬畏和礼遇，就达到了这种程度。

连刘彻都对汲黯如此敬畏，更别说是其他人了，当时其他中两千石的官员见了丞相田蚡行跪拜之礼，而汲黯只是拱手而已。

后来大将军卫青显贵无比，但汲黯与他仍以同僚之间的平等之礼相见。有人就劝汲黯说："皇帝想让所有的大臣都居于大将军之下，大将军如今如此显贵，你不可不行跪拜之礼。"汲黯回答道："大将军有一个能向他行拱手礼的客人，难道他的地位就不尊贵了吗？"卫青听了之后，越发认为汲黯贤良，多次向他请教国家与朝中的疑难之事，把他当知心朋友看待。

这个时候刘彻招揽文学之士和儒生们，大讲特讲想要如何如何施行仁政。谁知汲黯毫不客气地驳他的面子说："陛下内心充满了不可知的欲望，但在表面上却宣称要施行仁义，这怎么能效法唐尧虞舜，像他们那样治理国家呢？"

汲黯一句话，立即把刘彻气得说不出一句话来。刘彻脸色难看、怒气冲冲地拂袖而起，宣布退朝。

大臣们都为汲黯捏了一把汗。刘彻退朝之后，生气地对左右近侍们说："这个汲黯真是太过分了，简直愚蠢憨直得不可救药！"

大臣们为此责备汲黯，汲黯理直气壮地回答他们说："天子设置公卿百官这些辅佐之臣，难道就是要让他们阿谀奉承，一味顺从他的心意，并使君主陷于不义之境吗？更何况我身居九卿之位，即便是爱惜自己的生命，但也不能因此而损害朝廷的大事啊。"

不过，汲黯当面顶撞归当面顶撞，刘彻在心里也确实承认，他确实就是外儒内法。他必须对内严管群臣，对外恩抚百姓，使整个天下趋于平稳，如此才能实现他心中的伟大抱负和宏愿，所以，他必须重用董仲舒这些儒生。

董仲舒在对策之后，被刘彻任命为江都易王刘非的国相。前文曾有论及，刘非是个武将，为人骄横无礼，但因为董仲舒是当时举国知名的大儒，声望很高，所以刘非对董仲舒非常尊重。刘非把董仲舒比作辅助齐桓公称霸诸侯的管仲，希望董仲舒像管仲辅佐齐桓公一样辅佐自己，帮助自己夺取中央政权。但主张"大一统"的董仲舒对他借古喻今进行了规劝，暗示他不要称霸，刘非也没有难为董仲舒。

董仲舒根据《春秋》中记载的自然灾害和奇异的天象变化来推测阴阳交替运行的规律，求雨时就关闭各类阳气，释放各类阴气，止雨时运用相反的方法。每到一个地方，都推行这种方法，也取得了一些效果。

后董仲舒被贬为中大夫，住在家里。公元前135年，辽东的高庙和长陵的高园殿发生了火灾，董仲舒认为这是佐证"天人感应"的极好事例，就写了一篇文章，以此论证连续两场大火，说明上天对刘彻有意见。文章还没有写好，正赶上主父偃到董仲舒家去做客。主父偃看见这篇文章，嫉妒董仲舒的才华，就偷走了文章草稿，然后上奏给了刘彻。刘彻看了之后非常生气，召来儒生们让他们看。董仲舒的得意门生吕步舒不知道这是自己的老师写的，看了之后觉得荒诞不经十分愚蠢。于是刘彻下令将董仲舒关进监狱，准备处死他。随后，刘彻又怜惜董仲舒的才华，下诏将他赦免。从此以后，董仲舒不敢再说灾异之事，回家继续教授学生。

董仲舒为人廉洁而正直。当时的另一名大儒公孙弘，研究《春秋》的成就比不上董仲舒，但他却凭着对刘彻的顺从和阿附而达到了丞相之位。董仲舒为此看不起公孙弘，公孙弘非常难堪，再加上他嫉妒董仲舒的才华，因此决定报复董仲舒。当时的胶西王刘端，为人十分阴险狠毒，朝廷派到他那里的国相和两千石的官员，几乎没有不被陷害的。于是公孙弘就在刘彻面前推荐说："只有董仲舒可以担任胶西国的国相。"董仲舒又被任命为胶西国的国相。但公孙弘这次又打错了主意，原因是刘端也非常敬畏董仲舒这个天下闻名的大儒，对他非常友好。

但董仲舒担心时间长了也会获罪，于是推说有病辞官回家。回家之后，他继续研究学问，不过问世事。

但刘彻对他的才能还是非常认可的，每逢朝廷有什么大事，都派使者和廷尉张汤前去向他请教。对这些事情，董仲舒都有非常明确的看法。后来张汤把请教董仲舒的这些材料整理为《春秋决狱》一书，以儒家经义作为司法裁判的指导思想。

《春秋决狱》（又称《引经决狱》）是一部相当有意思的书，主要根据案件的事实，以追究罪人的动机来断案，如果动机是好的，那就可以从轻处罚，甚至免于处罚，但如果动机是不好的，即使有好的结果，也要受到严厉的处罚，犯罪未遂要按照已遂处罚。

举几个比较典型的案例：

其一，张三从小把儿子张四送给别人，张四长大后，张三对张四说："你是我的儿子。"结果被张四打了一顿。按照当时的法律，儿子打老子是要判死刑的，但董仲舒认为张三生了儿子不亲自抚养，父子关系已经断绝，所以张四不应该被判处死刑。

其二，父亲张三和别人打架，眼看就要被别人打死，儿子张四拿棍子上前救父亲，结果误伤了父亲，有狱官认为张四犯了殴打父亲的罪，要按律处死。但董仲舒认为张四的动机并不是要打父亲，所以应该免罪。

其三，有个女子的丈夫乘船时不幸掉进海里淹死，无法找到尸体安葬。几个月后女子的父母将女子改嫁。按照法律，丈夫死后没有埋葬前，妻子是不能改嫁的，否则要被论罪处死。但董仲舒认为这个女子改嫁既不是淫荡，也不是为了谋利，所以应该免罪。

《春秋决狱》是典型的"论心定罪"，也即"原心定罪"，根据罪犯的主观善恶来定罪量刑，在一定程度上限制了刑罚株连家族的问题，对减轻秦朝以来的严酷法律有一定的缓和作用，并将儒家的思想和精神原则融入了法律之中，进一步加强了儒家思想对人们的影响力。但《春秋决狱》也对后来的司法实践带来了负面影响，由于其道德和法律的界限较为模糊，因此为后世的统治者凭主观意愿断案甚至是为了惩罚某人而随意定罪提供了一定的依据，比如"腹诽"和"文字狱"。

公元前104年，董仲舒在家中病逝，葬于长安西郊。有一次刘彻经过他的墓地，为了表示对他这位特殊人才的尊重，特意下马致意。因此，董仲舒的墓地，又被称为"下马陵"。

刘彻征求贤良方正文学之士，征来的另一名大儒，就是公孙弘。

公孙弘是齐国人，年轻时曾在家乡薛县做狱吏，后来因为触犯法律被免职。去职后的公孙弘因为家贫，只好到海上去牧猪。他因家贫买不起书，于是在自己放猪的竹林里砍下竹子，削成竹简，然后将借来的书抄写于竹简之上，其勤奋好学，为后来的博学打下了基础。四十岁的时候，公孙弘开始学习《春秋》等杂说，并最终选择《春秋公羊传》学习。汉景帝刘启朝，专门研究《春秋公羊传》的大儒胡毋生因年老回到齐地，公孙弘多次上门向他请教学问。

刘彻即位后，下诏举荐贤良方正，时年六十岁的公孙弘因孝顺后母且研习《春秋公羊传》的"贤良"之名被菑川国推荐给朝廷。公孙弘来到长安之后，被任命为博士。后来，公孙弘受刘彻派遣前往匈奴出使，因为他办的事情不符合刘彻的心意，刘彻非常生气，认为他没有才能，于是将他免职，公孙弘再次回乡。

公孙弘在老家赋闲的几年里，因为刘彻推行的新政遭到窦太后的反对而被迫废止。所以窦太后死后，刘彻再次下诏征召贤良。菑川国再一次推荐了时年七十岁的公孙弘。有了前次的教训，公孙弘推辞说："我曾经西去长安，但因为没有才能而被罢免。你们还是另选别人吧！"但因为公孙弘学习《春秋公羊传》在菑川国已小有名声，又在后母去世后为之守孝三年，所以菑川国的官吏执意推举公孙弘，公孙弘只好再次入京。

公孙弘来到长安后，刘彻向众贤良下制书策问。众贤良都把自己的对策交了上去。太常在看了一百多位贤良的对策之后，认为公孙弘的对策老生常谈，没有什么新意，于是把公孙弘的对策列为下等，然后报了上去。但对策呈上去之后刘彻却认为公孙弘的最好，把公孙弘列为了第一。再一次拜公孙弘为博士，让他在金马门待诏。

在这段时间里，公孙弘主动向刘彻上书，谈论一些吏治教化之事，受到了刘彻的重视。在每次朝会大臣发起讨论的时候，公孙弘都让刘彻自己做抉择，他从来不与其他的大臣辩驳争论，自然也不顶撞皇帝。刘彻暗中观察公孙弘，认为公孙弘谨慎敦厚，很有才辩，熟悉文书吏事，又能以儒术缘饰文法，刘彻为此非常高兴地提升公孙弘为左内史（就是后来的左冯翊），治理京畿地区。

公孙弘向皇帝上书奏事，皇帝要是不同意，他也不去硬争。他做左内史期间，经常在主爵都尉汲黯奏事后请求面圣，见了刘彻之后便把之前汲黯所提出的问题一一作答，刘彻非常高兴，对公孙弘的建议全部采纳。因此公孙弘越来越受刘彻的宠信，担任内史几年之后，就升任御史大夫。

公孙弘曾经与众大臣事先约定好上奏的事情及观点，但到了刘彻面前，却违背之前的约定，顺从刘彻的意愿。汲黯等人因此对公孙弘不满，在朝堂上当众指责公孙弘说："齐国人怎么这么狡诈而无情？刚开始与我们一起提出这个建议，现在却完全违背在之前的说法，作为人臣也太不忠诚了！"刘彻便问公孙弘是怎么回事。公孙弘回答说："了解臣为人的人认为我忠诚，不了解臣为人的人认为我不忠诚。"刘彻因为公孙弘多次拥护自己，因此对公孙弘的说法非常赞同。此后，凡是有人在刘彻面前给公孙弘提意见，刘彻都不予理睬，反而因此更加厚待公孙弘。

公孙弘平素节俭，家里盖的都是粗布被。汲黯因此上书，称公孙弘位居三公要职，俸禄多却盖粗布被子是欺世盗名。刘彻于是召来公孙弘问。公孙弘说："确实有这么回事。九卿之中与我关系最好的就是汲黯了，但他今天当庭责难我，也确实说中了我的不是之处。我担任三公之职却盖粗布被子，确实就是有沽名钓誉之誉之嫌。我听说管仲担任齐国的相国，娶了三个老婆，奢侈与国君相似。晏婴担任齐景公的相国，每餐没有两个以上的肉菜，姬妾不穿丝织衣服，把齐国也治理得很好，但俭朴却与平民相似。现在我担任御史大夫，在家里盖着粗布被子，自九卿以下到小吏没有差别，的确就像汲黯所说的那样。不过，要是没有汲黯，陛下又怎么能听到这些诚恳的话呢？"刘彻听了之后，认为公孙弘宽宏谦让，越发认为他非常贤德。

但公孙弘的谦让似乎是表面的，他当着皇帝的面称赞汲黯，但对汲黯的报复也随之而来。公元前124年，公孙弘被提任为丞相。但因为之前的丞相都由列侯担任，公孙弘没有侯爵，所以刘彻就下诏封他为平津侯，食邑六百五十户。后世多称"公孙弘布衣为丞相"，其意就在这里。从此以后，担任丞相之后再封侯，就由公孙弘开创了这个先例。公孙弘担任丞相之后，向刘彻进言说，右内史地界贵人宗室众多，平常人难以治理，必须得有声望的大臣担任右内史（后来的京兆尹）才可，并建议让汲黯担任右内史。想让汲黯担任右内史并得罪那些王公贵族，从而达到借刀杀人的目的。可谁知公孙弘打错了主意，汲黯担任右内史之后，把政事处理得井井有条，没有出过任何问题。公孙弘所做的同样的事情还有荐董仲舒担任胶西国国相一事。

史书上都评价公孙弘说他表面上待人宽厚，实际上内心却非常刻薄。这个评价似乎也得到了某种程度的印证。当时汉王朝对匈奴大规模用兵，国家的财力越来越紧张，河南有一个因牧羊而致富的人名叫卜式，他向朝廷上书说愿意捐出自己一半的家产，为消灭匈奴而出力。刘彻听了非常惊奇，于是就派使者去问他是不是想要做官，结果卜式回答说："我从小就牧羊，没有学习过做官，所以不想为官。"使者又问："那你家里是不是有什么冤屈，想要借此机会陈说出来。"卜式回答说："我从来没有与别人发生过争执，家乡有贫穷的人，我就救济他们，有行为不端的，我就教育他们向善，无论到了哪里，人们都听从我的，我怎么会有冤情呢？"使者纳闷了："那你到底想要干什么呢？"卜式说："皇上讨伐匈奴，我认为贤能的人就应该为此而死节，有钱的人应该出钱，这样一来，匈奴还有什么不可消灭的呢？"使者回来，把卜式的话报告给刘彻，刘彻仍然感到匪夷所思，一时拿不定主意，于是问公孙弘对此持什么看法。公孙弘说："这不是人之常情，对那些不守规矩的臣子，不能为了利益而使法令混乱，希望陛下不要允许。"于是刘彻拖着没有回复卜式，过了几年才让他回乡去。卜式回到他的家乡之后，继续牧羊。后来，卜式又有一次精彩亮相，而这次亮相引发了西汉历史上的一个非常著名的大事件，这在后面叙述。通过这两件事情，足可以证明卜式最初向国家捐献家财并没有什么不良企图。说公孙弘以小人之心度君子之腹可能有一点过分，但他在分析卜式"毁家纾难"的义举之时，确实有那么一点出于惯性思维的武断。

当然了，公孙弘虽然在为人处世上有以上种种瑕疵，但他在担任丞相的数年之间，在丞相府邸建起招揽儒生贤士的客馆，并与这些贤士商讨国家大事。他平时生活节俭，想要为天下人做表率，自己每天只吃一种荤菜和粗米饭，但来的宾客如果缺衣少食，他却会把俸禄全部拿出来资助他们，家里没有多余的钱财，士人们因此都认为公孙弘非常贤良。

但即便如此，公孙弘的名声还是被他一个老朋友给败坏了。公孙弘当了丞相之后，有一个叫高贺的老朋友前来投奔他。公孙弘也让他同样跟自己吃粗米饭，盖粗布被，高贺抱怨说："老朋友富贵了又有什么用呢？粗米布被，我自己也有。"公孙弘听了之后十分惭愧。高贺后来对外人宣扬说："公孙弘里面穿着华丽的衣服，外面却罩着粗麻衣；在家里排列着五口锅大吃大喝，对外却宣称每天只吃一道菜。这样的人怎么能做天下人的表率呢？"消息传出，不仅是朝中的大臣，就是刘彻都有些怀疑公孙弘虚伪做作。公孙弘叹息说："宁愿遇到不好伺候的坏客人，也不能遇到老朋友啊！"（宁逢恶宾，不逢故人。）

公孙弘年轻时曾任狱吏，熟悉律令政事，因此他的儒家思想中也糅合着非常深刻的法家痕迹，他主张臣子应当遵从法令，决不可随意违法。他强调法令、赏罚应当受到礼义的制约，就是下级文吏，也应该将仁义礼仪作为执法的指导，否则，一些"邪吏"就会使法律在执行过程中转变为"恶法"，使政令不畅并出现许多问题，危害老百姓。为此他建议让文吏接受儒学教育，通过考试，如能通"一艺"以上，就补为文学掌故，优秀的可以做郎中，不能通过考试的将失去做官资格。公孙弘将儒家的经学和礼义标准作为官员升官的办法及博士弟子补官的条件，用官方力量推广儒学，为儒学的兴盛做出了重要贡献。

刘彻下诏征召而来的贤良文学之士之中，还包括滑稽怪才东方朔。

东方朔，字曼倩，平原郡厌次县人（今山东省德州市陵城区）。

刘彻即位之初，征召贤良方正和文学之士，士人和儒生上书谈论利害得失，自我夸耀卖弄文采者达数千人。而皇帝认为没有才能的，就会打发他们回家去。东方朔写了三千片竹简的内容上书，这些竹简要两个人才可以扛得起。刘彻收到东方朔的这封自荐书之后，看看停停，停停看看，足足花了两个月的时间才看完。东方朔在他的自荐书中说："我东方朔少年时就失去了父母，依靠兄嫂的扶养长大成人。我十三岁开始读书，经过三年的学习，读的书籍已经够用。我十五岁时学习击剑；十六岁学《诗》《书》，读了有二十二万字。十九岁又开始学习孙子、吴起兵法，熟悉各类战阵和兵器的运用，也读了二十二万字，这两项加起来已经四十四万字。我非常钦佩子路的豪言壮语，如今我已二十二岁，身高九尺三寸，双目就像明亮的珠子，牙齿洁白整齐得就像编排的贝壳，勇猛就像孟贲，敏捷就像庆忌，廉洁就像鲍叔，信义就像尾生。像我这样的人，完全是能够做天子的大臣的。"

东方朔的这篇自荐信写得非常自负，同时也有些夸大其词，但正对刘彻的脾气。刘彻读了之后，觉得东方朔有些不同一般，于是就让他在公车府中等待召见。

公车府中的俸禄较低，也无法见到皇帝。东方朔为了让皇帝尽快召见他，于是就想了一个坏主意。

他故意吓唬给刘彻养马的几个侏儒说："皇帝说你们这些人无益于国家，在农田里劳动比不上常人，又不能当官治理百姓，更不能从军打仗，对国家起不到丝毫的作用，只不过是白费衣食，现在准备要把你们全部杀死。"侏儒们一听吓坏了，立即大哭起来。东方朔就教他们说："等皇上路过这里的时候，你们一定要叩头谢罪，说不定可以赦免你们。"没过多久，侏儒们听说皇帝经过，于是全都跪地大哭。刘彻非常惊讶，就问他们为什么哭。侏儒们回答说："东方朔说陛下想要把我们全部杀死。"刘彻知道东方朔诡计多端，就把他召来责问说："你没事做恐吓侏儒干什么？"东方朔说："如果我能活着，那我固然要说；如果我活不了，那我更要说。侏儒身高三尺，俸禄是一袋谷子，二百四十钱；我身高九尺，俸禄也是一袋谷子，二百四十钱，侏儒们撑得要死，而我饿得要死。如果陛下觉得我有用，那么请给我一个更好的待遇，如果觉得我没有什么用处，那就干脆让我回家，不要再白白耗费京城的粮食。"刘彻听了之后，大笑不已，于是命他在金马门待诏。至此，东方朔能够有更多的机会见到皇帝了。

当时的宫廷之中，流行一种叫作射覆的游戏，类似今天的猜物谜游戏。"射"就是猜的意思，"覆"，顾名思义，就是把需要猜的东西遮盖起来。而这些需要猜的东西通常都是一些比较常见的物品，比如扇子、笔墨、印台、书帛等，但也有比较难的。射覆者根据自己起卦所得的卦象，从而推断出具体的物品来，趣味性很强，但难度也很大，对射覆者的易学水平要求较高，所以此游戏仅限于喜欢《易经》的文人雅士及帝王将相。

刘彻也非常喜欢这种游戏，有一天闲来无事，就把大臣中间的一些易学高手叫来，一起玩射覆游戏。他把一条壁虎藏在盆子下面，然后让其他人猜，但却没有人猜中。东方朔就主动请求说："我曾经学习《易经》，请允许我猜猜是什么。"于是他把占卜用的锯齿草排成各种卦象，推演一番之后回答道："我认为说它是龙却无角，说它是蛇又有足，跂跂爬行脉脉而视，善于爬墙，这东西不是壁虎就是蜥蜴。"

刘彻非常高兴，取开盆子说："你猜对了。"于是赐给东方朔丝帛十匹。刘彻不服气，又将一些东西扣起来让东方朔猜，而东方朔每猜必中，刘彻也就赏了他很多东西。猜到后来，刘彻都有点脸上挂不住了。

刘彻有个宠幸的伶人名叫郭舍人，也是个非常聪明而滑稽的人，经常在左右侍候。郭舍人所说的话虽然不符合大道理，但每次刘彻听了之后，都非常高兴。刘彻年少时，有一个乳母经常给他喂奶，刘彻成年后，对这个乳母非常尊敬，称她为"大乳母"，并赏赐给她许多东西，赡养她。这个乳母请求刘彻将某处的田地赐给她，刘彻二话不说就同意了。乳母有什么要求，刘彻基本上全都答应，并特意下令可以让她乘车在皇帝专用的御道上走。因为这个缘故，大臣们也很敬重这个乳母。但这个乳母家的人却仗着这一点在长安城中横行霸道，当街拦停人家的车马抢夺人家的衣服。有关官吏把这件事情报告给刘彻之后，刘彻不忍心处罚这个乳母。狱吏奏请将乳母一家迁徙到边疆去，刘彻觉得还算手下留情就同意了。按规定乳母在临走之前，须要进宫向刘彻辞行。乳母不想到边疆去，于是就先去找聪明伶俐的郭舍人，跪下哭着请求郭舍人想个办法。郭舍人教她说："你只管进去向皇上辞别，退下去的时候，要记得多回头看几眼皇帝。"于是乳母就照着郭舍人教的去做。她进宫向刘彻辞行之后，快步向殿外走，走的过程中频频扭头回望刘彻。郭舍人在一旁大声地斥骂说："呔，你这个老婆子，还不快点走，陛下现在已经长大了，你以为还要让你喂奶才能活命吗？你还回头看什么？"刘彻听了之后，立即起了怜悯之心，便下令不要把乳母一家迁往边疆，还把奏请迁徙乳母的人处罚了一顿。

郭舍人是个非常聪明的人，尽管他的知识和技能比不上东方朔，但他生存和生活的智慧却远比东方朔要高。他懂得怎样取悦皇帝，哪怕是委屈自己也在所不惜。

此时郭舍人见皇帝输了射覆游戏很不高兴，于是他就主动提出，要与东方朔一比高低。他说："东方朔太狂妄，不过是侥幸猜中罢了，根本算不得真本事。我愿意让东方朔再猜一次，如果他猜中了，我情愿挨一百板子；如果他猜不中，请陛下也赏赐给我丝帛。"

刘彻见有人解围，于是就同意了。郭舍人跑到宫外，把树上的蘑菇采下来扣在盆下，让东方朔猜（当时的名称叫"寄生"）。东方朔说："是宴薮（音具馊）。"郭舍人立即大喊起来："我就知道东方朔不能猜中。"东方朔说："且慢。生肉叫脍，熟肉叫脯，蘑菇生在树上叫寄生，扣在盆下叫宴薮。"他又猜中了，郭舍人目瞪口呆。

于是刘彻命人棒打郭舍人，郭舍人痛得无法忍受，就大声号叫。而东方朔却在一旁幸灾乐祸地大声取笑说："哈，嘴上没毛，大声喊叫，屁股越撅越高（口无毛，声嗷嗷，尻益高）。"郭舍人非常生气，就嚷嚷说："东方朔竟然侮辱天子的侍从，应当斩首。"刘彻也觉得东方朔太过分了，于是就问："你为什么要这样取笑郭舍人？"东方朔辩解说："我没有诋毁他呀，我也在跟他打哑谜呢。"刘彻顿时十分好奇："你打的什么哑谜？"东方朔解释说："口无毛，说的是狗洞；声嗷嗷，是母鸟在喂食小鸟；屁股越撅越高，是指仙鹤在低头啄食呢。"刘彻大笑。

郭舍人仍然不服气，他说："我也要给东方朔出个哑谜，他要猜不出来，也应该挨板子。"说着就胡编了几句顺口溜，然后让东方朔猜。因为郭舍人是胡编的，所以东方朔也就随机应变，胡编乱造快速作答，没有什么能够难得住他，所有在场的人都感到非常吃惊。

刘彻对东方朔的聪明机警非常佩服,于是提任东方朔为常侍郎。这样一来,东方朔就经常能在皇帝身边了。

刘彻非常喜欢东方朔的聪明机灵,多次叫来和他谈论一些事情,每次都说得非常开心。到吃饭的时候,就留下来和他一起吃饭。而东方朔每次都把吃剩下的肉揣在怀里带走,弄得衣服上全是油污。于是刘彻就赐给他上好的绸缎,东方朔也是毫不客气地拿走。他用皇帝赏赐的财物娶长安城中的漂亮姑娘,但每个姑娘娶来刚刚一年,就抛弃另娶。皇帝赏赐的东西,全都让他用在了女人身上。刘彻身边有一半以上的侍臣叫他为"疯子",刘彻听到后,对这些侍臣说:"如果东方朔不干这些荒唐事,你们谁能比得上他?"

东方朔举荐自己的儿子担任郎官,后升任谒者,经常奉皇帝之命持节出使。有一次东方朔从殿中经过,他儿子的那些同事就对他说:"人们都说您是一个狂人。"东方朔对这些年轻人说:"像我这样的人,就是所谓的隐居在朝廷里的人啊。而古代的人,都是隐居在深山里面。"他时常坐在酒席之间,喝酒喝得尽兴之时,就趴在地上大声唱歌说:"隐居在世俗里,避世在金马门,宫殿里就可以隐居避世保全自己,又何必藏到深山或茅舍里面去呢?"金马门是指宦者衙署的门,因为门的旁边有铜马,所以叫金马门。

东方朔担任常侍郎的时候,有一年夏天,刘彻诏令赐肉给侍从们,然而负责分肉的官员却迟迟不来。东方朔独自拔剑割肉,并对他的同僚们说:"大热天应该早点回家,请让我接受陛下的赏赐。"说完就把割下来的肉包好怀揣着离去。后来负责分肉的官员将东方朔擅自割肉的事情上报给刘彻。刘彻便问东方朔:"昨天赐肉,你不等诏令下达,就用剑割肉而去,这是为什么?"于是东方朔脱帽跪在地上向刘彻请罪。刘彻说:"先生站起来自我检讨一下吧!"东方朔拜了一拜大声地说:"东方朔呀,东方朔!接受赏赐却不等诏令下达,这是多么无礼呀!拔剑割肉,又是多么豪壮呀!割肉不多,又是多么廉洁呀!回家把肉送给妻子吃,又是多么仁爱呀!"刘彻一听,当场就笑了出来说:"让你自我检讨,没想到你倒自我表扬起来了!"于是又赐给他一石酒、一百斤肉,让他回家送给妻子。

刘彻即位之初,由于窦太后反对新政,罢免了推崇儒学的窦婴、田蚡等人,重新任命了他并不喜欢的许昌和庄青翟等人,因此刘彻无心于政事,常常喝得大醉之后微服出游。

刘彻出行时常常在夜间，他化名平阳侯，带着骑兵侍卫，到山下去射猎驰骋，有时候骑着马在老百姓的庄稼地里飞驰，老百姓都痛恨不已，高声叫骂，并把这件事情报告了当地的县令。县令接报后前去察看，听说是平阳侯出猎，于是就想上前看看这个平阳侯的真面目，刘彻的侍卫担心皇帝的身份暴露，就想鞭打县令。县令大怒，命人扣留了他们。后来侍卫们向县令出示了皇帝的信物，县令才放他们离开。此后，刘彻每次出行都带着干粮，一去就是五天，等回来的时候，刚好赶上拜见太后，因此玩得不亦乐乎。此后不久，南山下的老百姓都知道皇帝在微服出行，但刘彻担心窦太后责罚，也不敢跑得太远。丞相和御史大夫知道了之后，就在沿途增加了行宫，并加强了出行地区的警卫力量。

时间长了，刘彻既觉得路远，又为当地的百姓所憎恶，于是萌生了扩建上林苑的想法。他命令太中大夫吾丘寿王进行预算，并派人划出荒地补偿百姓。东方朔见状，于是上前向刘彻进谏，他说扩建上林苑是"上乏国家之用，下夺农桑之田"，殷纣大兴土木而诸侯皆叛，楚灵王造章华宫而楚民离散，秦始皇修阿房宫而天下大乱，希望刘彻停止扩建上林苑。

刘彻并没有停止上林苑的扩建工程，经过扩建，上林苑成了一个地跨长安、咸阳、周至、户县、蓝田五县县境的巨大皇家园林。尽管他没有采纳东方朔的进谏，但为了表示对东方朔的嘉许，他拜东方朔为太中大夫给事中，并赏赐黄金百斤。

有一次，东方朔喝醉酒进入殿中，竟然在殿上小便，被弹劾为不敬之罪，被免为庶人，在宦者署待诏。刘彻的妹妹隆虑公主有个儿子是昭平君，娶了刘彻的女儿夷安公主。隆虑公主患了重病，她献上黄金一千斤，钱一千万，预先为昭平君赎死罪，刘彻同意了。隆虑公主死了之后，昭平君一天比一天骄横，终于有一天，因为喝醉酒杀死他的老师而被关进了监狱。因为他是公主的儿子，所以廷尉在按律判处昭平君死刑之后就上奏朝廷，请求皇帝批准。大臣们都说隆虑公主之前已经缴纳了赎金为他预赎死罪，并且皇帝也答应了，希望能够赦免昭平君。刘彻说："我妹妹年纪很大了才生了这么一个儿子，死之前把他托付给我。"说着为之流泪叹息。过了许久，他又说："法令是先帝制定的，因为妹妹而违反先帝的法令，我还有什么面目进高庙呢？况且也对不起天下百姓。"于是批准了廷尉的报告。

刘彻批准奏折之后，又因为自己无法信守对妹妹的承诺而感到难过，大臣们也很为他感到悲伤。在这个时候，东方朔就上前向他祝寿说："我听说圣明的国君执政，赏不避仇，诛不择亲。《尚书》上说：'不偏不党，王道荡荡。'这两条，是五帝最看重而三王难以做到的。但今天陛下却做到了，这样一来，就会使天下百姓都能各得其所，这实在是国家的幸运，万民的幸运。臣东方朔昧死祝陛下万寿无疆。"

刘彻听了之后，起身进了内宫。到傍晚的时候，他召见东方朔并责备他说："传注上说，选择合适的时机说话，别人就不会讨厌你说的话。今天先生举酒为我祝寿，你觉得在那个时候合适吗？"

东方朔于是脱下帽子向刘彻谢罪说："消愁的东西没有比酒更好的了，我祝寿的原因是为了表明陛下公正无私，用这种方法使悲伤止息。臣愚昧，不知忌讳，真是该死。"刘彻听了之后，觉得东方朔用心良苦，于是就恢复了他的官职，拜他为中郎将，并赏赐丝帛百匹。

当时的西汉社会，由于六十多年天下太平，社会稳定，所以随着社会财富的积累，奢靡之风越来越盛，许多人开始弃农经商。朝廷对这种现象十分担忧，于是刘彻就问东方朔："我想教化百姓，有什么好办法吗？"东方朔向他列举了汉文帝勤俭节约的实例，又列举了当朝奢侈绮靡的种种现象，以此讽喻刘彻自己身为皇帝却如此奢侈，而想让百姓勤俭节约那是根本行不通的。如果真想让黎民百姓勤俭持家并不放弃农业，有一条最好的计策，那就是陛下把那些豪华的帷帐全部在闹市区当众烧毁，把那些骏马全部赶走以示不再复用，如此一来，国家的治理就会达到尧舜时那样兴隆了。

东方朔就是这样，虽然诙谐戏谑，但他也利用在刘彻身边的便利条件，察颜观色并瞅准时机向刘彻直言进谏，因此大部分的意见都被刘彻所采纳。而那些当朝的官员，上至公卿，下至小吏，都曾被东方朔傲然戏弄过，从来没有哪一个人能让他屈服。

因为东方朔思路非常敏捷，且出言幽默，因此刘彻很喜欢向东方朔发问。刘彻曾经问他："以先生来看，我是一个什么样的皇帝？"

东方朔回答说："自唐尧、虞舜兴盛以来，没有哪一个君主能够跟您相比。以我来看，陛下的功德在五帝之上，比三王更高。某些方面还不仅仅是这样，如果确实能够得到全天下的贤士，那么公卿及大小官员就都有合适的人选了。比如可以让周公和召公来担任丞相，让孔丘来担任御史大夫，让姜太公来当大将军，让皋陶担任大理寺卿，让后稷担任司农，让伊尹担任少府，让颜回、闵子骞担任博士，子夏担任太常，子路为执金吾，伯夷为京兆尹（京城长安的长官），管仲为冯翊（左内史），百里奚为典属国（负责管理归降者），柳下惠为大长秋（皇后寝宫的管事人），孙叔敖为诸侯的相国，子产为郡守，王子庆忌为期门（皇帝的护卫官），以后羿为旄头（皇帝仪仗中担任先驱的骑兵），南宫长万为式道侯（执金吾的属官，负责皇帝出行前清道）。"

刘彻听了之后，大笑不已。因为当时朝中就有诸多贤才，刘彻于是就又问他："那么当朝的公孙弘、董仲舒、司马相如、主父偃、汲黯、司马迁等人，都是能言善辩、知识渊博之人，先生自认为跟他们相比会怎么样？"

东方朔回答说："我见过他们剔牙齿、伸脖子、吐唾沫、摇头晃脑的样子，臣东方朔虽然不才，但还兼具他们这几个人的优点。"

东方朔言谈就是这样滑稽幽默，再加上行为荒唐，所以在某种程度上让刘彻很有些不放心他，只是把他当作一个滑稽戏的演员看待，并没有重用他的意思。东方朔也曾经上书，陈述农耕、战争并使国家强盛的计策，也趁机提出唯独自己没有担任大官，想让刘彻给自己一次机会。这些奏折中多采用商鞅、韩非的观点，纵横捭阖，更兼诙谐，洋洋洒洒数万言，但刘彻始终没有重用他。

失意的东方朔因此写了一篇辞赋，文章中假想有一个客人向自己发难，讥讽他官职低微但却修行圣人之道，东方朔则自己解释职位低的原因，并借此自我安慰。

文章大意是：

有一个客人向东方朔问难说："苏秦、张仪一见到大国的国君，就担任卿相的职位，今先生水平这么高，侍奉圣明的天子，这么长时间了，为什么职位还是个郎官呢？您是不是有什么不好的行为呢，还是有什么其他的缘故？"

东方朔仰天长叹，回答说："这不是您能够完全了解的。此一时，彼一时，怎么能相提并论呢？苏秦、张仪之时，周王室极度衰败，诸侯所以不来朝见，为了争权夺利，不惜诉诸武力，当时大的诸侯国有十二个之多，却不分雌雄。在那个时候，能够得到人才的国家就会兴盛，而失去贤士的国家就会灭亡，所以游说非常盛行，各国国君对有才华的人都非常尊敬，这是苏秦、张仪得以担任卿相之位的原因。而如今情况早就起了变化，天子圣明，诸侯宾服，国家稳定，不管发生什么事情，陛下轻而易举就可以处理，所以士人到底有没有才华，是没有一个标准来评判的。现在天下广大，士民众多，那些想要争着给皇帝出谋划策的人，多得数都数不过来，但他们中的大多数人，还为一日三餐发愁，有的甚至连门路都找不到。所以就算是苏秦、张仪生在这个时代，他们可能连一个掌故的职位都得不到，又怎么能做到我现在的侍郎呢？所以古书上说，天下没有灾害，就算是圣人，也没办法施展才华，国家安定，再怎么有才华，也不会有什么建树。时代不同了，事情也就不同了。"

"但即便如此，又怎么能够不努力提高自身的修养呢？《诗经》上说：'在宫内敲钟，声音可以传到很远的地方。鹤在水深之处鸣叫，但声音却可以传到天上。'如果能够修身养性，又何必担心得不到荣华富贵呢？姜太公躬行仁义七十二年，才被周文王、周武王所用，他的主张得以施行，后受封齐国，传国七百年而没有断绝。这就是士人们日日夜夜研究学问，勤奋努力但却不敢懈怠的原因啊。所以，您又何必认为我满腹才华却职位低下呢？"

这篇文章叫《答客难》，是东方朔在得不到更高职位之下的自我解嘲之作，但更大程度上则是一种怀才不遇的牢骚发泄。

因为东方朔博览群书且诙谐滑稽，因此后来的许多人把一些惊异的事情穿凿附会在他身上，以至于使东方朔成了一个近似于神仙的人物，上知五百年，下知五百年，无所不知，无所不晓。明代的吴承恩在他的《西游记》一书中，还专门提到了东方朔，孙悟空推倒镇元大仙的人参果树后到东华大帝君处求取仙方，碰到仙童东方朔，便骂他是小贼，而东方朔则毫不客气地骂孙悟空是老贼，而两人的共同事迹都是偷了王母娘娘的蟠桃。

传说有一天，建章宫里跑出了一个像麋鹿的动物。消息传到宫中，刘彻就去观看。他问左右大臣这是什么动物，但却没有一个人知道。于是叫来东方朔，问他是什么东西。东方朔看了之后说："我知道这是什么东西，请陛下赐给我醇酒美食让我好好吃一顿，我才会说。"刘彻急于想知道结果，于是就同意了。东方朔得寸进尺，又说："有一处好几顷的公田、鱼池和苇塘，如果陛下能赐给我，我才说。"刘彻又同意了。东方朔达到了自己的目的，便说："这个东西名叫驺牙。每次远方有人来归附，它就会提前出现。它的牙齿前后都一样，大小相等又没有大牙，所以名叫驺牙。"之后过了一年，匈奴的浑邪王带着十万人前来归附汉朝，刘彻非常高兴，想起东方朔所说的驺牙的事情，于是又赏赐给东方朔不少财物。

刘彻在上林苑游玩时，看到一棵珍贵的树，就问东方朔叫什么名字，东方朔随口说："此树名叫善哉。"刘彻怀疑是东方朔糊弄他，于是叫人暗中标记这棵树。过了几年之后，刘彻再次带着东方朔去上林苑游猎，无意中看到了那棵树，于是再次问东方朔那棵树叫什么名字，东方朔回答说："这棵树名叫瞿所。"刘彻一副果不其然的样子说:"东方朔欺骗我很久了啊,这树的名字为何与之前说的不一样呢?"东方朔回答道:"大为马、小为驹,长为鸡、小为雏,大为牛、小为犊,人生为儿、长为老,昨日的善哉如今已经长成瞿所。生老病死,万物成败,哪里会有定数呢?"刘彻知道自己着了东方朔的道儿,但却没办法反驳,于是大笑。

有一天刘彻游幸甘泉宫,看到驰道中有一只红色的小虫,头部有牙齿耳鼻,但却没有一个人认得是什么虫。刘彻于是让东方朔来看,东方朔看了之后回答说:"这种虫名叫怪哉。这里曾经关押过很多无辜的人,他们哀愁怨恨,都仰天叹息说:'怪哉怪哉!'因此感动了上天,这种虫是这些人的冤魂所化,因愤而生,所以名叫怪哉。这里必定是当年秦朝的监狱。"刘彻当即命人翻阅地图,果如东方朔所说。刘彻又问:"如何驱赶这种虫子呢?"东方朔回答:"但凡有忧愁的人,以酒则解愁,陛下用酒灌它自然就消失了。"于是刘彻命人将虫子放在酒中,过了一会儿虫子果然被融化了。

刘彻命人凿昆明池,挖得非常深,挖出来的都是灰黑色的灰,没有土。满朝文武都不知道这是什么原因。于是刘彻就召来东方朔问。东方朔说:"臣愚昧不知道这个原因,陛下可以尝试去询问西域的胡人。"刘彻听了之后,以为东方朔也不知道,一时之间又找不到西域的胡人询问,因此只得作罢。到了东汉明帝时期,西域的胡人来到洛阳,当时有人记起东方朔所说的话,便试着问武帝时期灰黑色的东西。胡人说:"天地的大劫快要来临时,就会有劫烧,那灰黑色的东西便是大劫燃烧后余下的灰烬。"人们才知道东方朔当时所说的是真的。

东方朔临老快死的时候,向刘彻上书进谏说:"《诗经》上说'飞来飞去的苍蝇,落在篱笆上面。慈祥善良的君子,不要听信谗言'。'谗言没有止境,四方邻国不得安宁。'希望陛下远离巧言谄媚的人,斥退他们的谗言。"刘彻看了奏折惊讶地说:"今天的东方朔这是怎么了,怎么会说出这么正经的话来?"对此感到惊奇不已。过了不久,东方朔便生病死了。刘彻这才明白过来东方朔为什么突然之间改变了说话做事的风格。人们通常所说的"鸟之将死,其鸣也哀;人之将死,其言也善",大概指的就是这种情形吧。

在西汉的历史上,东方朔是被归入文学家一类的,而既然说到了西汉的文学家,那就不能不提到西汉武帝朝一个重量级的文学大家,那就是西汉辞赋家,汉赋的代表人物,被誉为"赋圣"和"辞宗"的司马相如。

司马相如,字长卿,蜀郡成都人(今四川省成都市)。年轻时就非常喜欢读书，又学习击剑之术。他的父母为了祈盼他平安无灾长大成人，所以给他起了个低贱的名字，叫"犬子"，也就是现代所说的"狗娃"的意思。司马相如年纪稍长后，觉得这个名字很不好听，再加上十分仰慕战国时蔺相如的为人，于是将名字改为司马相如。司马相如二十多岁的时候，家里凑钱替他捐了个官做，担任汉景帝刘启的武骑常侍，但他本人其实并不喜欢这份职业。

作为皇帝的刘启不喜欢文学辞赋，而刘启的弟弟梁王刘武却非常喜好文学，因此吴王刘濞的原文学侍从枚乘、邹阳、严忌等人全部投奔了他。刘武来长安的时候，就带着这些文学侍从，司马相如因此得以和枚乘等人相见，并与他们志趣相投。刘武离开长安回梁国的时候，司马相如也借口有病辞去了武骑常侍的官职，然后随刘武去了梁国。在梁国，司马相如和枚乘等人待了好几年，在那里，他为刘武写下了著名的《子虚赋》。

如果世事不会有其他的什么变化，那么司马相如必定会老死梁国，也不会发生后面的精彩故事。但天下没有不散的筵席，没过多久，梁王刘武就死了。他的儿子不大喜欢辞赋，因此司马相如等人只好各回各家。

这个时候，司马相如的父母早已故去，家道已经败落。司马相如回到家乡之后，因为失去了经济来源，所以非常贫困，连最基本的生活都不能保障。他有个朋友叫王吉，担任临邛（今四川省成都邛崃市）县令，王吉知道司马相如有才华，绝不是久居人下之人，因此处处帮助照顾司马相如。王吉对司马相如说："你长期在外游历求官，如果感到不如意，就到我这儿来。"于是司马相如就去投奔了好友王吉，居住在临邛都亭的客馆里。

长期这样下去肯定不是办法，因此王吉就策划了一个抬高司马相如身价并为司马相如解决后顾之忧的好办法。

两人商议已定，王吉就带着大批随从，装出非常恭敬的样子，每天去拜见司马相如，而司马相如呢，刚开始还勉强见一见王吉，到得后来，则干脆借口有病闭门谢客，让自己的仆人出去答谢王吉。王吉被拒绝之后，毫无嫌怨之态，而是对司马相如越发恭敬。

王吉是临邛县城的县令，已经是一县之中贵不可言的人物，县令亲自去拜访一个人，屡屡碰壁之后还越发谨肃，这就让临邛城中的老百姓越来越好奇——这个司马相如，到底是一个什么样的人物，竟然能让一县之令如此屈尊还得不到面子。

临邛城里的两个大富商首先坐不住了。这两个大富商，一个叫卓王孙，一个叫程郑，都是靠冶铁而发家的暴发户。卓王孙家中光是仆人就有八百人，而程郑家中的仆人也有四五百人。卓王孙和程郑见王吉拜见司马相如屡屡碰壁，于是商议说："县令有这样的贵客，我们好赖摆一场宴席，招待一下人家，也好替县令大人挣个面子。"商议已定，就亲自去邀请王吉。

王吉到卓家的时候，卓家请来作陪的贵客就有上百人。到了中午，卓王孙就派人去请司马相如，司马相如自然是借口有病不来。请了这么多人来陪司马相如，谁知作为主宾的司马相如却推辞不来，这让卓王孙别提有多难堪了。县令王吉一听，连菜都不敢尝一口，放下筷子就亲自去请司马相如。司马相如见王吉亲自来请，装出一副迫不得已的样子，勉勉强强地前来赴宴。

由于司马相如早年在皇宫侍奉汉景帝，又跟随梁王刘武多年，熟谙宫廷礼仪，因此举手投足之间，处处洋溢着潇洒动人的翩翩风度，再加上相貌英俊，腹有诗书气自华，因此他刚一入场，风采就倾倒了在座的每一个人。

酒宴进行到高潮之处，王吉亲自把一架琴恭恭敬敬地送到司马相如面前，大声地说："听说司马长卿琴弹得特别好，请为我们弹奏一曲，以助酒兴。"司马相如推辞不过，于是弹奏了一曲著名的《凤求凰》。

原来卓王孙有个女儿叫卓文君，刚刚守寡回到娘家。她非常喜欢音乐，且深通音律。而司马相如虽然文采出众，但却有口吃的毛病。让司马相如在大庭广众之下口若悬河、滔滔不绝地吟诗作赋，显然不能显示出司马相如的过人之处。而让他在酒宴之上弹奏琴曲，则不仅能发挥他的特长，还可以借此用琴声打动喜好音乐的卓文君。

王吉和司马相如之前所做的每一件事情，其实都是为了卓文君。司马相如来到临邛之后，王吉为他配备了仆从车马，让他在县城之中招摇过市，其雍容文雅之态，在临邛城中，可说是妇孺皆知。伏下金钱饵，单等鱼上钩，而卓王孙这条大鱼，确实上钩了。

一切都按照王吉和司马相如预先设计好的轨道前行，卓文君在房间里听到司马相如弹奏的《凤求凰》，自以为遇到知音，立即春心大动。万分仰慕之际，她在门缝里偷偷观察司马相如，发现从容抚琴的司马相如看上去更加英俊潇洒，风度翩翩，心里越发为之倾倒，生怕自己配不上司马相如。

宴席过后，司马相如给卓文君的贴身婢女送了一份厚礼，让她代为向卓文君送信，以表达对卓文君的爱慕之心。卓文君接信之后，当天晚上，就私奔到了司马相如那里。司马相如带着卓文君，骑着快马赶回了成都老家。

盛幕落下，一切都显露出其本来的样子，司马相如的家中，真可以说是家徒四壁，穷得无米下锅。但卓文君既与司马相如两情相悦，生活上的贫穷，自然也不会成为他们爱情的羁绊。

女儿和司马相如私奔，卓王孙闻听勃然大怒。在这个时候，卓王孙大概已经全明白了，自己着了县令王吉和司马相如的道儿。但此时木已成舟，卓王孙干气没有办法，于是恨恨地扬言说："女儿如此不争气，我也不想去伤害她，但我的钱一分也不会给她。"有人就劝卓王孙不要跟自己的女儿过不去，但卓王孙在气头上，根本听不进去。

蜜月之中的热情过去，柴米油盐成了摆在卓文君和司马相如眼前最现实的问题。卓文君出身富家，从小到大，哪里受过这种苦？她见父亲身为富商却不在生活上资助自己，心里很不高兴，决定回到临邛，让卓王孙出丑。于是她对司马相如说："你和我一齐到临邛去，我向我同族兄弟借一些钱，也足以维持生活了。"于是两个人就一齐去了临邛，变卖了车马仆从，买了一家小酒馆，然后在那里卖酒。卓文君坐在垆边卖酒，而司马相如则系着围裙，和伙计们一起跑堂、洗涤酒杯器具。

卓王孙听说司马相如和卓文君像下人一样在大街上吃喝卖酒，觉得非常丢人，没脸见人，于是每天闭门不出。他的兄弟和父辈们就再一次劝他说："你只有一个儿子两个女儿，家里又不缺钱。现在文君已经失身于司马长卿，再没有办法改变了。司马长卿不过是厌恶做官，现在他虽然家贫，但他的才能却足以成为文君将来的依靠。再说他又是县令的贵客，又何必让他如此难堪呢？"卓王孙没有办法，只好分给卓文君一百个仆人，一百万钱，然后把她出嫁时的衣被财物也全部给了她。卓文君拿着这些钱物，带着仆从与司马相如回到成都，购买田地房屋，过上了弹琴作赋的富足生活。

司马相如与卓文君敢于追求幸福自由恋爱的动人爱情故事，被誉为"世界十大经典爱情之首"，闻名中外。司马相如"琴挑"卓文君并喜结连理，援引现时代的一些成例去比附并加以调侃，则无异于家境贫寒的司马相如充分运用自己的聪明和才华，成功地傍了一个年轻漂亮的富婆，从而结束了自己的贫苦单身生活，为自己做学问打下了一个稳定的经济基础。

汉景帝刘启死后，汉武帝刘彻即位，他跟他父亲截然不同，非常喜欢文学辞赋。有一天，刘彻无意中看到《子虚赋》这篇文章，立即为这篇辞赋华丽的辞藻和宏大的场面所深深吸引。刘彻不知道这是司马相如的作品，以为是古人之作,因此感叹说:"哎呀,真是太遗憾了,我如果能与写这篇文章的人同处一个时代该多好啊。"当时刘彻身边的狗监(掌管猎犬的官员)名叫杨得意,也是蜀郡人,跟司马相如是同乡,知道《子虚赋》是司马相如写的。于是就对刘彻说:"这是我的同乡司马相如写的。"刘彻听了十分吃惊,于是诏令司马相如觐见。

司马相如来了之后,刘彻问《子虚赋》是不是他写的,司马相如自信地说:"是我写的。不过这篇文章写的是诸侯打猎的事情,不足为陛下所观。请允许我跟随陛下游猎,为陛下作一篇天子狩猎赋,写好之后呈上来。"刘彻答应了,于是在游猎之时带着司马相如去了上林苑。几天之后,司马相如就写好了一篇辞藻宏丽的《上林赋》。

《上林赋》在内容上与《子虚赋》相接,并且比《子虚赋》更有文采。赋中以"子虚"(虚言)、"乌有先生"(没有此事)、"无是公"(无这个人)为假托人物,互相问答,用华丽的语言和多重修辞,极大地夸饰了天子和诸侯的园林之富丽堂皇,犹如天上仙境,并借此歌颂了强盛帝国的无与伦比。结尾之处,又讽谏皇帝要反对奢侈,崇尚节俭。因为这篇辞赋的风格极对刘彻的胃口,所以刘彻看了之后,非常高兴,立即拜司马相如为郎。

传说,司马相如在仕途上春风得意之时,竟然动了想要弃妻纳妾的念头。消息传到卓文君耳中,卓文君于是写了一篇著名的《白头吟》,表示要与司马相如断绝夫妻情义。《白头吟》中"愿得一心人,白头不相离"是千古名句,这首诗也因此而得名。

但在京城的司马相如不知妻子做何打算,于是给妻子写了一封十三字的信:"一二三四五六七八九十百千万",以此向卓文君摊牌。

以卓文君的聪明,她马上就读懂了这封信的意思,这一行数字之中,其他的数字都有,唯独少了一个"亿",无忆,难道不是暗示着丈夫想要忘掉过去吗?于是卓文君回了一封《怨郎诗》:

"一别之后,二地相思,只道是三四月,又谁知五六年。七弦琴无心弹,八行书无可传,九曲连环从中折断,十里长亭望眼欲穿。百思想,千系念,万般无奈把君怨。"

司马相如收到卓文君的回信,不禁对妻子的横溢才华感到惊叹。他回想起当初在临邛与卓文君的恩爱旧景,不禁羞愧万分,从而打消了休妻纳妾的念头,与卓文君和好如初。

司马相如做了几年的郎官,正赶上将领唐蒙受命掠取和开发西南夷夜郎一带的土地。（当时，人们将我国的西南地区统称为"西南夷"。）

唐蒙征发了巴郡和蜀郡的官吏士卒数千人，还征调陆路和水路的运输人员一万多人，有些部族首领不服从调遣，唐蒙就用军令杀了这些人，巴、蜀二郡的百姓因此非常恐惧，产生了谋反的念头。刘彻得知信息后，担心事态扩大，考虑到司马相如是蜀郡人，比较熟悉当地情况，并且也支持他开发西南夷，于是就派司马相如为使，前去责备唐蒙并抚慰当地百姓。

司马相如到达蜀地之后，写了一篇著名的《谕巴蜀檄》。在檄文中，司马相如首先赞颂了武帝刘彻即位以来取得的功绩，之后指出开通道路是为了与西南各国友好往来的需要，所以派唐蒙开发西南夷是没有错的，接着对巴、蜀百姓进行安抚，说唐蒙在巴、蜀滥用民力，惊扰百姓，擅自征调运输人员，并用军法处置当地首领，这并不是武帝的本意。之后，司马相如又开导巴、蜀百姓，希望他们要报效国家，不能逃亡抗命，并责成当地的官吏对百姓进行教导。司马相如采取恩威并施的手段，很快平息了事态，取得了良好的效果。

司马相如完成使命，回京向刘彻复命。其时唐蒙已开通了夜郎，接着修筑通往西南夷的道路，由于人力不足，于是又征发了汉中、巴、蜀、广汉（今四川省德阳市广汉市）的士卒，参加建筑工程的有好几万人。路修了两年，还是没有修成，可是士卒们却积劳成疾，伤亡惨重，耗费了数以亿计的钱财。朝中的大臣们多有反对者，认为这样下去对汉政府没有好处，但既然已经修到了半路，一时骑虎难下，又没有办法停下来。

这个时候，邛都（今四川省凉山州西昌市东南）和筰都（又名筰都，今四川省雅安市及凉山州一带）的首领听说南夷已与汉朝交好，得了很多赏赐，心里非常羡慕，也想臣服于汉朝，请求在他们那里设置官吏，享受与南夷相同的待遇。刘彻拿不定主意，于是就征求司马相如的意见，司马相如说："这些地方毗邻蜀郡，道路也很容易开通，秦朝的时候，这些国家与中原就有往来，并设置了郡县，到汉朝初年，因战乱而断绝。现在如果能够重新开通，设立郡县，这比得到南夷还要有利啊。"刘彻觉得有理，于是就拜司马相如为郎中将，出使这些小国。司马相如和副使王然于、壶充国、吕越人等，带着巴郡、蜀郡的官吏和钱币、财物，前去笼络西夷。

到达蜀郡的时候，蜀郡太守带着下属官员远远地到郊外来迎接，县令亲自背着弓箭在前面引路，蜀地的百姓都以他们的同乡司马相如能够作为天子的特使出使西夷而感到无限光彩。

卓王孙和临邛县的官吏们早就闻讯赶来了，他们到司马相如的馆驿门口进献牛酒，以表示对司马相如的欢迎。司马相如也以礼相待，在这样的场合，他显得更加自然大方且英姿焕发。卓王孙面对自己的女婿仰天长叹，后悔没有早一点把女儿嫁给他。于是把他的大笔财产分给女儿卓文君，数量与分给他儿子的一样多。

司马相如顺利地平定了西夷，其他的一些小国也趁势请求作为汉朝的藩臣，于是拆除了边塞的关隘，使这些地方也与巴、蜀等地相通。

司马相如完成出使任务之后，回京向刘彻报告，刘彻非常高兴，觉得司马相如很有才能。司马相如在出使的过程中，蜀地的父老和朝中的许多大臣都觉得开通西南夷没有多大价值，司马相如以他出色的文采，写了一篇文章《难蜀父老》，借助文学的力量，对众人进行了成功的劝说，很好地帮助自己完成了出使的使命。司马相如出使西南夷，对西南地区少数民族的团结统一和社会发展，做出了积极的贡献，因此被称为"安边功臣"，受到人们较高的评价。

此后不久，有人向朝廷上书说司马相如在出使的过程中接受了别人的贿赂，于是刘彻下令免去了他的官职，过了一年多，又重新起用，用为郎官。

司马相如患上了糖尿病，但因为他岳父卓王孙非常有钱，所以他的生活用度并不匮乏。他担任官职，也并不与其他的大臣一起讨论国家大事，大多时间，他都称病在家研究学问，并不迷恋官位。司马相如后来病得越来越厉害，刘彻闻讯后说："司马相如病得这么厉害，赶快去把他写的书取来，要不然，以后就全散失了。"于是使者赶快赶到司马相如的家里，但他的家里却没有书。问他的妻子，妻子回答说："长卿本来就没有写下什么书，他常常写书，但每写就一篇，就会被人取走，所以家里总是空的。长卿还活着的时候，写了一卷书，他说日后一定有使者来取，到那个时候，就让我把书献上去。再没有其他的书。"他留下来的书上写的是封禅的事情，使者把书拿去献给刘彻，刘彻看了之后，很受触动，更加钦佩司马相如的才华。

相传刘彻的前皇后陈阿娇在废居长门宫期间，心情非常失落郁闷，于是花重金委托司马相如写了一篇文章，即后来的《长门赋》，然后献给了刘彻。陈阿娇在赋中表达了自己对刘彻深切的思念之情。刘彻看了之后，非常感动，于是陈阿娇再次得到了刘彻的宠幸。

《长门赋》最早出现在南朝梁国的昭明太子萧统编著的《昭明文选》之中。在《长门赋》的序中，简单地讲述了此赋的创作背景，但因为司马相如先于刘彻三十多年死去，而在此赋中却出现了刘彻"汉武帝"的谥号，所以人们断定此赋系后人伪作。且历史上的陈阿娇也并没有因献赋而得到刘彻的再次宠幸。不过因为这篇辞赋，"千金买赋"和"长门"的典故却因此传了下来。"千金买赋"形容文章特别值钱，而"长门"则成了深宫闺怨、怀才不遇、人生失意的代名词。

司马相如的其他赋作还有《大人赋》《哀秦二世赋》《美人赋》等。赋是中国文学史上较重要的文学样式，而司马相如则是汉赋的代表作家。同时，司马相如在散文上也有较高的成就，他的散文流传下来的有《谕巴蜀檄》《难蜀父老》《谏猎疏》《封禅文》等。两千多年来，他在文学史上一直享有很高的声誉，并对后世的文学史产生了深远的影响。司马迁在他的《史记》中，专门为司马相如这个文学家写了一篇传记，而之前的屈原和贾谊，则是两个人一篇传记。从这一点上，足可以看出司马相如在当时人们心目中的地位。

刘彻的身边，人才济济如斯。史学家班固因此惊叹说："汉之得人，于此为盛。"得到这些杰出人才辅佐的刘彻，治国理政也显得越来越游刃有余。

第二十二节　设立中朝、使酒骂座、主父偃之死、侠士郭解

刘彻在窦太后死后亲政，天资聪颖且雄才大略的他想要独揽大权，于是就刻意提拔一些出身低微但却具有一定才干的文士、近臣，授予他们侍中、给事中一类的头衔，给予他们较大的出入宫禁的自由，并放手让他们参与处理朝廷政事，从而将丞相等官员逐渐排除出了中枢决策的核心圈子。

这样的人事安排，导致了在丞相府之外，又出现了一个处理政务的机构，这在历史上被称为中朝，或是内朝，有别于以丞相为代表的外朝。大司马、左右前后将军、侍中、常侍、散骑诸吏等为中朝，而丞相及以下六百石官员为外朝。这里的中、外是相对于皇帝居住的宫禁而言的，皇帝居住的宫中谓之内，宫外谓之外。中朝官员可以自由出入宫禁，但外朝官员却没有这样的特权。执掌朝政的实权，逐渐由外朝丞相转移到了中朝尚书的手中。

刘彻如此安排，主要是基于以下考虑：中朝官员的地位卑微，他们不容易窃取权柄，且他们都是皇帝宠幸的近臣，可以很好地贯彻皇帝的旨意而不致受到外朝大臣的牵制。况且中朝的官员多由外戚、宦官担任，皇帝可以随时随地更换而不会影响到外朝的稳定，但却能在"皇权"和"相权"之争中发挥巨大的威力。

刘彻时期是中朝的孕育时期，而汉昭帝时霍光以大司马、大将军的身份辅政才正式宣告了中朝的诞生。刘彻精明强干，所以中朝在他的任期内确实很好地贯彻了他的精神意图但却不致失控，但到了西汉后期尤其是东汉，以尚书台为首的中朝权力却空前膨胀，最终导致了外戚、宦官专权的局面，给国家的政治和社会稳定带来了深重的灾难。此是后话，后面几章中再介绍。

刘彻亲政，首先要面对的仍然是强大的诸侯王势力和强横的外戚势力。

先来看刘彻面对的外戚势力。

西汉初期的政治有一个鲜明的特征，那就是皇太后都比较强势，再怎么厉害的皇帝，见了皇太后都畏惧得像老鼠看见了猫。这一特征发端于刘邦的以孝治天下，鼎盛于孝惠帝刘盈时期，成形于汉文帝刘恒时期。吕后是开国之君的原配，她在刘邦死后强势人们都可以理解，可是连薄太后这样的贤惠型女性，居然也因汉文帝刘恒的孝顺而变得较为强势，到了景帝刘启朝，窦太后的强横则更是变得无以复加，刘启见了她噤若寒蝉不说，就是在刘启死后，孙子刘彻见了她仍然是十分忌惮，这个"怕娘"的传统被一辈一辈地传了下来，继任的皇太后都学得像模像样，刘彻的母亲王娡也不例外。

皇太后强势，那么意味着皇太后的娘家人即外戚就会得势，吕后时的诸吕就不消说了，薄太后时程度轻一点，薄家封侯的只有薄昭一个人，而且后来还被刘恒逼死了。窦太后时窦家显贵的除了窦长君、窦广国，再就是窦太后的侄子窦婴了。到了王娡当太后的时候，则有田蚡、田胜、王信等人。而在窦太后与王太后新老交替的这一个茬口，窦家与田家的争权夺利也到了白热化的程度。

前文曾经叙及，窦婴最初因为反对立梁王刘武为太子，从而得罪了窦太后，很长一段时间里，窦太后都非常厌恶窦婴。等到吴、楚七国叛乱的时候，窦太后对窦婴的态度有所转变，感觉无人可用的刘启重新起用窦婴为大将军，而窦婴也没有辜负刘启的期望，用他仗义疏财的优秀品质和良好声誉，团结起了一大班贤才和士人，支持周亚夫迅速地平息了叛乱。叛乱平息之后，窦婴因功被封为魏其侯，他的声望一时之间达到了顶峰。但这一顶峰，随着前太子刘荣的死再一次坠落低谷。

刘荣被立为太子之后，窦婴被拜为太傅。刘荣被废之时，窦婴多次到刘启面前替刘荣争辩，但根本无济于事。窦婴为了赌气，便推说有病，隐居到蓝田的南山下几个月，他的宾客和一些辩士都去劝他回京，但窦婴根本不听。有一个叫高遂的人就劝告他说："能使将军富贵的是皇上，能使将军成为亲贵的是太后。现在您担任太子的师父，太子被废黜却没办法力争，力争又不能成功，又不能为太子死节。现在您托病引退，拥抱着歌伎美女，退隐闲居而不参加朝会。把这些情况综合起来，您这是要宣扬皇帝的过失呀。假如皇上和太后都对您不满，那您的妻子儿女都会一个不留地被杀死。"窦婴听了，立即惊出了一身冷汗，于是赶快出山回朝，像过去那样按时参加朝会。

在桃侯刘舍被免去丞相职务时，窦太后立即想到了窦婴这个娘家侄子，觉得要是再不趁此机会巩固并壮大窦家的势力，恐怕在她死后，窦家就要衰落了，于是多次在刘启面前推荐窦婴当丞相。刘启对窦婴之前的一些行为仍然耿耿于怀，一是吴、楚七国叛乱时，窦婴拿五做六，刘启迫于形势，不得不在他面前低声下气，这让刘启始终难以释怀；二是刘荣被废之时，窦婴前来争辩，争辩不成还赌气出走，这让刘启觉得窦婴十分任性，不够成熟。于是刘启反对说："太后难道会认为我吝啬一个职位而不让魏其侯当丞相吗？魏其侯这个人，一贯沾沾自喜，自我感觉良好，做事草率轻浮，难以出任丞相，担当重任。"刘启没有任用窦婴，而是任命忠谨的卫绾当丞相。

田蚡是王娡的同母异父弟，因为王娡而得以入朝为官。窦婴在担任大将军正当显赫的时候，田蚡还是个小小的郎官，地位卑微，他时常来往于窦婴家中，陪着窦婴吃饭饮酒，帮窦婴招待客人，每次见到窦婴，他恭恭敬敬地跪拜起立，就像窦婴的儿孙那样。等到汉景帝刘启的晚年，田蚡也渐渐地显贵了起来，受到刘启的宠信，并做了太中大夫。田蚡相貌丑陋，但他巧于文辞，并学习过杂家著作《盘盂》之类的书籍，王娡认为他很有才能。

刘启死后，刘彻即位。王娡效法她的几个前任，于是也临朝称制。但那时窦太后还活着，所以王娡和刘彻受到了较大程度的压制。为了替自己和儿子争权，王娡靠田蚡及他的宾客出谋划策，使得自己在与窦太后的争衡中不致落入下风。而在这个时候，她弟弟田蚡被封为武安侯，田胜被封为周阳侯。

田蚡被封侯之后，就想掌权当丞相，于是谦卑地对待他的宾客，并推荐那些闲居在家的名士出来做官，让他们显贵，想要借此压倒窦婴等将相的势力。

刘彻即位之后，发现京城的监狱里押着许多无辜的人，而丞相卫绾却没能替他们平反昭雪，于是就免去了卫绾的丞相之职，然后物色丞相和太尉的合适人选。

这个时候，朝中的形势一片明朗，只要是稍微有点政治嗅觉的人，都知道丞相和太尉之职，非窦婴和田蚡莫属了。

有个叫籍福的门客就对田蚡说："窦婴已经显贵很久了，天下贤士多半归附于他，现在您刚刚得势，还不能和窦婴相比，就算是皇上任命您做丞相，您也一定要让给窦婴。窦婴当了丞相，您就一定会当太尉。太尉和丞相的地位同样尊贵，您还有让贤的好名声。"田蚡听了之后，便巧妙地告诉王娡，让她暗示刘彻，于是刘彻便任命窦婴为丞相，田蚡为太尉。

籍福见状，立即跑去向窦婴道贺，但他真诚地向窦婴提出了忠告："您的天性是喜欢好人而憎恨恶人，当今好人称赞您，所以您当了丞相，然而您也憎恨恶人，恶人非常多，他们也会毁谤您的。如果您能并容好人和坏人，就可以久居丞相之位；否则，马上就会因别人的毁谤而离职了。"窦婴不以为然，没有听从籍福的话。

窦婴和田蚡两个人都喜欢儒家学说，所以他们推荐儒士赵绾为御史大夫，王臧为郎中令，并准备设立明堂，推崇儒家学说，贬斥道家学说。因为这个缘故，许多人跑到窦太后面前去诽谤窦婴，田蚡因为是王娡的弟弟，所以别人轻易不敢说他的坏话。窦太后由是越来越厌恶窦婴，觉得侄子不支持她，窦婴于是失去了窦太后的信任。后来，因为赵绾一封不要把政事报告给东宫的上书触怒了窦太后，赵绾、王臧等人被下狱，而窦婴和田蚡则被免去了丞相、太尉之职，由许昌和庄青翟接任。

免职之后的窦婴，因为窦太后厌恶他，所以没人敢支持他，只好在家里闲居。可是田蚡却不一样，因为他的靠山王娡并没有倒，所以他得到了刘彻的信任，并多次参与朝政，所提的一些建议也得到了采纳，因此越来越受器重。那些趋炎附势的门客见状，于是纷纷离开窦婴，去投奔田蚡，田蚡于是越来越骄傲自满。

然而对窦婴来说，最糟糕的还不至于此，几年之后，窦太后死了，刘彻开始着手清洗窦太后的势力，具有讽刺意味的是，窦太后所任命的丞相许昌和御史大夫庄青翟被扣上了替窦太后办丧事不力的罪名，职务全部被免。一切水到渠成的田蚡，顺理成章地被任命为丞相，大司农韩安国被任命为御史大夫，而窦婴则因彻底失去靠山，没有一个人过问他。从此，天下士人官吏诸侯都争着去归附讨好田蚡，田蚡的门前车水马龙，而窦婴的门前则是门可罗雀。

田蚡当了丞相，又有那么多人亲附他，就飘飘然起来。他觉得刘彻很年轻，而诸侯王却年纪都比较大，自己作为皇帝的近亲当了丞相，所以如果不下重手大力整顿一番的话，诸侯和天下百姓就不会亲附朝廷。当时，中两千石以上的官员前来谒见田蚡，都要行跪拜之礼，而傲慢的田蚡竟然不予还礼。只有汲黯前来拜见他时，根本不跪拜，只是向他拱手作揖了事。田蚡对此也无可奈何。

田蚡入朝奏事，往往一坐就是大半天，他所说的话刘彻大多都予以采纳，所以田蚡越来越肆无忌惮。他所推荐的官吏，有的从在家闲居一下子提拔到两千石级，渐渐地把刘彻的权力转移到了自己手上。刘彻为此十分不满，有一天刘彻实在忍无可忍，于是直截了当地对田蚡说："你想要任命的官吏任命完了没有？我也想任命几个官吏呢！"但田蚡并未因此而收敛。

有一天，田蚡竟然请求刘彻把考工官署的地皮划给他扩建住宅，刘彻生气地说："你为什么不直接把武库搬走呢！"田蚡见刘彻发怒了，这才收敛一些。

田蚡对自己的家人也很骄横，有一天，他设宴招待客人，他同母异父的哥哥王信也来了。田蚡觉得自己是丞相，地位尊贵，不能因为王信是哥哥就让他坐在尊位而让自己受委屈，于是就让哥哥王信南向坐，而自己却东向坐。

田蚡的骄纵不止于此，他的住宅经过多次扩建，占地面积和豪华程度超过了所有贵族的府邸。田地园林都极其肥沃，他派到各郡县去购买器物的人，在大道上络绎不绝，府中的美女姬妾数以百计。诸侯们送给他的珍宝和玩物，多得不可胜数。公元前132年黄河改道南流，十六个郡因此遭受严重水灾，但因为田蚡的封邑在旧河道以北，没有受到水灾，所以田蚡极力阻挠治理黄河，使治河工作停止达二十年之久。

与田蚡的炙手可热形成鲜明对比的，则是窦婴的无人问津。其他的宾客都渐渐地离开了他，甚至对他态度傲慢，但只有灌夫一个人没有改变对他的态度。窦婴因此格外看重并厚待灌夫。

灌夫是颍阴（今河南省许昌市）人，他的父亲叫张孟，曾经做过颍阴侯灌婴的舍人，所以受到了灌婴的信任，于是着力推荐他，做到了两千石级的高官，所以后来，张孟被赐灌家的姓氏，叫灌孟。吴、楚七国之乱时，灌婴的儿子灌何在太尉周亚夫的手下担任将军，便向周亚夫推荐灌孟，让灌孟担任校尉。灌夫带着一千人与父亲一起去了前线。灌孟年纪已经很大了，因为灌何强行推荐并让他出征，所以他心里有气，每逢作战之时，都赌气攻打吴楚军最坚固的阵地，最后果真战死在了吴军阵中。按照当时的军法，父子一起出征的，如果有一个战死了，那么剩下的一个就可以护送着死去的人回家。但灌夫却不肯回去，他自告奋勇地说："我一定要斩下吴王或者吴国将军的头，替父亲报仇。"说完之后，于是披挂整齐，召集了军中与他素有交情且愿意跟他同去的勇士几十人。可等他走出军门的时候，那些勇士却都没敢跟着他前进，只有两个人和他属下的奴隶共十多个骑兵跟着他去了。灌夫就带着这十多个人，冲入了吴军营寨，一直冲到吴国将军的将旗之下，杀死杀伤几十个吴军。灌夫等人无法再往前冲，只好返身回营，他所带去的奴隶全都战死了，只有他一人回来。灌夫身上光是重伤就有十几处，小伤不计其数，恰好当时军中有名贵的治创伤的药，所以才得以不死。灌夫的伤刚刚好转，他就又向灌何主动请缨说："我现在已经非常了解吴军营寨中的军事部署了，请让我再次去吴军营寨攻打吴军。"灌何非常佩服他的勇敢和胆气，但担心他会战死在吴军阵中，于是就赶快报告给了周亚夫。周亚夫坚决不同意灌夫再去冒险，因此灌夫未能成行。等到吴国大军被击败的时候，灌夫也因此名扬天下。

叛乱平息之后，灌何回朝把灌夫英勇作战的情况向刘启进行了禀报，刘启非常高兴，遂任命灌夫为中郎将。但没过几个月，灌夫就因犯法而丢官。后来，灌夫把他的家搬到了长安，因为他为人非常讲义气，所以长安城中的那些达官显贵，没有人不称赞他的。后来，灌夫又出任了代国的国相。

刘启死后，即位的刘彻认为淮阳是天下的交通枢纽，又是军事要冲，驻扎着精锐的军队，不是武略出众之人不能镇守此地，于是调任勇猛的灌夫担任淮阳太守。但没过多久，又把他调任为太仆。

灌夫这个人性格十分刚强，做事直来直去，不喜欢绕弯子，也不喜欢当面阿谀奉承别人，那些比他职位高的王公大臣，灌夫不但不想对他们表示尊敬，反而要想办法去凌辱他们；而对那些地位在自己之下的士人，越是贫贱的，灌夫对他们就越恭敬，平等地对待他们。在大庭广众之下，他常常推荐夸奖那些比自己地位低的人，所以士人们为此非常尊重他，认为他能礼贤下士。灌夫不喜欢文学经术，喜欢打抱不平，为人特别讲信用，答应别人的事，就一定要办到。所以凡和他交往的人，不是英雄豪杰就是大奸巨猾之士。

灌夫喜欢喝酒，但酒风却极端不好。有一次，灌夫和长乐卫尉窦甫喝酒，喝醉后两个人互不服输，灌夫就把窦甫打了一顿。窦甫是窦太后的堂弟，刘彻担心窦太后会因此杀掉灌夫，于是又把灌夫调任为燕国的相国。但没过几年，灌夫又因犯法而丢官，最终在家里闲居。

灌夫家里的财产有数千万之多，每天的食客少则几十个，多则上百人。他的宗族和门客仗着他的权力，在家乡颍川一带横行霸道。颍川一些士人就教儿童唱歌说："颍水清，灌氏宁；颍水浊，灌氏族。"颍水现在清澈，灌氏一家安宁太平，等有一天颍水浑浊了，灌氏一家就到了该灭族的时候。

在这个时候，灌夫因为丢了官职，他家里虽然富有，但却不再有权势。那些达官贵人和门客见状，渐渐地不再和他来往。

灌夫对此非常不平，因此和失势的窦婴同病相怜。

窦婴想要借助灌夫去报复那些之前投奔自己但在自己失势后又离开的人，灌夫也想依靠窦婴去结交列侯及皇亲以抬高自己的名声。两个人互相援引借重，日常交往就像父子一样亲密，彼此情投意合，大有相见恨晚之感。

有一天，灌夫在服丧期内去拜访丞相田蚡，田蚡知道他与窦婴关系好，于是随口客套说："我早就想和你一起去拜访魏其侯了，但现在你正在服丧，真是不巧。"灌夫见状，竟有点受宠若惊，他说："丞相竟然肯屈驾到魏其侯的家里去，我灌夫又怎么能因为服丧而推辞呢！我现在就去报告魏其侯，让他好好准备，备办酒席，请丞相明天早一点过来。"田蚡随口答应了下来。

灌夫见到窦婴，就把田蚡要来做客的事情告诉了窦婴，窦婴一个失势好久的人，如今见如日中天的田蚡竟然愿意来他家做客，立时激动万分，于是和夫人特地多买了肉和酒，连夜打扫房子，挂设帷帐，准备酒宴，一直忙活到天亮。天刚蒙蒙亮，就让府中管事的人在门前迎候。可是一直等到中午，还不见田蚡到来。

窦婴就对灌夫说："丞相是不是忘了这件事情？"灌夫颜面尽失，很不高兴，于是说："我灌夫不嫌丧服在身应他的约，他怎么能失信呢。"于是就驾车，亲自前去请田蚡。

田蚡之前只不过是跟灌夫开了个玩笑，怎么会到窦婴家里去呢。等到灌夫到他家里来的时候，他还在睡觉。灌夫进去拜见他说："丞相昨天答应拜访魏其侯，魏其侯夫妇准备了酒席，从早上一直忙到现在，连筷子都没敢动。"田蚡假装惊讶地道歉说："我昨天喝醉了，忘了跟你说什么了。"于是起身驾车前往，但又走得非常慢，灌夫为此更加生气。

三个人在窦婴家里喝酒，都喝得酩酊大醉，灌夫起身舞蹈，邀请田蚡，向田蚡示好，但田蚡竟然连身都没起。灌夫非常生气，坐下来对田蚡进行冷嘲热讽。窦婴见状，赶快扶灌夫离去，然后代灌夫向田蚡表示歉意。田蚡心里有了气，但却没有发作，他在窦婴家里喝酒，一直喝到天黑才尽欢而去。

有了这个因素，田蚡觉得窦婴和灌夫都已对自己服服帖帖，想要巴结自己。于是他就派籍福去讨要窦婴在城南的一块田地。窦婴听了之后，怨恨地说："老夫我现在虽然被罢弃不用，丞相虽然显贵，但怎么可以仗势硬夺我的田地呢？"所以坚决不答应。灌夫听说这件事情之后，也非常生气，跑来大骂籍福，说籍福是势利小人。籍福其实是个有着良好修养的贤士，他不希望窦婴和田蚡两个人闹僵，于是回去之后，就编了个谎欺骗田蚡说："魏其侯那么大年纪，马上就快死了，丞相还不能忍耐一两天吗，等他死后，那块地就一定会给您。"田蚡听了非常高兴，但没过几天，就有人告诉他其实窦婴和灌夫是因为对他怨恨而不给他田地。于是田蚡大为恼怒地说："魏其侯的儿子曾经杀了人，我救了他的命。之前我服侍魏其侯的时候，他说什么我都听，为什么现在我要他的几顷地，他竟然舍不得给呢？再说这跟灌夫有什么关系，他为什么要从中干预呢？我不敢再要这块地了！"自此以后，田蚡对灌夫和窦婴非常痛恨。

田蚡决意报复灌夫，公元前131年春天，他向刘彻上书说灌夫家在颍川，宗族的人横行霸道，当地的百姓深受其苦，请求朝廷依法查办。刘彻说："这是丞相的分内之责，为什么要请示我呢？"于是田蚡准备查办灌夫。

而灌夫也抓住了田蚡的一些把柄。

还是在公元前139年淮南王刘安入京朝见之时，时为太尉的田蚡因与刘安关系较好，亲到灞上迎接。田蚡根据当时的政治局势，意味深长地对刘安说了这样几句话："当今皇上没有太子，您是高皇帝的亲孙子，又广施仁义，天下谁人不知道呢？假如有一天皇帝驾崩，不是您又该谁继位呢？"刘安听了大喜过望，于是赏赐给田蚡很多财物。

朝臣结交外藩并讨论皇位继承人问题，这是非常严重的罪行，如果泄露出去，田蚡人头落地是至少的了。灌夫就是抓住了田蚡的这个把柄，也想借此向朝廷告发。双方的宾客知道再闹下去会两败俱伤，对谁都没有好处，于是居中调停，两个人总算达成了和解。

公元前131年夏天，田蚡迎娶燕王刘嘉的女儿做夫人。因为这是贵族与贵族通婚并加强政治联合的大喜事，所以朝廷非常重视，皇太后王娡亲自下达诏令，让所有列侯和宗室大臣都去祝贺。

窦婴去拜访灌夫，想和他一起去。灌夫推辞说："我多次因为酒醉失礼而得罪了丞相，丞相近来又和我有嫌隙，我还是不要去了吧。"

窦婴说："事情已经和解了，怕什么。"于是硬拉灌夫一起去了。

在田蚡的喜宴上，等酒过三巡，菜过五味的时候，田蚡起身，端酒向前来贺喜的宾客们敬酒祝寿，在座的宾客见状，全都离开席位，伏在地上，表示不敢当。

过了一会儿，窦婴起身为宾客们敬酒祝寿，只有那些窦婴的老朋友起身离开了席位，其余半数的人原封不动地坐在那里，只是微微欠了欠上身。

灌夫很不高兴，于是他也起身依次向宾客敬酒。当敬到田蚡跟前时，田蚡没有起身，坐在那里欠了一下上身说："不能喝满杯。"灌夫非常恼恨，但却不便朝田蚡发作，就苦笑着说："您是个贵人，这杯就托付给您了！"但田蚡说什么也不肯答应。

灌夫很没面子，只好继续向其他人敬酒，当敬到临汝侯灌贤（灌婴的孙子）的面前时，灌贤正在和将军程不识附耳说话，没有离开席位。按照之前祖辈们的交情和辈分，灌夫可以说是灌贤的叔叔辈。可如今别说是其他人不抬举灌夫，就是自家的人都不给他面子，当然灌贤也可能有因害怕得罪田蚡而故意不敢理睬灌夫的顾虑。灌夫憋了一肚子火没处发泄，于是一股脑儿发在了灌贤身上。他大骂灌贤说："你平时诋毁程不识不值一钱，今天长辈给你敬酒祝寿，你却学女孩子一样在那里同程不识咬耳说话！"

田蚡见状很不高兴，在座的客人就算再怎么不对，但在他大喜的日子里，谁也必须给他东道主这个面子，说什么也不应该骂人。于是他对灌夫说："程将军和李将军（指李广）都是东西两宫的卫尉，你现在当众侮辱程将军，难道不给你所尊敬的李将军留点颜面吗？"

灌夫怒冲冲地说："今天杀我的头，穿我的胸，我都毫不在乎，哪里还管什么程将军、李将军！"在座的宾客们见宴席上的火药味越来越浓，于是纷纷起身，借口上厕所离开了宴席。

窦婴在席上如坐针毡，也赶快起身准备离开，离开之前，他向灌夫招手，示意他赶快走。

好好的一场娶亲宴就这么让灌夫搅了，田蚡十分愤怒，于是他发火说："这都是我一直以来宠惯纵容灌夫造成的过错。"于是下令骑卫扣留灌夫。

这个时候的灌夫，想要出去但却没办法脱身了。籍福见灌夫惹了大祸，担心他会招致田蚡的疯狂报复，就赶快起身替灌夫向田蚡道歉，并按着灌夫的脖子让他给田蚡谢罪。但灌夫越发恼怒，坚决不肯道歉。

田蚡命令骑士们把灌夫绑起来关在客房中，然后叫来丞相府的长史说："今天请宗室宾客来参加宴会，是奉了皇太后的诏令的。"于是上书弹劾灌夫，说他在宴席上辱骂宾客，侮辱诏令，犯了不敬之罪。之后把他囚禁在监狱里，命人继续追查他之前的事情，同时派出官吏，分头追捕灌夫家所有的分支亲属，全部判决为斩首示众的罪名。

灌夫所做的这件事情，在西汉的历史上非常著名，叫"使酒骂座"。窦婴非常后悔拉灌夫到田蚡的婚宴上来饮酒，同时也对此感到非常惭愧，于是出钱请宾客在田蚡面前替灌夫求情，但却无济于事。田蚡的属下都是他的耳目爪牙，到处追捕灌家的人，灌氏的人全都逃跑并躲藏了起来，而灌夫被关进监狱，所以没办法告发田蚡的秘事。

窦婴决定竭尽全力搭救灌夫，他的夫人劝他说："灌将军得罪了丞相，和太后家的人作对，怎么能营救得了呢？"窦婴说："这个侯爵是我挣来的，现在我把它丢掉，也没有什么可遗憾的。再说我总不能让灌夫一个人去死，而我却独自活着。"于是瞒着家人，私自上书给刘彻，刘彻立马就把他召进了宫。窦婴就把当天婚宴上灌夫敬酒的事情详细地说了一遍，认为灌夫之罪不足以判处死刑。刘彻同意窦婴的观点，于是赐他一起进餐，并叮嘱他说："到太后所在的东朝去公开辩论这件事。"

窦婴到了东朝，极力夸奖灌夫的优点，说他因为醉酒而获罪，而田蚡却拿别的罪名来诬陷灌夫。但田蚡却竭力去说灌夫的弱点，说灌夫骄横不法，侮辱太后诏令，犯了大逆不道之罪。窦婴自忖没有别的办法辩赢田蚡，于是也攻击田蚡的短处。

田蚡自我辩解说："天下幸而安乐无事，我才得以成为皇上的近臣。我所爱好的，不过是音乐、狗马和田宅。我所喜欢的，不过是歌伎艺人、巧匠这类人，而不像魏其侯和灌夫那样，招集天下的豪杰壮士，不分昼夜地议论朝廷，诽谤朝廷，对朝廷心怀不满，不是仰头观测天象，就是低头在地筹划，窥测东、西两宫之间的动静，希望天下发生大的变故，好让他们借机立功。我真是不明白魏其侯他们到底想要做什么。"

于是刘彻问朝中的大臣们："他们两个人谁说得对？"

御史大夫韩安国说："魏其侯说灌夫的父亲为国而死，灌夫手持兵器冲入生死难测的吴军阵中，身受创伤几十处，名冠三军，这是天下的勇士，如果不是有特别大的罪恶，只是因为喝酒而引发口舌之争，是不值得援引其他的罪状来判处死刑的。魏其侯的话是对的。丞相又说灌夫同大奸巨猾结交，欺凌平民百姓，积累家产数千万，横行颍川，又凌辱侵犯皇室宗族，这就是所谓的'树枝比树干粗，小腿比大腿粗，其后果不是折断，就是分裂'。丞相的话也是对的。希望英明的主上自己裁决这件事吧。"

正直的主爵都尉汲黯认为窦婴对。

内史郑当时也认为窦婴对，但后来又不敢坚持自己的意见。其余的人都不敢发表意见。

刘彻知道大臣们都很畏惧田蚡而不敢直言，更对郑当时的首鼠两端感到十分不满，于是怒斥郑当时说："你平日多次说到魏其侯、武安侯的长处和短处，今天当廷辩论，畏首畏尾就像驾在车辕下的小马驹一样，我将一并杀掉你们这些人。"于是拂袖退朝，进入宫内陪着皇太后王娡吃饭。

王娡早就派人在朝堂上打听到了辩论的情况，她对辩论的结果很不满意，赌气不吃饭，然后发脾气说："现在我还活着，就有人这么糟践我的弟弟，要是有一天我死了，这些人还不像宰割鱼肉那样宰割他吗？再说皇帝怎么能像石头人一样没有自己的主张呢？"

骂出这句话之后，似乎又觉得不能使皇帝太难堪把事情闹僵，于是又接着骂："现在幸亏皇帝还在，这班大臣就墙头草，随风倒，假如千秋百岁后，这些人还可以信赖吗？"

传承了"怕娘"基因的刘彻只好向王娡道歉说："都是皇室的外家，所以才召集大臣们在朝廷上辩论他们的事。不然的话，只需要一个狱吏就可以解决问题了。"

再说田蚡退朝以后，就招呼御史大夫韩安国和他乘坐同一辆车。他没好气地责备韩安国说："我和你共同对付一个无权无势的老秃翁，你怎么还如此摇摆不定呢？"韩安国实在是不知道该如何解劝缺乏见识的田蚡，想了好一会儿，他才对田蚡说："您怎么能如此不知自重呢？窦婴在朝堂上说您的不是，您就应该当场摘下官帽，解下印绶，归还给皇上，然后说'我以皇帝的心腹，侥幸得此相位，本来就是很不称职的，魏其侯的话都是对的'。这样一来，皇上就必定会认为您宽容大度而窦婴等人无事生非，所以也绝对不会罢免您。窦婴也一定会因心里惭愧而咬舌自杀的。现在别人攻击您，您也攻击人家，就好像两个小商贩或泼妇在大街上吵架一样，是多么不识大体啊！"

田蚡听了之后，才知道自己的为人处世实在是有些浅薄，于是他向韩安国道歉说："我争辩时太性急了，没有想到应该这样做。"

为了彻底查清楚到底孰是孰非，刘彻派御史按照案卷记载的灌夫的罪行进行追查，结果与窦婴所说的有很多不相符的地方。窦婴犯了欺君之罪，因此被弹劾，也被关进了监狱。

汉景帝时，窦婴曾经接受过一道刘启临死前赐给他的遗诏，上面写着："如果你遇到什么对你不利的事情，你可以随时把你的意见呈报给皇帝。"这个时候窦婴被拘禁，灌夫被定了灭族的罪，情况一天比一天危急，大臣们谁也不敢再向刘彻说明这件事情。窦婴便让侄子上书向皇帝报告接受遗诏的事，希望再次得到刘彻的召见。

奏章递上去之后，按照有关的程序，宫中的尚书就开始查验这道遗诏的真伪。因为只要是皇帝颁下的诏书，哪怕是密诏，宫中都会留下副本。可是尚书查遍了档案，也没有找到刘启临死前写给窦婴的这道遗诏。窦婴辩解说这道诏书只封藏在他的家里，是由他的家臣盖印加封的。但朝廷却不认这个账，于是窦婴又被弹劾，说他犯了伪造先帝诏书的罪行，而这个罪行是要被斩首示众的。

公元前131年冬，灌夫被灭族。窦婴过了好长时间才听到这个消息，听到后愤慨万分，竟然中风了。窦婴开始绝食，打算以死抗争。结果他又从别人那里听说，皇帝并没有杀他的意思，窦婴听了之后，心里略觉宽慰，于是停止绝食，然后开始求医治病。而大臣们的讨论结果也出来了，决定不判处窦婴死刑。

但窦婴的政敌绝不可能如此轻易地放过窦婴，他们制造了许多流言蜚语让刘彻听到，而这些流言蜚语都是刘彻和王娡所十分忌讳的，于是就在当年十二月的最后一天，窦婴被处死在了渭城的大街上。之所以选择在这一天处死他，是担心他到了第二年的春天遇到大赦而被赦免。

灌夫和窦婴被杀后不到三个月，也就是第二年春天，田蚡也病倒了，他在病中大声喊叫，说的都是服罪谢过的话。大夫束手无策，家人只好请来巫师察看。结果巫师说他看见窦婴和灌夫的鬼魂守在田蚡身边，要向田蚡索命。不久之后，田蚡因惊惧而死，他的儿子田恬继承了爵位。

四年后，田恬因为穿着类似于女人穿的短衣进入宫中，犯了"不敬"之罪，侯爵被废除。

又过了四年，淮南王刘安谋反事发，朝廷追查此事，结果当初田蚡与刘安结交并接受刘安贿赂的事情被查出。在当初窦婴和田蚡为灌夫的事情争辩之时，刘彻就不认为田蚡有理，只不过碍于皇太后王娡的情面，不得已族灭灌夫并杀死窦婴罢了，此时听到田蚡和刘安之间的这段密谋之事，他愤怒地说："如果现在田蚡还活着，他该灭族了。"

窦婴和灌夫的下场如此悲惨，博得了后世许多人的同情，而田蚡如此骄横，也招致了后世许多人的唾骂。实际上，田蚡的行为固然可恨，但窦婴与灌夫身上同样也存在着许多致命的缺陷。

先说窦婴，窦婴在窦太后死了以后失去靠山之时，其实早就应该知趣地引退了，正好趁着年纪已老，回乡含饴弄孙，安享晚年，不愧为美事一桩。因为任何一个人或是一件事情，有高峰，就必定会有低谷。处在高峰时人人仰望，而处在低谷时无人问津，这都是世俗常情，可窦婴竟然看不穿这个道理，还想依靠灌夫的蛮力去报复离开他的那些宾客，也实在是太愚蠢了。窦婴为什么就不想一想，如果自己不是窦太后的侄子，能成为大将军带着汉军上前线吗？能被封为魏其侯吗（有没有才能另当别论）？既然他靠的是裙带关系得到了富贵，那么田蚡依靠裙带关系得到富贵为什么就不能理解呢（有没有才能也另当别论）？自己在显贵的时候宾客们都来投奔他，那么田蚡显贵了宾客们都去投奔田蚡，又有什么不对呢？窦婴连这些基本的人生道理都想不通，所以说之前汉景帝不同意他当丞相，也是有一定依据的，窦婴最后遭遇杀身之祸，可说是咎由自取。

再说灌夫，灌夫在作战时英勇顽强，也能平等地对待地位比他低的人，讲义气，重信用，这都是他的长处。可是，灌夫也有不学无术、骄横跋扈的一面，看看灌夫的履历就知道，下了战场，他在一个地方做官做不了多长时间，就会因犯法而丢官，这似乎跟别人看得起他看不起他没有丝毫的关系，也跟田蚡骄不骄横没有任何的关系。不能教育约束自己的家人，放任他们在地方上横行不法，这是任何一个贤德之人都不会有的行为！而这最终也成了他被灭族的主因。再者说了，你灌夫不是以蔑视权贵而闻名于世吗？那么你在服丧期间跑到田蚡的家里去献什么殷勤？在被田蚡用假言戏弄之后，就应该知道田蚡此人不可交，可还是三番五次地跟田蚡发生摩擦，纯属自取其辱。最后被灭族，也是咎由自取。

刘彻即位之后外戚势力的争斗大抵如此，但他们在不断壮大的皇权面前，也日趋式微。再来看刘彻面对的诸侯王势力。

汉景帝朝平息吴、楚七国叛乱之后，对诸侯王的政治权力进行了大幅度的削夺，诸侯国的势力与刘邦、刘恒两朝相比显然已是日薄西山，但诸侯国毕竟地大物博，其强大的国力对中央产生的实质威胁仍然不容小觑。

而这种威胁，随着"推恩令"的颁行而得以冰消瓦解。

刘彻所实施的"推恩令"，出自于主父偃。

主父偃复姓主父，名偃，是齐国临淄人，出身贫寒。早年的时候，他学习游说帝王的长短纵横之术，但却并没有得到任何施展的机会。中年时，听说汉武帝刘彻重视儒术，于是改学《周易》《春秋》和百家之言。因为主父偃学而不专、朝三暮四，再加上他人际关系不好，所以齐地的儒生们都很讨厌他，不愿意与他来往。主父偃在齐地无法立足，只好北游燕、赵、中山等国，希望能有所成就，但那里的人也讨厌他，排挤他，当然就更没有人重视他。主父偃无法，于是打定主意前往长安，想去投奔卫青，通过卫青的推荐来得到刘彻的重用。

到了长安之后，主父偃就去拜谒了卫青。经过一番交谈，卫青发现主父偃确实很有才能，于是就向刘彻推荐，但推荐了多次，刘彻却并不相信这个主父偃有那么大的能耐，所以一直没有召见主父偃。这个时候的主父偃，真可以说是已经到了山穷水尽的地步。他本来家境就不富裕，带来的盘缠已经用尽，再加上不招人待见，京中的王公大臣及宾客人人讨厌他，没有一个人愿意帮助他，所以他在长安实在是没办法再待下去了。天下如此之大，却没有主父偃的容身之地，如果在长安再待不下去，那么主父偃还能去哪里呢？除了饿死京城，那就是往投匈奴了，就是想去匈奴都没有路费。陷入绝境的主父偃窘急无奈之下，只好大着胆子向皇帝刘彻直接写了一道奏章。

主父偃在这道奏章中总共写了九件事情，前八件事情都是谈法律的，最后一件是反对与匈奴作战的。在论及反对与匈奴作战的理由之时，主父偃先是引用了《司马法》中"国家虽大，好战必亡；天下虽平，忘战必危"的著名论断，阐述了战争带来的危害，接着列举了秦始皇不听李斯之谏派蒙恬攻打匈奴、最终导致百姓不堪重负而揭竿而起，汉高祖不听御史进谏亲征匈奴、结果被困平城最后不得不与匈奴和亲，赵佗原为秦朝将领但却在拓边后建立南越国，章邯为秦国救亡之将但却率主力部队投降楚军使秦朝灭亡等事例，建议刘彻要深思熟虑，慎用武力。

主父偃反对与匈奴作战的建议，刚好与刘彻想要全力出击匈奴的想法是相悖的。但刘彻并没有因此而斥逐主父偃，相反，他从主父偃的奏章之中，看到了一种明晰的思路和超凡的见解，简而言之，刘彻觉得主父偃这个人相当有才能。

主父偃的奏章是早晨递上去的，到了晚上，刘彻就召见了他。速度之快，满朝皆惊。同时与主父偃一起被召见的，还有另外两个上书的人，一个是主父偃的同乡严安，一个人是燕国人徐乐，他们两个人也上书反对用兵匈奴。刘彻与这三个人都有相见恨晚之感，他说："你们之前都在什么地方，为什么这么晚才与朕见面？"于是拜主父偃、徐乐、严安为郎中。

郎中虽然只是个三百石的官职，但这对于大半辈子怀才不遇的主父偃来说，则无疑是朝为田舍郎，暮登天子堂了。久旱逢甘雨的主父偃，可说是初尝做官的滋味。他从乍一得来的富贵之中，领教到了奏折带来的巨大威力。

自此以后，主父偃一发不可收，他过几天就上一道奏折，过几天就上一道奏折，而奏折递上去之后，没有不令刘彻酣畅淋漓、大呼痛快的，所以主父偃每上一道奏折，刘彻就提拔他一次，每上一道奏折，刘彻就提拔他一次，先后把他提任为谒者、中郎、中大夫，一年之中，就提拔了他四次。这种情形别说是武帝一朝不多见，就是纵观整个中国历史也并不多见。

也就是在这个时候，主父偃上了著名的"推恩令"。他在奏折中说："过去诸侯的封地不超过百里，强弱的形势容易掌控。如今诸侯的封地，有的数十座城池连在一起，地方千里之广。中央宽厚地对待他们，他们就骄奢淫逸；中央一旦把他们管制得严一些，他们就联合起来抗拒京师。如今如果按照法令削割他们的土地，就会引发叛乱，之前的晁错就是这样。现在的诸侯子弟众多，有的有数十个，长子代立王位，其余的虽也是至亲骨肉，但却没有尺寸的封地，这样一来，仁孝之道就没办法得到宣扬。希望陛下命令诸侯王能够推广恩德，分封土地给所有子弟，使他们都成为诸侯。那么诸侯的所有子弟都会为这个决定而感到欢欣鼓舞，皇上名义上施以了他们恩德，实际上却分割了诸侯国。这样下去，诸侯国的势力就越来越弱了。"

刘彻看了主父偃的这道奏折之后，禁不住为他这个天才的主意拍案叫绝。文帝、景帝两朝，为了削弱诸侯国的势力，不知道想了多少办法，出了多少力气，效果虽说也取得了一些，但由此产生的副作用也足以对朝廷产生相当大的影响，景帝朝的吴、楚七国之乱就是明显的例证。

可是如今呢，主父偃出了这个主意，让诸侯们自己分地裂土，名义上是推广恩德，给所有子弟分封土地，而实际上却使这些诸侯陷入了四分五裂的境地。诸侯不分还不行，否则自己的儿子首先就不答应，皇帝广施恩德，下令要给我们分地，你为什么不分呢？那么诸侯没有儿子分不分呢？也照分不误。你目前没有儿子是吧？可是在理论上来说，你将来总会有的，在不孝有三，无后为大的封建社会，谁敢主动承认自己养不了儿子呢？所以，针对这种情况，具体的办法是：先把虚拟的国号建起来，等你儿子生下来再分封。

这样一来，许多大的王国瞬间瓦解成了若干个小的侯国。按照汉朝的制度，王国可以自治，但侯国却是隶属于郡的，地位与县相当，那么王国分为侯国，王国管辖的地区只剩下几个县，而中央直辖的土地却一下子扩大了。析分之后，谁的地盘谁做主，小国与小国之间谁有谁的想法，政令不一，相互制衡，所以要想统一步调，像之前的七国那样再联合起来造反，就成了根本不可能的事情。

刘彻毫不犹豫地采纳了主父偃的这个计策，然后下诏施行推恩令，使诸侯国问题得到了一劳永逸的彻底解决。这一年是公元前127年，而在此前一年，因为卫子夫为刘彻生下第一个儿子刘据，主父偃趁机上书尊卫子夫为皇后，很对刘彻的心思，刘彻当即欣然批准。主父偃又建议将全国的豪杰大族迁徙到茂陵（刘彻陵墓，今陕西省咸阳市兴平市东北），一来可以防止他们在地方上作恶乱民，二来可以充实京师的力量，从而达到不杀人而除害的目的，刘彻也采纳了。

其时汉政府对匈奴作战，卫青击败匈奴收复河南之地。主父偃认为河南土地肥沃，还有黄河险阻，如果在那里建一座城池抵御匈奴，不仅可以减小内地往北方运输粮草物资的战争成本，也可以减轻百姓前往边关戍守的劳役之苦，还可以扩大国家的疆域，这可是消灭匈奴的根本大计。于是他向刘彻上书，建议设置朔方、五原二郡。刘彻看了之后，于是交给大臣们讨论。在汉、匈边地设置两个郡，从短期来看，耗费大量的人力物力财力，但还不见得马上得利，但从长远来看，却可以就地取材，减轻内地的负担，并加强对匈奴的防守。所以刘彻和主父偃觉得可行，而绝大多数的大臣却觉得不可行。时任御史大夫的公孙弘就坚决反对说："秦朝的时候，就曾征发三十万士卒，在北河筑城，但始终没有成功，最后不得不废弃。如此耗竭民力，使国家疲弊，但却没有什么好处，所以，我不赞成设置朔方郡。"刘彻内心里是倾向于在那里筑城的，于是就让中大夫朱买臣等人以设置朔方郡的好处来诘难公孙弘，朱买臣一连提了十几个问题，公孙弘一个也答不上来，于是公孙弘只好做出让步，同意在停止开发西南夷的条件下设置朔方郡。

所以说此时的主父偃，可说是说什么刘彻都听，讲什么刘彻都信，所以很得刘彻的欢心和信任。

主父偃是在刘彻想要设立中朝这一特殊时期脱颖而出的，主父偃的发迹，与刘彻提拔地位卑微的亲信贯彻他的意旨，但却不会窃取权力，也不会影响到外朝的稳定这一初衷是完全符合的，所以，主父偃的悲剧，其实从一开始就已注定。

当然，这一悲剧更多的还是来自主父偃的自身因素。主父偃很有才能，这是毋庸置疑的，但是他却有一个非常大的性格缺陷，那就是喜欢告别人的状。这大概也跟主父偃长期郁郁不得志导致心理变态扭曲有关系。不管是什么人，只要有什么把柄落在主父偃手中，主父偃就绝对会一道奏折参到刘彻那里。而这些奏折递上去之后，被参的人百分之百就会倒霉。

前文曾经提到过燕王刘泽。刘泽在诛灭诸吕之后，因为在大臣们讨论之时，反对立刘章和刘襄为皇帝，从而使刘恒顺理成章地当了皇帝，所以刘恒投之以桃，报之以李，在登基后封刘泽为燕王。刘泽当了两年诸侯王就死了，王位传给了他的儿子刘嘉。到他的孙子刘定国的时候，燕国出了大问题。因为刘定国此人极端荒淫无耻，毫无道德可言。他与父亲刘嘉的姬妾通奸，生下了一个男孩，又强抢弟妻，还与自己的三个女儿乱伦。刘定国因为某事想要杀死肥如县令郢人，郢人就想上书揭发刘定国的这些罪行，结果被刘定国先下手为强，抓起来以其他的罪名杀人灭口。郢人的弟弟为了替哥哥报仇，于是再次写信，准备向朝廷告状。为了确保能把奏折递上去而不是像哥哥一样被杀死灭口，郢人的弟弟就找到了主父偃。主父偃早年游学时曾去过燕国，了解这些情况，并且当时燕国也未曾礼遇过他，所以他立即揽下了这件事。

主父偃的奏章递上去，刘彻看了勃然大怒，于是交给大臣们讨论，大臣们都异口同声地说刘定国的行为跟禽兽无异，无道逆天，应该按律处斩。刘彻当即批准。刘定国闻讯自杀，燕国被废，封地被收归中央。

当然了，刘定国这样的人被主父偃所参，也可以说纯属罪有应得。可是，谁又能想到，连董仲舒这样的人都会被主父偃所参。董仲舒不过是个一心一意想要研究学问而并不恋栈的知识分子，可是主父偃却因为嫉妒他的才华，在去拜见他的时候，把他描写阴阳灾异的书偷出来向刘彻告黑状，害得董仲舒蹲了大狱，差一点儿被杀。

因为主父偃文笔极为犀利，所以他写的奏折，都具有极强的说服力，每每切中要害，从而让看奏折的人也就是刘彻常常心悦诚服地同意他的观点，批准他的奏章。有了这样一个撒手锏，朝中的王公大臣都非常畏惧主父偃，为什么呢？因为人非圣贤，孰能无过，所以只要是个人，就无法避免会犯一点或大或小的过错。不过对大多数人来说，只要别人犯的不是十恶不赦的大罪，或者跟自己没什么大的过节，也就抱着宽容、随和的态度三缄其口，因为自己说不定什么时候也会犯错，也需要别人的包容和原谅，毕竟水至清则无鱼，人至察则无徒嘛。可是主父偃这个人不，他不管你犯的是什么样的错误，也不管你是谁，跟他有仇无仇，只要让他逮着了你的错处，一道奏章就把你参到了皇帝面前，况且他告的人不是一个两个，而是见谁告谁，被告的人轻则免官，重则杀头，这谁受得了？所以为了避免祸事上门，许多大臣都选择了向主父偃行贿，也就是拿黄金去堵上主父偃的嘴。钱是送出去了，但人为财死，鸟为食亡，这些大臣心里对主父偃的恨，则是越积越深，只是碍于主父偃深受皇帝宠幸，所以谁都敢怒不敢言，不但不敢说，还争着在皇帝面前说他的好话。

中国人历来的为人处世哲学都是多栽花，少栽刺，讲究以和为贵，明哲保身，所以主父偃这样到处人为树敌，连他的一些宾客都看不下去了，于是就劝他说："你实在是太横行霸道了，再这样下去，你会大祸临头的。"可是主父偃却根本听不进去。他说："我刚刚成年就出外游学，在外四十多年，一直郁郁不得志，我的父母亲不把我当儿子看，兄弟们也不接纳我，宾客们全都弃我而去，我困顿的时间实在是太长了。男子汉大丈夫，一定要轰轰烈烈，活着的时候不能享受用五口锅吃饭的待遇，那还不如在死的时候接受用五口鼎烹煮的酷刑（生不五鼎食，死则五鼎烹）。我已经这把年纪了，人生的路也快走到尽头了，所以就倒行暴施了。"（"倒行暴施"后统一作"倒行逆施"。）

"倒行逆施"的主父偃，终于为自己招来了大祸，而这次的大祸临头，则是由于主父偃攀龙附凤未遂而引发的连锁反应。

前文提到过，皇太后王娡与她和前夫金王孙所生的女儿金俗相认了，因为自觉得对金俗有所亏欠，所以她对金俗非常怜爱。金俗已经嫁人了，她不敢让女儿重蹈自己的覆辙毁婚另嫁，因为那样会让天下人耻笑，所以她就想为金俗的女儿找一个富贵的婆家。而当时的富贵之人，除了皇帝，就是诸侯王了。

王娡想来想去想不出一个合适的诸侯王，她宫中的一个太监徐甲就自告奋勇地对她说："天下诸侯，最富庶的莫若齐国，奴仆是齐国人，愿意前往齐国走一趟，让齐王亲自上书前来提亲。"王娡听了之后，非常高兴，于是就派徐甲前往齐国。

徐甲准备要回国向齐王提亲的事情被同样是齐国人的主父偃得知，主父偃于是找到了这个老乡，然后对他说："如果你到齐国提亲顺利，那么最好对齐王说一说，我的女儿也愿意充入他的后宫，做他的姬妾。"徐甲觉得这根本不是什么难事，天下的男人，尤其是权势赫赫的王公贵族，有哪个会拒绝主动送上门来的艳福呢？于是一口就答应了下来。

徐甲前去齐国提亲，那么此时齐王的婚姻状况又是什么样的呢？来看一看。

此时的齐王是齐孝王刘将闾的孙子刘次昌。吴、楚七国之乱后，刘将闾恐惧之下服毒自杀，汉景帝刘启觉得刘将闾最初并不想谋反，本性并不坏，于是就把刘将闾的儿子刘寿立为齐王。刘寿死后，他的儿子刘次昌即位，是为齐厉王。

刘次昌的母亲是纪太后，她为了让自己娘家的人显贵，于是就做主把娘家的一个侄女嫁给了刘次昌，但刘次昌却一点儿也不喜欢这个表妹。如果就这样下去，纪氏女子生不了孩子，那么纪家想要飞黄腾达的梦想恐怕就要落空。纪太后非常着急，一着急，就想出了一个"如意妙招"。她让自己的女儿纪翁主（当时帝王的女儿称之为公主，诸侯王的女儿称之为翁主，并按照当时的风俗，根据其母亲的姓氏称之为某翁主），也就是刘次昌的姐姐到刘次昌的后宫里去，帮助他处理后宫问题。

纪太后的如意算盘是：让纪翁主主持齐王的后宫，不要让宫中的其他女子接近刘次昌，那么宫中只剩下纪氏女子一个人，刘次昌不爱纪氏女子，还能去爱谁呢？这件事情理论上看是对的，但天算不如人算，纪太后穷尽了其他的可能，但却没有想到根本不可能的一种可能——刘次昌不爱纪氏女子，又接触不到其他的女子，竟然与自己的姐姐纪翁主发生了乱伦关系。

在当时的诸侯国中，这样的情形并不罕见。王室成员富贵骄横，荒淫无耻，自我约束力极差，常常做出一些违背道德礼仪的事情。刘次昌与姐姐产生乱伦关系，消息马上就从宫闱里传了出去，只是许多人觉得此事跟自己无关，所以都没有过多地去理睬。

但这个脓疮，随着此时徐甲的前来，立即被挑破。

徐甲来到齐国之后，先没有去拜见纪太后，而是托可靠的人先去放风，试探齐国的反应。如果齐国愿意，那么自己再去办差就会顺风顺水；如果齐国不愿意，那么自己也免遭当面被拒绝的尴尬，这应该也是中国人长期以来办事的一个成例，是经验之谈。果然不出徐甲所料，纪太后听了中间人的话之后立即勃然大怒，她煞费苦心想要让自己的娘家人上位，哪里能容得别人抢走她家的富贵，于是她破口大骂说："齐王已经有王后了，后宫的妃嫔也很齐备。徐甲是个什么人，齐国的穷汉一个，穷得日子过不下去才入宫当了太监，他在汉宫没见做什么好事情，现在竟然想要扰乱我们齐国。再说这个主父偃是个什么东西，竟然也想将他的女儿充入后宫！"

纪太后这个女人，可说是头发长，见识短，她在齐国的地盘上作威作福惯了，自以为天下唯我独尊，她实在是没有搞清楚自己有几斤几两。当年的栗姬贵为皇太子之母，因为拒绝长公主刘嫖的婚事，说废就废了，还赔上了儿子的皇帝宝座和身家性命。而她纪太后一个藩王的母亲，自己的家教并不见得有多严，家风并不见得有多好，竟然敢拒绝当朝皇太后的婚事。她可以不与穷人来往，但她不应该看不起穷人，更不应该侮辱穷人，因为穷人也是有尊严的。她这一拒绝，立即为齐国王室招来了大祸。

徐甲听说纪太后拒绝婚事不说，还说了那么多难听的话，知道提亲一事已经黄了，于是就灰头土脸地回长安。那个时候最好的交通工具就是马车，从今天的山东淄博到陕西西安，坐马车需要走上一两个月，而在这一段时间里，徐甲有足够的时间琢磨答复皇太后的措辞。他来的时候向皇太后夸下海口，而事情却没有办成，自己丢面子倒是小事，回去怎么向太后交差却是大事。而等他一路回到长安，对策也就想好了。徐甲在王娡面前绝口不提纪太后拒绝婚事的事情，而是编了个谎，他说："齐王已经答应了婚事，但有一件令人担心的事情，我怕他将来会出现像燕王那样的情况。"

燕王刘定国是什么情况，前面已经讲过了。王娡一听，立即就绿了脸，她王娡虽然自己的婚姻有过一些波折，但她对子女的家教是极严的，否则，她的儿子也当不了皇帝，她也当不了皇太后。试问家教如此之严的王娡，又怎么能让自己的外孙女嫁给这样一个诸侯王呢？于是王娡对徐甲说："从今往后，你们再也不要在我面前提跟齐国结亲的事情。"

徐甲在王娡面前不敢说实话，但到主父偃面前，却委实没有隐瞒的必要，主父偃一听，立时就气炸了肺，齐国不允许他的女儿入后宫没关系，但纪太后也实在是没有道理小瞧他。主父偃的前半生就是在别人的疏远、轻视和冷眼之中度过的，所以他最痛恨别人看不起他。现在他不去找别人的碴儿就已经算是厚待别人了，没想到还有人主动前来侮辱他。

于是主父偃下决心报复齐国。他向刘彻说："齐国临淄有十万户口，每天市场上收取的税金就达千金之多，百姓非常富庶，几乎与长安不相上下，不是天子的亲兄弟或是亲儿子不应该当齐国的国王。现在的齐王，与皇室的血缘关系已经很远了，吕太后的时候，齐国就想造反，吴、楚七国造反的时候，齐孝王差一点儿就跟着作乱，现在听说齐王与他的姐姐淫乱，最好是认真查一查。"徐甲从齐国回来之后，刘彻就已经风闻了这件事情，现在主父偃这么一说，刘彻也觉得很有必要查一查，于是就拜主父偃为齐国国相，让他去办理这个案件。

成了齐国国相的主父偃，真可以算得上是衣锦还乡了，但主父偃这次还乡，却并不是去光耀自己的门楣，而是去找自己的亲朋故旧秋后算账。他到达齐国之后，把自己的亲戚故旧兄弟宾客全部找来，拿出五百金丢落到地上，然后数落他们说："以前我贫困的时候，兄弟们不给我提供衣食，宾客们也全都离我而去。现在我富贵了，成了齐国国相，你们有的人竟然到千里之外去迎接我。你们如此对待我，那就别怪我无情无义。看在我们之前的情分上，这些金子你们捡去吧，从此以后，你们再不要登我主父偃的门。"

主父偃所做的这件事情，叫"散金断交"，历史上非常有名。世态炎凉，这不过是人之常情，可惜主父偃看不透这一点。就连自己也不是完美无缺之人，为什么要如此苛求别人呢？原谅别人，也等于原谅自己，给过去的自己一个新的定位，以有利于自己以后的修养和进取，可主父偃这样做，也就等于把自己孤立起来了，让自己走上了独木桥。

之后，主父偃开始追查齐厉王刘次昌与纪翁主乱伦的事情，他首先把那些带着刘次昌去他姐姐寝宫的太监抓了起来，然后严刑拷打，让他们在供词中把齐厉王牵扯进去。

主父偃拿到可以定案的证据之后，于是就把案情故意泄露给刘次昌。刘次昌只有十多岁年纪，哪里经历过这样的事情，他听了之后，心里非常害怕，担心会和燕王刘定国一样判处死刑，于是就服毒自杀了。

刘次昌自杀，因为没有儿子，所以封国被废除，封地并入大汉。要说刘次昌死了也就死了，但他的死却引起了另外一些人的震恐，什么人呢？赵王刘彭祖。刘彭祖为什么震恐呢？因为刘彭祖的家里也有乱伦的丑事，他的太子刘丹与女儿和姐姐也乱伦，并且主父偃曾去赵国游学，有可能了解这些事情。

之前燕王刘定国被揭发的时候，刘彭祖就特别害怕主父偃会像揭发燕国那样揭发赵国，只是碍于主父偃人在朝中，担心打蛇不成反被蛇咬，于是就专心寻找机会，拉主父偃下马。这不，主父偃刚一离京，他就马上向刘彻上了奏折，控告主父偃。他控告的理由是什么呢？说起来非常令人吃惊，居然是"推恩令"。刘彭祖说，主父偃之前是收受了诸侯国的贿赂，所以才建议分封诸侯子弟。刘彻行推恩令的真实目的是拿不到台面上的，所以刘彭祖也就装作不知道，他专拣能够拿到台面上的来说，一下子就让刘彻感觉有些不对劲，认为主父偃的初衷并不是帮助自己巩固皇权而是为了替他自己谋私利。并且，刘彭祖还说，主父偃之所以揭发齐国，并不是他真的为了国家社稷，而是因为齐国拒绝了他的亲事，他是在挟嫌报私仇。而刘彭祖所说的第二点，倒确实是真的。等到刘次昌自杀身死的消息传来之时，刘彻更以为是主父偃公报私仇逼死了齐王。刘彻十分震怒，于是下令把主父偃抓起来投进监狱。

把主父偃投进监狱之后，冷静下来的刘彻也开始仔细回想主父偃上书推恩令的前前后后，最终想明白主父偃并不是因为接受诸侯的贿赂才建议推恩分封的。这么一想，他对主父偃的怒气也就消了一些。至于主父偃因为提亲不成而挟嫌报复一事，刘彻就更是不以为然。纪太后拒绝王太后及主父偃的婚事，就算是主父偃不发作，他都想借题发挥了。现在倒好，主父偃主动替他办了这件事情，不但替他的母亲出了一口恶气，更是把一个大国收归了中央，实际上更中刘彻的心思。这么一想之后，刘彻就不想杀主父偃了，因为虽然其他的大臣都讨厌主父偃，但刘彻却需要主父偃这样的人，一来主父偃确实有才能，二来他作为皇帝是孤家寡人，如果大臣们都讲求与人为善不向他告密，那么他靠什么来控制群臣呢？

可是，事情到了这个地步，竟然也由不得刘彻了，因为御史大夫公孙弘发话了。

公孙弘说："齐王因恐惧而自杀，他没有后代，封国因此被并入大汉，天下人都会认为是朝廷贪图齐国的财富和封地才让主父偃这么做的。如果不杀主父偃，陛下拿什么向天下人解释。"

公孙弘这么一说，就立即说中了刘彻的心病。所有的帝王都是一样，既想办成所办的事情，还不想自己背负道义的骂名，就算是别人有稍许的质疑都不行。公孙弘此言一出，主父偃此时就是有十个脑袋，也不够砍了。公孙弘建议将主父偃灭族，刘彻同意了。

那么公孙弘为什么要对主父偃落井下石呢？主父偃似乎没有得罪过公孙弘。其实，主父偃是得罪过公孙弘的。第一，之前主父偃主张设置朔方郡，而公孙弘坚决反对。刘彻为了说服公孙弘，找来朱买臣等人，把公孙弘诘难得张口结舌、无言以对，不得已只好向刘彻认错。当时公孙弘心里对主父偃的恨，那可真是不能用语言来形容的。第二，公孙弘虽然清廉且表面上待人宽容，而实际上却为人刻薄，当时就有许多人攻击公孙弘虚伪做作，但却一直无法打中公孙弘的"七寸"。而如果以主父偃的言辞犀利加说理透彻攻击公孙弘，那么公孙弘说不定当场就会在刘彻面前身败名裂，要知道主父偃可是随时随地想要告别人的状的，并且一告一个准，这是公孙弘不得不早做提防的，所以，他为了使自己免遭祸患，就必须先下手为强除掉主父偃。第三，主父偃是中朝与外朝斗争的牺牲品，任齐国国相之前，主父偃只是个六百石的中大夫，但他在皇帝面前所受的宠幸和器重，却是公孙弘这个万石级的御史大夫所根本无法相比的，其他人就更别提了，公孙弘由妒生恨，这是非常容易理解的。基于以上原因，公孙弘说出了那句足以使主父偃掉十次脑袋的话。

可怜主父偃的父母兄弟，其实他们老早以前就跟行为乖张的主父偃断绝了关系，可此时竟被卷入这样一件事情而送了全族的性命。

主父偃生前得势时，大臣们都因害怕他而不住地在皇帝面前赞誉他，而等到他此刻身败名裂，竟然全都反过来落井下石，争先恐后地站出来揭发他。主父偃生前有好几千宾客追随他，可是此时他被灭族之后，竟然没有一个人前来为他收尸，只有一个名叫孔车的人为他收尸并埋葬了他。刘彻内心其实十分同情主父偃，知道主父偃做了维护朝廷道义的替罪羊，所以听说这件事情之后，认为孔车是个有德行的长者。

主父偃可说是最终被公孙弘一句话所杀，而被公孙弘一句话送死的著名人物，还有侠士郭解。

郭解，字翁伯，他的外祖母就是那个大名鼎鼎的女神相许负。郭解的父亲就是个侠士，因为行侠杀人，在汉文帝时被朝廷逮捕处死。郭解个子矮小，其貌不扬，不喜饮酒，为人十分精明强悍。他年轻的时候非常残忍狠毒，但凡有人让他不高兴，他就一定会亲手杀人，并且杀死的人相当多。他能够豁出性命为朋友报仇，并收留亡命徒去抢劫财物，有时候就干些盗铸钱币、挖掘坟墓的勾当，诸如此类的坏事，他做过的实在是太多了。但他的运气却实在是好得出奇，做了这么多坏事，他居然一直平安无事，每次身陷绝境，他要么顺利脱险，要么遇到大赦，总之都能逢凶化吉，遇难成祥。

等到郭解的年纪大了，他就开始改变以前的行为，注意约束自己，常常以德报怨，帮助别人却不奢望别人给予回报，但他自己喜欢行侠仗义的思想却越来越强烈。他救了别人的性命却从不夸耀自己的功劳，但因为本性依然残忍狠毒，为小事突然发怒行凶的现象仍然像以前一样。一些年轻人非常仰慕他的行为，所以常常暗中为他报仇，但却不让他知道。

郭解姐姐的儿子依仗郭解的势力，在与一个人喝酒时，要求那个人必须喝尽杯中的酒，那个人量小喝不了，郭解的外甥不高兴，就强行给人家灌酒。结果那个人发怒，拔刀捅死郭解的外甥逃跑了，郭解姐姐听说儿子被杀，生气地说："我弟弟这么高的声望，但人家杀了我的儿子，凶手却抓不到。"于是她将儿子的尸体丢在大街上，不埋葬，想以此羞辱郭解。

郭解非常难堪，于是派人暗中查访凶手，最终找到了凶手的去处。凶手无处可逃，只好主动回来，把当时的真实情况告诉了郭解。郭解听了之后说："你杀他没有错，是我的外甥不对。"于是放了那个凶手，把责任归于外甥，然后收尸并埋葬了他。人们听到这个消息，都非常赞同郭解的行为，依附他的人越来越多。

郭解每次外出或归来，周围的人都自觉地躲避他，只有一个人傲慢地坐在地上望着他。郭解非常奇怪，于是派人去问他的姓名。门客中有人要杀那个人，郭解阻止说："居住在乡里却不被人尊敬，这是我自己的道德修养还不够啊，他有什么过错？"于是他暗中嘱托尉史说："我比较看重这个人，轮到他服役时，请给他免除。"所以此后每到服役时，有好几次，县中的官吏都没找这个人。这个人感到奇怪，于是就找人打听，一打听，才知道是郭解叫人免除了他的差役。这个人于是赶快到郭解的门上，光着上身向郭解请罪。乡里的年轻人听到这消息，越发仰慕郭解的行为。

洛阳城中有两户相互结仇的人家，城中先后有十多个贤士豪杰为他们调解，但这两家人始终没能达成和解。门客请郭解帮忙，于是郭解在夜间悄悄去拜访了这两户结仇的人家，这两家人见郭解上门劝说，出于对郭解的敬畏，于是就委屈自己，准备答应和解。郭解见状，又对他们说："我听说洛阳城中的豪杰曾经为你们调解，但你们没有接受。如今有幸你们听从了我的劝告，那些洛阳城中的贤士豪杰脸上可就不大光彩了。"于是当夜离开，不想让人知道他参与了这件事情，他临走时说："你们暂时不要和解，等我离开后，让洛阳城中的豪杰们再调解一次，你们再听他们的。"

郭解对待官方的人非常客气，他从来不敢坐着马车走进县衙的门。他到别的郡县去替别人办事，如果事情能够顺利办成，就一定要把它办成，就算是办不成，也要使各方面都满意，然后才敢去吃人家的酒饭。因为这个缘故，人们都非常尊重他，争着为他效力。郭解常常在家中藏匿收留一些杀人越货的亡命之徒，所以城中的年轻人及附近县城的贤士豪杰常常半夜前来拜访他，每天晚上来的车子就有十几辆，然后把他藏匿的那些人接去供养。

郭解的死说起来跟主父偃还有很大的关系。公元前127年，主父偃建议把全国的豪杰富人迁到茂陵（刘彻陵墓所在地，位于今陕西省咸阳市兴平市），当时的迁徙标准是家产三百万以上者全迁。郭解家的财产并没有这么多，够不上迁徙的标准，但他的名字却出现在了迁徙的名单之中。当地的官吏不敢不照章办事，于是让郭解迁徙。时任大将军的卫青于是在刘彻面前替郭解求情说："郭解家里根本不富裕，达不到迁徙的标准。"刘彻一听，马上没好气地反驳说："一个老百姓，他的能量大到足以让大将军出面替他说情，由此可见他家根本就不贫穷。"郭解只好迁往茂陵，迁徙之时，为他送行的人送给他的钱足有一千多万。原来，郭解所住的县里有个叫杨季主的人，他的儿子在县里担任县令的属官，觉得郭解继续住在县里会给县里的治安带来非常大的麻烦，于是就把郭解的名字写在了迁徙的花名册上，想让郭解迁走。得知这个情况之后，郭解哥哥的儿子就杀了杨季主的儿子，砍下了他的头。从此以后，郭解与杨家结下了仇。

郭解迁移到关中之后，关中的那些贤士豪杰听到郭解迁来，都争先恐后地要跟他结交。郭解被迁居茂陵，心里怨恨杨季主，于是又杀死了他。这下杨家的人彻底怒了，于是到京中上书告状，结果郭解的仰慕者又把杨家告状的人在宫门前给杀了。

刘彻听到这个消息后，对眼皮子底下发生这样的事情感到震怒异常，于是下令捉拿郭解，郭解闻讯赶快逃走。郭解每到一处，都把他的真实情况告诉留宿他的人家，所以追捕他的官吏得以循迹而来。因为一位帮助郭解出逃的关键人物不愿出卖郭解而自杀，所以追捕的线索断了，一直过了很久，官吏们才把郭解抓获。

官吏们深入追查郭解所犯的罪行，结果发现郭解所犯的那些杀人罪行，都发生在大赦令发布之前，这也就意味着，郭解将要被无罪释放。

但就在此时，发生了一件令人更加震惊的事情。查办郭解案件的使者到郭解所居的县中了解情况，一个儒生在旁陪坐。郭解的门客不住地称赞郭解，说郭解是个贤士。那个儒生不服气地反诘说：''郭解专做那种违反国家法令的坏事，怎么能说他是贤士呢？''郭解的门客听说之后，就杀了这个儒生，并割掉了他的舌头。

事情发生之后，官吏异常惊骇，于是就拿这件事情责问郭解，让郭解交出凶手，但郭解实在不知道究竟是谁杀了人。案件没有一点线索，所以最终也没有查出来谁是杀人凶手。办案的官吏于是向刘彻报告，在报告中主张郭解无罪。公孙弘说：''郭解作为一个老百姓行侠，用权术让其他人为他犯罪，为了一点小事就杀人，他虽然不知道谁是凶手，但这个罪行比他亲自杀了人还要严重，应该判他大逆不道的罪。''

刘彻认为公孙弘说得有理，于是，郭解被灭族。

谁说主父偃铁笔杀人百发百中？他比起公孙弘的利舌杀人来，还有相当大的差距！

主父偃死了，但他提出的旨在分化瓦解诸侯国势力的"推恩令"却得到了异常顺利的推行。

不过，"推恩令"只能分化表面的、显在的行政区域，对深层的、潜在的意识形态领域的东西，显然鞭长莫及。也就是说，"推恩令"是颁布了，也执行了，地也确实分了，但人家内心深处对你这个思想和政策的反对及抵触，是没有办法制裁的。

刘彻奉行儒家的"大一统"思想想要加强皇权，但地方诸侯却仍然推崇黄老道家的"无为而治"思想想要保住现有权力。所以，意识形态领域的儒、道之争仍然非常激烈。

而此时，在意识形态领域有能力和中央政府分庭抗礼的诸侯国，最具代表性的当数淮南国。

第二十三节　才华横溢的刘安、谋反的下场

前文讲到，淮南厉王刘长因谋反罪在被流放蜀地的过程中死去后，汉文帝刘恒感觉愧对这个弟弟，于是又把淮南国故土一分为三，封刘长的三个儿子为王，刘安为淮南王，刘勃为衡山王，刘赐为庐江王。

吴、楚七国造反时，淮南王刘安想要起兵响应，结果被朝廷派到淮南的国相欺骗，国相得到兵权后不再听从刘安的命令，而是带领军队效忠朝廷防御叛军，所以淮南国最终得以保全。

而衡山王刘勃和庐江王刘赐也拒绝了吴、楚的拉拢，坚守城池毫无二心，因此在战后，刘勃被改封到有别于"南方卑湿"的济北去做王。而庐江王刘赐则因为地近越国，屡次派使臣与越国结交，朝廷为了加以防范，将他改封为衡山王。淮南王刘安还和以前一样，没有改封。

淮南王刘安十分聪明好学，喜欢读书弹琴，不像其他的诸侯那样沉溺于骑乘射猎之中。他对待国内的老百姓也非常好，所以他的好名声得到了广泛传扬。

刘安对父亲刘长的死常常心怀怨望，想要背叛朝廷，但却苦于找不到一个合适的机会。

刘彻刚刚即位之时，大权仍然掌握在崇尚道家思想的窦太后手里，刘彻提拔并征召赵绾等儒生，大力鼓吹儒家思想，想要让诸侯"尊王攘夷"，以巩固自己的权力。谁知行事过于匆忙，不但没有从窦太后手中夺回权力，反倒被窦太后抓住把柄，将赵绾、王臧等人下狱处死。若非王娡、刘嫖、陈阿娇等人从中大力周旋，当时刘彻的皇帝之位都有可能不保。

所以在那段时间里，许多人一度不再看好刘彻，而是把目光转向了一些素有贤名的外藩。而这些立场动摇的人里面，甚至就包括刘彻的舅舅田蚡。

前面讲到，因为陈阿娇一直没有替刘彻生下儿子，再加上刘彻的处境异常危险，所以在刘安前去长安朝见皇帝之时，田蚡竟然在迎接刘安时蛊惑他说："当今皇上没有太子，您是高皇帝的嫡亲孙子，又广施仁义，天下归心，如果有一天皇帝不慎驾崩，那么继位的不是您，又该是谁呢？"

当时刘彻刚刚十七岁，而刘安已四十岁。按照正常的情况，刘彻绝对不可能死在刘安的前面。如果田蚡所说的这种可能性确实存在，那么最有可能的情况就是刘彻突然死亡。一个身强力壮、无病无灾的年轻人，怎么可能会突然死亡呢？除非发生宫廷政变！而依当时刘彻的危险处境来说，由窦太后主导发动宫廷政变，倒是很有可能的。

所以田蚡短短的几句话中，暗示意味非常明显，也难怪刘彻后来得知这件事情之后，极端愤怒地直言如果田蚡活着要将他灭族。因为田蚡作为他最亲的亲属，竟然在他最困难无助的时候与别人密谋背叛他。

不过不论后来的刘彻如何愤怒，在当时的刘安看来，田蚡的这几句话则无异是相当令他振奋的强心剂。因此他赐给田蚡相当丰厚的财物，结好田蚡这个新贵。在归国之后，又暗中结交宾客，密谋反叛之事。当时，他招揽的宾客有数千人，其中特别有才华的有八人，分别是：苏飞、李尚、左吴、田由、伍被、毛被、雷被、晋昌，号称"八公"。他们当时活动的主要场所在今安徽省淮南市寿县的"八公山"，"八公山"也因此而得名。

刘安和他的这些门客，共同编著了包罗万象的《淮南子》一书，又名《淮南鸿烈》或《鸿烈》。"鸿"是广大的意思，"烈"是光明的意思，寓意此书就像"道"那样包括了广大而光明的通理。《淮南子》在继承先秦道家思想的基础上，糅合了阴阳家、墨家、法家和一部分儒家思想，但主要的宗旨属于道家。内容涉及政治学、哲学、史学、文学等多个领域，是汉代道家学说中最重要的代表作。其中最为著名的篇章有《共工怒触不周山》《塞翁失马》等。但这部鸿篇巨制，流传至今只剩下《内书》二十一篇，这就是现今人们看到的《淮南子》。

从辈分上说，刘安是刘彻的叔叔。但从宗法制度上说，刘彻却是大宗，刘安是小宗，刘彻有优先继承皇位的权利，而刘安的可能性微乎其微。当时的朝廷，窦太后与刘彻斗得特别厉害，表面上看是"尊儒"还是"尊道"的意识形态之争，但实际上仍然是权力之争。如果道家压倒了儒家，那就仍然是窦太后说了算；如果儒家压倒了道家，那就预示着刘彻会亲政。而一些论者认为，刘安编撰《淮南子》的目的，就是针对初登帝位的刘彻的，帮助窦太后并反对刘彻所推行的政治改革。因为在帮助窦太后的同时也就是在捍卫自己的既得利益，弄不好还有可能随着刘彻的被废而一跃由小宗变大宗，像当年的刘恒进京一样，直接登基当皇帝。

因此从表面上看，《淮南子》是一部意在求仙访道博采黄老之言的道家学说，但实际上，这部书却是利用道家"无为而治"的思想，与刘彻的"独尊儒术"唱对台戏。

刘彻是个非常爱才的人，自然而然，他也非常欣赏刘安这个叔叔的才华。与当时沉溺于酒色犬马游猎的其他皇族子弟形成鲜明对比的，则是淮南王刘安的礼贤好学，在当时皇室子弟之中，刘安是为数不多的博学多才且有深厚学术修养的人之一。但博学归博学，政治归政治，如果博学影响到了政治，那就绝对不是一件好事。刘彻的庶兄刘德就因为素有贤名而遭到了刘彻的嫉妒，刘安自然也不例外。而与刘德的专务整理古籍不同的是，刘安还利用所编的著作与刘彻在意识形态领域进行斗争。所以这不论是对刘彻，还是对朝中的大臣们，都是不能容忍的。因而，一些诽谤刘安的言论不时地传到刘彻的耳中。

不过，意识形态领域的"儒""道"之争，随着公元前135年的到来而画上了句号。这一年，天上出现了彗星，彗星的尾巴几乎扫过整个天空。刘安对此感到十分惊奇，于是在内心深处将它与政治时局建立了某种联系。

有宾客就对刘安说："之前吴国起兵之时，天上出现彗星，但仅有几尺长，尚且流血千里。现在彗星长至整个天空，天下一定会兵乱四起。"

刘安听了门客的话，心里自然而然地想起了之前田蚡对他所说的那句话。皇帝刘彻没有太子，如果天下发生变乱，各地诸侯必定会群起而争夺皇位。为了能够使自己在将来的这场争夺战中取得胜利，刘安于是抓紧时间制造兵器和攻城器具，并把积攒的钱财拿出来拉拢地方官、宾客和那些有才华的人。

那些辩士为了谋取不正当利益，刻意迎合刘安的这一心理，编造一些荒诞的歪理邪说阿谀奉承刘安，刘安听了非常高兴，赏给他们很多金钱，想要谋反的心情更加迫切。

刘安有个女儿叫刘陵，非常聪明，口才也非常好，刘安为此非常喜爱她，赐给她很多钱财，让她到长安城中去刺探朝廷的内情，并广交皇帝左右亲近之人。

但刘安因为彗星预示"兵当大起"的积极策划随着窦太后的死而落了个空，

这一年，窦太后死去，刘彻在清洗道家势力的同时，"罢黜百家，独尊儒术"，很快握稳了权力。"儒""道"之争至此尘埃落定，但刘安反叛的心却并未因此止息。

刘安的王后名叫荼，非常得宠，为刘安生下太子刘迁。刘迁后来娶了王娡的外孙女，即修成君金俗的女儿做妃子。刘安在策划谋反事宜之时，担心太子妃得知内情后会向朝廷泄密，于是就和刘迁想了个办法。让刘迁假装不爱金俗之女，三个月不和她同房。而刘安则假装对刘迁非常恼怒，把刘迁和金俗之女关进一个房间里整整三个月。而刘迁在这三个月里，装出一副始终不愿亲近金俗之女的样子。

演戏演到这么逼真的程度，金俗的女儿觉得真是够了，她真的以为自己和刘迁之间是感情出了问题，强扭的瓜不甜，再这么下去已经没有任何的意思，于是她知趣地提出，要回到长安去。

而刘安则装出一副无可奈何的样子，在修书向朝廷致歉的同时，恭恭敬敬地把金俗之女送了回去。既赶走了不想留在身边的人，还做到了让对方不恨自己，这样的手段真是滴水不漏，巧妙之极。

与刘安的博学礼贤形成鲜明对比的是，刘安的王后和子女的骄横无礼。王后荼、刘迁、刘陵仗着刘安的宠爱，时常擅自动用国家的权力，侵占夺取百姓的田宅，制造冤案并把无辜的人抓起来投进监狱。

刘迁向别人学习剑术，学了几个月之后，在左右随众的恭维之下，禁不住有些忘乎所以，以为自己的剑术高超无比，世间无人能敌。他听说"八公"之一的郎中雷被剑术非常精湛，于是就召来雷被，要跟他比剑。

世间所有的技艺都是一个渐次积累的过程，刘迁就算再怎么聪明，再怎么进步神速，但有些东西注定是无法脱离客观实际而速成的。雷被与他一交手，就知道刘迁的水平还远未达到跟自己过招的地步。刘迁无法赢得雷被，急躁之下杀心顿起，尽出险招狠招，雷被无法退让之际，在自卫的过程中失手击中了刘迁。

刘迁负伤，恼怒之下恨恨而去，雷被为此非常恐惧。

当时朝廷正在攻击匈奴，凡是愿意从军的，都前去投奔长安。雷被为了解脱杀身之祸，于是决定离开淮南，前去长安加入攻打匈奴的大军。

刘迁败在雷被手下，对雷被怀恨在心，多次在刘安面前说雷被的坏话。于是刘安免去了雷被的官职。雷被知道大祸即将临头，于是在恐惧之下逃往长安，向朝廷上书申冤。

刘彻看到雷被的上书，于是命廷尉和河南郡守共同审理此案，河南郡守决定将刘迁逮捕起来进行审讯。逮捕刘迁的文书到达淮南国都寿春，主管刑狱囚徒的寿春县丞顺从刘安的心意，把文书扣了下来。刘安和王后荼经过商量，决定抗命不交出太子，并趁机发兵造反，但商量来商量去，一直过了十多天时间还没有拿定主意。

而在这个时候，刘彻再次对这个颇具才华的叔叔动了恻隐之心，他下达诏令，让淮南国就地审讯太子，不必押送到河南审理。这么前后一对照，淮南国相才发现之前寿春县丞扣留了逮捕刘迁的文书，把自己撇在了一边，于是弹劾县丞的不敬之罪。刘安见状，赶快出面替县丞讲情，希望他不要追究此事，但国相不听。

刘安于是向朝廷上书，控告国相。刘彻再次把案件交给廷尉审理。

廷尉经过调查，发现了刘安谋反的一些线索，于是把结果上奏给朝廷。大臣们都请求逮捕刘安并治罪。

刘安在朝中的内应及时地把这个消息传递了出来，刘安得悉后十分害怕。刘迁就向他献计说："如果朝廷的使臣前来逮捕父王，父王可叫武士穿着卫士的服装，持戟站在庭院中，一旦有什么不测，当即命武士刺杀使臣，我也派人刺杀淮南国的中尉，到那个时候，我们再举兵也不迟。"刘安采纳了刘迁的建议。

但在廷议之时，爱才的刘彻并没有批准大臣们的奏请，而是派朝廷的中尉殷宏赴淮南国就地查问案情。刘安闻讯，立即按照刘迁的建议做了安排。

殷宏到达淮南国，态度非常温和，只是问了问雷被被免官的原因，刘安十分惊讶，由此估计到朝廷给自己所定的罪行并没有之前想象的那样严重，于是就没有启动刺杀殷宏的计划。

殷宏回朝，向朝廷奏明刘安免去雷被郎中之职的前因后果，负责办案的官吏建议说："淮南王刘安阻挠雷被等想要奋勇抗击匈奴的壮士，妨害了诏令的执行，按律应当判处弃市之罪。"刘彻不想过重惩罚这个有才的叔叔，没有批准大臣们的建议。

大臣们又请求废去刘安的王位，刘彻也没有批准。大臣们又请求削去淮南国五个县以示惩戒，刘彻思虑再三，下令削去两个县。

处罚的决定做出之后，刘彻仍旧命中尉殷宏为使前往淮南国宣诏。

刘安之前刚刚听到消息说朝中的大臣们奏请要处死他，反倒是朝廷赦免他并削地的消息他没有及时得知，因而心里非常恐惧，于是再次启动刘迁的刺杀计划,准备刺杀朝廷的使者后起事。

等到殷宏到达淮南国,他刚一见面就立即向刘安祝贺,并宣布他被朝廷赦免。刘安见自己无罪,于是再次取消了行刺计划。

使者走后,刘安前思后想,心里仍旧很不是滋味,他叹息说:"我施行仁义却被削地,真是太耻辱了。"从此谋反的心意更加坚定。

所有从长安来的使者,如果有人编造谎言说皇帝没有儿子天下不太平,刘安听了就非常高兴;反之,如果说天下强盛太平,皇帝已经有了儿子,刘安就非常恼怒,认为这些人是在胡言乱语。他日夜召集伍被、左吴等人察看军事地图,讨论该在哪个地方驻军,从哪个地方进攻等。

刘安对伍被说:"皇上没有太子,一旦他有一天驾崩,朝中的那些大臣,一定会征召景皇帝的儿子胶东王,或者是常山王,诸侯并争皇位,我怎么能不早做准备呢?况且我是高皇帝的亲孙子,亲行仁义之道,天下谁人不知。现在皇帝待我甚厚,我可以忍耐不去起事;但皇帝驾崩之后,我又怎么能北面向小儿辈们俯首称臣呢?"

伍被听了,有些不高兴地说:"皇上刚刚赦免了大王,大王怎么又说出这等亡国的话了呢!我听说之前的伍子胥劝谏吴王,吴王没有听从他的忠谏,于是伍子胥说:'臣仿佛看见麋鹿在姑苏台上游荡了。'现在臣也仿佛看到宫中荆棘丛生,露水沾衣了。"刘安听了大怒,觉得伍被不支持自己,于是把伍被的父母抓起来,整整关押了三个月。

之后,他又把伍被召来,威逼他说:"现在你可以答应寡人了吗?"

伍被说:"不,我只是来替你出出主意而已。"伍被先后替刘安讲了之前秦朝不体恤百姓,焚书坑儒,修筑长城,攻打匈奴、百越,繁重的徭役和税赋最终使天下百姓不堪重负,纷纷起兵造反致秦朝灭亡;吴王刘濞治下的吴国富甲天下但却不识时务,与楚王刘戊起兵发动叛乱最终溃败身死的先例,奉劝刘安不要行愚蠢之举,否则,事情绝对不会取得成功且会泄密,刘安也一定会被朝廷下诏赐死。说完这些之后,伍被十分悲伤,起身离开。

刘安有个庶长子名叫刘不害,刘安一点也不喜欢他。刘安及王后荼不将他当儿子看,太子刘迁也不将他当兄长看。刘不害有个儿子叫刘建,很有才能,心高气傲,他常常怨恨刘迁不尊重自己的父亲,又怨恨刘安不执行"推恩令",其他诸侯王的儿子都被封为了列侯,而作为刘安两个儿子之一的刘不害却没有被封为列侯。刘建于是暗中结交宾客,准备寻找太子刘迁的错处告发太子,然后让自己的父亲当太子。刘迁得知了刘建的阴谋，多次把刘建拘捕起来，并严刑拷打他。

之前刘迁策划刺杀朝廷的中尉殷宏，刘建知道这件事情，于是他就叫他一个要好的朋友寿春人庄芷向刘彻上书说："良药苦口利于病，忠言逆耳利于行。今淮南王的孙子刘建非常有才能，但淮南王的王后荼、太子刘迁却多次想要谋害他。刘建的父亲刘不害没有罪，但却多次被无辜拘捕，差一点儿被杀。皇上可以把刘建召来询问，他知道淮南王密谋的一些隐秘之事。"

刘彻接到上书之后，把这件事情交给廷尉办理，廷尉又批转给河南郡守处理。

原辟阳侯审食其有个孙子叫审卿，他和丞相公孙弘的关系非常好。审卿记恨自己的祖父审食其被刘安的父亲刘长所杀，于是暗中派人搜求刘安的不法之行，并把这些事情全部告诉了公孙弘。公孙弘于是怀疑淮南王刘安图谋不轨，决定彻查淮南的案子。

再说河南郡守接到朝廷批转的上书，于是召来刘建审问他。刘建把太子刘迁和他的党羽全部供了出来。

刘安为此十分不安，准备发兵起事，于是再次召来伍被商量。但伍被却盛赞其时在汉政府的治下，政治清明，君臣和洽，伦理有序，百姓乐业，商业繁荣，四夷宾服，可说是天下太平，刘安想要起兵造反，是不合时宜的。

刘安听了非常恼怒，伍被只好向他道歉认错。

刘安又问，倘若他举兵起事，朝廷一定会派大将军卫青前来，那么卫青是怎样的一个人。

伍被又称赞卫青爱兵如子，号令严明，不惜钱财，与士兵同甘共苦，深受将士爱戴，就算是古代的那些名将，也不一定能超过他。刘安听了之后，一时默然。

但刘安实在是为刘建之事感到焦虑恐惧，他担心谋反的事情东窗事发，于是准备起兵，结果又被伍被浇了一盆凉水。

刘安十分生气，逼问伍被说："难道侥幸都不能成功吗？"

伍被见实在没办法再劝阻了，于是横下心来说："如果大王真要发兵，那么我倒是有一个不成熟的计策。"

刘安见伍被愿意替他出谋划策，立即大喜过望："什么计策？"

伍被说："如今诸侯对朝廷没有异心，百姓对朝廷也没有怨气，所以根本没办法煽动他们跟着大王造反。朝廷新建了朔方郡，但迁居到那里的百姓不足以充实一个郡。大王可以伪造丞相、御史的奏章，请求把各郡国的豪强、侠士、罪犯及家产五十万以上的富户全都迁徙到朔方郡去，然后大量征发士卒，派遣甲士催他们按期到达。同时伪造皇帝的诏令，声称要逮捕各诸侯国的太子及亲幸大臣，这样一来，诸侯们就会恐惧不安，百姓就会怨恨不已，大王再派舌辩之士去劝说诸侯发兵，或许事情可以侥幸成功。"

刘安听了之后说："这是可以做到的。但虽然如此，我觉得根本不至于这样麻烦。"于是命人按照伍被的计策，伪造皇帝、丞相、御史等的印信。同时，他派人伪装成在淮南犯下罪行的罪犯，西去长安投奔大将军卫青及丞相公孙弘等人，只等发兵之日，就命人刺杀卫青。刘安对朝中的汲黯非常畏惧，但却十分轻视公孙弘，他说："汲黯经常在皇帝面前直言进谏，他严守气节并宁愿为正义捐躯，很难用不正当的利益诱惑他。至于游说丞相公孙弘，就像揭掉盖在头上的纱巾那样容易。"

刘安想要发动淮南国的兵马，但又担心国相和两千石的高级官吏不听从。于是就和伍被商议，想要杀死国相和两千石的官员。他们刚开始想要在宫中制造一场火灾，待国相和高官们前来救火时杀死他们，主意还没有拿定，又想命人假扮捕捉盗贼的官吏，拿着告急文书从东部边界而来，声称南越国的军队要攻打淮南，然后趁机发兵。

但这些办法想了一个又一个，不论成熟还是不成熟，刘安却始终没有做出发兵的决定。

而在这个时候，廷尉却把审理刘建的结果报告给了皇帝刘彻。刘彻看了之后，派廷尉监前往淮南国，叫他在拜见淮南国中尉的时候，逮捕刘迁。

廷尉监到达淮南国，刘安得知消息，准备与刘迁密谋杀死国相及两千石的官员之后发兵，结果国相来了，而内史却借口外出，中尉也说："我接到朝廷的诏书，准备要去迎接廷尉监，不能前来。"刘安想想只杀死国相一个人无济于事，于是就把国相打发走了。

书生造反，三年不成。就这样犹犹豫豫，刘安一直拿不定主意。刘迁想到自己犯下的是刺杀朝廷中尉的罪行，其他和他一起密谋那件事情的人都已被杀死，自以为死无对证，于是就对刘安说："大臣们之中，可以依靠的之前都被朝廷抓起来了，剩下的没有可以共举大事的人。现在父王在机会不成熟时举兵，恐怕不会成功，我愿意前去投案。"刘安想来想去，也觉得造反实在是代价太大，得不偿失，还不如苟且偷生，于是就答应了刘迁。刘迁想要自杀，结果却没有死成。

伍被自己去见办案的官吏，告发了与刘安谋反的事情。官吏因此拘捕了太子刘迁和王后荼，并包围了王宫，把那些与刘安一起密谋的同党全部抓了起来，同时找到了谋反的那些器具，然后报告了朝廷。

朝廷经过审理，把与案件有牵连的列侯、豪杰、官吏好几千人，全部处以了死刑。衡山王刘赐因是刘安的弟弟，也在连坐之列，官吏建议逮捕衡山王。刘彻说："诸侯王各有各的国家，如果没有参与谋反，不应该连坐。淮南王的事情，请与丞相、诸侯及大臣们共同商议。"

赵王刘彭祖、列侯臣让等人商议后说："淮南王刘安极其大逆不道，谋反的罪证明白无疑，应该处以死刑。"胶西王刘端说："淮南王刘安无视王法，放纵恶行，心怀欺诈，扰乱天下，迷惑百姓，背叛祖宗，妄生邪说。《春秋》上说：'臣子不可率众作乱，作乱就应当诛杀'，刘安的罪行比率众作乱更严重，谋反之势已成定局。他所伪造的文书、符节、印信、地图以及其他事实都明白有据，应当依法处死。淮南国中官秩二百石及以上的官吏，宗室近臣之中未触犯刑律的人，他们未能尽责阻止淮南王谋反，也应免官削爵贬为士卒百姓，不得再为官吏，那些无官职的罪犯，可用交纳赎金的方式赎罪。朝廷应当公开揭露刘安的罪行，让天下人明白为臣之道，不敢再生背叛之心。"

刘安，这个满腹诗书的博学之士，最后竟然沦落到任凭刘端这些声名狼藉的诸侯王决定生死的地步，也真是可悲。但刘安的悲剧却并不是其他人诬陷的，而是自己造成的，也许这也是古往今来文人的通病，遇到不平就想发泄不满，想要反抗却又瞻前顾后，所以最后只能以最屈辱的方式死去，身败名裂。

丞相公孙弘和廷尉张汤把众人的议论奏知刘彻，于是刘彻派宗正手持符节去审判刘安。或许这一天来得太迟了，也或许这一天终归要来到，刘安得知了朝廷的审议结果，在王宫里自刎而死，淮南国被废为九江郡。

王后荼、太子刘迁和所有共同谋反的人都被灭族，包括刘安最喜欢的女儿刘陵。朝中有不少列侯，因为和她交往而被褫夺了侯爵，其中因出击匈奴而立下军功被封侯的岸头侯张次公因为和刘陵通奸而被废。

刘彻觉得伍被多次劝阻刘安谋反，且多次称赞朝廷，所以不想杀他。但廷尉张汤却说："伍被是为淮南王策划谋反的首犯，他的罪行不能被赦免。"于是伍被也被处死。

刘安就这么窝囊地死了，但他为后人留下了一部划时代的巨著——《淮南子》。另外他也是世界上最早尝试热气球升空的试验者，他将鸡蛋掏空，然后用艾草燃烧产生的热气使蛋壳浮升。

而更让人惊叹的还不止于此，刘安还是豆腐的发明者。当时淮南一带盛产大豆，那里的百姓很早以前就有把大豆磨成豆浆当作饮料的习惯。刘安到淮南之后，也非常喜欢喝豆浆。

因为刘安身边有许多的术士为他炼金丹，所以常用硫黄、石膏等物品。有一天，刘安端着一碗豆浆坐在丹炉边，碗里的豆浆无意中泼洒到一小块石膏上，结果石膏不见了，取而代之的是一小块粉嫩的东西，有人尝了一下，觉得鲜美无比。于是刘安就叫人把一些石膏碾碎搅到豆浆之中，结果凝结成了大量的鲜豆腐。刘安连称"离奇"，这就是八公山豆腐初名"黎祁"的原因，"黎祁"是"离奇"的谐音。1990年9月15日，淮南市官方举办了首届"中国豆腐文化节"，隆重纪念中国豆腐创始人——西汉淮南王刘安的诞辰和他发明豆腐2100年。

在一些神话之中，传说刘安当时并没有自杀，而是在朝廷的宗正到来之前炼成了仙丹，刘安服用仙丹之后，得道成仙升天而去。剩下的那些药渣被他家的鸡、狗等家禽畜啄舔，也跟着升天而去。因此为后来留下了一个"一人得道，鸡犬升天"的神话。"一人得道，鸡犬升天"后比喻一人升官得势，他的亲戚朋友无论大小强弱贤愚都跟着沾光。

淮南王刘安因谋反事发而死，他的弟弟衡山王刘赐也未能幸免。

刘赐的王后名叫乘舒，替他生了三个儿女。长子叫刘爽，被立为太子，次子叫刘孝，最小的是个女儿，叫刘无采。

刘赐又有个宠爱的姬妾叫徐来，替他生育了四个儿女，美人厥姬也替他生了两个儿女。

此前刘赐与哥哥刘安在礼节上相互责怪，关系不太好，相互之间并无往来。刘赐知道刘安制造兵器想要谋反，担心会被淮南国吞并，于是也结交宾客，想要防备刘安。

公元前129年，刘赐入京朝见。他的谒者卫庆因为擅长方术，于是向刘赐上书，希望到京中去侍奉皇帝刘彻。这在刘赐看来，无疑是对他的背叛，他非常恼怒，找借口诬陷卫庆犯下死罪，把他抓起来严刑拷打，逼他认罪。但衡山国的内史却并不认为卫庆有罪，不肯受理此案。刘赐见内史不听他的，于是上书朝廷，控告内史，内史无法，只好受理此案，但最终却判处刘赐理屈。

刘赐又多次侵夺他人的田产，并毁坏他人的祖坟开垦为田地。他的这些行为被上告到朝廷，官吏请求将刘赐逮捕问罪，但刘彻没有批准，只是收回了原本由衡山国自行任命本国二百石以上官吏的权力。刘赐为此十分愤恨，于是和他人谋划，四处访求谙熟兵法和会观察星象占卜的人，日夜密谋反叛之事。

刘赐的王后乘舒死了，宠姬徐来被立为王后，美人厥姬也同时得宠。厥姬和徐来互相嫉妒，在刘赐面前争宠。厥姬就在太子刘爽面前说王后徐来的坏话："徐来为人阴险歹毒，她指使婢女用巫蛊邪术杀害了您的母亲。"刘爽听了之后，心里非常怨恨徐来。

徐来的哥哥来到衡山国，刘爽与他一起喝酒，席间，出于愤怒，用刀刺伤了他。徐来非常生气，于是多次在刘赐面前诋毁刘爽。

刘爽的妹妹刘无采出嫁后被休回娘家，就和家奴通奸，又和宾客有奸情，刘爽为此感觉很羞耻，于是多次责备刘无采，刘无采恼羞成怒，不再与哥哥刘爽来往。徐来见有机可乘，于是殷勤地关心并拉拢刘无采。刘无采和二哥刘孝因为很小的年纪就失去母亲，缺乏母爱的他们根本无法辨别徐来的险恶用心，于是就依附于王后徐来。徐来于是施计关爱他们，怂恿他们一起毁谤太子刘爽，为此刘赐多次毒打刘爽。

有一年，有人刺伤了徐来的继母，刘赐怀疑是刘爽指使他人干的，于是再次用竹板毒打刘爽。刘赐有一次生了重病，刘爽因为心里有气，于是经常声称有病，不去服侍。刘孝、刘无采和徐来都趁机说他的坏话："太子其实并没有病，他自称有病，但脸上却有喜色。"刘赐听了，非常生气，于是动了废掉刘爽改立刘孝的想法。

徐来得知刘赐想要废掉太子改立刘孝，于是就想让他把刘孝也一并废掉。徐来想了一个歹毒的主意，她有个女婢，能歌善舞，刘赐非常宠爱她。徐来就故意制造机会，让这个女婢与刘孝通奸，好借机玷污陷害刘孝，让刘赐把他们兄弟俩一起废掉而改立自己的儿子刘广。

刘爽知道了徐来的诡计，想到王后徐来对自己的毁谤陷害没完没了，心里实在是伤心不已。万般无奈之下，刘爽就想了个馊主意，想与徐来和解，而这个馊主意却是，与徐来通奸！只要和她发生了奸情，那不就堵上她的嘴了吗？

有一天，徐来在宫里饮酒，刘爽就上前为她敬酒祝寿，趁机坐在了她的大腿上，并请求与她同床共枕。徐来非常生气，把这件事情告诉了刘赐。

刘赐气得发抖，于是召来刘爽，准备把他绑起来痛打。

刘爽知道刘赐时常想要废黜自己并立刘孝为太子，这个时候的他已经铁了心。他冷冷地对刘赐说："刘孝与您宠幸的女婢通奸，无采与家奴和宾客通奸，父王您打起精神吃饭吧，我要向朝廷上书告发这些事情。"说完之后，即转身走了出去。

刘赐一听吓坏了，于是赶快派人去拦截他，但却没办法拦住，于是亲自驾车去追。刘爽被抓住之后，愤怒之下乱骂不已，刘赐于是命人用刑具将他囚禁在太子宫中。

刘爽被拘押，而刘孝却越来越受到刘赐的亲幸。刘赐这个时候才猛然发现，自己的这个二儿子非常有才能，于是赐给刘孝王爵印信，号称将军，让他居住在外宅，给他很多钱财，让他招揽宾客。

那些前来投靠他们的宾客，知道刘安和刘赐都想谋反，于是日夜鼓动刘赐造反。刘赐于是派刘孝的宾客江都人救赫、陈喜制造战车和箭，并私刻天子的印玺和将相军吏的官印，又日夜访求像原吴王刘濞手下周丘那样的壮士。

但刘赐的愿望却并不高，他并不奢望像自己的哥哥刘安那样想夺取天子之位，他的目标一是不能被刘安吞并，二是等刘安起事西进之后，自己乘虚发兵占据江淮之间的土地，仅此而已。

公元前124年秋，刘赐入京朝见经过淮南国时，刘安拉着他，说了许多有关兄弟情谊感人肺腑的话，于是兄弟二人摈弃前嫌，相约共同制造谋反器具，一起发兵造反。

刘赐于是上书推说有病不能入京朝见，刘彻接信之后，赐书准许他和刘安一样，不必入朝。

第二年，刘赐叫人向刘彻上书，请求废掉太子刘爽，改立刘孝。刘爽得知消息，就派自己好朋友白嬴前往长安上书控告刘孝私造战车箭矢，还和父亲的女侍通奸等罪行，想阻止刘孝并保住自己的太子之位。谁知白嬴在去长安之后，还没来得及上书，就被抓了起来，理由是与淮南王刘安谋反有牵连。

刘赐听说刘爽派白嬴上书，担心他泄露衡山国谋反的密事，于是就反过来上书控告太子刘爽做了大逆不道的事情，建议处以死刑。

朝廷将此案移交给沛郡处理。公元前122年冬，负责办案的大臣下到沛郡搜捕与淮南王刘安共同谋反的罪犯，没有捕到，却在刘孝家中抓住了陈喜。官吏控告刘孝带头藏匿陈喜，刘孝以为陈喜多次与刘赐商议谋反之事，很怕他供出此事。他听说法律规定谁先自首谁就可以免除罪责，又怀疑刘爽让白嬴告发了衡山国的谋反之事，于是就向办案的官吏自首，控告救赫、陈喜等人参与谋反。

廷尉经过审讯查验，发现刘孝所说属实，于是大臣们请求逮捕并审讯衡山王刘赐。

刘彻不同意逮捕刘赐，而是派中尉司马安和大行令李息前往衡山国就地调查，刘赐无法隐瞒，只好据实作答。

朝廷的兵马把衡山国的王宫重重包围并严加看守。司马安和李息回到长安，向刘彻详细地报告了调查的结果，大臣们请求派宗正、大行和沛郡府联合审判刘赐，刘赐闻讯之后，自杀而死。

刘孝虽然能够主动自首被免去罪行，但他因为犯下了与衡山王的女御通奸的罪名，仍被处以死刑。

王后徐来犯下以巫蛊谋杀前王后乘舒的罪行，太子刘爽犯下被刘赐控告不孝的罪行，都被判处了死刑。

所有参与衡山王谋反的罪犯，一律被灭族，衡山国被废为衡山郡。

衡山国之败，刘赐想要谋反固然是一方面的原因，但家中没有一个贤惠的女主规范伦理秩序，再加上刘赐顺从歹毒的徐来，不断地排斥太子刘爽，最终导致同归于尽却是最重要的原因。

淮南国与衡山国的被废，只不过是西汉中期各诸侯国分崩离析大潮中的一个缩影。

第二十四节　张骞出使、马邑之围、卫霍名扬天下、李广难封

刘彻在先后剪除来自外戚和诸侯国势力的威胁，并利用中朝把权力牢牢地抓在自己手中之后，强盛的大汉，便在刘彻的操控之下，沿着历史的大道滚滚向前。

而西汉鼎盛显著的标志之一，则是武帝朝汉军对匈奴的大规模反击。西汉自建国以来，就曾多次遭到匈奴的侵扰，汉高祖刘邦被困于平城，最后靠向冒顿单于的阏氏行贿才得以脱身。惠帝、吕后及文帝、景帝朝，都因物力财力不足而不得不委曲求全，对匈奴采取和亲政策，在出嫁公主的同时每年输送大量的丝绸、粮食、布匹等，以换取边境的安宁。文帝时，匈奴的骑兵甚至到达了甘泉宫，严重威胁到了京师长安的安全。到了武帝一朝，经过多年的积累，政治上加强了中央集权，经济上积累了巨额财富，汉、匈两国的综合实力对比已经发生了根本性的变化，西汉国力的鼎盛，在客观上已使反击匈奴的条件趋于成熟。

为了策应此后正面的军事行动，刘彻在即位后不久，就希望通过外交手段来联合其他的国家夹攻匈奴。在这一战略意图的主导下，中国历史上卓越的探险家、外交家张骞和中国历史乃至世界历史上的大事件"张骞通西域"，出现在历史的长河之中。

此前刘彻多次从匈奴俘虏口中得知，西域有个名叫大月氏的国家被匈奴击败，老上单于将大月氏的国王杀死，并用国王的头颅做成了饮酒器。大月氏人为此逃亡迁徙，他们痛恨匈奴，但却苦于力量薄弱，找不到共同攻打匈奴的同盟。其时刘彻正欲对匈奴用兵，得知这一消息，于是就萌生了联合大月氏夹攻匈奴的

想法。他决定派遣使者出使大月氏,并在全国招募能够前往大月氏的勇士。

张骞是汉中成固人(今陕西省汉中市城固县),其时在朝中任郎官。张骞具有特别坚韧的毅力,心胸眼界都很开阔,并能以信义对待他人。他见朝廷招募使者,于是就前去应募,结果顺利通过了选拔,成为前往大月氏通好的使者。

与张骞同行的共有一百余人,其中比较著名的有一个来自堂邑氏家的匈奴胡奴,名叫甘父,因此人们就将他叫作堂邑甘父,简称堂邑父。堂邑父在路上充任张骞的向导和翻译,并依靠出色的射击技艺射杀飞禽走兽来充当食物。

公元前138年,张骞率领一百余人,从陇西(今甘肃省定西市临洮县)出发,西行进入河西走廊。这一地区在匈奴人的控制之下,虽然张骞等人十分小心地躲避匈奴人,但还是被匈奴的骑兵发现了。匈奴骑兵把他们抓起来,送到了匈奴单于那里。

其时的匈奴单于是老上单于的儿子、冒顿单于的孙子军臣单于,他听说张骞等人准备前往匈奴的宿敌大月氏国出使,心里立即明白了张骞等人出使的意图,他认为这是汉朝对匈奴主权的挑衅,于是毫不客气地对张骞说:"大月氏在我国的北面,汉朝怎么能越过我们的地盘到大月氏去?如果我现在想要越过汉朝的地界前往越国出使,汉朝会同意我们这么做吗?"

于是把张骞等人扣留了下来。而这一留,就是近十年时间。

在这近十年的时间里,匈奴为了拉拢张骞并消磨他的意志,为他娶了匈奴的女子做妻子,匈奴的妻子甚至为他生下了孩子,但张骞却并没有放弃自己的信仰和使命。

随着时间的推移,匈奴人对张骞等人的监视渐渐有所松懈,公元前129年的一天,张骞乘看管他的匈奴人不备,丢下匈奴的妻子和儿子,带着随从逃出了匈奴的王庭,前往大月氏的方向。

由于他们出逃的时候十分匆忙,准备不足,没有储备足够的食物和水,所以在浩瀚无垠的大沙漠中受尽酷暑,又在海拔较高的葱岭(也就是神话传说中的不周山,今帕米尔高原)忍受刺骨冰寒,许多随从因为饥渴或高原反应失去了生命。

走了几十天时间,张骞一行到达了大宛国(今乌兹别克斯坦费尔干纳盆地)。大宛国对汉朝的强大和富饶早就有所耳闻,只是苦于没有机会和汉朝交好。他们的国王见到张骞,立即惊喜万分,他问张骞:"你准备要到哪里去?"张骞说:"我是汉朝前往大月氏出使的使者,在出使的路上被匈奴人截留至今。

现在我逃了出来，请大王派人护送我前往大月氏，如果我将来能够到达大月氏，返回汉朝后，一定奏明大汉天子，向贵国馈赠厚重的财物以示感谢。"

大宛国王非常高兴，于是派出向导、翻译护送张骞等人，一直把他们护送到康居国（今哈萨克斯坦巴尔喀什湖到咸海之间，中心驻地卑阗城，在今哈萨克斯坦南部塔什干、希姆肯特一带）。康居王又派人把他们护送到了大月氏国。

这个时候的大月氏国，原来的国王已经死了，他们拥立了国王的夫人为国君。并且打败了大夏国，占领了大夏的都城蓝市城（今阿富汗的巴尔赫一带），在那里安居。因为新的领地土地肥沃，物产丰饶，又离匈奴等国非常远，没有别的敌寇侵扰，所以他们安于享乐，已经没有向匈奴复仇的打算了。

再者，他们认为大月氏离汉朝非常遥远，真要是联合汉朝夹攻匈奴，遇到困难也难以得到汉朝的帮助，于是拒绝了张骞等人的要求。

张骞在大月氏逗留了一年多时间，始终未能说服大月氏人与汉朝结盟。在此期间，张骞甚至越过妫水（今阿富汗北部阿姆河一带）南下，抵达大夏国新的都城蓝市城（今阿富汗首都喀布尔西北的瓦齐拉巴德）。

既然无法说服大月氏人，张骞只能动身回国。公元前128年，张骞带着随从们开始返汉。

回国途中，为了避开匈奴的控制区，张骞特意改变行进路线，取道塔里木盆地，沿着昆仑山北面的"南道"，经于阗（今和田）、过鄯善（今若羌），进入了羌人控制区（今青海省），谁料，当时的羌人也被匈奴征服，于是张骞等人再次被匈奴所扣留，送到了匈奴的王庭。张骞得以和他的匈奴妻子及儿子相聚。这一留，又是一年多时间。

公元前126年初，军臣单于死，军臣单于的弟弟左谷蠡王伊稚斜自立为单于，攻打军臣单于所立的太子于单，于单战败，不得已逃往汉朝。趁着匈奴发生内乱，张骞带着他的匈奴妻子、儿子及堂邑父等人，逃回长安。

张骞从公元前138年出发，至公元前126年返回，整整经过了十三年时间。他们出发时有一百多人，而返回的时候，仅剩下张骞和堂邑父两个人！张骞自身所具备的坚韧、刚强、宽容、大度、诚信、爱人等特质，成为他战胜各种艰难险阻，取得成功的最重要因素。

张骞此番出使，虽然没能成功与大月氏结盟，但他所取得的实际效果，却是巨大的。他不仅了解到了西域各国特产、人口、城市、兵力等情况，还把汉朝的政治影响扩大到了这些国家。不仅使汉朝同今天的新疆一带加强了联系，还使中亚、西亚甚至南欧的一些国家同汉朝建立了外交关系。张骞甚至把自己了解到的安息（波斯，今伊朗）、身毒（天竺，古印度）、条支（大食，今伊拉克一带）等国的具体情况向刘彻作了详细的报告。刘彻非常高兴，特意加封张骞为太中大夫（比千石），拜堂邑父为"奉使君"，以表彰他们的特殊功绩。

那么在张骞离开的十三年时间里，汉、匈两国之间，又发生了哪些事情呢？

发生的事情可说是非常多！而最直接的结果就是：汉、匈两国之前的和亲状态被打破，代之以大规模的军事对抗。

两国之间的战争，起于著名的"马邑之围"。

公元前134年，军臣单于派使者来到汉朝，请求和亲，刘彻于是召集大臣们商议。

大行令王恢是燕国人，曾经长时间担任边郡的官吏，所以对匈奴非常了解。他建议刘彻拒绝与匈奴和亲，他的理由是，之前汉朝经常与匈奴和亲，但匈奴过几年就会撕毁盟约侵犯汉朝边界。不如不要答应，起兵攻打匈奴。

御史大夫韩安国反对说："汉与匈奴，相隔千里之远，根本无法从战争中占据上风。匈奴人骑快马，来去迅速，迁徙就像群鸟那样飞翔，很难控制他们。得到他们的土地不足以称广，降服他们的部众不足以称强，自上古以来，他们就不属于我们治下的人民。汉军到千里之外的地方劳师远征，再强的军队到那里也会精疲力竭，还怎么能攻打匈奴呢，不如仍旧与匈奴和亲更为有利。"

大臣们都赞成韩安国的意见，于是刘彻采纳韩安国之议，同意与匈奴和亲。

如果没有后来发生的事情，或许汉朝与匈奴的大规模交战还要推迟几年。事有凑巧的是，刚刚过了一年，雁门郡马邑有个商人聂壹找到了大行令王恢。他对王恢说："匈奴和大汉刚刚和亲，亲近并信任汉朝，可以用利益引诱他们。"王恢问他怎么引诱匈奴，聂壹回答说："我经常到匈奴那边做生意，匈奴人都认识我，我可以借做买卖的名义，把马邑献给匈奴单于，单于贪图马邑的财物，就一定会前来，到时候，我们将大军埋伏在马邑，一定能活捉单于。"王恢觉得这是一个好主意，于是上奏给刘彻，刘彻再次召集大臣们商议，韩安国表示反对，但王恢却说机不可失，时不再来。刘彻颇为心动，于是就采纳了王恢的计策。

为了实现这个计划，刘彻特地派出了三十万精兵，任命韩安国为护军将军、公孙贺为轻车将军，率主力部队二十余万埋伏在马邑附近的山谷中。将屯将军王恢、骁骑将军李广与材官将军李息率三万多人出代郡，准备从侧翼袭击匈奴的辎重并断其退路。直等匈奴大军进入马邑，汉军即全线出击，以达到全歼匈奴主力的目的。

部署停当之后，刘彻命聂壹前往匈奴，引诱军臣单于。

聂壹于是跑到匈奴，对军臣单于说："我能杀死马邑的县令和县丞长史，把马邑城献给单于，城中的财物可以尽为单于所得。但匈奴一定要派大军前来接应，以防被汉军追击。"

军臣单于对聂壹的话信以为真，于是就答应了聂壹，亲率十万大军进入武州塞（今山西省大同市左云县一带），并派使者随聂壹前往马邑，只等聂壹刺杀马邑官吏后进军。

聂壹返回马邑之后，按照之前与汉朝将领们的约定，斩下了一个死囚犯的头，然后悬挂在马邑城的城门上。聂壹对军臣单于的使者说："我已经杀死了马邑的县令和县丞、长史，请告诉单于，让他赶快进军。"

使者回去禀报，军臣单于十分高兴，亲率大军向马邑方向挺进。

但这一次，汉方演戏演得显然有些过了。因为军臣单于带领大军来到距马邑百余里的地方，居然发现沿途的牲畜非常多，但却没有人放牧，因此起了疑心。

军臣单于下令攻击一个边防的小亭，俘获了雁门尉史，军臣单于想要杀死尉史，尉史为了活命，于是把汉方准备伏击匈奴的计谋向军臣单于和盘托出。军臣单于听了大惊失色说："难怪我感觉非常可疑，差一点儿中了汉军的埋伏。"于是赶快带领大军退却。

在退兵途中，军臣单于庆幸地说："我得到雁门尉史，真是上天所赐。"于是拜雁门尉史为"天王"。

再说埋伏在马邑周边山谷中的汉军，左等右等不见匈奴进入马邑，一打听，才知道匈奴大军已经出塞了。韩安国知道消息泄露，于是立即命大军在后追击，但追到边界之后，计算了一下匈奴撤军的时间和行程，知道无法追上，只好作罢。

而王恢等人率三万精兵出代郡，只等马邑伏击匈奴得胜，即纵兵袭击匈奴的粮草辎重。谁知消息传来，匈奴大军并没有进入马邑，而汉军也没有与匈奴军接仗，考虑再三，觉得以区区三万兵马与匈奴的大军对抗，弄不好就会全军覆没，于是未敢轻举妄动。

汉方派出去三十万大军，结果却是徒劳一场，刘彻非常生气，认为王恢是最先提出要诱伏匈奴的人，但最终却临阵退缩没有出击匈奴的辎重，实在是罪不可赦。

王恢辩解说:"我们最初的约定是:匈奴大军进入马邑城之后,汉军主力伏击匈奴大军,再由我出击匈奴军的粮草辎重,这才可以取得胜利。可是单于得知了我们的作战计划,我率三万人,与匈奴的十万大军对抗,只不过是自取灭亡罢了。我也知道我回来后会被判处死刑,但我却为陛下保全了三万精兵,请陛下明察。"

刘彻余怒未息,下令将王恢交给廷尉审理。廷尉认为王恢避敌观望不前,应该判处死刑。王恢得知消息,赶快用千金贿赂当时的丞相田蚡,想让田蚡在刘彻面前替他求情。田蚡不敢到刘彻那里去说,而是对皇太后王娡说:"王恢确实也是一心想要攻打匈奴,要不然,他也不会提出在马邑伏击匈奴。现在因为计划泄露而斩杀王恢,这是在替匈奴人报仇啊。"

王娡于是在刘彻朝见她时把这个意见提了出来,刘彻听了之后,愤怒地说:"刚开始提出要在马邑伏击匈奴的,是王恢。所以我听了他的话,派出精兵三十万,前去伏击匈奴。就算是单于逃走无法擒获,那么王恢率领的军队袭击匈奴的辎重,也还是可以有所收获的,这对此番出征的将士们也是一个安慰。现在不杀王恢,没办法向天下人谢罪。"

王恢在狱中听到皇帝态度如是,知道自己不死,皇帝就没办法下台,只好自杀而死。

"马邑之围"后,军臣单于为了报复汉朝,多次派兵袭击汉朝边防的关塞,并经常入边抢掠,入寇的次数多得不可胜数。

但饱受中原文化熏陶的匈奴人已经没办法离开汉朝的丝绸和美食、美酒、器具等,还是喜欢和汉朝互通关市,汉朝也因此保持着与匈奴的关市贸易,以暂时稳住匈奴。

公元前129年,匈奴兴兵南下,进犯上谷(今河北省张家口市怀来县)。刘彻于是派出四路大军前去迎击,每路皆为一万骑兵:加封卫青为车骑将军,率军出上谷;太仆公孙贺为轻车将军,率军出云中;太中大夫公孙敖为骑将军,率军出代郡;未央宫卫尉李广为骁骑将军,出雁门。

在这里分别介绍一下四路大军的主将。

卫青系刘彻宠妃卫子夫的异母弟;公孙贺是卫子夫和卫青的姐夫;公孙敖是卫青的好朋友,曾救过卫青性命。这三个人在此时拜将,基本上是缘于卫子夫的裙带关系。当然,卫青因为自身所具备的杰出才干而在后来建立盖世之功则是另一回事(与后来的李广利形成鲜明对比)。

这四个人里面，唯一没有显赫背景的是李广。

李广是陕西成纪人（今甘肃省天水市秦安县），他的先祖是秦朝大将李信，所以可以说李广是名门之后、将门之后。他们的老家在槐里，后迁徙到成纪，家族子弟世代传习骑射技艺。

汉文帝十四年（公元前166），匈奴入侵萧关，李广以良家子的身份从军。因为他精于骑射，所以杀俘的匈奴兵较多，被任为汉中郎。李广有个堂弟叫李蔡，也担任郎官，和李广一样，都是武骑常侍。

李广曾经跟随汉文帝出行，冲锋陷阵抵御敌寇甚至与猛兽搏斗，表现非常勇猛，汉文帝因此夸赞他说："可惜呀，你真是生不逢时，假如你生在高祖时代，封个万户侯那简直不在话下！"李广把汉文帝勉励他的这句话牢牢地记在了心里，并常常将封侯作为他一生的奋斗目标。而以当时李广的才能来说，照那个趋势发展下去，他是完全能够封侯的，并且李广自己也常常这么认为。所以，纵观此后李广的悲剧，或许就与汉文帝刘恒这句半真半假的话有着直接的关系。何为真？因为在刘恒一朝，对匈奴采取守势，也就是不鼓励攻打匈奴，所以很少有人因军功而封侯，所以就算刘恒欣赏李广，他也没办法封李广，这是真的一面。而假的一面，刘恒在临终之前，向儿子刘启推荐了名将周亚夫，但却对李广只字未提，由此可见，李广在刘恒的心目中，虽然具备一定的军事素养，但却不是大将之才。

汉文帝死后，汉景帝即位，李广任陇西都尉，不久又改任骑郎将。吴、楚七国叛乱之时，李广任骁骑都尉，随太尉周亚夫反击吴、楚叛军。李广精湛的武艺在战场上得到了淋漓尽致的发挥，他在昌邑城下斩将夺旗，大名因此显于军中。

但立下大功且名声显扬的李广，战后却并没有得到任何的赏赐，因为他做了一件很不聪明的事情。梁王刘武非常欣赏武艺出众的李广，私下里送给他一枚将军印，借此拉拢他。而缺乏基本政治素养的李广竟然收下了，他真是太想要证明自己了，太急功近利了，以致失去了最基本的政治鉴别力。当时只要是稍有政治常识的人，都知道汉景帝刘启对梁王刘武深怀戒备之心，只是碍于窦太后还在世，不得不权且忍耐罢了，而李广竟然犯下如此大忌，怎不令汉景帝震怒？

尽管李广不懂事，但汉景帝却并未因此深究，因为李广的级别太低了，实在不值得让他去大动干戈，如果接受梁王将军印的是太尉周亚夫这个级别的官员，那么掉脑袋都是轻的。

所以七国叛乱平息后，其他有功的将士都得到了封赏，而唯独李广没有。随后,他被调为上谷太守,几乎每天都要与进犯的匈奴骑兵交战。

当时的典属国公孙昆邪因此哭着对汉景帝说:"李广的才气确实是天下无双,但李广实在是太自负了,他经常与匈奴兵近距离肉搏,我真的担心他会战死。"典属国哭泣着向汉景帝劝谏,其实根本不是在为李广的性命担忧,而是怕李广战死会导致全军覆没,给汉朝造成更大的损失。听锣听声,听话听音,汉景帝立即就明白了公孙昆邪的弦外之音,于是把李广调为上郡太守。

此后,李广就像走马灯似的在边境各郡来回转任,先后任陇西、雁门、代郡和云中郡的太守。而每到一处,李广都以与匈奴力战而闻名。

匈奴大规模入侵上郡之时,汉景帝派一名亲近的宦官跟着李广管理军队,对抗匈奴。

一天,这位宦官带着几十名骑兵在大沙漠里纵马飞驰,结果遇到了三个匈奴骑兵。宦官觉得己方几十个人,而对方只有三个人,根本不把三个匈奴人放在眼里,于是带着几十个骑兵和他们交战。谁知那三个匈奴骑兵射箭的技艺却是非常惊人,他们不仅射伤了宦官,还将那几十名骑兵尽数射杀。宦官在其他骑兵的拼死掩护下逃出,他带伤骑马跑回,向李广说了情况,李广据此判断说:"这一定是匈奴的射雕手。"

李广迅速带领一百名骑兵追赶那三个射雕手。三个射雕手的马在之前交战中受伤,于是他们弃马步行,所以李广在追出几十里地之后追上了他们。

李广命令骑兵散开,从左右两面包抄,并亲自弯弓搭箭,射击那三个人,结果射死两人,活捉一人。经过询问,果然是匈奴的射雕手。

可是等李广他们把抓住的一个俘虏捆起来扔在马背上准备要庆贺胜利的时候,才发现不远处有好几千名匈奴骑兵赶了过来。

匈奴骑兵看见李广等一百多名骑兵,还以为是汉军诱敌的骑兵,全都吃了一惊。匈奴骑兵十分谨慎,不敢上前与李广等人交战,而是上山布阵。

但李广手下的一百名骑兵却吓坏了,他们想立即掉转马头,疾驰回营。

面对出现的这一紧急情况,李广并没有惊慌,他冷静地对部下说:"我们距离大军有几十里远,现在我们一百多骑兵如果就这样转身逃跑,那么在匈奴兵的追射之下,我们会被全部射杀。而如果我们装出若无其事的样子留下来,那么匈奴兵一定会认为我们是在设伏诱敌,绝对不敢前来攻击我们。"于是李广下令说:"前进!"带着一百名骑兵前进到离匈奴阵地二里多远的地方停了下来,之后他又下令说:"都下马解鞍!"

手下的骑兵十分担忧地说："这么多匈奴骑兵，并且距离这么近，如果他们发动突袭，那我们该怎么办？"李广说："那些骑兵以为我们会走，现在我们都解鞍以示不走，使他们更加坚定了我们是来诱敌的错误判断。"

众骑兵都按照李广的吩咐去做，匈奴骑兵果然没敢前来攻击他们。

敌军阵中，有一个骑白马的将军出阵部勒他的骑兵，李广见状，迅速上马，与十几名骑兵奔驰前去，射杀了这个匈奴将军，之后又返回他的骑兵中间，解下马鞍，命令士兵把马放开，随便躺卧。

这个时候天渐渐黑了，匈奴兵始终觉得这一百名汉兵十分怪异，所以未敢出击。等到夜半时分，匈奴兵都以为汉军有伏兵在近旁，准备趁夜袭击他们，于是全部悄悄地撤走了。天亮之时，李广带着一百名骑兵安然无恙地回到大军驻地。而军中的将领当时都不知道李广去了哪里，所以没有派兵去接应他。

李广为了一个宦官，离开大军追赶匈奴射雕手，结果遇到了匈奴的骑兵，虽然这个冒失的举动招致了后人的批评，但他也依靠非凡的胆识成功地化解了危机，赢得了不少人的称赞。

到了汉武帝刘彻朝，刘彻想要改变以往对待匈奴的策略，改守势为攻势，因为李广多次参加对匈作战，颇有名气，于是朝中的大臣们都推荐李广。刘彻把李广从上郡太守任上调回，任命为未央宫的卫尉，与李广齐名的另一位将军程不识，任命为长乐宫的卫尉（灌夫使酒骂座时曾提到李、程二人）。

当时，李广和程不识都曾以边郡太守的身份率领军队驻屯。但这两个人的治军方法，却是风格迥异。在出击匈奴兵的过程中，李广所带的队伍，没有行列和阵势，遇到水草丰茂的地方，就地安营扎寨，人人自得其便，夜晚也不安排士卒警戒防守，将军幕府中的文书簿册等，都是能省则省，非常简易，只是派出哨兵远远地侦察敌情，所以也很少遇到危险。而程不识就不一样了，他治下的军队，都有非常整齐的队列和严整的阵势，每到一处安营，都安排专门的警戒防守队伍，幕府中的军吏，常常通宵达旦地忙碌，军中的士卒非常劳累，感觉得不到休息，但程不识的军队，也从来没有出过什么问题。

程不识对他们二人之间的差异有一个非常著名的评价，他说："李广治军极为简易，然而敌人如果发动突袭，他就没有办法了。不过他的士卒倒是非常安逸快乐，得到了较好的休息，都甘于为他拼命。我的军队虽然军务繁忙，但敌人哪里能够侵犯我呢？"

不过，后人对他们二人的评价可就不是这样了，北宋的司马光就说："效不识,虽无功,犹不败;效李广,鲜不覆亡。"模仿程不识,就算不能打胜仗,但至少还能保持不败,但如果模仿李广,就没有不失败的道理。

不过,在当时,李广和程不识都是汉朝边郡的名将,程不识虽然军容严整,但他过于谨慎,所以也很少取得大的战功。反之,匈奴人对李广似乎更为忌惮,因为李广常常不按套路出牌,让他们非常头疼。

人都是有惰性的,将士们也一样,所以面对李广和程不识这两个不同风格的带兵将领,更多的人选择了跟随李广,认为跟着李广自在,而认为跟随程不识非常辛苦。

那么这一次,作为四路大军统帅之一的李广,战绩又是如何的呢?

此番出击匈奴,卫青所带的大军七百余人,堪称大捷。龙城之战,是自汉朝建国以来对匈作战的首域胜利。

但其他三路就没有这样幸运了。两路大败,一路无功。

公孙贺从云中郡出击,没有遇到敌兵,无功而返;公孙敖出代郡,遇匈奴劲旅,七千骑兵战死;李广就更惨,从雁门出发之后不久,即遇到兵力多于汉方的匈奴大军,李广率军力战,最终受伤被围,所带的大军,也几乎全军覆没。

单于素闻李广威名,见李广军业已溃败,于是下令一定要生擒李广,最终李广被匈奴兵活捉。

匈奴兵俘获李广之后,见他伤势较重,于是把他放在两匹马中间绳编的网兜里(相当于软担架)。一路上,李广装作昏死过去的样子,使匈奴兵放松了警惕,一直向北走了十多里地,李广偷眼看到旁边的一个匈奴少年骑着一匹良马,于是李广攀着绳网忽地跳上马背,把那个匈奴少年推下了马,之后打马回驰。

匈奴兵见李广夺马逃走,于是纷纷返骑追赶。李广的马上有匈奴少年的弓箭,于是他取下弓箭,回射追赶他的骑兵,在射杀了前面追赶的几名骑兵之后,后面的都放慢了速度,李广因此得以逃脱。向南又走了几十里地,李广遇到了他部下溃散的败兵,于是带着这些败兵入塞,回到了汉朝。

派出去四路大军,两路大败,一路无功,只有一路取得了胜利。刘彻在震怒之余,也为卫青能够在对匈奴作战中取得如此大功而兴奋不已,于是封卫青为关内侯。公孙贺无赏也无罚,而公孙敖和李广则被下狱。军法官经过审理,认为公孙敖战败,损折了大量将士,应当判处死刑;李广不仅损折了大批将士,并且连自己都被匈奴生擒,也应当判处死刑。

因为当时有出钱赎罪的法律规定,于是公孙敖和李广都在缴纳了一定的钱财之后，被免去死罪，废为庶人。

李广被废为庶人之后，一直在家闲居，到蓝田县的乡下去隐居，和灌婴的孙子灌强一起到南山下打猎，找人饮酒作乐，也算是暂时排解失意时的忧闷。有一天晚上，李广带着一个随从骑着马出去，到农家找人喝酒，很晚才回来。因为当时都有宵禁的法令，即禁止夜间出关或通行。因此李广他们在经过灞陵亭的时候，遭到了醉酒的灞陵尉的呵斥，不让他们通行。李广的随从向灞陵尉介绍说："这是前任李将军。"意思是希望灞陵尉能够通融一下。但灞陵尉却借着酒兴斥责他们说："现任将军尚且不得夜行，何况是前任将军呢？"于是扣留了他们，让他们住在了灞陵亭下，到天明才放行。

李广认为灞陵尉是在自己失势的情况下出言不逊羞辱自己，于是将这件事情牢牢地记在了心里。

当年冬天，匈奴多次侵扰汉方边郡，尤其是渔阳的损失最为严重。于是刘彻任命卫尉韩安国为材官将军，驻屯渔阳。

关于韩安国，前文已有介绍。韩安国是一个相当有谋略的人，在梁国辅佐刘武期间，不仅能充分运用他的聪明才智，使刘武和刘启兄弟之间的矛盾得到较大程度的缓解，就是在一般的同僚之间，韩安国也能与每一个人相处得非常融洽。他所推举的人，大都是一些非常有才能的人，有些甚至比他自己还要出色。所以不仅是当时的士人，就连皇帝刘彻也认为他有治国之才。

韩安国此前担任御史大夫，丞相田蚡死后，韩安国代行丞相事，非常尽职。

还是在田蚡担任太尉的时候，因为他是太后的弟弟，所以在刘彻面前非常得宠。韩安国本人虽然有才能，但也难逃贪财好利的毛病。其时梁王刘武已死，韩安国在梁国因犯法而被免官，所以韩安国就送给田蚡五百金的礼物，希望田蚡能够举荐自己到朝中任职。田蚡因此多次在皇太后王娡面前称赞韩安国贤能，刘彻也早就听说韩安国非常贤能，见自己的母亲和舅舅都大力举荐韩安国，于是就任命韩安国为北地都尉，不久又升任大司农。田蚡被重新起用为丞相之后，韩安国升任御史大夫。

田蚡死后，丞相一职空缺，刘彻有意任命韩安国为丞相。但韩安国的运气实在是不好，有一天他为刘彻导引车驾时，竟然从车上掉下来跌伤了脚。每天的政务那么繁忙，任命一个躺在病床上的丞相显然不太合适，于是刘彻就派人去察看他的伤情，可是韩安国的脚依然跛得很厉害，刘彻无法，只好任命薛泽为丞相。

韩安国因脚伤被免职，伤好之后，被任命为中尉，过了一年多，又被任命为卫尉。此时匈奴兵大肆侵扰边郡，于是刘彻就想起了在吴、楚七国之战中有出色表现的韩安国，命他前往渔阳抗击匈奴。

韩安国到达渔阳之后，从抓获的匈奴俘虏那里得知，匈奴在好长一段时间里不会再南下。当时正值春耕时节，为了不耽误农时，于是韩安国向刘彻上书，请求暂停军屯，刘彻同意了。谁知停止军屯刚刚一个多月，匈奴兵又大举南下，侵入上谷和渔阳。韩安国的军营中只有七百多名将士，与匈奴相比兵力十分悬殊，但纵然如此，他还是带兵与匈奴打了一仗，不胜之下，只好退入军营固守。匈奴兵无法攻入营寨，俘虏了一千多人及不少牲畜财物而去。当年秋天，匈奴两万多骑兵再次大举入寇，杀死了辽西（治今辽宁省锦州市义县）太守并侵入雁门郡，杀死并掳掠几千人。韩安国率兵出击，结果陷入匈奴大军的重重包围，一千多名骑兵几乎全部战死。正赶上燕国的救兵来到，匈奴兵才退去，但不久又侵入雁门。刘彻听闻韩安国战败，派使者责备韩安国，并让他向东迁移，让他驻屯右北平（郡治在今内蒙古赤峰市宁城县），因为匈奴的俘虏说匈奴兵接下来要攻打更东面的地方。

人的一生，就那么几个极为重要的节点，如果该上升的时候你没有抓住机会，那么接下来十有八九就会走下坡路。韩安国因为脚伤没能升任丞相，所以后来受到了许多有形或是无形的排挤，再加上此时卫青等人因军功而显贵，所以韩安国越发受冷落。韩安国本以为过段时间就可以调回京中，但却不幸打了败仗损折了好多将士，心里既惭愧，又郁闷，过了不长时间就病倒了，最终吐血身亡。

韩安国死了，但边郡战事却并未停止，正值用人之际，于是刘彻重新起用李广，拜李广为右北平太守。

李广被重新起用，请求将灞陵尉作为他的手下，跟随他一起到右北平去，刘彻答应了。可谁知到了军中之后，李广就把灞陵尉杀了，为了泄私愤连个借口都没找。

李广这件事情做得可实在是大失水准，比起"死灰复燃"的韩安国的胸襟来，真是一个在天，一个在地。人们对一个人在失意时所做的事情大多表示宽容，但却对一个人在得势时所做的事情则抱有非常高的期望值。就算灞陵尉在李广失势时呵斥了他，态度很不友善，但那也是人家的职责所在，是李广犯禁在先。李广重新得势之后，利用手中的职权公报私仇，甚至连公报私仇都算不上，而是赤裸裸地报复杀人，这件事情招致了许多非议。

李广杀死灞陵尉之后，自己也突然感觉有些不对。因为别说是一个将军杀了一个都尉,就是皇亲国戚杀了一个平头老百姓,按法律来说,那都是要判处死刑的,于是就上书向皇帝谢罪。刘彻接书之后,真不知道该如何责备李广,但大敌当前,军事国防关乎国家的生死存亡,因此最重要的还是要让李广卸下包袱,义无反顾地投身于战斗,就回书勉励他说:"我寄希望于你的,是能够团结并带领将士们,用愤怒和气势去打败敌人,阻止屠杀和残忍,而不是让你脱帽赤脚伏首向我谢罪。希望你带领大军,在右北平的金秋时节,迎来一场盛大的胜利!"这才帮助李广有惊无险地化解了这一场危机。

而在这段时间里,刘彻派卫青率三万骑兵出雁门,李息出代郡,攻打匈奴,杀死并俘虏匈奴兵好几千人。第二年,卫青又带兵出云中向西攻打匈奴,采用迂回战术,切断了驻守在河南地的匈奴白羊王、楼烦王同大后方的联系,之后迅速南下,到达陇西,形成了对白羊王、楼烦王的包围,最终击败楼烦王和白羊王,再次杀死并俘虏匈奴兵数千人,得到牛羊百余万,控制了河套地区。

汉朝因此在河套地区设置了朔方郡(今内蒙古阴山以南的河谷地带),重新修理了秦朝时蒙恬所建的关塞,并依靠黄河天险,再一次加强了防御工事。

此役,汉军大胜而归,极大地振奋了大汉军民的士气。卫青因功被封为长平侯,就连卫青的两个校尉苏建和张次公,也分别被封为了平陵侯和岸头侯。刘彻专门为此下发诏书,表彰卫青等人的功绩说:"匈奴人违逆天理,悖乱人伦,欺凌长辈,虐待老人,专以盗窃为务,在北方的蛮夷国中使诈行骗,又多次兴兵作乱,在两国边境制造摩擦。所以我们才兴师调兵,讨伐他们的罪恶。如今车骑将军卫青越过西河(汉武帝所建新郡,治今内蒙古鄂尔多斯市杭锦旗),到达高阙(今内蒙古乌拉特后旗境),斩杀敌军两千三百人,车辆辎重及牛羊等全部缴获,已被封为列侯。又向西平定了河南地,斩杀敌军轻锐之卒,捕获敌军哨探三千零七十一人,通过审问俘虏,得知了敌众所在的位置,赶回了牛羊等牲畜一百余万头,大军全甲而还,居功甚伟,再为卫青增加食邑三千户。"

这一年是公元前127年。到了公元前126年,匈奴内部随着军臣单于的死而发生内讧,军臣单于的弟弟伊稚斜赶走军臣单于的太子于单自立为单于。并于当年夏天率军侵入代郡,杀死代郡太守共友。秋天,侵入雁门,杀死并掳掠一千多人。公元前125年,兵分三路,每路三万骑兵,侵入代郡、定襄(治成乐县,今内蒙古呼和浩特市和林格尔县西北)和上郡,杀死并掠走几千人。

匈奴右贤王对汉朝夺走河套地区并设置朔方郡非常怨恨,因此多次采取报复性军事行动,侵扰边境,杀死的官吏士卒及普通百姓非常多。

公元前124年，刘彻因此命令车骑将军卫青率领三万骑兵，出高阙；卫尉苏建为游击将军，左内史李沮为强弩将军，太仆公孙贺为骑将军，代相李蔡为轻车将军，都接受卫青的节制，出朔方；大行李息、岸头侯张次公出右北平。几路大军共十万余人，一齐进攻匈奴。

匈奴的右贤王以为汉军根本不可能深入匈奴腹地，因此十分轻敌，整日饮酒作乐。谁知汉军出塞挺进六七百里，到达右贤王的驻地并在夜间包围了他。右贤王大惊失色，在部骑的掩护下仓皇突围向北出逃，逃走时只带了一个爱妾和几百名护卫他的精骑。汉军轻骑校尉郭成等人向北追赶了几百里，最终没有追上。此一役，汉军俘虏了右贤王的小王十多人，牧民男女一万五千多人，牲畜达千百万头。

捷报传到长安，刘彻非常高兴，他派特使捧着印信，前往军中拜卫青为大将军，让所有的将领都归他指挥。卫青在军中确立他的大将军名号后班师回朝。

刘彻下诏说："大将军卫青亲自率领将士攻打匈奴，汉军大捷，俘获匈奴小王十多人，加封卫青食邑六千户。"并封卫青的长子卫伉为宜春侯，次子卫不疑为阴安侯，幼子卫登为发干侯，均食邑一千三百户。卫青感到恩宠太盛，于是态度坚决地推辞说："我有幸在军中为陛下效力，多亏了陛下的英明神威，还有各位将校的奋力拼杀，才使汉军打了一个大胜仗。陛下已经对我进行了封赏，为我增加了食邑，我的三个儿子都还年幼，没有立下任何军功，而陛下却裂地封他们三个人为侯，这恐怕与我在军中勉励将士们奋勇杀敌的号召是不相符合的吧。卫伉等三个人，真的不敢受封。"

刘彻说："你放心，我并没有忘记其他校尉们的功劳，现在就在考虑该怎样封赏他们。"于是下诏给御史，封赏跟随卫青作战的公孙敖为合骑侯，食邑一千五百户；韩说为龙岩侯，食邑一千三百户；公孙贺为南奅（音炮）侯，食邑一千三百户；李广的堂弟李蔡为乐安侯，食邑一千六百户；校尉李朔、赵不虞、公孙戎奴分别被封为涉轵侯、随成侯、从平侯，均食邑一千三百户；左内史李沮、大行李息、校尉豆如意三人赐爵关内侯，食邑三百户。

而在这期间，李广所在的右北平因为卫青等人在前方的大规模出击，因此很少受到匈奴兵的侵扰。并且匈奴兵对李广的神出鬼没、行动迅捷也十分忌惮，号称他为"飞将军"，若是兵力不占优势，则尽量躲避李广。

闲暇之余的李广，常常到郊外打猎。有一天傍晚，李广猎罢回营，猛然看见草丛中卧着一只猛虎，于是赶快拈弓搭箭，尽力射去。箭嗖的一声飞去，正中目标。李广与随从跳下马准备收取他们的猎物，谁知到近前才发现，射中的哪里是什么老虎，而是一块形似卧虎的石头。而那一支刚刚射出的箭，竟然深深地没入了石棱之中。随从们都对李广精良的射艺及神力钦佩不已。

此后数天，李广又多次经过那个地方，他又引弓射石，但却再也没办法射进去。

唐代著名诗人卢纶据此创作了一首久负盛名的诗作《塞下曲》"林暗草惊风，将军夜引弓。平明寻白羽，没在石棱中"，对当时李广出猎时周围的环境和气氛，以及李广的技艺之强、箭术之精进行了艺术化的渲染，从而使李广这一武艺高强的将军形象，更加高大丰满而栩栩如生。

李广在担任边郡太守的那段时间里，听说哪里有虎，就经常跑去亲自射杀，但在右北平的一次猎虎行动中，却不小心出现了意外，李广一箭射出之后，中箭的猛虎没有马上死去，而是猛然跳起，扑向了李广，虽然李广最终将猛虎射杀，但他自己也被猛虎所伤。

后来李广被刘彻召回京城，任命为郎中令。虽然李广名声显扬，但他比起他的堂弟李蔡等人来说，仍然存在不小的差距，因为他仍然没有被封，连个食邑三百户的关内侯爵位也没有得到。

而在当时，没有爵位和封地的处境是相当尴尬的。今天李广在任，那么他有俸禄，吃住花销自然是不用发愁，可改日要是被免职，那么经济来源就算是断了。但如果有爵位和封地就不一样，不论担不担任职务，都可以在封邑内收租。这二者之间，有一个本质的区别。

但李广也并非完全没有机会，因为在卫青等人击败右贤王之后的这一年秋天，匈奴为了报复，派遣万余骑兵攻入代地，杀死了代郡都尉朱英，掠走了上千百姓。

公元前123年春，刘彻再次派大将军卫青率师出征。这一次，卫青总共率领六名将军，分别是合骑侯公孙敖为中将军，太仆公孙贺为左将军，翕侯赵信（原是匈奴人）为前将军，卫尉苏建为右将军，郎中令李广为后将军，右内史李沮为强弩将军，总共带领十几万骑兵，从定襄出发，深入匈奴腹地数百里，与匈奴对敌。

但这次李广的运气依然不好，汉军前后总共斩获匈奴兵一万九千多人，许多的将校都因斩杀的敌军首级符合定额以战功被封侯，可李广的军队却依然一无所获。

但这次李广还不是最背的，最背的是前将军赵信和右将军苏建。

苏建和赵信的兵力合起来总共有三千人，但他们却遇到了匈奴单于所率的中军好几万人马。苏建、赵信与匈奴大军苦战一天，三千多骑兵几乎全部战死。赵信本来就是匈奴人，因投降汉朝而被封为翕侯，此时见情况危急，再加上单于诱降，于是带着他手下剩余的骑兵约八百人，投降了匈奴。苏建见赵信投降，自己独木难支，于是丢下其余的将士，孤身逃回。

苏建弃军逃回，卫青于是问军法官该如何处置。议郎周霸说："大将军自带兵出征以来，还没有杀过副将。如今苏建弃军逃归，正好可以斩杀苏建以树立大将军的威信。"但军正和长史却不同意周霸的意见，他们说："不对，兵法上说'小敌之坚，大敌之擒也'，也就是说兵力小的部队再怎么拼死力战，也会被兵力占优的部队所击败的。如今苏建以数千骑兵对阵单于的数万骑兵，苦战一天多时间，最终全军覆没，但他仍然没有二心，全力突围而出，回到军中。如果杀了他，那会让将士们非常寒心，以后打了败仗，再也没有人敢回来了。不应该杀死苏建。"

卫青听了周霸、军正及长史的话，对将佐们说："我卫青侥幸因为皇上的恩宠而当上大将军，并不担心没有威严，周霸建议我杀死苏建立威，这根本不符合我的心意。就算我有斩杀败军之将的权力，我也不能仗着这种恩宠而擅自在境外杀死大臣，最好的做法应该是回去报告天子，由天子亲自决定该怎样裁决，这样正好可以显示出再怎么显贵的臣子也不能专权，难道不是很好的吗？"

军吏们听了之后，都认为卫青的决定十分妥当，非常赞成他的建议。于是把苏建囚禁起来，然后带着他班师回国。

回朝之后，刘彻果然赦免了苏建。因为当时有金钱赎罪的法律，所以苏建通过缴纳赎金的方式赎免了死罪，最后被废为庶人。

卫青不以杀将立威的做法，受到了后人的称赞。许多人读史至此，都认为卫青对待下属宽仁大度，确有大将之风。

而在这一次出征中，卫青年仅十八岁的外甥霍去病也脱颖而出。前文曾有交代，霍去病是卫子夫的二姐卫少儿与平阳县小吏霍仲孺的私生子。因为霍仲孺不敢承认霍去病是他的儿子，因此霍去病自小在宫禁长大。十八岁的时候，在宫中担任侍中，受到刘彻的宠信。

因为霍去病善于骑射，所以刘彻任命他为剽姚校尉，跟随大将军卫青出征匈奴。霍去病带着八百壮士离开大军，长驱直入匈奴腹地，杀死并俘获二千零二十八名敌军，其中包括匈奴相国、当户级别的官员，同时还斩杀了单于的祖父辈将军籍若侯产，俘获单于的叔父罗姑比。刘彻非常高兴，下诏表彰霍去病的功绩，因为他勇冠三军，所以封他为冠军侯，食邑一千六百户。与霍去病同时被封的，还有上谷太守郝贤。因为他前后四次跟随大将军卫青出征，斩杀或俘虏敌军两千多人，以一千一百户封为众利侯。而大将军卫青则因为损失了苏建及赵信两个将军的军队约三千骑兵，并且让赵信出逃，所以虽然其他几路军队斩杀了为数不少的敌军，但也没有加封。

之前出使大月氏而被拜为太中大夫的张骞，这次也被刘彻任命为校尉，跟随卫青出击匈奴。因为张骞曾经在匈奴待了十余年时间，所以非常熟悉沙漠中的情况。他知道沙漠里哪个地方水草茂盛，哪个地方是绝地。由他为汉军担任向导，指导汉军在安全并靠近水源的地方行军扎营，为保证战争取得胜利打下了良好的基础。刘彻结合他之前出使西域的功绩论功行赏，封张骞为博望侯，以表示对他博闻多望、才多识广的嘉奖。

在这段时间里，汉朝加大了对匈奴的打击力度。因为霍去病出色的军事才能，公元前121年春，刘彻拜霍去病为骠骑将军（地位仅次于大将军），率领一万骑兵，出陇西，攻打匈奴右贤王部。霍去病带领军队，转战匈奴五个小的王国，历时六天，过焉支山（今甘肃省张掖市山丹县焉支山）一千多里，在皋兰山（今甘肃省兰州市皋兰山）下与匈奴兵进行激战，杀死折兰王、卢胡王，生俘了浑邪王的王子及相国、都尉，斩杀并俘虏八千多人，并缴获了休屠王的祭天金人。霍去病因此被加封两千户。

当年夏天，汉军再次出征匈奴。霍去病与公孙敖出北地，张骞和李广出右北平，两路大军合击匈奴。

和李广一同出征匈奴的许多将领，甚至他的许多部下，都因为建立军功而被封侯，但李广就是因为阴差阳错，多次错失立功封侯的机会。或许连刘彻也已经意识到了这一点，所以再次安排李广出征，希望他能抓住这个机会。这对李广来说确实是一个机会，他迫切需要一次大的胜利来证明自己，为自己赢得爵位及封地。

立功心切的李广，在得到命令之后，立刻带着四千名骑兵出发了，把张骞和他所带的一万多名骑兵远远地甩在了后面。

但李广的运气实在是糟透了，他的部队在挺进数百里之后，遇到了匈奴左贤王的大部队。左贤王指挥四万骑兵将李广所部团团围住，而张骞所带的大部队却距离李广非常远。汉军将士面对十倍于己的敌兵，尽皆胆寒失色。而李广虽然见惯了这样的大场面，但也感到压力不小，为了替大军壮胆，李广派他的儿子李敢带兵冲击匈奴的骑兵队伍。李敢毫无惧色，带着几十名骑兵冲入了匈奴军的行伍之中，然后分两路从左、右驰了回来。李敢向李广报告说："匈奴兵真是太容易对付了。"于是汉军士兵心里才稍稍有了一点底气。

李广命将士们呈一个圆环状朝外，结成阵势抗击匈奴骑兵的冲击，匈奴兵见无法冲入，于是纷纷朝围成一团的汉军放箭，一时间矢如雨下，汉军四千骑兵约有一半中箭身亡，并且汉军的箭矢也已经没有了。为了提高命中率，李广让将士们拉满弓，但却并不射出，只是防止匈奴骑兵近前，而他自己则手持一种黄色的大硬弓，射击匈奴军中带队的将领。李广的箭术确实高超，几支箭射出，匈奴军中的几名副将立即被当场射杀。带领冲锋的指挥官被射死，其他的匈奴骑兵尽皆胆寒，都不敢再上前。

这时候已经到了傍晚，天色渐渐暗下来，汉军将士处于匈奴大军的包围之中，都担心匈奴兵会在夜间发动突然袭击，所以都非常恐惧。但李广却丝毫不以为意，他神态自若地指挥将士们摆列战阵，防止匈奴趁隙进攻。将士们见李广如此镇定，都非常佩服他的勇武。

匈奴军队夜间未敢出击李广军，到了第二天天亮的时候，再次发起了进攻。李广带领剩余的将士，继续与匈奴兵苦战。而在这个时候，张骞所带的一万骑兵也赶来了，左贤王见李广来了援军，一是不清楚援军到底有多少，二是他知道士气大振的汉军如果反击，匈奴兵将会遭遇败绩，于是下令撤退。

而其时，李广所部将士已经所剩无多，差不多又是全军覆没，而张骞所带的一万多人经过一夜急行军，也非常疲惫，所以没办法追击匈奴军队，只好在短暂休整之后，撤军入塞。

按照朝廷的军法，张骞犯了进军迟缓的罪行，将会被判处死刑。但刘彻念在他之前所立功绩的分上，赦免了他。张骞也通过缴纳赎金的方式，赎去了死罪，被免为庶人。

而李广功过相抵，没有处罚，也没有封赏。

再来看另一路汉军。

霍去病从北地出塞之后，即向纵深推进，而公孙敖却也出现了和张骞一样的失误，没有跟上霍去病的大军，但这却并不妨碍运气奇佳的霍去病斩将立功。

霍去病带领大军越过居延海（今内蒙古阿拉善盟额济纳旗北部天鹅湖，现分为东、西两个湖，西面的蒙古名为嘎顺淖尔，东面的为苏泊淖尔），攻打驻扎在祁连山的匈奴军，占据河西走廊，俘获匈奴的酋涂王，受降两千五百人，斩杀三万零二百人，生俘五个王，五个王母和单于的阏氏、王子共五十九人，相国、将军、当户、都尉六十三人。但汉军的损失也很惨重，损失了将近十分之七。

但相互对比下来，霍去病仍然是战功大于损失，于是刘彻再次下诏表彰他，为他增加了五千户的封邑。跟随霍去病作战的三个校尉，都因军功被封侯。公孙敖和张骞一样，因犯行留之罪，按律当斩，赎为庶人。

李广再一次失去立功封侯的机会，心中的郁闷可想而知。他开始拿自己的经历与他人对照，与自己同级别的将领对照，与自己以前的属下对照，与自己以前所带的兵卒对照，甚至与自己的堂弟李蔡对照，觉得自己只会比别人好，不会比别人差，可为什么别人都能封侯，可自己就是封不了侯呢？

汉文帝朝，李广和李蔡都在宫中担任郎官，到了景帝朝，李蔡已经积功为两千石的官员（但也还未封侯）；刘彻朝，李蔡担任代相，公元前124年以轻车将军的身份，跟随大将军卫青攻打匈奴右贤王，立下军功，封为乐安侯，此后弃武从文，出任御史大夫；汉武帝元狩二年（公元前121），也就是李广等人刚刚与匈奴打了一仗的这一年，李蔡更是替代死去的公孙弘，出任了丞相一职。李广心中的不平，可想而知。

司马迁在他所著的《史记》之中非常同情李广，认为李蔡的为人、才能、水平和名声都远在李广之下，但李蔡不但能封侯，还能出任丞相，他认为这是一种极大的不公平。

而事实上，李蔡这个人还是很有才能的。汉武帝一朝人才济济，尽管刘彻设立了中朝想要架空外朝的权力，在丞相的选任上，尽量不选像汲黯那样坚持原则跟他对着干的人，但也绝对不会选任不学无术的平庸之辈。李蔡在景帝朝就能积功至两千石，至少说明他在政治上是很成熟的，他能够出任丞相及朝廷的御史大夫，也充分说明他的才能并不像司马迁所说的那样低下。唐代著名的文学家韩愈给李广、李蔡兄弟的老乡权德舆写了一篇墓志铭，对李蔡给予了高度评价，说他"人所惮为，公勇为之；人所竞驰，公绝不窥"。其他人不敢去做的，李蔡会勇敢地去做；其他人所争相追逐的，李蔡绝不会正眼去看。说明了什么呢？说明李蔡这个人善于出奇制胜，不落窠臼，不同流俗，要知道武帝朝的丞相可不是随便当的。以韩愈的人品和文品，他还不至于鄙俗到刻意用文辞去谄媚一个作古多年的陌生人的地步。从这一点上来分析，韩愈对李蔡的评价，大体上应该是站得住脚的。至于李蔡能封侯，那也是在出征中斩获了一定数量的敌军，达到了封侯的定额，所以才被封侯的，所以不能因为同情李广，为了使李广的形象更突出，就去刻意地贬低李蔡。事实也证明，在李蔡出任丞相的四年时间里，他协助刘彻理国施政，推行币制改革及盐铁官营等，政绩还是可圈可点的。

当然了，李蔡后来因为侵占汉景帝陵园路旁的空地而犯法被逼自杀则是另一回事。因为这样的事例在汉朝真是屡见不鲜，刘彻的哥哥临江王刘荣就死在这件事上，晁错之前也差一点栽在这里，公孙弘小心眼，韩安国贪财等，所以说人人都有缺点，不独李蔡。不能因为李蔡后来犯了罪而否认他之前的才能。

李广左思右想想不通，觉得是不是自己命中注定不能封侯，他找到当时著名的望气家王朔，向王朔请教说："自朝廷出击匈奴以来，我没有一次不参加，可军中校尉以下的军官，论才能根本没有什么过人之处，但先后因军功封侯者有几十个人。我不比任何人差，但却始终没有立下一点得以封侯的功劳，这是为什么，难道是我的面相决定了我不该封侯吗？"

王朔启发他说："将军回想一下，曾做过什么感到悔恨的事情吗？"

李广想了想说："我想起来了，我担任陇西太守时，有一次羌人叛乱，我诱降了八百多人，然后在同一天用诈术将他们全部杀光了，至今想起，这是我一生之中所做的最悔恨的一件事情。"

王朔说："最大的祸患，莫过于杀死已经投降的人，杀降不祥，说的就是这个意思。这就是将军不能封侯的原因啊。"

李广听了默然不语，他实在是不甘心，他也不相信一次杀降会导致这么严重的后果，因为在他的心中，他所做的令人称道的事情实在是太多了，完全可以抵消这些令他不堪回首的憾事。

李广曾经历任七个郡的太守，前后有四十多年。郡太守是俸禄两千石的官，但他的家里却没有多余的财物，他也从来不谈论购置田产的事。李广为人清廉，常把得到的赏赐分给部下，与士兵同吃同饮、同甘共苦，真可以说是爱兵如子。李广带兵外出时，如果遇到缺水断粮的情况，见到水和食物，士兵不全喝到水，他不近水边；士兵不全吃到饭，他不尝饭食。他对待将士非常宽缓，并不苛责，所以将士们都乐于为他效力。

李广身材高大，手臂就像猿猴的手臂那样长，他射箭的天赋极高，他的子孙或其他人也曾学习射箭，但他们的技艺都比不上李广。李广不善言辞，与人闲居时也是在地上画出军阵，然后用射箭来赌酒取乐。他的一生，专以射箭为乐。

但俗话说，淹死会水的，打死犟嘴的。李广常常以自己的射艺自矜，他可能也毁在了这上面。李广射箭有个习惯，那就是要求自己箭无虚发，百发百中，如果目标不在他的射程之内，他就不发箭，所以但凡他要射击，就必定要等目标距离他几十步之内方可。

如果单纯地作为一个射手，那么在当时，李广无疑是最出色的。但如果他是带领一整支军队的统帅，这就非常危险了，因为李广很少用出色的战略战术来战胜敌军，大多数情况下是靠个体的勇猛顽强来单打独斗，试问哪一个军事统帅会是这样的呢？太注重局部必然会忽视整体，不谋全局者，不足以谋一域。他是指挥官，不是射雕手。或许他会百发百中地射杀数十个敌人，但却会给整支队伍带来致命的隐患，因此，李广所带的队伍多次被敌军围困，有好几次都是全军覆没。在之前射杀猛兽时，也因为距离猛兽太近而多次受伤，右北平那次被虎所伤，就是比较典型的一次。

所以说，李广不是个大将之才，只是个出色的敢死队队长。李广不能独当一面，他只适宜于在汉军占优势的情况下冲锋陷阵。如果李广仅仅在卫青的帐前当一个裨将或是校尉，甚至是职位更小的军吏，或许他早就立功封侯了，但让他独自带领一支队伍去和匈奴接仗，那么不确定的因素实在是太多了。

所以说，李广不能封侯，究其原因不是他私自接受了梁王刘武的将军印，不是他公报私仇杀了灞陵尉，也不是他用诈术杀死了八百降兵，更不是他命中注定不能封侯，而是他的性格使然，他的技艺使然，最初让他成名的是他的性格和射艺，最终不能使他封侯的也是他的性格和射艺，成也萧何，败也萧何，难道不是吗？

公元前121年秋天，伊稚斜单于对浑邪王、休屠王十分不满，认为他们所居住的河西地区为汉军斩杀并俘虏好几万人，想要把他们二人召来杀死，以他人取而代之。

浑邪王和休屠王得讯非常恐惧，两人经过商议，最终决定投降汉朝。于是派出使者，前往汉方传递消息。当时大行令李息正在黄河岸边筑城，见到浑邪王的使者，于是立即命人快马加鞭报告朝廷。

刘彻对浑邪王和休屠王想要投降的事情有些怀疑，担心浑邪王和休屠王诈降并趁机偷袭北部边境。为了以防万一，刘彻派勇猛果敢且曾经击败浑邪王的骠骑将军霍去病带兵前去迎接两个匈奴王，如果发生危急情况，也好当场处理。

果不其然，等霍去病带汉军渡过黄河的时候，休屠王却对降汉一事反悔了，浑邪王于是杀了他，兼并了他的部落和军队，然后率领这些人向汉朝投降。

浑邪王的军队与霍去病的军队远远相望，之前许多匈奴将领与汉军在战场上兵戎相见，所以仇恨仍然倾注于他们的心间，他们一看见汉军，立即打马就走。而浑邪王念在跟他们同胞一场的分上，实在是不便阻拦，只得听之任之。

如果不及时制止这些行动，其他的匈奴兵群起仿效，那么匈奴大军将会军心尽变，霍去病的受降，则很可能演变成一次大规模的混战血战。趁着大部分匈奴兵犹豫未决的紧急时刻，霍去病当机立断，带领骑兵打马冲入浑邪王的队伍，与浑邪王相见，之后下令斩杀准备逃走的匈奴将士八千多人。

首领浑邪王要降，再加上汉军血腥镇压，其他的匈奴兵知道想要反悔就只有死路一条，于是跟着浑邪王束手投降。

霍去病先让浑邪王一个人乘坐传车前往皇帝的行在所，之后将其他的匈奴将士全部监视着渡过了黄河。此次投降汉朝的匈奴将士总共有四万多人，对外则号称十万。刘彻下诏嘉奖霍去病的功绩，并为他增加封邑一千七百户。

浑邪王投降汉朝之后，河西走廊一带被汉朝控制，为此后汉朝打通西域道路奠定了基础。河西走廊纳入西汉版图是中国历史上的大事件，是西汉强盛和开疆拓土的重要标志。刘彻下令在河西地区设置武威（治姑臧县，今甘肃省武威市凉州区）、张掖（治今甘肃省张掖市甘州区）、酒泉（治福禄县，今甘肃省酒泉市）、敦煌（治敦煌县，今甘肃省酒泉敦煌市西）四郡，其中武威因表彰霍去病武功军威到达河西而得名；张掖取断匈奴之臂，张中国之掖，即张国臂掖，以通西域之意；酒泉是刘彻赐酒奖励霍去病，因为人多酒少，霍去病认为功在全军，所以把御酒倒入泉中，与将士们共饮，因此而得名；敦煌系当地少数民族语词的音译，意谓盛大辉煌。

汉朝控制河西地区之后，匈奴损失了大片肥沃的土地，他们为此悲歌："失我祁连山，使我六畜不蕃息；失我焉支山，使我嫁妇无颜色。"失去祁连山地区这片天然的草场牧场，匈奴的牛羊马匹无处放牧繁殖；失去焉支山，匈奴无法再采集到山中的"焉支"草，年轻姑娘们出嫁时都没有用来装扮的颜料。歌词虽然有一定程度的夸张成分在内，但河西地区对匈奴的重要性是不言而喻的。

浑邪王到达长安之后，被汉朝封为漯阴侯，食邑万户，赐给他们的金钱，有千百万之多。三个副王及一个大当户也分别被封侯。

作为最高统治者的刘彻这么做显然有他的政治目的，但国中的许多大臣和老百姓却无法理解，带有明显的抵触和不满情绪。

浑邪王率领部众前来投降的时候，汉朝政府征发两万辆车前去迎接。长安县中没有钱，于是县令便向百姓赊购马匹。一些百姓不愿意，于是把马藏起来，结果到了规定的时间，还是没有把两万匹马筹备齐全。刘彻十分生气，想要杀死长安县令。汲黯上前劝谏说："长安县令并没有罪，只要把我杀了，百姓就肯献出马匹了。匈奴浑邪王背叛他们的君主前来投降汉朝，我们只需要慢慢地让沿途各县依次把他们接运过来即可，何至于让全国骚动不安，使我国百姓疲于奔命而去侍奉那些匈奴人呢！"刘彻听了之后，一时不知道该拿什么去说服这个耿直的大臣。

等到浑邪王和他的部属到来之后，一些商人因为和匈奴人做买卖，被以走私罪论处判处死刑的有五百多人。汲黯听说之后，立即去觐见刘彻说："匈奴攻打我们设在路上的关塞，断绝和亲的友好关系，我国发兵征讨他们，战死疆场或负伤的人不计其数，并且耗费了数以百亿计的巨额财富。以我愚蠢的见解，以为陛下抓获匈奴人之后，一定会把他们都作为奴婢赏赐给从军而死的家属，并将掳获的财物也全部送给他们，以此慰劳天下百姓付出的辛劳，满足百姓的心愿。这一点现在即使做不到，那么浑邪王率领几万部众前来归降，也不该倾尽国家府库中的财物赏赐他们，并征调老实本分的百姓去侍奉他们，把他们宠惯得如同天之骄子一般。再者说了，无知的老百姓哪里会知道让匈奴人购买长安城中的货物就会被狱吏们视为将财物走私出关而判罪呢？陛下不但没能缴获匈奴的物资来慰劳天下人，还要用苛细的法律条文来诛杀五百多名无知的老百姓，这就是所谓的'保护树叶而损害树枝'的做法啊，我私下认为陛下这么做是很不合适的。"

刘彻听了再一次陷入沉默，一心想要抚慰匈奴人并致力于搞好民族关系的他并没有允诺汲黯为那些商人的求情。他批评汲黯说："我好久没有听到汲黯说话了，但今天他又一次信口开河了。"几个月之后，汲黯因犯小法被判罪，但很凑巧地碰上大赦，于是仅被免官。汲黯失官之后，归隐于田园。

实际上在那段时间里，因为刘彻主导征伐匈奴，所以汲黯一得到机会，就在刘彻面前主张与匈奴和亲，而不主张运用军事手段，但刘彻铁了心要打垮匈奴，取得与匈对决中的主动权，并且也因为卫青、霍去病等人屡次取得胜利，所以从来没有采纳过汲黯的建议。

其时，陇西、北地、河西因为浑邪王投降而人烟稀少，于是刘彻下令将关东的贫民迁徙到那里居住，并把投降的匈奴人分别分配到陇西、北地、上郡、朔方、云中五个边郡的关塞之外。同时，因为浑邪王投降，所以来自河西一带的侵扰几乎不复存在，于是下令减少北地以西的一半戍卒，减缓天下的徭役。

匈奴对浑邪王降汉再次采取报复性措施，公元前120年，匈奴兵分两路，每路各数万人，分别侵入右北平和定襄，杀死并掳掠千余人而去。

再说之前投降匈奴的赵信。赵信之前本来就是匈奴的小王，投降汉朝之后，被封为翕侯。此次复投匈奴，伊稚斜单于觉得赵信之前本来就是小王，并且他在汉朝生活多年，熟悉汉朝的内情，所以非常尊重他，把自己的姐姐嫁给他，以示亲贵。并在寘颜山（今蒙古国境内杭爱山南面的一支）专门为他修筑了一座城，命名为赵信城（今蒙古国乌兰巴托西，鄂尔浑河南岸），让他居住在那里。

伊稚斜单于向赵信请教该怎样在对汉作战中取胜，赵信于是建议伊稚斜，匈奴不必靠近关塞，而是在沙漠更北的地方驻扎，引诱汉军深入沙漠来追，那个时候，汉军在沙漠地带经过几千里长途跋涉，就必定会疲惫不堪，匈奴军以逸待劳袭击汉军，就一定会取得大胜。概括起来，就是诱敌深入、以逸待劳。伊稚斜觉得有理，于是采纳了他的计策。

赵信的这个计策，从某种程度上说，改变了汉、匈双方长久以来的战争局势。在之前，汉、匈双方都是剑拔弩张，互不相让，不是匈奴入塞就是汉军出塞，双方拉锯的界线就是沙漠之南的汉朝北部边塞。现在好了，匈奴王庭远徙沙漠之北，不仅在地理位置上，就是在人的心理感觉上，也觉得汉朝的疆域一下子扩大了，而匈奴的控制区域缩小了。而后来的发展态势也奇迹般地印证了这一现状，致使匈奴漠南无王庭，汉朝得以长久地控制漠南地区亦即北方长城一带，从根本上改变了以往对匈作战中长期处于守势的被动状态。战争就是针锋相对，寸土必争，谁要是往后退却，谁就会真的败阵。赵信想要投机取巧，谁知反倒弄巧成拙，从这一点来看，真不知道该怎样评价赵信，他究竟是匈奴的谋臣，还是汉朝的功臣？

针对赵信的谋略，汉朝政府也采取了相应的对策，刘彻召集大臣们讨论说："翕侯赵信为单于出谋划策，让匈奴居于沙漠之北，以为汉兵无法穿过沙漠并在那里长时间停留。如今我们派出大军渡漠远征，就一定会打败没有准备的匈奴。"于是派出十万骑兵，挑选五万精锐归霍去病，剩余五万归卫青。兵分两路，卫青东出代郡，霍去病西出定襄，横跨沙漠远征匈奴。同时派出十四万匹战马及数十万步兵，专门为两路远征军运输粮草物资并提供后勤保障。

汉军这一次远征匈奴的军事行动，是为历史上著名的漠北之战，时间是公元前119年。李广见朝廷部署了如此重大的军事行动，却没有派久经沙场的自己出征,心里十分不甘。如果错过这次机会,匈奴被彻底打垮,那么他李广或许就真的没有立功封侯的任何机会了。李广并不相信之前王朔所说的自己命中注定不该封侯的话,他决心要与自己的命运斗一斗,于是他前去觐见刘彻,请求让自己随军出征。

刘彻一来考虑到李广年龄已经很大了,担心李广带兵会有伤失;二来考虑到李广多次与匈奴对阵都以惨败告终,觉得李广运气实在不好,所以就没有答应。但最后架不住李广的苦苦哀求,只好勉强答应,任命他为前将军。

其时,卫青手下有五位副将,分别是郎中令李广为前将军,太仆公孙贺为左将军,之前被废为庶人的公孙敖为中将军,主爵都尉赵食其为右将军,平阳侯曹襄为后将军。

汉军原计划由霍去病率领五万精兵攻击匈奴主力,卫青配合。但后来从捕获的匈奴俘虏口中得知,单于在东方。于是刘彻下诏,改由霍去病东出代郡,卫青西出定襄。

匈奴得知汉军不远千里远渡沙漠前来攻击,赵信于是和伊稚斜单于商议说:"汉军已经渡过沙漠,他们的人马一定会非常疲惫,我们安坐就可以降服他们了。"于是把粮草辎重留在更北的地方,然后率精兵在沙漠之北等候。

世界上的许多事情都非常离奇,偶然性和不确定性非常之大,之前谋划的东西,通常都会出现非常大的偏差,计划只能作为参考。刘彻把所有的精兵都派给霍去病,想让年轻气盛的霍去病一举歼灭匈奴的主力,但事实阴差阳错,最终遇到匈奴主力的,却是大将军卫青。

卫青率领大军从定襄出塞一千多里之后,从捕获的匈奴兵口中得知,单于就在不远处等着他们,于是决定自率精兵前去攻击伊稚斜,而让前将军李广和右将军赵食其两路军队合并,从东路迂回包抄单于。

从东路迂回,路会绕得比较远,而且一路上水草少,不利于大军驻扎前行。李广于是请求卫青说:"我是前将军,理应在前冲锋,现在大将军却让我部从东路进发,况且我从小就与匈奴作战,今天好不容易才遇到单于所率的匈奴主力,我愿意担任前锋,先与单于决一死战。"

但卫青在出发前就曾受刘彻的私下告诫,说李广年纪大了,"数奇"(多次为匈奴所败,运气不好),不要让他跟单于对阵,否则汉军将不会实现既定的战略意图。

另外,还有一个很重要的原因,卫青的好朋友公孙敖上次因进军迟缓被废为庶人丢掉了爵位，此次以中将军身份随卫青出征。卫青想让公孙敖和自己一齐攻打单于，好让公孙敖立功后重新得到爵位，所以才把前将军李广改派到了东路。

而这个内情，李广是知道的，所以他坚决要求卫青改变作战计划。但卫青说什么也不答应，他是大将军，他有这个决定权，李广是前将军，只能服从命令。

卫青命大将军府的长史把军事文书送到前将军的幕府，命令说："赶快赶到军部，照文书上的决定行动。"

之前两人之间的分歧归分歧，但一旦形成书面的决定，那么就必须无条件遵守，因为这在程序上已经产生了效力。李广见事情无法挽回，只得作罢。他不向大将军卫青辞行，怒气冲冲地离开了大将军行营，回到前将军军部，与右将军赵食其合兵后，从东路出发了。

李广的运气真的是糟得不能再糟了，也或者是，愤怒使李广失去了分析鉴别的能力，他们的队伍没有向导，出发后不久，竟然迷路了，所以远远地落在了卫青大部队的后面。

卫青在李广、赵食其出发后，即率大军主力前移，与伊稚斜所率的匈奴主力对阵。卫青见匈奴兵早就结好阵势严阵以待，于是下令推出武刚车结成圆环阵，然后派出五千骑兵抵挡匈奴骑兵，匈奴也派出了大约一万名骑兵，对汉军对决。

武刚车是当时一种能够运兵且主要用于防御的战车，车身蒙着牛皮犀甲，外侧捆绑长矛，其中最主要的作用就是在平原地带阻止敌人的骑兵冲锋，车上还立有坚固的盾牌，盾牌之间有射击孔，弓箭手可以通过射击孔向外放箭，颇有点像后世的碉堡。

坚固的武刚车瓦解了匈奴骑兵的攻势，消磨了匈奴骑兵的锐气，匈奴兵无法冲入阵地将汉军冲散，士气渐渐低落。这时候正赶上太阳将落，沙漠里大风骤起，一时间飞沙走石，天昏地暗，能见度变得极低，对阵的汉、匈两军，几乎无法看清对面是什么状况。

卫青见状，立即下令左右翼同时出击，趁机包抄匈奴军。伊稚斜单于见卫青所带的汉军人数较多，并且人马根本不像他和赵信之前所料的那样疲惫不堪，心里立即没了底，担心战下去之后会对匈奴不利，于是在傍晚乘坐马车，带着数百名精壮骑兵，冲出汉军包围圈，向西北方向而去。

其时已经天黑，汉军和匈奴军在一起混战，相互杀伤的人数大致相当。汉军左校尉抓获的匈奴俘虏说单于已在傍晚突围而去，于是卫青派出轻骑兵连夜追击，主力部队紧随其后。

匈奴兵听说单于逃走，一时间皆无战心，于是也朝着单于突围的方向逃散。汉军一路追杀，到第二天天亮时分，已经追出了二百里地面，没有追到单于，却杀死俘虏匈奴兵一万九千多人。汉军一直追到窴颜山的赵信城，在那里得到了匈奴囤积的粮草。汉军在大战之后人得食，马得料，就地休整了一天时间。此后，卫青下令烧毁储存在赵信城的所有粮草，之后班师回国。

卫青的大军在班师回朝，准备南渡沙漠的时候，才遇到了迷路的李广和赵食其。李广又羞又怒，见过卫青之后，就回了他的军营。

卫青派人给李广和赵食其送来酒食慰问他们，然后询问他们失道的经过。汉军与匈奴大战一场，却因李广和赵食其迷路没有形成合围而让单于脱逃。虽然有此一失，但汉军也算取得了大捷，于是就准备把战争的详细经过向刘彻报告，但李广等人为何迷路，则必须有一个令人信服的说法，要不然，到刘彻那里不好交代。

但令卫青没有想到的是，李广竟然不愿做出说明。这样拖下去不是办法，因为向朝廷的军报必须报出。于是卫青就让长史责令李广幕府的文吏们前去受审。

李广主动担责说："校尉们没有错，是我自己迷失了道路，我现在亲自到大将军府去受审。"到了大将军幕府，李广对他的部下说："我从小就开始与匈奴作战，经历了大小七十余战，如今有幸跟随大将军出征并同单于的军队交战，可是大将军却命我从东路绕行，进军的路上又偏偏迷路，这难道不是天意吗？我李广现在已经六十多岁了，实在是不能让那些刀笔小吏再来审问我，污辱我。"说完之后，李广就拔剑自杀了。

李广自杀，一军皆惊，那些与他在战争中朝夕相处并结下深厚战友情的将士听了，无不为他伤心流泪。边郡的百姓得知消息，也都替李广感到惋惜痛心。是啊，他从年少时就从军抗击匈奴，一直到六十多岁的花甲之年还在征战沙场，他没有过高的要求，就是希望自己能够像其他人一样，能够立下军功并封侯，就这么一点小小的愿望，但他就是时乖运蹇，屡屡与军功失之交臂，最终连个二百户的关内侯爵位也无法得到，时耶？运耶？命耶？

初唐四杰之一的王勃《滕王阁序》中有"冯唐易老，李广难封"的千古名句，千百年来引发人们深深的共鸣，因此而成为时运不济，怀才不遇的代名词。盛唐王维《老将行》中"卫青不败由天幸，李广无功缘数奇"一句，更是将李广一生的悲剧意味助长到了最高潮。卫青从没打过败仗仅仅是因为上天眷顾吗？恐怕未必尽然！李广不能封侯全是因为运气不好吗？恐怕也不全是！诗人为了表达某种意旨通常会在诗句中倾注一种强烈的情感，这是一种艺术的手法，并不是历史的真实，所以读历史的人，千万不能为此而产生疑惑。

不过，有一点是不可否认的，那就是李广对敌作战的英勇和顽强，他敢于拼命，不惧生死，不论对手再怎么强大，他都敢于去碰，这是一种非常可嘉的斗争精神，给后世带来了非常大的影响。而之后许多王朝的不战而亡，一定程度上就是将士贪生怕死，放弃抵抗，缺乏这种敢于斗争精神的结果。五代后蜀被宋所灭，花蕊夫人《述国亡诗》中"十四万人齐解甲，更无一个是男儿"之句，当是对此最佳的映衬和写照。也因为此，唐代追封古代名将六十四名，宋代追封古代名将七十二名，李广都名列其中。

如果李广处在一个国家积贫积弱饱受外敌侵辱而国民冷漠怕死的时期，那么他的这种精神，无疑会成为一个国家或是民族长久的精神支柱，激励感召越来越多的人为了国家和民族的尊严而战，但他当时所处的大汉朝，军民皆敢于求战，所以，他并不需要采取这种与对手同归于尽的做法，而更应该讲究一些保存实力的策略。李广，实在是一个悲情英雄！

李广有三个儿子，分别是李当户、李椒、李敢。长子李当户之前在宫中担任郎官，刘彻与宠臣韩嫣打闹嬉戏，韩嫣有轻佻不敬的举动，于是李当户上前打了韩嫣一下，韩嫣吓得赶快跑了出去。刘彻认为李当户很有勇气，非常赏识他。但李当户寿命不长，很早就死了，留下一个遗腹子名叫李陵（其事迹后面会讲到）。李广的次子李椒后来官至代郡太守，但也在李广之前死去。

李广的三子名叫李敢，李广死的时候，李敢正跟随霍去病从另一路远击匈奴。

李广死后第二年，他的堂弟李蔡因为侵占汉景帝陵园路前的空地，被人告发而下狱，李蔡也跟李广一样性情刚烈，不愿意出庭受审而自杀，爵位和封国也被废除。

李敢在此次跟随霍去病远征匈奴的过程中，因为作战勇猛，斩将夺旗，得到了关内侯的爵位，食邑二百户，并接替李广出任郎中令。李广一生的夙愿，可说是在三子李敢身上，得到了稍许的实现。

但随即，李敢也和他父亲一样，犯了一个致命的错误。李敢认为父亲李广最终含恨自杀跟大将军卫青有莫大的关系，所以愤恨之下打伤了卫青。而卫青对李广之死毕竟也心怀愧疚，再加上他为人宽仁，所以就把这件事情压了下来，并不希望追究李敢的犯上之罪。

但霍去病却对李敢的行为非常不满，一个刚刚立功受封的郎中令，竟敢打伤名满天下的大将军，并且这个人还是他上司的舅舅，这怎么能行呢？既然你乱来，那么我也乱来，于是趁在甘泉宫狩猎的机会，霍去病一箭射死了李敢。

当时霍去病恩宠正隆，刘彻不想查办他，于是也替他隐瞒，说李敢是在甘泉宫狩猎时被鹿撞死的。

李敢有个女儿，为太子刘据的妃嫔，受到刘据的宠幸；有一个儿子李禹，也受到太子的信宠，但李禹贪财好利，没什么大的作为，李氏一家，从此渐渐地败落下去。

回到漠北之战，其实当时李广还是有立功的机会的，卫青下令让他和赵食其从东路迂回，如果李广不是带着情绪赌气出发，好好配备一个向导，那么他就不一定会迷路，如果他们的行动足够迅速，那么他们穿插到单于后方，对匈奴军形成包围，最后擒杀单于的功劳，说不定就会落在李广的头上。这倒不是信口开河，因为看看霍去病这一路大军的动向，就知道这么说并不是毫无依据的。

霍去病带着五万人马从东路出发，他的手下没有副将，只好以李敢等校尉作为副将。他们从代郡和右北平出发后北进两千多里，没有找到单于所带的匈奴大军，却与匈奴左贤王部相遇。霍去病率汉军与左贤王部激战，最终斩杀和俘虏共七万零四百四十三人，左贤王被打得大败，带领部将狼狈逃走。汉军俘虏匈奴屯头王、韩王等三人，将军、相国、当户、都尉八十三人，一直追杀至狼居胥山（今蒙古国境内肯特山，首都乌兰巴托东侧），并在狼居胥山举行了祭天的仪式，又在姑衍山（肯特山以北）举行了祭地的仪式，兵力前锋一直到达瀚海（沙漠别称或今俄罗斯贝加尔湖）。霍去病率军深入敌境两千余里，汉军的粮草却并没有断绝，此役汉军损失十分之三，远小于斩杀、俘虏的敌军人数，因此霍去病所部与匈奴的交战，完全称得上是大捷，刘彻下诏褒奖霍去病，再次为他增加了五千八百户的封邑。

此次跟随霍去病一齐攻击匈奴的将领之中，计有右北平太守路博德等七人被封侯或增加食邑，这七人之中就包括李广的儿子李敢。

所以说，与匈奴作战，不一定非要跟单于所带的主力部队死打硬拼，因为鸡蛋硬碰石头，只会自取灭亡。战争的终极目的就是为了取得胜利，而要想取得胜利，就非得讲究策略不可。只要策略得当，避实就虚，出击裨将所带的偏师弱旅，杀掳敌军达到一定数额，就可以立功封侯。难道没有发现李广的每次败北，都是被匈奴的优势兵力合围所造成的吗？屡战屡败却不去总结教训，这难道是命运的问题吗？不，这应该是作为一个将领的基本军事素养问题和指挥作战的能力水平问题！霍去病原计划是要去跟单于的主力决战的，可是他却并没有遇到单于。如果换了是李广，说不定就会带着队伍垂头丧气地无功而返，但霍去病不一样，他头脑中充斥的就是积极求战，错过了单于，那还有其他的匈奴部队。所以说，霍去病每次都能精确打击，满载而归。

再说伊稚斜单于，他突围逃出之后，就与他的大军失去了联系，匈奴人找不到他，都以为他已经死了，右谷蠡王于是自立为单于。一直过了十多天，伊稚斜单于才又回来，右谷蠡王见伊稚斜归来，于是除去了自己单于的名号。

此一役，匈奴主力几乎被汉军荡涤干净，伊稚斜远居漠北，再不敢向南渡过沙漠，导致出现了"漠南无王庭"的局面。此后十余年的时间里，匈奴都再没有能力大举南下。汉朝从朔方郡以西直到令居县（今甘肃省兰州市永登县），一路开沟修渠，开荒屯田，常年驻扎的官吏、将士及兵卒每郡有五六万人，合计约六十万人，逐步侵占蚕食匈奴原有的领土，一直与匈奴沙漠北部的边境相接壤。

但漠北之战中汉军也付出了较大的代价，出塞时官吏们经过清点，参战的马匹共有十四万匹，但回军入塞的时候，官吏们再次清点，发现回来的战马已不足三万匹。

卫、霍二将在对匈作战中取得了决定性的胜利，刘彻对他们所取得的功绩十分欣悦，为了让他们二人能够更加出色地发挥才干，让他们专管军政事务，特意设置了大司马这一职衔，以替代之前的太尉一职。卫青和霍去病都加官为大司马，卫青为大司马大将军，霍去病为大司马骠骑将军。自此，卫氏一门的权势达到了巅峰状态。

为了进一步鼓励年轻有为、才干卓绝的霍去病，刘彻又同时下令，使骠骑将军的职级、俸禄都和大将军相同。这一年，霍去病年仅二十二岁，而卫青已接近四十岁。卫青见刘彻有意提携更年轻的霍去病，于是逐步退隐，而霍去病则越来越显贵。那些原在卫青门下的将领见卫青渐渐不再出山，为了获得立功封侯的机会，于是纷纷改换门庭，前去投奔霍去病，但只有一个名叫任安的人没有这么做。

霍去病为人寡言少语，但却很有胆量和勇气，敢于勇挑重担，有魄力，有担当。他的军事思想和战略战术十分灵活，从前面的几次大战中可以看出，他善于带领骑兵军团长途奔袭，深入敌后，快速穿插，迂回作战，所展开的闪电战令匈奴防不胜防，每每败绩。

当然了，霍去病能够出奇制胜，建立不世之功，除了他自身卓越的军事天赋和杰出的指挥作战才能之外，还与他所带队伍的整体素质有一定的关系。霍去病每次出征，都可以亲自选拔武艺高强且作战勇猛的将士，刘彻也常常把最精锐的部队交给他统领，所以霍去病所带的队伍，整体性和机动性都非常好，战斗力也非常强，这是其他的任何将领都不能比拟的，就连卫青也无法跟他相比。所以其他的将领比如张骞等人曾因进军迟缓而获罪，但霍去病就不存在这个问题。让一只有头脑的狮子带领一群强壮的狮子去跟另一群没有什么思想的狮子打架，哪里有不大胜而归的道理呢？

同时霍去病也是很幸运的，假如不是刘彻慧眼发现并放心地使用他，那么霍去病这一颗将星所散发出的光芒，也许并不会像今天人们所看到的这般耀眼！

一度刘彻很想把霍去病培养得更加出色，曾想教他学习《孙子兵法》，但霍去病却不愿意学，他说："不同的作战中要用不同的方略，不必学习并拘泥于古人的兵法。"

霍去病受封冠军侯之后，刘彻为他修建了一座豪华的府邸，然后下令叫他去看。霍去病却说："匈奴未灭，何以家为！"匈奴还没有彻底打败，怎么能先考虑个人的事呢？刘彻听了之后，更加敬重喜爱他。千百年来，霍去病这句掷地有声的话一直激励着一代又一代的有志之士在国难当头、抵御外侮时公而忘私，忠勇报国，因而也成为激励仁人志士舍生忘死、保家卫国的一句爱国格言和名言警句，屡屡被人提及，并引为座右铭。

霍去病虽然是以人奴之子的身份降生的，并且生下来之后连他的父亲都不敢认他，但因为卫氏一家得势的缘故，他自小生活在富贵之中，衣食不乏。也因为这个缘故，霍去病在出征的过程中，并不懂得体恤将士。每次出征，刘彻都赐给他几十车的上好食物，但班师回来的时候，车里还有剩余的食物，都被丢弃了，可是一同出征的许多士兵却面有饥色。在塞外作战的时候，由于缺粮，许多士兵饿得无力作战，但霍去病却在一旁自顾自地玩游戏。

人们常常把他的这种行为与爱兵如子的李广做对比，认为他不恤士卒，为将有不足称道的一面。但对此也要辩证地看，虽然霍去病让许多士兵饿了肚子，但他却把大部分的士卒活着带了回来，并且让许多将士建立了军功，这与动辄全军覆没或全军无功的李广形成了鲜明的对比。试问平时的嘘寒问暖与一个人的生命相比，究竟哪一个更重要呢？吃饭时让士卒先吃与让士卒建立军功，又是哪一个更能激励将士更有益于国家百姓呢？答案是不言而喻的。

但功绩彪炳史册的霍去病，竟然英年早逝。公元前117年，年仅二十四岁的霍去病因病去世。关于他的死因，许多人说是之前的太监中行说教匈奴人打细菌战，把病死的马、牛、羊等牲畜的尸体埋在汉军攻打匈奴必经之路的上游，只要汉军将士饮用了这些水源中的水，就会感染发病。而非常不幸的是，霍去病正是感染了这种病菌，最终医治无效而死亡。不过，这个说法也遭到了一些人的质疑，因为霍去病死的时候，已距离漠北之战两年，所以应该不是感染了致命的病菌所致，而是其他的原因。因此许多人又说，霍去病长期在干旱缺水的艰苦环境中行军作战，积劳成疾，严重透支了他的健康，这种可能性倒是非常大。

霍去病死后，刘彻非常悲伤，派遣边境五个郡的铁甲军，从长安到茂陵排成阵势，为他送葬。霍去病的外坟被修建成祁连山的样子，以象征他征服匈奴、夺取匈奴祁连山的伟大功绩。刘彻加给霍去病的谥号是"景桓"，谥法"布义行刚曰景"，"景"是个武谥；"辟土服远曰桓"，"桓"是广地之谥，因此他的谥号合并了勇武和扩地两个原则，以表彰他英勇作战、远征匈奴、扩张疆土的赫赫功绩。

霍去病死后，他的嫡子霍嬗世袭了他的封爵，是为冠军哀侯。刘彻因为喜欢霍去病，也非常看重霍嬗，准备等霍嬗成年之后拜他为将军，继续霍去病的事业。但霍嬗刚刚八岁就早夭了，霍去病没有嫡子，他的封国因此被废除。

霍去病是历史上公认的西汉名将，后世给予了他非常高的评价。唐时追封古代名将六十四名，宋时追封古代名将七十二名，霍去病都名列其中。霍去病也成为历代许多将领所仿效追比的标杆，以能建立像他那样的功绩为荣。

霍去病死后不久，卫青的长子卫伉因犯法而被削夺侯爵。在后来那场著名的事件中，卫不疑和卫登都被剥夺了侯爵。公元前106年，卫青也因病去世，死后被谥为"烈"，谥法"以武立功，秉德尊业曰烈"，是美谥，也在一定程度上概括了卫青所取得的功绩。刘彻下令在茂陵东北为卫青修建墓冢，外坟修成了阴山的形状，以寓示他收复河朔、河套地区，开拓阴山北部疆域的重大贡献。

卫青的正室夫人是刘彻的姐姐平阳公主。平阳公主最初嫁给曹参的曾孙平阳侯曹寿（曹时），曹寿死后，改嫁汝阴侯夏侯颇。公元前115年，夏侯颇犯了与父妾私通的罪名，畏罪自杀，国除。平阳公主再度寡居，需要在列侯中选择丈夫。平阳公主于是和府中的侍从们讨论长安城中的列侯谁可以做她的丈夫，结果府中的人都说大将军卫青最合适。众所周知，卫青未发迹之前是平阳公主家的骑奴，所以平阳公主一听就笑了起来："他之前是我府中的下人，常作为我的侍从随我出入，现在怎么能做我的丈夫呢？"左右都说："现在大将军的姐姐贵为皇后，三个儿子都是列侯，富贵震动天下，哪里还有比他更合适的人呢？"于是平阳公主就同意了。她命人把这件事情报告给皇后卫子夫，卫子夫又到刘彻那里去吹风。刘彻听了之后打趣地说："之前我娶了他的姐姐，现在他又娶我的姐姐，倒是非常有趣。"于是下诏赐婚。当时卫青在三十八至四十岁，而史称平阳公主足足比卫青大十二岁。所以，他们二人之间的婚姻是典型的政治联姻。此后，平阳公主死时主动要求与最后一任丈夫卫青合葬，大概也是认为卫青是她三任丈夫之中，最为杰出且令她引以为傲的吧。

卫青死后，他的长子卫伉代他为长平侯。

卫青和霍去病生前建立了如此大的功绩，但当时的一些士人却并未为此而过多地称颂他们，就连著名的司马迁在他的《史记》中，也对他们二人褒奖不多。一个很重要的原因，就是他们两个人都不养士。

卫青的部将苏建曾经建议卫青像古代的那些名将一样，在门下招揽一些有才能的贤士。但卫青却拒绝说："当年的魏其侯窦婴和武安侯田蚡就因为大肆招揽宾客，所以招致了皇帝的切齿不满。亲附士大夫，招纳贤士，这都是人主所忌讳的，作为人臣，做到遵守法纪，忠于职守就可以了，何必要养士呢？"而霍去病也与他持相同观点，不招揽士大夫。

历朝历代的文人都很多，但以文章发家，得到重用的毕竟只是少数，大多数的人都不得志，只得依附于当时的一些权贵之家，充当门客赖以糊口度日。而卫青、霍去病红得发紫却不豢养门客，让文人士子断了衣食来源和进取之途，所以这些文人士子对他们二人颇有微词也是可以理解的。

不要埋怨这些士人，因为任何一个人都是完整的生物链中的一分子，卫、霍取食于皇家，士人取食于卫、霍，更广大、贫穷的家庭成员再取食于这些士人，不是谁高尚谁卑贱谁奋斗谁寄生的问题，因为任何一个时期，能够得到机会扬名立万只有为数不多的那么几个人，绝大多数的人处于中下阶层，而所有的人却都需要活着，需要最基本的生存，这个不需要任何理由！

而在解决基本的温饱问题之后，任何人都需要得到一个发展和进取的机会，有时候养士并不是完全为了个人，其实也是为了国家。许多有才华而缺乏进身之阶的贫寒士子需要得到推荐和提携，这是作为一个名将所必须履行的义务。只要心里不要有过度的私念，英明的人主自然会理解。

卫、霍不养士，也直接导致在他们死后不久，太子刘据被一些奸邪小人陷害而没有重量级的人敢出面维护，大批的人才在那一场动荡中被杀，汉朝国本动摇，西汉自此由盛转衰。卫、霍或许做到了洁身自好，但他们善意的动机，却并未得到善意的回报，这是功绩彪炳千古的卫、霍二人说什么也没有想到的。